图例
省政府驻地
市政府驻地
区政府驻地
乡镇政府
街道办事处驻地
行政村寨
自然村寨
地级行政区界
县级行政区界
铁路及车站
规划轻轨一号线
高等级公路及编号
国道及编号
省道及编号
县道
乡、村道
城区主街道
城区次街道
城区三级街道
开发区界
城区街区、绿地
河流、水库
学校、医院、宾馆
旅游景点 温泉
企事业单位、工厂
主要山峰
黔灵山1396
小河区
花溪区
黄河
长江
平桥
二戈寨
三江
金竹
中曹司
溪北
清溪
贵筑
孟关苗族布依族乡
久安乡
石板镇
沪昆高速
G60 G6001
G75 G6001
G210
S106
挡风坡1292
1277 金凤山
猫山1250
长坡1251
白岩脚1279
镇山村（民族风俗博物馆）
天河潭风景区
花溪立体生态观光农业科技示范园
孟关林场度假区

贵阳建设生态文明城市年鉴

GUIYANG ALMANAC
OF
ECOLOGICAL AND CIVILIZED CITY CONSTRUCTION

2011

贵阳建设生态文明城市年鉴编辑部 编

新 华 出 版 社

图书在版编目(CIP)数据

贵阳建设生态文明城市年鉴.2011/《贵阳建设生态文明城市年鉴》编辑部编
北京：新华出版社，2011.7
ISBN 978-7-5011-9643-2

Ⅰ.①贵… Ⅱ.①贵… Ⅲ.①城市环境：生态环境—城市建设—贵阳市—2011—年鉴 Ⅳ.①X321.273.1-54

中国版本图书馆CIP数据核字(2011)第105253号

贵阳建设生态文明城市年鉴（2011）

编　　者：贵阳建设生态文明城市年鉴编辑部
责任编辑：米春改
装帧设计：王 浩
出版发行：新华出版社
网　　址：http：//www xinhuapub.com
地　　址：北京石景山区京原路8号
邮　　编：100040
经　　销：新华书店
印　　刷：深圳市佳信达印务有限公司
开　　本：787mm×1092mm　1/16
印　　张：23.5
字　　数：500千字
版　　次：2011年7月第一版
印　　次：2011年7月深圳第一次印刷
书　　号：ISBN 978-7-5011-9643-2
定　　价：180元

本社购书热线：（010）63077122
中国新闻书店电话：（010）63072012
图书如有印装问题，请与印刷厂联系调换
电话：（0755）26471234

编辑说明

一、《贵阳建设生态文明城市年鉴》是中共贵阳市委、贵阳市人民政府批准创办，贵阳市委政策研究室承办，《贵阳建设生态文明城市年鉴》编辑部编辑，新华出版社出版的一部综合反映贵阳市生态文明城市建设的资料工具书。

二、《贵阳建设生态文明城市年鉴》编纂宗旨是：以邓小平理论、“三个代表”重要思想为指导，深入贯彻落实科学发展观，全面反映贵阳市年度生态文明城市建设情况，为各级党政领导决策提供参考依据，为生态文明城市建设的理论研究和实践提供详实的资料。

三、《贵阳建设生态文明城市年鉴》资料收录范围为：1.省、市领导关于生态文明城市建设的重要讲话、重要文章；2.本市及相关部门制定的有关生态文明建设的工作报告、政策性文件；3.市属各区、县（市）、各部门（单位）在生态文明城市建设中的基本情况；4.本市国民经济和社会发展的主要统计资料。

四、《贵阳建设生态文明城市年鉴》（2011）资料收录时限主要是2010年1月1日至12月31日。为全面反映贵阳市生态文明城市建设的有关情况，部分收录内容的时限有所延长。

五、《贵阳建设生态文明城市年鉴》（2011）采用分类编辑法，以事业（或事业相近因素）为主分类，不受行政隶属关系制约。全书设“专文”、“特载”、“生态文明贵阳会议”、“市情概况”、“生态城市基础设施建设”、“生态环境建设”、“生态经济建设”、“生态文化建设”、“生态社会建设”、“生态政治建设”、“区（县、市）生态文明建设”、“文献选编”、“建设生态文明城市大事记”、“媒体关注”、“附录：建设生态文明城市外地动态”15编，由编目、分目、条目3个层次组成框架结构的主体部分。少数分目中增设子目层次。条目统一用【 】表示。

六、《贵阳建设生态文明城市年鉴》所载稿件，均由各区（县、市）及市直各相关部门（单位）指定专人撰写提供，并经单位领导审阅，具有权威性和可靠性。

七、《贵阳建设生态文明城市年鉴》所载国民经济和社会发展统计资料，为市统计局提供的年度快报数；各类目中的相关数据，以部门（单位）的统计数为准。

八、为使《贵阳建设生态文明城市年鉴》更好地发挥资政、研究、存史、服务等作用，希望读者提出宝贵意见和建议，以资改进。

《贵阳建设生态文明城市年鉴》编辑部

2011年6月

《贵阳建设生态文明城市年鉴》编辑委员会

顾　　问：李　军　李再勇

主　　任：王保建

《贵阳建设生态文明城市年鉴》编辑部

主　　编：王保建

副 主 编：范省伟　李作勋　祖钰博　李　勇　王　浩

编　　辑：江敬华　熊文武　韩丽芸　金　玫　吴朝元　徐艾晓蓉
郭　阳　刘　健　王玉梅　李正贵　欧德冰　桂德意
宋宗泽　陶泽敬　冯真书　王平安　丁　艳　张　洁
胡家凤　李冬生

目　录

生态城市基础设施建设

生态环境建设

生态经济建设

生态文化建设

生态社会建设

生态政治建设

区（县、市）生态文明建设

花溪区

乌当区

白云区

清镇市

修文县

开阳县

息烽县

高新开发区

金阳新区

文献选编

建设生态文明城市大事记

媒体关注

附录：

建设生态文明城市外地动态

汉语拼音音序索引

CATALOGUE

Map of the Main City

Special Articles

Important Documents

Ecological Civilization Conference, Guiyang

General Information of the City

Outline of Geography

Natural Resources

Population and Ethnic Group

Economy and Social Development

Civilization and Traditional Customs

Parks

Scenic Regions and Spots

Cultural Relics and Historical Sites

Patrimonialsites

Eco-City Infrastructure Construction

Eco-Environment Construction

Eco-Economy Construction

Eco-Culture Construction

Eco-society Construction

Eco–Politics Construction

Stardy and Practice of Scientific Thought of Development

ZHUAN WEN

为人民谋幸福

——在市委八届十次全体（扩大）会议第一次会议上的讲话

（2010年12月28日）

中共贵州省委常委、贵阳市委书记　李　军

这次全会的主要任务是贯彻中央和省里最近召开的一系列重要会议精神，审议《中共贵阳市委关于制定贵阳市国民经济和社会发展第十二个五年规划的建议》。这个《建议》将确定未来五年全市工作的指导思想、奋斗目标、重点任务和保障措施，事关贵阳的长远发展，事关全体市民的根本利益，意义非常重大。为了帮助大家更好地审议《建议》，为了便于广大市民深入了解《建议》的内容、有效监督《建议》的实施，我讲四个方面的问题。

中共贵州省委常委、贵阳市委书记　李军

一、始终秉持为人民谋幸福的理念，努力使“十二五”时期成为贵阳市民幸福指数大幅提升的五年

理念决定方向、引领行动。市委谋划、制定和实施“十二五”规划的基本理念，就是一句话：为人民谋幸福。为什么秉持这样一个理念？我给大家讲四条理由：

第一，这是我们党始终不渝的崇高追求。回顾党的历史，从成立、发展到壮大，从夺取政权到执掌政权，不论道路如何坎坷、风云如何变幻，为人民谋利益、谋幸福始终是一代又一代中国共产党人孜孜以求的奋斗目标、持之以恒的根本宗旨。党的第一代领导核心毛泽东同志明确指出，“必须给人民以看得见的物质福利。”通过28年的英勇斗争，党领导人民推翻了“三座大山”，建立了新中国，确立了保障全国人民过上幸福生活的社会主义制度。正如大家歌唱的那样，“东方红，太阳升，中国出了个毛泽东，他为人民谋幸福”。党的第二代领导核心邓小平同志深刻指出“各项工作都要有助于建设有中国特色的社会主义，都要以是否有助于人民的富裕幸福，是否有助于国家的兴旺发达，作为衡量做得对或不对的标准。”通过坚定不移地以经济建设为中心，大力推进改革开放，我们党开辟了建设小康社会的幸福之路。正如大家歌唱的那样，“我们讲着春天的故事，改革开放富起来。”党的第三代领导核心江泽民同志提出了“三个代表”重要思想，热切号召“共同创造我们的幸福生活和美好未来。”通过各族人民的共同努力，我国实现了生活水平由温饱到总体小康的历史性跨越。正如大家歌唱的那样，“继往开来的领路人，带领我们走进新时代。”党的十六大以来，以胡锦涛同志为总书记的党中央提出了科学发展观，强调“党的一切奋斗和工作都是为了造福人民。”从某种意义上讲，科学发展观就是人民幸福观。在党中央领导下，全国人民正在为夺取全面建设小康社会新胜利、谱写幸福生活新篇章而奋斗。正如大家歌唱的那样，“谋幸福，送温暖，日夜不忘老百姓康宁团圆”。完全可以说，我们党近90年的历史，就是一部为人民群众谋幸福的奋斗史，就是一部人民群众幸福感不断提升的社会史。党的十七届五中全会审议通过的《中共中央关于制定国民经济和社会发展第十二个五年规划的建议》明确指出，要更加注重保障和改善民生，为全面建成小康社会打下具有决定性意义的基础。省委书记栗战书同志最近强调，要解决好事关生存性民生问题、发展性民生问题和安全性民生问题，使人民群众的幸福指数得到大幅提升。我们在编制和实施“十二五”规划中，秉持为人民谋幸福的理念，就是贯彻中央和省委的重要指示精神，把我们党始终不渝追求的伟大事业继续向前推进。

第二，这是贵阳建设生态文明城市的应有之义。着眼于为人民谋幸福，市委2007年底召开的八届四次全会，把建设生态文明城市作为贯彻落实科学发展观的总抓手和切入点，确定了“生态环境良好、生态产业发达、文化特色鲜明、生态观念浓厚、市民和谐幸福、政府廉洁高效”的总体目标，明确提出：“我们建设生态文明城市，在努力提高居民收入水平的同时，要用更多的精力创造良好的居住环境、人文环境和生产环境、生态环境，老百姓尽管收入赶不上其他许多城市，但也能生活得很幸福”。2008年底，面对国际金融危机的严重冲击，市委八届六次全会提出要千方百计增加群众收入，使老百姓“有钱可花”；完善社会保障体系，让老百姓“有钱敢花”；解决好老百姓反映强烈的困难和问题，让老百姓“有钱愿花”。2009年底召开的八届八次全会提出，以“三创一办”为载体，纵深推进生态文明城市建设，强调要从“见物”向“见人”推进，避免 些地方存在的片面追求经济增长而忽视老百姓的幸福感和满意度、忽视人的全面发展的情况。归结起来，建设生态文明城市的目的，是为了满足群众需求、提升幸福感；建设生态文明城市的过程，是不断造福于民，从而让群众自觉、自动参与的过程；建设生态文明城市的成果，最终由全体人民共享。“十二五”时期，我们要在已有的基础上，把生态文明城市建设向广度和深度推进，就必须继续秉持为人民谋幸福的理念，尽心竭力、千方百计提升市民的幸福感。

第三，这是满足全市人民对幸福生活新期待的必然要求。新中国成立特别是通过改革开放以来六个五年规划（计划）的实施，贵阳城市变大了，道路变宽了，楼房变高了，市容变靓了，老百姓的腰包变鼓了，笑容越来越多了，觉得生活在贵阳很自豪。据市统计局最近的抽样调查，贵阳市民幸福指数为87.38。与此同时，随着经济的迅速发展和对外交流的日益增多，市民需求日趋多样，幸福的内涵更加丰富。吃，以前吃饱就行，现在还要吃得健康；穿，以前保暖就行，现在还要穿出花样；住，以前有房子就行，现在还要环境、要户型；行，以前骑自行车就不错，现在要开小汽车。因此，对编制和实施第十二个五年规划，广大市民充满期待，都在看未来的五年里兜里的钱可不可以再多一点，房子可不可以再大一点，子女是不是可以受到更优质的教育，看病是不是更方便一些、更便宜一些，等等。“民有所呼、我有所应”，“民有所需、我有所办”。我们必须主动满足人民群众对幸福生活的新期待，在改善民生上扎扎实实办几件大实事，让广大市民感到日子一天更比一天好，一年更比一年强。

第四，这是对世界发展趋势的主动顺应。上世纪以来，许多社会制度、文化传统以及发展程度不同的国家，不约而同地把提升国民幸福指数作为最新的执政理念。英国首相卡梅伦在竞选时就提出了“关注民众总体的身体健康和幸福感”的口号，明年将启动调查国民幸福感的计划，调查结果将作为政府决策的核心依据之一。法国总统萨科齐力推以“国民幸福总值”衡量经济增长，并委托约瑟夫·斯蒂格利茨等著名经济学家对此进行专门研究。巴西已将“寻求幸福”作为公民的权利写入国家宪法。今年上海世博会的主题“城市，让生活更美好”，彰显的理念就是，未来城市必须成为人类能够过上有尊严、健康、安全、幸福和充满希望的美满生活的地方。昨天，党中央、国务院隆重召开上海世博会总结表彰大会，胡锦涛总书记特别强调，要研究和总结上海世博会所展示的具有引领未来作用的发展理念。中国市长协会等权威机构开展的最具幸福感城市评选活动，在社会上引起广泛影响。当前在编制“十二五”规划中，不少省市把提升居民幸福感作为重要目标。贵阳虽然经济落后一些，但发展理念不能落后。我们要以前瞻性眼光和战略性思维，敏锐把握时代潮流，积极接纳国内外最前沿的发展理念，力争抢占先机、赢得主动。

总之，把为人民谋幸福作为谋划和实施“十二五”规划的基本理念，完全符合中央和省委的要求，完全符合贵阳的实际，完全符合全市人民的愿望，完全符合世界发展潮流。我们认识上要更加深化，行动上要更加自觉，努力实现人民生活与经济发展良性互动、幸福指数与发展指数同步提升，把贵阳建设成为全市人民更加热爱、在全国有影响的幸福城市。

二、牢牢把握加速发展、加快转型、推动跨越的主基调，进一步夯实人民幸福生活的物质基础

幸福首先要有物质基础，也就是要有大家形象比喻的“蛋糕”。一个人手里有“蛋糕”不一定幸福，但如果没有“蛋糕”，肯定不会幸福。我们为人民谋幸福，必须坚持发展是硬道理，千方百计创造和积累物质财富，给人民做“蛋糕”。省委把“加速发展、加快转型、推动跨越”作为“十二五”时期全省发展的主基调，抓住了为人民谋幸福的关键所在，充分体现了对科学发展观精髓的深刻理解、对贵州欠发达省情的清醒认识、对贵州人民求富愿望的积极顺应。“十二五”时期，我们一定要牢牢把握这一主基调，聚精会神搞建设，一心一意做“蛋糕”，为人民的幸福生活提供坚实的物质保障。

第一，加速发展，就是要把“蛋糕”做得更大。尽管近三年先后遭受百年不遇的凝冻灾害、国际金融危机的严重冲击、历史罕见的特大旱灾，“十一五”期间我市经济仍然保持了较快的发展速度，预计地区生产总值年均增长14.2%，比“十五”期间快1个百分点左右，五年时间翻了一番多。但是，由于历史、地理条件等诸多原因，在全国经济版图上，贵阳仍是一块“洼地”；在经济发展的某些方面，贵阳与其他城市的差距还在拉大，贵阳的这块“蛋糕”还不够大。我们要正视落后而不甘落后，千方百计提升经济增长速度。省委、省政府明确要求，“十二五”时期贵阳市要争取经济发展速度高于以往历史时期，高于全省平均水平，高于西部省会城市平均水平。为此，我们经过认真测算，确定了“保五争四”的经济增长目标，即力争四年、确保五年实现地区生产总值、财政总收入在2010年基础上翻一番，分别超过2000亿元、600亿元，固定资产投资累计突破1万亿元，简称“两个翻番、一个过万”。根据现价测算，实现“争四”目标，地区生产总值和财政总收入年均增速为19%，固定资产投资年均增速在35%以上；实现“保五”目标，地区生产总值和财政总收入年均增速为15%，固定资产投资年均增速在24%以上。

在讨论、确定这个目标的过程中，有的同志担心，这样的速度贵阳历史上没有过，究竟能不能实现？这个担心不是没有道理。的确，世界经济形势不确定性依然较大，国际金融危机深层次影响依然存在；我国宏观经济调控形势趋紧，货币政策已从“适度宽松”转向“稳健”。贵阳要实现

“逆势起飞”，难度较大。但也必须看到，实现这个目标有不少积极因素。一是宏观环境比较有利。今年中央召开了西部大开发工作会议，制定了深入实施西部大开发战略的总体目标和若干政策措施，明确支持建设黔中经济区，为贵阳的发展带来了难得机遇。最近，省委、省政府召开支持贵阳市加快发展动员大会，下发了《关于支持贵阳市加快经济社会发展的意见》，最大限度给贵阳市“松绑、让利、开绿灯、出政策”，形成了我们多年翘首以盼的省市齐心协力、共谋贵阳加快发展的良好氛围。二是后发优势潜力巨大。贵阳作为欠发达地区，具有投资收益高、劳动力成本低等优势，还可以学习和借鉴发达地区的先进技术和治理经验，避免走别人走过的弯路，实现跨越发展。内蒙古连续8年地区生产总值增速位列全国第一，就是发挥后发优势的成功例子。三是内生动力明显增强。近年来，我市以交通为重点的基础设施建设成效显著，物流条件极大改善；城市知名度和美誉度日益提高，对外吸引力逐步上升；产业结构更趋优化，园区和项目建设加快推进。更为重要的是，“十一五”时期我们积累了应对挑战、抢抓机遇的宝贵经验，提炼了“知行合一、协力争先”的贵阳精神；全市各级干部执行力大为提升，广大群众对党和政府充满信心，全市上下心齐气顺劲足，谋发展、求幸福的愿望十分迫切。所有这些，为加速发展、加快转型、推动跨越提供了强大动力，贵阳正站在蓄势待发的起跑线上。可以说，确定“保五争四”的目标，体现了发挥主观能动性与遵循客观规律相统一，体现了解放思想与实事求是相统一，体现了工作激情与科学态度相统一。只要我们发扬“跳起来摘桃子”的精神，把争取时间放在首位，超常规开展工作，这个目标是能够实现的。

怎样加速发展？我认为关键在于“三大加速”、“一大突破”。“三大加速”：一是工业要加速。工业是迅速积累社会财富、增加财政税收的基本手段，是提供各种工业产品，满足人民生产、生活需求的重要途径。长期以来，我市工业经济是“短板”，无论速度、总量还是结构都不尽如人意。为此，市委、市政府大力实施“工业强市”战略，去年6月召开了贵阳市振兴工业经济大会，提出了“大调整、大开放、大实干”的总体思路，制定了装备制造、铝及铝加工、磷煤化工、现代药业、烟草和特色食品等六大重点产业振兴与发展实施计划，相应成立了6个重点产业招商工作组和港澳招商工作组开展专职、专业招商，规划建设了小河——孟关、麦架——沙文等十大工业园区。在这些政策措施的有力驱动下，全市工业经济发展出现可喜局面。预计今年规模以上工业总产值突破1000亿元，增长15%以上，增速比去年提高3.6个百分点。今年9月以来，栗战书书记和赵克志省长多次到我市视察工业发展情况，提出明确要求。省委、省政府召开的全省工业发展大会，吹响了工业强省的进军号角。“十二五”时期，我们要认真贯彻省委、省政府关于工业发展的一系列重要指示精神，再添把柴、再加把油，进一步促进我市工业经济提速增效。其一，抓园区的力度要更大。抓紧抓好建设十大工业园区基础设施，尽快实现一类园区“八通一平”、二类园区“六通一平”，为项目落地创造条件。要大力探索并总结推广市场化的园区建设融资方式，统筹考虑工业园区建设与相关区域商业地产和旅游地产开发。最近，一大批项目在小孟工业园区、息烽磷煤化工工业园、高新技术开发区等相继开工或即将开工，建成后产值将达810亿元，是今后一个时期全市工业加速发展的重要增长点。各级党政部门和有关企业要牢记“时间就是金钱、效率就是生命”，促使项目尽快建成投产。省委、省政府决定明年上半年召开项目建设年现场观摩会，我们要争取在贵阳召开。其二，抓特色优势产业的力度要更大。紧紧依托我市资源禀赋、产业基础和技术优势，集中精力抓好六大产业，努力打造千亿元产业。铝、磷等资源是我市发展工业的宝贵优势，丢掉了这个优势，加速发展就是"无米之炊"，但是，必须改变目前主要卖原矿、卖初级产品的状况。贵阳市振兴工业经济大会确定，到2015年磷矿资源现有企业就地转化率达到80%，新上项目达到100%；铝矿资源2012年就地转化率达到100%。对此，不管遇到多大的困难，都必须坚定不移地推进。其三，抓大型企业或企业集团的力度要更大。目前我市百亿元以上的企业只有1家，50亿元以上的企业只有4家。针对企业"块头"较小的问题，要坚持政府主导与市场运作相结合，大力支持本地重点企业、知名品牌进行整合，培育百亿元企业；大力引进国内外大企业、大集团参与我市产业结构调整和企业改革重组，盘活本地资产存量；大力推动有条件的企业加快上市，推动上市企业增资扩股、壮大规模。力争用5年时间培育4个年销售收入百亿元以上、8个年销售收入50亿元以上的大型企业或企业集团。同时，要落实创业辅导、市场开拓、人才培训、法律援助、融资担保等措施，积极培育一批"小巨人"企业。通过这些努力，确保"十二五"时期全市工业总产值年均增长20%以上，突破2500亿元，比"十一五"期末翻一番半。

二是服务业要加速。工业加速发展离不开服务业加速发展。特别是工业要向集约化、高端化方向发展，必须依托科技、信息、金融、商务、物流等生产性服务业的支持和配套。同时，拉动消费、扩大内需，满足人民群众物质文化生活需求，也迫切需要发展商贸、旅游、文化等生活性服务业。党的十七届五中全会明确提出，要推动特大城市形成以服务经济为主的产业结构。栗战书书记、赵克志省长强调，贵阳市的服务业既要升级又要做大规模。"十二五"时期，我们要把加速发展服务业放在突出位置，进一步落实好全市服务业发展大会制定的"一揽子措施"。一方面，已有的亮点要巩固和扩大。近年来全市旅游总收入年均增长40%以上，今年突破400亿元，比2007年增长2倍多。我们要继续大力推介"爽爽的贵阳"品牌，进一步办好"贵阳避暑季"、"贵阳温泉季"系列活动，加快建设花溪十里河滩国家城市湿地公园等旅游项目。努力使"十二五"期末旅游总收入比2010年增长3倍以上，达到1400亿元左右。近两年我市金融业发展成绩显著，成功引进了中信、浦发、招商、花旗等国内外知名银行，要巩固好这一势头，继续大力"引银入筑"，加快贵阳国际金融中心项目建设，推动贵阳市农村商业银行组建和贵阳市商业银行上市，提高金融业对贵阳经济社会发展的贡献率。近几年我市商贸服务业保持了快速增长势头，在服务业增加值中的比重接近四分之一。要按照"上档次、树品牌"的要求，加快规划建设中央商务区、特色商业街区以及汽车、辣椒、茶叶、酒类等大型专业市场。市委、市政府确定将花溪大道沿线的汽贸市场搬迁到花溪孟关南环线边上，将五里冲农副产品批发市场整体搬迁到花溪石板镇，这都是一举多得的民生工程、民心工程，要全力加速建设，确保明年6月底前完成搬迁。另一方面，新的增长点要超常规发展。目前，国内一流、西南第一的贵阳国际会展中心基本建成，为我市发展会展业提供了良好的硬件基础。所有参观过会展中心的领导包括中央领导和省内外领导，都高度评价其建设速度和运作模式。我们要乘势而上，依托我市得天独厚的气候优势，按照省委、省政府的要求，继续办好"生态文明贵阳会议"，使其成为国际知名会议品牌，同时积极开展各类会展活动，通过五到十年努力，把贵阳建成"中国夏季会展名城"。随着国家快速铁路干线、市域快速铁路网、城市轻轨、城市骨干路网的加快建设，贵阳作为大西南陆路交通枢纽的地位日益凸显，越来越多的企业前来洽谈投资物流业。我们要顺势而为，加快推进西南国际商贸物流城、改貌集装箱物流

中心、扎佐物流园区、贵州无水港等重点物流项目建设。通过巩固和提升服务业发展水平，到2015年要力争服务业增加值突破1000亿元。

三是城镇化要加速。城镇化是发展工业和服务业的重要载体，也是解决城乡二元结构、提升城乡人民生活质量的基本途径。与农村相比，城镇的基础设施和服务功能完善得多，老百姓生活更加舒适和便利。我们要大力实施城镇化带动战略，力争城镇化率每年提高2个百分点，“十二五”期末达到75%。第一，坚持组团发展，优化城镇布局。贵阳是山城，城市空间布局不应该也不可能采用“摊大饼”的方式，必须走组团式发展的路子。要按照城镇空间布局与产业布局、与重要交通干线紧密结合的原则，着力构建有序分工、优势互补的城镇体系。首先，要把贵阳环城高速公路和环城快速铁路以内的核心圈建设好。贵阳环城高速公路以内面积557平方公里、可容纳400万人口，环城快速铁路以内面积856平方公里、可容纳470万人口，是全市乃至全省要素资源最集中的区域，是贵阳加快城镇化最重要的载体。要依托这两条环线和“三环十六射”城市骨干路网，加快形成“一个中心、五个组团”的城市格局。“一个中心”包括老城区、金阳新区和小河区，现在的任务是进一步完善功能；“五个组团”就是北部高新组团、东北部新天组团、东部龙洞堡组团、南部花溪组团、西部清镇组团，现在的任务是抓紧开发和建设，充分发挥对内分担中心城区功能、对外辐射带动的作用。其次，要围绕贵阳环城高速公路、市域快速铁路网以及贵遵高速公路等交通干线，与产业发展特别是工业园区建设结合起来，规划建设一批工矿型、商贸型、旅游观光型等特色小城镇，就地提供服务，并吸纳农村人口，形成园区与城镇发展的良性互动。像修文县扎佐镇，结合首钢贵阳特殊钢公司异地搬迁、贵州轮胎公司异地技改项目的落地，集中规划建设了居民小区，有力地促进了城镇化发展，赵克志省长对此给予了充分肯定。再次，要积极推进清镇市、修文县、息烽县、开阳县撤县（市）改区工作，使之尽快与中心城区融合互通，实现集群化发展。第二，坚持科学规划，突出城镇特色。要按照“层次分明、互相衔接、完善配套”的原则，抓紧建立从区域到市区、从城镇到农村、从总体到专项的城乡规划体系，实现城乡规划的全覆盖。栗战书书记明确要求我们在规划工作中“创新思维、抓纲铸魂、打造特色”，“融入国际化、实现现代化、体现人文化、突出生态化”。我们要认真贯彻这些重要指示，始终坚持低碳、绿色、生态理念，结合贵阳生态文明城市的形象和品牌，科学确定各个城镇的发展定位，突出城镇建设的个性和特色，防止“千城一面”。规划一旦制定，必须严格执行，使之真正成为指导城乡建设的“大法”，成为“高压线”，“一张蓝图管到底”，绝不能因人为原因随意更改。第三，坚持城乡统筹，带动农村发展。从一定意义上讲，推进城镇化主要解决的不是城市问题，而是农村问题、农民问题。最近，市委、市政府召开了全市发展生态农业座谈会，下发了《关于大力发展生态农业的意见》，各级各有关部门要认真落实。农村要围绕城市的需求，加快推进传统农业向生态农业转变，提升农业发展水平；城镇要重点发展一批农业产业化龙头企业、农产品集贸市场，发挥对农村经济发展的辐射带动作用。要深化以户籍制度为主的各项配套改革，积极有序推动符合条件、愿意进城的农村人口转为城镇居民，扩大城镇人口规模，改善居民生产生活条件。

“一大突破”就是固定资产投资要实现重大突破。工业加速、服务业加速和城镇化加速，前提是投资要实现突破。贵阳是典型的投资拉动型经济，2009年投资对经济增长的贡献率达到65.5%。而且，投资可以创造就业岗位，最终转化为居民收入，有利于增加居民消费，改善人民生活。我们必须牢固树立抓投资就是抓发展、抓投资就是抓民生的理念，奋力扩大投资、扩张总量，确保完成“十二五”时期全社会固定资产投资累计过万亿这个硬任务。一要在项目谋划上实现重大突破。投资的关键是项目。总体来看，我市谋划项目的能力不够强，储备的项目不够多，前期工作不够深。要认真总结经验，切实提高策划能力，善于把思路变成题材、把题材变成规划、把规划变成项目。要突出重点，紧紧围绕国家的宏观政策导向、围绕我市现有的资源优势和产业基础以及发达地区产业转移的动向策划项目，提高命中率。要立足于早，早研究、早准备、早动手，形成充足的项目储备，确保随时拿得出手、报得出去。大家知道，去年开工的市域快速铁路总投资达336亿元，是贵阳历史上投资最大的项目，是我们多年想干的项目。这个项目为什么能成功？首先，我们抓住了国家扩大内需、增加4万亿元投资以应对国际金融危机的重大机遇。其次，我们把握了在扩大内需中国家重点投资快速铁路建设的政策导向。第三，我们高效率地开展项目申报工作，争取到铁道部的大力支持。第四，我们谋划得较早、较主动。除久永线、清织线早有储备外，贵开线、环城快速铁路项目也动作很快。我们要从这个项目的谋划中得到很多启示。二要在项目招商上实现重大突破。一般来讲，基础设施项目、民生项目主要靠政府投资，产业项目则要靠招商引资，而产业投资恰恰是我们的弱项。因此，我们必须把招商引资放在更加突出的位置来抓。在招商方式上，要政府招商和以商招商并举。最近，省委、省政府下发了《贵州省领导干部带头招商引资的考核及奖惩办法（暂行）》，明确了市县两级党政主要领导的招商任务，并严格奖惩。从我开始，全市各级党政主要领导干部都要进一步行动起来，在招商引资上有更大作为。同时，要充分发挥企业掌握行情的优势，大力推动本地企业为满足自身配套和扩张需求而引进相关项目和企业，积极鼓励已在我市落户的客商吸引和带动更多客商到贵阳投资。在招商方向上，要对内和对外并举。既要眼睛向外，着力引进实力雄厚、技术先进、人才密集、产业层次高的重大产业项目；又要眼睛向内，注重发挥本地企业在扩大投资上的积极作用。最近，开磷集团、贵州轮胎公司、贵酒公司纷纷投资新的项目，实现产业扩张。对这样的本地企业，要给予招商引资同等优惠待遇。在招商对象上，要国企和民企并举。一些国有企业特别是央企实力雄厚，在我市也有一定产业基础。前天，省委、省政府与中央企业在人民大会堂签订了战略投资合作协议，我市引资金额881亿元，在全省排名第一，要继续加大工作力度，力争取得新的突破。同时，我们要瞄准东部发达城市，大力引进像江苏雨润集团这样一批规模大、影响力强的民营企业。在招商内容上，要引资和引才并举。引来一个人才，往往会带来相应的技术、项目和投资，这不是跟我们“抢饭碗”，而是帮我们“造饭碗”。我市从浙江引进的杨林江教授，就自带技术和资金到高新开发区发展。今后，对类似的人才，引进的力度要更大，政策要更加优惠。三要在项目实施上实现重大突破。项目策划、招商引资，根本在于落地实施，达产达效。从我市的情况来看，制约项目落地的原因主要有用地指标、手续办理、资金筹措、征地拆迁等。各级领导干部要结合开展“三个建设年”、“四帮四促”和“项目大推进年”等活动，按照“亲商、爱商、安商、敬商”的要求，对所服务的项目进行“把脉问诊”，找准原因，有针对性地予以解决，促进项目快落地、快开工、快建设、快投产。

第二，加快转型，就是要把“蛋糕”做得更好。刚才讲加速发展是把“蛋糕”做大，但如果沿用传统的“高投入、高能耗、高污染、低效益”办法，“蛋糕”就会是劣质的、过期的，就会危害老百姓的健康。因

此，我们必须在加速发展中加快转型，做环保的、生态的“蛋糕”，使“蛋糕”成为绿色产品，老百姓吃起来安全放心、美味可口。那么，往哪里转型呢？总的方向就是“走科学发展路、建生态文明市”。近年来，我市以建设生态文明城市为引领，大力推进发展转型，取得了明显效果。栗战书书记最近指出，现在“爽爽的贵阳”品牌打得很响，贵阳的空气质量也很好，省委、省政府要进一步支持贵阳保护生态，千方百计使贵阳的生态环境、自然环境更好，打响贵阳生态文明城市的品牌。赵克志省长指出，贵阳建设生态文明城市特色鲜明，要进一步突出生态优势，坚持以生态化带动城市品质提升，在城市低碳生态发展上加快实现突破。在“十二五”时期，我们要落实省委、省政府的重要指示，始终坚持建设生态文明城市的理念，大力发展绿色经济、低碳经济、循环经济，推进“产业生态化、生态产业化”。具体来说，要做到“三个转”。一是产业结构由低端转向高端。要大力发展精深加工、精细化工、总装集成等中游、下游产业，拓宽产业幅，延长产业链，提高附加值。大后天，我市年产15万吨铝板带项目将开工建设。据测算，目前铝锭的市场价格大概在每吨1.6万元左右，加工成铝箔坯料，每吨可以卖到2.4万元左右，加工成铝箔，每吨可以卖到4万元左右，而加工成高端铝型材，每吨可以卖到6万元以上。这个项目从洽谈到现在开工，花了两年多的时间，十分不易，其意义不仅在于项目自身带来的经济效益，而且还在于架起了从铝矿石到铝加工产品之间的桥梁，形成了完整的本地产业链，结束了贵阳作为铝矿资源基地却没有什么铝加工的尴尬历史。这就是从低端向高端、从上游向中下游转型啊。二是增长模式由粗放转向集约。坚持资源节约型和环境友好型的发展路子，切实改变高消耗、高排放、高污染的传统增长模式。大力发展循环经济。在资源开采环节，要提高综合开发和回采率，做到

中共贵州省委常委、贵阳市委书记李军到轨道交通1号线建设工地调研

“细挖慢采”；在资源消耗环节，要提高资源利用效率，做到“滴水不漏”；在废弃物处理环节，要着力推进以废弃物为原料的产业链延伸，做到“吃干榨尽”；在再生资源利用环节，要完善废旧资源分拣回收利用机制，做到“变废为宝”；在社会消费环节，要提倡绿色、简约的生活方式，做到“返璞归真”。大力推进低碳发展。贵阳市是全国首批低碳试点城市之一。在今年生态文明贵阳会议期间，我们发布了《贵阳市低碳发展行动计划（纲要）》，明确了到2020年的减排目标和“十大行动”，得到了各方广泛关注和好评。明天，国家发改委将审议我市试点方案。我们要把确定的政策措施抓落实，推动低碳城市建设取得重大突破。大力推动集约用地。贵阳土地资源十分稀缺，但有的地方大手大脚，一个项目动不动就占500亩、1000亩、2000亩甚至几平方公里，如果这样下去，用不了多少年贵阳就会因为没有可用的土地而失去持续发展的能力。必须通过政策引导、行政审批、经济约束多种手段，促进集约用地，提高“亩产量”，实现土地资源效益最大化。要严格用地标准，对达不到一定投资强度的，不能提供用地；要盘活存量资源，包括利用好旧厂区等，对长期占而不用的土地要进行清理，并依法收回；要加

大奖惩力度，对集约用地的给予奖励，对浪费土地的予以惩罚。前不久，市政府已经决定依法收回4宗闲置土地。贵州广铝公司80万吨氧化铝项目用地比国家标准节约了64.3%，值得肯定。三是要素投入由主要依靠物质资源转向主要依靠科技创新。我市科技研发和转化能力总体上较弱，高新技术产业比重较低，是经济发展的薄弱环节。就拿高新开发区来说，规模以上工业企业仅有71家，销售收入过亿元的企业仅有23家，而国内其他高新区规模以上工业企业均在500家以上。因此，我们既要尽量提高自主研发能力，打造一批产学研联盟，推动科研成果向现实产业转化，又要采取“拿来主义”，大力引进先进技术和科研成果，将其孵化成企业，最终变成产业。我市有些企业技术比较先进，也有完全知识产权，成长性较好，可就是规模太小，要采取特殊的政策扶持其迅速长大，抢占市场份额。

第三，推动跨越，就是要使“蛋糕”变得更大更好。加速发展是客观要求，加快转型是路径保障，推动跨越是必然结果。那么，经过四到五年的努力，贵阳市能实现一个什么样的跨越呢？从量上看，就是生产总值和财政总收入翻一番，在经济总量上再造一个贵阳。“蛋糕”大一倍，意味着党委、政府有两倍于现有的物质财力，更有能力为贵阳人民谋幸福。而且，人均生产总值将达到6000美元，达到中等发达国家水平；人均财力由现在的7500元增加到1.2万元，分到每个人头上的“蛋糕”大多了。从质上看，就是在现有基础上，比全省提前五年进入全面小康社会，建成更高水平的生态文明城市。今年6月25日，中国社会科学院城市与竞争力研究中心发布的《全球城市竞争力报告（2009—2010）》显示，在全球500个城市中，贵阳综合竞争力排名比上个研究年度提升了42位，提升速度列在第4位，很大原因就是我市在气候指数、人均二氧化碳排放量等生态指标上占有明显优势。今后五年，我们将坚定不移地以建设生态文明城市引领跨越，使贵阳这座城市生态环境更加良好、生态产业更加发达、生态观念更加浓厚、文化特色更加鲜明、政府更加廉洁高效，广大市民更加和谐幸福！

三、大力实施“十大民生工程”，不断满足人民对幸福生活的新期待

刚才讲加速发展、加快转型、推动跨越，是为了创造和积累社会财富，把“蛋糕”做大、做好。但是，如果“蛋糕”分不好，人民也不会感受到幸福。如果说把“蛋糕”做大是党委、政府的责任，那么把“蛋糕”分好就是党委、政府的良知。特别是当财富积累到一定程度之后，分好“蛋糕”的意义更为重大。只有分好“蛋糕”，让人民共享发展成果，才能最终实现做大“蛋糕”的目的；只有分好“蛋糕”，有效改善民生，扩大消费，才能为进一步做大“蛋糕”提供持续的强大动力；只有分好“蛋糕”，促进公平正义，理顺群众情绪，才能维护社会和谐稳定。

回顾我市近年来的民生工作，可以概括为两句话，一句话是尽了心、竭了力。民生无小事，枝叶总关情。我们把老百姓当家人，把老百姓的事当家事，在对象上格外关注弱势群体，在态度上千方百计、尽心竭力，在效果上特别注重老百姓的感受。我们在财政比较困难的情况下，尽力压缩行政等方面的开支，保障民生支出，市本级财政支出中涉及民生的支出超过50%，都是真金白银。我们大力实施“学有所教”、“劳有所得”、“老有所养”、“病有所医”、“住有所居”、“居有所安”“六有”民生行动计划，使民生得到新的保障和改善。特别是今年以来，我们扎实开展“三创一办”，实现了卫生与秩序的明显好转。市统计局调查，老百姓对“六有”民生和生态环境状况的满意指数为83.06，认为“三创一办”工作成效明显的达到96%。另一句话是欠账多、差距大。教育、卫生、文化、体育等发展相对

滞后，城市基础设施薄弱，垃圾、污水处理率等指标与国家要求还有差距。城乡居民收入增长低于经济和财政收入的增速,贫富差距比较大，基尼系数超过了0.4这个警戒线。对这些欠账，我们必须千方百计偿还；对这些差距，我们必须尽心竭力缩小。

国际经验表明，一个国家或地区人均生产总值处于3000美元至5000美元之间时，是一个重要的“分水岭”。在这个时期，快速发展中积聚的矛盾集中显露，容易出现就业困难、贫富分化、腐败多发、公共服务短缺、社会动荡、信仰缺失等问题，如果解决得不好，就会陷入所谓“中等收入陷阱”。像巴西、阿根廷、墨西哥、智利、马来西亚等国家，在20世纪70年代就进入了中等收入国家行列，但直到这些年基本上还在这一阶段徘徊，主要原因就是民生等问题解决得不好，老百姓幸福感缺失。贵阳市今年人均生产总值超过4000美元，正好处于这样一个“分水岭”时期。我们要汲取别人的教训，把“蛋糕”分得更好，最大限度地从源头上化解各种矛盾产生的根源，努力跨过“分水岭”，避免落入“陷阱”。

那么，在“十二五”时期，我们怎样分好“蛋糕”，满足人民群众对幸福生活的新期待呢？我们最近采取多种途径广泛征求市民意见，包括专门到社区、居民家中听取建议，市统计局直接入户进行抽样调查等。遵照省委、省政府的重要指示，根据广大市民的愿望和要求，市委、市政府决定大力实施“十大民生工程”。

第一，以促进充分就业为目标，大力实施“就业和增收工程”。就业是民生之本。一个人没有就业，不能自食其力，不能养家糊口，哪里还谈得上有尊严、有幸福？在发展理念上，我们要坚持“就业优先”，把就业作为评价经济社会发展成果的一项主要指标，作为考核各级政府政绩的一项核心内容，大力构建和谐劳动关系，使劳动者在体面劳动中获得尊严。在工作对象上，我们要突出重点群体，切实解决好城镇就业困难家庭的就业问题，保持“零就业家庭”动态为零；切实解决好大中专毕业生的就业问题，特别是困难家庭的大学生就业问题，不能让他们“刚毕业就失业”；切实解决好农村富余劳动力的就业问题，帮助农民工兄弟提高就业能力，更好地融入城镇。在政策措施上，我们要通过积极发展劳动密集型产业以及吸纳就业能力强的中小型企业，创造一批就业岗位；在重大工程项目建设中优先安排本地群众就业，增加一批就业岗位；大力发展社区公共管理服务，开发一批公益性就业岗位。在就业观念上，要引导劳动者“先就业再择业”。通过以上措施，我们能在“十二五”时期创造35万个就业岗位，使全市凡有基本能力、有就业愿望的劳动者，只要“不挑不拣”，都能实现就业，做到人人有“蛋糕”吃。

当然，我们不仅要让没有就业的人实现就业，还必须让有就业的人增加收入，也就是多分得一些“蛋糕”。我市城乡居民收入水平总体较低。去年，城市居民人均可支配收入比全国低2134元；农民人均纯收入虽然比全国高163元，但比西部省会城市平均水平低398元。针对这一情况，我们要做好一个“加法”、一个“减法”。一个“加法”，就是要促进增收。通过建立健全一整套行之有效的制度，逐步提高企业职工的工资水平，提高农民工的工资水平，提高行政事业单位职工的工资水平，努力实现居民收入增长与经济发展同步、劳动报酬增长与劳动生产率提高同步，力争到“十二五”期末，城乡居民收入都实现翻番，分别达到3.2万元和1.2万元。一个“减法”，就是要切实减负。坚决查处群众反映强烈的学校乱收费、医院乱收费等问题，有效减轻群众负担，间接实现增收。在普遍提高城乡居民收入的同时，要研究采取有效的措施，规范分配秩序，有效调节过高收入，努力降低基尼系数，扭转我市城乡、区域、行业和社会成员之间收入

中共贵州省委常委、贵阳市委书记李军参观贵阳旅游十年成果展

差距扩大趋势。

要强调的是，一段时间以来，以蔬菜、食品为主的生活必需品价格上涨较快，广大市民特别是低收入群体的生活受到一定影响。市委、市政府迅速采取了一系列措施，有效地稳控了物价，贵阳成为全国物价上涨较低的城市之一。实践证明，虽然物价上涨是个全国性甚至全球性问题，是“大气候”，但并不意味着地方党委、政府就无所作为。只要应对得当，完全可以创造稳控物价的“小气候”。今后一段时间，物价上涨压力还不小。有关部门要认真贯彻市委、市政府的部署，抓好今冬明春的农业生产，增加农副产品供给；精心组织调运，加大粮油储备量和市场投放量；继续推进农超对接，减少流通环节；维护市场价格秩序，坚决打击“蒜你狠”、“姜你军”、“油你涨”、“豆你玩”、“糖高宗”等恶意炒作、串通涨价行为；迅速建立价格补贴与物价上涨挂钩的联动机制，妥善安排低收入群体的生活。物价问题是重大的民生问题，各级党委、政府要高度重视，积极应对，切实保障广大市民的“米袋子”、“菜篮子”、“油瓶子”。

第二，以基本消除绝对贫困为目标，大力实施“扶贫济困工程”。由于自身或客观原因，我市仍有一些城乡居民生活处于贫困状态。在农村，按照国家划定的年人均纯收入1196元的贫困线标准，我市2009年底还有16.12万绝对贫困人口。我们要打响最后的攻坚战，大力推进扶贫开发，全面实施农村低保制度，到“十二五”期末基本消除绝对贫困，比全省目标提前五年。在城镇，目前有低保人口7.62万人，尽管实现了“应保尽保”，但标准还不高，6个城区每人每月仅300元，一市三县每人每月仅240元。在“十二五”时期，随着可用财力的增长，我们要努力提高低保标准，让低保人员共同享受发展成果。另外，对那些居无定所的流浪乞讨人员、残疾人员，要建立健全社会救助快速反应机制，及时提供援助。比如，这一段时间天气寒冷，贵阳街头的“背篼”、流浪乞讨人员、残疾人员情况怎么样？民政部门要加强巡查，发现一个、救助一个，决不允许出现冻死街头的现象！“饱而知人之饥，温而知人之寒”，在任何时候，我们都要把所有城乡弱势群体放在心上，给予特殊的关爱。

第三，以缓解上好学难、上好学贵为目标，大力实施“普教优教工程”。知识改变命运，教育决定前途。家长都“望子成龙”、“望女成凤”。正是因为群众关注程度高、期望值高，所以对教育的意见也比较集中，这是完全可以理解的。这些意见，也就是教育的薄弱环节，主要有三个方面。一是义务教育“上好学难”。我们今年在云岩区、南明区实施学区化改革，对缓解“择校热”起到了较好的作用。下一步，要研究增加义务教育优质资源的办法和措施，集中力量建设规模较大、办学条件较好、教育质量较高的优质学校，并在合理布局的前提下，抓紧新建和改（扩）建30所公办中小学，让更多的学生享受到优质教育资源。二是学前教育“入园难”。目前，我市的3——5周岁儿

童达到16万左右，登记注册的在园（在班）幼儿只接近8万，仅占学前三年儿童总量的一半。在这些登记注册的在园儿童中，在公办幼儿园的仅有37.51%，其余的都在民办园和企业办园。我们要着力兴办一批办学规范、收费低、教育质量有保障的公办幼儿园，让广大家长不为入园难、入园贵而苦恼。到“十二五”期末，基本普及学前三年教育，公办幼儿园在园人数要占到60%以上。同时，要积极引导和规范民办幼儿园，满足家长对优质学前教育的愿望。三是高中阶段教育“普及难”。目前我市每年有初中毕业生5.5万人，其中1.1万人没有上高中而直接流入社会。这个问题解决不好，就会带来一系列的社会问题。我们要通过改（扩）建和新建等方式，大力加强普通高中和中职学校的建设，经过五年努力，实现免费高中阶段教育，确保毛入学率由目前的71.2%提高到90%以上，达到全国中等水平。以上三个问题，归结起来都是因为投入不足，导致教育资源供需矛盾突出。我们要按照实施公共财政的要求，优先保障教育投入，确保到2012年财政性教育经费支出占地区生产总值的比重达到4%。

第四，以缓解看病难、看病贵为目标，大力实施“健康工程”。有一个说法，“健康是1，事业、财富、名望等等都是后面的0，0越多越幸福。但是，如果没有前面这个1，再多的0还是0。”贵阳市近年来公共卫生事业得到加强，有的指标高于全国平均水平，但由于基层医疗资源有限、医疗体制不合理等原因，老百姓对看病难、看病贵意见仍然较多。“十二五”时期，我们要按照“保基本、强基层、建机制”的要求，努力增加财政投入，从制度上落实基本医疗卫生的公益性，满足群众的需求，进一步提升全体市民的健康水平。要围绕“看病更方便”的目标，大力推进优质医疗资源下沉，增强基层医疗卫生机构的服务能力。比如，推动、鼓励大医院的好医生到社区行医。现在我市已经实现村卫生室覆盖率100%，要在此基础上，实现“十二五”时期社区卫生服务中心（站）覆盖率100%；同时扩大公立医院规模，强化医疗救治能力，增加医疗设施配备，力争新增5000张病床，使千人床位数增加到7张，达到全国中上水平。要围绕“治病少花钱”的目标，提高医疗补助标准和保障水平，2015年前将住院病人医疗费用政府负担比例提高到70%以上；同时积极落实基本药物制度，最大限度地挤干药价的“水分”，切实减轻患者负担，在解决“有病不敢治”和因病致贫、因病返贫的问题上有大的成效，为老百姓健康撑起一把“保护伞”。

第五，以完善养老保障体系为目标，大力实施“养老敬老工程”。目前我市60岁以上的老年人口为50万，约占全市总人口的12.5%，已经进入老龄社会，“银色浪潮”席卷而来，养老压力巨大。我在调研中，不少市民都反映，城里养老条件好，难在没床位，农村养老空气好，难在条件差，强烈呼吁党委、政府高度重视解决养老问题。“十二五”时期，我们要重点抓好三项工作。一要完善养老保险。截至今年11月，全市还有约60万符合参保条件的贵阳市民没有养老保险。我们要加快实现养老保险全覆盖，并不断提高保障水平，争取让每个老年人都能领取养老金、基本生活有保障。最近，国务院决定提高企业退休人员养老金，将未参保集体企业退休人员纳入基本养老保险。我们要抓紧制定具体实施方案，切实抓好政策落实，用30天左右时间，也就是2011年春节前，将增加的基本养老金发放到企业退休人员手中，在2011年年底前，完成将未参保集体企业退休人员纳入基本养老保险的工作。当然，时间越提前越好。二要增加养老机构。目前，我市只有各类养老机构116家，床位4300张，仅占全市老年人口的0.86%，低于全国1.59%的水平。我们要通过行政、市场等多种手段，加快建设社会福利院、老年公寓、老年大学、养老院、托老所等养老服务实体，形成健全的养老服务体系。“十二五”时期，全市养老服务机构床位数要达到1万张以上，平均每千名老年人拥有20张床位。三要营造敬老氛围。积极开展针对“空巢老人”的志愿服务等活动，提供生活照料、康复护理、家政服务等综合性的服务，让他们感受到社会的温暖。规划建设人行过街设施、公交设施、文化场所、公园等，都要考虑最大限度地方便老年人。我还想说的是，做儿女、做晚辈的，不论工作怎么忙、怎么辛苦，都必须抽出时间“常回家看看”，就像歌曲中唱的“帮妈妈刷刷筷子洗洗碗，给爸爸捶捶后背揉揉肩”，听听唠叨，说说心愿。

第六，以实现“居者有其屋”为目标，大力实施“安居工程”。无房无以为家，安居才能乐业。市统计局的调查显示，在“您认为影响幸福的主要因素有哪些”中，住房位列第一。保障全体人民“居者有其屋”，是党委、政府的基本职责。近年来，我市住房保障力度不断加大，新建了一批廉租住房、公租房，实施了全市农村危房改造，使城乡居民的居住条件得到改善。但是，全市还有不少中低收入家庭房子面积小，处在“蜗居”状态；参加工作时间不长的年轻人，工资收入低，买不起房，正在当“蚁族”、“啃老族”。解决住房问题，要发挥“两只手”的作用。一只是政府之手，就是要大力建设保障性住房。对于中低收入者来说，在短时间内很难靠自己的力量买房，可以通过“先租房、后买房”的途径解决当前的住房困难问题。市委、市政府决定今后五年投入125亿元新建10万套以公租房为主的保障性住房，采取实物配租和租金补贴相结合的方式，把人均住房面积在15平方米以下的中低收入群体全部纳入保障范围，让更多家庭圆安居梦。另一只是市场之手，就是要有序发展商品房。商品房是解决老百姓多样化住房需求的重要渠道，现在的问题是房价高，老百姓意见很大、怨气很重。有一项调查显示，今年全国城镇居民的房价收入比是8.76，相当于普通城镇居民家庭不吃不喝8.76年才能买一套房。我们要认真贯彻国务院关于调控房地产市场的各项措施，坚决抑制房价过快上涨，抑制投机投资性购房需求，减轻老百姓买房负担。

第七，以提高人民群众安全感为目标，大力实施“平安工程”。安全是老百姓最基本的需求，没有安全感，哪来幸福感？近年来，市委、市政府深入开展“严打两抢一盗，保卫百姓平安”专项行动，取得了明显成效，今年老百姓安全感达到84.19%，比上年提高4.06个百分点。但是，必须承认，贵阳市的治安形势仍然严峻，离老百姓的期望值还有较大差距。我无论是到社区居民家中走访，还是处理群众来信，都深切感受到市民对进一步加强治安的强烈愿望。我们要继续深入开展“严打”，不间断地组织专项战役，始终保持高压态势，打得犯罪分子不敢来贵阳，来了不敢作案，作了案跑不掉。要把现有的300多个治安卡点建成永久性的“战斗堡垒”，不断扩大覆盖面，并逐步延伸到治安情况复杂的背街小巷、城郊结合部，让犯罪分子觉得打击无处不在，让老百姓感到安全就在身边。要全面加强科技强警，治安监控探头每年要新增30%以上，使贵阳每一个角落都有“天眼”，极大地威慑犯罪分子。要继续加强社会治安综合治理，倡导“我为别人守一天，别人为我管一月”的互助精神，发动社区党员、居民开展群防群治，让犯罪分子无可乘之机。就眼下说，要精心组织开展“两节”期间的严打专项行动，确保全市人民过一个欢乐、祥和、安宁的节日。通过这些努力，使“十二五”期末老百姓安全感提高到90%以上，出门更放心、在家更安心。

另外，食品、药品安全也是重大的民生问题。近些年，外地一些地方发生不少假冒伪劣食品、药品事件，比如“苏丹红”、“三聚氰胺”、“齐二药”、“欣弗”等

等，搞得人心惶惶。许多老百姓说，现在吃什么都不放心。制贩假冒伪劣食品、药品，危害人民群众健康乃至生命，真是丧尽天良。我们贵阳尽管没有发生重大食品药品安全事件，但绝不能有丝毫麻痹、侥幸。要切实加强食品、药品从生产、流通到使用各环节的全程监管和专项整治，对那些赚黑心钱的不法分子，一定要按法律法规的上限严厉打击，保证老百姓吃上放心食品、放心药品。

第八，以缓解中心城区拥堵为目标，大力实施“畅通工程”。近年来，堵车逐渐成为影响贵阳老百姓生活的一个突出问题。“堵得恼火”是出现频率最高的词语之一。堵车就“堵心”，“堵心”怎么会幸福呢？有人给我写信说，李书记你说“爽爽的贵阳、避暑的天堂”，我看得改两个字，叫“爽爽的贵阳、堵车的天堂”。为了解决这个问题，市委、市政府强力推进以交通为重点的基础设施建设，去年以来建成了贵阳环城高速公路、甲秀南路、北京西路、机场路、水东路、黔灵山路等一批骨干道路，拆除了喷水池环岛，建设了20个港湾式公交车站，搬迁贵阳长途汽车客运站和体育馆客车站，实施市直机关错时上下班、中小学错时上放学，限制大货车白天进城。应当说，市委、市政府在解决交通拥堵问题上是下了大功夫的，取得了一定的成效。但是，老百姓还是觉得堵。为什么这么堵呢？客观上讲，是修路的速度赶不上车辆增加的速度。从1999年到2009年，贵阳市人均道路面积增加了1倍，可是机动车保有量增加了10倍，现在已经接近60万辆，近三年翻了一番，能不堵吗？根据国际经验，城市每平方公里汽车密度为2000辆时一般不会引起较大的交通拥堵。纽约仅为1000辆，北京3000辆，贵阳接近4500辆，比北京还高50%。主观上讲，与少数司机、少数行人不遵守交通规则有关，他们既是拥堵的受害者，又是拥堵的制造者。

最近，根据栗战书书记的指示，我们研究采取四个方面的“缓堵”措施。一是要继续多修路、快修路。加快建设在建的甲秀北（中）路、北京东路、北二环、东二环、南二环等道路，确保明年8月份通车；立即开工建设盐沙路、富源路延伸段、东站路、桐荫路，确保2012年全面完成“三环十六射”城市骨干路网建设任务，人均道路面积达到10平方米以上，进入全国中等水平，使拥堵状况逐步缓解。全面建成“一环一射两联线”市域快速铁路网和城市轻轨1、2号线，使贵阳市的轨道交通迈入全国先进城市行列，实现历史性跨越。现在大家觉得花溪、白云、清镇这些片区还比较偏，不太愿意去买房子，我告诉大家，五年之内快铁建好以后，这些片区和老城区之间的交通将非常便捷，所以趁早买吧。二是要落实公交优先，深化公交管理体制改革，增加公交专用道，提高公交覆盖率，使公交出行分担率由现在的30%提高到45%，让更多老百姓乘坐准点、快捷、舒适的公交车。三是要严格管理、优化管理，特别是要持续掀起“执法风暴”，严厉处罚车辆和行人交通违法行为；对拥堵的重点时段、重点路段，通过单行线、可变车道、信号灯配时优化等手段合理组织交通，提高通过能力。四是提倡文明行车、文明行路。希望广大市民朋友遵守交通规则，不要违章掉头、随意变道，不要翻越护栏、擅闯红灯，做到坚决不“添堵”，积极帮“缓堵”。通过以上努力，确保当前拥堵状况不继续恶化，在此基础上，通过持续努力，使拥堵状况逐步改善。当然，坦率地说，治理城市交通拥堵是一道世界性难题，没什么“特效药”，不可能寄希望于“药到病除”。对贵阳的交通拥堵，许多市民通过发帖子、短信等方式，给我们提出很多有价值的建议。大家还有什么锦囊妙计，都可以奉献出来，市委、市政府一定认真吸纳。

第九，以环境净化美化为目标，大力实施“生态建设和整脏治乱工程”。一座城市，如果抬头一看，天空灰蒙蒙的，低头一看，地上脏兮兮的，还有什么幸福可言？随着市民物质生活的改善，对环境净化、美化的要求越来越高。为此，我们要巩固和发展生态建设的成果。近年来，市委、市政府采取严厉措施积极保护生态环境。成立“两湖一库”管理局、环境保护法庭、“两湖一库”环境保护基金会，出台生态补偿办法，运用行政、法律、经济手段，保卫贵阳人民的三口“水缸”，红枫湖、百花湖水质由2007年的五类和劣五类改善为现在的三类为主，阿哈水库水质保持在三类；打响“森林保卫战”，整治砂石矿山开采秩序，有效保护两条环城林带等森林资源，捍卫了贵阳“国家森林城市”的称号。这些措施得到了全市人民的衷心拥护。“十二五”时期，我们要坚定不移地加强环境保护和生态建设，使红枫湖、百花湖水质稳定在三类，阿哈水库水质稳定在二类，森林覆盖率和建成区绿化覆盖率分别由现在的41.78%和42.3%提高到45%，人均公共绿地面积由现在的9.85平方米提高到12.3平方米。这样，贵阳人民就能饮用更洁净的水，呼吸更清新的空气。我们要将“整脏治乱”进行到底。今年以来，省市合力推进“三创一办”，贵阳市容市貌明显改善，市民文明素质有所提高，本地群众和外地游客都给予了好评。栗战书书记和赵克志省长充分肯定“三创一办”，表扬贵阳管理得比有些省会城市要好。有些干部群众担心，明年举办完“民族运动会”后，“三创一办”会不会停下来？我明确告诉大家，“三创一办”只是一个阶段性的工作载体，但其内容是城市管理永恒的主题。特别是“整脏治乱”，是在跟人的陋习作斗争，绝不可能一蹴而就，稍有松懈，脏乱现象就会回潮。“民族运动会”以后，不管叫什么名称，市委、市政府“整脏治乱”的力度绝不会减弱！我们已经部署，在“三创一办”已有成绩的基础上，“整脏治乱”重点向背街小巷、城中村、城郊结合部推进。

中共贵州省委常委、贵阳市委书记李军与市民交谈维护环境卫生

第十，以提升文明素质为目标，大力实施“传统美德弘扬工程”。幸福并不只是吃新鲜肉、穿好衣服、住大房子、开小轿车，还必须有充实的精神生活、有健康的价值取向。一个精神空虚的人是不会幸福的。用什么来丰富老百姓的精神世界、提升市民的文明素质呢？当然不能用西方那些腐朽的东西，我认为应该在社会主义核心价值体系的框架内，大力弘扬中华民族传统美德。比如，要忠诚。作为国人要忠于国家、忠于民族，以促进国家强大、民族兴旺为己任；作为共产党员要忠于党，“常怀忧党之心，恪尽兴党之责”；作为贵阳人要忠于贵阳，热爱贵阳，建设贵阳，维护贵阳这座城市的形象和尊严。比如，要孝顺。“百善孝为先”。为人子女，理应孝顺父母。汉朝的皇帝就把“孝”作为选人用人的准则之一，不孝的人就当不了“国家干部”。古代，哪个县发现一个逆子，县令得把城墙砍去一角。因为他没有教育好一方百姓，以此忏悔和警示。今天，我们要使孝道在社会上蔚然成风。比如，要诚信。诚信的基本含义是坦诚相待、一诺千金。中华民族是礼仪之邦，是非常讲诚信的。可是，现在不讲诚信的人，欺骗、欺诈的事很多，已经成为人人痛恨的

一大公害。个人讲诚信，就是要说老实话、办老实事、做老实人；企业讲诚信，就是要守法经营、货真价实、童叟无欺；政府讲诚信，就是要依规办事、兑现承诺、取信于民。比如，要知足。“知足常乐”。如果人的欲望无边，吃了碗里的、还看着锅里的，就很难获得幸福。而且，欲望太强，就会不择手段，容易犯错误。所以，老子说：“祸莫大于不知足，咎莫大于欲得，故知足之足常足矣”。总之，传统美德凝聚了中华民族的“神”与“魂”，内容博大精深，我们要通过学校德育教育、社会道德宣传、文学艺术作品、群众文化活动、举办道德模范人物评选等方法，在贵阳形成以践行中华传统美德为荣，以不忠诚、不孝顺、不诚信、不知足为耻的浓厚氛围。

以上“十大民生工程”是老百姓最关注、最急需解决的问题，体现了我们党委、政府将更多的“蛋糕”切给民生、更多的制度设计立足民生、更多的应变之举倾向民生。我们要将这“十大民生工程”进行量化，明确年度目标，明确责任单位和责任人，严格督促检查，确保取得实实在在的效果。要建立幸福指数测评体系，检验切“蛋糕”的群众满意度，以此作为我们改进民生工作的重要依据。

四、全市党员干部特别是领导干部要特别能吃苦，以自己的辛苦指数提升人民群众的幸福指数

完成“十二五”规划的目标任务，进一步夯实人民群众幸福生活的物质基础，努力满足人民群众对幸福生活的新期待，把“蛋糕”做大、把“蛋糕”分好，是一项非常艰巨的任务。栗战书书记多次强调，“发展要快、风气要正、作风要实、干部要干”。各级党员干部特别是领导干部是为人民谋幸福的组织者、实施者，必须特别能吃苦，以自己的辛苦指数提升人民群众的幸福指数。

辛苦是打开成就之门的钥匙。勾践能够重振越国、消灭吴国，就在于他卧薪尝胆以激励自己；孙敬、苏秦成为著名政治家，就在于从小“头悬梁、锥刺股”；爱迪生成为“发明大王”，源自“1%的灵感”加上“99%的汗水”。我们党员干部的最大成就是什么？就是人民的幸福。我们要想打开人民幸福这个成就之门，必须靠辛苦这把钥匙。我们付出的辛苦越大，辛苦指数越高，发展经济、改善民生的工作做得越好，人民得到的实惠就越多，幸福感就越强，幸福指数也就越高。王进喜“宁肯少活二十年，拼命也要拿下大油田”，焦裕禄“宁愿拼上一条老命，也要改变贫困面貌”，孔繁森“青山处处埋忠骨，一腔热血洒高原”……他们都是党员干部特别能吃苦、以自己的辛苦指数提升人民幸福指数的杰出代表。

需要指出的是，在为人民谋幸福的过程中，我们贵阳市的党员干部辛苦指数必须更高。因为贵阳自然条件差、建设成本高，修路，不是架桥梁，就是打隧道，桥隧比往往占到60%、70%以上，建设成本比全国平均水平高50%左右；建园区，不是炸山头，就是填沟谷，投入同样的资金，别的地方可以搞到“七通一平”、“九通一平”，而贵阳搞到“三通一平”都不容易。因为贵阳发展起点低、工作难度大，发达地区已经解决的问题至今仍在困扰我们，发达地区当前面临的问题贵阳同样存在，处理好加速发展与维护稳定的关系需要我们费更多的神、更多的力。因为贵阳开发历史较短、开放程度较低，接受新生事物相对慢一些，思想解放的任务相对重一些。正如胡锦涛总书记深刻指出的那样，在贵州每干成一件事情，都很不容易，都要比别的地方多付出数倍的辛劳。

总的来看，贵阳市绝大多数党员干部是特别能吃苦的。大家回想一下，在2008年那场百年不遇的特大凝冻灾害中，我市生活秩序基本正常,市民情绪平稳，更没有因灾冻死、饿死一个人，靠什么？靠的就是像李彬那样一大批党员干部舍小家、顾大家，顶风冒雪，顽强拼搏在抗灾救灾第一线，组织群众保水、保电、保交通、保供应，特别是全市科级以上干部春节长假期间仍然坚守岗位，度过了一个难忘的“革命春节”。贵阳环城高速公路南环线建设从决策到通车，仅用了两年时间，创造了全省乃至全国高速公路建设的奇迹；金阳客车站建设从决策到运营，仅用了两个半月时间，创造了市政建设的奇迹，靠什么？靠的就是从指挥员、管理人员到施工人员，发扬“五加二”、“白加黑”精神，把时间用足、把空间占满，苦干实干，有的同志甚至亲人去世也没有离开岗位。在“三创一办”中，不到半年时间改造升级111个农贸市场、清退取缔26条马路市场、搬迁安置5000余户个体摊贩,啃下许多城市管理的“硬骨头”、解决不少多年遗留的“老大难”，靠什么？靠的就是三个“指挥部”和各区（市、县）、街道、社区等各相关部门干部职工，周密部署，精心实施，加班加点，攻坚克难，很多同志特别是交通警察、城管队员、环卫工人不但受苦受累，有时还要遭受委屈。最近，我市签约、开工了一大批产业项目，数量之多、投资之大、效率之高，创造了历史纪录，靠什么？靠的就是从市领导、区（市、县）领导到专职招商干部发扬“钉子精神”、“孙子精神”，不辞辛苦、四处奔波，相关部门开辟绿色通道、提供“保姆式”服务。在建设生态文明城市的其他各条战线，广大党员干部都付出了巨大辛苦，做出了重大贡献，这里我就不再一一列举。对那些特别能吃苦的党员干部，老百姓看在眼里，由衷地给予夸奖；组织上看在眼里，及时地予以表彰、重用。但是，相形之下，我市也有个别党员干部吃苦精神的确很差。有的害怕吃苦，谈苦色变，好像吃点苦就会要他的命；有的不愿吃苦，面对稍微苦一点的差事，偷懒耍滑，能躲就躲、能推就推；有的不能吃苦，稍微多干点活、加一点班就叫苦连天；有的不但不肯吃苦，还沉湎于声色犬马、灯红酒绿，甚至与民争利、贪污腐败。这些现象虽然发生在个别党员干部身上，但败坏了党员干部队伍的整体形象，直接影响了老百姓的幸福感。

党员干部特别是领导干部要特别能吃苦，就是应当吃“三种苦”。一是思想艰苦。衡量领导干部水平高低、能力大小，很重要的标准就是能否做到主观与客观的有机结合、理论与实践的有机结合、上级精神与本地实际的有机结合，创造性地开展工作。而结合需要较高的理论素养和政策水平，运用正确的立场、观点和方法；需要下功夫调查研究，掌握真实的而不是虚假的、全面的而不是零碎的材料；需要在理论、政策指导下，对材料进行反复比较、分析、综合、概括、提炼，找准结合点。这是一个十分艰苦的思想过程，往往伴随着苦恼、苦涩、苦思冥想、苦心孤诣。如果当思想上的懒汉，要么照抄照搬，等因奉此，犯教条主义的错误；要么就事论事，跟着感觉走，犯经验主义的错误；要么“情况不明决心大，方法不对点子多”，犯主观主义的错误。二是工作刻苦。对领导干部来说，工作是什么？工作就是处理矛盾、解决问题。领导干部精力有限，不能事无巨细。但是，有些工作十分重大，涉及全局、关系长远，我们必须亲自抓在手里，既当“指挥员”，又当“战斗员”。如果图省事、图轻松，满足于发发号召、作作指示，甚至当“甩手掌柜”，就一定会落空。有些工作非常复杂，是一项系统工程，不可能抓一次两次、抓一天两天就见到成效，我们必须有那么一股子狠劲，抓住不放，一抓到底，像老鹰叼小鸡一样，不逮下一块肉绝不罢休。有些工作涉及利益格局的调整，难免得罪人，冒风险有时甚至冒生命的风险，我们必须敢抓敢管，敢闯敢试，敢于碰硬，敢于担当。毛主席说过：“我赞成这样的口号，叫做‘一不怕苦，二不怕死’”。领导干部抓工作就得有这样的勇气和魄力。有些工作涉及群众利益、群众情绪、群众愿望，处理不好就会损害党群、干群关系，影响社会和谐稳定，我们必须放

下官架子，眼睛向下看，到田间地头，到工厂车间，到街道社区，与群众面对面、手拉手，虚心听取意见哪怕是尖锐的意见，诚心诚意地纠正不足、改进我们的工作；热心改善民生，尽心竭力地为老百姓办实事、办好事；耐心沟通交流，悉心妥帖地化解各种矛盾和纠纷。总之，以心贴心，换来老百姓的开心。三是生活清苦。面对社会上有些人穿名牌、开好车、住豪宅、一掷千金的生活，党员干部应该保持什么样的心态呢？是羡慕，是效仿，还是坚守本色，不为所动？这的确是重大考验。在这场考验中，有的人没能交出合格的答卷。客观地说，干部职业稳定，收入有保障，退休以后工资福利也不少，党和人民给予的生活待遇不低。《2011年中国社会蓝皮书》显示，公务员是我国城镇居民的首选职业。现在，招考公务员，一个职位往往有上百人、上千人、甚至上万人来竞争。我们一定要珍惜这份职业，把稳操守，增强定力，思贪婪之害，弃非分之想，控制自己的物欲，约束自己的行为，知足于党纪国法允许的物质生活。要记住，党员干部也是高危职业，面对的诱惑太多，我们要当共产党的“苦行僧”！要管住嘴，不明不白的酒千万不能喝；管住手，不义之财千万不能拿；管住腿，低俗场所千万不能去。公道自在人心。我想，只要我们党员干部真正做到思想艰苦、工作刻苦、生活清苦，即使有些问题一时解决得不那么理想，老百姓也会给予谅解。

有的同志可能要问，你让我们吃“三种苦”，还提倡当“苦行僧”，是不是太苦了？我们的幸福在哪里？的确，当党员干部十分辛苦。毛主席曾说过：“革命就得吃苦，不怕苦；怕吃苦，吃不得苦，就别革命”。邓小平在回忆八年抗战生活时讲：“我没干什么事，只干了一件事，就是吃苦!”可见，我们既然选择了入党，选择了干部这个职业，就意味着吃苦。但党员干部吃苦又很有意义、很有价值。人如果仅仅为自己，那么他的人生价值就很小；如果服务他人、奉献社会，他的人生价值就实现了增值；服务越多、奉献越大，他的人生价值就越大。“辛苦我一人，幸福千万家”，通过我们的吃苦，换来的是老百姓不吃苦；“一代不苦代代苦”，通过我们这一代吃苦，换来的是下一代不吃苦。吃这样的苦，带来的是人生价值实现后的精神愉悦，恰恰是人生最大的快乐、最大的幸福。马克思有一段名言：“如果我们选择了最能为人类福利而劳动的职业，那么重担就不能把我们压倒，因为这是为大家而献身；那时我们所感到的就不是可怜的、有限的、自私的乐趣，我们的幸福将属于千百万人，我们的事业将默默地、但是永恒发挥作用地存在下去，而面对我们的骨灰，高尚的人们将洒下热泪。”我相信，只要全市党员干部特别是领导干部都有这种以苦为荣、以苦为乐的精神境界和人生信念，那么，不管遇到怎样的辛苦，遭受怎样的委屈，都能始终无怨无悔、满怀激情，百折不挠、勇往直前，投身于全心全意为人民谋幸福的崇高事业！

当然，从组织的角度讲，要树立公道的用人导向，对那些长期在条件艰苦、困难较多地方工作的干部要格外关注，对那些不事张扬、埋头苦干的干部要多加留意，对那些劳苦功高、实绩突出的干部要及时重用，真正做到让吃苦的干部不吃亏。明年，我们要探索开展辛苦指数的测评工作，以此作为考评党员干部的重要依据。

同志们，回首来路，我们已经实施了十一个五年规划（计划），每一个五年都干得很不错，硕果累累，人民群众幸福水平逐步提升。展望前程，“十二五”时期，我们一定要把为人民谋幸福的旗帜举得更高，把为人民谋幸福的劲头铆得更足，把为人民谋幸福的工作做得更实，使未来五年真正成为人民群众物质生活和精神生活大幅改善的五年、市民幸福指数大幅提升的五年！

（根据录音整理）

在市委八届十次全体（扩大）会议第二次会议上的讲话

（2010年12月29日）

贵阳市委副书记、市长　袁 周

昨天，李军同志代表市委常委会作了一个非常好的讲话，主要阐述了“十二五”时期所要秉持的理念，如何落实主基调，大力实施十大民生工程，要求全市党员干部特别是领导干部特别能吃苦等四个重点问题，讲话完全符合科学发展观，完全符合中央、省委精神，符合贵阳实际，会后大家一定要抓好贯彻落实。最近，中央召开了十七届五中全会和经济工作会议，省委召开了十届十次全会、全省工业发展大会、支持贵阳加快发展大会、全省经济工作会议暨深入实施西部大开发战略会议，为确保大家集中精力抓发展、抓落实，经市委研究，决定精简会议，将市委八届十次全会与经济工作会议等“几会合一”，对“十一五”经济社会发展情况进行全面总结、回顾，对“十二五”及明年的工作进行安排部署。下面，我重点讲三个方面问题。

贵阳市委副书记、市长　袁周

一、“十一五”是贵阳经济社会发展实现飞跃的五年

“十一五”是我市发展面临诸多困难和压力的5年，也是经济社会发展最快、城乡面貌变化最大、人民群众得实惠最多的5年。对这5年的形势，温家宝总理在各年岁末年初时曾这样进行概括：2006年是实现“十一五”规划良好开局的一年；2007年是党和国家事业发展进程中非常重要的一年；2008年是极不平凡的一年；2009年是惊心动魄的一年；2010年是极为复杂的一年。良好开局、非常重要、极不平凡、惊心动魄、极为复杂，5个极富个性的词组，也正好反映出我市“十一五”复杂多变的发展形势。事非经过不知难。5年来，我市在宏观环境剧烈变化和内部调整压力加剧中砥砺奋进，遭受前所未有的困难和挑战，取得前所未有的成绩，是我市发展史上极不平凡的5年。2006年、2007年全市生产总值分别为602.88亿元、693.71亿元，分别比上年增长14.7%、15.8%，2007年增速为1984年以来最高。正当经济步入更好更快发展轨道时，我市先后遭受百年不遇的凝冻灾害、国际金融危机以及特大旱灾的严重冲击，全市上下在困难中奋起，在挑战中前行。“十一五”后3年，全市生产总值分别达876.82亿元、971.94亿元、1130亿元（2010年均为预计数，未经省统计局评估，下同），分别比上年增长13.1%、13.3%、14%。经过5年的发展，我市经济社会实现飞跃发展，为“十二五”时期“加速发展、加快转型、推动跨越”打下了坚实的基础。

（一）这是经济发展最快、质量效益最好、综合竞争力极大提升的5年

经济实力明显增强。实现经济社会发展的

历史性跨越，是胡锦涛总书记对我市的期望，是省委、省政府对我市的要求，也是全市人民的期盼。对贵阳“十一五”时期怎么评价，首先就要看是否实现跨越式发展，就是自己和自己比、与全国全省比是不是有一个较高发展速度，与同等城市比是否有所超越。纵向比，“十一五”是我市经济发展最快的时期。生产总值从2005年的525.62亿元增加到2010年的1130亿元，增长了1.15倍，年均增长14.2%,比“九五”、“十五”的年均增速12.0%、13.2%分别加快2.2、1.0个百分点，高于全国、全省平均增速，创新中国成立以来用5年时间翻番的最快增速。人均生产总值从1851美元提高到4256美元，增长了1.3倍，达到上中等收入经济体标准。财政总收入、地方财政收入分别由133.15亿元、49.8亿元增加到300亿元、126亿元，年均增长17.8%、20.7%，分别比“十五”期间快1.1、2.2个百分点。固定资产投资从343.97亿元增加到1017亿元，年均增长24.2%。经过5年的艰苦奋斗，我市年生产总值、固定资产投资、工业总产值均超过千亿元，全面完成了“十一五”的各项目标任务，部分重要监测指标达到全面小康社会标准，站在了科学发展新的战略起点上。横向比，“十一五”我市“赶超”、“进位”取得实质成效，以率先发展、科学发展的实践极大地彰显了贵阳人发展的志气和信心。“强市升位”是上几届市委、市政府根据历史性跨越的要求提出的，目标是使贵阳在西部省会、全国省会城市中排位前移。但在全国百舸争流、千帆竞发的大赛场上，我市在加快发展，别人也在加快发展，“强市升位”很长时期只是一个梦想，甚至出现2003年被呼和浩特反超的尴尬局面。“十一五”时期，我们立足办好自己的事，努力向先进地区、发达地区学习，在“赶超”、“进位”上取得了实效。生产总值在西部省会排位上升。今年中国社会科学院对全球500个城市进行综合评比，贵阳市名列综合竞争力上升最快城市的第4位。

城市核心竞争力进一步增强。现代城市的竞争，关键在科技，关键在人才，归根结底是创新能力的竞争。我市坚持“创新是城市发展的灵魂”，加大科技投入和人才引进力度，着力打造企业为主体的城市创新体系。市级应用技术研究与开发资金投入占财政经常性支出的比例由2.59%增加到2.9%，共投入市级应用技术研究与开发资金4.8亿元，实施科技计划项目1557个，带动社会资金投入近40亿元。实施了“金筑科技英才工程”，大力引进各类高层次人才，建立了“院士专家工作站”、国家高新技术创业服务中心、归国留学人才创业园、大学生创业园等机构，营造了科技人才引得来、留得住、能发展的创新创业环境。建成2个国家级工程技术研究中心、2个国家级重点实验室，以及一批省级工程技术中心、重点实验室，形成产学研结合紧密、成果转化加快的城市创新体系。我市连续五届获得全国科技进步考核先进城市称号，2009年被确定为国家知识产权示范城市、国家创业型试点城市。“十一五”时期，我国有200多个城市提出建设创新型城市的目标，今年4月，科技部通过综合比选，将贵阳确定为17个国家级创新型试点城市之一。良好的生态环境是我市独特的竞争优势。我们按照生态文明城市理念，大力发展循环经济、绿色经济、低碳经济，坚持不懈抓好生态建设，打好“森林保卫战”、“治理两湖一库”等硬仗，进一步增强了城市生态优势。单位生产总值综合能耗、二氧化硫排放量和化学需氧量排放量控制在省下达目标内，完成“十一五”节能减排目标。城市空气质量优良率达95%，森林覆盖率每年提高1个百分点以上；人均公共绿地面积从8.31平方米提高到9.86平方米。被确定为全国生态文明建设试点城市和国家低碳试点城市，生态文明建设走在了全国前列。

城市知名度、美誉度提高。城市的发展，既要突出特色，打造比较优势；又要注重全面协调可持续发展，增强经济发展协调性和竞争力。“十一五”期间，我们在优势领域、特色发展方面力度不减、要求不降，更加突出经济建设主战场，以重点带全局，全面提升综合实力。城市发展不仅争得“单项奖”，也赢得“综合奖”。先后获得“中国优秀旅游城市”、“国家森林城市”、“全国绿化模范城市”、“中国人居环境范例城市”、“国家园林城市”、“中国避暑之都”、“全国双拥模范城”等称号；连续三次被评为“全国创建文明城市工作先进城市”。去年被国家统计局评为建国60年最具代表性的60个城市之一，排在第36位。

（二）这是工业发挥中流砥柱作用、三次产业提速增效、实现新一轮大发展的5年

作为贵阳这样一个经济欠发达城市，加速发展、加快转型关键要靠产业，产业提速增效归根结底要靠工业的提升。“十一五”期间，市委、市政府进一步明晰产业发展思路，召开了全市振兴工业经济大会，坚持“工业强市”主战略，大调整、大开放、大实干，通过“强中间、带两头”，实现三次产业协调发展，呈现出大发展格局。

工业经济做大做强。主要表现在：一是主导产业提速增效。经过5年发展，我市工业经济总体焕发生机，初步形成具有明显竞争优势、支撑作用的支柱产业，骨干企业做强做大，竞争能力增强，产业结构战略性调整成效明显。装备制造业方面：总产值达256亿元，与2005年的130.4亿元相比增长了96%，年均增长14.3%。现有规模以上企业178户（占全省248户的72%），全行业总资产333.4亿元，从业人员7.16万人，其中贵州轮胎股份有限公司年产值从27.5亿元增加到70亿元，增长了154.5%，今年其轮胎出口超1亿美元，成为全省唯一出口过亿美元的大宗产品，该公司在全国同行业排位从36位上升到第7位；詹阳动力重工有限公司产值由一个靠贷款发工资，年产值仅1.9亿元的老企业，发展成市场竞争力强、产品有自主知识产权、企业效益好、年产值达7.9亿元的中外合资企业，增长了315.8%，均实现跨越式增长。医药产业方面：预计现代制药业完成工业总产值110亿元，与2005年的55.6亿元相比增长了一倍。现有规模以上医药工业企业52户，资产总额75.19亿元。单品种销售收入超1亿元的药品17个、超5000万元的药品39个。拥有“益佰”、“同济堂”、“神奇”等3个中国驰名商标。直接或间接上市的医药企业5家，同济堂是我国唯一在纽约证交所上市的中药企业。磷煤化工方面：预计完成工业总产值148亿元,与2005年的87.2亿元相比增长了70%，年均增长14.7%。开磷集团基本建成了大型磷矿石生产基地和高浓度磷肥生产基地。其中息烽磷化工基地已形成年产硫酸210万吨、磷酸70万吨、合成氨30万吨、高浓度磷肥186万吨的生产能力，矿山经扩能技改生产能力已达460万吨/年，开磷矿肥基地大水工业园120万吨/年磷酸二铵项目已建成投产，集团年产值从16.6亿元增加到58亿元，增长了2.5倍。铝工业方面：新引进的贵州今飞铝轮毂一期已基本建成；贵州广铝80万吨氧化铝正在加紧建设中。随着贵州中铝铝业有限公司年产20万吨板带、贵州华科高性能铝合金材料、南昌昌耀铝业年产3万吨彩色铝合金等项目陆续开工建设，产品结构将从矿石、铝锭等初级产品向高性能铝合金复合材料、铝轮毂、铝型材等精深加工产品过渡。铝工业实现恢复性增长，2010年总产值达75亿元，与2005年的56.9亿元相比增长了31.8%。食品工业方面：完成贵阳卷烟厂异地搬迁技改、老干妈公司云关食品工业园技改等项目，企业生产能力大幅提高，烟草制品业总产值达103亿元，与2005年的66.6亿元相比增长了54.7%；特色食品业总产值达56.7亿元，与2005年的25.3亿元相比增长了124.1%，年均增长18.6%。通过“十一五”的努力，全市装备制造、铝及铝加工业、磷煤化工业、现代制药业、卷烟及特色食品业等五大支柱工业总产值达740亿元，占规模以上工业总产值比重达70%以上；全市规模以上企业达603家。从根本上改变了工业经济“小、散、弱”的状况，为“十二五”期间实施“大企业、大产品、大品牌”、推动工业经济更好更快发展奠定了坚实的基础。高新技术产业、IT产业和新

材料、新能源产业也取得了突破性进展。二是工业布局通过大调整提高聚集发展能力。园区是工业实现聚集发展的基础。我们规划建设了“麦架—沙文—扎佐”高新技术生态产业经济带，总面积92平方公里。小河开发区经过10多年的发展，63平方公里范围已基本开发完毕。我们将花溪区翁岩、陈亮、付官3个村17平方公里的土地交由小河开发区托管，完善利益分配机制，合力开发建设小孟工业园区。目前，沙文生态工业园、小河-孟关装备制造业生态工业园“八通一平”建设正有序推进。同时，发挥各区（市、县）积极性，创新管理模式和融资方式，各工业园区按照市的统一规划加快推进。南明区、修文县与社会资本联合开发龙洞堡食品轻工业园和贵州百灵苗药工业园；高新区、小河区、修文县、开阳县利用BT等方式建设园区基础设施，成立10个副县级园区办公室（管委会），园区基础设施建设加快，“十大”工业园区相继开工50余个项目，入驻企业83户，打造了产业集聚发展的平台。三是工业发展后劲明显增强。工业投资与未来的工业增长具有正相关关系。我们将上大项目、引大投资作为加快工业结构调整的重中之重。全市完成工业投资总额917.5亿元，年均增长19.5%。仅今年开工工业项目中，投资200亿元以上有3个，50亿元以上有2个，在建项目投资总额超过1000亿元，超过建国60年全市工业固定投资的总和。我们还千方百计引进工业项目，为今后工业持续快速增长打基础。截至目前，已确定在2011-2012年实施重点项目154项，计划总投资2254亿元，其中，铝及铝加工项目18个，计划总投资355亿元；磷煤化工项目21个，计划总投资321亿元；卷烟及特色食品项目17个，计划总投资37亿元；生物医药项目14个，计划总投资53亿元；能源项目3个，计划总投资91亿元；装备制造业及高新技术项目57个，计划总投资607亿元；轻工建材项目10个，计划总投资94亿元；工业园区建设9个，计划总投资578亿元；工业项目配套电力设施项目5个，计划总投资118亿元。四是体制机制活力增强。在市属国企改革改制停滞不前的情况下，积极筹集资金，引进合作伙伴和战略投资者，切实做好职工安置工作，基本完成国有企业改革改制任务，企业转换机制后焕发了生机和活力。

服务业增速增比。改革开放以来，我市大力发展省会经济，服务业获得了长足发展。“十一五”期间，我市针对服务业发展中存在的问题，切实做好五个方面工作：一是在“进得来”上下功夫。坚持不懈办好一年一度的避暑季、温泉季系列活动，组织党政代表团赴北京、上海、广州、武汉、重庆等地推介贵阳旅游，“中国避暑之都”、“爽爽的贵阳”城市旅游品牌效应凸显；大力改善交通条件，在配合省加快建设贵阳为中心的全国“八小时交通圈”建设的基础上，采取政府补贴方式开通贵阳至新加坡、台湾和内地重要客源城市的旅游航线和专列，有效改善了旅游通行条件。贵阳机场出入港人数超过600万人，远远超过400万人的设计年吞吐能力。二是在“玩得好”上见实效。为改变我市无品牌景点、接待条件差的问题，确定每年在1个区（市、县）举办一次旅游产业发展大会，集中全市财力促进当地旅游产业提档升级。经过精心打造，青岩古镇成为全国十大著名古镇，花溪天河潭、开阳南江大峡谷、保利温泉、贵阳野生动物园等原来名不见经传的景区景点跻身国家4A级景区行列，新开发的“十里画廊”、“泉城五韵”、盘龙山森林音乐会、白云动漫主题公园欢乐大世界、国际自然水域漂流赛等旅游新景点及活动吸引国内外游客蜂拥而至；修文苏格兰牧场、乌当乐湾体育公园等正在加快建设，高端旅游市场开发迈出实质性步伐。三是在“住得下”上做文章。引进凯宾斯基、希尔顿、洲际、万豪等酒店入驻，喜来登、世纪金源大酒店、保利瑞廷、凯悦等五星级酒店建成，改变我市无国际品牌连锁酒店的状况，我市成为西部城市建成和在建国际品牌酒店最多的城市之一。开工建设了4个高尔夫球场。经过努力，贵阳旅游实现由全省旅游集散中心向全国重要旅游目的地、西南旅游服务中心的重大转变。四是在“调布局”上动真格。重点抓好现代物流业发展，清镇物流园区、西南物流中心、扎佐物流园、二戈寨物流园等项目建设进度加快，启动贵阳（中国）西南国际商贸物流城建设和五里冲农贸市场、花溪大道汽车市场带搬迁。我市荣获“物流中心城市最佳投资环境奖”，被列为“全国流通领域现代物流示范城市”。五是在“促升级”上求突破。加快发展会展业，建成西部城市投资最大、功能最全、展位最多的贵阳国际会展中心，生态文明贵阳会议、亚洲青年动漫大赛、医药博览会等成为全国知名会展活动，荣获“中国绿色会议城市”称号，为我市打造“中国夏季会展名城”打下基础。明年确定在我市举办的全国性会展活动达50多场，将有逾百万名中外客商参展或观展。实施引金入筑工程，开工建设了贵阳国际金融中心，成功引进中信银行、花旗银行、浦发银行、招商银行、重庆银行、南充市商业银行在我市开设分支机构，从只有工、农、中、建、交等五大国有商业银行，到引进12家国内外股份制商业银行入驻；银河证券、华泰联合证券以及人寿保险公司等保险、证券公司获批筹建分支机构，打造区域性金融中心取得阶段性成效。动漫产业从零起步，形成以“生产和原创”为主攻方向的数字内容产业园，朗玛科技、青年影视等动漫企业在业界崭露头角。“十一五”期间以旅游业为龙头的服务业加速发展，扩大消费见到实效。完成社会消费品零售总额从204.32亿元增加到487亿元，年均增长19%；旅游总收入年均增速超过40%以上，动漫产业产值近10亿元；第三产业增加值由241.21亿元增加到610亿元，在全市生产总值中的比重由45.9%增加到54%。我市被国家发改委批准成为首批国家服务业综合改革试点城市。

农业做特做优。昨天的新闻播出，经两岸56万网友参与的“2010海峡两岸年度汉字评选”活动揭晓，“涨”字高票获选年度汉字。物价上涨事关老百姓切身利益，党中央、国务院高度关注。26日，温家宝总理在中央人民广播电台与听众交流时说“物价上涨刺痛了我的心”，并进一步指出：“解决物价最根本的是保持供求的平衡，这就需要继续发展生产，确立‘菜篮子市长负责制’、‘米袋子省长负责制’、‘落实地方责任制’。”这让我回想起刚到贵阳工作时，当时的省政府主要领导到贵阳调研后指出，贵阳市作为农业大市，但市场上的猪肉主要从四川等养猪大省调入，鸡蛋要从河北石家庄等地购进，反季节蔬菜、牛奶、鲜花等附加值较高的农产品也主要靠外运满足，要求贵阳市抓紧做好农业产业结构调整，让大农业变成强农业。5年来，我市坚持农业产业化方向，按照“人无我有、人有我特、人特我优”的思路抓好农业产业结构调整，以农业做特做优带动农民增收致富。大力实施了畜、禽、蛋、奶、果、菜、花、药、茶等现代农业示范工程，扶持温氏、南江现代农业、好一多、三联、台农等龙头企业加快发展，农业产业化取得长足进步，发展现代农业初见成效。今年我市完成蔬菜播面130万亩次、中药材基地种植2.7万亩。粮食产量达64.48万吨，油菜产量达4.33万吨；奶牛存栏数增加到2万头；出栏肉鸡（禽）2170万羽、生猪131万头，禽蛋、奶类产量分别达2.59万吨、4万吨，增长24.5%、14.3%，改变了鸡蛋、蔬菜内供不足靠外运的历史，供应能力能保证每天每个市民一只鸡蛋、一杯牛奶，贵阳花卉、“黔山牌”蔬菜等农产品还远销广东、香港和日本、新加坡等国内外市场。不仅完成“米袋子”生产任务，还满足和丰富了市民的“菜篮子”、“油罐子”、“奶瓶子”，是今年实现大灾之年农业不减产、农民不减收、市场供应有保障的根本基础。与此同时，切实推进城乡一体化，努力壮大县域经济，加快新农村建设。加大财政对三县一市转移支付和扶持力度，城市能源资源供应、重大工业项目重点向三县一市布局，继开阳、清镇之后，息烽、修文等步入经济强县行列。

（三）这是城市拓展最快、市容市貌明显

改善、宜居宜业宜游城市建设取得突出成效的5年

今年10月，我应上海世博组委会邀请参加了世博会高峰论坛。在波兰馆参观时我注意到墙上的一首小诗："我们走出阴暗的黑夜，跨出油灯摇曳的茅草房，坐上破旧不堪的火车，奔向梦幻中灯光闪烁的大都市。"这是一首让城市政府、城市管理者产生责任感、紧迫感的诗，城市令人向往之处，就是能让生活更美好；如果一座城市让生活更糟糕，人们就会用脚投票，奔向其他"灯光闪烁"的大都市。

我们实施了城市拓展计划，城市进入大扩容、大聚集、大跨越的新时期。一是以规划为龙头引领城市拓展。高质量完成《贵阳市城市总体规划（2010—2020年）》、《贵阳市土地利用总体规划（2006—2020年）》修编工作，中心城区规划面积向1230平方公里扩展，城市空间布局形态向"双中心、多组团"向"一城三带多组团、山水林城相融合"转换。二是以路网建设为骨架支撑城市扩容。实施了"畅通工程"，加快推进"三环十六射"城市骨干路网建设，市域快速铁路、城市轨道交通获批并加快建设，环城高速公路、甲秀南路、北京西路、机场路、水东路、朝阳洞路、市北路、宅吉路、贵惠路等城市主干道通车，甲秀北（中）路、北京东路、西南环线、北二环、东二环、南二环等将于明年建成，城市发展框架拉开。在打通"断头路"的同时，通过环岛改造、人行过街系统建设，加快人车分流使各种等级道路相互衔接，形成顺畅的交通网络。三是以城市综合体为细胞加快城市聚集。从单体建筑为主转向城市综合体为主，是现代城市建设的一个飞跃。"十一五"期间我市在拓展城市的同时，推动了城市综合体的建设。建设了如世纪金源、香港新世界、保利温泉新城和山水黔城等大型城市综合体。在城市拓展中，我们加快麦架—沙文—扎佐片区基础设施建设和产业聚集，推动高新技术产业整体"北拓"。推进花溪高等教育聚集区、十里河滩、小河——孟关装备制造业工业园建设，通过"南延"加快花溪、小河等区域城市化进程和产业聚集。加快三马片区物流商贸带、金阳客车站、火车北站、中天会展城建设，配套观山湖公园、奥体中心、贵阳大剧院、贵阳市美术馆、市民健身中心、金阳医院、青少年和妇女儿童活动中心等公建设施，推动盘江煤电、开磷集团办公楼、贵州移动大厦等总部大楼的建设，通过"西连"三马片区、清镇市促进老城区与金阳新区融合发展。整体启动龙洞堡——小碧——永乐片区建设，重点抓好龙洞堡食品轻工业园、渔安安井十里花滩、贵州旅游商品城建设，推进"东扩"建设东部新城和新天组团。"十一五"时期，我市基本建设固定资产达1366.5亿元，是"十五"期间的2.64倍，占全部投资的41.2%。

贵阳市委副书记、市长袁周慰问轨道交通1号线建设者

加强了城市精细化管理，城市环境和文明程度大幅提升。由于历史欠账等原因，贵阳不光在市政基础设施等"硬件"方面滞后，而且城市环境、文明程度等"软件"上与发达城市差距较大。我市不断加大资金投入和改革力度，从城市管理"顽症"、"细节"着手，以建设人民满意的现代化大都市为出发点，以满足市民、投资创业者、游客等不同层次需求为落脚点，着力改善人居环境，城市正让生活变得越来越美好。一是找准载体抓创建，提升城市管理水平。我市相继开展了"为民办实

事、满意到万家”、“整脏治乱”、“四城同创”、“三创一办”活动，着力改善市容市貌，让人民群众实实在在受益。5年来，我们实施了主城区主要干道的白改黑工程，实施了中华路等13个地下人行通道的建设，进行了40余公里的综合管网入地、人行道整治、房屋立面整治和绿化、亮化工程，使贵阳的城市环境、城市面貌发生了天翻地覆的变化。特别是今年以来，我市以开展“三创一办”活动为抓手，强力推动城市基础设施建设和市容市貌整治，大力提高了市民文明素质。截至目前，创建全国文明城市工作的公共文明指数在全国30个省会（副省级）城市中排位前移，创建国家卫生城市工作顺利通过全国爱卫办的暗访考核，创建国家环境保护模范城市工作扎实推进，协办民运会涉及的开、闭幕式和民族大联欢等三大活动正在抓紧筹备，场馆建设和改造、宾馆等配套设施建设扎实推进。通过“三创一办”，大力完善了城市功能，提升了城市形象和品位，城市正向“融入国际化、实现现代化、体现人文化、突出生态化”前进。二是抓细节求突破，城市文明程度得到实实在在的提升。切实办好关乎群众“肚子”和城市“面子”的难事，无论是取缔延安路夜市，还是规范占道经营，以及推进新增出租车及降低出租车起步价、搬迁中心城区客车站等工作，成功经验在全国引起强烈反响，将城市管理的“难事”办成顺民情、利民心的“好事”。按照城市发展理论，厕所文明、菜场文明、垃圾文明、无障碍文明最能反映一个城市的文明程度。将政府投资建设的523多个公厕全部免费开放，建成了以25万吨污水处理为标志的新庄污水处理厂和花溪污水处理厂二期等城市污水处理设施，逐步推开城市主干道路机械清扫和生活垃圾分类，完成111个农贸市场升级改造，成功创建“全国无障碍城市”和“节水型城市”，通过完善细节提升城市文明。

（四）这是民生投入最大、惠及民生最广、人民群众生活水平极大提高的5年

昨天，李军书记的讲话，一个核心就是，我们发展的目的就是为人民谋幸福，党委、政府一切工作的出发点、落脚点，都是为了让人民生活更幸福。2006年，我在白云区红云社区调研时看到一幅宣传标语，上面写着“人民群众生活中的小事，就是政府工作的大事；人民群众生活中的难点，就是政府工作的重点”。当时我就将他记在我的工作笔记本上，并将之作为贵阳市政府工作的准则，这些年每年写入《政府工作报告》，以此激励、要求自己和市政府全体同志，在工作中深怀爱民之心、多办利民之事、恪尽为民之责。

切实履行政府职责，尽心竭力保障和改善民生。扎实推进“六有”民生行动计划，让发展成果惠及全市人民。5年来，财政用于民生的投入达379.29亿元，占财政支出的52.09%。每年扎扎实实为人民群众办十件实事，建立农村最低生活保障、被征地农民基本养老保险、大病救助等社会保障制度，城市公交优先，保障房体系建设，农村茅草房、危房改造等工作均走在全国同类城市前列。全面实施城乡医疗救助和养老保险制度，建立健全以廉租住房为重点、多渠道解决低收入群体住房困难的政策体系。“两基”工作顺利通过“国检”；先后建成了贵阳一中、贵阳三中和贵阳学院、贵阳护理职业学院、贵阳职业技术学院，启动花溪高等教育聚集区、清镇职业教育聚集区建设，促进教育均衡发展。抓好就业再就业工作，推进充分就业社区的创建，保持“零就业家庭”动态为零，高校毕业生、农民工、困难群众“三大重点人群”就业得到保障。持续深入开展严打两抢一盗、打黑除恶、禁毒等专项行动，全市没有出现大的恶性事故，没有出现大规模的上访、群体性打砸抢等影响恶劣的案件，群众社会治安满意度和安全感增强，获得“全国社会治安综合治理优秀城市”和“长安杯”。息烽县成为“无毒县”。连续多年保持全省人口计生和安全生产工作一等奖的好成绩。

积极调动市场和社会资源参与，千方百计满足不同层次民生需求。作为经济欠发达城

市，由于财力有限，保障和改善民生仅靠政府投入肯定不行，我们在调动市场和社会资源积极参与方面进行了大量探索。一是努力调动市场积极性。如教育方面，对民办中小学校发放教育券，让民办学校与公办学校一样获得生均公用经费补贴，让在我市读书的外来务工随迁人员子女与城市孩子一样接受免费义务教育，获得全国首届地方教育创新奖。如文化方面，贵阳大剧院建成后，市政府与星力集团协商，政府免费向其提供训练和演出场地，由企业出资组建交响乐团，贵阳交响乐团是全国第一家民营资本投入的城市职业交响乐团。组建以来，不仅举办多场演出丰富了市民精神文化生活，今年还在盘龙山举办森林音乐会，被誉为世界顶级、国内少有的音乐界盛事，大大提升了我市旅游品牌和文化层次。二是充分调动社会力量参与。社会慈善、志愿者服务和社区建设，被理论界称为市民社会三大力量，这方面我们作了积极探索。5年来，市慈善总会和各级各类慈善机构充分发挥自身优势，积极传播慈善文化，不断创新募捐方式，切实管好用好善款，以良好形象取信公众、取信社会。以2008年凝冻期间形成“绿丝带”志愿服务为基础，因势利导组建“绿丝带”志愿者队伍，目前全市志愿者达到36万人。近年来，慈善机构、志愿者在扶贫济困、保护环境卫生、服务空巢老人、照顾孤残人士方面出钱出力，形成了互帮互助、服务社会的城市文明风尚。我市在小河区、金阳新区推行撤居委会改社区试点，在强化基层组织社会服务功能上迈出重要一步。

改善创业创富环境，切实提高人民生活水平。坚持以创业带动就业，扎实做好国家级创业型城市创建工作，仅今年就发放创业扶持资金和一次性创业奖励337.7万元、小额贷款4.43亿元，着力提高人民群众收入水平。大力改善城乡居民生活环境，提高群众自我发展能力。在城市，不仅重视中心区、主街道建设和环境改善，还切实抓好背街小巷、地下设施建设。在农村，持之以恒抓县乡公路改造，通村公路、串户路建设，抓病险水库治理、农田水利基本建设，完成农村茅草房改造、户用沼气建设、农村饮水安全工程、农村危房改造等重大民生工程，完成农村税费改革、集体林权制度改革任务，落实强农惠农政策，极大地改善了农村生产生活条件，为农民增收打下坚实基础。城市居民人均可支配收入、农民人均纯收入从9928元、3135元增加到16545元、5848元，年均分别增长8.4%、9.8%，农民人均纯收入2008年首次超过全国平均水平。

“十一五”期间，我市经济社会发展取得了辉煌成就，城乡面貌发生巨大变化，成绩来之不易。这是省委、省政府的正确领导、亲切关怀和省级各部门大力支持的结果，是在历届市委、市政府坚持“作表率、走前列、做贡献”，不懈努力奋斗为我们打下的基础上取得的，是人大、政协认真监督、大力支持的结果，是全市干部群众努力奋斗、辛勤劳动的结果。在充分肯定成就的同时，我们也清醒地看到，国际金融危机影响深远，资源、环境、资金等约束更加突出，发展的外部环境更趋复杂，面临着诸多难以预见的风险挑战。与此同时，我市经济社会发展中也存在许多困难和问题，主要表现在：发展速度不快、质量不高，综合实力不强，经济发展的一些指标与发达城市的差距拉大；经济发展方式尚未根本转变，产业结构不尽合理，资源依赖程度高，科技支撑能力不强；经济社会发展不协调，城乡发展不平衡依然比较突出，老百姓反映强烈的一些突出问题仍未从根本上得到解决，处于社会矛盾多发期，而且财政处于偿债高峰期，制约科学发展的体制机制性障碍依然较多。我们必须牢固树立机遇意识、责任意识、忧患意识和赶超意识，全力推进经济社会又好又快、更好更快发展。

二、“十二五”是贵阳经济社会发展力求跨越的五年

“十二五”时期是我市加速发展、加快转型、推动跨越的战略机遇期，也是纵深推进生态文明城市建设，在全省率先全面建成小康社

会的关键时期。我们必须高举中国特色社会主义伟大旗帜，以邓小平理论和“三个代表”重要思想为指导，深入贯彻落实科学发展观，顺应人民群众过上更好生活新期待，始终秉持为人民谋幸福的理念，以加快转变经济发展方式为主线，按照“作表率、走前列、做贡献”的要求，牢牢把握加速发展、加快转型、推动跨越的主基调，遵循“走科学发展路，建生态文明市”的基本路径，突出实施工业强市战略和城镇化带动战略，以扩大投资为重要举措，以三次产业提速增效为主攻方向，以科技和人才为核心支撑，以生态建设和环境保护为基本前提，以改革开放为强劲动力，以保障和改善民生为根本目的，当好全省经济社会发展的“火车头”、黔中经济区崛起的“发动机”，在全省率先全面建设小康社会，提升全体市民的幸福指数，实现经济社会发展的历史性跨越。重点要抓好以下五个方面的工作：

一是全力增投资扩总量。贵阳是典型的投资拉动型经济。“十二五”时期消费还难以发挥主导作用，进出口拉力也有限，加速发展、实现跨越的关键还在投资这架“马车”，必须确保固定资产投资累计超过10000亿元。要狠抓项目建设，加快在建项目进度，下力气做好项目前期工作，大幅度提高项目审批效率，高效率促进项目建设。要着力突破资金、土地等瓶颈制约，充分发挥财政资金引导放大作用，进一步引进外部资金、激活民间投资，多元化解决资金问题；争取国家、省在土地方面给予倾斜和支持，大力盘活现有土地资源，促进集约、高效用地。要把产业投资作为重中之重，以优化投资结构促进产业结构、经济结构优化升级。

二是大力实施工业强市战略。我市发展重点在工业，希望在工业，突破在工业。力争到2015年，工业总产值突破2500亿元，实现从工业化中期向后期的跨越。狠抓工业投资，加快在建大项目进度，力争年年开工建设一批、竣工投产一批大项目、好项目，确保工业投资累计达到3000亿元以上。实施“千亿元产业”行动计划，力争把装备制造业、磷煤化工业、医药保健业培育成千亿元产业，将铝加工、特色食品等产业培育成500亿元产业，明显提高新能源、新材料、航天航空、节能环保、新一代信息技术等战略性新兴产业比重，以大产业、新兴产业带动、支撑大发展。实施“百亿元企业”行动计划，力争培育4个年销售收入超百亿元企业，培育8个年销售收入超50亿元企业和一大批年销售收入超10亿元以上企业。切实加快工业园区建设，逐步形成产业分布合理、特色突出、功能完善、有较强配套能力的产业园区。坚持“强中间、带两头”，在加快发展工业的同时，实施“服务业跨越千亿元”行动计划，以构建“三中心、一基地、四城市”（“三个中心”是指“物流中心、商贸中心、金融中心”，“一个基地”是指“休闲旅游基地”，“四个城市”是指“中国物流节点城市、服务业综合改革试点城市、具有国际影响力的旅游避暑城市和夏季会展名城”）为方向，加快发展旅游、现代物流、金融、会展等现代服务业，壮大商贸流通等传统服务业，促进服务业全面提质增效。大力发展生态农业，继续做大做强“十大”现代农业产业，培育一批农业龙头企业。

三是着力实施城镇化战略。坚持加快基础设施建设与提升功能并重，在“十一五”拓展空间、拉开框架的基础上进一步丰富内涵、提升形象，超常规推进城镇化进程，力争城镇化率大幅提高，城市品质、知名度大幅提升。第一位的是要做好规划，注重抓纲铸魂，围绕“融入国际化、实现现代化、体现人文化、突出生态化”要求，编制好各组团、小城镇建设规划，实现规划全覆盖。重点规划、建成一批10万人聚集的功能小区。继续大力实施“北拓、南延、西连、东扩”城市拓展计划，以老城区、金阳新区为核心，连片发展小河、二戈寨、三桥马王庙、甘荫塘、花溪、白云、新天等区域，优化城市空间布局。按照“中心放射型”的城镇体系空间布局，高标准建设沿贵黄、贵遵、贵毕、贵开、贵惠、厦蓉、市域快速铁路、环城高速公路等重要交通干线的城镇发展走廊，推进小龙城市带及一批重点城镇和特色城镇建设。加快城市基础设施建设，配合抓好贵阳通往全国“八小时交通圈”和龙洞堡机场改扩建等工程，建成市域快速铁路、城市轨道交通1、2号线和“三环十六射”骨干路网，基本形成完善、快捷的对内对外交通体系，实现由节点型城市向枢纽型城市跨越。继续深化户籍制度改革，促进人口向城镇转移，促进贵阳由“大城市、大农村”向城乡一体化迈进。

四是倾力推进生态建设。大力发展绿色经济、循环经济、低碳经济，继续抓好“两湖一库”等重要饮用水源区综合整治，严格控制工业污染排放，防治农业面源污染，提高城镇生活污水处理能力，确保2015年城市污水处理率达到95%以上，中心城区生活污水收集、处理率达到100%。抓住国家支持贵州实施水利建设、生态建设和石漠化治理机遇，推进林业生态工程、城市绿化工程，强化生态植被恢复治理，到2015年，全市森林覆盖率达到45%，城市建成区绿化率达到48%。力争生态文明建设试点城市和低碳试点城市工作走在全国前列。

五是大力实施“十大民生工程”。“十二五”期间,市级财政对民生的投入占财政支出比重每年要提高1个百分点，各区市县也要加大民生投入。“十大民生工程”涉及的牵头部门，要制定好实施方案，配合部门要积极协作，共同抓好落实。要一年上一个台阶，通过五年艰苦努力，实现各项民生事业跨越，人民群众幸福感明显提高。

三、2011年是着力求突破、见实效的关键之年

明年将迎来建党90周年，是深入实施西部大开发战略第二个十年的第一年，是“十二五”规划的起步之年，做好明年各项工作，具有十分重要的意义。按照又好又快、更好更快发展，为“十二五”规划开好局、起好步的要求，明年经济社会发展主要预期目标确定为：生产总值确保增长17%，其中第

贵阳市委副书记、市长袁周参加义务植树

一产业增长13%，第二产业增长20%（其中规模以上工业增加值增长20%），第三产业增长15%。财政总收入增长17%；地方财政收入增长17%。全社会固定资产投资增长35%以上。社会消费品零售总额增长19%。实际直接利用外资增长30%。外贸进出口总额增长17%。城市居民人均可支配收入增长15%；农民人均纯收入增长15%。城镇登记失业率控制在4.5%以内。人口自然增长率控制在6‰以内。单位生产总值综合能耗、主要污染物排放总量控制在省下达指标内。

这些指标是明年工作的硬任务，是必须完成的指标。三个指标透露出三个信息：第一个信息是明年的生产总值增长17%。正如李军书记所说，我们在总结每年工作的时候可以说成绩都是非常突出的，历届市委、市政府都交了非常满意、非常漂亮的答卷。明年生产总值增长17%是“十一五”没有过的指标，是历史之最。这个指标是市委、市政府认真研究、反复论证后提出的。提出这个指标有三个前提：第一个前提是国家实施新一轮西部大开发，国家、省大力推进黔中经济区建设，贵阳面临前所未有的黄金发展期、快速发展期，处于快速发展期；第二个前提是栗战书书记、赵克志省长对贵阳加速发展、加快转型、推动跨越提出

了殷切期望，贵阳经济总量差不多占了全省三分之一，全省要实现又好又快、更好更快发展，贵阳市必须作表率、做龙头，如果发展慢了，低于遵义、低于毕节，是无法向省委、省政府，向老百姓交代的；第三是贵阳市要在西部省会城市、中部省会城市中实现“赶超”，要实现“进位”，也要加快发展。在实际工作中，我们的奋斗目标是要力争增长20%。第二个信息是固定资产投资增长35%以上。固定资产投资“十一五”期间增长了24%，我认为是低了一点。省里确定明年全省固定资产投资增长要达到40%，我们定的是增长35%以上。为什么没有定40%？如果按40%的增速来定，那生产总值就不止增长17%，就会是18%、19%。固定资产投资奋斗目标要按增长40%确定。第三个信息是城乡居民收入问题。如我前面所总结，“十一五”我们最大的不足、最大的遗憾是城乡居民收入增长与经济增长没有保持同步，没有成正比。在制定“十二五”规划时，我们考虑城乡居民收入增长与经济增长要保持基本同步，明年城市居民人均可支配收入、农民人均纯收入都要增长15%，这是最大的信息，就是为了落实李军书记所讲的大力提高市民的幸福指数，这也是前所未有的。这三个指标与往年相比有明显的不同，是最大的变化，是三大信息。

围绕以上要求和目标，明年重点要抓好以下六个方面工作：

（一）大力实施“千亿元产业、百亿元企业”行动计划，在三次产业提速增效、协调发展、增强竞争力上求突破、见实效

坚持“工业强市”战略，推动工业经济持续快速增长。实施工业投资倍增计划。扎实开展“项目大建设年”活动，集中力量解决工业投资长期不足的问题。新安排装备制造业、磷煤化工、医药产业发展专项资金，争取上级配套资金支持设立高新技术与战略性新兴产业投资基金。探索重大产业项目投资新模式，以各工业园区、产业投融资平台为主要载体，加大招商引资力度，促进企业加大投资。工业投资增长100%（含园区基础设施），占全社会固定资产投资总额的35%左右。启动千亿元产业行动计划。加快首钢循环经济园区、中航发动机等项目建设，开工建设贵州轮胎异地技改、中国普天新能源及现代物流装备产业基地等项目，提高装备制造业产能和集聚发展水平，装备制造业投资超过100亿元。加快开阳化工50万吨合成氨、贵州广铝年产80万吨氧化铝等项目建设进度，开工建设安达30万吨有机膦及配套项目及10万吨新能源材料等项目，以大项目带动资源型工业优化升级。磷煤化工、铝加工产业投资分别达20亿元、30亿元。开工建设益佰工业园、圣济堂GMP改造等项目，加大贵酒等项目推进力度，促进医药及保健品、特色食品产业加快发展。医药及保健品、食品产业投资力争达到30亿元。启动百亿元企业行动计划。支持开磷集团等骨干企业壮大规模、提升实力，培育2家产值超100亿元的龙头企业。加快工业园区建设和集聚发展。十大园区基础设施投资达到80亿元，建成工业标准厂房10万平方米以上，园区新引进项目120个。

加快发展现代服务业，扎实推进区域性服务中心建设。壮大提升旅游业。召开第五届旅游发展大会，继续举办避暑季、温泉季系列活动，加快花溪国家城市湿地公园等项目建设和天河潭等5A级景区创建进程，力争2-4家五星级酒店开业，大力改善旅游配套条件。旅游人数增长20%以上，旅游收入增长30%以上。加快发展现代物流业。全面推进物流示范城市建设，重点抓好西南物流城等物流园区及三联公司公路港建设；开工建设商储集团二戈寨配送基地等项目，新增3A级物流企业3家。加快发展金融业。加快贵阳国际金融中心建设，确保第一批金融单位入驻。继续实施“引金入筑”工程，促成光大银行等贵阳分行挂牌开业。加快组建贵阳农村商业银行，继续推动市商业银行（明年将组建贵阳银行）上市和跨区域经营工作。在明年春节前切实做好6家企业上市申报工作。组建大宗商品交易所、股权交易所。加快发展会展业。以国际会展中心为重要基

地，精心筹办由国家有关部委与省政府共同主办的中医药博览会、亚洲青年动漫大赛、绿茶博览会、酒博会和特色农产品交易会等会展活动，打造中国夏季会展名城。发展壮大商贸流通业。加快建设大型专业批发市场，完成孟关汽贸城、贵阳地利农产品批发市场一期工程；积极推动龙博置地广场购物中心等一批大型商业综合体建设，新建20个以上社区便民连锁超市和50个以上放心粮油直销店，培育一批商贸流通业“亿元级企业”。培育发展电子商务企业，推进农超对接，继续抓好家电、汽车摩托车等下乡，促进消费繁荣。

大力发展现代农业。继续推动“十大”产业发展。完成三联公司乳品加工厂搬迁和4个标准化牧场建设，新增奶牛存栏1万头；打造10个500亩以上特色产业精品化生产示范基地，新增蔬菜播面10万亩次、果树基地2万亩、茶叶基地1万亩、中药材基地3万亩。扶持温氏等龙头企业做大做强，新增产值上亿元龙头企业5家。组建市农业担保公司，扶持100个农民专业合作组织。新增无公害农产品50个、绿色食品10个、有机农产品5个。建成大中型沼气池70个，完成20个农村清洁工程。改造中低产田土6万亩。加快鱼洞峡水库等一批骨干水利工程建设，完成9座病险水库除险加固和150平方公里水土流失治理工程，建设35个高效节水的生态农业示范基地。

（二）强力打好“三创一办”攻坚战，在提升基础设施、市容市貌、文明形象上求突破、见实效

明年是“三创”工作冲刺年，是协办全国民运会、展示贵阳城市风采的重大机遇年。要以“三创”促进城市面貌、城市品质大提升，为协办民运会打造更靓丽、更整洁、更有序、更文明的环境；要通过协办一届有特色、成功的民运会，促进城市管理水平和市民文明素质大提升，扩大贵阳知名度、影响力。

完善基础设施，展现城市风采。一是高标准加强枢纽型、功能性、网络化重大基础设施建设。8月31日前，全面完成“两路二环”等城市干道的主体及渠化工程建设、景观绿化等工作；加快完善城市对内对外交通体系建设，继续配合抓好贵阳至广州、重庆、成都、昆明、长沙的高速铁路及龙洞堡机场扩建、新北站等项目建设，加快推进市域快速铁路、轻轨1、2号线、210国道三桥至沙文段建设改造，加快贵阳铁路枢纽、盐沙线等城区主骨架道路建设，新建及改造一批主次干道及支路。抓好44个涉及总投资78.29亿元建设项目的“投转固”工作。二是高起点推进民运会场馆及配套设施建设。确保奥体中心主体育场、市民健身中心及其他比赛场馆运行，抓好国际会议中心等设施建设和交付使用。

注重市容市貌整治和氛围营造，提升城市形象。一是实施民运会城区添彩工程。编制并实施城市夜景规划，实施城区夜景亮丽二期工程，打造“一环路”以内各主干道和主要出入城通道沿线标志性楼宇、高大建筑物的亮丽走廊。实施城市景观升级工程，完成花溪大道等城区主干道、主要出入城通道及民运会场馆周边环境综合整治。深入开展除尘降噪和整治乱搭乱建、交通违法等专项行动。新增1000辆出租车。完成数字化城市管理二期建设，实现数字化城市管理全时段、全方位覆盖。通过明年的民运会，向全国展示亮丽多彩的贵阳形象。二是开展“五在贵阳”推广活动。精心组织美食节、购物节等活动，促成一批体育公园开业，开发一批民俗街区、风情村镇、旅游产品，集中推广贵阳名景、名吃、名店，提高“游在贵阳、食在贵阳、住在贵阳、购在贵阳、乐在贵阳”的知名度。三是做好宣传推广工作。充分展示多彩的民族风情和独特的城市风情。

做好服务保障，展现城市风尚。一是协办好“三大”活动。积极配合省安排好各项赛事，精心组织好开、闭幕式和民族大联欢等三大活动，完善各项运营服务保障工作，确保办成一届特色、成功、团结的民运会。二是保障好城市运行。全力做好比赛期间对外宣传、社会稳定、交通通信、住宿餐饮、水电气供应、

环境卫生等工作。提高应对极端天气和突发事件影响的快速反应能力，提高交通组织水平，实现赛时交通与城市日常交通和谐运转。全面加强维稳工作，有效净化赛时社会治安环境。三是开展“迎民运、讲文明、树新风”活动。增强“人人都是东道主”意识，深入开展志愿者服务活动，努力提高窗口服务行业服务水平。

（三）大力实施城镇化带动战略，在推进城市拓展、小城镇建设、城乡一体化发展上求突破、见实效

加快推进城市拓展计划。加快三马片区物流商贸带、龙洞堡食品轻工业园、多彩贵州城、渔安安井十里花滩、花溪高等教育聚集区等项目建设，促进三马片区、东部新城以及乌当、花溪等组团建设。新增城区面积20平方公里，城市化率提高2个百分点。金阳新区重点推进国际金融中心等重大项目建设的同时，围绕协办民运会抓好城市环境综合整治，加快发展现代服务业，加速与老城区融合发展。

加快推进小城镇建设。高标准规划建设沿重要交通干线的城镇发展走廊，推进重点城镇发展，加快特色城镇、特色村寨建设。

推进黔中经济区、贵阳城市带建设。积极参与编制《黔中经济区发展规划》，立足服务大西南、辐射全省、带动黔中崛起，重点编制好综合交通体系、重点功能区、产业布局等专项规划，在更大空间、更高起点上谋划贵阳新发展。抓好210国道改造。

贵阳市委副书记、市长袁周品尝“福韵”王岗的大碗茶

加快推进城乡一体化。推进撤县（市）设区工作。加大公共财政向三农倾斜、基础设施向三农延伸、公共服务向三农覆盖力度，实施城镇化建设提升工程，建成县乡公路70公里，建设通村公路863公里，推进广播电视村村通及宽带入村工程。加快推进农村土地承包经营权流转。

（四）全力推进生态文明建设，在建设资源节约型、环境友好型城市上求突破、见实效

大力发展绿色经济、循环经济、低碳经济。积极开展低碳城市试点工作。重点推进开阳等循环经济生态工业基地建设，加快贵州磷都化工公司黄磷尾气综合利用等项目建设，促进磷、铝资源就地转化。切实抓好城市LED照明系统等工作，建成一批低碳社区和小区。推进节水型城市建设，节水工作走在西部城市前列。

大力推进节能减排。坚决淘汰落后产能，严格控制高耗能、高污染产业，抓好清镇发电厂等企业老厂搬迁工作。深入推进“两湖一库”治理和保护。开工建设新庄污水处理二期工程，建成二桥污水处理厂二期等项目，完善污水处理厂配套管网，开展城区河道治理及大沟改造工程。抓好主要污染物减排工作，空气质量优良率达到95%以上。

加大生态建设力度。继续实施石漠化综合治理、退耕还林和天然林保护工程，加大采石场等迹地的环境治理和土地复垦力度。建成危险废弃物暨医疗废物处置中心等市政基础设施项目。森林覆盖率提高1个百分点，新增城区绿地40万平方米。

（五）着力改革开放和自主创新，在增强发展动力和活力上求突破、见实效

推进创新型城市建设。加快完善创新体系。加快重大科技平台建设，建设一批产业技术创新联盟和药业研究院等公共技术服务平

台，加快建设4个国家级质量监督检测中心。力争成立1-2个创业投资机构，构筑3-4个科技贷款合作平台，推动科技企业到企业板或中小板融资。重点支持高性能铝合金新材料制造工艺技术开发等重大项目实施。实施“百企知识产权培育工程”，力争1—2个产品获中国名牌、中国驰名商标称号。加强人才队伍建设。继续实施“高端人才引进计划”，力争引进1—2名行业领军人才和10名以上核心专家，培育、引进创新型适用人才，提升产业人才队伍整体素质。加快发展高新技术产业和战略性新兴产业。启动高新技术产业和战略性新兴产业千亿元行动计划，加快建设中航飞机发动机生产线等项目，促进新能源、新材料、生物制药、IT等战略性新兴产业加快发展。高新技术产业增长30%。

扎实推进重点领域关键环节改革。进一步推进行政管理体制改革，逐步推开“两级政府、三级管理”城市管理体制。认真抓好国家各项财税改革政策的落实，优化财政支出结构，进一步压缩一般性支出。完善政府购买公共服务机制，鼓励和支持社会力量参与城市运营等公共服务。加快深化国企改革和国资管理体制、运行机制改革，全面完成国企改革任务，推进市工商公司、市物资集团改革重组工作，抓好金阳公司发行中期票据或短期融资工作，组建地产集团，完善投融资平台公司风险预警与偿债机制。

全面提升对内对外开放水平。实施积极主动的开放战略，使招商引资引进资金、到位资金增长30%以上。继续加大面向央企招商工作力度，做好跟踪服务工作，力促与央企签约大项目落地。加快推进贵阳综合保税区和“无水港”建设，积极申报商务部中西部加工贸易重点承接地，开工建设以修文中陶支撑剂等为龙头的年产10万吨新材料出口加工基地。鼓励企业开展自营出口业务，新增进出口总额上亿美元的企业1—2家、千万美元企业2—3家。

大力支持非公有制经济和中小企业发展。放宽市场准入，坚持非禁即允，支持民间资本进入资源开发、基础设施等领域。继续实施“小巨人企业成长计划”，力争2—4家企业上市，新增规模以上企业50家。确保非公经济增加值增长20%。

（六）着力保障和改善民生，在建设和谐贵阳上求突破、见实效

要围绕“十大民生工程”的五年目标和任务，分解明年的年度目标和责任单位、责任人。明年市级财政民生支出比今年提高1个百分点。重点是：要全面加强物价监管，做好粮油等主要农副产品的应急调控，实行价格补贴与物价上涨联动机制，做好困难群体的价格补贴工作。要大力实施“就业和增收工程”，新增城镇就业7万人以上，转移农村富余劳动力2.5万人，52%的社区建成“充分就业社区”，继续保持“零就业”家庭动态为零，力争通过国家级创业型城市验收。进一步完善社会保障体系，实现基本医疗、失业、工伤、生育保险分别扩面4万人，积极推进农民工参加社会保险，建立低保标准自然增长机制，建成三级城乡低保信息网络，落实老年人生活补助制度。要大力实施“普教优教工程”，制定并实施教育改革和发展规划，切实解决“入园难”问题，巩固提高义务教育质量和水平，新增2-4所标准化公办学校，改扩建10-20所寄宿制标准化学校，加快建设清镇职业教育聚集区，力争创建1—2所国家级、省级示范性职业院校。要大力实施“健康工程”，全面实施基本药物制度，建立完善居民健康档案，积极探索公立医院改革新路子，组建贵阳公共卫生救治中心，开工建设康复疗养基地等项目，推进7所重点医院建设。人口计生工作保持全省领先水平。要大力实施“安居工程”，抓好住房保障体系建设，重点实施花果园等10个城中村、棚户区、旧城成片改造项目，促进房地产市场健康发展，努力解决各类群体的住房问题。要大力实施“平安工程”，努力做好新形势下信访、应急工作，深入推进“严打”整治斗争和各项专项行动，使群众安全满意度高于全国平均水平1个百分点以上；毫不放松抓好安全

生产工作，实现生产安全事故起数和死亡人数“双降”。要大力实施“传统美德弘扬工程”，文化体育事业繁荣发展，促进贵阳广电中心等项目建设，推出《王阳明》等一批影视文艺作品；广泛开展全民健身运动，选拔更多运动员参加民运会，举办“中国之队”国际足球赛等活动，建设黔灵山公园至开阳南江大峡谷国家级体育健身步道。同时，大力实施“扶贫济困”、“养老敬老”、“畅通工程”以及“生态建设和整脏治乱工程”等方面工作。

最后，强调一下“十二五”规划纲要编制问题。要以这次全会精神为指导，并衔接好西部大开发实施意见以及国家、省“十二五”规划，把“十二五”规划纲要、各专项规划修改好，使规划更具体、更可行。

同志们，还有两天就是元旦节了，在新的一年即将到来之际，这里我祝福大家在新的一年取得新的进步，全市经济社会发展迈上新的台阶。谢谢大家。

（根据录音整理）

TE ZAI

中共贵阳市委

关于制定贵阳市国民经济和社会发展第十二个五年规划的建议

——2010年12月29日中国共产党贵阳市第八届委员会第十次全体会议通过

根据党的十七届五中全会和省委十届十次全会精神，结合贵阳实际，现就制定我市国民经济和社会发展第十二个五年规划提出以下建议。

一、坚持“走科学发展路、建生态文明市”，全力加速发展、加快转型、推动跨越

（一）“十一五”时期我市经济社会发展取得重大成就。“十一五”时期是我市在困难中奋起、在挑战中前行的五年。面对百年不遇的凝冻灾害、国际金融危机以及特大旱灾的严重影响，全市上下认真贯彻中央和省委的一系列方针政策，克难攻坚，锐意进取，经济建设、政治建设、文化建设、社会建设、生态文明建设和党的建设取得重大进展，完成了“十一五”规划确定的主要目标和任务。

我们结合实际贯彻落实科学发展观，确立了建设生态文明城市的总体发展战略，成功举办两届生态文明贵阳会议，被国家列为全国生态文明建设试点城市和低碳试点城市。狠抓以交通为重点的基础设施建设，贵阳环城高速公路等一批城市骨干道路建成通车，市域快速铁路、城市轻轨开工建设，新庄污水处理厂等重大市政设施建成投用。奋力推进三次产业提速增效，以旅游业为龙头的服务业快速发展，振兴工业经济成效显著，生态农业发展迈出重大步伐，三二一产业结构基本形成。着力实施“六有”民生行动计划，城乡居民生活水平稳步提高，社会保持和谐稳定。扎实开展“三创一办”，城市管理水平显著提高，农村危房改造全面完成，城乡面貌发生重大变化。采取最严厉的措施保护生态环境，“两湖一库”水质明显改善，环城林带保护切实加强，“十一五”节能减排目标提前完成。大力推进改革开放，投融资体制、干部人事制度、文化体制、行政审批制度、城市基层管理体制等重点领域和关键环节的改革成效明显，对内对外开放水平显著提升。经过艰苦努力，全市综合经济实力明显增强，地区生产总值突破1000亿元，财政总收入突破300亿元，城市知名度和影响力明显提升，为“十二五”时期取得更大发展奠定了坚实基础。

（二）“十二五”时期发展面临的新形势。“十二五”时期，贵阳市发展面临十分难得的历史机遇。世界进入后金融危机时代，全球经济进入恢复性增长阶段，我国发展仍处于可以大有作为的重要战略机遇期，有利于我市充分利用国际国内两个市场、两种资源加速发展。国家加快转变经济发展方式，深入实施西部大开发战略，支持建设黔中经济区，为贵阳市提供了更为广阔的发展平台。省委、省政府大力支持贵阳市加快发展，出台了《关于支持贵阳市加快经济社会发展的意见》，为我市发展注入了强大动力。我市已进入人均生产总值从3000美元向10000美元提升的新阶段，工业化、城镇化加速推进，经济社会发展内生动力正在增强。

同时，必须清醒地看到，国际金融危机影响深远，资源、环境、资金等约束更加

突出，发展的外部环境更趋复杂，面临着诸多可以预见和难以预见的风险挑战。与此同时，我市经济社会发展中也存在许多困难和问题，主要表现在：发展速度不快、质量不高，综合实力不强，经济发展的一些指标与发达城市的差距拉大；经济发展方式尚未根本转变，产业结构不尽合理，资源依赖程度高，科技支撑能力不强；经济社会发展不协调，城乡发展不平衡依然比较突出，老百姓反映强烈的一些突出问题仍未从根本上得到解决，处于社会矛盾多发期，制约科学发展的体制机制性障碍依然较多。我们必须牢固树立机遇意识、责任意识、忧患意识和赶超意识，全力推进经济社会又好又快、更好更快发展。

（三）“十二五”时期发展的总体思路和发展目标。制定“十二五”规划，必须高举中国特色社会主义伟大旗帜，以邓小平理论和“三个代表”重要思想为指导，深入贯彻落实科学发展观，顺应人民群众过上更好生活的新期待，始终秉持为人民谋幸福的理念，以加快转变经济发展方式为主线，按照“作表率、走前列、做贡献”的要求，牢牢把握加速发展、加快转型、推动跨越的主基调，遵循“走科学发展路，建生态文明市”的基本路径，突出实施工业强市战略和城镇化带动战略，以扩大投资为重要举措，以三次产业提速增效为主攻方向，以科技和人才为核心支撑，以生态建设和环境保护为基本前提，以改革开放为强劲动力，以保障和改善民生为根本目的，当好全省经济社会发展的“火车头”、黔中经济区崛起的“发动机”，在全省率先全面建设小康社会，提升全体市民的幸福指数，实现经济社会发展的历史性跨越。

“十二五”规划目标的设定，要与全面建成小康社会奋斗目标相衔接，力求体现“三个高于”（即高于以往历史时期、高于全省平均水平、高于西部省会城市平均水平）的要求，按照实事求是、积极进取的原则，综合考虑未来发展趋势和各方面条件，今后五年经济社会发展的主要目标是：

——综合经济实力跃上新台阶。力争四年、确保五年实现地区生产总值和财政总收入翻番，分别超过2000亿元、600亿元，人均生产总值超过6000美元。

——结构调整取得新进展。工业化、城镇化水平明显提升，现代服务业加速发展，六大支柱产业更加壮大，生态农业长足发展，自主创新能力明显增强，初步形成城乡协调发展新格局。

——基础设施建设取得新突破。“三条环线十六条射线”城市骨干路网全面形成，建成市域快速铁路网和城市轻轨1号线、2号线。统筹推进城乡重大基础设施建设，基本适应“十二五”，乃至“十三五”、“十四五”更大发展的需要。

——生态建设取得新成效。有效降低资源消耗，有效治理环境污染，确保单位生产总值能耗和污染物排放继续下降,生态环境质量明显改善，生态文明建设试点城市和低碳试点城市工作取得重大进展。

——城乡居民收入得到新增长。努力实现充分就业，城乡居民收入增长与经济发展基本同步，力争2015年达到西部省会城市平均水平，低收入者收入明显增加，收入差距逐步缩小。价格总水平基本稳定，城乡居民生活质量和水平稳步提高。

——社会建设取得新成就。科技、教育、文化、卫生、体育等各项社会事业快速发展，社会管理制度进一步健全，覆盖城乡居民的基本公共服务体系更加完善。城乡文明程度明显提升，社会更加和谐稳定，市民满意度和幸福感切实增强。

——改革开放迈出新步伐。重要领域和关键环节改革不断深化，体制机制更加完善，发展环境更加优化，非公有制经济快速发展，对内对外开放不断拓展，区域经济合作取得重大进展。

二、强化投资拉动，以大投资支撑大发展

扩大投资是今后相当一段时期拉动我市

经济增长最直接、最有力、最有效的举措，必须千方百计扩大投资规模、优化投资结构、提高投资效益，力争“十二五”时期全市固定资产投资累计达1万亿元。

（四）坚持以项目建设为载体扩大投资规模。全力支持已建项目尽快达产，在建项目加快进度，确保项目发挥效益。着力谋划一批城乡基础设施、产业、生态环保和民生等重点项目，争取国家和省更大的支持。扎实做好项目库建设，加强项目前期工作，提高项目成熟度和成功率。集中力量实施一批重点基础设施项目，选择一批投资大、效益高、带动力强的重大产业项目，积极引进更多中央和国内外优强企业来筑投资。严格项目责任制，完善领导干部联系重点建设项目的协调推进机制。

（五）积极拓宽投融资渠道。积极争取国家和省项目投资、政策性贷款。充分发挥财政资金引导放大作用，更多地采取资本金注入、投资补助、贷款贴息等方式，引导和带动社会资金投入。充分发挥城市建设投资(集团)有限公司、交通发展投资(集团)有限公司、金阳建设投资(集团)有限公司、公共住宅建设投资有限公司等市级投融资平台的土地一级开发职能，提高平台融资和赢利能力，支持条件成熟的融资平台上市。加强银政企合作，积极争取信贷资金。加大招商引资力度，积极引进外部资金。放宽市场准入，降低投资门槛，支持民间资本进入基础设施、社会和公共事业等领域。积极运用股权、债券、信托、租赁、风险投资、创业基金等直接融资方式，继续开展BT、BOT、TOT等方式的项目融资，实现融资渠道多样化。

（六）优化投资结构与效益。围绕提速增效、转型升级，加大对产业特别是先进制造业、高新技术产业、战略性新兴产业和现代服务业的投资。围绕解民忧、惠民生，增加以保障和改善民生为重点的社会公共服务设施建设投资。围绕产业发展需要和解决交通“瓶颈”，继续加强以交通、水利、电力为重点的基础设施建设。坚持和完善科学的决策程序，提高政府投资类项目决策的科学化、民主化水平。将投资效益纳入各级政府的政绩考评体系，对工程建设进行全方位、全过程、全覆盖的监督，严格控制项目成本，严肃工程概算，加强项目验收和“投转固”工作，提高投资的效率和效益。

三、坚持工业强市，奋力推进新型工业化

按照大调整、大开放、大实干的要求，壮大特色优势产业，着力做大做强装备制造、资源深加工、卷烟及特色食品和战略性新兴产业，奋力实现工业经济的提速增效。

（七）大力发展装备制造业。以装备主机为龙头，以专业化协作配套为支撑，以产业基础平台建设为保障，以集群式发展为目标，重点发展汽车整车及零部件、工程机械、矿用机械、专用数控机床、环保设备等先进装备制造业。按照装备智能化、控制数字化的发展方向，推进装备制造业与电子信息技术的融合。大力支持詹阳重工、险峰实业等龙头企业与中小装备制造企业构建互惠共生网络，提高产业配套能力，促进集群发展。

（八）大力发展资源深加工业。坚持高端化发展方向和循环经济发展模式，强化产业配套，推进煤电、磷电、冶电联营，加快磷煤化工、铝及铝加工产业发展，促进磷、铝等优势矿产资源就近就地加工转化，努力把我市打造成为全国重要的综合性磷煤化工基地和铝及铝加工基地。

（九）大力发展特色食品和现代药业。支持贵州中烟工业公司贵阳卷烟生产基地建设，提升“贵烟”的品牌竞争力，扩大高档名牌香烟规模，大力发展与卷烟工业配套的辅料、包装印刷等配套产业。支持“老干妈”、“贵酒”等本地特色食品企业做大做强，引进“雨润”等知名食品企业。支持“益佰”、“同济堂”等制药企业发展，培育和创建一批以民族药（苗药）为主的黔药新兴品牌。推动制药企业整合，扩大企业规模，提升制药业整体竞争力。

（十）大力发展战略性新兴产业。依托我市资源禀赋、产业基础和技术优势，加快培育发展新能源、新材料、航空航天、生物制药、新一代信息技术等战略性新兴产业，努力形成新的经济增长点。大力发展锂离子电池正极材料、复合改性聚合物功能材料以及高强度铝材料等新材料。积极推进新型电子元器件产品开发、电子元器件封装技术研究及其产业化。着力开发楼宇空调等建筑节能技术，以及“三网融合”音视频增值服务平台。加快生物制药的研发和生产。加快贵阳小河国家军民结合（装备制造）高新技术产业化基地、中电集团新材料新能源基地、中航工业贵阳飞机发动机产业基地的建设，推进航空发动机等高端装备制造业发展。

（十一）切实加强国家级开发区建设。贵阳国家高新技术产业开发区要坚持发展高科技、实现产业化的方向，着力打造吸引、聚集高水平研发机构和团队入驻的科技创新平台，加速企业孵化、产业聚集，重点发展电子信息、新能源新材料、生物医药等高新技术产业。贵阳国家经济技术开发区要坚持依托军工技术优势、发展高端装备制造业的方向，着力承接产业转移、强化产业配套、促进集群发展，打造以航空航天、工程机械、专用数控机床、矿用机械和工业基础件为重点的先进制造业体系。

创新开发区体制机制，最大限度地简政放权，充分激发开发区活力。加快综合保税区和无水港建设。加强以“八通一平”为重点的基础设施建设，完善园区综合服务和配套功能。“十二五”时期，力争两个国家级开发区工业总产值增速高于全市平均增速10个百分点，高于西部地区同类开发区平均增速5个百分点，努力实现在同类开发区中排位前移，成为全省最具活力的经济增长极，结构调整、产业转型的示范区，知识最密集、高新产业最集中、人居和创业环境最好的现代化新型城区。

（十二）积极推进特色产业园区建设。探索完善园区管理体制机制，提高运行效率。倡导以企业为主体的园区开发机制，鼓励设立园区投资开发公司，推行园区经营性项目市场化运作、企业化管理。按照“共建共享、收益分成”模式，鼓励社会资本以各种方式参与园区建设，鼓励区（市、县）以联合方式进行园区开发建设。坚持按照园区定位，完善园区发展规划，保障园区用地，简化项目审批，引导企业向园区聚集。推进园区建设与承接产业转移相结合，大力引进东部地区资金、人才和先进经验。支持发展条件好的产业园区拓展综合服务功能，促进工业化与城镇化相融合。“十二五”时期，逐步形成产业分布合理、特色突出、功能完善、有较强配套能力的产业园区发展新格局。

四、突出省会优势，大力发展现代服务业

坚持把发展现代服务业作为优化产业结构、转变经济发展方式的战略重点，抓住我市被列为“国家服务业综合改革试点区”的机遇，充分发挥省会城市的独特优势，推动现代服务业加速发展。

（十三）加快发展旅游业。实施旅游业发展倍增计划和旅游产品品质提升计划，努力把我市打造成为具有国际影响力的生态休闲度假旅游城市和中西部旅游集散中心。集中力量推介“爽爽的贵阳”，打造“贵阳避暑季”、“贵阳温泉季”等特色旅游品牌，针对重点客源城市加大旅游营销宣传力度。加快乐湾国际温泉城、贵阳生态旅游体育基地等旅游重点项目建设，着力打造一批红色旅游、乡村旅游、文化古迹旅游、山水生态旅游等精品旅游线路。加快旅游道路、景区停车场、游客服务中心和酒店等基础设施建设，全面提升旅游接待能力。大力发展旅游商品、旅游纪念品，提高旅游购物在旅游消费中的比重。扶持一批旅游骨干企业，培育引进旅游专业人才，提高旅游服务水平。

（十四）加快发展会展业。力争“十二五”时期会展业发展取得重大突破，成为我市新的经济增长点和重要的优势产业，将我市打造成为“中国夏季会展名城”。以贵阳国际会展中心为重点，完善一批会展设施，提高承办国际及全国性会展的能力。以继续办好“生态文明贵阳会议”为重点，大力培育会展品牌。立足贵阳特色资源和产品，办好以“中国（贵阳）医药博览会”、“中国（贵州）酒类博览会”、“中国贵州国际绿茶博览会”为代表的展览业。积极引进培育会展企业、中介机构和专业人才，大力推进会展业向专业化、社会化、市场化发展。

（十五）加快发展现代物流业。围绕交通枢纽、重点产业和园区建设，调整优化物流节点及空间布局，推进物流业与制造业、商贸服务业联动发展，建成区域性物流城市和西南地区重要物流中心。加快改貌集装箱物流中心、贵阳西南国际商贸物流城、清镇物流园区等重点物流项目建设。引进一批国内外知名物流企业，培育壮大一批本地物流企业，鼓励传统物流企业向综合性现代物流企业转型。加快物流行业公共信息平台建设，鼓励物流企业、行业间物流平台的信息共享。

（十六）加快发展金融业。按照构建西南地区重要金融中心的目标，加快贵阳国际金融中心建设，进一步实施“引银入筑”工程，吸引境外、域外银行、保险和证券公司等金融机构入驻。大力支持证券、保险、信托、基金管理公司等非银行金融机构的发展，建立以产权交易市场为基础的区域性资本市场服务体系，开发多种金融产品和服务。推动贵阳市商业银行上市，加快组建贵阳市农村商业银行。

（十七）加快发展文化产业和文化事业。深化文化体制改革，大力发展经营性文化产业，重点扶持发展影视、印刷、出版、创意、动漫、演艺等文化产业和新型文化业态。加快建设贵阳数字内容产业园、阳明文化产业园、贵州文化出版产业园等一批现代文化产业聚集区，继续办好“亚洲青年动漫大赛”。加强文化品牌建设，支持文化企业发展，努力把贵阳日报传媒集团经营有限公司、贵阳广电传媒有限公司、贵阳演艺集团、贵阳交响乐团打造成为西南地区具有影响力的文化企业。

大力发展公益性文化事业，保障人民群众基本文化权益。加强公共文化信息资源共享和农家书屋工程建设，建成市城乡规划展览馆、市档案馆新馆、市文化遗产博物馆、金阳图书馆等公共文化设施，健全完善市、区（市、县）、乡（镇、街道）、社区（村）四级公共文化服务网络，促进基本公共文化服务均等化。加强重点文物、文化遗产和非物质文化遗产保护。深入开展群众性文化活动，继续开展文化科技卫生“三下乡”活动。推进文化创新，推动哲学社会科学繁荣发展。

（十八）加快提升其他服务业。努力提升商贸服务业，加快建设一批大型商业综合体、商业特色街区，规划建设大中型专业市场集中区，规范改造专业市场，着力打造全省现代商贸中心。大力发展总部经济，加快发展科技及信息服务、社区服务、家政服务、中介服务、电子商务、连锁经营、物业管理等生产性和生活性服务业。培育新型消费业态，拓展新型服务消费，促进消费结构升级。

五、积极发展生态农业，全面推进社会主义新农村建设

按照工业反哺农业、城市支持农村和多予少取放活的方针，加强农村基础设施建设，大力发展生态农业，促进农业增效、农民增收、农村繁荣，建设社会主义幸福新农村。

（十九）加快发展生态农业。积极推广以生态循环种养、乡村休闲观光、大中型沼气池生态循环等为主的循环农业、生态农业模式，构建现代生态农业产业体系。围绕“畜、禽、蛋、奶、蔬、果、花、茶、药、

烟”等特色优势产业，以贵阳国家农业科技示范园区为重点，建设一批现代农业示范园、农业科技园和种植养殖业示范园。引进和建设一批龙头企业，大力发展农民专业合作经济组织，培育发展经纪人，创办产销联合体。全力打造“生态品牌”，支持一批特色生态农产品品牌争创名优产品、著名商标、原产地标记注册。建立完善农产品质量标准体系和安全监督检测网络，实施无公害农产品的市场准入制度。深入推进“菜篮子”工程，切实保障市民基本生活供给。

（二十）加强农村基础设施建设。积极配合黔中水利枢纽工程建设，加快鱼洞峡、红岩和席关水库等骨干水利工程建设，实施“五小”水利工程建设，逐步建立生活、生产、生态用水安全保障体系。引导农民开展土壤改良，加快中低产田改造，增加高产稳产农田比重。继续深入实施“五改一气”工程。推进农村串户路、机耕道、生产便道并网建设，加强农村公路的养护与管理。做好村寨规划和建设，优化村寨布点，引导乡村居民适度集中居住。加强农村排水、电网、通信、污水和垃圾处理等基础设施和公共设施建设。

（二十一）拓宽农民增收渠道。认真落实中央和省各项强农惠农政策，加大各类补贴扶持力度，完善农产品市场体系和价格形成机制，提高农民经营性收入。加大农民工外出务工指导和服务力度，继续实施“绿色证书培训”、“雨露计划”等培训项目，提高农民职业技能水平与就业能力，促进农民有序外出务工和就地就近转移就业，增加工资性收入。支持农民创业园区和创业基地建设，扶持返乡农民工创业。逐步建立平等的社会保障制度，创造有利于农民进城就业和创业、增加收入的良好环境。继续做好扶贫开发工作，切实提高农村贫困人口自我发展能力。

（二十二）深化农村综合配套改革。稳定和完善家庭承包经营责任制，建立健全农村土地承包经营权流转市场，引导农村土地承包经营权有序流转。按照节约用地、保障农民权益的要求推进征地制度改革。完善城乡平等的要素交换关系，促进农村土地增值收益和农村存款主要用于农业农村。积极稳妥开展农村土地整治，完善农村集体建设用地流转和宅基地管理机制，按照中央和省的部署，积极探索建立农村集体建设用地与国有建设用地统一的市场平台。着力建立现代农村金融制度，鼓励发展多种形式的新型农村金融机构和以服务农村为主的地区性中小银行，组建贵阳市生态农业发展产权流转担保有限公司。逐步建立农村信贷担保机制、农业再保险和巨灾风险分散机制，探索开展农村房屋、集体土地使用权抵押贷款工作。深化集体林权和国有林区林权制度改革。

六、坚持基础设施建设优先，着力夯实发展基础

继续加强以交通、民生为重点的基础设施建设，努力构建现代化的交通运输网络，提高市政基础设施建设水平，加快改善通信设施条件，为又好又快、更好更快发展打牢基础。

（二十三）加快综合交通网络建设。建成市域快速铁路网和城市轻轨1号线、2号线，建成“三条环线十六条射线”城市骨干路网，建设一批连接骨干路网的快速通道，形成市域快速交通走廊。积极配合完成龙洞堡国际机场改（扩）建工程，积极配合贵阳至广州、贵阳至重庆、贵阳至成都快速铁路和贵阳至昆明、贵阳至长沙客运专线，以及厦蓉、贵广高速公路建设，形成连接黔中经济区和周边省市的快速交通网络。建设乌江航道，加快建设开阳港、息烽港，提高进入长江的通航能力，完善码头、道路等航运配套设施。

（二十四）加强市政设施建设。根据城市空间布局结构，加快各类市政专项规划编制工作，推进公共服务设施建设。积极做好中缅、中卫天然气进入我市的对接和产业

配套工作，提高城镇燃气普及率和供应保障率。统筹规划、合理安排供电、供气、给排水、通信等地下综合管网建设和改造。实施城区道路排水系统雨污分流改造，加快新庄（二期）等一批污水处理厂的建设，提高污水处理厂运行效率，确保2015年城市污水处理率达95%以上，中心城区生活污水收集、处理率达100%。加快推进城镇生活垃圾分类收集、运输和处理系统建设，提高城市垃圾处理设施的运营效率。加快完善防灾减灾基础设施建设。

（二十五）提高信息化水平。推进“数字贵阳”建设，完善覆盖城乡的信息基础设施，加快经济社会各领域信息化建设步伐，发挥贵阳全省信息服务中心的作用。推进光纤宽带网络建设，提高网络覆盖率。大力发展物联网。整合信息资源，稳步推进电信网、广播电视网、互联网三网融合，发展第二代互联网。推进电子政务、电子商务、公共信息服务平台建设。确保基础信息网络和重要信息系统安全。

七、着力实施城镇化战略，积极推进城乡一体化

把推进城镇化作为优化资源要素空间布局、转变经济发展方式的重要途径，按照城市总体规划，完善城镇体系，优化城市功能，改善人居环境，推动城乡、区域协调发展。

（二十六）优化城乡规划布局。按照生态文明的理念，加强城乡规划，建立从区域到城市、从城镇到农村、从总体到专项的层次分明、互相衔接、完善配套的城乡规划体系，构建“一城三带多组团、山水林城相融合”的城市空间布局。实施“北拓、南延、西连、东扩”的中心城区空间发展战略，城市中心区以老城区和金阳新区为核心，连片发展三桥马王庙、小河、二戈寨、白云等区域。加快建设高新、花溪、龙洞堡、新天、清镇等外围组团。加快规划建设一批生态环境好、设施配套、功能完善的住宅、旅游、产业等特色功能小区。强化城镇空间布局与产业布局、重要交通干线的紧密结合，着力构建布局合理、功能完善、优势互补、开放式的城镇体系。

（二十七）加快小城镇建设。按照因地制宜、突出特色的原则，科学制定小城镇建设规划。综合考虑区位、资源、历史、文化、产业等因素，围绕市域快速铁路和贵阳环城高速公路、贵遵高速公路等交通沿线建设一批工矿型、商贸型、交通枢纽型、旅游观光型等特色小城镇。坚持区域统筹、共建共享，推进交通、通讯、供电等基础设施建设，增强城镇的承载力。加强文化、教育、医疗等公共服务设施建设，完善城镇服务功能。推进清镇市、修文县、息烽县、开阳县撤县（市）改区，撤乡（镇）改街道和村改居工作。深化户籍制度改革，放宽城镇落户条件，把符合落户条件的农业转移人口逐步转为城镇居民，稳步推进农村人口合理有序向城镇转移。

（二十八）提高城市管理水平。严格执行城市管理各项规定，推进城市管理的科学化、法制化、规范化，以管理促进发展环境的优化和城市竞争力的提升。完善交通、治安、城管等共用的数字化城市管理平台，促进城市管理精细化、全时段、全方位覆盖。加大城郊接合部整治和连片改造力度，基本完成现有棚户区和“城中村”改造，改善人居环境。积极探索城市基层管理体制改革，在有条件的地方逐步推行“市——区——社区”三级管理模式，强化基层公共服务和社会管理职能。

八、深入推进生态文明建设，提升可持续发展能力

顺应全市广大人民群众对改善环境的强烈愿望，进一步增强绿色、环保、低碳发展理念，继续采取最严厉的措施保护生态环境，强力推进节能降耗，切实做好国家低碳试点城市和生态文明建设试点城市工作，让人们在良好的生态环境中生活得更舒心、更

幸福。

（二十九）加大环境保护力度。加强以“两湖一库”为重点的重要饮用水源保护和污染防治工作，加快城镇污水、垃圾、危险废物处理设施建设。加强对电力、钢铁、有色金属、建材、化工等重点行业的污染物排放控制，淘汰落后产能。继续强化机动车尾气污染治理。完成贵阳特殊钢有限责任公司、贵阳发电厂等重点污染企业的异地搬迁和改造。完善工业固体废物、危险废物安全处置和监管制度，强化施工、交通等噪声管理。加强农村面源污染治理，继续实施农村环境综合整治试点工作。强化执法监督，提高环境监测、监管能力，严格依法查处各类环境违法犯罪行为。

（三十）加强生态环境建设。抓住国家支持贵州实施水利建设、生态建设和石漠化治理的机遇，加快以巩固退耕还林成果、石漠化植被恢复、环城林带和天然林资源保护为重点的林业生态建设，提高森林覆盖率。推进城市园林绿化、交通沿线绿化带建设，提高城市绿化率。加强花溪国家城市湿地公园建设和南明河城区段环境治理，加强出境河流断面水质监测。以“两湖一库”及其水源流域、麦架河、息烽河和猫跳河流域为重点，加强小流域综合治理，实施水土保持工程。推进采石场、矿山等迹地的环境治理和复垦。完善生态补偿机制，严格执行水资源使用许可和有偿使用制度，严格落实矿山环境治理恢复保证金制度，推进资源使（取）用权、环境权益交易工作。

（三十一）大力发展绿色经济和低碳经济。建设一批循环经济型企业和示范园区，重点推进清镇、修文、息烽、开阳循环经济生态工业基地建设。实施重点节能工程，推广先进节能技术和产品，推进工业、建筑、交通运输等领域节能。大力推广绿色建筑，率先建设一批低碳社区。抓好重点行业节材，推进包装减量化，逐步减少和取消一次性用品。制定工业产品用水定额，抓好高耗水行业的节水、废水资源化工作，加快节水型城市建设。调整优化能源结构，发展新能源、清洁能源、可再生能源。推进节约集约用地，切实提高土地利用效率。合理引导消费行为，发展节能环保型消费品，倡导文明、节约、绿色、低碳消费模式。

九、强化人才和科技支撑，不断提升自主创新能力

加快建立以企业为主体、市场为导向、人才为支撑、产学研结合、充满活力的科技创新体系，推进创新型城市建设。

（三十二）超常规培养、引进和使用人才。坚持人才强市战略，加快构筑全省人才高地。围绕支柱产业和新兴产业发展，着力实施现有人才潜能开发计划、生态产业人才发展计划、基础人才能力提升计划、海外高层次人才集聚计划、高校毕业生基层成长计划。畅通人才引进的绿色通道，提供“一站式”的优质服务。抓紧培养造就一批科技领军人物，吸引一批留学归国人员和境外人才来筑发展，打造一支战略型、创新型企业家队伍和综合素质高、实践能力强的技能型人才队伍。打破阻碍人才流动的身份、单位、部门和所有制界限，推进党政人才、企业经营管理人才、专业技术人才合理流动。完善人才管理、使用、激励机制,最大限度地激发各类人才的创新活力和创造激情。

（三十三）着力提高科技创新能力。完善以各层次企业为主体、孵化器网络为支撑、产学研结合为纽带、风险投资为推手的科技创新体系，支持原始创新，鼓励集成创新和引进消化吸收再创新，推动经济发展由资源依赖转向科技引领、创新驱动。围绕磷煤化工、铝及铝加工、装备制造、中医药等特色优势产业，高新技术产业和战略性新兴产业，引进和建设一批企业技术中心、工程技术研究中心、重点实验室和中试基地，建立一批产业技术创新联盟，推进关键共性技术的研究与产业化，大幅提升科技成果转化率和产业核心竞争力。加大政府科技投入，

积极发展私募股权投资、创业风险投资、天使投资，充分发挥贵州省科技风险投资有限公司的作用，加大对科技创新的信贷支持。不断完善区域创新服务体系，加强各类科技中介机构建设，促进项目孵化和科技成果转化。推动区域科技资源整合共享，完善省市科技合作及部门间协同推进科技创新的机制。

（三十四）强化企业技术创新主体地位。落实支持企业自主创新有关财税优惠政策，引导和支持资金、人才、技术等创新要素向企业聚集，鼓励企业加大研发投入及研发团队建设。引导和鼓励企业建立自主研发基地和联合研发平台，培育一批拥有自主知识产权和持续创新能力的创新型企业。根据成长规律和特点分阶段分类别扶持科技型中小企业发展，培育一批技术水平高、发展潜力大、市场前景好的科技企业，壮大科技型中小企业群体。

十、深化改革开放，充分激发发展活力

坚持把改革开放作为加速发展、加快转型、推动跨越的不竭动力，不断深化重点领域关键环节改革，扩大对内对外开放，积极参与黔中经济区建设。

（三十五）提高对内对外开放水平。坚持把招商引资作为我市经济社会发展的重中之重，充分发挥重点产业招商工作组和港澳招商工作组的作用，强化招商引资责任制，开展定向定点招商、专业化小分队招商、驻点招商和产业组团式招商，突出面向央企招商。紧紧抓住东部产业加快转移的契机，着力承接符合贵阳产业发展方向的先进制造、生物制药、金融、现代物流等产业。积极引进国内外优强企业参与我市国有企业重组，盘活国有存量资产。切实加强与成渝经济区、长株潭经济区及北部湾经济区的合作，建立多层次的互动机制，实现互利双赢。支持有条件的企业"走出去"，拓宽发展空间。

（三十六）积极参与黔中经济区规划建设。充分发挥我市在黔中经济区的核心作用，配合省有关部门完成黔中经济区规划编制，探索建立区域性领导、协调和合作机制，促进区域内基础设施建设、产业布局、区域市场、生态环境和城乡建设一体化。积极参与贵阳与黔中经济区其他城市间交通等基础设施建设，加速推进区域内人流、物流、资金流、信息流的高度融合。联合建设贵阳至遵义、贵阳至安顺等工业走廊和沿快速铁路、高速公路产业带，联合开发特色资源及培育发展特色优势产业，促进区域产业集聚和产业链延伸。

（三十七）大力发展非公有制经济。消除制约非公有制经济发展的体制机制性障碍，创造公平竞争、平等准入的市场环境。制定优惠扶持政策，鼓励非公有制经济进入资源开发、基础设施、公用事业等领域。支持非公有制企业收购、兼并或参股国有、集体企业。支持民间资本设立信用担保公司，不断完善风险补偿、分担机制，切实缓解中小企业融资难问题。充分发挥行业协会、商会在规范市场、促进行业发展中的积极作用。完善投诉机制，切实维护非公有制企业合法权益。力争到2015年，非公有制经济占全市生产总值的比重达50%以上。

（三十八）全面改善投资软环境。深入开展环境建设年活动，大力整治发展软环境，严厉查处以权谋私、权钱交易、吃拿卡要等行为。大力建设透明、服务、效率型机关，进一步清理和规范收费项目，精简审批事项、减少审批环节，全面推行政务公开，全面公开申办事项的前置条件、办理流程、审批环节，推行网上受理、网上审批、网上办结，建立完善“方便、快捷、高效、便民”的工作机制。进一步健全和完善投资环境评价体系，实行分级评价、动态管理，定期向社会公布评价结果。

（三十九）深化重点领域关键环节改革。加快财政体制改革，健全公共财政制度。在合理界定事权基础上,按照财力与事权相匹配的原则,进一步理顺市、区（市、县）

两级财政分配关系，制定支持县域经济发展的相关政策，在投资、土地、环评、审批和税收等方面进一步放权让利，扩大县域经济管理权限，充分调动和激发市、区（市、县）两级加快发展的积极性。统筹协调区县合作发展，建立区县之间产业联动、资源互补、利益共享等机制，促进区（市、县）深化合作。深化市属国有及国有控股企业改革，建立国有资本经营预算和收益分配制度，加强国有企业经营绩效考核，完善国有资产监管体制。积极推动市政公用企事业单位的改组改制，加快推进城市污水和垃圾处理、公共交通、园林绿化等市政公用事业社会化、市场化进程。按照中央和省的统一部署，深入推进科技、教育、文化、卫生、体育等事业单位分类改革。

十一、大力实施十大民生工程，提高市民幸福指数

坚持把保障和改善民生作为一切工作的出发点和落脚点，“十二五”时期确保财政对民生的投入占财政支出的比重每年增加1个百分点，着力解决人民群众最关心、最直接、最现实的利益问题，让全市人民更多地分享改革发展的成果，过上幸福美好的生活。建立和完善幸福感评价体系，每年进行一次幸福指数测评。

（四十）大力实施就业和增收工程。实施更加积极的就业政策，“十二五”时期城镇新增就业人员35万人。鼓励自主创业，深入推进“充分就业社区”创建和“零就业”家庭就业援助，保持“零就业”家庭动态为零。大力开展职业技能、实用技能和创业培训，促进高校毕业生、城镇就业困难人员、农村转移劳动力及退役军人等群体就业。建立健全企业工资集体协商机制、企业职工工资正常增长机制和支付保障机制，严格执行工资指导线和最低工资标准制度，引导企业合理提高劳动报酬。完善价格调节基金制度，对困难群众实行价格动态补贴。着力提高农民工福利待遇，逐步提高农民生产经营收入和转移性收入。拓宽居民收入来源渠道，创造条件增加居民经营性收入和财产性收入。扩大中等收入阶层比重，遏制收入分配差距扩大的趋势。

（四十一）大力实施扶贫济困工程。坚持“输血”与“造血”相结合，继续深入推进开发式扶贫，加大项目扶持、资金扶持和技术扶持力度，切实提高农村贫困人口自我发展能力。坚持广覆盖、保基本、多层次、可持续的方针，以保障人民群众基本生活为重点，进一步完善城乡最低生活保障制度，实行“应保尽保”和“分类施保”，努力提高保障水平。建立健全社会救助的快速反应机制，对困难群体提供快速救助。积极完善失业保险、工伤保险、生育保险等社会保险制度，着力构建社会保险、社会救助、社会福利、慈善事业相衔接的覆盖城乡居民的社会保障体系。加强社会保险基金监管。

（四十二）大力实施普教优教工程。全面推进素质教育，促进学生德智体美劳全面发展。增加教育投入，鼓励引导社会力量兴办教育。新建、改建、扩建一批安全适用的幼儿园，基本普及学前教育。巩固提高义务教育质量和水平，深入推进学区化改革，促进义务教育均衡发展。保障进城务工人员随迁子女平等享受义务教育。加快普及高中阶段教育，深入推进高中阶段课程改革，努力扩大高中优质教育资源。大力发展职业教育，建成“贵阳职业教育园区”。到2015年，清镇市、修文县、息烽县和开阳县均有一所中等职业学校达到教育部规定标准。积极推进花溪高等教育聚集区建设。贵阳学院等市属高校要按照突出实用、服务本地的原则，提高办学质量和水平。加快发展继续教育，支持民族教育、特殊教育，建设全民学习、终身学习的学习型社会。完善教育资助制度，扶助家庭经济困难学生完成学业。加强师德师风建设，鼓励优秀人才终身从教。“十二五”期末，人均受教育年限达11年以上。

（四十三）大力实施健康工程。坚持公共医疗卫生公益性质，深化医药卫生体制改革，优先满足群众基本医疗卫生需求，促进基本公共卫生服务均等化，扩大优质卫生资源覆盖面，力争各项卫生指标达到西部省会城市平均水平。重点建设城市三级医疗服务体系，完善农村三级卫生服务网络。加快区域卫生信息网络、重点医院和医疗卫生设施建设。积极落实基本药物制度，建立健全基层医疗卫生机构补偿机制。健全覆盖城乡居民的基本医疗保障体系，逐步提高医疗补助标准和保障水平。力争“十二五”期末，城镇基本医疗保险、新型农村合作医疗保险参保率分别达90%、97%，住院病人医疗费用政策范围报销比例达70%。切实加强人口和计划生育工作，继续稳定低生育水平，保持出生人口性别比在正常值范围，提高出生人口素质。完善覆盖城乡的计划生育公共服务体系，强化流动人口计划生育服务管理。健全完善和实施计生家庭“奖扶医帮优保”利益导向政策。推进残疾人社会保障体系和服务体系建设。开展全民健身活动，加快城乡社区体育设施建设，积极发展体育产业。

（四十四）大力实施养老敬老工程。完善城镇基本养老、新型农村社会养老保险制度，加快实现养老保险全覆盖。推进养老服务体系建设，逐步形成以居家养老为基础、社区服务与机构养老相配套、满足城乡多层次、多样化服务需求的养老服务网络。深化公立养老服务机构改革，采取公建民营、民办公助、政府补贴、购买服务等多种方式，鼓励社会力量兴办养老服务机构。结合城乡社区发展，合理规划新建一批老年公寓、养老院等养老服务机构，提升和改善乡镇敬老院基础设施和服务功能，保障床位有效供给，增强生活照料、医疗护理等服务能力。建立为老年人服务的有效管理体制和专业技术队伍，推行养老护理员国家职业资格制度，建立养老服务社会工作者和志愿者制度。培育壮大老龄服务事业和产业。

（四十五）大力实施安居工程。加强政策调节，构建住房信息系统，增加住房有效供给，改善住房供应结构，建立完善多层次住房供应和保障体系，逐步形成梯次消费的住房模式。大力推进以公共租赁住房和廉租住房为主体的保障性住房建设，切实解决城市低收入群体“住房难”问题。“十二五”期末，基本解决15万户中等偏低收入家庭的住房困难。建立健全保障性住房进入和退出机制。稳步推进普通商品住房建设，规范发展二手房市场。

（四十六）大力实施平安工程。深入推进“平安贵阳”建设，以“严打两抢一盗，保卫百姓平安”为重点，强化治安卡点建设，搞好重点地区综合治理，"十二五"期末，群众安全感达90%以上。加强政法、维稳、综治基层基础建设，健全基层管理和服务体系，发挥群众组织和社会组织作用，形成社会管理和服务合力。健全接访、下访制度，完善大调解工作体系，保障群众合法权益。加快建立调处化解矛盾纠纷综合平台，建立和完善重大工程项目建设和重大政策的社会稳定风险评估机制。加大公共安全投入，加强安全生产，健全突发事件应急管理体制，提高应对自然灾害、事故灾难、公共卫生事件、食品安全事件、社会安全事件的预防预警和处置能力。强力推进食品药品检验监督体系建设。加强流动人口服务管理，做好特殊人群帮教管理工作，加大社会管理薄弱环节整治力度。保障妇女儿童合法权益，加强未成年人保护，促进妇女儿童事业发展。

（四十七）大力实施畅通工程。按照城市总体规划，着力疏解中心城区功能和人口。加强城市道路交通规划和建设，着力改善城市微循环道路系统，提高道路运行效率，实现城市交通内循环与外循环之间近距离换乘甚至“零换乘”。强化交通执法管理、停车秩序管理，合理组织交通，提升交通事故、交通拥堵等突发事件的处置指挥能力，提高路口通行能力，减少拥堵节点。加

强机动车管理和引导使用，防止机动车过快增长。坚持公交优先，深化公共交通运营和管理体制改革，加快公共交通设施建设，优化公共交通布局，引导公交服务向居民小区、城郊结合部以及农村延伸，提高公共交通的吸引力和分担率。倡导文明交通理念，鼓励绿色出行。

（四十八）大力实施生态建设和整脏治乱工程。进一步强化生态建设，推进城乡环境绿化、美化、净化、亮化，让群众享有更多的绿地、更洁净的水、更清新的空气、更优美的环境。巩固“三创一办”成果，深入推进“整脏治乱”专项行动，逐步建立和完善环境治理的长效机制和监督机制，切实改善城乡公共环境卫生，努力创造优美、整洁、有序的市容环境。进一步加大老旧居住区、城郊结合部、背街小巷、集贸市场等薄弱环节的治理力度，着力改善广场、机场、车站等城市重点区域的面貌。全面加强各类施工工地管理，加大巡查力度，切实减少渣土运输污染。统筹规划各类破路施工项目，加快中心城区各类管网入地工程进度。强化门前（摊前）“三包”责任制，加强沿街和市场摊点、铺面、单位的规范化管理。美化城市建筑立面，规范城市广告，优化城市灯饰景观。实施乡村清洁工程，全面整治农村环境卫生。

（四十九）大力实施传统美德弘扬工程。传统美德是中华民族宝贵的精神财富，是社会主义核心价值体系的重要内容。要坚持社会主义核心价值体系，大力弘扬自强不息、忠孝仁爱、敬老慈幼、尚礼崇义、重诺守信等中华民族传统美德。积极开展传统美德进机关、进学校、进企业、进社区、进家庭等多种形式的主题实践活动。把弘扬传统美德与未成年人思想道德建设相融合，促进青少年健康成长。把弘扬传统美德与"绿丝带"社会志愿服务活动相融合，提高市民文明素质。把弘扬传统美德与以“三创一办”为重点的系列创建活动相融合，奋力争创“全国文明城市”。

十二、加强党的领导、凝聚各方力量，为实现“十二五”规划而努力奋斗

（五十）充分发挥各级党委的领导核心作用。加强党的执政能力建设和先进性建设，不断提高各级领导班子和领导干部的思想政治水平，增强推动科学发展、促进社会和谐的能力。深入推进学习型党组织和学习型领导班子建设，不断提升广大党员的学习能力、理论素养和工作本领，不断增强党组织的创造力、凝聚力和战斗力。大力弘扬"敢抓敢管、敢作敢为、敢闯敢试"的“六敢”精神。坚持民主、公开、竞争、择优，深化干部人事制度改革，创新和完善干部选拔任用机制，加大在重点工程、重要工作、重大突发事件和重大项目中考察干部的力度。健全领导班子和领导干部绩效考核评价制度，进一步形成有利于科学发展的用人导向。建立健全覆盖各级各部门的目标分解机制、工作落实机制和绩效考核机制，完善决策执行和跟踪督办机制，严格责任追究。

（五十一）加强社会主义政治文明建设。坚持和完善人民代表大会制度、中国共产党领导的多党合作和政治协商制度、基层群众自治制度。巩固和壮大最广泛的爱国统一战线，切实做好民族、宗教、侨务和对台工作。坚持依法治市，完善地方立法和规章，做好普法工作，推进法治政府建设。发展基层民主，推进党务公开、政务公开、厂务公开和村务公开，保障人民群众选举权、知情权、参与权、表达权和监督权，以民主促进民生。充分发挥工会、共青团、妇联等人民团体的桥梁纽带作用。加强国防后备力量建设，推进“双拥”工作。

（五十二）充分发挥共产党员先锋模范作用。全市广大共产党员要把实现科学发展、提高人民群众幸福指数作为根本价值取向，牢固树立科学发展理念，牢记党的宗旨，立足岗位、无私奉献，切实发挥先锋模范作用。把深入开展作风建设年活动与创先

贵阳市人大常委会工作报告

——2011年3月19日在贵阳市第十二届人民代表大会第六次会议上

贵阳市人大常委会主任 李跃南

各位代表、同志们：

我受市人大常委会的委托，向大会报告工作，请予审议，并请各位政协委员和列席会议的同志提出宝贵意见。

2010年的工作

2010年，市人大常委会在中共贵阳市委的领导和上级人大常委会的指导下，以邓小平理论和“三个代表”重要思想为指导，深入贯彻落实科学发展观，高举发展、团结、奋斗的旗帜，认真履行宪法和法律赋予的职权，积极开展工作，圆满完成了市十二届人大五次会议确定的各项任务，为建设生态文明城市，促进全市经济社会又好又快、更好更快发展，做出了积极的贡献。

一、保障发展 立法质量不断提高

常委会坚持科学立法、民主立法，突出法规的针对性和可操作性，进一步加强了地方立法工作。一年来，制定了《贵阳市城乡规划条例》等5部地方性法规；对《贵阳市民用建筑节能条例》等5个立法项目进行了调研；对我市地方性法规进行了全面清理；对全国人大常委会和省人大常委会交付的《中华人民共和国全国人民代表大会和地方各级人民代表大会代表法修正案》等12部法律法规认真组织研究和讨论，并及时整理报送修改意见和建议。

进一步提高法规质量。为科学统筹城乡发展空间布局，合理利用自然资源，保护生态环境，制定了《贵阳市城乡规划条例》，重点对城乡规划的制定、修改、实施和监督进行了规范。为保障高新区规范管理、高效运转和快速发展，制定了《贵阳高新技术产业开发区条例》，明确了高新区的性质、范围、地位、作用、功能、管理权限、管理机构和工作职责。为切实提升区域科技创新能力，支撑全市经济社会更加全面、健康和可持续发展，制定了《贵阳市科技创新促进条例》，致力于深化科技体制改革，创新科技管理，促进经济与科技紧密结合。为加强燃气管理，保障燃气生产、经营与使用安全，制定了《贵阳市燃气管理条例》，重点对燃气设施保护、安全运行、应急处置等进行了

争优活动、“我是共产党员、我为贵阳增光彩”活动相结合，进一步改进工作作风。各级领导干部要坚持党的群众路线，密切同人民群众的血肉联系，深入基层、深入企业、深入建设项目调查研究，破解难题，推动工作，努力做出经得起实践、人民、历史检验的实绩。加强反腐倡廉建设，牢固树立勤政、廉政、善政、优政意识，严格权力运行制约和监督。大力弘扬党的光荣传统和优良作风，坚决反对形式主义、官僚主义，做到戒骄、戒懒、戒空、戒虚、戒假、戒奢，以优良的党风凝心聚力，形成推动我市创先争优、赶超进位的强大合力。

全市各级党组织、广大党员干部和各族人民，要进一步增强使命感、责任感和紧迫感，全面贯彻落实科学发展观，践行“知行合一、协力争先”的贵阳精神，解放思想、振奋精神、开拓创新、真抓实干，为实现我市国民经济和社会发展第十二个五年规划而努力奋斗！

规范。为解决城镇居民集中住宅区人口与计划生育管理工作出现的新情况、新问题，制定了《贵阳市住宅小区人口和计划生育管理服务规定》，规定物业服务企业和其他管理人对计生工作履行协助义务，使人口与计生服务管理更具可操作性。

全面开展法规清理工作。按照全国人大常委会、省人大常委会安排部署，对我市现行有效的68件地方性法规进行了全面清理，废止了3件，修改了14件，审议通过了关于废止部分地方性法规的决定、关于修改部分地方性法规的决定。重点解决了地方性法规与宪法、法律和行政法规不一致的问题，以及地方性法规中存在的明显不适应、不协调、不具可操作性、自行设置行政许可等问题。

二、围绕大局 监督实效明显增强

围绕“三创一办”、纵深推进生态文明城市建设和“十一五”规划目标任务，努力探索多种监督方式，积极有效地开展监督工作。

努力拓展监督方式。市人大常委会围绕市委中心工作，首次有计划、有重点、有组织地开展工作评议和专题询问，对人大监督工作的完善进行了有益探索。

对市公安局城市道路交通管理，市环保局创建国家环境保护模范城市，市卫生局创建国家卫生城市，市民宗委协办第九届全国少数民族传统体育运动会，市人力资源和社会保障局促进大学生就业、开展农民工非农技能培训等相关工作进行了评议。评议调研组认真组织调研，广泛听取不同意见。常委会评议大会坚持公平公正公开的原则，采取联组方式开展评议，形成评议意见22条。市人民政府常务副市长及5个被评议部门负责人到会认真听取意见，回答询问并作出整改承诺。目前，市人民政府及5个被评议部门正逐一整改落实。通过工作评议达到了改进政府工作、提高政府效能的目的。

在《贵阳市市容环境卫生管理办法》执法检查期间，针对群众反映强烈的后巢医疗垃圾焚烧污染问题，进行了专题询问。了解到市政府为达到创建国家环境保护模范城市考核标准，拟对后巢垃圾处置场进行改扩建；同时，又了解到省危险废弃物暨市医疗垃圾处置中心项目即将建成，届时将能彻底解决我市医疗垃圾的处置问题。为此，常委会提出市人民政府应统筹兼顾，在确保创建国家环境保护模范城市工作达标的同时，避免工程重复建设和资金浪费的意见。市人民政府立即研究决定，只对后巢垃圾处置场现有设备进行降低尾气和烟尘污染改造，停止了扩建项目。并集中力量，加快省危险废弃物暨市医疗垃圾处置中心项目建设，既节约了资金，又从根本上解决了医疗垃圾处置问题。

努力增强监督实效。一年来，常委会检查了农村公路养护、旅游业发展、房屋权属、市容环境卫生、仲裁、公园和绿化广场等方面法律法规的实施情况；听取和审议了城市报警和监控系统管理、“门前三包”责任制执行、民族地区经济社会发展、依法行政等专项工作报告；加强了对国民经济和社会发展计划、财政预算工作的监督；认真开展了规范性文件备案审查。

在执法检查中，针对《贵阳市农村公路养护管理办法》实施中存在的“重建设轻管养”、建管脱节、投入不足问题，提出既要重建设，更要重养护管理等意见；市人民政府积极整改，按市、区（县、市）8:2的比例，共计安排资金440万元，为各区、县（市）配置必要的养护作业机具，切实提高基层养护能力。针对《贵阳市促进旅游业发展办法》实施中存在的旅游基础设施不完善、旅游产品单一、旅游从业人员素质有待提高等问题，提出加强政府对旅游业发展的统筹协调、加大旅游基础设施建设、发展特色旅游等意见；市人民政府明确在“十二五”旅游业发展规划中安排部署落实。针对《贵阳市房屋权属登记管理办法》实施中存在的信息服务滞后问题，提出建立全市统一住房信息系统、加快房地产档案数字化进程等意见；市人民政府明确了推进市级住房信息网络系统和基础数据库建设的时限要求。

在听取和审议专项工作报告中，针对城市报警与监控系统运行中现有视频监控探头定点不尽合理、数量质量不适应需要、未及时整合利用社会视频监控资源等问题提出意见；市人民政府编制了《贵阳市视频监控系统建设总体规划》，着手二期工程建设，确保新增视频监控点质量，避免重复、无效布点，整合社会视频监控资源，充分发挥其打击、预防犯罪及维护社会稳定的重要作用。针对“门前三包”责任制执行情况，提出责任落实不够、执法力度需加强等意见；市人民政府及时制订了违规处罚、考核奖惩等工作制度，并通过打造“门前三包”样板街等示范性工作，以点带面，抓好落实。

根据监督法和省监督条例的规定，接受并审查了市人民政府和各区、县（市）人大常委会报送备案的规范性文件共128件，其中，市人民政府规章及规范性文件33件，区、县（市）决定决议95件。向省人大常委会报送备案由市人大常委会作出的决议10件。

三、创造条件　促进公民有序参与

始终牢记“中华人民共和国的一切权力属于人民”、“全国人民代表大会和地方各级人民代表大会都由民主选举产生，对人民负责，受人民监督”的宪法规定，努力创造条件，不断拓宽公民有序参与人大工作的渠道，立法问需于民，监督问计于民，信访一心为民。

在地方立法实践中，把群众广泛参与作为提高法规质量的重要途径，群众参与立法的大门越开越大。制定《贵阳市住宅小区人口和计划生育管理服务规定》过程中，对争议较大的问题组织召开立法听证会，为法规出台奠定了良好基础；制定《贵阳市燃气管理条例》过程中，采取召开座谈会和书面征求意见等方式，征集燃气企业和广大燃气用户意见和立法建议，使法规更具可操作性。在地方性法规清理中，共征集到各方清理意见118条。

在市级新闻媒体、市人大信息网公布常委会工作报告（征求意见稿），征集各方意见建议，把常委会工作置于人民群众的监督之中。开展专项工作评议期间，将被评议部门的专项工作报告、常委会评议组的调研报告向社会公布，增强与群众的互动，扩大了评议工作的群众参与面。坚持面向社会征求立法、监督建议；坚持监督工作全过程邀请媒体参加；坚持实行公民旁听制度，推进人大监督、舆论监督与人民群众监督有机结合。群众对人大工作有了更多的参与，更直接的了解。

在全市处理信访突出问题和群体性事件联席会议的统一部署下，认真接待和处置涉法涉诉信访事项，真诚倾听群众呼声，真实反映群众愿望，真情关心群众疾苦，秉持“情为民所系，权为民所用，利为民所谋”的理念，不断加强和改进信访联合接待工作，督促依法解决问题。认真进行信访综合分析，为常委会履职提供信息服务。全年共接待群众来访790件1031人次，办理来信101件，网上接访69件，其中，重点督办50件，促进部分疑难问题和历史遗留问题得到解决。

四、促进履职　充分发挥代表作用

人大代表是国家权力机关的组成人员，担负着行使国家权力的重大使命。常委会始终尊重代表主体地位，努力做好代表工作，积极为代表履职提供服务。

代表培训有新举措。常委会以提升代表履职能力为目的，拟订培训计划，坚持大会培训和闭会期间专题培训制度。以解读《侵权责任法》、新修订的《选举法》、如何开展工作监督为主题，举办3期培训班，共培训代表小组长、人大代表、人大工作者530余人次。组织重大工作情况通报会，订阅寄送刊物、资料，拓宽代表知情晓政渠道。

代表活动质量有新提高。在市十二届人大五次会议首次书面征询代表对常委会活动参与意向的基础上，有计划、有针对性地邀请代表列席常委会和各专委会会议，参加执法检查、工作监督、信访接待；紧扣“三创一办”、纵深推进生态文明城市建设主题，就“门前三包”责任制落实、道路交通、重大项目建设、水污染治理、环境保护等内容进行集中视察。组织在筑的省十一届人大代表分别就贵阳市“两环”“两路”建设、重大工业项目进展情况进行专题调研和集中视察。代表们针对视察中发现的问题提出了一批中肯的建议和意见。

建议办理有新突破。对代表建议意见中突出的带有普遍性的问题组织专题视察。如代表提出拆除影响建筑外观和城市形象户外广告的建议，通过专题视察，市人民政府职能部门立即拆除了明显不规范广告牌，并举一反三，及时在全市范围内开展不规范户外广告专项清理整治，取得了明显效果。对代表建议意见中事关人民群众切身利益的问题组织重点视察。如代表提出在观水路与宝山路交叉口、黄金路与枣山路路口修建人行天桥或地下通道的建议，通过视察，市人民政府加快市中心区人行天桥的规划建设，先后修建了观水路与宝山路、枣山路与黄金路等交叉路口人行天桥5座，解决人车混行、市民行路难的问题，得到广大市民的称赞。加强对代表“不满意件”和继续办理件的二次办理，同时，对2007年至2009年代表建议“回头看”，注重代表建议办理落到实处。五次大会上，代表提出建议156件，闭会期间提出建议5件，均如期办理完毕，代表满意或基本满意率达98%以上。

五、依法任免　及时决定重大事项

常委会以强化拟任命人员的宗旨意识、法治意识、责任意识和公仆意识为目的，依法任免国家机关工作人员，确保党委意图与人民意志的有机统一，促进“一府两院”依法开展工作。配合干部人事制度改革和政府机构改革，先后依法任命干部75名，免职26名，接受辞职7名。

进一步推进决策的科学化、民主化，严格依照《贵阳市人民代表大会常务委员会讨论决定重大事项规定》，依法行使重大事项决定权。审查批准了2009年市本级财政决算和2010年市本级财政预算调整方案。为加大促进生态文明建设条例的执行力度，推进城市环境卫生、绿化和市容市貌秩序明显改善，促进广大市民讲卫生、讲文明、守秩序，作出对“门前三包”责任制度执行工作加强监督的决定。

六、创先争优　内强素质外树形象

常委会坚持深入学习实践科学发展观，以创先争优为载体，抓好机关党建，强化作风建设、效能建设和执行力建设，不断提高常委会围绕大局依法履职的能力和水平。

常委会组成人员坚持求真务实的作风，深入群众，深入实际，深入基层，结合自身工作认真思考，扎实做好课题研究，撰写调研文章，提升理论素养。完成了《贵阳市地方国家权力机关提升执行力研究》、《人大调查研究工作特点、方法、效率之研究》、《贵阳市燃气结构、发展方向研究》、《“三创一办”与公众人文社科素养提升研究》、《贵阳市企业职工参与生态文明城市建设现状分析及对策研究》等课题。就林权制度改革、流动人口管理、检察机关反渎职侵权、法律援助、城市建设、人防等23个重点项目进行了专题调研，形成了有情况分析、有问题研究、有对策建议的调研报告。

根据市委的统一部署，市人大机关全体干部职工积极投身“三创一办”、“工业和服务业重大项目服务”、“四帮四促”等工作，成立了相关工作领导小组,明确了工作责任。市人大常委会主任、副主任分别带领8支“三创三实”工作队深入街道、社区开展检查、督促、指导和服务，通过查实情、办实事、求实效，增强了“三创一办”工作宣传力度，提高了“三创一办”知晓率、支持率、参与率，促进了基层“三创一办”工作的落实。帮助社区解决实际困难和问题312个，协调资金78.56万元，发放宣传资料4万余份，开展绿丝带志愿者活动1600余人次；率8支“工业和服务业重大项目服务”工作队，深入企业对重大项目及相关问题开展协调和服务，下基层22次，协调项目8个，资金54.2万元，帮助解决具体问题28个；率8支“四帮四促”工作队深入贫困乡村帮贫解困27次，帮助解决具体困难27个，帮扶资金3.4万元，协调致富项目4个。切实为群众办实事、解难事，树立了人大工作为人民的良好形象。

各位代表，过去一年我们所取得的成绩，是在中共贵阳市委正确领导下，常委会组成人员和广大代表团结协作、共同努力的结果，是市“一府两院”和区、县（市）人大及其常委会密切配合、协力推进的结果，是全市人民群众积极参与、大力支持的结果。在此，我代表市人大常委会向大家表示衷心感谢！

我们也清醒地看到，在提高立法质量、改进监督方式、发挥代表作用方面，常委会的工作与人民群众的期望、代表的要求还有一定差距，我们将自觉接受人民监督，虚心听取代表意见，广泛采纳各方面建议，不断改进工作，更好地履行宪法和法律赋予的职责。

2011年的任务

2011年是实施新一轮西部大开发和“十二五”规划的起步之年，常委会的工作任务是：以邓小平理论和“三个代表”重要思想为指导，以科学发展观为统领，认真贯彻落实党的十七届五中全会、十一届全国人大四次会议、省委十届十次全会、省十一届人大五次会议和市委八届十次全会精神，围绕加速发展、加快转型、推动跨越，推进生态文明城市建设，着力提高立法质量，切实增强监督实效，为促进贵阳经济社会又好又快、更好更快发展作出新的贡献。

一、突出发展要求 提高立法质量

积极推进科学立法、民主立法。完善开门立法，改进公民有序参与立法工作，加强立法调研、立法论证、立法咨询，稳步提高立法质量。更好地发挥地方立法的促进、规范和引导作用，为推进全市经济社会全面发展提供良好的法制保障。

提请审议贵阳市政府投资评审管理办法、贵阳市房屋安全使用管理办法、贵阳市城市供水规定、贵阳市民用建筑节能条例、贵阳市科学技术普及条例，修订贵阳市道路交通安全管理办法、贵阳市城市公共客运管理条例。对义务教育、消防、循环经济、房屋权属登记、室内装饰装修、青岩历史文化名镇保护进行立法调研。抓好五年立法规划相关项目调研。

总结立法成果，完成我市1986年至2011年法规汇编。

二、紧扣工作大局 增强监督实效

突出监督重点，完善监督方式，着力推动“十二五”规划实施开好局、起好步。

强化市发改委推进固定资产投资和重大项目建设的监督。总结工作评议经验，制定工作评议办法，推进工作评议制度化、规范化。以服务是否优化、效能是否提高、是否促进发展为标准，对市工信委振兴工业经济、市公安局第九届全国少数民族传统体育运动会安保工作、市教育局推进义务教育均衡发展、市园林绿化局园林绿化管理、市水利局水利基础设施建设等工作进行评议。继续加强对评议意见落实情况的跟踪监督。

对中华人民共和国食品安全法实施条例、贵阳市防雷减灾办法执行情况进行检查；审查和批准2010年市本级财政决算，听取和审议2010年市本级预算执行和其他财政收支的审计工作报告，2011年市国民经济、社会发展计划和财政预算上半年执行情况的报告；听取和审议烟花爆竹安全燃放、查办和预防职务犯罪等专项工作报告；对文化产业发展、市政基础设施建设、社会救助、县

乡人大换届选举、推进农业产业化等工作进行调研；继续检查“门前三包”责任制度贯彻落实情况；继续做好规范性文件的备案审查工作。

进一步完善信访督办制度，加大涉诉信访事项督办力度，推动“一府两院”切实保障人民群众的合法权益。加强信访信息分析，为常委会依法履职提供信息服务。

三、做好任免工作 决定重大事项

坚持党管干部原则，坚持拟任命干部任前法律知识培训、考试和作拟供职务报告制度，依法任免国家机关工作人员。根据法律法规修改情况，及时修改完善拟任命干部任前法律知识考试题库。

按照《贵阳市人民代表大会常务委员会讨论决定重大事项规定》，认真行使法律赋予的重大事项决定权，对事关全市经济社会发展及民生改善的重大问题，适时作出决议决定。

四、创新代表工作 发挥代表作用

进一步创新代表工作，支持和保障人大代表依法行使职权。坚持邀请市人大代表列席常委会会议，参加执法检查、工作评议、专题调研、信访接待，充分听取代表对常委会各项工作的意见和建议；及时向代表通报“一府两院”及常委会重点工作；有针对性地开展代表培训。

围绕市委作出的重大决策，结合全市改革发展稳定的重点和人民群众关注的热点，选好主题，加强指导，搞好闭会期间的代表活动。围绕“十二五”规划实施等工作，采取多种形式，组织代表开展专题调研、专题视察或人大代表持证视察，进一步增强视察的针对性和实效性。

切实做好代表建议办理工作，加强承办部门与代表的沟通，进一步强化跟踪督办，着力提高办理质量和落实率。

五、强化人大调研 做好人大宣传

围绕常委会各项职权的行使和重点议题，加强调查研究，充分发挥调查研究在人大工作中的基础性作用，为全面履职打好基础。

进一步提高人大工作的公开性和透明度，做好人大宣传工作。通过媒体、常委会公报和贵阳人大信息网等途径，向社会公布常委会立法计划、监督计划、执法检查报告、“一府两院”专项工作报告及常委会审议意见，公布“一府两院”对审议意见的研究处理情况。加强人民代表大会制度宣传，做好常委会重大活动、推进依法治市重要工作的宣传报道。加强人大信息化建设，办好《人大工作》和贵阳人大信息网。

六、加强自身建设 提高履职能力

围绕“转变作风、提高效率、服务基层、推动跨越”、“三个建设年”和“四帮四促”，组织好常委会中心组学习，进一步加强思想建设，提高业务能力，提高民主决策、科学决策水平。继续开展常委会主任会议组成人员领题调研工作，加大课题应用研究，促进成果转化。

加强专门委员会和常委会办事工作机构建设，加强常委会办事工作机构与专门委员会之间的沟通、协调、配合，发挥专门委员会的专业优势，进一步形成在常委会领导下和谐有序的工作氛围。切实加强人大机关思想建设、作风建设、组织建设、制度建设和反腐倡廉建设，发挥参谋助手作用，提高保障服务水平。

认真学习、广泛宣传修改后的选举法，深刻领会选举法修改的主要精神，加强对区、县（市）及乡（镇）人大换届选举工作的指导，充分发扬民主，严格依法办事，确保换届选举任务的顺利完成。

各位代表，2011年是实施“十二五”规划的第一年，开好局、起好步意义重大，让我们更加紧密地团结在以胡锦涛同志为总书记的党中央周围，高举中国特色社会主义伟大旗帜，坚持科学发展，牢记人民重托，秉持为人民谋幸福的理念，抢抓机遇，“干”字当头，为促进贵阳经济社会发展历史性跨越而努力奋斗！

2011年贵阳市政府工作报告

——2011年3月17日在贵阳市第十二届人民代表大会第六次会议上

贵州省人大常委会副主任、贵阳市委副书记、市长 袁 周

各位代表：

现在，我代表市人民政府向大会作政府工作报告，请连同《贵阳市国民经济和社会发展第十二个五年规划纲要（草案）》一并审议，并请市政协各位委员和列席人员提出意见。

一、“十一五”时期国民经济和社会发展的回顾

过去五年，是我市发展进程中极不平凡的五年。全市人民在省委、省政府和市委的坚强领导下，在市人大、市政协的监督、支持和帮助下，坚持以邓小平理论和“三个代表”重要思想为指导，深入贯彻落实科学发展观，锐意进取、艰苦奋斗，积极应对国际金融危机的严重冲击，克服百年不遇的特大雪凝灾害和特大旱灾造成的不利影响，全面完成“十一五”规划的各项目标任务，经济又好又快发展，社会和谐稳定，人民生活持续改善，生态文明城市建设向纵深推进，为“十二五”时期加速发展、加快转型、推动跨越打下了坚实的基础。

（一）这是经济发展最快、质量效益最好、综合竞争力极大提升的五年

经济实力明显增强。生产总值从2005年的525.62亿元增加到2010年的1121.82亿元，增长了1.1倍，年均增长14.2%，比“十五”快1个百分点，高于全国、全省平均增速，创新中国成立以来用5年时间翻番的最快增速。其中三次产业年均分别增长7.9%、12.2%和16.9%。人均生产总值突破4000美元。财政总收入从133.15亿元增加到304.64亿元，年均增长18%；地方财政收入从49.8亿元增加到136.3亿元，年均增长22.3%，分别比“十五”快1.3、3.8个百分点。固定资产投资累计完成3317.51亿元，年均增长24.3%。城市居民人均可支配收入、农民人均纯收入年均实际分别增长7.9%、9.7%，农民人均纯收入2008年首次超过全国平均水平。进出口总额从11.36亿美元增加到22.75亿美元，增长1倍。县域经济发展壮大，建制区（市、县）全部进入经济强县行列。2010年末金融机构存、贷款余额分别达3054.07亿元和2588.73亿元，是2005年末的2.4倍和2.5倍。经过5年的艰苦奋斗，我市生产总值、固定资产投资、工业总产值均突破千亿元，主要经济指标超过兰州，在西部省会城市“进位”，部分重要监测指标达到全面小康社会标准，站在科学发展新的战略起点上。中国社科院发布的《全球城市竞争力报告（2009—2010）》显示，在全球500个城市中，贵阳名列综合竞争力上升最快城市的第4位。

城市核心竞争力进一步增强。市级应用技术研究与开发资金投入占财政经常性支出的比重由2.59%增加到2.9%，实施科技计划项目1557个；建成2个国家级工程技术研究中心、2个国家级重点实验室，以及一批省级工程技术中心、重点实验室，形成产学研结合紧密、成果转化加快的城市创新体系。新增中国驰名商标12件，专利申请量、授权量分别达10666件、6431件。连续五届获得全国科技进步考核先进城市称号，被确定为国家级创新型试点城市、国家知识产权工作示范城市。

城市知名度、美誉度显著提高。先后获得中国优秀旅游城市、国家森林城市、全国绿化模范城市、中国人居环境范例城

市、国家园林城市、中国避暑之都、全国双拥模范城等称号；连续三次被评为全国创建文明城市工作先进城市。被国家统计局评为建国60年最具代表性的60个城市之一，排在第36位。

（二）这是工业做大做强、服务业增速增比、农业做特做优的五年

工业经济持续快速增长。规模以上工业总产值从574.06亿元增加到1058.15亿元，年均增长12.1%。结构进一步优化。装备制造、现代制药、磷煤化工、铝及铝加工、卷烟与特色食品等五大产业总产值达752.9亿元，占规模以上工业总产值比重达71.1%；装备制造业、现代制药、磷煤化工、卷烟与特色食品业总产值均突破100亿元。高新技术产业总产值达233.3亿元，占规模以上工业比重22%。规模以上工业企业达603户，产值超亿元企业从88户增加到157户，超10亿元企业从8户增加到12户。效益大幅提升。规模以上工业企业利润总额从16.39亿元增加到56.56亿元，年均增长28.1%。聚集发展格局初显。成立10个副县级园区办公室（管委会），强力推进工业园区建设，麦架——沙文生态工业园、小河——孟关装备制造业生态工业园“八通一平”建设进展顺利，龙洞堡食品轻工业园和贵州百灵苗药工业园等园区加快推进，“十大”园区相继开工50余个项目，入驻企业83户。发展后劲极大增强。工业投资累计达930.89亿元，年均增长20.8%；开磷集团120万吨磷铵、贵阳卷烟厂异地搬迁等一批重点项目建成投产，中航飞机发动机生产线、首钢贵阳特殊钢生产基地等投资30亿元以上的重点项目建设进度加快，息烽循环经济精细磷煤化工工业园年产30万吨硝基复合肥、江苏雨润冷鲜食品加工等一批大项目、好项目开工建设。

服务业长足发展。被确定为首批国家服务业综合改革试点城市。第三产业增加值达607.76亿元，占全市生产总值的比重从45.9%提高到54.2%。旅游业给力领跑。召开四次旅游发展大会，青岩古镇、南江峡谷、阳明文化园等景区知名度大幅提升，成功推出修文野生动物园、开阳十里画廊、泉城五韵等新景点，“中国避暑之都”、“爽爽的贵阳”城市旅游品牌效应凸显。新增国家4A级景区6个，星级以上酒店达到55家，建成和在建五星级酒店达15家，酒店年接待人数超过600万人次，实现由全省旅游集散中心向全国重要旅游目的地、西南旅游服务中心的重大转变，旅游总收入从60.38亿元增加到425.96亿元。“引金入筑”工程取得实效。开工建设贵阳国际金融中心，成功引进花旗银行、中信银行、浦发银行、招商银行等国内外知名银行在我市开设分支机构；银河证券、华泰联合证券以及人寿保险公司等保险、证券公司获批筹建分支机构。现代物流业加快发展。清镇物流园区、西南物流中心、扎佐物流园、二戈寨物流园等项目加快建设，启动贵阳（中国）西南国际商贸物流城建设和五里冲农产品批发市场、花溪大道汽车市场带搬迁，荣获“物流中心城市最佳投资环境奖”，被列为“全国流通领域现代物流示范城市”。商贸流通业持续繁荣，社会消费品零售总额年均增长18.9%。会展业取得突破。建成西部规模最大、功能最全、设施最先进的国际会展中心，生态文明贵阳会议、亚洲青年动漫大赛、医药博览会等成为全国知名会展活动，荣获“中国绿色会议城市”称号，为打造“中国夏季会展名城”夯实基础。软件和动漫产业初具影响。建立数字内容产业园，朗玛科技、青年影视等动漫企业崭露头角，产值年均增长50%以上。

农业产业化水平大幅提升。畜、禽、蛋、奶、果、蔬、花、药、茶等特色优势产业加快发展，温氏、南江、好一多、三联、台农等龙头企业发展壮大，产值上亿元龙头企业达15家；改变鸡蛋、蔬菜内供不足靠外运的状况，市场供应能力能满足每个市民每天一只鸡蛋、一杯牛奶，贵阳花卉、“黔山牌”蔬菜等远销国内外市场，市民“米袋

子”、“菜篮子”、“油罐子”、“奶瓶子”极大充实。切实推进城乡一体化，加快新农村建设，持之以恒抓县乡公路改造、解决农村饮水安全、病险水库治理以及通村公路、串户路、农田基本建设，极大地改善了农村生产生活条件。

（三）这是城市拓展最快、市容市貌明显改善、宜居宜业宜游城市建设取得突出成效的五年

大力实施城市拓展计划，城市进入大扩容、大聚集、大跨越的新时期。城建投资累计完成1366.5亿元，占全部投资的41.2%，是“十五”时期的2.64倍。坚持规划先行。高质量完成《贵阳市城市总体规划（2010—2020年）》、《贵阳市土地利用总体规划（2006—2020年）》修编工作，中心城区规划面积扩展到1230平方公里，城市空间布局形态由“双中心、多组团”向“一城三带多组团、山水林城相融合”转换。大手笔推进路网建设支撑城市大扩容。实施“畅通工程”，建成环城高速公路、黔灵山路、甲秀南路、北京西路、机场路、水东路、朝阳洞路、市北路、宅吉路、贵惠路、开发大道、黔江路、珠江路、金朱路、长岭路、观山西路二期等主干道和一批支路，建成西南地区最大铁路编组站——贵阳铁路枢纽贵阳南编组站。配合抓好贵阳至广州、成都、昆明、长沙、重庆等高速铁路、客运专线等建设，加快建设市域快速铁路、城市轨道交通和“两路二环”，城市发展框架进一步拉开。以城市综合体为细胞加快城市聚集。建设了世纪金源、香港新世界、保利温泉新城和山水黔城等大型城市综合体。加快麦架——沙文——扎佐片区基础设施建设和产业聚集，推动高新技术产业“北拓”；推进高等教育聚集区、花溪湿地公园、小河——孟关装备制造业工业园建设，通过“南延”加快花溪、小河等区域城市化进程和产业聚集；加快三马片区物流商贸带、金阳客车站、火车北站等建设，配套观山湖公园、奥体中心、贵阳大剧院、市美术馆、市民健身中心、金阳医院、青少年和妇女儿童活动中心等公建设施，推动盘江煤电、开磷集团等总部大楼的建设，通过“西连”三马片区、清镇市促进老城区与金阳新区融合发展，金阳新区人气、商气大幅聚集，初具现代化城区格局。整体启动龙洞堡——小碧——永乐片区建设，抓好龙洞堡食品轻工业园、渔安安井十里花滩建设，推进“东扩”建设东部新城和新天组团。

大力加强城市精细化管理，城市品质大幅提升。相继开展“为民办实事、满意到万家”、“整脏治乱”、“四城同创”、“三创一办”等活动。大力推进“数字贵阳”建设，数字化城市管理系统投入使用，城市社会治安、交通管理事件等即时处置率从50%提高到90%以上。实施主城区主干道白改黑、环岛改造等工程，建成中华路等13个地下人行通道及一批人行天桥，完成40余公里综合管网入地、人行道整治、房屋立面整治工程。切实抓好城市厕所文明、菜场文明、垃圾文明、无障碍文明，取缔延安路、青云路等夜市，规范占道经营，完成新增出租车及降低出租车起步价、搬迁中心城区客车站等工作，政府投资建设的523个公厕全部免费开放，建成了以25万吨污水处理为标志的新庄污水处理厂一期和小河污水处理厂二期等城市污水处理设施，逐步推开城市主干道机械清扫和生活垃圾分类试点工作，完成177个农贸市场升级改造，成功创建“全国无障碍城市”和“节水型城市”。城市面貌发生翻天覆地变化，整洁、靓丽、有序，品位实现大提升。

大力开展生态建设，城市环境极大改善。累计安排逾4000万元市级专项资金引导发展，实施95个循环经济项目，新上项目中磷矿资源就地转化率达到100%，现有企业磷、铝资源转化率分别达60%、78.5%，循环经济工作走向全国前列。城区清洁能源普及率达98.5%，建成22万口沼气池，惠及农村百万人口。关停、搬迁贵州水泥厂等一批

重点污染源。单位GDP能耗和单位工业增加值能耗均控制在省下达指标内；2009年提前完成“十一五”二氧化硫排放量减排任务。建立生态补偿机制；实施天然林保护、石漠化综合治理、退耕还林成果巩固等国家重点工程，打好“森林保卫战”、“治理两湖一库”等硬仗。实现“两湖一库”水质明显好转的阶段性目标，森林覆盖率年均提高1个百分点，人均公共绿地面积从8.31平方米提高到9.86平方米，城区空气质量优良率稳定在95%左右。被确定为全国生态文明建设试点城市、国家首批低碳城市试点。

（四）这是民生投入最大、惠及民生最广、人民群众生活水平极大提高的五年

扎实推进“六有”民生行动计划，让发展成果更多地惠及全市人民。财政用于民生的投入累计达379.29亿元，占财政支出的52.1%。每年坚持为民办好“十件实事”，累计投入资金达222.66亿元。学有所教方面：义务教育“两免一补”、进城务工人员子女接受义务教育、对市属中等职业学校本市户籍学生免除学费、高中阶段免费教育试点等方面均走在了全国前列，“两基”工作顺利通过“国检”，建成贵阳一中、实验三中和贵阳学院、护理职业学院、职业技术学院，启动高等教育聚集区、职业教育聚集区建设。获得全国首届地方教育制度创新贡献奖。劳有所得方面：以创业带动就业，突出抓好高校毕业生、农民工、就业困难群体“三大重点人群”就业工作，52%的社区成为充分就业社区，率先实现“零就业家庭”动态为零，累计新增城镇就业26.02万人，农村劳动力转移就业13.42万人，城镇登记失业率控制在4%以内。被列为国家创业型试点城市。病有所医方面：新型农村合作医疗参合率达97%以上；城镇职工基本医疗保险参保率达90%以上，参保人员个人负担比例比2005年降低10个百分点，低于全国平均水平13个百分点；惠民医疗政策、医疗救助制度100%覆盖城乡困难群众。老有所养方面：率先建立新型农村社会养老保险和被征地农民必须参加社会养老保险等保障制度和政策，城镇职工基本养老保险、新型农村社会养老保险、工伤保险、生育保险参保人数分别达72.75万、64.8万、55.37万、80.65万人。住有所居方面：建立健全以廉租住房为重点、多渠道解决城乡低收入群体住房困难的政策体系，建成廉租住房40万平方米，将22630户人均收入在975元以下、居住面积在15平方米以下的城市低收入家庭全部纳入保障范围，实现应保尽保；在全省率先完成农村茅草房和危房改造任务，104728户农村家庭圆了安居梦。居有所安方面：持续深入开展严打两抢一盗、打黑除恶、禁毒等专项行动，群众社会治安满意度和安全感增强，获得“全国社会治安综合治理优秀城市”和“长安杯”，息烽县成为“无毒县”。强化矛盾纠纷排查调处，“清积案、促和谐”工作成效显著。人口计生工作连续16年保持全省目标考核一等奖第一名，被确定为全国人口计生综合改革示范市、全国流动人口计划生育基本公共服务均等化试点市。连续多年保持全省安全生产工作一等奖的好成绩。文化体制改革迈出实质性步伐，组建贵阳日报传媒集团、贵阳演艺集团，贵阳交响乐团是全国第一家民营资本投入的城市职业交响乐团。积极调动社会力量参与民生事业，大力传播慈善文化，组建“绿丝带”志愿者队伍，志愿者达到36万人，形成互帮互助、服务社会的文明风尚。应急、审计、监察、仲裁、气象、物价、人事、民族、宗教、人防、移民、外事侨务、对台、市志、档案、妇女儿童、老龄等其他各项工作取得新成绩。

2010年，全市经济实现又好又快发展。生产总值增长14.3%。财政总收入增长20.9%，地方财政收入增长29.4%。全社会固定资产投资完成1019.31亿元，增长30.2%。社会消费品零售总额完成484.78亿元，增长19.6%。城市居民人均可支配收入达16597元，增长10.3%；农民人均纯收入达5976元，增长

12.4%。引进内资实际到位资金453.76亿元，增长23.1%；实际利用外资1.35亿美元，增长20.1%。

各位代表，回顾五年来取得的巨大成就，我们有多方面深刻体会，主要是：一是必须坚持加快发展、科学发展、率先发展。我们始终坚持将发展作为解决贵阳所有问题的关键，努力解决“慢”这个主要矛盾，将中央和省委、省政府“作表率、走前列、做贡献”的要求与贵阳实际结合起来，只要符合科学发展观的要求，有条件、有效益，就努力加快发展。二是更加注重统筹人与自然和谐发展、统筹城乡发展、统筹经济社会发展。以生态文明理念引领工业发展，力求以更小的投入、更低的消耗，创造更大的效益，走出新型工业化道路。坚持城乡一体化发展，扎实推进人口向城镇集中、产业向园区集中、土地向集约经营集中。在推动经济更好更快发展的同时，更加注重社会建设，促进经济社会全面、协调、可持续发展。三是加快推进创新驱动、开放带动、改革促动。以创新为城市发展之魂，实施科教兴市和人才强市战略，切实把经济发展转变到依靠科技进步和提高劳动者素质上来。树立开放理念，加快形成全方位、宽领域、多层次的开放格局。把改革的力度、发展的速度和社会可承受的程度更好地统一起来，为加快发展提供体制机制保障。四是尽心竭力为民、利民、惠民。坚持“人民群众生活中的小事、就是政府工作中的大事；人民群众生活中的难点，就是政府工作的重点”，切实做到“民有所呼、我有所应”，让更多人共享改革发展成果，让全体市民过上更加幸福安康的生活。五是抓好法治政府、服务型政府、廉洁政府建设。坚持依法行政，自觉接受市人大及其常委会的法律监督、工作监督和市政协的民主监督，听取各民主党派、工商联和无党派人士的建议，法治政府建设上台阶。推进行政审批制度改革，成为省会城市中行政审批事项最少、效率最高的城市之一；强化财政预算管理，连续四年实现公用经费支出“零增长”；推行政务公开，政府透明度在43个省会城市及较大城市中位列第7位，政务服务效能和水平上台阶。加强行政监察和审计监督，坚持不懈地开展反腐败斗争和政风建设，廉洁政府建设取得新成绩。

各位代表，“十一五”时期我市经济社会发展取得辉煌成就，成绩来之不易。这是省委、省政府和市委正确领导的结果，是在历届市委、市政府坚持“作表率、走前列、做贡献”，不懈努力奋斗，为我们打下的坚实基础上取得的结果，是市人大、市政协认真监督、大力支持的结果，是全市干部群众努力奋斗、辛勤劳动的结果。在此，我代表市人民政府，向全市各族人民，向各位人大代表和政协委员，向各民主党派、工商联、人民团体和各界人士，向中央及省在筑单位，向驻筑人民解放军、武警官兵和公安政法干警，向所有关心和支持贵阳建设与发展的各界朋友，表示衷心的感谢，并致以崇高的敬意！

在充分肯定成就的同时，我们也清醒地看到，我市经济社会发展中还存在许多困难和问题，主要表现在：发展速度不够快，综合实力不强；产业结构不尽合理，资源依赖程度高，科技支撑能力不强；城乡居民收入增长与经济增长不同步，城乡发展不平衡依然比较突出，老百姓反映强烈的交通拥堵、就学就医等问题仍未从根本上得到解决，处于社会矛盾多发期，而且财政处于偿债高峰期，制约科学发展的体制机制性障碍依然较多。对这些问题，我们将采取更为有效的措施认真加以解决。

二、“十二五”时期国民经济和社会发展的展望

“十二五”规划编制工作是在市委、市政府领导下进行的。2009年初，市委、市政府组织有关方面，对全市经济社会发展面临的重大问题进行专题研究，市人大、市政协也就“十二五”发展的一系列问题组织开展

调研，为编制《纲要（草案）》提供了重要基础。市委八届十次全体（扩大）会议后，市政府根据《中共贵阳市委关于制定国民经济和社会发展第十二个五年规划的建议》精神，深入研究和编制"十二五"规划纲要，组织各方面专家进行咨询论证，在全市范围内广泛征求意见。《纲要（草案）》的编制过程，是深化市情认识、总结发展经验、把握未来趋势的过程，是发扬民主、集思广益、科学决策的过程，是增强信心、凝心聚力、共谋发展的过程。

《纲要（草案）》根据市委《建议》，提出"十二五"时期贵阳经济社会发展的总体思路：高举中国特色社会主义伟大旗帜，以邓小平理论和"三个代表"重要思想为指导，深入贯彻落实科学发展观，顺应人民群众过上更好生活的新期待，始终秉持为人民谋幸福的理念，以加快转变经济发展方式为主线，按照"作表率、走前列、做贡献"的要求，牢牢把握加速发展、加快转型、推动跨越的主基调，遵循"走科学发展路，建生态文明市"的基本路径，突出实施工业强市战略和城镇化带动战略，以扩大投资为重要举措，以三次产业提速增效为主攻方向，以科技和人才为核心支撑，以生态建设和环境保护为基本前提，以改革开放为强劲动力，以保障和改善民生为根本目的，当好全省经济社会发展的"火车头"、黔中经济区崛起的"发动机"，在全省率先全面建设小康社会，提升全体市民的幸福指数，实现经济社会发展的历史性跨越。

我们将按照《纲要（草案）》，强化三方面工作：

（一）率先全面建设小康社会，当好全省发展的"火车头"

一是经济实力更强。工业化、城镇化水平明显提升，现代服务业加速发展，六大支柱产业更加壮大，生态农业长足发展，自主创新能力明显增强，初步形成城乡协调发展新格局。地区生产总值年均增长15%，一般预算收入年均增长17%。力争四年、确保五年实现地区生产总值和财政总收入翻番，分别超过2000亿元、600亿元，人均生产总值超过6000美元。全社会R&D占GDP比重和科技进步贡献率逐年提高。社会消费品零售总额年均增长18%。

二是幸福指数更高。"十大民生工程"扎实推进，科技、教育、文化、卫生、体育等各项社会事业快速发展，覆盖城乡居民的基本公共服务体系更加完善，城乡文明程度明显提升，社会更加和谐稳定，市民满意度和幸福感切实增强。城乡居民收入与地区生产总值同步增长，力争达到西部省会城市平均水平，城市居民人均可支配收入达3.2万元，农民人均纯收入达1.2万元。物价总水平保持基本稳定。城镇新增就业35万人，城镇登记失业率控制在4.5%以内，保持"零就业"家庭动态为零；人均受教育年限达11年；人均住房面积达30平方米；人均期望寿命达74岁；各项卫生指标达到西部省会城市的平均水平，千人拥有卫生技术人员6人；人口自然增长率控制在5.6‰以内。

三是生态环境更好。有效降低资源消耗，有效治理环境污染，生态环境质量明显改善，生态文明建设试点城市和低碳城市试点工作取得重大进展。清洁能源使用率提高到60%；主要污染物排放总量控制在国家和省的要求以内，空气质量优良率达95%；城市生活污水集中处理率达95%以上；森林覆盖率达45%。

（二）加快新型工业化、城镇化和农业产业化步伐，做黔中经济区崛起的"发动机"

一是强力推进新型工业化，加快建设现代产业体系。实施"千亿元产业"行动计划，力争把装备制造业、磷煤化工业、医药保健业培育成千亿元产业，将铝及铝加工、特色食品等产业培育成500亿元产业，明显提高新能源、新材料、航天航空、节能环保、新一代信息技术等战略性新兴产业比重，以支柱产业、新兴产业带动、支撑大发展。实施“百亿元企业”行动计划，力争培育4个年销售收入超百亿元企业，培育8个年销售收入超50亿元企业和一大批年销售收入超10亿元以上企业。加快工业园区建设，逐步形成产业分布合理、特色突出、功能完善、有较强配套能力的产业园区。力争工业总产值突破2500亿元，实现从工业化中期向后期的跨越。抓住我市列为国家服务业综合改革试点城市的机遇，实施“服务业跨越千亿元”计划，将我市建成具有国际影响力的旅游避暑城市和夏季会展名城，国内重要的区域性物流中心、商贸中心、金融中心。

二是加强城镇规划建设，加快建设新型城镇体系。积极参与编制《黔中城镇群规划》、《黔中经济区发展规划》，重点编制好综合交通体系、重点功能区、产业布局等专项规划，在更大空间、更高起点上谋划贵阳新发展。以城镇规划为龙头，推进城乡规划全覆盖，重点规划、建成一批10万人聚集的功能小区。继续实施“北拓、南延、西连、东扩”城市拓展计划，以老城区、金阳新区为核心，连片发展小河、二戈寨、三桥马王庙、甘荫塘、花溪、白云、清镇、新天等区域，优化城市空间布局。按照“中心放射型”的城镇体系空间布局，高标准建设沿贵黄、贵遵、贵毕、贵开、贵惠、厦蓉、市域快速铁路、环城高速公路等重要交通干线的城镇发展走廊，推进龙洞堡与龙里联动发展以及一批重点城镇和特色城镇建设。城镇化率达75%以上。

三是推进农业大发展、大调整，构建现代生态农业产业体系。围绕“畜、禽、蛋、奶、蔬、果、花、茶、药、烟”等特色优势产业，大规模、高标准调整农业产业结构，发展农业产业化，培育龙头企业，促进农业增效、农民增收。加大公共财政向三农倾斜、基础设施向三农延伸、公共服务向三农覆盖力度，尽快形成安全、完善的城乡生产、生活用水体系，加快供电、公交、通信、电视、污水和垃圾处理网络化建设，促进中小城镇与城市顺畅连通。继续深化户籍制度改革，推进农村土地承包经营权流转，形成有利于农民下山、进城进镇的体制机制，促进“大城市、大农村”向城乡一体化迈进。

（三）加强项目建设、环境建设，全力加速发展、加快转型、推动跨越

一是加强项目建设，以大投资促大发展、快发展。狠抓项目储备，高效率促进项目建设。确保固定资产投资累计超过10000亿元，年均增长30%。把产业投资作为重中之重，以优化投资结构促进产业结构、经济结构优化升级。确保工业投资累计达到3000亿元以上，力争达到5000亿元。

二是加强环境建设，以大开放促大发展、快发展。加强以交通为重点的基础设施建设，配合抓好贵阳通往全国快速铁路网和龙洞堡机场改扩建等工程，建成市域快速铁路、城市轨道交通1、2号线和“三条环线十六条射线”骨干路网，形成完善、快捷的现代城市综合交通体系。实现铁路交通迈进“高铁”时代，航空与全国省会城市直航，推动贵阳由节点型城市向枢纽型城市跨越。坚持以招商引资和项目建设为生命线、服务企业为本职，着力营造项目引进建设环境、企业生产经营环境、政府管理服务环境。

三、2011年经济社会发展的主要目标和任务

今年将迎来建党90周年，是“十二五”规划的起步之年，做好全年各项工作，具有十分重要的意义。我们既要承载全国各族人民的重托，全力以赴协办好全国少数民族传统体育运动会，展示各民族和谐共处、团结奋进的形象，提升贵州、贵阳的知名度、影响力；又要按照又好又快、更好更快发展的要求，确保“十二五”开好局、起好步。今年经济社会发展主要预期目标：生产总值增长17%，其中第一产业增长13%，第二产业增长20%（其中规模以上工业增加值增长

20%），第三产业增长15%。财政总收入增长17%；地方财政收入增长17%。全社会固定资产投资增长40%。社会消费品零售总额增长19%。实际直接利用外资增长30%。外贸进出口总额增长17%。城市居民人均可支配收入增长15%；农民人均纯收入增长15%。城镇登记失业率控制在4.5%以内。人口自然增长率控制在6‰以内。单位生产总值综合能耗、主要污染物排放总量控制在省下达指标内。

为民办的十件实事：

新建和改扩建公办幼儿园40所和小学、初中各11所，建成金阳高中，启动高等教育聚集区、职业教育聚集区基础设施建设，完成贵阳幼儿师范学校升格为幼儿师范高等专科学校的筹建。

实现城镇新增就业6万人，保持"零就业"家庭动态为零，确保城镇基本养老保险扩面5万人、城镇基本医疗保险扩面4万人。

完成农村村寨串户路建设1000公里、村寨清洁工程20个、大中型沼气工程70个，新建500亩高标准连片蔬菜种植基地12个（三县一市两郊区），确保"菜篮子"供应。

新开工建设保障性住房70万平方米，竣工保障性住房20万平方米，将人均住房建筑面积不足15平方米的城市低收入家庭纳入住房保障范围。

开工建设贵阳客车站、盐沙路、开息路、桐荫路、东站路、富源南路；建成贵阳客运东站、金清线、宾阳大道北段，力争建成白修线；新增一批公交大巴车、1000辆出租车，一批迷你巴士，开辟公交线路到住宅小区，解决1公里断头路出行难问题。

改造城区背街小巷破损道路30条，新建或改造公厕20座、垃圾中转站20座，更换社区密闭式垃圾收运车200辆，新建金阳新区人行地下通道4座，改扩建老城区人行过街系统4处。

免费开放观山湖公园，建成花溪湿地公园，开工建设中央生态公园（原贵阳一中旧址），新建山体公园健身步道50公里，开放奥体中心。

完成41个乡镇、47个街道文化信息资源共享工程基层服务点建设，修缮维护贵阳以珍珠泉、圣泉为代表的21口古井及贵阳古八景。

开工建设市未成年人保护中心、市社会福利院"老人康复楼"、市精神病医院和门诊大楼，建成3个县级医院、5个中心乡镇卫生院、18个社区卫生服务中心，开展免费提供基本殡葬服务试点工作。

完善治安卡点300个，进一步推进小区技防工程建设，增加交警协勤人员500名，购置警用直升机一架、超高层云梯消防车一台。

围绕以上目标，我们将认真做好以下六个方面工作：

（一）奋力实施"千亿元产业、百亿元企业"行动计划，在三次产业提速增效、协调发展、增强竞争力上求突破、见实效

坚持"工业强市"战略，推动工业经济持续快速增长。实施工业投资倍增计划。以开展"项目大推进年"为契机，切实落实全省工业发展大会、全市工业振兴大会的精神，发挥重大项目服务工作队的协调服务作用，集中力量解决工业投资长期不足的问题。除现有工业发展资金外，新安排装备制造业、磷煤化工业、医药产业发展专项资金，争取上级配套资金支持设立高新技术与战略性新兴产业投资基金。以高新技术开发区、经济技术开发区及各区（市、县）为责任主体，以各工业园区、产业投融资平台为主要载体，加大企业投资。实现工业投资增速高于基础设施投资，新增建设用地重点向工业项目倾斜，使工业投资增长100%以上（含园区基础设施），占全社会固定资产投资总额的30%左右。启动千亿元产业行动计划。加快首钢贵钢异地搬迁、中航发动机项目、贵州轮胎1280万条子午线胎异地技改、詹阳重工异地搬迁、普天异地搬迁、险峰异地搬迁等项目建设，开工建设中国普天新能源及现代物流装备产业基地、南方汇通轨道

车辆制造等项目，提高装备制造业产能和集聚发展水平，装备制造业投资超过100亿元。建成开阳化工50万吨合成氨、贵州广铝年产80万吨氧化铝一期，加快贵州中铝公司年产15万吨铝板带、开磷800万吨绿色矿山、安达30万吨有机膦及10万吨新能源材料、剑化异地搬迁、水晶公司改扩建、中铝贵州分公司煤电铝联营等项目建设，磷煤化工、铝加工产业投资分别达20亿元、30亿元。开工建设益佰工业园、百灵苗药工业园、百强药品生产工业园、黔峰生物科技园、圣济堂GMP改造等项目，加大贵酒、雨润、康师傅、统一食品等项目推进力度，医药及保健品、食品产业投资力争达到30亿元。启动百亿元企业行动计划。按照“大企业、大产品、大品牌”思路，支持开磷集团、贵航集团、061基地、贵州轮胎公司、中铝贵州分公司、中烟贵州公司、中电振华、益佰集团、神奇制药、圣济堂公司、老干妈公司、贵阳海信、华能焦化、险峰机床等骨干企业壮大规模，提升实力。对重点培育企业在争取国家重大专项、技改资金、项目贴息、人才引进、贸易方面制定优惠政策，培育2家产值超100亿元的龙头企业。加快工业园区建设和集聚发展。实施产业园区控规及产业规划，完成“十大”园区骨干路网建设，水、电、通信等基础设施基本满足企业入驻条件。以投融资平台公司为载体，以市级配套及贴息资金引导、带动各级各类投资，使园区基础设施投资达200亿元，建成标准厂房10万平方米以上，园区共新引进项目120个。鼓励“园中园”、特色产业基地率先发展，高新区新天园区、金阳园区、中电振华新材料新能源产业基地和白云铝及铝加工基地、小河军民结合装备制造业基地、老干妈云关园区、开阳和息烽循环经济磷煤化工园区等配套基本成熟的园区工业增加值增长25%以上，全部工业园区产值有大的提高。

加快发展现代服务业，扎实推进区域性服务中心建设。壮大提升旅游业。以在花溪召开第五届旅游产业发展大会为契机，继续举办避暑季、温泉季系列活动，加快花溪湿地公园、乐湾国际温泉、乌当生态体育公园、白云长坡岭森林公园体育休闲等项目建设和天河潭、南江大峡谷等5A级景区创建进程；继续举办森林音乐会，重点打造1—2个具有较大影响力的文化旅游产品；建设1—2个4A级旅游景区游客服务中心体系，加快香格里拉、万豪、洲际、温德姆等品牌酒店建设，力争2—4家五星级酒店开业。旅游人数增长20%，旅游收入增长30%。加快发展现代物流业。重点抓好贵阳（中国）西南国际商贸物流城和扎佐、清镇等物流园区、改貌集装箱物流中心建设，开工建设诚通西部物流中心，完成康心医药物流配送中心、瀑布冷链物流中心等项目建设，培育发展电子商务企业，新增3A级物流企业3家。加快发展金融业。加快贵阳国际金融中心建设，确保第一批金融单位入驻。继续实施“引金入筑”工程，促成民生银行、兴业银行、光大银行等贵阳分行挂牌开业。加快组建贵阳农村商业银行，推动贵阳银行跨区域经营工作。进一步优化金融生态环境，严厉打击非法集资等活动。组建大宗商品交易所、股权交易所，初步建立多层次、多品种的要素市场体系。加快发展会展业。围绕“做优会议业、做特展览业、做精节庆业、做强赛事业”要求，以国际会展中心为重要基地，精心筹办中医药博览会、亚洲青年动漫大赛、绿茶博览会、酒博会和特色农产品交易会、国际车展等50多个会展活动，打造中国夏季会展名城。发展壮大商贸流通业。完成孟关汽贸城、贵阳石板农产品批发市场一期工程，培育和打造辐射西南和全国的特色专业批发市场；积极推动龙博置地广场购物中心、中大国际广场、元隆广场等一批大型商业综合体建设，新建20个社区便民连锁超市、30个社区家政服务连锁店和50个以上放心粮油直销店，培育一批商贸流通业“亿元级企业”。推进农超对接，抓好家电、汽车、摩托车等下乡，促进消费繁荣。

加快发展现代农业，增强农业和农村发展活力。继续推动“畜、禽、蛋、奶、蔬、果、花、茶、药、烟”十大产业发展，抓好乌当、花溪国家农业科技示范园区、贵州省现代农业展示区和开阳、息烽农产品发展优势区建设，建立白云食用菌示范园区。完成三联公司乳品加工厂搬迁和4个标准化牧场建设，新增奶牛存栏1万头；加快公路沿线和25度以上坡耕地结构调整，集中连片打造20个500亩以上特色产业精品生产示范基地，新增蔬菜播面10万亩次、果树基地2万亩、茶叶基地1万亩、中药材基地3万亩。推进农业产业化经营，重点抓好台农公司20万头和特驱希望40万头高标准商品猪基地建设，新增产值上亿元龙头企业5家。组建市农业投资担保公司，扶持100个农民专业合作组织。推行生态农业循环模式，有机肥使用面达50%以上，促进农村能源多元化、农村生活清洁化、农业生产无害化。新增无公害农产品80个、绿色食品5个、有机农产品2个，农产品质量安全合格率达98%以上。加强农村基础设施建设。抓好农业综合开发土地整治项目，实施高标准基本农田建设和中低产田土改造6万亩。完成9座病险水库除险加固和150平方公里水土流失治理工程，解决35万农村人口的饮水安全问题。

（二）强力打好“三创一办”攻坚战，在提升基础设施、市容市貌、文明形象上求突破、见实效

按照“融入国际化、实现现代化、体现人文化、突出生态化”要求，以“三创”促进城市面貌、城市品质大提升，为协办民运会打造更靓丽、更整洁、更有序、更文明的环境；通过协办一届有特色、成功的民运会，促进城市管理水平、市民文明素质大提升，扩大知名度、影响力，推动“三创”工作上台阶、上水平。

加强城市建设，展现城市风采。加快城市“北拓、南延、西连、东扩”步伐。切实发挥城市总体规划、土地利用总体规划的引导调控作用，围绕“一城三带多组团”的格局，以城市综合体推动城市拓展，加快三马片区物流商贸带、龙洞堡食品轻工业园、贵州旅游商品城、乐湾国际温泉城、多彩贵州城等项目建设，促进三马片区、东部新城以及乌当、花溪、清镇等组团建设。新增城区面积20平方公里。成立棚户区城中村改造办公室，着力完善配套政策，有序推动旧城改造，加快老城区稀化、美化、绿化、亮化进程。金阳新区重点推进金融中心、西南物流城等重大项目建设的同时，围绕协办民运会抓好城市环境综合整治，加速与老城区融合发展。高标准加强枢纽型、功能性、网络化重大基础设施建设。以8月31日为时间节点，全面完成“两路二环”、西南环线二期、金清线等城市干道的主体及配套工程建设、景观绿化等工作。立足建设枢纽城市目标，加快完善城市对内对外交通体系建设，继续配合抓好贵阳至广州、重庆、成都、昆明、长沙的高速铁路及龙洞堡机场改扩建等项目建设，加快推进市域快速铁路、轻轨1、2号线建设、210国道三桥至沙文段改造，新建及改造文化山路网、金阳火车站功能区路网、改貌路、太慈桥片区路网、彭家湾片区路网、渔安安井片区路网等主次干道及支路。认真负责抓好44个涉及总投资78.29亿元建设项目的“投转固”工作。高起点推进民运会场馆及配套设施建设。按照“安全、质量、进度、功能、成本”五统一的原则，确保奥体中心主体育场、市民健身中心及其他比赛场馆成功测试、运行，抓好国际会议中心、接待酒店、新闻中心等相关设施的建设和交付使用。

注重市容市貌整治和氛围营造，提升城市形象。实施民运会城区添彩工程。编制并实施城市夜景规划，打造“一环路”以内各主干道和主要出入城通道沿线和南明河沿岸的亮丽走廊。实施城市景观升级工程，完成花溪大道、沙冲路、改茶路、百花大道、

嘉润路等城区主干道、主要出入城通道及民运会场馆周边环境综合整治，鼓励企业、个人认捐、认种花木，实现四季常绿、四季有花，推动城区景观园林化。完善数字化城市管理系统，实现数字化城市管理全时段、全方位覆盖。开展“五在贵阳”推广活动。精心组织避暑季、温泉季、美食节、购物节等活动，促成一批体育公园、星级酒店、酒吧街开业，开发一批民俗街区、风情村镇、旅游产品，集中宣传和推广贵阳名景、名吃、名店，提高“游在贵阳、食在贵阳、住在贵阳、购在贵阳、乐在贵阳”的知名度。做好宣传推广工作。通过“走出去”、“引进来”，既遵循重大体育文化活动的国际传播惯例，也遵循城市形象的传播规律；既强化民族传统体育的活力，也强化协办城市的魅力；既展示多彩的民族风情，也展示独特的城市风情。以避暑季开幕为起点，陆续开展民族文化展示周活动繁荣文化创作、文化产业和城市精神文化生活。

做好服务保障，展现城市风尚。协办好“三大”活动。积极配合省安排好各项赛事，精心组织好开闭幕式、民族大联欢等三大活动，完善各项运营服务保障工作，确保办成一届特色、成功、团结的民运会。保障好城市运行。全力做好比赛期间对外宣传、交通通信、住宿餐饮、水电气供应、环境卫生、医疗卫生等工作，健全场馆外围保障与场馆运行的协调机制，提高应对极端天气和突发事件影响的快速反应能力，确保场馆运行和城市运行的无缝衔接。健全以属地管理为主的维护稳定工作体制，有效预防、依法严厉打击各类违法犯罪活动。开展“迎民运、讲文明、树新风”活动。广泛深入进行社会动员，增强“人人都是东道主”意识，尊重各民族的风俗习惯和宗教信仰，充分展示贵阳文明形象。全面加强志愿者招募、培训、管理和服务站点建设工作，深入开展志愿者服务活动，把志愿者队伍建成一道亮丽风景线。把提高窗口服务质量与便民利民、树立品牌相结合，建立健全窗口信息问讯系统，加强标识标牌、无障碍设施、刷卡消费等设施建设与日常维护，促进窗口行业服务水平整体提高。

（三）大力推进生态文明建设，在建设资源节约型、环境友好型城市上求突破、见实效

大力发展绿色经济、循环经济、低碳经济。积极开展低碳城市试点工作，认真实施低碳发展专项规划。重点推进开阳、息烽、清镇、修文循环经济生态工业基地建设，加快贵州磷都化工公司黄磷尾气综合利用年产甲酸（二期）、开阳青利天盟公司利用黄磷尾气延长产业链等项目建设，促进磷、铝资源就地转化。切实抓好城市LED照明系统、新能源汽车试点和公交LNG清洁燃料推广工作，建成一批低碳社区和小区。深入推进节水型城市建设，抓好高耗水行业的节水和废水资源化工作，健全并严格执行浪费水资源的螺旋式开关、马桶等生活建材的市场退出机制，使节水工作走在西部城市前列。

大力推进节能减排。坚决淘汰落后产能，严格控制高耗能、高污染产业，抓好清镇发电厂、贵钢、贵阳电厂等企业老厂搬迁工作。深入推进“两湖一库”治理和保护，确保饮水安全。开工建设二桥污水处理厂二期、花溪南部污水处理厂等项目，完善已建成城镇污水处理厂配套管网，开展城区河道治理及大沟改造工程。抓好大气和主要污染物减排工作，进一步改善空气质量，空气质量优良率达95%以上。

大力培育生态文化。认真谋划2011生态文明贵阳会议，推动会议机制化建设。深入推进生态文明社区（村）、学校、医院、企业、机关等创建工作，让生态文明观念在全社会牢固扎根。推动垃圾分类回收，倡导乘坐公交、使用绿色产品、减少一次性用品等绿色生活方式。

（四）着力推进改革开放和自主创新，在增强发展动力和活力上求突破、见实效

推进创新型城市建设。加快完善创新体系。加快重大科技平台建设，在新材料、高端装备制造、磷煤精细化工产业等领域建设一批产业技术创新联盟，建设药业研究院、特色生物科技产业工程技术研发中心等公共技术服务平台，加快建设酒类及加工食品、电子基础元器件、新型墙体材料、磷及磷化工产品等4个国家级质量监督检测中心。全面推进科技金融工作，力争成立1—2个创业投资机构，构筑3—4个科技贷款合作平台，推动科技企业到创业板或中小板融资。加大技术成果转化力度，重点支持高性能铝合金新材料制造工艺技术开发、工程机械液压多路阀、黄磷尾气提纯利用等重大项目实施。大力推进知识产权和品牌战略，深入开展打击侵犯知识产权和制售假冒伪劣商品专项行动，实施“百企知识产权培育工程”，力争1—2个产品获中国名牌、中国驰名商标称号。加强人才队伍建设。继续实施“高端人才引进计划”，力争引进1—2名行业领军人才和10名以上核心专家，培育、引进创新型适用人才，提升产业人才队伍整体素质，以人才结构的转型优化促进加速发展、加快转型，为建设创新型城市提供智力支撑。启动高新技术产业和战略性新兴产业千亿元行动计划。加快建设中航飞机发动机生产线、贵州皓天光电LED蓝宝石衬底材料、泛特尔白蛋白扩建等项目，促进战略性新兴产业加快发展。

扎实推进重点领域关键环节改革。进一步推进行政管理体制改革，及时总结城市基层管理体制改革试点工作经验，逐步推开“两级政府、三级管理”城市管理体制。认真抓好国家各项财税改革政策的落实，保持财政收入稳定增长。完善政府购买公共服务机制，通过招投标、委托服务、管理承包、特许经营等市场化手段，鼓励和支持社会力量参与城市运营等公共服务。深化市属国有控股企业改革，加强国企经营业绩考核，完善国有资产监管体制。组建地产集团，完善投融资平台公司风险预警与偿债机制，加快形成“融投建、借用还”一体化机制。

全面推进招商引资。围绕优势产业发展、产业结构升级，精心做好招商引资项目库建设，使招商引资项目库投资总额保持在3000亿元以上，招商引资引进资金、到位资金增长20%以上；整合招商资源，建立各级政府、园区、工商联、企业联动机制，形成招商合力；强化项目落地协调服务，实施项目分级推进责任及结果倒逼制度，推行重大项目投资全程专人代理服务制，大力营造“亲商、爱商、安商、敬商”的良好环境。瞄准重点产业中有重大影响和带动力的行业龙头企业，继续加大面向央企招商工作力度，采取增资扩股、收购兼并、产业链招商等引资方式，进行重点推介和专题招商，力促与央企签约大项目落地。扩大对外贸易规模。搭建功能齐全、政策优惠、手续简化的贸易平台，加快推进贵阳综合保税区和“无水港”建设，积极申报商务部中西部加工贸易重点承接地。积极培育对外贸易主体，鼓励企业开展自营出口业务，新增进出口总额上亿美元的企业1—2家。

支持非公有制经济和中小企业发展。放宽市场准入，坚持非禁即允，支持民间资本进入资源开发、基础设施、公用事业和金融服务业等领域，促进民营经济实现公平待遇。加快中小企业服务体系建设，完善中小企业服务平台。继续实施“小巨人企业成长计划”，鼓励企业通过兼并重组迅速发展壮大，通过银行贷款、发行债券、企业上市等解决融资瓶颈，力争2—4家企业上市，新增规模以上企业50家。非公经济增加值增长20%以上。

（五）全力实施“十大民生工程”，在建设和谐贵阳上求突破、见实效

围绕“十大民生工程”的五年目标和任务，分解年度目标和责任单位、责任人。市级财政民生支出比上年提高1个百分点。实施就业和增收工程。力争通过国家级创业型城

市验收。推行更加积极的就业政策，鼓励扶持自主创业，多渠道开发就业岗位，强化就业援助。投放小额担保贷款8000万元，转移农村富余劳动力2.5万人，大力创建充分就业社区，继续保持“零就业”家庭动态为零。加强劳动执法，促进劳动关系和谐。实施扶贫济困工程。继续深入推进开发式扶贫，加大项目、资金和技术扶持力度，切实提高农村贫困人口自我发展能力。完成3万人减贫任务。进一步完善社会保障体系，实现基本医疗、失业、工伤保险分别扩面4万人，积极推进农民工参加社会保险，建立低保标准自然增长机制，建成三级城乡低保信息网络。全面加强物价监管，做好粮油、猪肉、蔬菜等主要农副产品的应急调控，实行价格补贴与物价上涨联动机制，做好水利水电工程移民、低保户、困难职工、大中专院校家庭经济困难学生等群体的价格补贴工作，确保低收入群众不因物价过快上涨而降低生活水平。实施普教优教工程。制定并实施《贵阳市2010—2020教育改革和发展规划》，提高教育现代化水平。设立学前教育发展专项资金，制定学前教育生均公用经费标准，大力发展公办幼儿园，进一步鼓励并规范民办学前教育发展，切实解决“入园难”问题。巩固提高义务教育质量和水平，深入推进学区化改革，在主城区新增2—4所标准化公办学校，用于进城务工人员子女接受义务教育，在乡镇政府所在地改扩建10—20所寄宿制标准化学校。力争创建1—2所国家级、省级示范性职业院校。完善教育资助制度，扶助家庭经济困难学生完成学业。实施健康工程。推进社区卫生服务体制机制改革，全面实施基本药物制度，建立完善居民健康档案，积极探索公立医院改革新路子，组建贵阳公共卫生救治中心，开工建设康复疗养基地、乐康国际医疗健康城等项目，促进区（县）二级甲等医院评审工作，开展“诚信医院”创建活动，规范医疗执业行为。切实加强人口计生工作，深入推进综合改革，保持全省领先地位。继续稳定低生育水平，提高出生人口素质，强化流动人口计生服务管理，完善覆盖城乡的计生公共服务体系，扎实抓好计生家庭“奖扶医帮优保”利益导向政策的落实到位。人口出生率控制在10.7‰以内。广泛开展全民健身运动，进一步提高竞技体育实力，力争选拔培养更多的运动员参加民运会，组团参加全国第七届城运会，举办“中国之队”国际足球赛等有影响力的体育赛事活动，建设黔灵山公园至开阳南江大峡谷国家级体育健身步道，打造生态健身示范公园，不断推进体育产业发展。实施养老敬老工程。完善城镇基本养老、新型农村社会养老保险制度，落实老年人生活补助制度，加快实现养老保险全覆盖。推进养老服务体系建设，逐步形成以居家养老为基础、社区服务与机构养老相配套、满足城乡多层次、多样化服务需求的养老服务网络。深化公立养老服务机构改革，鼓励社会力量兴办养老服务机构。实施安居工程。强化政府责任，调动社会各方面力量，进一步完善住房保障体系，重点抓好花果园、汉湘街、汤巴关、大营坡、河滨剧场等10个城中村、棚户区、旧城成片改造项目，促进房地产市场健康发展，努力解决各类群体的住房问题。实施平安工程。坚持用群众工作统揽信访工作，加大对基层矛盾纠纷的排查调处力度，不断完善信访工作体制机制，努力做好新形势下信访工作。加快建设公共安全视频信息系统，深入推进“严打”整治斗争和各项专项行动，依法打击“两抢一盗”、贩毒等犯罪，使群众安全感明显增强，满意度高于全国平均水平1个百分点以上。加强对消防、交通、煤矿、建筑、水利、危化、特种设备等重点行业和领域的安全生产常态化监管，实现生产安全事故起数和死亡人数“双降”。切实加强餐饮食品、药品、医疗器械、保健食品、化妆品的日常监管、专项整治和抽样检测，实施基本药物全品种电子监管和抽验，保障人民群众饮食用药安全。完善灾害

性天气监测预警系统建设，提高气象灾害防御能力。继续深化应急工作“一案三制”建设，大力提升应急处置能力，高效处置突发事件，确保社会和谐稳定。实施畅通工程。强化交通执法管理、停车秩序管理，合理组织交通，提升交通事故、交通拥堵等突发事件的处置能力，提高路口通行能力，减少拥堵节点。坚持公交优先，加快公共交通设施建设，优化公共交通布局，引导公交服务向居民小区、城郊结合部以及农村延伸，提高公共交通的吸引力和分担率。坚持不懈打击“黑摩的”、“黑的士”，维护客运市场秩序。特别是民运会期间科学组织、合理实施交通管理措施，重点保障公共交通服务，力求实现赛时交通与城市日常交通和谐运转。实施生态建设和整脏治乱工程。严格执行“绿线”管理制度和绿地系统规划，继续实施石漠化综合治理、退耕还林和天然林保护工程，加大采石场、矿山等迹地的环境治理和土地复垦力度。确保森林覆盖率提高1个百分点，新增城区绿地40万平方米。建成危险废弃物暨医疗废物处置中心、南郊垃圾填埋场等市政基础设施项目。深入开展除尘降噪和整治乱搭乱建等专项行动，强化门前（摊前）“三包”责任制，进一步完善市容环境长效管理机制。实施乡村清洁工程，全面整治农村环境卫生。实施传统美德弘扬工程。促进广电中心、城市规划展览馆、市科技馆、市档案馆、市（金阳）图书馆、市文化遗产博物馆、阳明文化园等文化基础设施项目建设，继续推进乡镇文体中心、农家书屋、村文化室等建设，深入实施农村广播电视村村通工程。继续开展扫黄打非工作。繁荣文艺创作，推出《王阳明》等一批影视文艺作品。

（六）努力加强政府自身建设，在依法行政、提高效能、廉政建设上求突破、见实效

始终秉持为人民谋幸福的理念，按照“团结、务实、勤奋、廉洁”的要求，努力建设法治政府和服务型政府，为加速发展、加快转型、推动跨越提供有力保障。

切实推进依法行政。自觉接受市人大及其常委会的依法监督和市政协的政治协商、民主监督，认真执行各项决定决议，切实提高人大代表建议和政协提案办理工作质量。主动听取各民主党派、工商联、无党派人士和人民团体的意见建议。自觉接受新闻舆论和人民群众的监督。坚持公开是常态、不公开是例外，进一步增强公共政策透明度和市民参与度，深化政务、村务、厂务公开和公共企业、事业单位办事公开，凡涉及群众利益的重大事项都要向社会公开，进一步规范行政管理执法和行政行为，促进科学民主决策，提高政府公信力。

切实提高政府效能。以开展“项目建设年”、“作风建设年”、“环境建设年”和“四帮四促”活动为载体，着力建设效能政府。合理界定政府权责，全面推动政企、政资、政事、政府与市场中介组织分开，强化社会管理和公共服务，创新公共服务体制机制，提高公共服务质量和效率。切实增强为贵阳发展“坐不住”、“等不起”、“慢不得”的责任感、紧迫感，加强政府机关效能建设和精细化管理，推行行政问责、绩效管理、服务承诺、首问责任、限时办结、绿色通道等制度，进一步精简会议、文件，规范检查评比达标活动，确保工作精力集中到抓项目、抓产业、抓发展上来，确保政府系统执行力和服务水平有明显提升。

切实加强和创新社会管理。进一步强化政府社会管理职能，大力培育社会组织，广泛动员和组织群众依法参与社会管理，以社区为载体，以市民需求为导向，进一步整合社会管理职能和服务资源，实现政府行政管理与群众自治有效衔接和良性互动，提升社会治理水平。大力加强国防后备力量建设，切实做好“双拥”工作。

切实加强廉政建设。认真贯彻落实领导干部廉洁从政若干准则，强化廉洁从政制

度的执行监督。继续强化预算管理，落实厉行节约措施，行政公用经费支出保持“零增长”，公务接待、公务用车、出国（境）经费比上年下降5%。加大监察、审计工作力度，加强对群众反映强烈的突出问题的专项治理，加大查办腐败案件力度，以更加坚定的决心和更加有力的举措坚决惩治腐败、有效预防腐败，进一步提高反腐倡廉建设科学化水平。

各位代表，过去五年，我们谱写了贵阳发展史上的辉煌篇章；未来五年，我们肩负着加速发展、加快转型、推动跨越的光荣使命。让我们紧密团结在以胡锦涛同志为总书记的党中央周围，全面贯彻落实党的十七届五中全会、省委十届十次全会、市委八届十次全会精神，在省委、省政府和市委的正确领导下，高举发展、团结、奋斗的旗帜，深入贯彻落实科学发展观，践行“知行合一、协力争先”的贵阳精神，解放思想、振奋精神、开拓创新、真抓实干，为实现我市国民经济和社会发展第十二个五年规划，加快推进经济社会发展的历史性跨越而努力奋斗！

《政府工作报告》有关术语的说明

1.贵阳（中国）西南国际商贸物流城：位于金阳新区西部，总规划面积约15平方公里，由金华仓储物流中心和将军山商贸中心构成，通过以商贸市场繁荣带动仓储配送、以仓储推动商贸市场发展，实现商贸、物流双头并举。其中，位于金华镇的金华仓储物流中心规划用地面积约9.5平方公里，以运输、储存、装卸、搬运、包装、配送、流通加工、信息处理及相关配套服务为主；将军山商贸中心紧邻环城高速公路东侧，规划用地面积约5.5平方公里，以各种专业市场为主，集展示、交易、办公、商业配套为一体（2010年11月29日，贵阳（西南）国际商贸物流城建设办正式挂牌成立，标志着金阳新区投资超过300亿元又一重大服务业项目建设启动）。

2.中国夏季会展名城：指建成以冬无严寒、夏无酷暑、气候宜人、生态环境良好为核心竞争力，在国内外有较高知名度和影响力的品牌会展集聚区、节庆赛事之都。

3.双中心、多组团：指老城区、金阳新区两个中心以及小河、花溪、新天、白云、龙洞堡等组团。

4.一城三带多组团：“一城”系以老城区、金阳新区共同构成城市核心，连片发展小河、二戈寨、三桥马王庙、白云等区域，实现城市紧凑、集约发展；“三带”系将百花山脉、黔灵山脉及南岳山脉作为城市建设用地隔离绿化带及生态缓冲区，体现“山中有城、城中有山”的布局特色，充分发挥山体绿化对过滤空气、防护污染、调节城市温度、美化城市环境的作用；“多组团”系顺应城市自然地形特征，因地制宜在主城周边布局的4个相对独立功能组团，即主城北部的高新区组团，南部的花溪组团，东部的龙洞堡组团，东北部的新天组团。

5.城市综合体：又称“城中之城”，指将城市中的商业、办公、居住、旅店、展览、餐饮、会议、文娱和交通等城市生活空间的三项以上进行组合，并在各部分间建立一种相互依存、相互助益的能动关系，从而形成一个多功能、高效率的综合体。城市综合体的出现是城市形态发展到一定程度的必然产物。

6.四城同创：2007年，我市启动创建全国文明城市、国家级卫生城市、国家环保模范城市、国家园林城市工作，简称“四城同创”。2008年10月，我市被授予国家园林城市称号。

7.三创一办：指创建国家卫生城市、国家环境保护模范城市、全国文明城市和协办2011年第九届全国少数民族传统体育运动会。

8.低碳城市试点：为探索我国工业化、城镇化快速发展阶段既发展经济、改善民生又应对气候变化、降低碳强度、控制温室

气体排放、推进绿色发展的做法和经验，国家发改委组织开展了低碳省区和低碳城市试点工作。首批确定了广东、辽宁、湖北、陕西、云南五省和天津、重庆、深圳、厦门、杭州、南昌、贵阳、保定八市作为低碳省区和低碳城市试点。

9.长安杯：取“长治久安”之意，是全国社会治安综合治理优秀地市奖，是公安领域的最高荣誉，反映一个城市的社会管理水平、和谐社会建设成果等。获得参评资格的城市，必须连续三届（每4年为一届）被评为“全国社会治安综合治理优秀地市（单位）”。

10.黔中经济区：包括贵阳市全部和遵义市、安顺市、黔东南州、黔南州部分地区，划分为贵阳环城高速公路以内的核心圈，距贵阳环城高速50公里以内的带动圈，距贵阳环城高速约100公里的辐射圈。

11.高等教育聚集区：是按照省、市对于驻筑省属高校发展思路，切实解决在中心城区布局过于集中，分布不尽合理的状况，促进高校发展，在花溪集中建设的高校聚集区。总用地面积约15平方公里，采用“一城两片”的布局模式，北部片区（贵州大学、贵州民族学院）4.5平方公里；南部片区10.5平方公里，沿花磊路、南环线两侧，将省属主要高校整合布局于此。

12.职业教育聚集区：是按照“立足贵阳、面向贵州、辐射西南”的宗旨，遵循“统一规划、分步实施、逐步到位”的原则，“十二五”期间，在清镇市规划建设贵阳职业教育聚集区。聚集区内建设公共实训基地，通过网络实现园区内教育资源、教育平台、科研平台和社会服务平台共享。计划到2015年，园区实现占地面积5000亩，引进入驻职业院校5—10所，在校生规模达到5—6万人，力争到2020年实现园区占地面积10000亩，在校生规模达到10万人。

13.迷你巴士：即微型公共汽车。“迷你”源自英文mini，意思是袖珍的；“巴士”源自英文bus，意思是公共汽车。

14.千亿元产业行动计划：力争到2015年，将装备制造、磷煤化工、现代药业培育成产值超过千亿元的产业。

15.百亿元企业行动计划：力争通过几年的努力，重点培育一批年产值超过百亿元的大型企业集团。

16.十大工业园区：即贵阳国家高新技术产业开发区（麦架—沙文高新技术产业园）、贵阳国家经济技术开发区（小河—孟关装备制造生态工业园）、开阳磷煤化工（国家）生态工业示范基地、息烽磷煤化工生态工业示范基地、白云铝工业基地、清镇煤化工铝工业循环经济生态工业基地、龙洞堡食品轻工业园、修文扎佐医药工业园、乌当医药食品工业园、花溪金石石材产业园区。

17.贵阳国际金融中心：位于金阳新区中心地段“八匹马”和“绿色未来”之间，项目总用地面积74.8公顷。按照规划，将成为我市一个集金融、商贸、服务、会展、商务办公、酒店和高级公寓等设施为一体、功能完善的金融机构聚集中心。

18.三网融合：指广播电视网、电信网与互联网相互融合，其中以互联网为核心。

19.贵阳通往全国快铁交通圈：指未来5至10年内，建成以快速铁路为连接的“8小时交通圈”，届时将形成市域半小时经济圈，至省内主要城市1小时交通圈，至成都、重庆、昆明、长沙等地2小时交通圈，至武汉、广州、西安等地4小时交通圈，至上海、南宁、郑州等地6小时交通圈，至北京、兰州等地8小时交通圈。“8小时快铁交通圈”的建成，将使贵阳成为中国西部真正的交通枢纽。

20.开息路：属于六盘水（都格）至铜仁（江口）省级高速公路开阳至息烽段，简称开息路，全长31.94公里，总投资约为28.13亿元。

21.贵阳客运东站：位于龙洞堡小碧乡，

与贵黄、贵遵、贵开等高等级公路相连，技术标准按国家一级车站标准建设，兼具长途客运、公交客车、出租车、社会车辆、轻轨等集中换乘功能，占地面积200亩，总投资约为4.2亿元。工程一期用地面积约6.1万平方米，于今年6月底建成投入使用。

22.桐荫路：属于城区“三环十六射”骨干路网系统中的一条射线，是主城区、小河、花溪、二戈寨组团之间重要的联系通道。起点接嘉润路与东站路交叉口北侧约500米处，终点接绕城高速南环线贵惠立交收费站处，技术标准按城市Ⅰ级主干道、双向六车道建设，全长19.15公里，设计车速60Km/h。

23.宾阳大道北段：起点接宾阳大道南段与观山西路二期交叉口，终点接贵清高速公路。技术标准按城市Ⅰ级主干道建设，全长4200米，宽60米，总占地约570亩，总投资5.8亿元。该项目计划于2011年3月启动建设，年底建成通车。

24.渔安安井十里花滩：是云岩区东线渔安、安井片区开发建设总体项目名称。该项目包含旅游娱乐、商业街、办公区和SOHO公寓、住宅区四个部分，有四组超高建筑群构成“四大门户”：一是东北门户——半岛欢乐城，二是西南门户——环球谷，三是东南门户——总部基地，四是西北门户——城市大道。旨在将该片区打造成为旅游之城、快乐之城、宜居之城、生态之城。

25.中央生态公园：是利用原贵阳一中地块和人民广场（南侧）用地（临南明河，呈半岛状，总用地面积约8.74公顷，其中沿南明河20米绿化带面积1.33公顷），旨在设计成一个集公共休闲、运动、商业、娱乐、旅游、文化为一体的城市公共空间，打造成贵阳市的地标性市民广场。

26.五在贵阳：即游在贵阳、食在贵阳、住在贵阳、购在贵阳、乐在贵阳。

27.科技金融：指促进科技开发、成果转化和高新技术产业发展的一系列金融工具、金融制度、金融政策与金融服务的系统性、创新性安排，是由向科学与技术创新活动提供融资的政府、企业、市场、社会中介机构等各种主体及其在科技创新融资过程中的行为活动共同组成的一个体系，是国家科技创新体系和金融体系的重要组成部分。目前科技部、中国人民银行、中国银监会、中国证监会、中国保监会已联合开展“促进科技和金融结合试点”工作。

28.百企知识产权培育工程：指在我市筛选确定的100家知识产权试点企业中，建立完善知识产权创造、运用、保护和管理机制，营造良好的创新氛围，进一步增强企业自主创新能力，有效促进自主知识产权的转化实施，提高企业市场竞争力。

29.十大民生工程：即就业和增收工程、扶贫济困工程、普教优教工程、健康工程、养老敬老工程、安居工程、平安工程、畅通工程、生态建设和整脏治乱工程、传统美德弘扬工程。

政协贵阳市委员会常务委员会工作报告

——2011年3月16日在政协贵阳市第十届委员会第五次会议上

贵阳市政协主席 陈 石

各位委员：

我受政协贵阳市第十届委员会常务委员会的委托，向大会报告工作，请予审议。并请列席会议的同志提出意见。

2010年工作回顾

一年来，贵阳市政协常委会在中共贵阳市委的领导和省政协的指导下，坚持以邓小平理论和“三个代表”重要思想为指导，以科学发展观统揽全局，高举发展、团结、奋斗的旗帜，牢牢把握团结民主两大主题，紧紧围绕市委、市政府的中心工作和重大决策部署，将“创新”贯穿全年工作的始终，以创新激活力，以创新求实效，认真履行政治协商、民主监督、参政议政职能，全面完成了市政协十届四次全会提出的工作目标，为推进全市经济社会又好又快、更好更快发展作出了积极贡献。

一、围绕中心履行职能，为全市科学发展建言献策

我们始终把促进科学发展作为履行职能的第一要务，紧紧围绕全市的中心工作，通过创新工作思路，探索新的工作方式，不断深化政协职能，为全市科学发展谏真言，献良策。所提的意见、建议受到市委、市政府的高度重视，促进了一些问题的解决，充分发挥了政协的积极作用。一年来，省委常委、市委书记李军同志在我会报送的视察调研及其它活动报告上作了批示12次，袁周市长及市委市政府分管领导作了批示23次。在2010年贵阳市第八次哲学社会科学优秀成果评审活动中，我会建言献策成果突出，共获一、二、三等奖各1个，荣誉奖4个。

精心组织视察调研。一年来，坚持围绕“三创一办”、生态文明城市建设、“六有”民生工程、工业强市、城镇化带动等重大课题开展调研视察活动。组织完成了“贵阳市玻璃行业发展”、“贵阳市应用技术研究与开发资金使用”、“贵阳市水利设施建设”、“贵阳市协办全国民运会清真饮食及活动网点接待能力”、“贵阳市检察机关反渎职侵权工作”、“金阳新区林木保护和损毁情况”、“贵阳市农村低保工作”等19项视察活动；完成了“贵阳历史文化遗产的挖掘、整理、保护、开发、利用”、“市民卫生行为习惯形成率及创卫知晓率”、“贵阳市的垃圾处理情况”、“贵阳市实现农业倍增计划动物防疫情况现状”等11个调研课题。不少视察调研报告得到市主要领导和分管领导的重视与肯定，有许多意见和建议被市委、市政府及有关部门及时采纳。《关于金阳新区林木保护与损毁情况的视察报告》送市委、市政府后，李军书记在报告上批示：“金阳森林资源十分宝贵，政协这份报告所提意见应予高度重视，请市林业局、金阳新区管委会研究采纳措施。”市有关部门及时召开专题会议，对报告中提出的问题进行认真研究，提出了具体整改意见。《对贵阳市玻璃行业发展情况的视察报告》送市政府后，袁周市长在报告上作了批示，推进了相关工作的顺利落实。为促进我市协办好2011年第九届全国民族运动会，组织委员对我市清真饮食网点的布局情况进行了视察，提出5条建议。李军书记、袁周市长均作了批示，使相关问题得以协调落实。同时，我们将市民出行情况作为2010年的主席会议视察内容，并对视察形式进行了创新，先分组进行视察，再集体研究报告，以扩大视察范围，提高视察质量。在主席和副主席的分别带领下，10个视察小组对贵阳市不同地段、不同人群的“出行”情况有了较为翔实的了解，在此基础上形成视察报告报市委、市政府，李军书记作了批示。这次视察，推动了我市对增加公共交通运力、提高服务水平、出租车扩容及管理机制变革等具体问题的逐步解决。

召开情况通报会共克难点。一年来，我会围绕“三创一办”进展情况、贵阳市长途客运站搬迁金阳、贵阳市双峰路环境整治与市场建设等工作，以解决实际问题为出发点，组织召开了5次情况通报会，先后向市委、市政府及市直有关部门提出了意见和建议50余条。关于贵阳市长途客运站搬迁金阳的工作情况通报会，在搬迁工作刚启动时就及时召开，形成了《贵阳市政协关于贵阳市长途客运站场搬迁金阳工作情况通报会的报告》。报告送市委、市政府后，李军书记批示：“市政协就市长途客运站搬迁工作提出的十六条意见和建议，都很有道理，对于做好搬迁工作有重要的启发……”。通报会的及时召开，为客运站迅速搬迁及正常运营作出了积极的努力。为解决贵阳市双峰路的环境脏乱差问题，我们积极协调有关部门，及时督促完成了双峰路的大修，建成了1500平方米的临时性过渡农贸市场。还组织100余名志愿者，清理施工和生活垃圾30余吨，有效改变了该地段环境卫生状况，为我市解决市政工程遗留问题和推进城乡结合部环境整治工作发挥了示范作用。李军书记为此批示：“市政协狠抓双峰路环境整治与市场建设，是发挥自身优势，积极参加‘三创一办’的实际举措，要监督有关方面实施。”

举办重点工作专题协商会、研讨会。组织市政协常委、委员共120余人，对贵阳市“十二五”规划纲要进行专题协商，就贵阳市未来5年如何实现经济社会又好又快、更好更快发展提出了建设性的意见、建议36条；邀请市级各民主党派、工商联和相关界别的政协委员，就《贵阳市燃气管理条例》、《贵阳市城乡规划条例》、《贵阳市住宅小区人口和计划生育管理服务规定》、《贵阳市高新技术产业开发区条例》、《贵阳市科技创新促进条例》5个法规进行协商讨论，梳理出40余条意见建议并向有关方面作了反馈。年底，与贵州省经信委、省政协经济委、贵州日报报业集团合作，成功举办了“贵州石材产业发展研讨会”，邀请省内外专家学者、企业界负责人等200余人参加会议。会议达成了诸多共识，为石材产业的发展营造了良好氛围。

抓住热点进行主席约谈。2010年，以“投身‘三创一办’，服务生态文明城市建设”为主题，先后就“城乡结合部脏乱差问题”、“创建国家卫生城市”、“垃圾不落地”、“食品安全问题”、“文明社区建设”等话题，组织了5次主席约谈会，邀请政协委员、市民代表及有关部门负责人，分别就上述话题进行交流发言。几次约谈会共收集整理有关的意见、建议89条，大部分意见、建议被市委、市政府及有关部门采纳，进一步推动了“三创一办”等重点工作的有序开展。

二、讲实效，惠民生，着力办好提案

2010年，我会不断创新工作形式，着力提高提案办理质量。除继续坚持以主席会议形式督办提案、由副主席领衔督办有关重点提案外，还首次试行重点提案的“专家论证”机制，形成了“突出重点、以点带面、整体推进”的提案办理工作新局面。十届四次全会以来，共收到委员提案原案367件，立案339件。绝大部分提案得到市委、市政府和有关部门的重视和采纳，解决了一批群众最关心、最直接、最现实的问题。针对《关于加强贵阳市出租车规范管理，强化交通秩序的建议》的提案，市交通运输、公安等部门开展了严厉打击非法营运行为专项行动。针对出租车运力不足等问题，市政府新增了千

余辆出租汽车，并实行客运公司化管理，将现行的起步价进行下调；《关于加快对污染拥堵行业进行外迁规划的建议》的提案，加快促成了贵州水泥厂、贵阳钢厂、贵阳发电厂、清镇发电厂等重大污染企业的异地搬迁或关停工作；针对《关于对我市商业街中小门面招牌进行统一治理的建议》的提案，市政府责成市城管局对全市不规范户外广告进行集中治理，拆除了大量不规范的户外广告牌；《关于“提高直管住宅公房租金标准，促进我市直管公房管理健康发展”的建议》得到市政府高度重视，采纳建议制定了关于贵阳市公共租赁住房管理暂行办法，并拟开展市直管公有住房提租工作；针对《增加街面见警率，提高人民群众安全感》的提案，市公安部门在全市设立了300余个治安卡点，贵阳市民安全感得到进一步提升；对于《在图云关设立“抗日战争中国红十字会总会救护总队旧址纪念园区”的建议》的重点督办提案，主要承办单位市规划局、市林业绿化局予以高度重视，会同有关部门进行研究，市政府也就园区建设提出了“一次规划分步实施；多渠道筹集资金，财政列入专项计划”等意见。我们还从339件提案中，选出20件以《重要提案摘报》形式报市委、市政府有关领导决策参考。并将市委、市政府领导对提案的批示汇编成《智囊》一书，凸显提案的影响力和积极作用。

三、创新履职形式，深入一线办实事

2010年，我会在市委的统一部署下，深入全市经济社会发展的第一线，积极开展各项工作。这是政协职能的深化，是履职形式的创新。

发起“十万森林保护志愿者行动”。年初，百年不遇的干旱使我市森林防火工作频频告急。为最大限度地减少森林火灾，我会发出了“全市人民行动起来，保护我们宝贵的森林资源！”的倡议，得到社会各方的积极响应。在我会牵头、市文明办统一协调、各区（市、县）政协具体组织下，从3月至5月中旬，共有近13万人(次)参与到“十万森林保护志愿者行动”中。通过各方面的共同努力，森林防火工作取得了明显成效，森林火灾得到有效遏制。

“三创三实”及“重大项目服务”工作队充分发挥作用。按照市委统一部署，我会领衔组建了10支“三创三实”工作队，深入基层推动工作，办理实事。一年来，各工作队积极发挥职能优势，着力指导协调办理重大实事20余件，一些多年的难题也得以解决。如位于我市小河、南明区交界地段的四方河路，由于道路扩建配套工程受阻不能完工，一直存在着环境秩序脏乱差、道路坑洼不平、车辆乱停乱放等“顽疾”。在黄乃铸副主席和第4工作队的努力协调、南明区委区政府的大力推动下，这些占道多年的建筑被迅速拆除。工作队还分别与相关单位签订了四方河路环境整治工作督查责任书，经过大力整治，该地段面貌已焕然一新，深得群众欢迎。上世纪90年代曾经繁荣热闹的市府时装城，随着时间的推移，功能退化，成为城市中心区环境“脏、乱、差”的典型，群众反映强烈，要求尽快拆除。了解这一情况后，胡朝双副主席带领工作队员，多次到市府时装城现场查看，并召集有关单位负责人召开会议，研究拆除市府时装城及复兴巷的破损路面修复有关事宜。经多次协调，在市政府和南明区委区政府的大力推动下，时装城得以拆除，拟改建为一块城市中心绿地。同时，工作队还协调相关企业出资对复兴巷进行了修复。三桥金关钢材市场进出口处长期存在着严重的交通拥堵、运输不畅的问题。针对这一情况，龙永平副主席带领云岩片区第12工作队多次来到现场，和金关办事处负责人一起，与市规划局、“三马片区建设指挥部”进行沟通协调，很快解决了该地段的交通拥堵难题。

在市委、市政府成立的36个工业和服务业重大项目服务工作队中，市政协主席和副主席分别担任其中10个工作队的队长。目前，各工作队坚持每月下到相关企业或重大项目一线2次以上，开展各项具体工作。刘建军副主席带领第29工作队，先后11次来到所联系的贵州益佰制药股份公司制药工业园项目，对涉及土地征拨、项目立项、规划、环评等相关工作进行协调落实。陈鲁西副主席多次深入所联系的白云区广东凤铝铝业10万吨挤压型材投资项目，带领第30工作队开展督促指导工作，协调做好了项目选址、道路修建、供水、供电、供气、排水、排污以及拆迁补偿等工作。张承新副主席非常关心所联系的高新区LED蓝宝石衬底材料项目建设情况，每周都带领工作人员，深入车间了解企业的生产运行情况。杨永楦副主席带领第33工作队，经常深入到白云区提供给康师傅的项目选址地进行调研，并对已投资的矿泉水生产线进行考察，协调解决有关具体问题，全力推进项目实施进度。孙袁副主席领衔的第34工作队多次召集有关部门负责人，就项目用地、办公楼建设、用地范围内的控违工作等问题进行协调，帮助企业解决了诸多难题。夏钢副主席领衔的第36工作队协调服务的是贵州轮胎股份有限公司异地发展项目和黔峰生物科技园项目。三个多月来，工作队多次奔赴修文、花溪，到两个项目建设点进行调研，就亟需解决的问题与各方进行协调，切实做好指导和协调服务工作。在为联系项目搞好服务的同时，各工作队还走进项目现场、车间、企业职工家中，送去粮、油、蛋等生活物品，慰问因凝冻带来出行不便的员工，送去新年的祝福和关怀。第4工作队明确了两名干部常驻金石石材产业园，帮助企业搞好全方位的服务协调工作。目前，石材深加工一期22万平方米厂房和11万平方米石材荒料展示交易区正抓紧施工中，已基本完成2万平方米厂房的钢构建设、9万平方米的平基工作。目前，入住园区的非公企业已超过500家。

切实搞好帮村扶贫。一是按“四帮四促”要求开展帮扶。由我会领衔的10支工作队积极协调相关部门，为10个帮乡扶贫点开展“送项目、送技术、送物资、送温暖”的“四送”活动，并为10个所联系的贫困户送去价值4万余元的物资。二是大力开展智力支边工作。一年来，协调有关单位支持资金117万元,共实施智力支边项目85项；协调落实资金310余万元，帮助息烽县西山乡鹿窝村实施河道治理、基本农田改建、乡村道路硬化、危房改造、村容村貌整治等；协调资金10万元，帮助智力支边联系点修文县大石乡回水村发展鸡鸭养殖。三是港澳台侨与外事委员会积极主动开展对外联系，引进境外慈善团体捐资助学助医办实事。全年共引进境外慈善团体捐助款折合人民币794.76万元，其中引资652.96万元资助4538名家庭贫困优秀大学生和高中生完成学业；引进 141.8万元修建综合教学楼一幢、农村卫生室11所。

积极参加招商引资。由我会牵头，并承担主要任务的“贵阳市港澳招商组”紧紧围绕我市六大重点产业，采取“走出去、请进来”的招商方式，有针对性地邀请投资商到贵阳进行项目实地考察，同时积极外出开展招商引资工作。通过积极沟通联系，已经有数家企业确定在我市投资，目前已进入实质性的前期工作。港澳招商组圆满完成了市里下达的各项指标任务。

四、力推生态文化建设，营造良好舆论氛围

协办生态文明会议。为了深入推进生态文明城市建设，我会于2010年7月底，主动承办了第二次“生态文明贵阳会议”中的三个活动——组织企业家高尔夫联谊赛；编辑出版《贵阳在行动——一座城市生态文明建设的足迹》画册；举办生态文明建设摄影展。三个活动为该次会议的成功举办起到了锦上添花的作用。

积极做好文史工作。一是做好关于贵阳文化遗产的调研。遵照李军书记2010年2月1日对我会提出的指示，我们邀请有关专家，就如何挖掘、整理、开发、利用贵阳历

史文化遗产进行专题座谈。会后，将专家意见整理报送李军书记。此后，又召集市有关部门负责人进行专题研究，拟写了调研报告。报告中的主要意见建议已在征求我市“十二五”规划意见时送有关部门参考。二是编辑出版《穿越——贵阳工业的亲历、亲见、亲闻》一书。为抢救贵阳工业文史资料、挖掘整理和保护贵阳工业遗产，编辑出版了该书。该书一方面用文字和图片记录了贵阳工业的发展历程，弘扬了贵阳工业人的奋斗创业精神，另一方面，对当前正大力实施的“工业强省”、“工业强市”战略也可提供一些有益的借鉴和启示。三是大力改进《贵阳文史》杂志。从2010年第3期开始对《贵阳文史》再次进行改版，使之更切实有效地承担起挖掘和传承贵阳历史文化遗产、弘扬贵阳城市精神的责任，得到了社会各界的认可和广泛关注。四是启动了《贵阳百年百米画卷》的创作工作。为反映贵阳百年来的杰出人物和风土人情，与贵州省画院合作启动了创作《贵阳百年百米画卷》工作。

继续加强政协宣传。一是通过宣传政协工作关注民生、汇集民声。通过《政协之窗》专版、《社情与民意》专报等，积极关注民生，汇集民意，为党委政府了解民情提供帮助。一年来，编发《政协之窗》专版10期、《社情与民意》11期，通过中央、省市新闻媒体和市政协信息网站宣传报道市政协工作4100余篇（次）、图片1500余幅。二是通过宣传反映民生，为市委市政府决策提供依据。始终以广大市民普遍关注的物价、出行、食品安全、社会治安、就业、收入分配等重大民生问题为内容，通过各种媒体进行宣传，站在百姓角度全方位反映民生，积极为市委市政府决策提供依据。三是通过宣传参政议政，加强民主监督。创新工作内容，通过政协信息网站等平台，不断宣传政协履行参政议政职能情况，加强民主监督，深化政协职能。还按照“金点子，银主意，我为‘三创一办’献计出力”的主题,在政协信息网站上新增了“网上议政”和“委员博客”栏目，搭建了参政议政、民主监督新平台。四是围绕百姓关注的话题，拓展议政渠道。我会不断创新议政形式，拓展议政渠道，与新闻单位联合推出了谈话类《民声》电视专栏。该栏目旨在发挥政协民主监督与电视媒体舆论监督相结合的优势，围绕百姓关心关注的热点、难点问题进行讨论。目前，已举办了36期，市民反响良好。五是通过宣传，沟通化解矛盾。充分发挥政协的职能优势，通过正面的引导和宣传，进一步密切了党政机关同人民群众的联系，帮助党委政府化解社会矛盾。

五、坚持团结民主两大主题，为构建“和谐贵阳”凝聚人心

充分发挥各族各界人士合作共事的作用。我会始终高举爱国主义和社会主义旗帜，充分发挥政协联系广泛的优势，鼓励支持民主党派、工商联和人民团体利用政协平台建言献策，努力为党委、政府分忧解难。注重与各族各界人士的沟通联系，增进合作共事的感情。一年来，通过邀请参加调研视察、提案督办，走访、慰问“三胞”眷属，举办国庆、中秋茶话会，召开座谈会等形式，积极加强与民主党派、工商联、海外人士、民族宗教界人士的联络交流，为各界人士在筑投资、捐资兴办公益事业牵线搭桥、提供服务。

加强政协工作交流。我会承办了“九地州市政协工作交流会议”，全省九个地州市政协的80余人参加会议交流；参与“西南五市政协工作协作会”、“全省政协工作经验交流会”、“贵州省城市政协主席联席会第20次会议”等；积极配合省政协到我市进行的有关调研，做好联络、服务工作；组织驻筑的省政协常委、委员，就贵阳市金阳新区重点项目建设和贵阳金石石材产业园的有关情况进行了视察。同时，继续加强与外地政协的沟通联系工作。

促进对外友好合作。加强与美国德州沃

斯堡市的友好交流，推动建立友好城市进程。我会牵头在2009年对美国德州沃斯堡市进行友好访问后，2010年沃斯堡市访问团对我市进行了友好回访，并已决定与贵阳结为友好城市，此项工作正在按有关程序进行办理。

六、加强自身建设，不断提高履职水平

一年来，紧紧围绕全市中心工作，立足更好地为履行政协职能服务的根本要求，不断加强“三化”建设，促进政协履职能力不断提高。

加强学习培训，夯实履行职能的思想基础。通过常委会、委员会议、界别小组会议等形式，组织委员学习了全国和省的“两会”、市委八届八次会议精神；学习讨论了省委书记栗战书、省长赵克志到贵阳调研时的重要讲话精神。通过举办培训班、专题学习报告会、专题讲座、支部学习座谈等形式，不断提高政协委员和机关干部职工的理论素养。2010年，首次对政协委员和机关干部进行了历时5个月的全员培训，收到了良好的效果。

创新界别活动方式，丰富委员履职内容。建立了市政协领导联系界别制度和办公厅、专委会联系协调机制，出台了《委员界别小组活动办法》，明确了界别小组活动的要求。同时，对界别小组活动、提出集体提案、报送社情民意信息和调研视察报告、在重要会议上发言等都作了明确规定，还明确了每个委员参与界别活动的经费，确保界别活动得以有序正常开展。

切实加强机关建设。在继续深入学习实践科学发展观的同时，积极开展创先争优活动。继续加强干部队伍建设，配合市委组织部做好县级后备干部考察提拔工作；通过跨部门竞争上岗，公开招考录用副科级干部；完成机关中层领导干部竞争上岗工作，并选派2名科级干部到花溪区石板镇挂职锻炼。同时，深入开展党风廉政建设和反腐败工作，全年无违法违纪、不廉洁现象。

各位委员：过去的一年，市政协各项工作都取得了较好成绩，这是中共贵阳市委正确领导的结果，是广大政协委员、政协各参加单位和各界人士共同努力的结果，也凝聚着全市广大政协工作者的智慧和心血，同时也是与历届市政协老领导、老同志的关心支持分不开的。

在肯定成绩的同时，我们也清醒地看到，我们的工作还存在一些不足。如：民主监督的力度有待加强，效果不够明显；如何更好地为围绕中心、服务大局建言献策的方式有待进一步探索；委员的主体作用还有待进一步发挥；对基层政协的联系指导不够等等。对这些问题，我们会在今后的工作中认真研究解决。

2011年工作打算

2011年是全面实施“十二五”规划的开局之年，做好今年的工作，具有十分重要的意义。在新的一年里，贵阳市政协常委会工作的总体思路是：按照中共十七届五中全会、省委十届十次全会和市委八届十次全会精神，以科学发展观统揽全局，牢牢把握“加速发展，加快转型，推动跨越”的主基调，围绕“工业强市、城镇化带动、三创一办、民生工程、文化建设”五项重点履行职能，把思想和行动统一到市委、市政府提出的发展战略和奋斗目标上来，进一步营造良好的工作氛围，使全体政协委员及机关干部的精力更加集中，工作更加积极，成果更加显著，为“三创一办”工作的深入推进，为我市在全省率先全面建设小康社会、实现经济社会发展的历史性跨越作出新的贡献。

围绕上述五个重点，2011年要着力抓好以下十个方面的工作：

一、继续把深化理论学习工作放到重要位置，在统一思想上达成新共识

要继续深入学习和贯彻党的十七大和十七届四中、五中全会精神，学习全国“两会”及省“两会”、省委十届十次全会、市委八届十次全会精神，深入学习领会科学发展观的科学内涵和根本要求。要围绕“三个建设年”这个中心工作，举办专题讲座及报告会、研讨会。通过学习，在新的实践基础上不断推进理论创新、制度创新和工作创新，切实把政协各参加单位和广大政协委员的思想统一到中央和省、市委的决策部署上来，形成推动全市各项工作科学发展的强大合力。

二、围绕事关全市战略高度的课题开展调研视察活动，在建言献策上取得新成效

要围绕市委、市政府关于如何发挥好省会城市“火车头”、“发动机”作用的工作目标，始终秉承为人民谋幸福的理念，从协力推进“工业强市”和“城镇化带动”发展战略、“十大民生工程”等事关全市战略高度的课题，从广大市民关心的有关难点、焦点问题入手，认真选好课题，高质量搞好调研视察活动。要突破以往的调研视察方法，在强化政协委员、专委会作为调研主体的基础上，对其中专业性强的重点课题可向社会招标，或与大专院校科研部门共同协作完成，力争拿出有深度、有建设性和前瞻性意见建议的调研视察报告供市委决策参考。

三、着力抓好提案办理工作，在提高监督效果上实现新突破

认真做好提案和反映社情民意工作，不断提高提案工作“三个质量”。要突出提案工作的重要性，进一步完善和规范提案工作程序，加大提案督办力度，督办好重点提案，力争多出一些“精品提案”；认真编好《重要提案摘报》和《政协提案》，切实发挥政协信息“直通车”的作用；进一步拓宽提案收集渠道，继续运用政协广泛联系各界的有利条件，深入基层了解各方面的愿望和呼声，及时准确地向党委、政府反映社情民意，协助做好协调关系、化解矛盾的工作，努力维护安定团结的政治局面。

四、积极参与全市重大项目建设，在深化政协职能上探索新经验

围绕“工业强市”和“城镇化带动”的发展战略，大力发挥市政协10支“三创三实”及“重大项目服务”工作队的作用，深入基层扎实开展工作；紧紧围绕全市工作大局，抓好市政协领衔督办的重点项目。

五、继续搞好对热点问题的通报、约谈活动，在履行职能上取得新进展

紧紧围绕市委、市政府关于“三个建设年”、“四帮四促”、“三创一办”等活动内容，组织委员或有关部门就全市重点基础设施建设、生态环境保护、生态文化发展、产业结构调整等重大问题，组织好情况通报会；以“三个建设与百姓生活”为主题，创新“主席与市民”约谈活动。

六、大力做好扶贫济困工作，在关注、帮助弱势群体上做出新业绩

围绕“十大民生工程”的实施，大力开展为民办实事活动，积极开展助学、助医活动和支边、支教工作，抓好帮村扶贫项目的落实，帮助农民群众改善基本生产生活条件、拓宽增收门路，帮助村民脱贫致富。同时，突破原来帮扶对象主要限于农村、学校等模式，积极探索如何关注城市弱势群体和“边缘化社区”贫困人员生计问题，为促进社会稳定、构建“和谐贵阳”探索新经验。要加强与台湾同胞、港澳同胞、海外侨胞特别是港澳委员的联系、沟通，积极引资助学，办理实事。

七、关注全市文化建设，在搞好文化传承事业上作出新贡献

围绕市委、市政府的中心工作，继续举办好“文化讲坛”系列讲座，着力提高讲坛质量；围绕纪念辛亥革命100周年召开座谈会，并做好“百米画卷”相关工作；编辑出版《贵阳历史文化名人百人传略》（暂定名），续编《贵阳工业历程亲历、亲见、亲闻》；认真编辑出版《贵阳文史》，使其内容更加丰富、可读性更强，为做好文化传承工作作出应有的贡献。

八、进一步加强与各族各界人士的联系交流，积极营造更加团结、和谐的新氛围

切实开展丰富多彩的交流活动，加强与各民主党派、工商联和人民团体的团结合作；进一步加强同港澳台侨各界人士的联系，充分发挥港澳台委员的作用和优势，推动地区间的交流与合作，提高利用外资水平；加强同少数民族、宗教界代表人士的联系，维护少数民族群众的合法权益，促进政党关系、民族关系、宗教关系、阶层关系和海内外同胞关系的和谐，为推进“和谐贵阳”建设营造更加良好的氛围；承办好“西南五市政协工作协作会”。

九、进一步加大宣传力度，展现政协工作新风貌

坚持正确的宣传导向，不断创新宣传方式，加大对政协工作的宣传力度，努力扩大政协影响力；进一步发挥市政协信息网的重要作用，通过不断完善功能，增加信息量，广泛深入地宣传全市各级政协履行职能的成效及广大政协委员的风采，提高宣传工作者的积极性。

十、进一步创新工作方式，在加强自身建设上再上新台阶

大力加强机关干部队伍建设，深入开展学习型机关建设，不断提高政协机关干部的组织协调能力和水平；切实加强委员队伍建设，创新委员学习形式，认真搞好委员的学习培训工作，努力建设一支综合素质高、政治热情高、议政水平高的委员队伍；继续强化机关服务功能，坚持和完善主席联系委员制度和信访工作制度等。

各位委员：从今年开始，我们已经进入了“十二五”规划的新时期，面对新的形势和任务，政协工作任重道远，大有可为。让我们在中共贵阳市委的领导下，高举中国特色社会主义伟大旗帜，坚持和完善中国共产党领导的多党合作和政治协商制度，巩固和壮大最广泛的爱国统一战线，全面落实科学发展观，同心同德，奋力进取，为进一步推进人民政协的光荣事业，为贵阳市经济社会又好又快、更好更快发展而努力奋斗!

生态文明贵阳会议

SHENGTAIWENMINGGUIYANGHUIYI

中共中央政治局常委、全国政协主席
贾庆林的重要批示

支持举办2010年生态文明贵阳会议。

加强生态文明建设，是党的十七大作出的战略部署，得到了全党全国人民的积极响应。在“十二五”规划编制之年召开这样一次论坛，对于宣传普及生态文明理念，展示生态文明建设成果，促进当地中长期规划和经济社会科学发展，都有重要意义。希望全国政协人资环委会同有关方面，把会议开好，取得积极成果。

贾庆林

2010年6月10日

全国政协副主席
郑万通在开幕式上的致辞

2010年7月30日

尊敬的布莱尔先生，尊敬的匡迪同志、莱文校长，各位来宾、各位朋友：

今天，我们再次相聚贵阳，共同探讨生态文明这个人类发展的重大课题。我谨代表全国政协，对会议的召开表示热烈祝贺!

一

去年8月，我们在这里发布了《贵阳共识》，这是我国生态文明建设的一件大事。一年来，贵阳市坚持以建设生态文明城市统揽经济社会发展全局，将生态文明的理念贯穿于城乡规划、空间布局、基础设施、产业发展、城市设计等各个方面，落实到各项实际工作之中，取得了骄人的成绩。今天的贵阳，生态环境大为改善、生态产业快速发展、生态文化得到弘扬，一幅优雅、清新、现代、大气的生态城市图景正日渐清晰地展现在世人面前。

贵阳生态文明建设的突出成绩和宝贵经验，正是中国大力建设生态文明的一个缩影。近年来，中国从自身国情出发，借鉴国际经验，把可持续发展作为国家战略，把建设资源节约型、环境友好型社会作为发展模式，努力促进经济社会与资源环境相协调，加快形成有利于节能环保的产业结构、生产方式和消费方式，着力解决影响群众健康的突出环境问题。“十一五”规划前四年，我国累计单位国内生产总值能耗下降14.38%，化学需氧量、二氧化硫排放量分别下降9.66%和13.14%，2009年森林覆盖率达到20.36%。可以说近年来在世界范围内，中国是节能减排力度最大的国家，是人工造林面积最大的国家，也是新能源和可再生能源增长速度最快的国家。作为一个拥有全球五分之一人口、十五分之一土地面积的发展中大国，我们始终本着对本国人民负责、对全人类负责、对子孙后代负责的精神，大力加强生态文明建设，加快经济发展方式转变，促进科学发展、绿色发展、可持续发展。中国生态文明建设取得的巨大成就，不仅使中国人民受益，也是对建设人类共有的美好家园作出的重要贡献。

二

一年来，世界发生了许多事情，中国也发生了许多事情。世界范围内围绕应对气候变化问题，展开了广泛而密集的对话与协调。从去年12月哥本哈根会议，到今年4、5月间两轮波恩气候变化谈判，尽管各方在诸多重大问题上仍难取得一致，达成有法律约束力的多边协议仍存在若干障碍，但携手应对气候变化已成为全世界的共识，人们对生态环境的重视，已上升到前所未有的高度。与此同时，频繁发生的生态灾难和异常气候，给予我们不断的警示。从整个北半球的持续高温，到中国特大的旱情和肆虐的洪灾，到墨西哥湾原油泄漏事件，一连串自然的、人为的生态危机频频发生。所有这些，都促使我们更加深刻的反思，我们必须携手合作，应对危机，必须快速行动，有所作为。去年的哥本哈根会议，中国政府坚定地发出推动人类应对气候变化历史进程的声音和承诺，为会议取得成果发挥了建设性作用。中国自主确定了到2020年的温室气体减排目标，单位国内生产总值二氧化碳排放将比2005年下降40%—45%；非化石能源占一次能源消费比重将达到15%左右；森林面积将比2005年增加4000万公顷，森林蓄积量将比2005年增加13亿立方米。其中，仅降低能耗一项，今后5年就可以节省能源6.2亿吨标准煤，相当于减少排放15亿吨二氧化碳。我们向世界传递了信心和希望，我们还将继续作出不懈的努力。今年的坎昆会议，我们仍将以最大的诚意，重建互信，凝聚国际社会力量，在“共同但有区别的责任原则”下，推动应对全球气候变化危机的合作取得实质性进展。

在当今的中国，生态文明、绿色发展的理念，已在未来的一系列重大发展战略中得到了全方位的体现。2010年，是中国西部大开发战略实施十周年。过去十年，中国西部地区的全面发展，成为人类开发落后地区的重大事件，这些地区退耕还林、退耕还草、天然林保护、三江源生态建设等工程成功推进，使西部的绿色不断延伸，环境不断改善。未来十年，深入实施西部大开发战略，我们将更加注重生态环境保护，坚持开发和保护相互促进，着力建设国家生态安全屏障，全面增强可持续发展能力，使西部地区生态环境保护上一个大的台阶。2010年，是中国抓紧编制“十二五”规划的关键时期，建设生态文明，实现资源节约、环境友好，已成为制定“十二五”规划始终坚持的重大原则。绿色发展、可持续发展这一当今世界的时代潮流，已快速浸润到中国经济社会发展总体战略的方方面面，已成为中国各区域发展战略、产业发展战略的一大主题，所有这些，共同构成了中国未来发展的宏大背景。我们对此充满信心和期待。

三

实践的积累是人类知识的重要来源。对于生态文明的认识，也同样需要一个实践和探索的过程。我相信，通过有效的实践和积极的行动，必将促使我们更加深刻地思考人与自然的相处之道。我认为，伴随人类社会从农业文明到工业文明，特别是进入后工业化、全球化、信息化时代，商业文明的发展已达到一个相当高的成熟度，给人类社会带来极大繁荣，也对自然环境造成了极大破坏。而迄今为止，人类对生态文明的认识还远远不够，已经并还将继续经历一个漫长的过程。当前，摆在我们面前的一个重大机遇，就是用生态文明的理念，来校正我们的商业文明，用商业文明的经验，来助催生态文明的梦想，让这两种文明互为动力、互为支撑，推动人类社会在更高的水平上实现良性发展、持续繁荣，创造更加美好的生活。近年来，世界各国有识之士不懈倡导的可持续发展、绿色发展道路，低碳经济、绿色经济等发展模式，就是生态文明与商业文明相结合的产物，这些新的成就和新的方向，或许将成为我们解决世界面临的诸多难题和困扰，推动人类文明不断进步的一条必由之路。

各位来宾、各位朋友：与其坐而论道，不如起而行之。生态文明贵阳会议2009年的主题是“发展绿色经济——我们共同的责任”，2010年的主题是“绿色发展——我们在行动”。从“责任”到“行动”，一词之差，就使得会议内涵得到升华，不仅注重思想引领，更揭示出行动的紧迫性。我记得，布莱尔先生在去年的会议上说过，我们必须采取行动，否则，会为我们的“不行动”付出沉重的代价。我深表赞同。气候变化和环境恶化的速度远比我们想象得要快，每个国家，每个社会组织，每个社会细胞，都应当立即行动起来，为建设生态文明、促进绿色发展做出积极贡献。

在一个全球化的世界里，生态问题构成的挑战及其应对也应该是“全球化的”，这需要我们超越国家间的竞争，开展积极的合作，超越短期狭隘的经贸利益，谋求未来的共赢。对此，我提出以下五点建议：

1.尽快把我们已经获得的共识凝聚起来，让生态文明走进楼宇、走进社区、走进车间、走进田野，渗透到每一个角落，深入到每一个人的脑海，不仅把生态文明作为一种理念，而且要作为一种行动指南，作为一种道德标准，在更广阔的领域里，在更深入的层次上，推进生态文明建设。

中共贵州省委书记、省人大常委会主任石宗源拜会全国政协副主席郑万通等领导和嘉宾时的讲话

2010年7月30日

尊敬的万通副主席、匡迪老领导、各位领导、各位嘉宾、同志们：

去年8月21日，我们在这里拜会万通副主席和各位领导、各位嘉宾的情景历历在目，今天我们又十分高兴地迎来了万通副主席、匡迪老领导和各位领导、各位嘉宾的再次莅临。首先，我谨代表中共贵州省委、省人大、省政府、省政协，代表全省4000万各族人民，向万通副主席、匡迪老领导一行来黔考察指导工作并参加生态文明贵阳会议表示热烈的欢迎！

长期以来，全国政协和中央国家机关各部门一直十分关心贵州，对我省工作给予了大力支持和帮助。万通副主席有浓厚的“贵州情结”，上世纪90年代在中央统战部工作的时候，先后“三下毕节”，为毕节试验区的建设和发展辛勤奔波；在担任全国政协副主席之后，又多次到贵州视察指导工作，作出许多重要指示；在筹备生态文明贵阳会议过程中，万通副主席倾力支持，让我们倍感振奋。匡迪老领导在上海工作期间，就为贵州扶贫开发做了大量工作；最近几年，中国工程院在匡迪院长的领导下，为贵州石漠化治理、茶产业发展等重点工作出谋划策，特别是帮助贵州实现了院士“零的突破”。在座的各位领导、各位嘉宾也对贵州关爱有

2.尽快把生态、环境、气候等领域达成的谈判成果和形成的有效协调，转变为各国具体的战略部署和规划。无论是发展中国家还是发达国家，都应当立足自身国情，实施有利于绿色发展的政策措施，促进世界经济健康复苏和可持续发展。

3.尽快把科学的、生态的、绿色的发展理念、发展模式转变为可操作的实际行动。把重点放在完成近期和中期减排目标上，放在资金安排和技术转让上，放在兑现业已做出的承诺上。通过切实的行动，让人们看到希望。

4.努力创造并采取一些有别于应对其他全球化问题的创新举措和合作模式。以更加开放、开明、开通的态度，打破技术壁垒，加快技术转让，共享合作成果。以真诚而广泛的合作来共同应对世界经济发展趋势的不确定性和业已面临的气候变化危机。

5.致力于生态文明与商业文明的对接、融合，立足于全球化、信息化等新的时代特征，探索崭新的发展模式，不断为生态文明和商业文明注入新动力和新内涵。同时，要注意弱化商业文明中一味追求最大利益的内在驱动力，使绿色发展走出新路，决不能以绿色、低碳为名，产生新的污染，造成更大排放。

各位来宾、各位朋友：生态文明贵阳会议连续两年的成功召开，影响力不断扩大、号召力不断增强。它已成为各有关方面人士平等交流、信息互通、成果共享的重要平台，为推进生态文明建设和绿色发展发挥了积极作用，我为此感到由衷的高兴。我相信，通过与会各位的共同努力，这次会议一定能发挥更大的作用，产生更多有价值的成果。

最后，预祝2010生态文明贵阳会议取得圆满成功！

谢谢大家。

加，从不同方面给予了很大的支持和帮助。借此机会，向万通副主席、匡迪老领导、各位领导、各位嘉宾表示衷心的感谢！

去年以来，在党中央、国务院的坚强领导下，贵州各族干部群众坚持以邓小平理论和“三个代表”重要思想为指导，深入贯彻落实科学发展观，积极应对国际金融危机的严重冲击，战胜百年不遇的特大旱灾和洪涝灾害，顽强拼搏，变挑战为机遇，化压力为动力，推动全省经济社会保持了又好又快发展的良好态势，全省经济总体实力、综合竞争能力和人民生活水平有了新的提高。今年4月，温家宝总理在我省指导抗旱救灾工作时，精辟提出了“不怕困难、艰苦奋斗、攻坚克难、永不退缩”的贵州精神。2009年，全省生产总值为3893.51亿元，增长11.2%；财政总收入为779.58亿元，增长15.9%；全社会固定资产投资2438.18亿元，增长30.8%；城镇居民人均可支配收入12862.53元，实际增长10.9%；农民人均现金收入3005.41元，实际增长9.2%。今年上半年，全省生产总值1855.63亿元，同比增长10.3%；全省财政总收入完成486.07亿元，同比增长30.3%，为2006年以来同期最高水平；全社会固定资产投资1195.62亿元，同比增长27.7%；城镇居民人均可支配收入达到7257.61元，实际增长6.2%；农民人均现金收入1536.13元，实际增长10.9%。

党的十七大以来，党中央、国务院高度重视生态文明建设。胡锦涛总书记多次强调，要加快经济发展方式转变，切实加强生态文明建设，加快形成节约能源资源和保护生态环境的产业结构、增长方式、消费模式。前不久，中央召开西部大开发工作会议，强调要以生态建设和环境保护为基础，坚持开发与保护相互促进，全面增强可持续发展的能力。我省以实际行动坚决贯彻落实中央的重大决策部署，提出保住青山绿水也是政绩的理念，大力实施“环境立省”战略，切实抓好退耕还林还草、天然林保护等生态建设工程，扎实推进石漠化综合治理试点，着力建设资源节约型、环境友好型社会，生态文明建设取得了重要进展。2009年，全省森林覆盖率达到39.93%，在全国率先实现10万千瓦及以下小火电机组全部关停，化学需氧量和二氧化硫排放量分别下降2.6%和4.9%，单位生产总值能耗下降4.3%，完成了国家考核目标任务。但从总体上看，目前贵州经济发展方式仍比较粗放，高投入、高消耗、高污染、低效益的现象依然严重，生态环境十分脆弱，经济社会发展与人口资源环境的矛盾还比较突出。我们将深入贯彻落实科学发展观，加快经济发展方式转变，深入推进西部大开发，加大生态文明建设力度，大力建设资源节约型、环境友好型社会。

举办生态文明贵阳会议，是共同认识和把握生态文明建设规律的一项重要举措。2009生态文明贵阳会议取得了丰硕成果，在推动生态文明建设方面发挥了积极作用。2010生态文明贵阳会议将“绿色发展——我们在行动” 确定为主题，必将对进一步加快生态文明建设步伐、推动绿色发展起到重要的推动作用。在此，预祝会议取得圆满成功！

贵州是一个天然大公园、大氧吧、大空调，各民族和睦相处、和谐发展。现在正是到贵州、贵阳旅游、观光、休闲、避暑的黄金季节。希望各位领导在参会之余，多走走、多看看，好好享受贵州凉爽的夏天。

最后，衷心祝愿万通副主席、匡迪老领导和各位领导、各位嘉宾身体健康、工作顺利、阖家幸福、吉祥如意！

中共贵州省委书记、省人大常委会主任石宗源会见英国前首相托尼·布莱尔时的谈话

2010年7月30日

尊敬的布莱尔先生，女士们、先生们：

去年，我与布莱尔先生在这里相见。时隔一年，我们再次相聚，感到十分高兴。首先，我谨代表中共贵州省委、省人大常委会、省政府、省政协，代表全省4000万各族人民，对布莱尔先生及各位嘉宾的到来表示热烈的欢迎！

布莱尔先生是贵州人民的老朋友了。去年，我和布莱尔先生在这里进行了真诚而愉快的交谈，您优雅的谈吐、睿智的见解、绅士的风度，给我和我的同事们留下了美好而深刻的印象。在去年的生态文明贵阳会议上，布莱尔先生发表了精彩演讲，就应对全球气候变化、发展低碳经济、开发新能源等问题提出了深刻而富有建设性的见解。您还到花溪区摆贡寨参观，了解中国新农村建设的情况，启动了“太阳能LED照明千村计划”，对发展绿色经济、低碳经济和建设生态文明起到了积极的促进作用，被中国乃至国际上有重要影响力的媒体广为报道。您还在《华尔街日报》撰文《中国的变化》，畅谈贵阳之行所见所闻，介绍了中国正在发生的积极变化，赢得了广泛赞誉。

去年，中国政府制定了到2020年温室气体自主减排目标。在哥本哈根联合国气候变化大会上，中国积极促成会议达成协议。贵州作为一个欠发达、欠开发省份，全面贯彻落实中央政府的部署和要求，提出“保住青山绿水也是政绩”的理念，大力实施“环境立省”战略，加快发展绿色经济、低碳经济、循环经济，加快建设资源节约型、环境友好型社会，取得了积极成效。森林覆盖率每年提高一个百分点，2009年达到39.93%。但由于贵州人口多、底子薄，资源型、高耗能型、粗加工型产业比重高，目前加快发展、解决贫困问题与节能减排、保护生态环境之间的矛盾还很突出。因此，我们将进一步加大经济发展方式转变的力度，大力加强生态文明建设，推动经济社会全面协调可持续发展。

我还要特别向布莱尔先生介绍的是，作为贵州省会的贵阳市，已被国家列为8个低碳试点城市之一，今天上午发布了《贵阳市2010–2020年低碳发展行动计划（纲要）》，提出了低碳发展的十大行动。这是贵阳市主动落实中国政府提出的2020年温室气体自主减排目标的实际行动，是贵阳建设生态文明、促进绿色发展的具体体现。

今年的生态文明贵阳会议在规模和层次上都比去年高。布莱尔先生的再次莅会，对于提升会议的知名度和影响力，凝聚建设生态文明这一重大问题的共识，推动生态文明的理论和实践不断创新，将产生积极而重要的影响。我们期待着您下午的精彩演讲。

最后，衷心祝愿布莱尔先生和各位嘉宾身体健康、工作顺利、心情愉快、家庭幸福！

谢谢。

中共贵州省委书记、省人大常委会主任石宗源在欢迎宴会上的致辞

2010年7月30日

尊敬的郑万通副主席，尊敬的布莱尔先生，尊敬的徐匡迪老领导，尊敬的莱文校长，各位来宾，女士们、先生们：

大家中午好！

今天，在云贵高原美丽的花溪河畔，我们荣幸地迎来了各位嘉宾，共话生态文明和绿色发展。在此，我谨代表中共贵州省委、省人大、省政府、省政协，代表4000万贵州各族人民，向远道而来出席论坛的各位中外嘉宾表示热烈的欢迎！

生态文明、绿色发展与人类的生存发展休戚相关。人类文明的发展、繁荣总是与青山绿水相伴，一些文明的衰落、消亡也往往与山穷水尽相随。建设生态文明、实现绿色发展，是客观使然、大势所趋。贵州地处长江、珠江上游，自然资源丰富，生态环境优美，民族文化多彩，但是欠发达、欠开发，人口多、底子薄，又是全国石漠化面积最大、程度最深、危害最重的省份，生态环境十分脆弱，极易受到破坏而很难修复，面临着加快发展、脱贫致富和节能减排、保护生态的双重压力。因此，建设生态文明、实现绿色发展对贵州更具有特殊重要的意义。这些年来，我们按照中央要求，全面贯彻落实科学发展观，牢固树立保住青山绿水也是政绩的理念，大力实施环境立省战略，加快经济发展方式转变，加强节能减排和生态建设，大力发展绿色经济、低碳经济、循环经济，加快建设资源节约型、环境友好型社会取得了积极成效。

以“绿色发展——我们在行动”为主题的2010生态文明贵阳会议，是以“发展绿色经济——我们共同的责任” 为主题的2009生态文明贵阳会议的延续、发展和深化。与会各位嘉宾都是各自领域的翘楚，我们热切期盼听到各位在论坛上的真知灼见。我们将以此次会议为契机，认真汲取、积极借鉴各位嘉宾的思想精华，进一步提高我省生态文明建设水平，真正实现绿色发展、可持续发展。

各位嘉宾，女士们、先生们，贵州是一个天然大公园、大氧吧、大空调，是一个民族团结和睦的大家庭。热忱欢迎大家在贵州多走一走、看一看，度过一段短暂而难忘、轻松且愉快的时光！

现在，我提议：请大家共同举杯，为2010生态文明贵阳会议的圆满成功，为各位嘉宾的身体健康、幸福吉祥，干杯！

中共贵州省委常委、贵阳市委书记李军在招待晚宴上的致辞

2010年7月30日

尊敬的万通副主席，各位嘉宾，各位老朋友、新朋友，女士们、先生们：

大家晚上好！

去年的生态文明贵阳会议已经成为美好的记忆。今年的生态文明贵阳会议正在热烈进行。从去年到今年，有一个色调让我们的会议大放异彩，那就是——绿色。在“绿绿的贵阳”，去年我们深入讨论发展绿色经济的共同责任，凝聚了共识；今年我们遵循先贤王阳明先生“知行合一”的理念，推进绿色共识转化为行动。我想，也许参会的人会变，举行会议的时间会变，议题的侧重点会变，但是，绿色会议的基调不会变。明年是绿色会议，后年是绿色会议，永远是绿色会议。

刚才，我们有幸聆听了贾庆林主席的重要批示和郑万通副主席的重要讲话，感受到国家领导人的亲切关怀，倍受鼓舞、深感振奋。我们有幸聆听了英国前首相托尼·布莱尔的精妙演讲，拓宽了眼界，深化了应对气候变化的共识。我们还有幸聆听了姜春云老领导的书面演讲，以及徐匡迪主席、莱文校长和其他各位嘉宾精彩纷呈的演讲。我想大家的感受是一样的，各位嘉宾为我们烹饪了一席最美味、最回味无穷而又绿意盎然的思想盛宴。会议本身开得也很“绿色”。践行了低碳理念，实现了碳平衡；开展了低碳经济、绿色产业发展以及绿色照明方面的务实合作；交流了绿色发展的实践成果。我相信，这次会议一定会对经济发展方式的“绿色转身”，产业结构的“绿色调整”，政府、企业的“绿色决策”和公众的“绿色消费”产生深远的影响。

当然，作为绿色会议的一部分，今晚的晚餐也是绿色的。国酒茅台是通过国家绿色食品认证的健康酒，桌上的菜肴是用云贵高原上绿色、无农药、无污染的有机蔬菜精心烹制的。

现在，我提议，请大家共同举杯，为实现绿色发展，为各位嘉宾的绿色生活，干杯！

2010贵阳共识

（2010年7月31日生态文明贵阳会议通过）

2010年7月30日至31日，2010生态文明贵阳会议在贵州省贵阳市隆重召开。会议由全国政协人口资源环境委员会、北京大学和贵阳市委、市政府共同主办，中国人民外交学会、中国气象学会、联合国开发计划署驻华代表处、招商银行协办。

中共中央政治局常委、全国政协主席贾庆林对会议作出的重要批示，对会议具有重大指导意义。全国政协副主席郑万通在开幕式上致词，中共中央政治局原委员、国务院原副总理、九届全国人大常委会副委员长姜春云发表书面演讲，英国前首相托尼·布莱尔阁下，十届全国政协副主席、中国工程院主席团名誉主席、中国工业经济联合会会长、中国工程院院士徐匡迪，美国耶鲁大学校长理查德·莱文等作了十分精彩的演讲。国家有关部委领导、联合国教科文组织、联合国开发计划署等国际组织代表、部分城市市长以及中外科学家、大学校长和企业家围绕会议主题，就低碳经济、绿色发展、生态文明等共同关心的问题开展广泛而深入的讨论，提出了具有前瞻性和务实性的建议。

会议认为，自去年8月2009生态文明贵阳会议以来，生态文明理念得到更加广泛地传播和普及，各城市以及科学界、工程技术界、教育界、新闻媒体和企业家积极行动，生态文明建设取得新的理论成果和实践成果。生态文明贵阳会议的主题从去年的“责任”到今年的“行动”，会议内涵得到升华，不仅注重思想引领，更揭示行动的紧迫性。

会议期间交流了国内外生态文明建设的典型案例。会议带头践行节能环保的低碳理念，应用国际认可的方法计算碳排放量，采取购买碳抵消额的形式实现“碳中和”。贵阳市作为全国生态文明建设试点城市、低碳试点城市，在会议期间与联合国开发计划署、中国节能环保集团公司分别签订了生态项目合作协议，在低碳经济、绿色产业发展以及绿色照明方面开展合作；落实国家2020温室气体自主减排目标，制定并发布了《贵阳市2010-2020年低碳发展行动计划（纲要）》，挂牌成立了贵阳环境能源交易所，举行了花溪国家城市湿地公园、花溪国际生态示范小区及中意合作小孟生态工业示范园区建设项目签约仪式。

会议特别强调，绿色发展与应对气候变化，是后危机时代国际社会面临的重大机遇和挑战，也是实现中国经济社会发展和生态文明建设目标的重要内容。与其坐而论道，不如起而行之。我们要从当前的事情做起，从能够做到的事情做起，立即把凝聚的共识落实到行动上，让生态文明走进楼宇、走进社区、走进车间、走进田野，渗透到每一个角落，深入到每一个人的脑海，不仅把生态文明作为一种理念，而且要作为一种行动指南，作为一种道德标准。为达成此目标，我们应采取坚实和有效地行动，减少个人和集体的碳足迹。这些行动包括：

1.把环保投入加大到足以加快扭转生态环境恶化趋势、消除生态赤字、达到良性循环的幅度。进一步强化政策激励，逐步完善推进绿色发展扶持政策，运用金融和税收杠杆扶持绿色产业发展，对绿色产业给予更优惠的信贷政策。要加快对生态环境保护和绿色产业发展等领域的立法，建立健全绿色发展法律法规。要建立资源有偿使用制度,加强绿色发展管理执法，实行绿色发展科学考核。

2.大力发展低碳经济、循环经济、绿色经济。传统产业节能减排是第一步，发展先进制造技术和采用物联网是突破点，调整能源结构是基础。要努力构筑绿色产业体系，

加快推进传统产业转型升级，逐步实现高端化、高质化、高新化、低碳化、生态化。同时大力发展新能源、新材料产业，引导企业大力开发绿色技术、生产绿色产品，最大限度地实现资源的持续利用和生态环境的持续改善。要大力推动国际新兴产业合作，尤其是加强节能减排、环保、新能源等领域合作，共同应对气候环境变化带来的挑战。

3.积极推动绿色消费。人人都能成为绿色发展的贡献者和享受者。要大力宣传绿色消费价值观念，普及绿色消费和绿色产品知识，在全社会形成自然、健康、适度、节俭、生态的绿色消费环境和氛围，引导公民从自身做起，自觉践行绿色消费，养成低碳、环保的简约生活习惯和生活方式。

4.大力发展绿色科技。要积极推动绿色科技创新和推广应用。加强节能减排新技术的研发，推广高效节能技术，提高新能源和可再生能源比重，建立低碳能源系统、低碳技术体系和低碳产业结构。要加强绿色技术合作，实现技术共享，推动绿色发展。

5.各方要形成合力。发展绿色经济，企业责无旁贷，要自觉履行“绿色责任”，积极应用绿色技术，切实做到绿色管理，努力生产绿色产品，绝不能以绿色低碳为名，产生新的污染，造成更大排放；教育要继续发扬先导性、基础性和综合性的作用，积极构建绿色校园和发展绿色教育，使环境保护、可持续发展成为校园建设、学校教育的重要内容，积极培养学生的绿色发展意识和相关知识；新闻和传媒界要加强生态文明的宣传引导，大力宣传生态文明建设的成功范例，普及和提高生态意识。

与会者一致认为，生态文明贵阳会议将全国政协的政治优势，北京大学的教育、知识、科研优势，贵阳市的生态优势、后发优势、实践优势，以及中国人民外交学会、中国气象学会、联合国开发计划署、招商银行各自的优势结合起来，建立了一种新的优势互补、协同共生的办会模式，为官、产、学、民、媒体等各方搭建了一个思想碰撞、技术交流、平等协商、信息互通、成果共享的开放平台，为推动生态文明建设和绿色发展发挥了积极作用。会议特别赞扬参会嘉宾以主人翁精神，为办好会议积极建言献策，提出了许多宝贵的建设性意见。会议将进一步建章立制，形成长效机制，发挥更大的作用，产生更多有价值的成果。

生态城市论坛成果

2010年7月31日，2010生态文明贵阳会议生态城市论坛在贵阳市花溪迎宾馆举行。论坛以“生态城市的规划、建设和产业发展”为主题，就“东部地区与中西部地区生态城市建设模式的异同与实现途径”、“如何通过生态城市建设，解决好资源、环境约束矛盾，实现城市的协调可持续发展”展开讨论，深入探讨以行动促进生态文明城市建设。

20国集团研究中心秘书长、博鳌亚洲论坛原秘书长、原外经贸部副部长龙永图先生主持论坛，住房和城乡建设部副部长仇保兴先生，中国市长协会专职副会长陶斯亮女士以及联合国开发计划署、联合国亚太农业工程与机械中心、国际可持续发展城市协会、瑞典赫尔辛堡市、气候组织有关专家、代表以及贵阳市、承德市、淮南市、无锡市、青岛市、天津滨海新区等10个城市的代表进行了讨论和交流。

讨论中，仇保兴副部长提出：生态城市建设是一个系统工程，包括生态建筑、生态交通和生态产业。我国正在处于一个高速的城市化建设阶段，按照目前的世界城市化水平，还将新增一倍的城市建筑量。中国的城市必须避免走传统的蔓延式发展老路，选择最为节约发展模式。如果继续沿用传统的城市发展方式，会给生态环境带来巨大压力和威胁。因此，要积极采取行动，摒弃传统的城市发展模式，制定支持生态城市建设政策，提高全民参与生态城市建设的自觉性。

贵阳市、淮南市、承德市、无锡市、青岛市、成都青白江区等城市提出，作为工业城市，要把生态城市建设的重点放在产业结构转型升级上，积极发展高技术产业和第三产业，改变工业产业结构偏重的状况，形成三次产业结构合理的现代的产业体系。要对工业化阶段产生的生态破坏进行修复，坚决不走先污染，后治理的老路子。

青岛市、宜春市、滨海新区提出，生态城市建设，城市的准确定位和规划是首要的，要以生态文明的目标指导生态城市建设的政策、规划和具体行动，把生态城市建设与提高人民群众的幸福感相结合，使生态文明得到人民的拥护和支持。新兴城市的建设要坚持做到生态规划先行，以生态文明理念指导城市建设和产业体系建设。

安顺市、安吉县提出，生态城市建设要结合自身资源特点，按照生态模式打造特色生态产业，以生态产业发展带动生态城市建设。要建立有利于生态文明的管理体制，把生态文明纳入政府的工作目标考核，完善政府考核评价体系。强化区域生态责任意识，在自身发展的同时，统筹考虑对区域环境及周边城市的影响。对于为生态保护作出经济牺牲的城市，可以考虑建立区域生态补偿机制进行补偿。

马和励、马丁布伦南等国外机构代表提出：生态城市建设不仅包括城市硬件，也包括作为城市软件的生态文化建设。全人类作为共同的物种，要共同面对人类的未来，对未来的城市负责，每一个城市、每一个人都有在建筑、能源、交通、产业领域节能的义务。

通过讨论，论坛取得了以下成果。

论坛认为：

一、虽然不同地区有不同的地理、环境、经济发展状况，但在生态文明城市建设过程中始终要坚持以资源、能源节约和环境保护为中心，实现可持续发展和绿色发展。东部、中部、西部城市在建设生态文明城市上的重点、难点，方式、方法可能不尽相同，但在建设过程中只要坚持了资源节约和环境保护，用体制、机制和技术创新引领建设的城市就会是生态城市。

二、既要重视产业发展方面的生态文明建设，也要注重在城市化进程中出现的新情况、新问题；既要产业生态化，也要超前谋划城市在产业结构发生深刻变化后城市建筑、城市交通的生态化。为此，做好具有前瞻性、先导性的规划，把工作重点逐步从建设生态产业转移到建设绿色建筑、绿色交通上来，以适应城市建设生态文明的客观规律。

三、城市的生存和发展，离不开产业的支撑。只有污染的理念、污染的体制、污染的技术，没有污染的产业。出现在产业的污染，都是因为没有正确的指导思想、没有严密的管理体制、没有采用正确的技术而产生的。只要坚持了用先进的理念和技术组织生产，任何产业包括煤炭、冶金、化工等都可以做成生态产业，因地制宜地谋划产业生态化，也是生态文明建设一种重要的方面。

四、建设生态文明要舍得大投入，以投向引导方向。生态城市的建设有一个抬升成本的问题，化解这一问题需要政府加大投入力度，降低生态化建设过程中的风险和成本，形成发展趋势和惯性，使社会各界都能积极投入到生态文明建设中来。

五、生态城市发展不仅是经济的发展理念，更是人类的发展理念。城市的灵魂是生活在城市中的人，要按照以人为本的理念，建设生态建筑、生态产业，通过生态文化培育提升市民素质，真正实现生态城市发展的目标。

论坛倡议：

一、生态城市建设不仅是一个城市的发展问题，也是一个区域性的协调发展问题，

事关周边地区的福利，不能因为自身城市的发展而不顾及周边的城市，要尝试改革和完善行政体制条块分割的情况，整合多种资源，建立生态城市补偿机制，实现区域性的协调可持续发展。

二、生态城市建设中的资源节约、节能减排是一项重要工作，需要完善指标体系和工作规范。一方面各个城市要结合自身实际、积极探索；另一方面需要建立更高层面的生态城市建设规范与标准，改革完善政府考核指标体系，以强有力的政策措施推进生态城市发展。

三、进一步加大对生态城市建设的投入力度，按照以人为本的理念，因地制宜、科学规划生态城市建设。结合实际解决实施中的重点和难点，以顺应群众对生态文明的需求为目标，使生态建设的成果全民共享，形成全社会参与生态城建设的局面。

四、由于城镇化的加快，建立生态城市应强调城乡统筹，把生态城市建设与生态城镇化进程紧密联系起来。生态城市的建设也要认真研究城市农业的发展。城市农业、景观农业、旅游农业都可能成为生态城市的亮点和特色。要坚持生态文明的理念，依托城乡建设规划，以城市发展的动态思维来指导生态城市建设。在充分研究城市农业发展的基础上，结合城镇化建设，建设生态农村和现代生态农业，统筹城乡协调可持续发展。

科学与技术论坛成果

科学论坛

2010年7月31日，2010生态文明贵阳会议科学论坛在贵阳市花溪迎宾馆举行。论坛以“强化科技支撑，应对环境挑战”为主题，全国政协常委、人口资源环境委员会副主任、中国气象学会理事长、中科院院士秦大河担任论坛主席。北京大学教授、中科院院士陶澍，中国科学院兰州寒旱所研究员丁永建，中国科学院成都山地所研究员方一平，中国气象学会秘书长、研究员王春乙，中国科学院生态中心研究员傅伯杰等专家围绕环境污染的危害、生态环境变化、气候变化与农业等议题进行了热烈地讨论。科学论坛的与会者取得如下认识：

人类活动和工业化过程已使地球环境进一步恶化。燃烧化石燃料，染污环境，砍伐森林，滥垦乱牧等，改变了大气成分，使温室效应加剧、全球呈变暖态势。地球环境的许多要素也发生了变化，西部地区也不例外，如冰川退缩、湖泊萎缩、河道断流，沙漠化加剧、生物多样性受损，农业种植结构和粮食产量受到很大影响等等，导致水资源短缺，旱灾、洪涝、低温灾害、高温热浪、滑坡、泥石流等自然灾害增加。

为此，我们提出以下建议：

（一）树立生态文明理念，调整产业结构，转变发展方式，控制污染蔓延，建立特色经济体系

（二）适应气候和环境变化，强化防灾减灾，确保粮食安全，加强林业建设，大力发展旅游业。

（三）把中心城市作为重点开发地区，加快城镇化发展步伐，在生态环境特别脆弱、生存条件极其恶劣的地区，国家应实施生态移民工程。

（四）加强西部生态环境演变规律、现代生态环境区划、人口容量与对策、风能太阳能开发等研究，为宏观决策提供重要科学依据。

（五）结合当地气候和生态环境特点，通过各种技术的综合集成，建设一批科技含

量较高的生态建设示范区，促进和带动生态文明建设的健康发展。

技术论坛

2010年7月31日，2010生态文明贵阳会议技术论坛在贵阳市花溪迎宾馆举行。论坛以“强化科技支撑，应对环境挑战”为主题，十届全国政协副主席、中国工程院主席团名誉主席、中国工业经济联合会会长、中国工程院院士徐匡迪担任论坛主席。中国科学院生态中心研究员傅伯杰，中国科技大学教授、中国工程院院士魏复盛，清华大学教授、中国工程院院士钱易，日本立命馆大学教授中岛淳（Jun Nakajima）等专家学者围绕加快发展清洁生产、新材料开发、环境污染治理议题各抒己见、进行了热烈的交流和深入的探讨，并通过人民网与网民进行了互动。提出了许多重要的见解，形成如下共识：

一、当前，在能源、粮食、全球气候变化以及金融危机等多重危机形势下，绿色经济已经成为全球环境与发展领域的一种趋势和潮流。绿色经济、循环经济和低碳经济本质上都是生态经济，是经济活动生态化的体现。发展绿色经济和绿色产业，发展清洁能源和可再生能源，提高资源利用效率，最大限度地减少污染物排放；开展低碳经济试点，争取逐步降低碳排放强度；按照“减量化、再利用、资源化”的原则，开发和推广节约、替代、循环利用和减少污染的先进适用技术，促进循环经济发展，这是推动整个社会走上生产发展、生活富裕、生态良好的可持续发展道路。

二、节能减排是解决能源问题的根本途径，是减轻环境污染的治本之策，是实现经济又好又快发展的一项紧迫任务，同时也是应对全球气候变化的迫切需要，是我们共同的责任。因此，应把节能减排作为经济结构优化、发展方式转变的重要指标，作为检验科学发展、社会和谐的衡量标准，从而有效促进经济与社会的节约发展、清洁发展、安全发展、可持续发展。

三、针对当前建立资源节约型和环境友好型社会在技术和生产环节存在的一些困难和障碍，我们应加快技术创新，突破技术瓶颈，组织开发有重大推广意义的一批共性技术和关键技术，其中包括减量技术、替代技术、再利用技术、资源高效化利用技术、系统优化技术、延长产业链和相关产业链接技术等，真正实现循环经济技术瓶颈的突破。坚持引进技术与消化、吸收、创新相结合，提高自主创新能力。着力依靠科技进步，构建节约型经济增长方式、产业结构、城镇化模式、农业生产体系和消费方式，树立节约型的思想观念。

就贵阳市发展提出如下建议：

地处中国西南黔中腹地的贵阳，因良好的生态环境、丰富的生物资源，被称为“森林之城”。为了保护好作为生存之基和发展之本的生态环境,建议贵阳市进一步强化科学技术的作用，将生态建设和环境保护纳入规范化、制度化、法制化的轨道。完善目标责任考核评价体系和多元化节能环保投入机制,健全高效节能环保产品推广激励制度,大力加强重点领域、重点行业、重点企业的节能管理。围绕重点节能工程,组织实施一批余热余压利用和能量系统优化改造，现有工业生产工艺改造，要优先考虑节能和节水项目,积极推动低碳经济的发展。抓住资源开采、资源消耗、再生资源产生和消费等关键环节,对于煤炭、电力、冶金和化工等重点产业要大胆进行区域循环经济—生态工业园区的建设。总之要实施好国家级创新型城市和循环经济生态城市试点建设,抓好一批循环经济生态工业、生态农业基地，并真正发挥先行作用。

教育论坛成果

2010年7月30日至31日，2010生态文明贵阳会议教育论坛在贵阳市花溪迎宾馆举行。论坛以“教育引领绿色发展”为主题，生态文明贵阳会议秘书长、教育 部原副部长、中国教育国际交流协会会长章新胜，北京大学校长、中科院院士周其凤，美国耶鲁大学校长理查德·查尔斯·莱文（Richard Charles Levin）担任论坛主席。英国东安吉利亚大学副校长特雷弗·戴维斯（Trevor Davies）、美国丹佛大学教务长格莱格·克威斯特德（Gregg Kvistad）、日本早稻田大学教授胜田正文（Katsuta Masafumi）、联合国教科文组织助理总干事、战略规划署署长汉斯·道维勒（Hans d’Orville），南开大学校长饶子和，同济大学校长裴钢，贵州大学校长陈叔平，海南大学校长李建保，中国矿业大学校长葛世荣，华北电力大学校长刘吉臻，西交利物浦大学校长席酉民，浙江大学副校长张土乔，北京大学教授吕植、吕斌，清华大学副研究员梁立军，华南理工大学教授闫军威，贵阳市教育局局长李秉中等嘉宾参加了讨论。在7月30日的讲坛发言中，嘉宾们围绕各自大学在绿色校园建设与构建绿色知识体系方面的探索与实践，各抒己见，畅所欲言，分享了许多宝贵的经验，也促成了兄弟院校之间的相互学习。在7月31日的工作坊分组研讨中，各位代表针对教育的绿色理念、高等教育的社会责任等议题开展自由讨论，发言更为踊跃，气氛也更为热烈，触及到许多制约绿色校园建设的深层次问题，也通过思想交流和碰撞，构想出许多精彩的解决思路和方案。与去年相比，今年的教育论坛在邀请国内十余所重点大学代表与会的基础上，增加了来自耶鲁大学、东安格利亚大学、早稻田大学等国外知名大学的校长与学者，为我们的大学生态文明建设带来了可贵的海外经验。在世界性的生态环境问题日益突出的今天，在绿色校园的建设中引入国际视野，实现中外经验的互动与交流，显得尤为可贵。

综观两天的会议和讨论，与会代表所收获的最大成果，就是对在知行合一的层面上发挥大学绿色引领的作用达成共识。大家一致认为，可持续发展的种子只有通过付诸现实的行动才能获得坚实的土壤，同时，绿色校园建设的示范效果又反过来扩大和宣传了环保理念，引领了时代发展的潮流，这两者是相辅相成的关系。总结起来，大学在社会绿色发展中的引领作用主要体现在四个方面：

第一，作为科技创新的主要阵地，大学应该首先在气候变化、生物多样性、新能源开发、污染治理等学术科研领域发挥引领和导向作用。与会学者们强调，以绿色校园为导向的大学科研需要坚持两条腿走路，既从基础科学的角度对生态体系面临的挑战展开前瞻性的研究，同时也要注重以“节能减排”为核心，推动应用型科技产业的开发与转化。为此，许多院校都对可持续发展和环境保护方面的课题给予了大力支持，鼓励环保和节能方面的科技创新。如北京大学相关院系所组织的北京及周边地区空间空气污染控制对策与政策研究，生物多样性保护研究等，为国家环保政策的制定、区域经济和社会协调发展提供了科学决策的依据；清华大学所开展的酸雨及二氧化硫控制研究，煤的清洁燃烧的研究、城市污水处理及回用的研究，也在污染控制方面做了大量的工作。

第二，大学校园的物理空间本身就是城市的重要社区，也是能源资源消耗的大户，摆在大学面前的一项紧迫任务就是对校园进行科学规划、加强节能减排。在这方面，与会代表结合自身大学所处的地理位置、生态环境等实际条件，开展了丰富多样的绿色校园建设行动。美国的耶鲁大学在传统建筑的翻新过程中，注重使用环保材料，并在建筑能源的问题上采用了地热阀，利用地下水的恒温技术进行制冷和制热，从而使学生宿舍的电力消耗降低了10%；海南大学利用自身地处海滨，享有凉爽海风的优势，在建筑设计中贯彻环保理念，增强建筑的通风性能，从而有效减少了空调的使用；浙江大学结合自身地处西溪湿地的地理条件，提倡因势利导，利用江南水乡的自然空间进行科学规划、合理保护，形成别具一格的校园景观。中外大学的案例充分说明了，绿色校园的建设不是只有一个模式，也不是仅仅朝向单一的方向，而是在总体目标下通过密切联系自身实际，从而发展出多元化的校园风格。

第三，大学是人才培养的摇篮。透过绿色知识体系的构建以及在教育过程中传播可持续发展的理念，大学能够在学生中牢固树立起人与自然和谐相处的生态观，为他们步入社会后的成长奠定坚实的基础。与会代表们指出，生态问题不可能仅仅从技术层面得到解决，我们倡导的绿色教育，应该将人文价值、科学创新和实践能力这三者融入教学体系，使工具理性与价值理性能够相得益彰。为此，以清华大学、南开大学为代表的一批高校纷纷设置了绿色课程,并作为全校本科生的重要基础课纳入培养方案，使学生从中获得对生态环境保护的自觉意识。

第四，大学应该积极承担引领公众的社会责任。大学的生态文明建设不是在象牙塔内完成的，大学与社会之间有着紧密的知识互动和人才交流。为此，大学应该与政府、企业、社区和公民团体紧密携手，建立开放的知识传播途径，为他们提供环保技术和信息的支持。英国东安吉利亚大学校长在讨论中提出，支持学生到政府机构和媒体开展实习，了解环境变化所带给社会的挑战，并发挥他们在技术运用和人文素养方面的优势，提高公众的环境意识。另外，同济大学的师生也积极参与到今年上海世博会的场馆设计和项目运行中，使高效节能的环保技术在场馆建设过程中得到运用和体现，从而向国内外游客宣示了新型的建筑理念。

加强高等教育的行动取向和引领作用，是本次会议的核心内容。在这一主旨下，教育论坛，特别是今天上午的工作坊，对既有的一些传统观念展开了反思性的研讨，取得了以下几点思想成果：第一，大家普遍认为，绿色知识的传播不是老师对学生的单方面教育过程，学生不应该成为绿色教育的被动接受者，而应该发挥他们善于学习领会、勇于实践创新的特点，使自身成为生态建设实践的主体。多位与会代表指出，只有充分调动起青年学生——大学校园中数量最多的这一群体的积极性，我们的绿色校园建设才有了最广泛的基础，也才具有源源不绝的创造活力；第二，在“生态文明建设重在行动”的纲领下，我们要摈弃那些不切实际的口号，着力强调行动方案的可行性，强调从我做起，从细节做起。与会代表们提出，生态文明建设所牵涉的不仅是人与自然的问题，更重要的是人与人、人与社会的关系问题。绿色校园的“绿色”概念其实并不遥远，就体现在我们日常的交通出行，能源使用，垃圾处理和消费模式等生活细节中，因此从各所高校开展的校园行动来看，都十分重视贴近生活，关注如何使低碳的生活方式、出行方式在校园中成为一种替代性的时尚；第三，尽管我们教育论坛的与会者大多来自各所高校，但是大家不约而同地意识到，大学并不是环保教育的起点，我们的环保行动应该贯穿人的一生，应该从小学、中学这样的基础教育阶段就正式起步，开展持之以恒的、分阶段性的普及工作，直至进入大学后接受系统的绿色知识教育，才构成了完整的绿色知识链条。贵阳市教育局所推出的覆盖小学、初中、高中的生态文明教材，就是一个“生态教育从娃娃抓起”的成功典范，值得在全国范围内进一步加以推广；第四，与会代表也高度评价“绿色发展”这一概念，认为这是在科学发展观的指导下，对原有工业现代化模式的一种扬弃和超越，是可贵的改革与探索。发展才是硬道理，这是改革开放以来经由无数社会实践所证明的真理，但是发展不能以牺牲优美的山水、牺牲子孙后代的生存环境为代价。因此，贵州强调绿色发展是在深刻反思和审视历史经验的基础上走出

的一条崭新之路。对于贵州这样的欠发达地区来说，许多人民群众的生活还不算富裕，发展仍然是第一位的，“绿色发展”的提出，揭示了通过追求一种低碳的、可持续发展的生态现代化模式，同样能够实现贵州省社会经济发展的历史性跨域，使人民在走向富裕的同时，也能持久地享有宜居的生态环境和山水风光。这就是贵州高举绿色发展旗帜对我们选择未来道路的重要启示意义。

“从我做起，付诸行动”，成为我们共同的心声。如果说，今年的上海世博会让我们看到了未来的城市是以科技为支撑的、以人文为内涵的生态节能型城市，那么这次教育论坛也让我们看到了属于高校的光辉前景。通过绿色校园的建设，我们率先向社会展示了一个低碳节能的、可持续发展的社区是可能的。我们有责任和义务让社会公众看到这样的前景，从而一步步摆脱过去的高能耗、高污染的生产模式和生活方式，携手共创美好的未来。

当代中国正在经历一场绿色变革，希望教育工作者们能够满怀神圣的使命感与责任感，发挥教育对绿色发展的引领作用，为我们迈向人与自然和谐共处的生态社会，做出自己应有的贡献。

企业家绿色行动论坛成果

2010年7月31日，2010生态文明贵阳会议企业家绿色行动论坛在贵阳市花溪迎宾馆举行。论坛以“发展绿色经济，企业家在行动”为主题，招商银行行长兼首席执行官马蔚华担任论坛主席。在三个小时的讨论时间里，中国建设银行副行长、执行董事陈佐夫，中国节能环保集团董事长王小康，蒙牛集团董事会主席牛根生，华谊兄弟董事长兼CEO王中军，泰康人寿保险股份有限公司董事长兼CEO陈东升，江西赛维LDK董事长兼首席执行官彭小峰，IBM大中华区首席执行官钱大群，均瑶集团总裁，吉祥航空董事长王均豪，安凯客车董事长王江安，泰格林纸、岳阳纸业董事长吴佳林，大自然保护协会北亚区总干事长张醒生等嘉宾畅所欲言、各抒己见，为推进中国企业的绿色发展集思广益，在思想交锋中迸发出了很多充满睿智的思想火花，给人以深刻启迪。概而言之，此次论坛达成了以下共识：

第一，发展绿色经济，企业面临良机。大家一致认为，绿色经济是关于经济发展理念与模式的全方位、深层次变革。伴随绿色经济的发展，包括生态环保、新材料、新能源应用等一大批新型绿色产业将迅速崛起，低碳技术将蓬勃发展，这无疑将为企业带来新的市场机遇与成长空间。而且，绿色经济发展理念在企业内部的生根发芽，也必然构成企业转型升级与自主创新的强大动力，推进企业积极转变传统粗放的经营模式，走可持续发展之路。因此，能否紧紧把握住绿色经济发展潮流带来的历史性机遇，不仅决定了我国经济的发展质量，也决定了企业自身的发展成败。

第二，发展绿色经济，企业责无旁贷。在讨论中，不少嘉宾谈到，由于我国企业长期以来实行的高投入、高消耗、高污染、低效益的外延粗放式的经营方式，造成了日益沉重的资源与环境压力，使经济健康持续发展面临严峻挑战。大力发展绿色经济、促进经济与环境和谐发展，是时代赋予企业的重大历史任务，更是企业家责无旁贷的责任和使命。在推进绿色经济发展的实践中，我们应积极借鉴国内外有益经验，为中国绿色经济发展作出积极贡献。

第三，发展绿色经济，企业大有可为。企业应颠覆传统发展理念，率先践行绿色发展，坚决落实节能减排，加快产品升级换代，坚持开展循环生产，积极应用清洁能源，矢志不渝地走低碳发展之路。绿色经济的发展离不开金融业的强力支撑。作为金融企业，应积极探索以绿色金融带动绿色投资、以绿色投资带动绿色生产、以绿色生产带动绿色消费的发展新模式，引导资源配置向清洁生产、循环经济和低碳经济领域流动，努力推动经济社会发展方式的转变。

绿色经济是当今世界发展的潮流，是人类社会步入可持续发展的必由之路。让我们携手行动，不懈努力，共同开创绿色经济发展的新局面！

国际传播论坛成果

2010年7月31日，2010生态文明贵阳会议国际传播论坛在贵州大学文化书院勉学堂举行。论坛以“生态文明转型背景下的中国国际传播能力建设”为主题，新华通讯社副总编辑兼国际部主任彭树杰担任论坛主席。中国社会科学院新闻与传播研究所所长尹韵公、中国社会科学院新闻与传播研究所党委书记庄前生、中国人民大学新闻与社会发展研究中心主任郑保卫、英国威斯敏斯特大学大众传播研究部主任柯林·斯帕克斯（Colin Sparks）、中央人民广播电台网络发展部主任栾铁玫、香港城市大学媒体与传播系主任李金铨、新华社对外部主任严文斌、德国伊尔梅瑙科技大学媒介研究室主任马丁·洛菲尔霍尔茨（Martin Loffelholz）、人民日报海外版副总编辑刘国昌、澳大利亚麦考瑞大学国际传播系主任郭琴、海南日报报业集团副总编辑兼南海网CEO吴清雄、中国传媒大学传播研究院副院长暨国际传播研究中心主任陈卫星、西藏日报副总编辑廖嘉兴、中国社会科学院新闻与传播研究所世界媒体研究中心主任姜飞、新华通讯社新闻研究所国际传播中心主任唐润华、中国新闻社副总编辑刘小青、南方报业传媒集团副总编辑黄常开、南方广播影视传媒集团副总裁、南方电视台台长区念中、中国国际广播电台环球资讯节目中心国际资讯部主任潘晓英等一百多位来自国内外高等院校、研究机构和中外媒体的专家、学者和媒体负责人，在风景优美的贵州大学中国文化书院召开了堪称中国新闻与传播的“遵义会议”的贵阳国际传播论坛。在7个多小时的时间里，11位专家、学者和媒体负责人围绕“生态文明转型背景下的国际传播能力建设”进行了坦诚、热烈、深刻的交流、交融和交锋。

第一，来自高等院校的教授们围绕哥本哈根气候大会报道、英美媒体涉华环境报道、生态文明与传播媒介、国际传播的现实逻辑等主题，阐释了中国国际传播能力建设的意义、途径、机遇、挑战。他们指出，目前人们通常所说的全球化是不完整的，仅仅只是经济全球化，尚未包括政治全球化、文化全球化。大家普遍希望中国的新闻界能在国际上早日从小舢板建成航空母舰，扼制“西强我弱”，使之与我国的国际地位相适应。

第二，来自新闻及传播研究界的专家围绕人类文明的演变、如何创新传播理念，推动生态文明建设发表了看法，特别提出金融危机与舆论监督的关系，指出美国媒体在金融危机中出现了监督缺位失语。

这同样值得我们深思。

第三，来自传媒界的负责人从实践者、操作者的角度，以生动丰富的事例，阐释了国际传播中语言、传播技巧、时机、对象的把握，特别强调国际传播中要按新闻规律办事，避免弄巧成拙。

通过以上三方面专家、学者、媒体人士的精辟、深刻、生动的演讲，我们可以得出

这样四个结论：

第一，贵州省、贵阳市在生态文明贵阳会议中增设贵阳国际传播论坛是一个非常有远见的举措，对塑造中国、贵州、贵阳的形象起到了非常好的作用，不仅提供了一个学术交流的平台，也是公共外交的新战场。

第二，教育界、理论界和媒体负责人互动交流，取长补短，形成合力，对加快中国媒体的国际传播能力具有非常积极的作用。

第三，中外交流，为我们及时了解国外对我国的看法、疑惑、中国传媒在海外的形象，提供了以第三只眼看中国和中国新闻界的机会和平台。

第四，中外与会者普遍认为，随着中国经济的快速发展，加快软实力建设势在必行，无论是中国还是世界都需要加强彼此的了解、信任、协调。这也正是我们举办贵阳国际传播论坛的本意所在。

生态文明与传媒行动论坛成果

2010年7月31日，2010生态文明贵阳会议生态文明与传媒行动论坛在贵阳市花溪迎宾馆举行。论坛以“生态文明与传媒行动”为主题，中国传媒大学副校长胡正荣担任论坛主席。生态文明与传媒行动论坛分上下两场，分别围绕“传媒与生态文明的引领”，“传媒社会责任的实践”两个主题进行。生态文明贵阳会议秘书长、教育部原副部长、中国教育国际交流协会会长章新胜，新闻集团全球副总裁、星空传媒有限公司首席执行官高群耀，中央人民广播电台“中国之声”频率总监史敏，中国国际广播电台环球资讯节目中心副主任江爱民，中国环境报社社长，总编辑杨明森，新浪网副总编辑闻进，贵州省广播电影电视局副局长，贵州电视台台长白芳芹，贵州省广播电影电视局副局长，贵州人民广播电台台长晏世忠等嘉宾参与了讨论。其中主要的媒体有：中央人民广播电台、中国国际广播电台、中国环境报、新浪网、人民政协报、贵州电视台、贵州人民广播电台等一共十几家媒体。还有来自海外的主流媒体的代表，如：新闻集团。

我们的主要观点：

第一，媒体的共识

1.生态文明建设已经成为人类文明发展的重要议题，也成为世界发展的重要动力和支柱。

2.媒体在生态文明建设中有着重要职责和使命。在一个媒介社会形态下，媒介作用的发挥直接影响到生态文明建设的认知、觉醒和行动。

3.媒体，无论是何种形态，无论是哪种属性，无论它身在何地，目的如何，均应该在生态文明发展中承担起应有的责任。

4.媒体与生态文明建设的关系重在行动，媒体本身不但要发挥舆论上的引领作用；更要从自身做起，成为生态媒体、绿色媒体建设的生力军。

第二，传媒要行动

1.守望。要发挥引领作用，就必须做有责任感的媒体和有责任感的媒体人；媒体对生态文明建设的态度决定媒体从业人员对生态文明建设的态度，从业人员态度的一致性反过来又会强化媒体的态度，决定其能够有所作为。

2.合作。生态文明的推进不是一个人（公司、媒体）能够解决的，而是要逐渐形成舆论的“合力”，媒体的“合力”。

3.监督。对破坏生态文明的错误行为进行无情曝光（这是需要相当大的勇气的），并提供解决之道；要想发挥引领作用，重在提供解决之道。

4.宣扬。积极找寻生态文明建设的成功范

例，认真分析其取得成功的要素（政府与民间、集体与个人、自觉与机制等等），并利用媒体来推广各种成功经验，大力推进生态传播。

5. “碳中和”努力。媒体自身要做到“碳中和”，成为绿色媒体。

第三，对未来的建言

1.媒体对生态文明建设的“可持续的责任”和“可持续的行为”问题应引起关注。

2.要大力推进媒体与社会各要素之间协同的机制。政府号令，呼唤媒体炮火造势；媒体根据政府决策，做好政策启蒙、观念启蒙、案例启蒙的宣传报道；民众报料，呼唤媒体炮火轰击；媒体根据民众报料，对破坏生态文明的行为企业或政府部门曝光揭露；媒体监督，呼唤政府炮火支援；政府根据媒体监督，对违法单位或个人依法必究并对漏洞从法制上亡羊补牢。

3.充分关注在未来城市化进程中引发的系列问题。

4.媒体的角色与行动是进行时，我们更关心的是它的实际结果和对社会生活的影响。

活动直击

贵阳环境能源交易所成立暨授牌仪式

2010年7月30日上午，贵州省首家环境能源交易机构——贵阳环境能源交易所成立暨授牌仪式，在贵阳世纪金源酒店三楼贵阳厅举行。西部大开发办公室副主任高鸿、贵州省环保厅副厅长姜平，以及贵州省委常委、市委书记李军，市人大常委会主任李跃南，市委副书记、市长袁周，市委常委、市委秘书长王保健等市领导出席授牌仪式。市委常委、常务副市长申振东主持仪式。

仪式上，贵州阳光产权交易所负责人介绍了贵阳环境能源交易所相关情况。据了解，贵阳环境能源交易所是全国第八家能源交易机构、贵州省第一家能源交易机构。该交易所的成立，一是遵循经济规律和自然规律，运用市场化手段将环境权益“价值化”、“价格化”，有助于调动企业节能减排积极性、提升节能减排技术水平，引导相关行业实现低能耗、高效益的有效转变，在推进生态建设的同时推动经济建设，有助于贯彻落实贵阳市乃至贵州省生态立市、生态立省、环境优先的既定政策。二是有利于促进环境权益的保值增值。在国际经济危机背景下，我国出台刺激经济的庞大投资计划中，低碳经济和生态产业得到了更多的关注，环交所抓住这一时机，发挥其汇集信息与发现价值的先天功能性优势，推动环境权益资源的优化配置，有利于贵阳市乃至贵州省经济发展方式的转变，必将成为政府推动低碳经济和生态产业发展的重要帮手。三是有利于聚拢资金、技术、人才以及现代服务等各类要素资源，通过环境权益交易及环保技术转让等方式引入外来资金、技术，拓宽环保事业融资渠道，为贵州省、贵阳市的生态保护工作、环保基础设施建设工作、工业企业节能高效建设、改造工作争取更多资金及技术支持。

省委常委、市委书记李军出席仪式并授牌，省环保厅副厅长姜平宣布将贵阳市作为贵州省排污权交易试点城市。市委副书记、市长袁周在授牌仪式上讲话。贵阳环境能源交易所分别与兴义市政府、清镇市政府、贵州中水恒远项目管理咨询有限公司签署了相关合作协议。

北京环境交易所、上海环境能源交易所、广州环境资源交易所、重庆环境资源中心、昆明环境能源交易所负责人，市直有关部门和市属有关企业负责人参加授牌仪式。

贵阳市人民政府与联合国开发计划署、中国节能环保集团公司生态项目合作协议签约仪式

2010年7月30日上午，贵阳市政府与联合国开发计划署、中国节能环保集团公司生态项目合作协议签约仪式，在贵阳世纪金源酒店三楼北京厅举行。联合国开发计划署驻华代表处国别副主任那华，联合国亚太农业工程与机械中心主任勒罗伊·霍伦贝克，国际地方环境行动理事会大洋洲秘书处副首席执行官马丁·布伦南，贵州省环保厅副厅长姜平，中国节能环保集团公司董事长王小康，中国节能环保集团公司党委书记、副董事长陈津恩，以及贵州省委常委、市委书记李军，市人大常委会主任李跃南，市委副书记、市长袁周，市政协主席陈石等市领导出席签约仪式。市委常委、常务副市长申振东主持仪式。

据了解，联合国开发计划署是世界上最大的多边技术援助机构，与贵阳市已经有15年环保和城市化方面的合作史。根据此次项目合作协议，联合国开发计划署把贵阳市作为低碳发展战略合作试点城市，双方将在绿色照明、清洁养殖、能源管理、绿色建筑等方面开展合作。中国节能环保集团公司是中国政府直接出资成立的唯一一家主业为节能减排、环境保护的企业，是中国节能环保领域规模最大、实力最强、最具竞争力的产业集团和集成服务运营商。根据此次战略合作协议，中国节能环保集团公司将与贵阳市在节能减排、环境保护、新能源、清洁技术等诸多领域加强战略合作，近期将在城市水务、尾气综合利用、垃圾处理及综合利用、编制循环经济发展专项规划等方面开展深度合作。

省委常委、市委书记李军，联合国开发计划署驻华代表处国别副主任那华，中国节能环保集团公司董事长王小康在签约仪式上致辞。市委副书记、市长袁周代表市政府与联合国开发计划署签订项目合作协议，与中国节能环保集团公司签订战略合作协议。

市直有关部门和市属有关企业负责人参加了签约仪式。

《贵阳市2010—2020年低碳发展行动计划（纲要）》新闻发布会

2010年7月30日上午，贵阳市政府在世纪金源酒店三楼北京厅召开新闻发布会，公布《贵阳市2010—2020年低碳发展行动计划（纲要）》。市委常委、常务副市长申振东出席新闻发布会，市政府常务副秘书长杨青主持会议。

为落实国务院关于2010—2020年二氧化碳排放强度下降的要求，扎实推进生态文明城市建设，贵阳市制定了2010—2020年低碳发展行动计划（纲要）。行动计划以2010—2020年为期限，在充分论证贵阳市实现低碳发展的可行性基础上，进一步明确了贵阳

市低碳发展的战略思想、指导原则和总体思路，确定了2010—2020年的低碳发展目标：即在实现经济社会又好又快发展的同时，确保到2020年单位GDP二氧化碳排放强度下降40%，力争下降45%。

此次贵阳市低碳发展行动计划的推出，具有十分重大的意义。一是作为落实科学发展观和建设生态文明的重要途径，低碳发展能够促进贵阳市加快转变经济发展方式、优化经济结构、提高能源资源利用效率，实现集约发展、清洁发展、安全发展和可持续发展，是贵阳市落实科学发展观和建设生态文明的重要工作之一。二是低碳发展是贵阳立足于自身最大的比较优势，实现跨越式可持续发展的有效途径。低碳发展有助于贵阳提高能源利用效率、减少能源消耗，逐步摆脱资源、能源、环境的约束，实现经济增长方式的转变和经济结构的优化调整，建立起现代化的低碳产业体系和可持续的城市发展模式。三是低碳发展将带来协同增效的巨大收益。低碳发展不仅有利于贵阳市实现节能减排目标，提高应对气候变化的能力，还将促进资源利用效率的提高，提高经济效益、减少废物排放和环境污染、改善环境质量。更重要的是低碳发展可以培育新的经济增长点和可持续的经济发展模式、实现贵阳市资源型城市的生态化转型，提升城市层次和综合竞争力，树立城市品牌，为全面小康社会的建立提供切实可行的途径。

贵阳市低碳发展行动计划主要包括实施加快转变经济发展方式，优化产业结构；促进工业结构调整；发展循环经济，推动重点行业节能；加强能源基础设施建设，大力发展清洁能源和可再生能源；构建低碳城市交通系统；大力推进建筑节能，发展低碳绿色建筑；加强林业管理，增强碳汇；加强城乡废弃物回收与利用；倡导低碳生活方式与消费模式；充分发挥政府节约低碳的示范作用等十大行动，以此促进低碳发展。

据悉，国家首批低碳试点城市共有八个，包括天津、重庆、深圳、厦门、杭州、南昌、贵阳、保定。

NGO与政府、企业家圆桌会议

2010年7月30日上午，作为2010生态文明贵阳会议重要活动之一的NGO（非政府组织）与政府、企业家圆桌会议，在贵阳花溪迎宾馆碧云窝5号楼2号会议室召开。大自然保护协会北亚区总干事长张醒生、气候组织大中华区总裁吴昌华共同主持会议。阿拉善SEE生态保护协会顾问委员会首席专家杨鹏，国际爱护动物基金会中国项目经理华宁，中华环保联合会副秘书长谢玉红，壹基金战略发展部经理艾米莉·万娜，联合国工业发展组织（UNIDO）驻华代表柯文思，华旗集团副总裁高哲，当代集团董事长张雷，泰康人寿股份有限公司董事长兼CEO陈东升，蒙牛集团董事会主席牛根生，思科集团国际事务部主任程迈越，安科碳资产副总经理丁莹，法国电力贸易驻中国代表马西米利亚诺·瓦鲁休，欧盟商会建筑工程组组长马西莫·巴尼亚科斯，老牛基金会秘书长雷永胜，飞利浦大中华区首席执行官林良琦，英国驻重庆总领事馆气候变化高级官员陈竹，以及贵阳市委副书记李涛，副市长翟彦等市领导出席会议。与会各方围绕“NGO——绿色可持续发展的生力军”这一主题进行了深入交流。

由生态文明贵阳会议组委会主办，大自然保护协会、气候组织承办的这次会议，旨在通过加强NGO、政府和企业之间的交流，在应对全球金融危机的持续挑战、应对气候变化的长期挑战、应对国内资源环境问题的多样性挑战方面形成三角框架合作关系，达成共识，进一步推动经济社会实现绿色可持续发展的进程。

会上，阿拉善SEE生态保护协会顾问委员会首席专家杨鹏、国际爱护动物基金会中国项目经理华宁、中华环保联合会副秘书长谢玉红、泰康人寿股份有限公司董事长兼CEO陈东升，中国蒙牛董事局主席牛根生、思科集团国际事务部主任程迈越、安科碳资产副总经理丁莹、法国电力贸易驻中国代表马西米利亚诺·瓦鲁休、欧盟商会建筑工程组组长马西莫·巴尼亚科斯、贵阳市工业和信息化委员会主任杨彦峰、贵阳市两湖一库管理局局长帅江围绕会议主题，就NGO在促进绿色经济、循环经济、低碳经济发展，促进社会和谐及促进政治文明等三个方面的内容进行了交流。

与会各方认为，在应对挑战，推动实现绿色可持续发展的进程中，需要政府作为协调者和管理者的政策支持；需要企业作为创新主体的技术创新；需要第三部门，也就是NGO组织的积极推动，更需要三方之间建立通力合作的伙伴关系，共同促进绿色可持续发展进程。

生态城市规划案例研讨会

2010年7月30日上午，生态城市规划案例研讨会在贵阳花溪迎宾馆3号楼二楼M—3会议室召开。会议由同济大学副校长伍江主持。生态文明贵阳会议秘书长、教育部原副部长、中国教育国际交流协会会长章新胜，联合国开发计划署纽约总部非洲资深顾问马和励，经济社会学家、德国建设部前副部长乌里希·普发，住房和城乡建设部规划司副司长张勤，东南大学建筑学院教授、东南大学城市规划设计研究院副院长刘博敏，贵州省住房和城乡建设厅副厅长伍祥华，苏州科技大学教授时匡，以及贵阳市委常委、副市长马长青等市领导出席研讨会。来自国内外的专家就贵阳市生态文明城市总体规划、上海世博会城市最佳实践区、关于城市节能的几点思考、生态城市规划——理念、行动和机制、生态视角下的绿色城市规划思考、对生态城市河生态城市、生态建筑的理解等六方面的案例进行研讨。

此次生态城市规划案例研讨会，旨在通过对生态城市规划理念，借鉴同济大学在世博会上的城市实践案例及住房和城乡建设部关于生态城市建设的相关要求等问题进行广泛研讨，形成共识，推动生态城市理论和实践的深化。

研讨会认为，生态文明城市不仅涉及城市的自然生态系统，也是一个以人的行为为主导、自然系统为依托、资源流动为命脉、社会体制为经络的“社会——经济——文化——自然”复合系统。以尊重和维护自然为前提，以人与人、人与社会、人与自然的和谐共生为宗旨，按照生态化的生产方式建立新型的聚集环境，主要目标是生态环境好，生态产业发达，文化特色鲜明，生态观念浓厚，市民和谐幸福，政府廉洁高效。

"低碳实践，推动清洁农村发展——千村计划周年回顾"活动

2010年7月30日下午，英国前首相托尼·布莱尔和气候组织大中华区总裁吴昌华等一行，在参加生态文明贵阳会议期间，专程来到贵阳市花溪小西冲寨，出席"低碳实践，推动清洁农村发展——千村计划周年回顾"活动。

花溪摆贡寨接受壹基金和气候组织颁发的牌匾"千村计划全球第一村"，为此项目提供LED照明器材的菲利普公司成为"千村计划合作伙伴"。

2009年，由英国前首相托尼·布莱尔联手壹基金发起人李连杰，在中国农村推广"太阳能LED照明千村计划"，并于2009年8月22日生态文明贵阳会议期间，到贵阳花溪区党武乡摆贡村参观并启动这一计划，摆贡村成为该计划第一个示范村。2010年"千村计划"取得阶段性成果，在贵阳市花溪区的小西冲、乌当区的王岗村、开阳县的水头寨等13个村寨安装130套新型太阳能路灯，较传统的路灯每年节电4万余度，对绿色低碳的太阳能路灯在村寨推广应用起了很好的示范作用。"太阳能LED照明千村计划"为期五年，项目的前两年将涉及中国的400个村庄。在接下来的三年项目将推广到包括中国、印度和非洲一些国家在内的600个村庄。

企业家绿色行动电视高峰会

2010年7月30日晚，企业家绿色行动电视高峰会在贵阳花溪迎宾馆碧云窝5号楼3号会议室举行。招商银行行长兼首席执行官马蔚华，华谊兄弟董事长兼CEO王中军，蒙牛集团董事会主席牛根生，泰康人寿保险股份有限公司董事长兼CEO陈东升，江西赛维LDK董事长兼首席执行官彭小峰，IBM大中华区首席执行官钱大群，格力集团总裁董明珠，均瑶集团总裁、吉祥航空董事长王均豪，安凯客车董事长王江安，泰格林纸、岳阳纸业董事长吴佳林，以及贵阳市委副书记李涛，市人大常委会副主任蒋晓菁，副市长翟彦等市领导出席高峰会。中央电视台经济频道节目主持人史小诺主持会议。高峰会上，企业家们通过这一开放的平台，围绕我国绿色产业的发展前景、方向等问题进行了讨论与交流。

招商银行行长兼首席执行官马蔚华，华谊兄弟董事长兼CEO王中军，中国蒙牛集团董事局主席牛根生，泰康人寿保险股份有限公司董事长兼CEO陈东升，江西赛维LDK董事长兼首席执行官彭小峰，均瑶集团总裁、吉祥航空董事长王均豪，安凯客车董事长王江安，泰格林纸、岳阳纸业董事长吴佳林等企业家结合各自从事的行业，畅谈了金融、食品、消费、能源等领域的绿色发展之路。

交流讨论中，企业家们的一个个发展绿色经济的精彩观点，博得现场观众的阵阵掌声。

花溪国家城市湿地公园授牌、花溪国际生态示范小区及中意合作小孟生态工业示范园区建设项目签约仪式

2010年7月30日晚，花溪国家城市湿地公园授牌、花溪国际生态示范小区及中意合作小孟生态工业示范园区建设项目签约仪式在贵阳花溪迎宾馆3号楼二楼高原明珠厅举行。十届全国政协副主席、中国工程院主席团名誉主席、中国工业经济联合会会长、中国工程院院士徐匡迪，环境保护部副部长李干杰，住房和城乡建设部副部长仇保兴，生态文明贵阳会议秘书长、教育部原副部长、中国教育国际交流协会会长章新胜，环境保护部生态司司长庄国泰，环境保护部对外合作中心副主任方莉，环境保护部对外合作中心副主任肖学智，贵州省环境保护厅副厅长翟春宝，贵州省住房和城乡建设厅副厅长伍祥华，经济社会学家、德国建设部前副部长乌里希·普发，香港新泽控股集团有限公司副主席陶家祈，香港新泽控股集团有限公司执行董事、总经理陶锡祺，以及贵州省委常委、市委书记李军，市委副书记、市长袁周，市委常委、副市长李忠，市委常委、市委秘书长王保建等市领导出席仪式。市委常委、副市长马长青主持仪式。

湿地被誉为“地球之肾”。贵阳市花溪区地处长江、珠江分水岭地带,是贵阳市母亲河——南明河的源头所在地,是贵阳市城市饮用水的主要供应地。花溪国家城市湿地公园东抵大将山脚,西邻花溪大道,南至洛平新区,北至贵阳市花溪区与小河区的边界,包括十里河滩、花溪公园、洛平至平桥,总面积约4.6平方公里。湿地公园分为保护区和公园休闲区两部分。保护区为水源涵养区,严格控制人类活动,适当建立隐蔽场所供人们观赏湿地风光,公园休闲区为人们游憩场所,以兼顾湿地公园在保护和休闲两方面的功能。

会上，伍祥华宣读了《住房和城乡建设部关于公布第六批国家城市湿地公园的通知》，仇保兴为花溪国家城市湿地公园授牌。环保部对外合作中心与贵阳市人民政府签署了《中意合作国家级贵阳经济技术开发区生态工业园区示范项目协议书》。香港新泽控股集团有限公司与花溪区签署了《花溪国际生态示范小区建设项目协议书》。

“碳中和”移交仪式

2010年7月31日下午，在2010生态文明贵阳会议闭幕式上，举行了“碳中和”移交仪式。仪式由会议秘书长、教育部原副部长、中国教育国际交流协会会长章新胜主持。全国政协人口资源环境委员会副主任、原国家环保总局副局长王玉庆代表会议主办方，接收了“2010生态文明贵阳会议温室气体排放清单”和“碳中和”报告，并把8万元购买碳减排量的支票交到了贵阳市息烽县农民代表刘云龙手中，标志着2010生态文明贵阳会议实现了“碳中和”。

2010生态文明贵阳会议的主题是“绿色发展——我们在行动”，强调会议主体应该是行动的参与者，是生态文明的践行者。为把会

议开成一次绿色、低碳的会议，主办方从各个环节尽可能减少二氧化碳排放量，并决定采取购买碳减排指标的方式，抵消会议产生的碳排放，使会议成为一次“碳中和”的会议。

会议期间，主办方委托联合国开发计划署推荐的安科碳资产管理咨询（北京）有限公司对本次会议期间所需的照明、空调、音响、投影及通风设施用电，会议资料印制以及乘坐交通工具所产生温室气体排放进行监测，测算出此次会议二氧化碳排放量为156吨。考虑到会议筹办期间还有二氧化碳排放，主办方决定增加购买量，委托贵州恒远碳资产管理有限公司通过上海环境能源交易所的交易平台，购买了息烽县1333户农民2008年使用沼气替代燃煤而得到的4426吨二氧化碳减排量。

市情概况

SHI QING GAI KUANG

地理概况

【区位区划】 贵阳简称“筑”，位于中国西南云贵高原东部，贵州省中部，介于东经106° 07′ -107° 17′ 和北纬26° 11′ -27° 22′ 之间，最高处海拔为1762米，最低处海拔为506米，市中心平均海拔为1000米。东、南与黔南布依族苗族自治州的瓮安县、福泉县、龙里县、惠水县、长顺县接壤，西南与安顺市的平坝县毗邻，西、西北与毕节地区的织金县、黔西县、金沙县相连；北与遵义市的遵义县交界。东西宽约113千米，南北长约130千米，国土总面积8034平方公里，占全省总面积的4.56%。

贵阳是贵州省省会，全省的政治、经济、文化中心，中国西南重要的交通枢纽。现辖云岩、南明、花溪、乌当、白云、小河6个区和修文、息烽、开阳3个县及清镇市，有48个乡（民族乡18个）、29个镇、47个街道办事处及1166个行政村、446个居委会（社区）。

其中云岩区辖18个街道办事处、1个镇、134个社区（居委会）、19个村；南明区辖15个街道办事处、4个乡（民族乡1个）、140个社区（居委会）、29个村；花溪区辖3个街道办事处、2个镇、9个乡（民族乡5个）、17个社区（居委会）、153个村；乌当区辖3个街道办事处、5个镇、5个乡（民族乡2个）、18个社区（居委会）、74个村；白云区辖4个街道办事处、3个镇、2个乡（均为民族乡）、31个社区（居委会）、56个村；小河区辖4个街道办事处，4个社区服务中心，25个社区（居委会），20个村；清镇市辖1个街道办事处、4个镇、6个乡（民族乡3个）、41个社区（居委会）、299个村；修文县辖4个镇、6个乡（民族乡1个）、12个社区（居委会）、217个村；息烽县辖4个镇、6个乡（民族乡1个）、9个社区（居委会）、161个村；开阳县辖6个镇、10个乡（民族乡3个）、13个社区（居委会）、108个村。

【位置面积】 贵阳市总面积为8034平方千米，其中城区面积365.27平方千米，占全市

面积的4.53%。在城区中，云岩区处于城中心区北部，面积92.8平方千米；南明区位于城中心区南部，面积209.34平方千米；小河区在城区南部，面积63.13平方千米。郊区面积2066.52平方千米，占全市面积的25.63%。其中，花溪区在市区西南部，面积910.19平方千米；乌当区（包括贵阳国家高新技术开发区）在市区东北部和西部，面积884.33平方千米，白云区在市区西北部，面积272平方千米。

“一市三县”总面积5630.8平方公里，占全市总面积的69.84%。其中，清镇市在市西部，面积1492.4平方公里，占全市面积的18.58%；修文县在市西北部，面积1075.7平方公里，占全市面积13.39%；息烽县在市北部，面积1036.5平方公里，占全市面积的12.9%；开阳县在市东北部，面积2026.2平方公里，占全市面积的25.22%。

【建置沿革】贵阳是一个以汉族为主的多民族聚居城市，如果从修建石城算起，距今已有600多年的历史。

春秋时期，贵阳属牂牁国辖地。战国时属夜郎国范围，两汉时期隶属牂牁郡。唐朝在乌江以南设羁縻州，贵阳属矩州。宋代称贵阳为贵州，宣和元年(公元1119年)更矩州为贵州。元至元十七年（公元1280年）置顺元路宣抚司，翌年改为宣慰司；二十年（公元1283年）置贵州等处长官司，为顺元路治，先隶四川行中书省，后隶湖广行中书省；二十九年（公元1292年），顺元、八番两宣慰司合并，设八番顺元宣慰司都元帅府于顺元城（今贵阳）。

明洪武四年（公元1371年）设贵州宣慰使司，司治贵州（今贵阳）。六年（公元1373年）十二月置贵州卫指挥使司。十五年（公元1383年）置贵州都指挥使司，下领贵州等十八卫。二十六年（公元1393年）又置贵州前卫。明永乐十一年（公元1413年）置贵州等处承宣布政使司，贵州建省，贵阳成为贵州省的政治、军事、经济、文化中心。隆庆三年（公元1569年）三月，改新迁程番

天河潭

府为贵阳府。万历十四年（公元1586年）置新贵县，隶属于贵阳府。二十九年（公元1601年）升贵阳府为贵阳军民府。三十六年（公元1618年）析新贵县、定番州地置贵定县，仍隶贵阳军民府。崇祯四年（公元1631年）废贵州宣慰司，析宣慰司水东地置开州。明末，贵阳军民府辖新贵县、贵定县、开州（今开阳县）、广顺州（今长顺县）、定番州（今惠水县），亲领4个长官司。

清顺治十六年（公元1659年）设贵州巡抚驻贵阳军民府。康熙五年（公元1666年）移云贵总督驻贵阳。二十六年（公元1687年）省贵州卫、贵州前卫置贵筑县，与新贵县同城，改贵阳军民府为贵阳府。三十四年（公元1695年）省新贵县入贵筑县。乾隆十四年（公元1749年）贵阳府辖贵筑县、贵定县、龙里县、修文县、开州、定番州、广顺州和长寨厅（今属长顺县）。光绪七年（公元1881年）增辖罗斛厅（今罗甸县）。

民国3年（公元1914年）废贵阳府设贵阳县，贵州分为3道，贵阳县属黔中道，为道治；移贵筑县驻扎佐，旋移息烽，改名息烽县。民国9年（公元1920年）废黔中道，贵阳县直隶于贵州省长公署。民国25年（公元1936年）全省设为8个行政督察区，贵阳县属第一行政督察区；次年，贵阳县直隶于省政府。民国30年（公元1941年）7月1日，撤贵阳县设贵阳市，另置贵筑县驻花溪，直至解放时未变动。

1949年11月15日贵阳解放，11月23日成立贵阳市人民政府。同时设贵阳专区，管辖贵筑、修文、开阳、息烽、惠水、龙里等县，专署驻贵筑县治（花溪）。1952年，裁贵阳专区设贵定专区。

1954年，贵筑县划归贵阳市辖。1958年，撤贵筑县建置，将市郊划为花溪、乌当两区；经国务院批准，将原属安顺专区的清镇、修文、开阳3县和原属黔南自治州的惠水县划归贵阳市辖。1959年设白云镇，相当于市辖区一级行政单位。1963年，将开阳县划归遵义专署，修文、清镇两县划归安顺专署，惠水县划归黔南自治州。1973年恢复白云区建置。1992年，清镇撤县设市。经国务院批准，自1996年1月1日起，将原安顺地区管辖的清镇市和修文、息烽、开阳“一市三县”划归贵阳市辖。2000年1月，国务院批准贵阳市设立小河区。

【地形地势】贵阳市地处黔中山原丘陵中部，长江与珠江分水岭地带。总地势西南高、东北低。苗岭横延市境，岗阜起伏，剥蚀丘陵与盆地、谷地、洼地相间。相对高差100-200米，最高峰在水田镇庙窝顶，海拔1659米；最低处在南明河出境处，海拔880米。中部层状地貌明显，主要有贵阳——中曹司向斜盆地和白云——花溪——青岩构成的多级台地及溶丘洼地地貌。峰丛与碟状洼地、漏斗、伏流、溶洞发育。较平坦的坝子有花溪、孟关、乌当、金华、朱昌等处。南明河自西南向东北纵贯市区，流域面积约占市区总面积的70%。

贵阳地貌属于以山地、丘陵为主的丘原盆地地区。其中，山地面积4218平方千米，丘陵面积2842平方千米；坝地较少，仅912平方千米；此外，还有约1.2%的峡谷等地貌。

清镇市，地处黔中山原丘陵中部。南部地势较平缓，以剥夷丘陵和喀斯特化低山为主，喀斯特盆地相间错落。西部沙鹅——鸭池一带及北部鸭池——木刻一带受乌江和猫跳河强烈切割，谷深坡陡，比差300-400米。最高点宝塔山，海拔1762米；最低处在猫跳河口，海拔769米。乌江流经北部边缘，猫跳河、暗流河为境内主要河流，由南向北注入乌江。

修文县，地处黔中山原丘陵中部，地势东南高、西北低，大部地区在海拔1100-1400米之间。中部丘岗起伏，宽谷、盆地错落，保存较广阔的山盆期剥夷面。西部、北部边缘受猫跳河、乌江侵蚀切割，谷深坡陡，形成深切的峡谷地貌。最高点三元乡三角山，海拔1610米；最低点凉水井乡鸭池河出境处，海拔679米。

息烽县，地处黔中山原丘陵中部，地势南高北低，一般海拔1000-1200米，大部为低中山丘陵地，碳酸盐类岩分布广，喀斯特发育，峰丛、洼地、溶丘、溶洞、暗河、漏斗甚多。北部边缘受乌江及支流侵蚀切割，沟谷纵横。最高点南望山南极顶，海拔1749.6米；最低点乌江出境处大塘口，海拔609米。

开阳县，地处黔中山原丘陵北部，地势西南高、东北低，大部为低中山地和丘陵，一般海拔1000-1200米。河流分水岭地带尚保留小面积较完整的剥夷面。乌江、南明河（清水江）沿岸，河流侵蚀切割强烈，地面破碎崎岖，多陡峻山岭、深切峡谷和坡立谷。最高点在西部的狼鸡岭主峰，海拔1704米；最低处在东北乌江出境处小河口，海拔506米。

【山脉】 境内主要山峰有：青龙山，在清镇市南部、城关镇东隅，面积10.5平方千米，海拔1333.5米。山腰有文明洞，深10余米；山顶有亭，石级路通达，为清镇胜境。

云归山，又名云贵山，在清镇市东部。因山高林密，晴天仍有雾气环绕，故名。面积22平方千米，主峰名炉岭，海拔1715米。“炉岭归云”为清镇古八景之一。

宝塔山，在清镇市中部。山岭呈南北走向，长约8千米，面积14平方千米，主峰海拔1762.7米，为清镇市最高峰。富产铝矿、铁矿。

五龙寺，在修文县南部、白云区北部，主峰海拔1605米，南坡陡峭，北坡平缓。铝土矿藏丰富。

三角山，又名斗山，在修文县东南部、白云区北部，面积7平方千米，主峰海拔1610米，为修文县最高峰。

白安营，在开阳县西部，山势险峻，三面为断崖绝壁，海拔1179米。山顶原有殿宇亭阁，山腰有神仙洞，山麓有响水洞，古木虬结。1942年冬至1944年春，张学良将军被囚禁于此。

狼鸡岭，在开阳县西部、息烽县东部，

黔灵烟云

呈东北—西南走向，绵延9千米，面积31平方千米，最高处海拔1702米，为开阳县最高峰。富产磷矿。

轿顶山，在开阳县东北部，面积2平方千米，海拔1166.4米，四周陡峭，顶部平坦。清咸丰同治年间，何德胜领导的农民起义军于此驻营多年，遗址尚存。

南望山，又名南山，在息烽县东部，面积80平方千米，主峰南极顶，海拔1749.6米，为息烽县最高峰。山腰有玄天洞名胜。富有煤、磷等矿藏。

西望山，又名西山，在息烽县中部，面积94平方千米，最高峰窄垭口，海拔1622.8米。峰岭有“九山十三湾”之说，怪石林立，明、清两代在山顶和四周建有8座寺庙，遗址尚存。

照壁山，又名相宝山，在贵阳城区东北隅，海拔1172米。孤山突出如屏，故名。明、清两代于山顶建有庙宇，与黔灵山、东山并列为贵阳三大胜地。

锅底箐，在乌当区北部，面积90平方千米，主峰大观山，海拔1564米。四周山势高峻，溪流纵横，中部低洼，故名。山区有大片原始森林，植物种类繁多，有杉、松、银杏、南方红豆杉、三尖杉、岩生鹅尔枥、西南米楮、旱冬瓜、丝栗栲、异叶榕、香芙木、黑壳楠、杜鹃、香果树等70余种裸子植物；野生动物有野羊、獐、獾、兔、穿山甲等。

云雾山，在市区北部白云、乌当两区交界处，面积20平方千米，主峰庙窝顶，海拔1659米，是贵阳市最高峰。铝土矿藏丰富。山顶建有贵州电视差转台和气象站。

皇帝坡，在花溪区东南部，面积50平方千米，主峰海拔1655.9米。南坡及东北坡有成片松、杉林，其余多为灌木丛及杂草。山涧溪水流入涟江。主峰北面的摆桥山上，有清康熙年间贵州著名诗人周渔璜墓。

自然资源

【河流】 贵阳处于长江水系与珠江水系的分水岭地带。以花溪区桐木岭为界，桐木岭以南的河流属珠江水系，以北的河流属长江水系。长江水系面积7631.67平方千米，占全市土地面积的94.8%；珠江水系面积415平方千米，占全市土地面积的5.2%。全市天然径流深545-640毫米，平均每平方千米产水56.3万立方米，高于全国平均值；水资源总量46.79亿立方米，占全省水资源总量的3.9%。

南部河流是蒙江的上游，右源青岩河，境内河长30千米，左源马林河，境内河长19千米，流量均不大。重点记述境内长江水系河流。

天河飞瀑

乌江，长江南岸支流，是贵州境内流域面积最大的河流。源于贵州威宁自治县，由西北向东南，至普定县境折向东北，于思南县境转向北流，至沿河自治县官孔坝入四川省境。沿途纳流域面积1000平方千米以上支流16条。乌江流经贵州23个县、市、区(特区)，贵州境内河长874千米(含黔川界河72千米)，流域面积6.68万平方千米。普定至黔西县化屋基段称三岔河，化屋基至遵义乌江渡称鸭池河，其中流经修文县段又称六广河，乌江渡以下始称乌江。化屋基以上为上游，长326千米；向东北流经黔西、清镇、修文、金沙、息烽、遵义、开阳等县边界，再经瓮安、湄潭、余庆、凤冈、思南县为中游，长367千米，沿途纳猫跳河、余庆河、石阡河等；从思南至四川涪陵市注入长江为下游，长345千米。乌江干支流落差大，水力资源丰富，建有多座大、中、小型水电站。乌江渡和猫跳河梯级骨干电站总装机容量86.9万千瓦，东风、普定电站总装机容量58.5万千瓦，电力供贵阳、遵义、安顺、六盘水等地。

鸭池河，乌江干流之一段，其中修文县境段称六广河，全长150千米，穿行于深峡河谷，水力资源丰富，分别在清镇市鸭池河建东风、在遵义县乌江渡建乌江渡两座大型水电站。

猫跳河，乌江南岸支流，源于安顺市头铺，自西南向北流经安顺、平坝、清镇三市县境，再经贵阳市白云区、乌当区边界折向西北，沿清镇、修文两市县边界至清镇市青杠坝附近注入乌江。干流长181千米，流域面积3248平方千米。中、下游河谷深切，河床陡峭，水力资源丰富，建有红枫湖、百花湖两个大型水库及6座梯级水电站。

息烽河，又称潮水河，乌江南岸支流，源于息烽县猫场乡，向东至难桥后折向北流，至大河口纳头道河支流，于马脑石附近注入乌江。全长50千米，建有小桥河、底寨水库。

南明河，乌江南岸支流，源于平坝县与贵阳市花溪区交界处，自西南向东北流经花

溪区、贵阳市区、乌当区及龙里、开阳两县边界，至龙里两岔河纳独水河，折向北经开阳、福泉、瓮安三县市边界，至开阳县清水江口注入乌江。干流长215千米。流经花溪区段称花溪河，入市区后称南明河，纳独水河后称清水江。主要支流还有小车河、定扒河、南贡河、瓮昭河等。流域面积6600平方千米。水力资源丰富，理论蕴藏量约32万千瓦，是贵阳市工业、生活用水和农田灌溉的重要水源，建有花溪、松柏山、阿哈、小关、小冲、花马冲、月亮石等中小型水库多座，水力发电站10余座。

南贡河，又名鱼梁河，南明河支流。源于修文县三元乡，西流转北经扎佐向东北入开阳县境，称清河；至小岩脚纳白水河折向东北流，转东流，与白安河汇合后称南贡河，流至两岔河汇入南明河(清水江)。全长80千米，流域面积1033平方千米，水能理论蕴藏量5.78万千瓦，建有水库3座、小型水电站5座。

【湖泊与水库】 红枫湖：位于清镇市西南，水域面积57.2平方千米，总库容6.42亿立方米，建有装机2万千瓦的水电站1座。库区山清水秀，有大小岛屿70多个；湖滨绿树成荫，湖面烟波浩森，四季风光如画。已定为国家级风景名胜区，景区面积240平方千米。有红枫公园、枫叶山庄、水上娱乐场、花鱼洞、将军湾等旅游景点及湖沿的侗寨、苗寨、布依寨等具有浓郁民族特色的景区。红枫湖以其旖旎的湖光山色令中外游客流连忘返。

百花湖：建于清镇市与乌当区朱昌镇交界处的猫跳河中游，是具有发电、供水、灌溉、养殖、旅游综合效益的水库。水域面积14.5平方千米，库容量1.9亿立方米。建有装机2.2万千瓦的水电站。湖中山峰小巧清秀，古树葱茏，湖水清碧，有八仙过海、雁臂山、三屯五堡、百花山庄、人造沙滩、湖滨公园等景点，省级风景名胜区。

东风湖：建于距清镇市区60千米的鸭池河上，水域面积19.7平方千米，蓄水10亿立方米，以建东风水电站而形成，电站装机52.5万千瓦。湖两岸悬崖峭壁，雄奇峻秀，具有独特的高原湖泊风光。

花溪水库：位于南明河上游花溪镇。水域面积1.4平方千米，库容量2620万立方米，建有装机3120千瓦水电站。电站大坝之下即花溪公园，山清水秀，自然风光佳绝，有“高原明珠”之称。

阿哈水库：建于南明河支流小车河上游，是以城市用水为主的中型水库，库容量5450万立方米。湖周九龙山、火焰山、犀牛坡环抱，湖中七岛突兀，湖区绿水苍松，风景优美。

松柏山水库：位于花溪区党武乡南明河上游，是以灌溉为主，兼供水、发电综合利用的水库，建有装机2000千瓦水电站，总库容4760万立方米。

红岩水库：位于清镇、修文两市县交界处，总库容2752万立方米，建有装机3万千瓦的水电站。

此外，还有清镇市迎燕水库，库容657万立方米；修文县岩鹰山水库，库容量1755万立方米；息烽县小桥河和洪马水库，总库容674万立方米；开阳县十三寸和翁井水库，总库容850万立方米。

【森林资源】 据2005年贵阳市第三次森林资源规划设计调查，全市国土面积803390公顷，其中林业用地面积382828.04公顷，占国土总面积的47.7%；非林业用地面积420561.96公顷,占52.3%。全市森林覆盖率41.78%，林木绿化率44.71%。

林业用地按地类划分：有林地面积264977.6公顷，占林业用地面积的69.2%。其中乔木纯林面积227530.49公顷，乔木混交林面积37031.75公顷，竹林面积415.38公顷。疏林地面积1658.27公顷，占林业用地面积的0.4%。灌木林地面积80885.79公顷，占林业用地面积的21.1%。其中国家特别规定灌木林地57388.02公顷，其他灌木林地23497.88公顷。

未成林造林地面积21990.9公顷，占林业用地面积的5.7%。其中人工造林未成林地21556.77公顷，封育未成林地424.17公顷。苗圃地面积1121.22公顷，占林业用地面积的0.3%。无立木林地面积2957.61公顷，占林业用地面积的0.8%。其中采伐迹地96.65公顷，火烧迹地375.18公顷，其他无立木林地2485.78公顷。宜林地面积8993.9公顷，占林业用地面积的2.3%。其中荒山荒地4460.96公顷，岩山地2483.46公顷，白云质砂石山984.63公顷，其他宜林地1064.85公顷。辅助生产林地面积242.58公顷。四旁树占地面积13323.97公顷。在非林业用地面积中，大于25°的坡耕地面积14770.95公顷。林业用地按森林类别划分，重点公益林地面积99515.56公顷，占林业用地面积的26.0%；一般公益林地面积173824.39公顷，占林业用地面积的45.4%；商品林地面积109488.09公顷，占林业用地面积的28.6%。全市活立木蓄积12545250.35立方米。其中乔木林蓄积12058930.95立方米，占96.12%；疏林地蓄积15692.34立方米，占0.13%；四旁树蓄积431449.95立方米，占3.44%；散生木蓄积39177.11立方米，占0.31%。

【草地资源】 全市共有草地面积264.5万亩，其中天然草地247.89万亩，人工累计种草16.61万亩。天然草地中成片草地94.06万亩，其中开阳县11.98万亩、息烽县11.76万亩、修文县13.19万亩、清镇市14.45万亩。零星草地153.84万亩，其中开阳县38.8万亩、息烽县19.88万亩、修文县20.51万亩、清镇市28.57万亩。

【土地资源】 全市土地总面积804666.99公顷，其中耕地271941.03公顷，占土地总面积的33.80%；园地74512.16公顷，占9.26%；林地273652.85公顷，占34.01 %，牧草地26670.36公顷，占3.31%；水面15418.39公顷，占1.74% (坑塘水面1213.08公顷，养殖水面222.59公顷，河流水面4490.13公顷，水库水面9476.81公顷，湖泊水面15.78公顷)；建设用地(含居民点及工矿用地、交通用地和水利设施) 63017.6公顷，占7.83%；未利用地113162.64公顷，占14.06%。全市土壤总面积60.82万公顷，有黄壤、黄棕壤、石灰土、紫色土、潮土、沼泽土、水稻土、草甸土8个土类。其中，黄壤30.16万公顷，石灰土19.66万公顷，水稻土8.01万公顷，分别占土壤面积的49.59%、32.33%和13.17%。

【矿产资源】 全市已探明矿种52种，主要有煤、铁、硅、重晶石、大理石、耐火粘土、铝矾土、磷、硫、汞等矿产资源。

铝土矿保有储量4.3亿吨，占全国的五分之一，矿床主要集中在修文县和清镇市，有特大型、大型、中型矿床9个，其中清镇市猫场铝土矿储量1.5亿吨，为国内著名特大型铝土矿。铝矿品位高，三氧化二铝含量平均在70%左右，铁含量平均小于5%，铝、硅比平均为7.87。

磷矿储量4.64亿吨，是全国三大磷矿基地之一，全国70%以上的优质磷矿集中在贵阳。

煤炭储量9亿吨，“一市三县”及3个郊区均有分布；铁矿储量2396万吨，硫铁矿储量2878万吨，汞（金属量）储量2683万吨。

【生物资源】 贵阳市植物种类繁多，维管束植物有177科、489属、1299种，其中被子植物1154种，属于国家重点保护的植物，有银杏、水杉、杜仲、天麻、厚朴等8种。特有的稀有树种有青岩油杉、岩生红豆树、贵阳润楠、短叶石楠和高坡四棱香等。药用植物，有170种，著名的有天麻、杜仲、银花、党参、天冬等，还有含维生素C丰富和经济价值较高的刺梨、猕猴桃等野生植物。全市动物资源主要有陆栖脊椎动物约40种。其中属国家重点保护的珍稀动物有大鲵(娃娃鱼)、穿山甲、大灵猫、猕猴、白冠长尾雉、鸳鸯等13种。还有野猪、山羊、麝、野兔、野鸡、白鹭以及夜莺、赤麻鸭、杜鹃和家燕等53种候鸟。全市共有粮食作物200多种，栽培蔬菜14大类、90多种、223个品种。栽培植被有用材林、经济林和农田植被三类。用材林主要是以马尾松、杉木和华山松为主的针叶林，其中杉木分布零星，马尾松数量最多，蓄积量大，分布广，是主要用材林。经济林主要有油茶林、油桐林、茶丛和果树林等。农田植被为大面积的水田和旱地中种植的栽培植被群落。

【水资源】 贵阳市年均水资源总量为46.79亿立方米，占全省水资源总量的3.9%，其中，地表水35亿立方米，占74.8%，地下水11.79立方米，占25.2%。全市天然径流深为545-640毫米，每平方公里年产水56.3万立方米，高于全国平均值。地下水主要是岩溶地下水，约占地下水总量的95%，其余为基岩裂隙水。

全市水能资源理论蕴藏量130.7万千瓦，可开发量为87.3万千瓦，相对集中于乌江、猫跳河、清水江等几条河流的干流。其中南明河水能理论蕴藏量约32万千瓦，建有花溪、松柏山、阿哈、小关、小冲、花马冲、月亮石等中小型水库多座，水利发电站10余座；猫跳河建有百花湖、红枫湖两个大型水库及6座梯级水电站；鱼梁河水能理论蕴藏量5.78万千瓦，建有水库3座、小型水电站5座；息烽河建有小桥河、底寨水库。市境内除有红枫、百花、东风水库3座大型水电工程外，市区还有松柏山、阿哈、花溪3座以城市供水、发电、灌溉和防洪的中型水库。此外，全市还建有小型水库150余座，水库总蓄水库容达20亿立方米以上。

【气候概况】 气温。全市年平均气温在13.5℃-16.1℃（市区）之间，与常年相比，花溪、白云正常，其余各地偏高0.6℃-0.9℃。

冬季（月至2月）平均气温全市在5.3℃-8.7℃之间；与常年同期相比较，全市气温除乌当、清镇偏高0.6℃，其余各地均正常。

春季（3月至5月）平均气温全市在13.3℃-16.6℃之间；与常年同期相比较，全市各地气温除云岩、南明、清镇偏高0.7℃，其余各地均正常。

花溪十里河滩

夏季（6月至8月）平均气温全市在21℃-23.4℃之间；与常年比较，除白云偏低0.6℃，乌当偏高0.6℃，其余各地均正常。

秋季（9月至11月）平均气温全市在13.9℃-16.5℃（市区）之间；与常年同期相比较，全市除云岩、南明、花溪、息烽气温偏高0.6℃，其余各地均正常。

12月平均气温云岩、南明偏高1.1℃，达到特高标准，清镇、修文、息烽和开阳偏高0.6℃-0.9℃，其余各地均正常。

降水量。全市年降水量时空分布不均，在73.4毫米（息烽县）-973.6毫米（花溪区）之间，与常年相比全市降水量偏少14%（花溪区）-33%（息烽县）。

【自然保护区】 青岩油杉保护区位于贵阳市花溪区青岩镇和黔陶乡，于2001年7月在花溪区青岩油杉保护点的基础上正式批准建成。现有地球上仅存的青岩油杉活立木9000余株。根据保护对象的空间分布特点，北京林业工程咨询公司和贵阳市青岩油杉自然保护区管理处编制了《贵阳市青岩油杉自然保护区总体规划》，将保护区面积调整为15.9397万亩。

人口与民族

【人口状况】据贵阳市2010年第六次全国人口普查主要数据显示，全市常住人口为4324561人，全市常住人口中，共有家庭户1359278户，家庭户人口为3986699人，平均每个家庭户的人口为2.93人；男性人口为2226730人，占51.49%，女性人口为2097831人，占48.51%，总人口性别比（以女性为100，男性对女性的比例）为106.14；0–14岁人口为742747人，占17.17%，15–65岁(不含65岁，下同)人口为3239483人，占74.91 %，65岁及以上人口为342331人，占7.92%。；汉族人口为3603040人，占83.32%，各少数民族人口为721521人，占16.68%。

全市常住人口中，具有大学（指大专以上）文化程度的人口为660054人，具有高中（含中专）文化程度人口598094人，具有初中文化程度人口为1430248人，具有小学文化程度人口1161722人（以上各种受教育程度的人包括各类学校的毕业生、肄业生和在校生）；居住在城镇的人口为2946323人，占68.13%，居住在乡村的人口为1378238人，占31.87%。

苗家飞歌

全市人口密度为每平方千米538人。其中南明区为3966人、云岩区为10233人、白云区为1019人、花溪区为402人、乌当区为427人、小河区为3933人、开阳县为177人、息烽县为205人、修文县为231人、清镇市为313人。

【民族】贵阳是一个以汉族为主的多民族聚居的城市，其中1000人以上的民族有汉、布依、苗、回、侗等14个民族。据贵阳市第五次人口普查机器汇总数据表明，全市汉族占总人口的84.57%，少数民族占总人口的15.43% 。全市少数民族以布依族、苗族为主体，其中，布依族占全市人口的4.92%；苗族占全市人口的6.08%；回族占全市人口的0.22%；侗族占全市人口的0.56%；彝族占全市人口的0.79%；壮族占全市人口的0.12%；满族占全市少数民族人口的0.15%；黎族占全市人口的0.05%；蒙古族占全市人口的0.08%；白族占全市人口的0.25%；土家族占全市人口的0.81%；水族占全市人口的0.09%；仡佬族占全市人口的0.42%；1000人以下的各占全市人口的0.10%；未识别民族占全市人口的0.79%。少数民族分布具有大散居、小聚居的特点。全市有18个民族乡，其中花溪区5个、乌当区2个、白云区2个、清镇市3个、开阳县3个、修文县1个、息烽县2个，少数民族大多集中在18个民族乡中，其余均为零星散居分布。

经济与社会发展

【概况】2010年，全市经济主要指标

保持较快增长。全年完成生产总值1121.82亿元，比上年增长14.3%。其中第一产业完成增加值57.10亿元，比上年增长8.0%；第二产业完成增加值456.95亿元，比上年增长15.1%；第三产业完成增加值607.76亿元，比上年增长14.3%。三次产业结构为5.1∶40.7∶54.2。社会消费品零售总额达484.78亿元，比上年增长19.6%。全年完成全社会固定资产投资1019.31亿元，比上年增长30.2%；实现财政总收入304.64亿元，比上年增长20.9%，其中地方财政收入136.3亿元，比上年增长29.4%。全年完成进出口总额22.75亿美元，比上年增加25.7%；实际直接利用外资13470万美元，比上年增长20.1%；引进内资实际到位资金453.76亿元，比上年增长23.1%。城市居民人均可支配收入16597元，比上年实际增长10.3%；农民人均纯收入5976元，比上年实际增长12.4%。工业保持平稳增长。全市规模以上工业企业完成增加值352.77亿元，比上年增长14.9%。非公有制工业发展势头强劲，全市规模以上非公有制工业企业全年完成增加值81.21亿元，全市规模以上工业企业产品产销率达95.56%；工业综合经济效益指数达195.4%。旅游业发展迅速，全年实现旅游总收入425.96亿元，比上年增长44.5%。农业生产和农村经济稳步增长。农业完成粮食总产量63.05万吨、油菜籽产量4.34万吨、烤烟产量2.36万吨、牛奶产量3.69万吨、肉类总产量13.90万吨；蔬菜总产量172.08万吨，比上年增长10.2%。固定资产投资保持较快增长。全年完成全社会固定资产投资1019.31亿元，比上年增长30.2%。其中基本建设投资完成423.52亿元，比上年增长26.6%；更新改造投资完成215.59亿元，比上年增长29.4%；房地产开发投资完成310.68亿元，比上年增长47.7%；社会事业协调发展。全市城乡统筹就业88388人，城镇登记失业率为3.21%。全市养老保险参保人数达89.80万人，年内扩大参保面9.4万人；失业保险参保人数达42.82万人，比上年增长12.0%；城镇职工医疗保险参保人数达102.12万人，扩大参保面11.8万人；全面实施城镇居民基本医疗保险，居民参保登记人数达62.92万人。开工建设廉租住房66.21万平方米；基本医疗保险参保人数102.12万人，比上年增长4.7%；农村合作医疗参合人数170万人，参合率97%。保持稳定的低生育水平，符合政策生育率为95.9%，人口自然增长率为5.4‰。

文化与传统习俗

【新堡布依族“三月三”歌会】 新堡布依族乡位于贵阳市北郊，距贵阳城区34公里，距乌当区政府所在地23公里。该乡居住着布依、汉、苗等民族，总面积为58.6平方公里，有7个行政村，是一个以布依族为主的山乡。“三月三”是布依族的传统节日，俗称“地蚕会”。这一天，人们不下地干活而在家中炒包谷花，然后三五成群地沿田边土坎边走边唱，同时把包谷花撒在土中，为的是“祭地蚕”，祈求天神保佑盼望五谷丰登。男女青年互相以对山歌、倾吐心曲，谈情说爱，相辉成趣。党的十一届三中全会以后，广大布依人走出了“日出而作，日落而息”

月月红

的枯燥生活，将民间的地蚕会发展为今天的布依“三月三”歌会。每到三月三这天，上至六七十岁的老人，下至十一二岁的小歌手争先登台唱歌。改革开放以来，集“刺梨花”布依歌大赛、布依民俗展示、布依篝火晚会和“三月三”焰火观赏、布依饮食文化体验、山歌对唱、民间文艺演出、旅游观光为一体。从过去简易的赛歌场，发展为现在的广场，集会群众上万人，观光的人员不仅来自省内外，同时还吸引了外国观光旅游者，歌会越来越红火，如今，新堡布依三月三歌会已经成为贵阳地区各民族的一个盛大艺术节日。首次举办时间1980年4月，截至2010年底已举办31届。

【三桥村圣泉“三月三”民族艺术节】三桥村是位于贵阳市云岩区西北出口要道城郊结合部的一个多民族聚居的村寨（有苗族、布依族、黎族、土家族、汉族等八个民族），每年农历“三月初三”村民们自发地聚集到下五里布依村寨圣泉边，以山歌对唱的形式表达丰收后的喜悦，青年男女借此机会，表情达意互叙衷肠，以定终身，因而得名“三月三”。下五里“圣泉”是因地壳运动而形成的天然奇观，有史书记载“泉水自山麓涌出，涨涨缩缩，连绵不断，昼夜不停，又驹百盈”，也称漏勺泉，发现于明代永乐年间，距今已有600多年的历史。1992年举办了首届民族艺术节至此每年一届，截至2010年底共举办了19届，从布依对歌、山歌对唱、发展到斗鸡、斗鸟、苗族跳场、文艺专场演出与村民自编自演文艺节目等。

【高坡地区的苗族“跳硐”】高坡是贵阳市地势最高的地区之一，它的南沿皇帝坡是乌江流域与珠江流域的分水岭。高坡民族自治乡既是贵阳市南部郊区—花溪区苗族最大的一个聚居区，也是贵阳市苗族最多的一个聚居区，人口约一万五千多。这支苗族不仅具有服饰上的特点，而且在古老的民风民

舞动的笙歌

俗上也保留着自己独特的习俗。高坡乡的杉坪、甲定、克里、五寨，在每年农历的正月初四、初六、初七和初八日，分别在四个地方举行一天的地区性苗族重大节日活动——跳硐。这一天，高坡地区苗族和与高坡毗邻的龙里县、惠水县交界地区的部分苗族群众都身着节日盛装，从四面八方赶来参加活动。男青年身着天蓝色长衫，头上包黑色长头巾，手中捧着五尺长的大芦笙，边走边吹，拥向传统的跳硐地点；女青年的装束五彩缤纷，几丈长的黑头巾一层又一层裹在头上，前额上方的头巾象小木船头一样高高翘起来。上衣袖是两接的一长一短的彩袖，背上是自己精工绣制的背牌，前腰间穿着长长的滚了红色布边的围腰，后腰以下的臀部上挂着全黑布壳质地的背腰。精美的银头饰、耳环、项圈和手饰，使这种打扮格外富于苗族特有的色彩。除了男女青年之外，其他的苗民在这一天都穿戴一新，他们汇集起来欢度自己的古老节日——跳硐。

【“六月六”布依族歌节】每年农历六月初六，在贵阳市乌当区偏坡乡都会举行少数民族的盛大节日——六月六布依歌节。当日，省内外地方的少数民族同胞们身着节日盛装，云集在风光秀美的偏坡乡，展示布依族民族特色、弘扬民族民间文化，山歌对

唱、民间体育、竞技、祭祖等活动。

【苗族芦笙会——跳场】 跳场(苗语：nuza ī)是苗族流行得最广的民族风俗活动之一，其流行地域之广，参与人数之多，是苗族其他节日集会的各种活动难以相比的。跳场有各种不同叫法，如跳厂、跳布、跳月、跳花场、芦笙会等等。苗族在春节中，跳场又是一个不同于汉民族和其他民族过春节的特殊形式。跳场，虽然大多数集中在农历正月上半个月，但也有延续至二月上旬举办的。贵阳地区的苗族跳场场址，主要分布在三个郊区，其中花溪区的有桐木岭、石板镇山、磊庄；乌当区的有东风石头寨、罗吏、高寨，以及白云区的都溪等。贵阳地区各处跳场情况与传说却大同小异。花溪区桐木岭在每年农历正月初八到十三(青苗跳前三天，花苗跳后两天，中间空一天)，乌当区东风乡石头寨在农历二月十四至十六跳场，白云区都溪跳场与东风乡石头寨时间相同。总之，贵阳地区苗族跳场是一个具有多种含义的重大庆祝活动，除了一般的祭祀、祈愿意义外，最显著的是它的社会交往和自娱性质。在花溪区石板乡镇山地方，还有一个具有苗族、布依族共同开办的花场，这里明显地表现了民族协作、团结友爱的内容。

【苗族传统节日“四月八”活动】 农历四月初八是贵阳苗族的传统节日，节日当天耸立在贵阳市区喷水池四周的建筑物和大街上各种彩球飞扬，悬挂着民族团结等大幅标语；喷水池周围绿叶成荫，街心花园百卉争妍，鲜艳夺目。贵阳市及临近惠水、龙里、平坝等地的苗族同胞身着节日盛装成群结队，从四面八方汇集到市中心的喷水池一带，小伙子们吹着芦笙、箫筒，跳起芦笙舞，姑娘们穿着节日盛装，佩戴着夺目的银项圈、银花等饰品，围绕着一支支芦笙和铜鼓发出的节奏，欢歌笑语，翩翩起舞，吹呀、跳呀、唱呀，尽情地吹、跳、唱到晚霞染天，苗族同胞三五成群，在街道两旁，在大树下，或倚桥栏，对歌，谈知心话，把“四月八”节日作为交朋结友、走亲访友、聚会的好时机。他们用歌声抒发心中的激情，用歌声赞美新生活，用歌声赞美改革开放，用歌声来增强民族团结。清脆婉转的笙声、歌声、欢声在宁静的夜空回荡，贵阳苗族同胞沉浸在欢乐的气氛中。贵阳苗族“四月八”活动始于解放前。从1983年起，贵阳市委、市政府决定在“四月八”前后，开展“民族团结周”活动，市民族局、市文化局等部门举办“民族团结周启动仪式”，举办民族文艺调演，召开座谈会，联欢会等各种形式的活动进行党的民族政策和民族团结的教育。因此，“四月八”又成了贵阳市各族人民共同的节日和群众文化品牌活动。

【新场小尧苗族花鼓舞】 “小尧花鼓舞”是流行在贵阳市乌当区新场乡小尧花苗族中的一种女子四人舞蹈。这种舞蹈因使用的道具和跳法而得名。它是由汉族的“打花鼓”和当地的“击鼓小唱”（击鼓唱小调）的形式逐步形成的舞蹈。“小尧花鼓舞”主要是在当地民俗活动“跳年”之中表演。每年农历正月初七，小尧苗族都要举行民族的“跳年”以贺新春。“小尧花鼓舞”主要来源于苗族名间祭祖活动。经过不断演变至今，现在主要是为丰富精神文化生活、庆祝重大活动为目的，在苗族的重大节日上表演，一般在农历“四月八”或是寨中重大活动上进行表演。“小尧花鼓舞”是苗族历史演变的传承的发展，承载着苗族同胞的历史文化信息和原始记忆，将成为苗族同胞民间文化传统得以保持和延续的重要因素。

【花溪区湖潮下坝歌会】 花溪区湖潮下坝歌会1992年创办，由乡政府主办、经费政府投入和社会集资。一年一度的下坝布依歌会吸引周边各县、市苗族、布依族同胞上万人参与，他们以独具特色的歌舞、芦笙、对歌等节目喜迎元宵佳节，热闹的对歌比赛将持续到夜幕降临。

公 园

【黔灵山公园】 位于市区西北角黔灵山麓，距市中心仅1.5公里，始建于1957年，占地面积426公顷，是国内少有的城区大型综合性公园，以古寺、明山、秀水、幽林为主要特色。园内的“九曲径”始建于清康熙二十七年（公元1688年），它有24道“之”字形弯道，共382级石阶，依山傍势，蜿蜒曲折。沿途树出石隙，浓荫障天；猕猴跳跃林间，百鸟欢鸣枝头。径旁摩崖石刻均为著名书法家手迹，如清代黄宗源的“第一山”，字体挺拔清秀，刚劲有力。其旁的“古佛洞”，中供苦行佛。明代著名旅行家徐霞客曾于1638年到此驻足游览。古佛洞旁石壁高达数丈，上刻有一高4.5米，宽3.8米的草体“虎”字，一气呵成，气势恢宏，笔走龙蛇，如此大的字，举国罕见。署名为岱山赵德昌，实为清代名书画家孙清彦代笔。稍前又有袁思 题刻的“赤松归隐”和“叠翠”。拾级而上，有“一泉”、“亭”二亭， 亭因亭后石壁有若干小孔，游人吹之，似螺号长鸣，声应山谷而得名。距“九曲径”百米处，建有一座野生猕猴观赏点。人们可在此观赏群猴的精彩表演。在城区内拥有如此规模的野生猕猴群，实为罕见。黔灵公园内的黔灵湖，湖面35公顷，像一颗晶莹的明珠镶嵌在群山环抱之中。荡舟碧水之上，令人怡然自得。湖西岸的烈士陵园，雄伟高峻的“解放贵州革命先烈永垂不朽”的纪念碑巍然屹立，松柏簇拥，广阔宏敞，气象肃穆。动物园内有黑头叶猴、丹顶鹤、东北虎、非洲狮等珍稀动物可供观赏。偶闻狮吼虎啸、狼嚎猿啼，给公园增添了不少野趣。麒麟洞，原名唐山洞，一名檀山洞，又名云岩洞，洞内一块巨石酷似麒麟，故俗称麒麟洞。洞旁曾建一庙宇，名“白衣庵”，迭经废坏，现已改筑精舍。洞口石壁，藤葛缭绕，有似织帘；阶前双桂，临秋扬芳，别有幽趣。抗日战争时期，著名爱国将领张学良、杨虎城曾先后被蒋介石囚禁于此，现已辟建为陈列室。

黔灵猴趣

公园内还有建于清康熙十一年（公元1672年）的弘福寺，该寺是贵州最大的佛教寺庙和全国重点开放寺观之一，属省级文物保护单位。弘福寺金碧辉煌的古建筑群掩映在绿树浓荫之中，共有三重殿宇：进山门第一重是天王殿，内有弥勒像及四大天王塑像；第二重是观音殿，内塑千手观音；第三重是正殿，内有释迦牟尼佛像及十八罗汉塑像。正殿后为藏经楼，还有玉佛殿、地藏殿、钟鼓楼、九龙壁等。偏殿辟罗汉堂，有五百罗汉塑像。寺院外有“月池”、“塔群”、“生生泉”、“月明池”、“亦云栖”亭等，与弘福寺浑然一体，错落有致。沿蜿蜒曲折的盘山公路乘车可直达寺前。

【花溪公园】 位于市南郊17公里处的花溪镇，始建于1936年，占地825亩，园区森林茂密，风光秀丽，景色迷人，融真山真水、田园景色、民族风情为一体，被誉为“高原明珠”，是贵州省著名的旅游风景名胜区。陈毅元帅1959年11月游此时曾有诗赞曰：“真山真水到处是，花溪布局更天然。十里

花溪秋色

河滩明如镜，几步花圃几农田。”花溪公园的景致，沿着花溪河，以麟、凤、龟、蛇四山为中心展开，亭、台、楼、阁以及牡丹、桂花、桃花、松柏四园和人工湖、睡莲池点缀其间。亭阁玲珑小巧，水中小屿蜿蜒，瀑布迭出，芦苇碧翠，花树婆娑，莺飞鱼跃。主峰麟山峭岩嶙峋，林木森森。沿曲径拾级而上，半山有天然石洞，名“飞云岫”。洞外有“飞云阁”依危崖而筑，红柱青瓦六角飞檐，气势宏伟。至麟山之巅，有“倚天亭”，临亭放眼环顾，公园全貌，尽收眼底。龟山状如寿龟，山下碧水东流。蛇山形如长蛇，曲折逶迤。其弯曲处有三个小岫，各建亭一座，中为“蛇山亭”，左为“柏亭”，右为“观瀑亭”。山上古柏参天，怪石交错。与之相邻的凤山，形如凤凰丽冠，山麓有“棋亭”又名“玉棋亭”。当年陈毅元帅在此观“战”时，留下诗句：“劝君让他先一着，后发制人棋最高。”花溪河水清澈碧绿，曲曲弯弯溯流而上，可以饱览河水的多种风貌：或恬然静卧，波平似镜；或瀑流飞湍，泼珠撒玉；或水面骤扩，豁然开朗。其上有坝上桥，桥西有“西舍”，早年叫“尚武俱乐部”；桥东有“东舍”，又名“花溪小憩”、“憩园别墅”。两舍均临水而建。周恩来总理与邓颖超曾下榻西舍并荡舟河面，董必武、陈毅、贺龙等老一辈无产阶级革命家也曾在此下榻。1944年春，著名作家巴金与萧珊女士辗转来花溪，8年相恋终在东舍梦圆。巴金小说《憩园》大部分写于此。公园树木繁茂，四季鲜花不断，苗圃中培育着近千种四季名花，及时充实园内各处的花圃、花坛。河边岩畔还有各种野花争奇斗艳。公园内楼台亭阁、曲桥花圃错落有致，公园旁田畴交织。花溪河两岸，民族村寨点缀于碧流树丛之间，炊烟袅袅，鸡犬声声，宁静悠然，宛如世外桃源。

【观山湖公园】 观山湖公园位于贵阳市金阳新区观山大桥南北两侧，属金阳新区的中心区域，占地面积4800亩，是一个集观赏游览、文化娱乐、康体健身、科普教育等综合功能为一体的原生态湿地公园。2010年12月31日，正式免费向市民开放。

观山湖公园距离贵阳市中心区仅12公里。其区域内的观山水库、金华湖、小河水库等构成的水域为公园核心范围，园区呈矩形，东西长1.87公里，南北长2.99公里。

观山湖公园的景观以现有的水体、山丘、林木、野生动物（白鹭）等构成，以湿地为特色，园内有丰富多彩的水体景观、高原湿地景致、野生鹭鸟观赏，包括自然山水风光、文化娱乐、休闲运动、科普教育及度假等游乐项目，是一座具备显著时代气息和丰富文化内涵的生态公园。

【南郊公园】 位于市南郊7公里处，是一个以溶洞景观为主、园林山水风光为辅的城市近郊型公园，建于1966年。园内有一钟乳石溶洞，洞长587米，蜿蜒曲折，洞内石壁、钟乳石呈乳白色，状如一条白龙，以此得名“白龙洞”。洞内，石钟欲坠，石幔若帘，石笋丛生，石柱挺立，石花怒放，拟人状物，惟妙惟肖，栩栩如生。“钟声幽谷鸣”、“银河飞瀑”、“水底峻岭”、“双玉盘”、“香罗帐”、“动物园”、“花果山”、“苗岭梯田”、“雄狮怒吼”、“蘑菇山”、“悬岩百花溪公园丈冰”、“大丰收”、“江边夜景”、“旭日东升”、“枯木逢春”、“破镜重圆”、“沙僧看马”等共计33处景点，错落点缀于洞内，整个溶洞犹如一条琳琅满目的立体画廊，又似一个奇异多姿的童话世界。洞中“百步桥”，由100个石磴连成，人行其上，如置身水晶宫殿。出洞则豁然开朗，百花争妍，漫步浓荫花丛，泛舟碧波清流，令人心旷神怡。

【河滨公园】 位于市中心区西南部，建于1942年，濒临南明河畔，占地255亩，依山傍水，环境幽雅，小巧别致，是闹市中一片难得的幽静天地。园内林木葱茏、花草繁茂，花坛鱼池与画廊舞厅错落有致，楼台亭榭及游乐设施掩映于绿树丛中。园内有楠园、竹屋、竹廊、竹亭，呈现闹中有静的山村野趣。园中的儿童游乐园是孩子们的欢乐世界。河岸上下，是游人品茗对弈、垂钓游泳、赏玩休憩的好去处。而游人对歌、遛鸟，则是河滨公园的独特风情。每日晨光熹微或夕阳西下之际，草坪旁，林荫道上，打拳、舞剑、散步者自得其乐。

【森林公园】 位于贵阳城区东南2.5公里处，辟建于1960年，是国内第一个城市森林公园。园内现有森林面积3900公顷，是国内目前面积最大的城市森林公园，有“筑城翡翠”之称。除了莽莽林海外， 园内还有秀水、奇石、溶洞、山谷、古迹等，以“险”、“幽”为其特色。园内峰峦叠翠，山石嶙峋。登山远望，苍山似海，恢宏巨丽。林中绿荫蔽日，凉风送爽。盛夏时节，园中气温比市区低1～2度，是纳凉消暑的好去处。密林深处有一人工湖，建有“鹿园”。众多梅花鹿放养林中，温驯活泼，惹人喜爱。盆景园中，陈列着大小盆景数百盆，玲珑典雅，造型奇特，耐人观赏。园内图云关，曾是中国红十字救护总队的中心基地。1938年，由波兰、奥地利、美国、

森林公园

捷克等9个国家组成的一支国际援华医疗队，自愿来到贵阳市图云关中国红十字救护总队，组织人员奔赴到抗日各战场，救护抗日爱国将士，为中国人民的抗日事业作出了巨大贡献，有的甚至献出了宝贵的生命。1943年，日军在广西使用细菌弹，英籍女医生高田宜（中国名）以自己身体作试验注射防疫针，不幸中毒牺牲，遗体安葬于图云关中国红十字救护队基地附近森林中。贵阳解放后，在市政府和海外侨胞、爱国人士的大办倡导和协助下，用乳白色的大理石建造了“国际援华医疗队纪念碑”和“英国女医生高田宜之墓碑”。纪念碑上刻有国际援华医疗队全体队员姓名、国籍；在高田宜墓碑后面，是一只用大理石精雕细琢而成的巨大和平鸽，象征人类需要和平、需要友爱。园内还建有“中山堂”，掩映于绿树丛中，庄严肃穆，游人到此，临景驻足，凭吊怀想，思绪万千。

【白云公园】 距贵阳城区16公里，建于1986年初，总面积600余亩，分前后两个部分，由十多处景点组成。园内有绿漪湖，为人工开掘筑堤而成。湖中有一小岛，称“桂屿”，岛上建有一阁，取名

“桂阁”。四周植桂树多种，金秋时节，桂放开放，芳香四溢。以绿漪湖为中心，面山临水建有楼、台、亭、棚、石桥、石堤及长廊等仿古建筑，具有浓郁的传统风格和民族特色。其中，“倚云楼”为园中一大景观。这所仿古高楼红柱碧瓦，飞檐斗角，既是憩息之所，又可接触文化艺术氛围，其展厅里常展出文物、历代古钱币和书画作品等。烈士陵园是整个公园的最高点，由烈士纪念碑、烈士墓台、群众纪念场组成。碑正面镌刻有“革命烈士永垂不朽”八个大字，背面为碑记，顶部塑有一组表现革命先烈不屈不挠、英勇斗争的群雕。公园还修建有儿童乐园、骑士宫、迷宫和水嬉园等游乐场所。

景区景点

【天河潭】位于市西南郊22公里处，是近年开发的风景游览区，兼具黄果树瀑布之雄、龙宫之奇与花溪之秀，集飞瀑、清泉、深潭、奇石、怪洞与天生石桥于一身，浑然天成；农舍水车，小桥流水，野趣盎然，清幽宜人。天河潭主要分为洞内、洞外两部分。至景区，一弯天生石桥雄跨于壁立的两山之间，气势恢宏。过桥洞，河水似自天而降，涛声轰鸣，飞珠溅玉，形成一泓深潭，以此得名“天河潭”。潭中景致令人赏心悦目。潭旁有水洞，洞内宽大深邃，被誉为“贵阳龙宫”。乘小船漫游洞中，风光旖旎，各种钟乳石千姿百态。水洞旁还有旱洞，洞内盘旋曲折，信步其中，沿途奇景令人目不暇接。出洞则一派山野风光，穿瀑布、钻弯洞、过小桥、看水车、访农家，观赏苗家姑娘亲手织成的精美刺绣；或去参观离潭不远的石砌圆形屯堡，探访古代战争中的防御工事，可以引发您的怀古遐思。

【百花湖】位于市西北郊22公里处，于1985年开发为旅游风景区，现属省级风景名胜区。湖水面积13. 5平方公里，比杭州西湖要大一半，比北京十三陵水库大3倍。以风光旖旎、环境幽雅、峰奇碧水著称。湖区内鲜花簇簇、芳香扑鼻，楼宇亭台、茶室宾馆掩映于树荫花丛中。放眼眺望，远山清淡，近水碧澄。湖中有大小岛屿100多个，形态各异，错落有致。船至鸟岛，可见鸳鸯、河鸥、野鸭、鹭鸶及许多不知名的小鸟栖息其间。叽叽啾啾，或嬉戏水中，或上下翻飞。“月亮湾”湖汊深幽，重岩叠嶂。“小三峡”峡谷幽邃，峰奇水美，再现三峡风光。湖畔村落隐现，有古洞残庙，断垣颓壁，古城遗址依稀可寻。松林坡上绿树浓荫，山道弯弯，游人在此可弈棋品茗，观湖听涛，自得其乐。

【红枫湖】属国家级风景名胜区，位于贵阳以西32公里，景区面积240平方公里，水域面积57. 2平方公里。景区集山、水、洞、林和民族风情于一体。湖面辽阔，湖水清澈，湖汊蜿蜒，190多个大小岛屿及半岛散布其间，形成山外有山、水外有水、湖中有岛、岛中有湖的奇异景观。红枫湖分为北湖、南湖、后湖三大景区，形成多层次山外青山湖外湖的绮丽风光。北湖水面宽阔，烟

红枫湖

波浩淼，大小十多个岛屿如珍珠翡翠镶嵌在玉盘之上。南湖景点有花鱼洞和将军湾，其中“小三峡”、“小石林”、将军洞、天生桥等景观巧夺天工，美不胜收。后湖湖面幽深宁静，水色湛蓝，空气清爽，雀鸟争鸣。风景区内建有苗寨、侗寨和布依寨等景观、景点，有浓郁的民族风情。苗寨的吊脚楼、侗家的鼓楼及风雨桥、布依族的石板房错落有致，别具特色。在此可观赏“上刀山”、“下火海”等令人叹为观止的民族文体节目表演，领略敬酒歌、拦路酒等独特的民族风情。

【息烽温泉】 位于息烽县城东北40公里处，有7处热气腾腾的涌泉眼，一昼夜有1000多吨天然热水涌出。水温达53℃～56℃，水质优良，富含氡、钙、镁、钠等10余种元素，可饮可浴，能治疗多种疾病。现已在此建有疗养院、医院和别墅，是旅游度假、休闲疗养的理想之地。

【香火岩峡谷】 总面积35平方公里，位于开阳县境内，距贵阳60公里。景区内峰峦叠嶂，怪石峥嵘，飞瀑流泉，蔚为壮观。峡谷由三段明谷和两段暗谷组成，分光明河、营河、香火岩瀑布群、香火岩等7个景区，其中香火岩瀑布群独领风骚。瀑布共分五级，最高级为15米，宽30米，级级相连，总落差60余米。俯瞰瀑布，飞珠捣玉，紫烟升腾，雷声贯耳；仰观瀑布，银河天降，雨雾飞虹。

【六广河大峡谷】 位于修文县与黔西县交界处，为乌江过境河谷，距贵阳仅80余公里，新建的贵毕高等级公路从旁而过。最佳游程为20余公里，宽阔处烟波浩淼，狭窄处仅一线天。其间峰谷陡峭，悬瀑飞泻，古树苍翠，猴群出没，白鹭翔集。白马峡、猴愁峡、海马峡、飞龙峡、赤壁峡、象鼻峡、剑劈峡等四十个景观，融山、水、洞、瀑为一体，各具风姿，兼有长江三峡之雄奇、漓江山水之秀丽。悬崖峭壁下的苗族、布依族村寨背山临水，多姿多彩，犹如世外桃源。六广古渡的王阳明行游之处，和千仞绝壁之上已有四百多年香火的佛洞山寺都显示出深厚的文化底蕴。

【香纸沟】 位于贵阳市东北41公里处，由7个景区组成，面积约为16平方公里。香纸沟以高原峡谷风光为其特点，风景优美，气候宜人，空气清新。悬泉、飞瀑、别墅、奇峰、怪石、清溪、人工栈道以及峡谷两侧茂密的原始森林构成了香纸沟秀丽的自然风光。更为神奇的是，香纸沟至今还保留着古法造纸术，用于制造香纸，“香纸沟”因此得名。悬空而架的水渠、徐徐转动的水车、往复滚动的碾车、古老的造纸作坊都把游人带入那遥远的过去。而浓郁的布依风情、古朴奇特的杜寨簸箕画令游客留连忘返。

【南江大峡谷】 位于开阳县南江乡东北部的南江河及其支流上，距贵阳市54公里。景区内生态环境良好，风景资源十分丰

南江大峡谷

富。以发育典型、气势宏大的峡谷风光和类型多样、姿态万千的瀑布群落为特色，集山、水、林、崖、洞、桥、泉、瀑为一峡，纳奇、险、雄、秀、幽、野为一体，风光旖旎，景象万千。景区内还有珍稀动植物及富有特色的布依族、苗族村寨。

【情人谷】 位于乌当区鱼梁河下游的阿里杨梅园旅游区中心地段，离贵阳市城区9公里。全长约2公里，两岸岩壁如削，古树倒悬，藤蔓纠葛，河谷中水流急湍，礁石砥流，涌泉鼓突，水质清澈。谷岸山体中有车郎宫、花鱼洞、通天洞、和尚洞、蝴蝶洞、神仙洞，及鬼斧神工的天梯，还有骗牛石等景点。河岸边还有一片如地毯一般的青草坪，是恋人情侣悠闲漫步、野炊露营的好去处。

【渔洞峡】 位于贵阳市东北城郊，距市中心15公里，与国家级贵阳高新技术产业开发区相连，交通便捷。景区面积约6平方公里，这是一个多姿多彩的风景名胜区：有令人神往的渔洞地下河、月亮洞等岩溶洞穴；有使人陶醉、蔚为壮观的渔洞河峡谷和渔梁河峡谷；有“其山群叠、其水曲绕”的来仙阁及多座佛教寺庙等，是集河流峡谷、山川洞石为一体的风景名胜区。来仙阁始建时名“水月小亭”、“水月招提”，至今已有400多年的历史。其间经风雨侵蚀，逐渐倾圮。清嘉庆十五年（公元1810年）重建，变亭为阁。因阁凌空高耸，四面环水，云霭缥缈，松翠鹤鸣，似有仙人来临，故名“来仙阁”。阁为木质结构建筑，高24米，占地70平方米，为六面六角三重檐攒尖顶阁楼。由下往上逐层收缩，各层翼角翘耸，十八只翼角顶端饰有龙头鱼尾祥物，下坠铜铃木鱼，微风轻拂，丁冬作响，悦耳动听。阁分三层，上层旧祀奎宿，中层祀文昌，下层供观音。

【镇山村】 是一个以布依族为主体的民族村寨，为“贵州省民族文化保护村”之一。位于花溪水库旁，村寨三面环水，背靠万树摇曳的青山。全村数百间大小石头房屋依山而建，层层叠叠，错落别致，爬上山之巅，俯瞰全村，只见绿树掩石屋，湖水映山村，一时恍如村寨飘湖面，人游图画中。镇山民居建筑的一大特点是依山而建，因地就势，就地取材，变石为宝。从古至今，镇山祖祖代代的能工巧匠们筑成一座石头之城，只要人们踏上这座石头城，恍如进入了一座中世纪的石砌古堡。古屯堡的“城墙”由规整的石墩构筑而成，城门是巨型条石拱制成型，屋顶用畸形石板取代青瓦，房屋墙壁均用方形石板镶嵌，以石代木。院坝及小巷均以石板铺设，村民们装水的水缸、装谷的干缸、马槽、猪槽等用具全是石头凿成，就连寨门口的山神庙，庙中的土地爷都用石头雕成，好似进入一座石雕的大展厅。镇山的布依族和苗族有着丰富多彩的民族传统文化艺术，至今保存比较完整，如苗族的“四月八”、布依族的“六月六歌会”等等，都是民族民间文化艺术的精华。

【贵阳高尔夫度假中心】 贵阳高尔夫度假中心坐落在贵阳市近郊的扎佐镇，紧邻贵遵高速公路，环境幽深宁静，地势平缓起伏，林木茂盛，湖水清澈，空气清新，自然风光秀丽迷人，毗邻著名的阳明洞，为全国唯一的高原森林高尔夫球场。度假中心拥有贵州省唯一的18洞72杆国际标准高尔夫球场两座，备有完善的配套设施，提供优质高档的服务。

文物古迹

【息烽集中营旧址】 息烽集中营是国民党军统局在贵州设立的一所特别监狱、秘密监狱。因其址在息烽县城南6公里处的阳朗坝猫洞（今息烽县永靖镇猫洞村），又称阳朗集中营或猫洞集中营，与重庆望龙门看守所、渣滓洞监狱统称为国民党军统的三大集中营。其中息烽集中营规模最大。息烽集中营于1937年建立，1946年7月撤销。先后关押过罗世文、车耀先、许晓轩、杨虎城、黄显声、宋绮云、张露萍、韩子栋（著名长篇小说《红岩》中华子良的原型）、马寅初等中共党员、进步人士1200余人，其中被秘密杀害和折磨致死的有600多人。位于息烽县城北面约8公里的玄天洞，曾是明清时闻名遐迩的道教圣地，因关押著名爱国将领杨虎城达8年之久，成为息烽集中营的重要组成部分。1982年息烽集中营旧址被列为贵州省重点文物保护单位，1988年被列为全国重点文物保护单位，1996年又被中共贵州省委、省政府命名为全省第一批爱国主义教育基地。1997年初息烽集中营革命历史纪念馆成立。同年5月，中共贵阳市委、市政府又将息烽集中营革命历史纪念馆命名为贵阳市爱国主义教育基地。李鹏、杨汝岱等党和国家领导人曾先后前来参观，并留影题词。2008年4月被中宣部、财政部、文化部、国家文物局列为首批重点扶持、免费开放的博物馆、纪念馆。

【中共贵州省工委旧址】中国共产党贵州省工作委员会旧址（以下简称省工委），在贵阳市文笔街9号（后门为忠烈街8号）高公馆花园内。高公馆大门对面为贵阳女中（现二中）右边围墙，左邻邬家巷，右下为文明路，为清代乾隆以来高姓聚居的住宅。四进四院，有天井十余个，房屋数十间。花园名怡园，有后门通忠烈街。1934年省工委成立，次年1月经中共中央批准林青任书记，邓止戈、秦天真为委员。高家青年高言志参加革命活动，为掩护革命工作和便于与同志们联络，他提供高家花园中“怡怡楼”和“楼外楼”两处房屋，作同志秘密居住和工作会议之地。1934年9月，林青、秦天真等在此进行秘密集会，部署工作。1937年6月，“全国学联”杨蕴青由北平到贵阳，省工委在楼外楼召开积极分子会议，参加者20余人，为贵州省学生救国联合会的成立奠下基础。1938年2月19日，国民党特务逮捕“学联”领导骨干，当晚李策在楼外楼召开各校中共支部负责人会议，商讨对策和营救办法。同年，由谢凡生等负责联络60多人参加的“贵阳社会科学座谈会”，也在此召开大会。楼外楼是当时一些党员入党宣誓的地方。怡怡楼是高家藏书楼，省工委的文件、书刊均秘密存放于藏书之中，刻印文件及宣传品等工作也在此进行。秦天真曾秘密居住楼上。高家花园是省级重点文物保护单位。

【达德学校旧址】位于市区中华南路忠烈宫内的达德学校创于清光绪三十年（公元1904年），初名民立小学堂，次年更名达德小学堂。民国元年（公元1912年）更名为达德学校。民国9年（公元1920年）增办中学，后又增办女中。为贵州著名私立学校之一。创办人有黄于夫、凌秋鹗、贾一民等人。辛亥武昌起义不久，贵州革命自治学社在贵阳发动武装起义，该校积极响应。达德学校历史悠久。革命先烈王若飞即该校毕业生，后来曾在该校担任教师。民国16年（公元1927年）8月，贵州省主席周西成以“结党营私，图谋不轨”罪名解散达德学校，改组为省立第二小学。民国18年（公元1929年）8月4日该校恢复旧名，定8月4日为复校纪念日。民国20年（公元1931年）“九·一八”事变，贵阳教育界成立“抗日救国会”，会址设于该校。抗战期间筑光音乐会（共产党领导的文艺团体）在此设立达德支队，创办地下刊物《新生》，宣传党的抗日主张。八路军驻贵阳交通站一度曾借该校作办公地点。1950年，达德学校与私立正谊、南明中学合并，改为贵阳市第二中学。1956年，南明区政府在原址另建立科学路小学。达德学校为省级文物保护单位。忠列宫又名忠烈庙，俗称黑神庙，始建于元代，祀南霁云。明景泰《寰宇通志》云：“忠烈祠在宣慰司南，元时建，祀唐忠臣南霁云。国朝洪武十七年重

建。”《贵阳府志》云：“正统时，贵州按察使王宪请于朝，始列秩祀，赐庙额曰‘忠烈’”。正德元年（公元1506年）重修。清康熙十二年（公元1 6 7 3年），暴雨连绵数日，中梁毁损，是年复建。以后，乾隆十四年（公元1749年）及三十八年（公元1773年）皆重修。道光十八年（公元1838年），增建客房，改建大门。光绪二十七年（公元1901年），私立达德学校成立，借忠烈宫部分房屋为校舍。民国25年（公元1936年），忠烈宫大门（连戏台为一个整体建筑），改建为半西式建筑，整个忠烈宫古建筑形式受到破坏。这半西式的楼房，是贵山民众图书馆馆址所在。忠烈宫大殿建于康熙年间，结构庄严高大，为现今市区内为数不多的古建筑。忠烈宫第二进大殿（达德学校礼堂）前面右壁，有清代管理忠烈宫房屋的组织“盔袍会”某次购置房地产的记事石刻，今存。忠烈宫为市级文物保护单位。

【甲秀楼】贵阳城南南明河中流有石矶突起，名鳌矶。明万历二十六年（公元1598年），贵州巡抚江东之、巡按应朝卿于此石筑堤，拦截水势；并在鳌矶石上建楼，命名“甲秀”，取“科甲挺秀”之意。天启元年（公元1621年），楼毁于兵燹，后总督朱燮元重修，更名“来凤阁”。清康熙二十八年（公元1689年），巡抚田雯重建，恢复甲秀楼旧名。清雍正十年（公元1732年），巡按张广泗、布政使常安增修。乾隆四十一年（公元1776年），巡抚裴宗锡重修，并题楼额，又在浮玉桥上增建涵碧亭。光绪初，布政使林肇元重修，并题楼额。宣统元年（公元1909年），楼毁于火，巡抚庞鸿书重修，湘人谢伦书楼额，现为贵阳市标志性建筑。甲秀楼为三层三檐四角攒尖顶阁楼，高约20米，飞甍翘角，石柱托檐，屹立河中。浮玉桥如白玉卧波，穿过楼下，贯通两岸。桥上有涵碧亭，桥下有涵碧潭、水月台，登楼远眺，远山含翠，近水涌绿，令人心旷神怡。

甲秀楼夜景

入夜，华灯齐放，楼、桥、亭、台，火树银花，恍若仙境。过浮玉桥抵南岸的翠微园，该园原名“南庵”，始建于明宣武年间，距今已560多年。南庵曾多次更名，先后称水月寺、圣寿寺、忠烈祠、武侯祠。明永历九年（清顺治十二年，公元1655年），迁武侯祠于南明河北岸，改祠为观音寺，1956年改为甲秀小学。1990年贵阳市人民政府拨款修复，更名为“翠微园”。翠微园前临南明河，后枕小山，老树交阴，风景清幽，向为贵阳游览胜地。旧志称其“琳宫璀璨，云木萧疏，山光水色，晴雨皆宜，诚为南郊胜景”。题咏的诗文楹联颇多，以阮元（芸台）七律及汪炳璈联语最著名。甲秀楼景区均为省、市文物保护单位，2006年6月国务院列为第六批全国重点文物保护单位。

【文昌阁】 位于市区东门月城内。据万历《贵州通志》载，阁建于万历二十四年（公元1596年）。该志卷首绘有贵阳城垣图，文昌阁屹立东门月城之上，为三层结构，清晰可见。清代，文昌阁屡次重建和维修。民国年间失修，常为驻兵之所，机关亦任意占用，且一度为囚禁进步人士之所。文昌阁以结构奇异著名。阁系文昌宫寺院的主体建筑，坐东面西，后倚城墙。东门在贵阳各城门中地势最高，阁又高踞于东门之上，有高屋建瓴之势。阁高约20米，通面阔11.47米，进深11.58米，为三层三檐不等边九角攒尖顶结构。底层正方，四角翘檐，二层和三层均九角翘檐，九面开窗，其上覆以宝顶。九角作图的原理是将圆周先分四等分，再将正面（向西一面）一条弧三等分，构成三角；其余三条弧均二等分，构成六角；合起来，便成为一不等边的九角形。在整个结构上，底层的金柱通到第二层作该层檐柱，另在底层横梁上立金柱通到第三层作该层的檐柱。第三层顶部空悬着的雷公柱，则由九根角梁拱撑着；在二层的横梁上另立金柱和檐柱作为支点，承托着宝顶。如此枋梁承挑，逐层收缩，既分散了承重支点，增强了阁楼的稳固性，又扩大了楼面空间及其使用面积。除底层为四边形外，二、三层各处结构，都按三、九的数目或其倍数设计，如屋顶为九角，梁为八十一根，柱为五十四根，二、三层的楞木各为九根。这种造型的阁楼为国内仅存。1983年，贵阳市人民政府决定维修文昌阁，历时3年多，全部竣工。1988年正式对外开放。文昌阁为全国、省、市文物保护单位。

【扶风山风景区】 扶风山，亦名芙峰山，俗称螺狮山，因山石为螺旋状得名。位于城区东面，东山之南，相宝山之北。松柏常青，古桂飘香；亭台楼阁，错落有致，自然景物与人文景观互相映衬，完美和谐，宛如城东绿色屏风。扶风山上有王阳明先生祠、尹道真祠、扶风寺，组成“两祠一寺”的扶风山名胜古迹景区，被誉为横绝大清一代的经学家、诗人郑珍赞曰：“芙峰山，在城东，插天一朵青芙蓉。上下蜂房著芙足，春来车马如游龙”。王阳明先生祠（简称阳明祠），始建于清嘉庆十九年（公元1814年），为祀明代著名学者王守仁之专祠，全国、省、市级文物保护单位。扶风寺，又称扶风山寺，在阳明祠之左，尹道真祠之右，始建于清乾隆二十年（公元1755年）。寺内游廊四通，饶有园林韵味。凭栏远眺，则“三面之山，青接眉睫，城中烟树万家，历历可数”。清代扶风寺刻书颇为有名，《文史通义》（章学诚著）扶风寺刻本为海内藏书家所重。寺内松巅阁分为两层：底层现用作茶室，供游人品茗休息；上层则辟为书画室，兼供书画家挥毫留墨。其东南面紧靠阳明祠之享堂的为关文昌阁圣殿，今更名为“阳明书院”。院内陈列有贵州傩面具和原贵阳古建筑木雕部件。其余的建筑物，诸如原来的青椒阁、观音殿和过廊等，今已分别更名为“画廊”、“琴室”、“棋院”与“印社”。在这组长方形的整体建筑物中段，还有一株生长200多年的银杏树，树坎下则是一坪宽敞的绿草和时花。漫步在坪地石铺的曲径上，自有“欣然随履齿，不惜破痕台”的乐趣。尹道真祠，一名尹公祠，与扶风寺的琴室毗邻，与阳明祠隔寺相望，是为纪念东汉学者尹道真先生而建的。尹道真名珍，字道真，东汉时牂牁郡毋敛县人（今贵州独山县境），是贵州从事教育的先驱者之一。早年求学于中原，拜著名学者许慎为师，学识广博，历任尚书承郎、荆州刺史等职。尹珍成名后，不忘家乡，讲学故里，受教益之人颇多，对促进中原与西南边陲地区的文化交流与普及作出了较大贡献。尹道真祠建于民国5年（公元1916年），由享堂、游廊、厢室、戏楼形成两级一整体的四合院。原享堂内设有尹道真牌位，正中悬挂清乾隆五十八年（公元1793年）贵州学政洪亮吉所题“德兼教养”的横匾。入口为月宫式门，上嵌石刻“尹道真先生祠”系清代康有为所书。

【修文阳明洞景区】 为中外驰名的王学圣地，是明代哲学家、教育家王阳明先生读书悟道和讲学之所，主要有阳明洞、何陋轩、君子亭、王文成公祠等景点。阳明洞，位于修文县城东北1公里的龙冈山腰。原名

"东洞"，王阳明先生移居其间后，更名为"阳明小洞天"，世称阳明洞。前后三通，洞中有洞，可容百人以上。主洞口刻有明代贵州宣慰使安国亨书"阳明先生遗爱处"七字，洞内有明、清、民国各代仕宦及名人瞻仰所书摩崖40多幅。洞口外有两株参天柏树，系阳明先生手植。何陋轩，是当时的苗、彝民众见阳明洞内阴湿，遂在洞右边构筑的一间木屋，供阳明先生居住。阳明弟子敬仰先生之德，特在轩内四壁嵌刻有清代贵州布政使罗绕典、黔抚乔用迁等书录的阳明先生文章。君子亭，由当时民众自发在龙冈山顶筑建。阳明先生爱竹，认为竹有君子之德、操、时、容，故取名君子亭。重修后的君子亭，独具逸秀。亭侧立有阳明先生《君子亭记》石碑。王文成公祠，位于龙冈山顶，系阳明先生创办龙冈书院故址。祠与正殿、右厢、元气亭组成四合院。祠门上嵌"三载栖迟，洞古山深含至乐；一宵觉悟，文经武纬是全才"等对联二副。祠内嵌有阳明先生《龙冈漫兴》等诗碑。正殿供奉王阳明先生铜像。右厢一楼一底三通间，曾幽禁民族英雄张学良将军两年有余。全国、省文物保护单位，全国爱国主义教育基地。

【桐埜书屋】 位于花溪区黔陶乡骑龙村，系周起渭在家时读书处。始建于康熙初年，原为穿斗式悬山顶建筑，坐南朝北，面阔三间，进深二丈一尺。后，旧书屋损，仅剩几块基石。1992年贵阳市及花溪区为纪念周渔璜这位清代著名的学者和诗人，拨款在原址附近重修了桐埜书屋。书屋由三开间二重檐悬山顶正房，三开间穿斗式悬山顶右厢房、石铺庭院、影壁、悬山式朝门、六角攒尖顶草亭、荷花池等七个部分组成。门窗做工精湛，鸟兽花木，无不雕刻得栩栩如生。整个建筑占地300平方米左右，既富有气势又小巧典雅。二重檐的正房二楼屋檐下，悬挂着由贵州书法家戴明贤题写的"桐埜书屋"匾额。一楼的堂屋正中，陈列着周渔璜及其夫人的朝服画像。此外，还陈设着多件仿古家具。二楼为展室，展品分两类：一类是周渔璜的后裔冉启珍捐赠的周渔璜的遗物（复制品）。有康熙皇帝赐给周渔璜及其亲属的诰封、周渔璜的亲笔家书、手稿及诗集等等，部分属国家级文物。一类则是当代贵州书画名家为纪念周渔璜和祝贺桐埜书屋重修所作书画。正房后林边，一股清泉终日流淌，从一石雕龙头口中吐出，丁冬作响。泉水甘洌，即有名的"慧泉"。

【青岩古镇】 贵州省著名的历史文化名镇，形成于明洪武年间（公元1368年-1398年），历明清两代，迄今600余年。历史悠久，人文荟萃，文化氛围极为浓郁。是建设部、国家文物局公布的历史文化名镇。青岩古镇位于贵阳市花溪区南郊，距贵阳市区29公里。因附近多青色岩峰而得名，古为屯田驻兵之地。明清之际商贾云集，寺庙林立，香烟缭绕，盛极一时。旧城四周有城墙，皆用巨石构筑于悬崖之上，依山就势，巍峨险要，颇富山寨城堡特色。有东、西、南、北四座城门，现存有建于清代的城南定广门。四门内外原有8座石牌坊，现存3座，皆为白棉石建造四柱三开间牌楼，上有楹联、浮雕，工艺精湛，栩栩如生。青岩古镇方圆3平方公里范围内，祠宇林立，规模宏伟，建有

古镇月色

9寺、8庙、5阁、2祠、1院、1宫，近30座庙宇祠堂。保存较完整的有迎祥寺、慈云寺、川祖庙、万寿宫、云龙阁、青岩书院等。这批古建筑布局合理，气势雄伟，雕梁画栋，重檐飞角，建筑工艺精妙绝伦，令人叹为观止。青岩古镇的民居特色十分引人注目，古色古香的商业街及大街小巷的青瓦木屋，保留了浓郁的南方古民居风韵。镇内石砌的围墙、路面、柜台、庭院及石碓、石磨、石碾、石缸随处可见，极富地方风貌，因此，青岩古镇又被誉为青岩石头城。明清以来，青岩历史上出了几个著名人物。周渔璜（公元1665年-1714年）是贵州清代康熙年间著名诗人，官至翰林院编修，曾参与撰修《康熙字典》和《贵州通志》，并著有《桐埜诗抄》，对中国文化作出过杰出贡献。清康熙年间举人周钟瑄（公元1671年-1763年）曾任台湾诸罗知县，著有《诸罗县志》。清末状元赵以炯（公元1857年-1907年）以“状元及第而夺魁天下”，轰动华夏。现已恢复“赵以炯状元府第”供人游览。平刚先生是贵州辛亥革命的先驱，曾东渡日本留学，任孙中山先生中华民国临时政府秘书长。现存平刚先生故居。镇内还有众多历史文化遗址和自然风物景观：现存1935年4月中国工农红军长征作战指挥所；抗日战争时期周恩来、邓颖超同志父母曾居地；清咸丰十一年（公元1861年）震惊全国的青岩教案遗址。有占地200余亩，相传为云龙阁和尚所植的国内珍稀保护植物青岩油杉林以及全国著名古生物化石山—云上坡。青岩的民间文化活动丰富多彩。每年正月间的舞龙、跳花灯，吸引着成千上万的男女老幼前来观赏。青岩土特产颇具魅力，刺梨糯米酒、双花醋、玫瑰糖、豆腐果、水盐菜、苦丁茶等遐迩闻名，深受人们喜爱。

【马头寨】位于贵州省贵阳市开阳县禾丰布依族苗族乡马头村，地处山清水秀的清龙河畔，始建于宋代，先名杨黄寨，因为是明代水东十二马头（布依族集聚区管理单位）之一而得名马头寨。

水东宋氏是古代贵州四大土司之一，因为唐宋元明时期（620—1630）统治贵州水东地区（今鸭池河以东贵阳市及黔南州龙里县、贵定县和惠水县等地）而得名，原籍真定（今河北正定县），隋代入黔后统治黔中地区达千余年，与布依族、苗族等少数民族和谐相处、相互交融，形成了独具贵州民族地域特征的布依文化和汉文化、苗文化等水乳交融的水东文化，为贵州经济、社会和文化发展作出了重要贡献。

马头寨是千年水东文化的典型代表。元初于1283年设置底窝紫江等处（五品下州）于杨黄寨并新建底窝紫江总管府。明初，宋钦任贵州宣慰使（从三品）亲辖水东十二马头，其旁支宋德茂受任为底窝马头（从五品），在杨黄寨重建马头衙门，杨黄寨因此改名马头寨并一直沿用至今；1631年水东土司叛明被剿灭后，明朝以水东宋氏土司辖地改土归流设置开州（今开阳县）。马头寨是贵州水东十二马头中现存历史最悠久、古建筑最多、水东文化最丰富的民族村寨。

马头寨现存9 0多栋古民居和寺庙，主体是汉族砖木结构悬山青瓦顶四合院或三合院，细部装修却体现了布依文化元素，布依先民因为种水稻为生而被称为“种家”，他们把万字格称为水车花、螃蟹花，表现出古老的水文化传统。同时马头寨每年都要举办“六月六”布依歌节，布依大戏、歌舞和苗族芦笙舞及汉族阳戏、地戏、花灯等同台表演，布依、苗族和汉族等各族人民上万人定时汇聚马头寨，堪称黔中各族人民大团结的盛会。

马头寨是贵州唯一仅存的宋元土司官寨。贵阳唐代叫矩州，南宋时因为水东宋永高任贵州经略安抚使而改名贵州，明代由于位于贵山之阳而得名贵阳，已有1300多年历史。马头寨始建于宋代，是贵阳地区唯一仅存的宋元文化遗存。1301年，水东雍真葛蛮

（今开阳西）土司宋隆济起兵抗元时攻入贵州（贵阳）城，杀死知州张怀德，同时底窝紫江4000多布依族等各族人民起义响应围攻杨黄寨，攻毁总管府并缴获1288年八思巴文“雍真等处蛮夷管民官印”（现藏于黔西县文管所），贵州和杨黄寨因此首次被载入正史《元史》。马头寨700多年历史连绵不断，是贵阳现存最古老的民族村寨，在西南边陲贵州实属罕见。

马头寨是红军长征过贵阳的历史见证。1935年4月，红军在遵义会议和四渡赤水后突然南渡乌江进入贵阳境，实施“调出滇军，西进云南”的重大战略部署，4月3—5日，红一、三军团先后经过开阳底窝（禾丰）并住在马头寨等布依八寨，留下了许多红军标语，现马头寨民居墙壁上仍保存有红军标语20多条。

马头寨现存明清民居、寺庙等古建筑97栋，多为悬山青瓦顶木构或砖木结构四合院、三合院，门窗多饰精致木雕，右厢前部多建有腰门，具有典型的布依族文化和汉文化融合特点，2006年5月经国务院批准公布为第六批全国重点文物保护单位。

【《新华日报》贵阳分销处旧址】位于贵阳市富水西路12号（原慈善巷8号），是中共贵州省工委领导下负责党报发行的组织。1982年2月23日经贵州省人民政府公布为第一批省级文物保护单位。

《新华日报》贵阳分销处成立于民国27年（1938年）9、10月间，是租赁黎姓居民的房屋一间作为办公室用。这是一栋普通的木结构老式平房，跨进大门，是一个大约30平方的石板天井，坐东向西的是长三间有小楼的正房，对厅也同样是长三间的木结构瓦房。在这个机构建立以前，党中央为了宣传抗日，传播马列主义，在一些国民党统治的中、小城市相继建立了生活书店、新知书店的分店，这些书店出售革命书刊的同时，也零售重庆出版的《新华日报》。当时设在贵阳马家巷的《大公报》社，也出售少量的《新华日报》，由于读者踊跃，门市上往往供不应求，兼之有些心怀叵测的人借抢购的手段来达到没收的目的，使得一些地下党员和进步人士无法获得党报。民国27年（1938年）4月秦天真和邓止戈由延安回贵阳主持中共贵州省工委的工作，在生活书店工作的党支部书记熊蕴竹向他们汇报了以上情况，省工委作出了在贵阳设立《新华日报》贵阳分销处的决定。恰在这时，《新华日报》记者秋江由重庆来贵阳采访，省工委请秋江同志将设置党报专门分销机构的意图带回去研究，不久，总社表示同意，并颁发椭圆形橡皮印章一枚。尽管开展工作困难重重，但《新华日报》贵阳分销处的成立，却成为地下党组织进行抗日救亡运动的一盏指路明灯。

《新华日报》贵阳分销处旧址保护至今尚好，为一木结构四合院平房，正房及对厅均为三楹瓦房，中间为庭院。分销处租用的是坐东向西靠北正房，前后隔为两室，一为工作室，一为卧室。最近，贵阳市考虑结合中华路街景环境整治将原有居民迁出旧址对文物进行维修。

【八路军贵阳办事处旧址】即八路军驻贵阳交通站旧址，位于贵阳市民生路92号院内。这是一座普通的居民院落，房屋是木结构，有正房、厢房，为二进三间两楼。正房是一座三开间矮楼的平房，分为前后间，正房前是约15平方米的天井；二进东为厢房，后院东有一口小水井，院外有一条小巷（宽约1米，长约10米）通往民生路。

八路军驻贵阳交通站是在抗日战争艰苦时期，日本帝国主义猖狂进攻，国民党政府继武汉失守，长沙、衡阳相继沦陷的情况下只好迁都重庆，使得贵阳成为由重庆通往香港、缅甸的西南公路交通枢纽和抗战后方的重镇这一历史条件下设立的。民国27年（1938年）长沙大火后，主持中共南方局工作的周恩来决定在贵阳设立办事处，12月委派袁超俊（原名严金超，贵阳人）来筑筹备。开始是通过黄齐生、曾俊侯两位先生借用了达德学校的房舍工作；第二年1月3日经中共贵州省工委的帮助，租得民生路92号熊逸民家的房屋即本旧址当作办公地点；后又租过威清路48号宋氏民房做招待所，并在房前空地修建了一个简易停车场和仓库。2月19日开始启用“国民革命军第十八集团军贵阳交通站”印信。

八路军驻贵阳交通站主要活动时间是在民国28年（1939年）至民国29年（1940年）的两年间，负责兵站的接送和转运工作，把从武汉、长沙等地撤退下来集中在衡阳、桂林的中共党政军人员、家属以及档案、物资等转运到重庆、延安等地。民国28年（1939年）“二·四”日机轰炸贵阳惨案后，经过交通站安排，周恩来的父亲、邓颖超的母亲，李克农的父母、弟侄和夫人赵荣，共20多人都被转移到青岩居住。同年，叶剑英同志也来贵阳住在交通站，为营救地下党员黄大陆、李策等同志与国民党贵阳当局交涉。民国29年（1940年）叶挺同志率领新四军干部20余人由重庆来到贵阳，转赴皖南时曾经住过这里。越南共产党领导人胡志明（化名胡光）同志，抗战时期长住八路军桂林办事处，当他往来于重庆、昆明途经贵阳时，也在交通站住过，同时交通站还经常给越南同志办理汇款、交通、住宿等。交通站还为中共地下党员和进步青年奔赴革命圣地延安做了大量的工作；进步人士、华侨、港澳同胞经交通站由贵阳到重庆的也不少。

交通站除了做公开的兵站运输工作外，还负责联系当时在贵阳图云关的中国红十字会救护总队秘密中共党支部（这个党支部是由南方局直接领导）的工作，负责与贵州地下党省工委的同志联系。当时，中国红十字会救护总队负责人—林可胜博士拨给陕北根据地大批医疗器械和药品，也是经交通站联系，运送西安，再转运延安的。交通站的同志也冒着生命危险将党中央的文件和机关刊物如《解放》、《群众》等，源源不断地交给了省工委同志散发。

“皖南事变”后，民国30年（1941年）1月23日晚，八路军驻贵阳交通站被国民党当局查封，工作人员共7名同志被捕，袁超俊因为公务在重庆而幸免。这7人直到当年的8月才获释。

1982年2月23日，八路军驻贵阳交通站旧址经贵州省人民政府公布为省级文物保护单位。虽然它是贵阳市的一处普通民居，但是对抗击日本侵略者，争取民族解放，大力宣传党的声音和革命理论作过贡献，是有纪念意义的建筑物，也是教育后人的实物见证。

【乌当协天宫】又名财神庙，位于贵阳市北郊的乌当区东风镇场坝上，距贵阳市中心15公里。始建年代不详，清同治年间（1862年—1874年）倾圮，清光绪三十二年（1906年）复建。1993年，贵阳市、乌当区政府拨款修葺。

乌当协天宫是祭祀关羽神庙之一。不仅供奉“协天护国忠义大帝”的关羽，还供奉传说中主宰人间祸福的三官大帝，即赐福的天官、赦罪的地官、解厄的水官。不论是俗神关羽，还是天神三官，百姓认为只要能

协天宫

护佑平安，招财进宝，荣登科举，皆一视为神，一宫同祭。

乌当协天宫内的艺术构件尽显当时人们渴求“福、禄、寿、喜”的思想和对关圣帝君仁、忠、义、勇、智的崇尚。协天宫整体建筑高大、严整、清幽，具有典型的明清时期道观建筑风格，是研究当时本地经济、文化、宗教的具有较高文物三性价值的实物。

乌当协天宫从建成起，香火就延绵不断，特别是相传关羽的诞辰日、农历五月十三日三官的诞辰日、农历正月十五日上元节、七月十五日中元节、十月十五日下元节更是香火旺盛，香客不断，一直延续到抗战时期。

1993年修葺后的协天宫，改为东风镇文化活动中心，内设图书、台球、棋牌，对外开放。作为文化活动阵地、文物开放景点，文明之花在此蓬勃开放，参观的游客也络绎不绝。

乌当协天宫1996年9月8日经贵阳市人民政府批准公布为第四批市级文物保护单位。1999年12月21日经贵州省人民政府批准公布为第三批省级文物保护单位。

【图云关】位于贵阳市南明区森林公园北大门入口处，1983年经贵阳市人民政府公布为贵阳市第二批文物保护单位。图云关，古名“油榨关”，后改“图宁关”，再改“图云关”一直沿用至今。

旧时的图云关，为扼城要隘，高踞城南群山之巅，地势险要，岩壁刻有“黔南首关”四个字。图云关古名油榨关。清康熙四十年（1701年）贵州巡抚王燕重修时更名为“图宁关”，并修建有“关帝祠”和“纪思”、“可憩”二亭，乾隆《贵州通志》对此有记载。道光元年（1821年）改名“图云关”。对此道光《贵阳府志》亦有记载。

图云关历来为人们游览之地，不少文人雅士唱和咏赞。

贵州巡抚王燕在《新建图云关碑记》中云：“其间清流潺，声若琴筑，峭壁耸立，积翠欲流。云日蔽谷，林木蓊郁。远观近瞩，晴雨景殊，辰夕态变。由斯路也，憩斯亭也，可以游目适情，忘其疲困。”

清代文人周渔璜、洪亮吉、查慎行、舒位、莫友芝、杨鸿勋等均有诗流传。周渔璜诗曰：“层轩架构倚崔巍，点缀黔南亦壮协天宫哉！奇石千夫云际立，雄关四扇日中开。”洪亮吉诗云：“一石横绝天，一石横塞地。盘空两巨石，缺处复锋利。虽营置营讯，劣仅入只骑。前经绝壁下，转觉人马细。东南初破曙，一缕入云气。太息抚鸟巢，吾刑愿同寄。”对图云关之雄奇险要赞叹不已。而在“纪思”、“可憩”二亭石柱上镌有两联，一为清贵州巡抚林肇元题：“今古不凡人，当矢丹心同捧日；往来无限路，又从黔地过图云。”一为清人陈文政题：“一亭俯览群山，吃紧关头，须要看清岔路；两脚不离大道，站高地步，自然赶上前人。”既通俗易懂，又富有哲理，激人奋进。

清同治三年（1864年）贵州提督赵德昌在关上建有“荩忠楼”。清末楼毁，旧址岩壁上现留有康熙甲子春二月摩崖“黔南首关”和赵德昌《新修图云关·荩忠楼记》及七言律诗碑等石刻六块，至今仍完好无缺，清晰可辨，其中有赵德昌诗四首绝句。

图云关是黔南首关，在历史上是兵家必争之地。这里的营盘坡很早就挖有战壕，民国时期，薛岳的军队曾驻扎于此，有当时刻制的孙中山先生半身浮雕像。

抗日战争时期，图云关是中国抗战的重要医疗中心。以林可胜博士为首的中国红十字会救护总队迁来图云关工作，由多个国家医生组成的国际援华医疗队民以图云关作为基地。他们救死扶伤，为中国抗战作出了巨大的贡献。这里的国际援华医疗队纪念碑和英国籍女医生高田宜墓，庄严肃穆，令人流连忘返。

图云关为古代贵阳南出驿道之首关，但

随着社会的发展变化，图云关这一历史上的军事关隘，其重要地位和作用日渐消失，但遗存下来的部分摩崖石刻和一些文人雅士的诗文无不打上历史的烙印，那些诗句语言流畅、诗意清新、情真意切，堪称佳品。读过之后，昔日的旧貌仿佛就在眼前。而陈文政的联语，脍炙人口，至今仍广为流传。这些诗句不仅具有较高的艺术价值，同时也是研究贵阳历史不可缺少的重要史料。

宗教场所

【弘福寺】黔灵山是中国西南佛教名山之一，以佛教文化和奇丽的自然景观为特色，是旅游观光和开展佛教文化活动的国家4A级重点风景名胜区。

弘福寺位于贵阳市黔灵山群峰中心，距城约1.5公里，是十方丛林，为贵州首刹，向有“黔南第一山”之称。弘福寺于1672年（清康熙11年）由赤松和尚开创，“弘福”二字乃“弘佛大愿，救人救世；福我众生，善始善终”之意。赤松是为本寺开山始祖，佛法为临济一系之正宗，乃禅门五宗之一。1983年，列为国务院公布的全国重点开放寺院之一，同时定为省重点文物保护单位，1987年7月，慧海法师出任方丈法席，为第十五任住持，复兴黔灵禅法，

弘福寺

2005年9月，心照法师接替慧海老法师，出任弘福寺第十六任住持，于2006年9月吉日升座，荣膺黔灵山第十六代方丈，现在，弘福寺已成为贵州省佛教活动中心和具有特色的旅游胜地。

【西普陀寺】位于贵阳市白云区南湖新区龙井路，总占地面积4万多平万米，其中主建筑占地2万多平方米，广场面积6000多平方米，绿化率达55％以上，是在原白云寺的基础上异址、更名修建的。寺院集办学、修行、安居、传戒、佛学研究为一体的大型传统寺院。西普陀寺的设计修建，严格按照中国古典寺院建筑的传统布局与风格，融合传统的建筑艺术、园林艺术与佛教文化，充分体现出独特的建筑艺术和深刻的宗教内涵。

【贵阳北天主教堂】贵阳北天主教堂（今和平路）是贵阳市现存历史最长、中西建筑风格混合的天主教教堂。清乾隆三十九年（1774年）天主教传入贵阳。道光三十年（1850年）天主教贵州教区第一任主教白斯德望(Albrand,1805年-1853年)修建了贵阳第一所长17米，宽11米的正式天主教堂。同治十三年（1874）贵州主教李万美将原教堂拆除重建，光绪元年（1875年）因火灾使即将完成的教堂付之一炬，后再行重建，于次年完工，即今上北堂之大教堂。主建筑大教堂（现存）长50米，宽18米，檐高10米，建筑面积850平方米。随着100多年的城市变迁，大门朝向改在相反的和平路一面，教堂整体面积也缩小了二分之一。现占地约8000平方米，所剩下的历史建筑10来座。目前，贵阳北天主教堂仍是全省天主教的中心和最大的教堂。

【贵阳南天主教堂】南天主堂旧址为1860年贵州提督田兴恕在贵阳城内六洞桥的公廨(今博爱路贵阳市一医旁)，后在贵阳新华

路与兴隆街交汇处重建，2003年3月2日，重建的南天主堂正式启用。

1860年，胡傅理被罗马教廷任命为贵州主教。当时的贵州提督田兴恕和巡抚何冠英不愿执行《北京条约》中公开合法传教的条款。1861年端午节，贵阳青岩大修院的守门人罗廷荫和修士与“游百病”的人群发生口角，青岩团总赵畏三（国澍）带领团丁逮捕修士张文澜（张如祥）、陈昌吕及守门人罗廷荫，抓到龙泉寺看管，放火烧毁修院。院长白伯多禄带着部分修生逃走。因而引发青岩教案。正在交涉期间，田兴恕密令将3人及修院女厨王玛尔在青岩镇谢家坡斩首，又发生了“开州教案”。最后清政府将田兴恕革职并充军流放新疆，将田兴恕在贵阳城内六洞桥的住宅(今博爱路贵阳市一医旁)，赔偿作天主教堂（南天主堂）；赔偿白银120001两。事后另拨土地修建青岩天主教堂。

【黔明寺】 黔明寺位于贵阳市阳明路中段，是贵阳市重要的佛事场所，贵州省佛教协会和贵阳市佛教协会均设于寺内。黔明寺建于明末， 距今有300多年历史。清乾隆三十六年（公元1771年）曾重修，宏盛一时。咸、同年间，兵火连年，僧众离散，一叫舒竹平的士绅，借故据为私有，并改名为“舒家祠堂”。一直到民国21年（公元1932年）左右，贵州省佛教会在绅耆平刚等支持下，才收回黔明寺，恢复旧名。民国22年（公元1933年）迎广妙法师为该寺住持。寺内建筑有大雄宝殿、大悲阁和藏经楼。大雄宝殿为寺内首殿，内塑有释迦牟尼及普贤、文殊坐像。中殿大悲阁内塑千手观音像，左右有善才、龙女，两边有阿弥陀佛和地藏菩萨。大悲阁匾额为中国佛教协会原会长赵朴初所题，楹联为著名书法家陈恒安书。寺内大小佛像均贴真金，可谓金碧辉煌。藏经楼飞檐翘角，共三层，上层藏有影印的《碛砂藏》和《频伽藏》各一部，共一千余册，又有大小铜佛像数十尊；中层供达摩像；底层在广妙圆寂后供广妙塑像。黔明寺为省级文物保护单位，是全国重点开放的寺观之一。

【仙人洞】 位于贵阳市东栖霞山上，是贵阳市仅存的一座道观。传说有仙人来此栖息过，因而得名。山上有三个天然石洞：来仙洞在半山腰，洞内平敞可居，洞外有松竹花草，洞口题有“来仙”二字；靠山顶处是仙灯洞，坐东朝西，每当夕阳西下，阳光照入洞内即反射出彩色光芒，犹如洞中有灯，洞中塑关羽像；八仙洞在仙灯洞之上，洞中塑八仙像。仙人洞现有古建筑两座：一为三官殿，建于康熙十二年（公元1673年）；一为三清殿，建于清初。有摩崖两处：一为刻于山壁上“云川万里”四个大字；一为刻于

东山仙人洞

八仙洞东侧石壁上的吕洞宾像。仙人洞是市级文物保护单位、贵州省重点道观。

【觉园】 原名长生庵，位于云岩区富水北路，建于清光绪初年。1937年改名觉园，广收皈依弟子，前往礼佛者络绎不绝，香火缭绕，盛极一时。20世纪60年代，觉园尼姑在殿前街房开设豆花饭店，主要经营豆花饭和素菜。其豆花鲜嫩可口，素菜物美价廉，在贵阳远近闻名，筑城市民及外地来宾多慕名到觉园品尝豆花饭。觉园现已建为仿古式建筑，分前后两进，各三层。临街第一进为餐馆部，经营素食。第二进为宗教活动场所：底层为大雄宝殿，供有玉佛一尊；二层为藏经楼。

生态城市基础设施建设

SHENG TAI CHENG SHI JI CHU SHE SHI JIAN SHE

生态文明城市规划编制

【市城乡规划委员会工作概况】 2010年，贵阳市城乡规划建设委员会（以下简称“市规委”）切实加强指导、协调和监督城乡规划建设管理。一是认真完成《贵阳市城市总体规划纲要（2010—2020）》的编制，并在征求有关部门意见后，按法定程序上报省和国家有关部委。二是研究重大问题，制定保障措施，确保城市规划工作的顺利开展。全年共审议通过《开阳县城市总体规划》、《息烽县城市总体规划》、《修文县城市总体规划》等3个总体规划；《花溪城市组团控制性详细规划》、《云岩区渔安安井片区控制性详细规划及城市设计》、《花溪高校聚集区控制性详细规划》、《金阳新区金华物流园区控制性详细规划》等4个控制性详细规划；城市景观规划、专项规划、综合规划和重要建筑单体方案等34个重大、重要规划。三是专家委员会召开35次专家评审（咨询）会，对42个规划设计项目进行严格的技术审查，其中5个规划设计方案未予通过。四是“市规委”办公室协同市环保部门，制定《工业园区规划建设指导意见》，明确各大园区建设中的指导思想、基本原则和目标任务，确保园区建设有序推进、健康发展，（孙 敏）

【《贵阳市城市总体规划（2009—2020年）》】 主要内容如下：一是城市发展总体目标。至2020年，把贵阳市基本建设成为生态环境良好、生态产业发达、文化特色鲜明、生态观念浓厚、市民和谐幸福、政府廉洁高效、宜居、宜游、宜业的生态文明城市，在全省率先实现历史性跨越，率先实现全面建设小康社会的目标。二是人口规模及城镇化目标。至2015年，市域常住人口460万人，城镇人口345万人，城镇化水平达75%，年均提高1个百分点左右；至2020年，市域常住人口500万人，其中城镇人口400万人，城镇化水平达到80%，年均提高1个百分点左右。同时通过优化人口分布、疏解老城区人口、引导人口向新区和小城镇转移等措施，使中心城区人口压力得到缓解，即：至2015年，中心城区城镇人口约275万人，市域外围城镇人口约70万人；至2020年，中心城区城镇人口约320万人，市域外围城镇人口约8 0万人。三是中心城区空间发展方向。以老城区为中心，实行“北拓、南延、西连、东扩”的空间布局。至2020年，中心城区建设用地将达到300平方千米，聚集人口330万人，其中城镇人口320万人，人均建设用地约93平方米。布局结构模式以建设生态文明城市为出发点，采用 “一城三带多组团、山水林城相融合”的空间布局结构，实现生态与经济、人与自然、城市与乡村、建筑与绿化的和谐可持续发展。四是中心城区公路建设方面。进一步完善“一横、一纵、一环”的路网主骨架和“三条环路十六条射线”的骨干路网系统，辅之一批关键交通截面上的快速通道，形成具有综合性的交通网络体系。主要是大力推进贵阳铁路枢纽建设，即 “一个编组站、两个客运站、若干货运站”，包括二戈寨编组站，火车客站、火车新客站，货运站为西站、南站、花溪、都拉营、龙洞堡、将军山等货运站；并完成城市轻轨1号线建设工程，启动城市轻轨2号线建设工程。目前，该规划正在报国务院审批中。（孙 敏）

【《老城区控制性详细规划》】 该规划由《贵阳市老城区控制性详细规划》、《贵阳市小河片区控制性详细规划》、《贵阳市新天片区控制性详细规划》、《贵阳市白云片区控制性详细规划》、《贵阳市花溪组团控制性详细规划》、《贵阳市三桥马王庙片区控制性详细规划》、《贵阳市二戈寨片区控制性详细规划》、《贵阳市龙洞堡片区控制性详细规划》、《贵阳市金阳新区实施建设区控制性详细规划（17平方公里）》、《贵阳市金阳新区规划控制区控制性详细规

划（40平方公里）》、《贵阳市火车新客站站前功能区域用地控制性详细规划》等组成。（孙 敏）

【《高等教育聚集区控制性详细规划》】 该规划内容主要指：花溪高校聚集区，即位于花溪组团西南部党武乡思丫一带，以环城高速公路南环线为界分为两期建设布局：一期规划用地约5平方千米，学生规模达到9万人，规划范围南至环城高速公路南环线，东至斗篷山山脚，北至思丫河；二期规划用地位于环城高速公路以南，用地规模5.5平方千米，学生规模达到11万人。最终形成总用地规模10.5平方千米、学生规模20万人的高校聚集区。整个建设过程中，配套完善与高校聚集区密切相关的科技研发、文化旅游等城市公共功能，采取“大学拉动、大学兴城”的方式，实现高校集聚、科技带动与新区建设的互动发展。规划用地结构为“两轴两片四大功能板块”：“两轴”——以规划区中部贯穿南北、连通高校区与城市综合区的思雅路为纵向发展轴；以思丫河沿河大学科技产业聚集发展为创新和生态横向发展轴。“两片”——以思丫河为界，思雅大学新城形成南北两片主体功能用地，南片为高校聚集区，是大学教育用地功能片区，营造良好的教学发展环境；北片为城市综合服务区，是以高校聚集区依托，带动科技、研发等产业发展，配套居住生活、商业文娱、医疗卫生等为高校聚集区服务的城市综合功能区，为高校聚集区发展提供支撑。四大功能板块——依托两轴“十”字形空间发展骨架，形成高校聚集区、科技产业聚集区、公建配套服务综合区、居住生活综合区四大功能板块的用地布局。（孙 敏）

【《贵阳环城高速公路周边用地布局、产业布局及景观规划》】 该规划按环城高速公路两侧2千米左右的距离划定范围，总用地为309.97平方千米，主要分为：产业引导规划、景观控制规划、用地布局规划三大部分。产业引导规划根据贵阳市委市政府相关产业政策和《贵阳市城市总体规划（2009-2020）》的要求，结合环城高速公路的经济地带性特点，提出产业发展与布局、产业整合、产业与用地等方面的引导意见和建议；景观环境控制规划是在尊重交通功能的基础上，根据高速公路景观的美学特征和视觉特征，结合地方特点、各区域的景观需求，从全线的角度对沿线的各类景观构成元素进行控制，提出控制要求和整改区域和措施，为景观整治、景观改造、景观设计提供依据；用地布局规划是根据沿线用地分类情况，按照用地规划要求，提出意见建议和措施。（孙 敏）

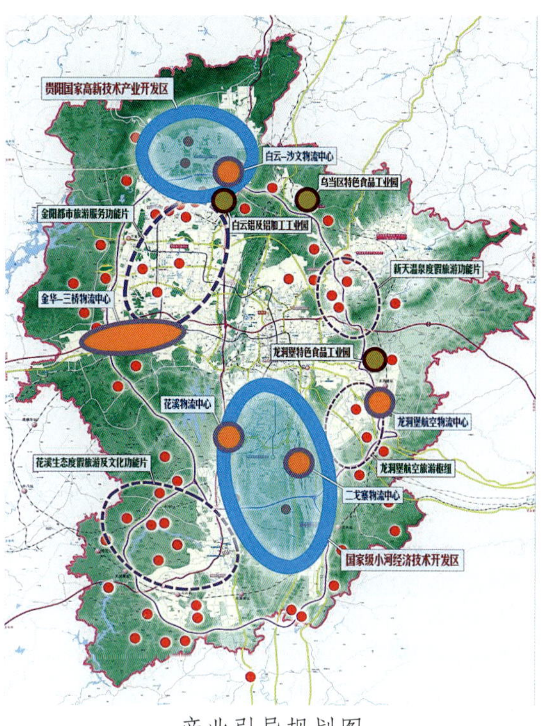

产业引导规划图

【“两路二环”沿线用地城市设计】 “两路二环”是指北二环、东二环、北京东路和甲秀北路，其规划范围包括：北二环西起长岭北路，东至新添大道，全长12.5千米，规划面积约为3.13平方千米；东二环北起新添大道，南至西南环线，全长13.2千米，规划面积约为3.3平方千米；北京东路起于贵州日报社，止于渔安安井白岩脚，全长6.6千米，规划面积约为1.65平方千米；甲秀北路起于北二环，止于贵黄公路，全长9.7千米，规划面积约为2.43平方千米。该规划明确了空间结构与功能布局，重点对“两路二环”沿线涉及区域景观进行控制，对二戈寨、贵钢、乌当区奶牛场、渔安安井片区、涉及金阳区域等主要地块，对用地性质、容积率、绿化率、道路红线等主要控制指标，以及建筑的高度、体量、色彩作出具体控制。特别是对“两路二环”涉及区域，全线设置20米的绿化带。（孙 敏）

【生态文明区（县、市），乡（镇、街道）建设规划】 2010年，贵阳市规划局指导完成花溪区党武乡、燕楼乡，清镇市百花湖乡，开阳县禾丰乡4个乡镇的生态文明乡镇建设规划，并经广泛征求意见，通过了专家评审后，按程序由各区、（县市）政府批准实施。《花溪区党武乡生态文明乡规划》：规划范围为党武乡域辖区范围，面积63.65平方千米。规划期为2010-2020年，在花溪区南部建成配套设施齐全、功能完备、环境优美的花溪高校聚集区；《花溪区燕楼乡生态文明乡规划》：规划范围为燕楼乡域辖区范围，面积63.7平方千米。规划期为2010-2020年，其中近期为2010-2015年，远期为2016-2020年。规划主要涉及农业、旅游业、矿产资源开发及小城镇发展，为高校集聚区、青岩服务业作好储备；《清镇市百花湖乡生态文明乡规划》：规划范围为乡域行政范围，面积109平方千米。规划期为2010-2020年，重点是百花湖水域的治理及生态建设，完善基础设施、社会设施，改善居住环境，形成具有浓郁地方特色的村落；《开阳县禾丰乡生态文明乡规划》：规划范围为乡域总体规划涉及的乡域范围，面积83.13平方千米，规划期为2011-2020年，规划重点是富硒茶叶基地、富硒大米基地、双低油菜基地等“八大基地”，构筑生态文明乡村生态框架。（孙 敏）

城市基础设施建设

【城市供气】 2010年，全市燃气居民用户达65.4万余户、224万人，燃气气化率达95%(非农业人口)，中心城区燃气气化率达98.5%。其中煤气居民用户44.9万户，当年新增4.9万户，液化石油气居民用户20.5万户。煤气公建用户2393户，当年新增267户。全年煤气供应总量2.24亿立方米，其中，公建用户用量约占60%；年液化石油气用量约3.6万吨。全市拥有煤气焦炉4座，煤气发生炉10座，煤气储配站4座，10万立方米气柜3座，5万立方米气柜3座，3万立方米气柜1座，总储气量48万立方米；拥有400立方米液化石油气混气1座，日供煤气总量可达180万立方米。已建成煤气管网约2200千米，其中，输气干管600千米，配气管网1600余千米。全市拥有1800立方米、200立方米液化天然气接收供应站各1座，日供液化天然气达20万立方米。目前已开通贵阳小河航天城居民用户3000余户，用气人口1万余人。已建成液化天然气汽车加气站2座，年加气量达517.50立方米。在资金投入上,2010年燃气设施投资达2350万元。其中，贵州四维燃气燃具有限公司投资750万元的久安液化石油气储配站建成投产；贵州燃气集团投资1600万元，改造城区煤气铸铁管10千米。（董 楠）

【城市供水管网建设】 2010年，全市供水管网建设重点：一是推进“北郊水厂完善工程——建成十万吨规模水厂”建设。该项目是贵阳市2010年 “十件实事”之一。市供水总公司于4月2日组织监理、施工单位进场施工。北郊水厂三江水库源水输水管道总长

北郊水厂项目管道安装

约6700米，其中泵房至净水厂段总长约5800米；北郊水厂净水厂完善工程和三江河泵站工程已完工，并于12月20日试通水。二是为保证市供水总公司供水调度的需要，在11月对友谊路全长900多米的直径500毫米供水管网实施改造。三是为配合花溪大道综合管线入地工程，市供水总公司于11月启动花溪大道北段直径800毫米供水管道安装工程。（曾凡飞）

【城市综合管线入地工程】 2010年，贵阳市友谊路等6条次干道综合管网入地工程完成。该工程项目完成综合管网入地16.2千米，累计开挖土石方11.48万立方米，电力管道敷设17.34千米，综合通讯管道敷设9.92千米；完成砌筑环网柜、箱式变压器、箱式开关等电力设备基础230座，砌筑电力井758座、综合通信检查井521座；完成各种横纵断过街沟槽开挖及恢复157条；完成人行道路面恢复9282.8平方米、车行道路面恢复8708.5平方米；迁改煤气、通信、排水等原有管线5处共计0.45千米；迁移公交候车亭1座；拆除并恢复绿化花池500平方米，移植行道树34棵。（曾凡飞）

【城市垃圾处理工程】 2010年，全市共有垃圾卫生填埋场5座，其中城区的高雁、比例坝两座生活垃圾卫生填埋场，日均处理城市生活垃圾2000吨，城区生活垃圾无害化处理率达92.7%。为提高城市生活垃圾无害化覆盖面和处理率，清镇、开阳、息烽建设的垃圾卫生填埋场于年内先后完工，花溪南郊垃圾填埋场正在选址之中。全市拥有医疗废物焚烧处理场1座，焚烧炉3台，日均处理医疗垃圾16.55吨。2010年共新建公厕31座，升级改造179座，新建垃圾中转站20座，改扩建20座，新增垃圾清洁间850个，新增和更换果皮箱5000个。

贵阳市城市生活垃圾处置中心按照《生活垃圾填埋场污染控制标准》（GB16889-2008），分别对高雁城市生活垃圾卫生填埋场渗滤液站进行改造及对比例坝生活垃圾卫生填埋场渗滤站进行建设，其中高雁处理场对渗滤液处理站改造总投资1352万元，建设规模300吨/天，处理工艺为生化＋超滤滤＋纳滤＋反渗透；比例坝垃圾场渗滤液处理站投资814万元，采用生化＋超滤＋反渗透工艺，设计日处理垃圾渗滤液200吨。

3月，市政府颁布实施《关于进一步加强我市城市生活垃圾工作的意见》和《关

分类垃圾收集箱

于强力推进城市生活垃圾分类收集处理工作的实施方案》，将生活垃圾初步分为可回收垃圾及不可回收垃圾，分别由市供销社及城管部门管理。从2010年4月起，开始在城区推行城市生活垃圾分类收集试点工作，市、区两级投资近1200万元购买勾臂式小型清运车60辆、配套车厢600个、分类收集塑料垃圾桶2900个、可降解分类垃圾袋143.6万个。目前有46个社区和6所中、小学校作为生活垃圾分类收集的试点，收集不可回收垃圾；在具备设置条件的试点社区和学校建立了17个绿色回收站（亭），收购可回收垃圾。（曾凡飞）

【城市污水处理工程】 2010年，贵阳市加快污水处理工程建设。一是新庄污水处理厂建设规模日处理污水25万吨，工程总投资5.82亿元，2010年完成投资4000万元，日进水流量约25万立方，出水5大指标（COD、BOD、氨氮、SS、PH）达到《城镇污水处理厂污染物排放标准》一级B标准，12月3日通达验收正式投入运行。二是清镇朱家河污水处理厂二期建设规模日处理污水2.5万吨，工程总投资7970万元，年内完成投资3500万元，于6月25日建成，经贵州省环保厅批准试运行。三是总投资8035万元的小黄河（王宽村至陈亮村）河道改造工程取得立项批复，办理了选址意见书和用地许可证。该工程年内完成投资700万元。其中，完成土石方挖运83000立方米，占总量的30%；完成挡墙开挖2500立方米，占总量的13%；完成雨污管埋设700米，占总量的26%。（董 楠）

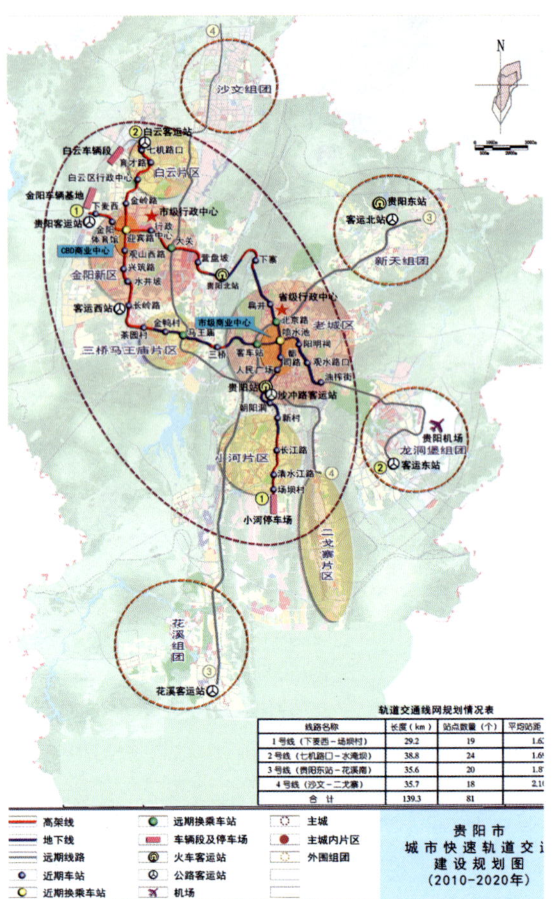

轨道交通线网规划情况表

线路名称	长度（km）	站点数量（个）	平均站距
1号线（下麦西－场坝村）	29.2	19	[illegible]
2号线（七机路口－水淹坝）	38.8	24	[illegible]
3号线（贵阳东站－花溪南）	35.6	20	[illegible]
4号线（沙文－二戈寨）	35.7	18	[illegible]
合 计	139.3	81	

贵阳市城市快速轨道交通建设规划图(2010—2020年)

交通基础设施建设

【三条环路十六条射线城市骨干路网建设】 2010年，贵阳市强力推进3条环路16条射线城市骨干路网建设。北京东路全长7535.4米，宽32米，为城市I级主干道，工程概算约28.5亿元，该路累计完成建安投资7.5亿，完成工程总投资18.96亿，完成项目总投资的66.5%；甲秀中路全长4385米，宽40米，为城市I级主干道，工程总投资概算为20.4亿元，累计完成建安投资7.6亿，完成工程总投资14.28亿，完成项目总投资的70%；甲秀北路全长4625米，新建路段幅宽度40米，双向6车道。改扩建路段幅宽60米，双向8车道，工程总投资概算9.92亿元，该路累计完成建安投资3.7亿，完成工程投资5.617亿，完成项目总投资的56.62%；北二环全长12.5千米，宽32米，双向6车道，工程总投资概算31.83亿元，累计完成建安投资11亿，完成工程投资20.9亿，完成项目总投资的65.6%；东二环全长13.2千米，道路宽度30至32米，双向6车道，其中利用原有富源路4.1千米，拓宽改造富源路0.9千

米，新建道路8.2千米，工程总投资概算28.9亿元，累计完成建安投资7.34亿，完成工程投资14亿，完成项目总投资48.5%；南二环全长2.028千米，宽36米，双向6车道，工程总投资概算3.31亿元，累计完成建安投资900万元，完成项目投资8380万元，占工程总投资额的26%。（董 楠）

【市域快速铁路建设】 贵阳市域快速铁路网包含“一环一射两联线”，即贵阳枢纽白云至龙里北联络线项目、贵阳枢纽小碧经清镇东至白云联络线项目、贵阳至开阳铁路项目、林歹至织金（新店）铁路项目、久长至永温铁路项目、贵阳改貌铁路货运中心工程6个项目，项目总投资336.49亿元，线路总长395.395千米，沿线共设站点35个，途经贵阳市6个区（云岩区、南明区、花溪区、乌当区、白云区、金阳新区）1个市（清镇市）2个县（修文县、开阳县）及龙里县、织金县。建设市域快速铁路网是贵阳市“十二五”期间的重大基础设施项目，也是铁道部在全国实施的第一个公交化运营的市域快铁项目，截至2010年底，贵阳铁路建设投资有限公司累计签订融资合同总额54.7亿元，累计到位资金29.1亿元；市域快速铁路项目累计完成投资11.27亿元。为确保项目顺利进行，市委、市政府组建贵阳市域铁路有限公司、贵阳铁投商砼有限公司、贵阳铁投房地产开发有限公司、贵阳铁投卓信置业有限公司、贵阳保利铁投房地产开发有限公司等控股和参股公司，明确“自主经营、自筹还款、自负盈亏”的指导思想，提升融资实力，奠定快速发展的基础。（施世国）

【城市轨道交通建设】 2010年，贵阳市城市轨道交通有限公司采取有效措施推进城市轨道交通建设。一是认真组织，积极配合省市有关部门做好轨道交通前期工作；强化管理，构建规范健全的法人治理结构。二是狠抓质量，努力做好林城东路两站两区间轨道交通项目建设；精心策划，探索可持续发展的轨道交通项目融资——投资——建设——运营——偿债机制，从而使轨道交通项目建设取得较好的成绩。7月31日，规模开展1号线林城东路金阳大道——长岭北路2.7千米两站两区间土建驳接工程施工；11月下旬，项目开展会展中心——朱家湾530米浅埋明挖段施工；12月17日，长岭北路1、4号线换乘站主体工程完工并恢复公共交通；12月18日，绿色未来——行政中心浅埋明挖段主体工程完工并恢复沥青路面。

在管理机制方面，贵阳市城市轨道交通有限公司设立3家全资子公司。其中贵阳市腾祥城市轨道交通房地产开发有限公司负责轨道交通沿线土地的一、二级开发，产生收益回馈轨道交通主业建设；贵阳市信捷城市轨道交通广告有限公司，负责轨道交通沿线广告业务开发与经营，参与全市范围广告制作竞争，产生收益回馈轨道交通主业建设；贵阳市盟信城市轨道交通物资设备有限公司，负责轨道交通相关的物资设备管理及运营备品备件市场开发与经营，产生收益回馈轨道交通主业建设。

在项目融资方面，1、2号线项目建设期内主要采取市政府财政投入项目资本金加银行贷款的债务融资模式。现已委托国家开发

中共贵州省委常委、贵阳市委书记李军慰问交通建设者

银行贵州省分行为项目银团贷款牵头行，组团方案及总额105亿元（年限23年+7年宽限期）的银团贷款承诺于10月15日获国开行总行批复。12月，贵州省工商银行贷款到位4亿元，目前为止，轨道公司总共到位资金10.05亿元（由3亿元地方政府债券资金、6亿元省工商银行搭桥贷款、0.50亿元市政府注册资金及0.55亿元轨道交通建设专项资金组成）。（周　昊）

【市政道路建设】 2010年，全市共建设市政工程35项（不含“三环十六射线”城市骨干路网工程），其中市级22项，区（市、县）13项，完工项目22项，在建项目13项，全年完成投资23.92亿元。（具体情况如下表）：

【金阳临时汽车客运站建设】 2010年5月，贵阳市交通运输部门按照市委、市政府的部署和要求，在不到两个月的时间内圆满地完成了金阳临时客运站的建设搬迁工作。该站占地20公顷，其中客运站场13.33公顷，公交车站占地6.67公顷，主体站房占地20余万平方米，设计日发送旅客8万人，高峰时段最高可达10万人，可同时满足1500台客车停泊、160台客车始发，营运功能及安保、卫生设施达到国家一级客运站的标准，是集客运、公交、出租车为一体综合站场。目前，已有330余条客运班线、2364辆客车进入金阳临时客车站营运，日发送达5万人。从老城区搬迁到金阳客车站的7家客运企业，实行统一微机售票、统一票价、统一提成、统一服务质量、统一服务标准、统一营收日报表，提高了服务质量，同时，开通了11条公交专

贵阳市2010年市政道路建设情况一览表

序号	项目名称	前工程建设情况	总投资（万元）	2010年完成投资	序号	项目名称	前工程建设情况	总投资（万元）	2010年完成投资
1	金戈路	完工	20215	5705	19	金朱东路	完工	20262	3180
2	烟厂路	完工	7560	1539	20	金岭东路	在建	23014	7328
3	开发大道三期	在建	12097	8631	21	迎宾西路二期	在建	16798	830
4	百花大道·轮胎厂人行天桥	完工	300	250	22	诚信路延伸段	完工	5895	467.4
5	新添大道-茶店小学人行天桥	完工	219	199	23	白云区云环路A段道路工程	完工	21079	4300
6	解放路-南厂路人行天桥	完工	240	235	24	花溪区大职路及大职路至西站立交联络段道路工程	在建	2200	700
7	污水处理设施新庄污水处理厂	完工	58200	4000	25	乌当区新添大道（乌当段）“白改黑”工程	完工	6262	4500
8	小黄河（王宽-陈亮）河道改造工程	在建	8035	700	26	乌当区环溪路道路工程	完工	554.38	354.38
9	清镇朱家河污水处理厂二期	完工	7970	3500	27	开阳县环城北路至炸药仓库道路改造工程	完工	45	45
10	黔灵山路	完工	200560	31220	28	开阳县环城西路改造工程	完工	3789	1000
11	北京西路	完工	134542	22690	29	息烽大道中段（原南大街中段）	在建	5939	3700
12	甲秀南路	完工	229425	10590	30	清镇市星坡路改造项目	在建	1270	200
13	金朱西路	完工	51646.4	7842	31	清镇市百花大道污水管网及市政设施灾后重建项目	完工	404.5	404.5
14	黔灵山路金阳段	完工	73146	11310	32	修文县城旧城区基本设施恢复重建改造工程（白改黑）	完工	1500	1500
15	观山北路	在建	18357	1629	33	修文县城北环线工程	在建	3500	1000
16	体育路二期	完工	18480	1678	34	高新区沙文生态科技产业园金苏大道道路工程	在建	160375	64100
17	迎宾东路二期	在建	11793	95	35	高新区沙文生态科技产业园麦沙大道道路工程	在建	93042	31800
18	兴筑西路二期	在建	22648	1939		合计		1241362.28	239161.28

（董　楠）

线，投放200余辆公交车用于旅客换乘，确保了金阳客车站顺利营运。金阳临时汽车交通站建成，将老城区的交通站点搬迁到东站营运，一定程度上缓解了老城区的交通压力，为广大旅客出行提供安全、便捷、高效、优质的运输服务。（钟 宇）

【贵阳国家公路枢纽站（场）项目建设】 全市的公路运输枢纽由贵阳客运东站、南站、西站、改貌集装箱综合货场、龙洞堡综合货场以及将军山货运站共同构成：一是贵阳客运东站。位于南明区龙洞堡，项目占地13.33公顷，一级客运站，日均发送旅客2.5万人次，是集轻轨、长途客运、中短途客运、公交出租、社会车辆于一体的综合交通换乘枢纽。二是贵阳客运南站。位于花溪区桐木岭，项目占地14.67公顷，一级客运站，日均发送旅客2万人次，项目投资3亿元。该站功能定位是为花溪片区居民出行提供服务，以市内短途客运为主。三是贵阳客运西站。位于金阳新区观山西路与环城高速公路互通北侧、宾阳路与迎宾西路交叉口的西侧位置，为一级客运站，总占地面积23.3公顷，日均发送旅客3万人次，功能定位为主要承担昆明、四川方向的省际客运及清镇、安顺方向的省内客运的运输功能及相关的客运站务服务。四是改貌集装箱综合货场。位于孟关乡改貌村，属一级货运站，总占地面积约10.27公顷，估算投资26620.21万元，设计货物吞吐量407万吨，日均吞吐量11144吨，年物资储存量244万吨。五是龙洞堡综合货运站。位于南明区龙洞堡西南环线公路客运站南侧，属一级货运站，总占地面积约20公顷，估算投资28536.15万元，设计货物吞吐量396万吨，日均吞吐量10849吨，年物资储存量300万吨。六是将军山货运站。位于金阳新区观山西路与环城高速互通北侧，属一级货运站，总占地面积约48公顷，设计货物吞吐量586万吨，日均吞吐量16047吨，年物资储存量351万吨。（冯 实）

【开阳港区和息烽港区水运码头建设】 2010年，贵州省交通运输厅批复乌江（乌江渡—龚滩）航运建设工程初步设计。该项目以开阳洛旺河码头、息烽大塘口码头建设为核心，以乌江干流航道建设为重点，通过水路交通软硬件建设，使客货物流通过乌江黄金水运通道北下长江，从而提高全市航运对外通行能力。根据规划，全市将建设靠泊500吨级船舶标准的开阳洛旺河码头和300吨级船舶标准的息烽大塘口码头。其中开阳洛旺河码头年货物吞吐量94.6万吨，年客运量50万人次，建设500吨级件杂货泊位4个；新增4级航道200余千米，可满足300吨级船舶航行，实现通过开阳港北上长江的目标。目前，该项目配套工程前期工作已经启动。（钟 宇）

农村基础设施建设

【概况】 2010年，贵阳市按照“总量持续增加、比例稳步提高”的要求，不断加大对“三农”资金的投入力度，确保财政支出优先支持农业农村发展，预算内固定资产投资优先

开阳生态茶园

投向农业基础设施和农村民生工程，土地出让收益优先用于农业土地开发和农村基础设施建设，极大地改善农村生产生活条件，农民收入较大提高，农村经济快速发展。全年共完成基本农田建设2200公顷，串户路建设1073千米，新建常温大中型沼气80处，新建农村饮水安全工程40处。（徐 进）

【农村危房改造建设】 2010年，贵阳市按照“重科学、验成效、观民主、促推广、寻经验、构和谐”方针的要求，顺利完成全市农村危房改造。全市共有危房67168户，改造面积达605万平方米，共有25万农民直接受惠。其中，一级危房35306户，改造面积320万平方米（五保户239户、低保户3475户、困难户14825户、一般户16767户）；二级危房18358户，改造面积159万平方米（五保户67户、低保户1207户、困难户5810户、一般户11274户）；三级危房10658户，改造面积96万平方米（五保户50户、低保户610户、困难户2925户、一般户7073户）；地质灾害危房2846户，改造面积30万平方米。（董 楠）

【农村沼气池建设】 2010年，贵阳市农村户用沼气池总数达224214口，其中新建农村户用沼气池700口，覆盖全市农户总数的42%。新建80个常温大中型沼气工程，在20个自然村寨实施农村清洁工程，惠及农户2000余户。全市农村沼气池建设主要以减量化、无害化及资源化为重点，以沼气为纽带，形成了“猪—沼—庭院—农家乐”、“猪—沼—花（果）”、“猪—沼—农产品加工”等“三沼”综合利用体系，带动养殖业与种植业的快速发展，实现农业、农村“畜、草、果（药）、沼、水、路（多位一体）”内部各产业之间的良性循环，为推动循环经济型生态城市建设做出积极贡献。（陆 海）

【农村人饮工程建设】 2010年，贵阳市采取有力措施全面完成农村饮水安全建设任务。新建农村饮水安全工程40处，新增供水能力4050立方米/天，解决5.0426万人的饮水安全问题。全市新投入建设资金达2715万元，其中，中央预算内补助资金2015万元，省级补助资金251万元，地方配套资金449万元。共计安装供水管道666.8千米，建蓄水池220口、7380立方米。（莫 江）

【农田水利基本建设】 2010年，贵阳市共完成农田水利基本建设投资8209.82万元，其中中央补助资金2171万元，省级补助资金1754.4万元，市县乡配套资金3754.53万元，群众自筹资金455.93万元，其他投资资金73.8万元。全市共整修山塘65座，修复水毁工程9处，完成病险水库除险加固工程9处，完成渠道防渗修复2253.35千米，新建、改建提水站装机容量9687千瓦，新建水池、水窖2400个，治理水土流失面积20平方千米。全市共新增水田灌面120.67公顷，新增水浇地285.33公顷，改善灌溉面积862.87公顷，恢复灌溉面积2263.33公顷，新增节水灌溉面积713.33公顷。（莫 江）

【农村公路建设】 2010年，贵阳市农村

花溪生态文明村寨——陇头

公路建设主要为续建项目，其中，2006年4个项目85.26千米工程全部完工；2007年6个项目91.52千米工程完成形象进度86%；2008年5个项目93千米工程完成形象进度86%；2009年4个项目87.22千米工程完成形象进度77%。在村级公路建设方面，2010年开工建设通达工程项目3条10.6千米；完成2004至2009年续建项目路面工程204.09千米，完成投资3759.3万元；完成建管养运项目2条12千米，完成投资126万元。在通乡油路建设方面，2006年至2010年，全市通乡油路建设项目共23个478.22千米，工程总投资40606万元，已累计完成投资3.1亿元，完成路基工程415千米，完成路面工程351千米。其中2010年完成投资1.07亿元，完成路基工程97千米，路面工程152千米。（钟 宇）

信息基础设施建设

【概况】 2010年，贵阳市信息化建设紧紧围绕"数字贵阳"的目标任务，按照"统筹规划、应用主导，资源共享、体制创新，规范务实、优质高效"的要求，加快信息基础设施建设，加强信息技术应用和信息资源的开发利用。全市本地网中继光缆纤芯长度增长167700芯千米，每百平方千米长途光缆长度达25万芯千米,信息化综合指数达到220点。全市光缆覆盖率达100%,覆盖面积达8032平方千米，覆盖人口达331.57万；全市互联网带宽达185G，每万人城域出口带宽526.5M。全市固定电话用户达97.11万户，移动电话用户达569.52万户，移动基站数目达5031个，互联网用户达48.57万户。城域网体系初步建立，电子政务建设取得长足进步，动漫产业增速达50%以上。企业信息化"1261工程"顺利完成，农村信息化和社区信息化试点工作取得阶段性成果，地理信息系统、规划、交通、财税、环保、教育、文化、卫生等各领域信息化取得新突破。（徐先文）

【电子政务建设】 2010年，贵阳市建成市级政务服务中心互联审批及电子监察系统，形成上接省政府，下接各区县政府，横向连接党委、人大、政府、政协各工作部门的电子政务工作格局。各级政务部门利用信息技术，扩大信息公开，深度开发信息资源，实现了信息资源共享。同时，各部门专业应用系统深入推进，公安、财税、社保、规划、国土、住建等领域电子政务工程进展顺利，市政府门户网站在全省评测中获第一名。

"数字化城市综合管理系统"一期工程建成并投入运行。该系统以"顶层设计、资源共享、业务协同、提升服务、保障安全"为指导，坚持"统一规划、统一平台、统一建设、资源整合"的原则，整合"贵阳市道路交通管理智能监控指挥系统"、"贵阳市公安局110综合指挥系统"、"贵阳市公安综合信息系统"、"贵阳市城市数字化管理信息系统"等信息化管理系统，促进了公安"三台合一"、交警和城管接处警的协同，提升了政府综合应急指挥能力，实现了跨行业、跨部门的资源整合和信息共享，其规模和先进性在西部处于领先位置，其创新和效能机制在国内属首创。

构建综合治税信息服务平台。为进一步拓宽税源监控领域、强化税收管理、促进财政收入稳定增长，贵阳市建成社会综合治税信息服务平台一期工程。该平台的建成，实现22家单位的联入，定期上报相关涉税数据，上报数据量达126余万条，获取有价值数据达5万余条。市地税局通过运用平台数据，补办税务登记116户，查补房地产业税收1.7亿元。市国税局通过采集信息的分析、比对，共查补税款7710万元。

数字认证工作（CA）取得积极进展。贵阳市CA中心通过完善数字认证发放体系，以及国际国内标准的信息安全技术，建立了具有国际先进水平、安全可靠、功能完善覆盖全市的信息安全数字认证平台，为全市电子政务、电子商务应用提供统一的身份认证机制，确保信息传输的保密性、数据交换的完整性、发送信息的不可不论性、交易者身份的确定性，实现资源共享、一证通用。目前已面向市人事劳动部门发放2000余张数字证书，推动劳动社保网络的安全运行。（徐先文）

【物流公共信息平台和电子商务网建设】 2010年，贵阳市加快物流公共信息平台建设，为打造全方位、专业化、多点盈利的物流信息服务中心奠定良好基础。贵州公共物流信息平台由贵州博思科技发展有限公司承建。2008年进行项目策划，2009年系统上线测试，2010年进行省内推广。截至2010年底，累计企业会员超过300家，活跃会员超过100家，信息数超过8000条。目前，贵州公共物流信息平台与贵阳市物流采购联合会合作，成为其官方信息化平台，实现数据共享。该平台信息共享全部为免费服务，已与贵州穗黔物流、上海物流交易中心、贵州省交通职业学院、贵州省财经学院、贵阳物流协会等在物流数据采集、物流信息化建设、物流人才培训和认证等方面进行深入和长期的合作。同时，随着网络经济时代的到来，贵阳市加强电子商务网建设，大力培育电子商务企业，规范发展电子商务网站并取得初步成效。全市现有电子商务企业百余家，其中7家入选商务部电子商务重点企业。（刘　浒）

【软件公共服务支撑平台建设】 2010年，软件公共服务支撑平台在原有功能下进行完善和创新，采用“云计算”建设模式，以Saas（软件及服务）服务为主，辅助提供Paas

数字化城管接线大厅

（商业模式）服务，Saas应用以中小企业商业应用为核心，积极为政府部门及中小企业提供Saas服务，成功开发贵州省民族运动会运动员网上报名应用系统及酒店、餐饮和教育培训行业Saas模式的管理系统。贵阳市软件公共服务支撑平台已在软件开发、酒店管理、餐饮、教育、汽车等行业信息管理系统中广泛运用。（刘　浒）

【农村信息化建设】 2010年，贵阳市加快农村信息化建设，实施农村信息基础设施网络的改造和提升工程。新建扩容无线网基站63个；新建扩容交换接入设备及宽带接入设备523套；新建农话光缆35千米；新建乡镇及行政村的SDH光传输设备212套；新建传输网络及IP城域网络，新建2条8个节点的10G传输链路，1个6节点的10G传输环网，4个2.5G环网输带宽建设，累计上行40G带宽接入IP城域网。继续在全市各乡（镇）、部分村建设了各种类型的信息传播终端，建成信息服务超市（服务站）27个，安装LED农经/气象综合信息显示屏150块，利用信息大篷车进村入户开展培训44次，培训农户1920人。同时，建成了贵阳市涉农门户网站“贵阳·农村”网，搭建了涉农数据交换中心，为农户发家致富架起了信息的桥梁。该网站共采集上传价格、供求、招聘等各类信息411722条。而且还对现有96188电信声讯服务台进行改造，建立了涉农信息声讯和短信服务台，拓展了信息的来源和获取方式。（徐先文）

【社区信息化建设】 2010年，贵阳市扎实推进社区信息化试点工作。目前已完成南明区河滨街道办事处金地社区、白云区艳山红街道办事处红云社区和金阳新区世纪城社区服务中心的信息化试点工作。在试点工作中，以“一网二系统”（即社区网站、社区政务系统和社区管理系统）为主要建设内容，以“社区和社区居民”为核心，将“以人为本”作为社区信息化建设的宗旨和目标，以“利民、便民、惠民”为社区信息化建设的出发点，切实解决社区居民的政务和衣、食、住、行、医、游、娱的需求，让社区居民切身感受到信息化成果带来的益处。（徐先文）

【企业信息化建设】 2010年，贵阳市企业信息化建设扎实推进“1261”工程的实施。主要是围绕优势特色产业的发展需求，以重大企业信息化项目为突破口，依托一批具有示范作用的优势企业，抓好骨干企业信息技术集成应用示范和中小企业单元信息技术的深化应用示范。全年共扶持企业信息化项目33个，投入财政资金430万元，带动8406万元投资，涉及装备及汽车零部件制造业、磷化工、电子信息产品制造业、新材料工业、现代中药业、特色及绿色食品工业等产业，实施提升了企业现代化管理水平和综合发展能力。据抽样调查统计，企业降低生产成本8.31%；缩短资金周转14.97%；减少原材料、产成品库存11.56%；缩短产品开发周期25.55%；应收应付账款的准确率提高21.86%；产品质量提高8.26%。企业技术创新、技术开发、生产制造、市场竞争等方面的能力得到了普遍提高。（徐先文）

【贵阳数字内容产业园建设】 2010年，贵阳数字内容产业园建设取得突破性进展。入园企业达29家，从业人员近500人。园区企业完成产值达2.4亿元，比2009年增加1亿元，并连续3年增长达50%以上。园区企业充分挖掘全省丰富的民族文化资源，打造了一批具有民族特色的优秀动漫和游戏作品，现有5家企业通过了国家动漫企业认定，《西岭雪》、《森林小英雄》、《贵州的笑声》、《蝉之歌》等多部作品获部国家及省级大奖；园区引进了“中国美术学院林超工作室”、“晋鑫娱乐有限公司”等一批省外高端创作团队和优质企业入驻，并利用亚洲青年动漫大赛搭建的国际合作交流平台，积极参与园际动漫项目的开发制作；园区充分整合各方资源，建设动漫研发公共技术服务平台，启动人才培训基地、大型综合IDC数据机房、云计算系统等多个服务平台的建设，并积极筹划作品发布播放平台、动漫游戏项目合作平台的建设。贵阳动漫产业以亚洲青年动漫大赛为平台，以“贵阳数字内容产业园”为载体，大力发展贵阳数字内容产业，形成了“省、市、区三级联动支持、共同扶持”的机制及白云、小河“两翼发展”的格局，呈现出良好的发展势头，在国内外动漫行业中享有盛誉。（刘 浒　徐先文）

生态环境建设

SHENG TAI HUAN JING JIAN SHE

“两湖一库”管理

【综合成效】 据有关部门监测数据显示，2010年红枫湖、百花湖、阿哈水库以Ⅱ类、Ⅲ类水质为主，明显好于2007年—2009年同期，水质污染恶化趋势得到有效遏制，水质总体呈好转趋势，基本完成了《贵阳市“依法治理‘两湖一库’，确保市民饮水安全”工作方案》规定的“两湖一库”水资源环境3年初步好转的阶段性目标。（唐 慧 安 然）

【“两湖一库”基金会管理】 自贵阳市“两湖一库”环境保护基金会成立以来,截至2010年底，共募集保护和治理资金4400万元，投入资金2500万元，开展环境宣传、环境教育活动和实施环境治理项目建设。2010年，在省民政厅组织的全省性社会组织评估中被评为4A级单位。（唐 慧 安 然）

【环保法庭执法工作】 2010年，清镇市人民法院环境保护法庭共受理各类环保案件152件，审结148件，结案率97.4%。依法公开开庭审理了护林员勾结他人冒充园林工人盗伐环城林带以及李正强、杨红等9名失火犯罪案件。对在环保行政机关执法中发现的问题，适时发出《环境保护法律意见书》，并定期进行跟踪回访。出台了《关于大力推进环境公益诉讼促进生态文明建设的实施意见》，明确了在案件审理过程中可以邀请环保专家就专业问题发表意见。（唐 慧 安 然）

【水资源环保立法工作】 2010年3月31日,《贵州省红枫湖百花湖水资源环境保护条例》经贵州省十一届人大常委会十四次会议通过，并于7月1日起正式实施，“两湖”保护有了更严格的法律保障。（唐 慧 安 然）

【生态补偿资金发放】 2010年,贵阳市有效发挥“两湖办”的作用，认真落实生态补偿机制有关规定，对为治理保护两湖一库作出积极贡献的地区、企业进行认真考核和科学评估，经审核同意共发放生态补偿资金1000万元。（唐 慧 安 然）

水质检测

【工业污染治理工程】 2010年，市两湖一库管理局在工业污染治理上，一是加大重点工业污染源的减排、零排工作，华能焦化厂、清镇电厂、贵州美丰化工公司、水晶集团等多家企业实现了污染物的减排或超低排放，贵州天峰化工公司磷石膏渣场污染治理工程已初步完成。二是污水处理站进入试运行。三是完成栗木寨废弃煤矿治理示范项目工程，启动实施金阳新区石硐煤矿治理工程和花溪区15家废弃煤矿治理。四是炸封取缔私挖盗采矿点和废弃矿洞254个。（唐 慧 安 然）

【生活污染治理工程】 2010年，市两湖一库管理局在工业污染治理上，一是启动实施云岩区三桥、马王庙片区及蔡家关片区排水治污工程，金阳新区茶饭村一二三组、朱昌大桥组、金阳龙泉村、朱昌村黑家坟集中区域污水收集治理系统，红枫湖取水口周边徐家院组农村生活污染项目。二是完成清镇市朱家河污水处理厂二期工程，以及站街、百花污水处理厂、金阳医院、帝景传说片区污水收集管网建设。修建了一批垃圾

收集间、垃圾转运站，加强垃圾处理设施建设，初步建立了垃圾处理机制。（唐慧 安然）

【农业面源污染治理工程】2010年，市两湖一库管理局通过规范生产管理、统一操作规程，引导农户使用有机肥、生物农药、病虫害防治等措施，改变传统栽培模式，减少传统农业生产污染物排放。建设无公害果树100公顷、无公害蔬菜基地300公顷。种植无公害、绿色、有机蔬菜1000多公顷，辐射带动1600多公顷。安装太阳能杀虫灯278台，实施害虫物理防治面积1700多公顷；实施性诱剂与色板诱杀蔬菜害虫，治理面积73公顷；推广病虫害无害化治理配套技术1700公顷。完成3个农村清洁工程试点示范工程和2500立方米集粪池建设。（唐慧 安然）

【生物净化工程】截至2010年，“两湖一库”共建设生态浮床2.6万平方米；实施水质生态修复技术示范试验工程，投放鲢、鳙鱼苗4610万尾。（唐慧 安然）

【生态修复工程】2010年，市两湖一库管理局完成国家退耕还林工程补植补造533公顷，植被恢复人工造林66.67公顷；实施湖滨水淹区生态修复工程；完成“两湖一库”饮用水源保护区30平方公里水土流失治理任务，参与投资实施了滴澄关人工湿地，花溪大坪水库大坝和平寨人工湿地项目主体工程，实施“两湖一库”水淹区生态修复工程、清镇市东门河湿地公园、南门河入湖口人工湿地、红枫湖镇芦荻村竹山组生态示范村寨项目建设。（唐慧 安然）

两湖一库管理局绿丝带志愿者走村入户宣传水资源保护条例

【开展五大执法战役】2010年，市两湖一库管理局依法对37家污染源企业实施行政处罚，处罚金额110.74万元。共拆除“两湖一库”保护区范围内违法建筑42291平方米，有效打击违法建房行为。全面开展禁渔期和禁渔区管理，收缴抬网76张、木制小渔船21艘及其他大量非法捕捞工具，放生收缴的活鱼上万斤。查处乱砍滥伐树木案件6起。加大对重点取水、用水企业及单位的检查力度，共查处非法取水案件2起、侵占水库库容案件2起、利用河道水源非法洗车行为19起。（唐慧 安然）

环境保护

【概述】2010年，全市认真开展创建国家环境保护模范城市工作，实施污染物减排、清洁能源建设、机动车尾气污染防治、“除扬尘、降噪音”环境综合整治等工作。城市环境综合整治定量考核和市长环境保护目标责任书执行情况考核名列全省前茅，完成“十一五”主要污染物减排工作和环保规划目标任务。

全年贵阳市空气质量优良率为93.97%，主要污染物年均值达到空气质量二级标准，城市地表水功能区水质达标率为95.83%，集中式饮用水源地水质达标率为100%，区域环境噪声和道路交通噪声平均值分别为55.5分贝和67.8分贝，达到国家考核标准。2010年，国家环保部将贵阳市列为农村环境综合整治试点城市，并与贵阳市签署《农村环境综合整治目标责任制考核和试点工作协议书》。（刘源刚）

【生态文明建设试点】 2010年，贵阳市扎实开展生态文明建设试点工作并取得明显成效：一是制定《贵阳市开展生态文明试点第一阶段（建成国家生态市）工作实施意见》，编制《贵阳市生态文明建设试点总体规划》。二是申报省级示范乡镇的清镇市百花湖乡、修文县扎佐镇、乌当区百宜乡等6个乡镇通过省环保厅验收，并于2010年10月获第一批省级生态乡镇和生态村命名。三是省环保厅已将清镇市红枫湖镇向国家环保部进行申报验收。（刘源刚）

【污染物减排】 2010年，市环保局拟定并报请市政府下发《市政府关于全力推进我市污水处理厂稳定运行圆满完成“十一五”污染减排任务的通知》（筑府发〔2010〕61号），污染物减排工作顺利推进。新庄污水处理工程、息烽县污水处理厂、朱家河污水处理厂（二期）等工程建成投入运行，全市生活污水日处理能力达到65.5万吨；加快完善污水收集管网建设和改造；抽调19名环境监察人员，派驻到贵阳发电厂、清镇电厂和小河一、二期、花溪污水处理厂等共19家重点企业实施驻厂环境监督管理。（刘源刚）

【编制环境保护“十二五”规划】 按照省环保厅黔环办（2010）3号文件要求，市环保局积极谋划环境保护“十二五”规划框架、目标指标体系，从环境污染防治、环境建设、环境安全、环境监管等方面着手，确立了环境保护“十二五”规划基本思路。同时，还按照市政府的要求，参与贵阳市“十二五”生态建设和环境保护专项规划以及贵阳市“十二五”规划的有关编制。（刘源刚）

【环境噪声、扬尘污染综合整治】 2010年，市环保局拟定《贵阳市开展“除扬尘降噪声”环境综合整治工作方案》。对云岩、南明、小河和金阳新区范围内市政工程中的扬尘污染，对社会生活噪声、夜间建筑施工噪声、营业性文化娱乐噪声、工业噪声、道路交通噪声等进行整治，对不符合要求易产生扬尘污染的贵阳发电厂、贵州水泥厂等7家工业企业下发整改通知，要求立即采取措施，减少扬尘污染。进一步严格了夜间建筑施工审批关，需要办理夜间施工审批的建筑工地，须先由建设部门进行审核。（刘源刚）

【机动车排气污染综合整治】 2010年4月1日，《贵阳市机动车排气污染防治办法》（政府6号令）正式颁布实施。市环保局在全市建成8家“简易工况法”机动车尾气检测站，实现计算机网络化运用及远程监控机动车尾气检测的管理模式。从8月1日开始，在全省率先实施机动车“黄绿标”发放管理。截至12月31日，全市共发放机动车环保检验合格标志332121套，占应发放数量的87.4%。（刘源刚）

环城林带

【大气污染防治】2010年，市环保局下发《关于对全市工业企业污染防治设施进行专项清理的通知》、《关于进一步推进重点工业企业污染物稳定达标排放的通知》，要求各区（市、县）结合2009年达标情况开展治理。在新划入金阳新区和南明区管辖的朱昌镇、金华镇、永乐乡、小碧乡实施6.5蒸吨/小时以下燃煤供热装置清洁能源改造。（刘源刚）

【排污权交易】2010年，市环保局完成《贵州省排污权交易贵阳市（试点）启动工作实施方案》（讨论稿）、《贵州省主要污染物排污权交易贵阳市（试点）试行办法》（讨论稿）、《贵州省主要污染物排污权交易贵阳市（试点）试行办法实施细则》（讨论稿）、《贵州省主要污染物排污权交易贵阳市（试点）规则》（讨论稿）、《贵州省主要污染物排污权电子竞价交易贵阳市（试点）规则》（讨论稿）等排污权交易试点相关的办法、制度、规则的编制。经省政府授权试点、市政府批准，2010年7月30日正式成立贵阳环境能源交易所。（刘源刚）

【农村环境综合整治】2010年7月，市政府与国家环境保护部签订了《贵阳市农村环境综合整治目标责任制考核试点工作协议书》，市环保局制定《贵阳市农村环境综合整治目标责任制考核办法》（试行）及责任分解表印发各责任单位严格实施。通过项目申报，实施南明区永乐乡柏杨村、花溪区党武乡摆贡寨、花溪区麦坪乡康寨村、小河区金山村等4个农村环境综合整治项目。修文县大石乡、花溪区麦坪乡分别申请到国家环境保护部农村环境综合整治资金95万元和45万元。（刘源刚）

【环境执法】2010年，市环保局制定《贵阳市2010年整治违法排污企业保障群众健康环保专项行动工作方案》，重点开展重金属污染企业专项整治、饮用水源保护区排污口取缔、南明河沿岸污染源稳定达标排放等环境综合整治。在环保专项行动中共出动执法人员6521人次，现场检查污染源单位3183家次，对91件违法行为进行查处。（刘源刚）

城市管理

【数字化城管建设】贵阳市数字化城市管理信息系统一期工程于2009年底建成投入使用后，市城市管理局成立市级城市管理监督指挥中心，开通城市管理“12319”服务热线、公共服务网站，建立城区100个网格管理员队伍。各区级平台于2010年相继建成，并将系统延伸至各区级职能部门及街道办事处。全年共受理市民来电及网格管理员上报的案件20余万件，有效立案、处置19万余件。此外，还开展城市管理“12319”服务热线进社区活动，与省、市通讯、电力、煤气等34家单位建立密切联动协作的工作机制，全面推进城市网格化管理。（曾凡飞）

【城市道路“白改黑”工程建设】2010年，先后完成新添大道云岩段道路（含鹿冲关路）“白改黑”和富源路、百花大道等道路综合整治工作，实施路面“白改黑”21万平方米，涂装桥墩3970平方米，硬化绿化带1750平方米；改造检查井1394座、进水井1210座；安装单臂灯192柱、步道灯260柱。（曾凡飞）

【人行过街设施建设】2010年，市城管局先后完成瑞金北路——威清路交叉口、枣山路——黄金路交叉口、延安中路——合群路交叉口、延安东路——陕西路交叉口、延安东路——友谊路交叉口、宝山南路——观水路交叉口、新添大道振华广场、市南路——解放路交叉口等8处人行天桥的新建工程。（曾凡飞）

【城市生活垃圾分类收集试点工作】2010年，市、区两级城管部门投资近1200万元，购买勾臂式小型清运车60辆、配套车厢

南明河沿岸景观

600个、分类收集塑料垃圾桶2900个、可降解分类垃圾袋143.6万个；建立17个绿色回收站（亭），收购可回收垃圾。（曾凡飞）

【占道经营治理工程】2010年，市城管局在云岩区、南明区部分次干道、城市近郊、背街小巷设置临时占道摊区269处，安置摊位5000余个。建立“3个20分钟”快速反应机制，对农贸市场周边占道经营、门面延伸占道等行为进行管控。11月16日，新华每日电讯以《“贵阳经验”是对“城管”的拨乱反正》为题，对贵阳市占道经营治理工作给予充分肯定。（曾凡飞）

【“整脏治乱”工程】2010年，市城管部门累计清除卫生死角2586处，清运积存暴露垃圾124.9万吨，清除、覆盖“野广告”、残标74.8万张，收缴小广告50万余张，并将3235个制贩假证等违规电话号码报请电信部门实施停机处理。开展建筑工地及渣土运输车辆渣土撒漏整治，共计督查施工工地 1.32万次，下达整改通知书239份，联合交警部门严查污染路面的违规运输车辆，开展夜间集中整治行动1527次，查处无证、违规污染路面的车辆1162辆。取缔占道经营（作业）71.4万处、门面延伸占道10.8万处。加大对市区主、次干道占压市政设施停车现象的整治力度，共查处违章占道停车6908起，罚款22.4万元。（曾凡飞）

【河道管理】2010年，市城管部门完成南明河河道局部清淤3000立方米，清理河床400米，清除南明河城区段水草400吨，打捞清运河面垃圾约4200吨；河道沿岸渗漏污水接管、理沟158米，治理污水点13处；对河道沿岸违章违法事件进行拍照取证，劝阻、制止违反河道管理的不文明行为及违章占道经营行为4614起。处理城管“12319”热线转办案件418起，发出整改通知书及工作函46份。维修、更换河道沿岸损坏的设施，全年累计维修护栏1700多米，改建护栏611米；新建、改建垃圾池12座，新增果皮箱70个；升级改造河道公厕5座；汛期复位补齐截污沟盖板133块。（曾凡飞）

【城市综合执法队伍实行准军事化管理】2010年6月7日，全市召开综合执法队伍全面推进准军事化管理动员大会。会后，有关部门采取定时定线检查与不定期抽查的方式在6个中心区和金阳新区开展督察，纠正违规行为670人次；与交警部门联合，查处私人车辆改装综合执法制式车辆2起，纠正驾驶执法车辆时未携带工作证、未着制服、无证驾驶等违规行为18起；举办离岗学习班2期，责令26名违规情节严重、多次纠正未改的执法队员离岗学习3天。11月至12月，组织全市800余名综合执法队员分4批在省军区教导大队进行全封闭式准军事化训练及执法业务培训。（曾凡飞）

【喷水池环岛改造工程】2010年，市城管部门对喷水池环岛实施改造工程。该工程拆除原有“四方汇聚”雕塑、环岛绿化及绿化带1760平方米，清运土石方1962立方米，迁改路灯11盏、变压器7台，迁改电力及弱电管沟700米，移栽行道树28棵；摊铺沥青路面11500平方米，安装地埋灯108盏，设置交通标志标线720平方米；新建交通渠化岛4个，总面积1050平方米，其中喷泉面积274平方米；新建绿化带1200平方米，渠化岛内绿化740平方米，新建交通信号灯4处。（曾凡飞）

【公交清洁能源建设】2010年，市公交总公司建成LNG地面加气站1座，可充装量为300辆；LNG撬装加气站2座，可充装量为200辆，并在四川泸州建液化天然气工厂2座。完成“30万吨合成氨尾气综合利用项目”建设，成功生产出LNG产品，每年可减少向大气排放1800万立方米的温室气体，减排二氧化碳6万吨；启动“华能焦化60万吨尾气综合利用项目”，并完成项目可行性研究报告及环境影响评价报告。（钟　宇）

【打击非法营运】2010年，全市共出动执法人员18740人次、出动执法车辆4685辆次，开展行动156次，查扣非法客运“黑车”1184辆。组织公开销毁非法客运“黑车”活动2次，销毁非法客运车辆129辆。（钟　宇）

【加强出租车行业管理】2010年，市客运管理部门对出租车经营管理制度进行了改革，将新增的1050辆出租汽车经营权出让委托贵州阳光产权交易所有限公司，市监察局全程监督招标。同时，降低出租汽车起步价，从11月1日起，贵阳市出租汽车起步价由10元降低为8元。（钟　宇）

【“畅通工程”交通组织实施】2010年，市交通管理部门成立交通组织专业委员会，使交通管理决策更加科学、民主。同时成立道路交通事故快处快赔中心，该中心引进13家保险公司，对事故进行快速理赔。为一线执勤民警配置移动警务通、执法记录仪，及时上传交通违法信息，使执法更加规范、快捷。每天早晚，在车流高峰期推行“快出慢进”举措，在各大入城路口设置入城控制点，控制社会车辆入城流量。控制老城核心区（一环线以内）车流总量；推行次干道、支路单行（35条单行线），20个路口禁止左转，实现路网负荷均衡；结合贵阳实际，制定指路标志设置体系地方标准，力求交通标志、标线、隔离护栏等交通设施统一、规范。（胡　林）

【停车秩序管理】2010年，市交通管理部门对云岩区、南明区的516家停车场进行了实地调查，采集完善停车场基础数据；配合排查69家被挪用的室内停车场的整改投入使用情况；审核办理机动车辆停车场点141个，新增停车泊位数28964个。（胡　林）

【行车秩序管理】2010年，市交通管理部门采取包括车辆种类禁限、机动车牌照尾号禁限、环保禁限、守法车辆优先通行、区域牌照限行、经济手段禁限等措施，有效缓解道路拥堵问题。其中，在富水路、文昌路、新添大道进城向、头桥进城向和浣沙路推行隔离式公交专用道，设置公交车专用信号灯，在宝山路推行半隔离式公交优先道。（胡　林）

林业绿化

【林业生态建设】2010年，全市完成营造林10313公顷，完成率103%，实现了森林覆盖率每年增长1个百分点的目标。完成义务植树412.6万株，建义务植树基地11个，面积800亩。投入市级经费190万元，对花溪区党武乡党武村、石板镇花街村、青岩镇北街村、西冲石板镇镇山村等11个村寨进行重点绿化，共完成行道树种植15.1千米，公共绿地绿化及庭院绿化35500平方米，山体景观绿化32.4公

林城一角

顷，经济林2.178公顷，并完成乌当区偏坡布依族乡农果体验园、白云科技示范园区新农村绿化建设项目。（敖献辞）

【城市绿化建设】 2010年，全市新增绿地面积49.25万平方米，建成云岩区云贵山、双龙峰、南明区湘雅公园、小河区交椅山山体公园，并对市民开放，实施乌当区盘龙山森林公园、市森林公园登山步道建设。对园林绿化等逐步实行社会化、市场化运作，园林绿化所有项目全部进行公开招投标。绿地灌溉、行道树维护、养护使用中水、雨水、河水，使用率达90%。完成城市绿地系统规划编制工作。建成区绿化覆盖率42.3%，绿地率41.05%，人均公共绿地9.85平方米。新增城市园林小雕塑11组，完成花卉生产310万盆。元旦、春节、“五一”及国庆等节日摆放鲜花511.35万盆。（敖献辞）

【公园建设管理】 2010年，全市完成灾后重建项目：森林公园完成补植香樟、桂花、樱花3600株，种植金叶女贞、红叶小檗36000株。鹿冲关森林公园完成1200米花池修建、主干道破损路面维修、大门公厕建设、供水恢复重建。长坡岭国家森林公园恢复森林植被654亩，营造树种48396株，防火通道绿化营造树种7000余株。大力开展旧房改造、道路改造、基础设施建设、植被修复、苗木栽种、更换景区及经营点标识牌，取缔烧烤点、整治违章大棚、拆除广告牌匾等项工作，加强公园基础设施建设及园容园貌管理。（敖献辞）

【森林资源保护】 2010年，为严格控制林地征占用，市林业管理部门定期召开联审会，把好林地征占用审核关，受理规划选址127起，审核上报征占用林地申请108起，查处林业行政案件866起；严格林木采伐管理，办理林木采伐许可58590.53立方米，无超限采伐现象；办理贵阳城建采伐58起，采伐林木656.73立方米。严密防控森林火灾，查处火灾案件171起，处罚185人，其中刑事处罚44人，行政处罚37人，批评教育104人。加强林业有害生物防治，实施防治面积7958.67公顷。完成种苗产地检疫调查，共检疫251家种苗生产、经营单位，检疫面积1195公顷，检疫率100%，检疫各类苗木和花卉100多个品种计6576万株，签发产地检疫合格证250份。（敖献辞）

【集体林权制度改革工作】 2010年，全市集体林权制度主体改革，通过省级验收。外业勘界确权面积259326.67公顷，占林改任务数的98.35%；发放林权证117938户，11.16万本，21.7万宗地，面积257393.67公顷，发证率达97.61%；发生林权纠纷6165起，涉及林地面

积25846.67公顷，已调处5049起，调处面积为20900公顷，调处率达81%。为配合改革稳步推进，市政府制定了《贵阳市公益林生态效益补偿实施意见》、《贵阳市公益林生态效益补偿办法》。（敖献辞）

【打击破坏森林资源行为】 2010年4月1日至6月30日，在全市范围内组织开展了代号为“春季行动”的严厉打击破坏森林资源违法犯罪专项行动。共出动684人次（其中：森林公安民警315人次），出动车辆438台次，清查木材交易市场、收购站24处，清查木材经营加工场所117处，清查征占用林地场点27处，受理各类案件65起（刑事案件15起、行政案件50起），查处58起（刑事案件8起、行政案件50起），处理各类人员61人，处理单位1家，行政罚款35.538万元。（敖献辞）

创建全国环境保护模范城市

【概述】 2010年1月，市委、市政府调整“创模”领导小组，成立“创模”指挥部，制定“创模”工作目标责任书，并由市政府主要领导与50家责任单位负责人签署。市“创模”指挥部制定印发《贵阳市创建国家环境保护模范城市专项工作考核办法》等制度20余项，积极检查指导创模工作。省环保厅帮助协调解决10余项难题。经过全市人民的不懈努力，贵阳市“创模”取得明显成效，26项“创模”考核指标实现16项达标，4项基本达标，其他6项未达标指标也取得重大进展，达标和基本达标项较2009年增加5项。（李世凯）

【基础设施建设】 2010年，全市“创模”工作取得明显成效：一是城市污水处理能力大幅提高。建成投运新庄等二座城市污水处理工程，全市污水日处理能力由2009年的38.1万吨提高至目前的65.6万吨，其中城区达到58万吨；完成全市县城以上11座污水处理厂安装进出水在线监测等近百项整改任务，确保各污水处理厂顺利通过省环保厅组织的环保“三同时”和在线监测等相关验收工作，实现正常运行。二是截污管网建设整改取得重大进展。基本完成市区主要截污管网清污分流工程日分流清水6万余吨，完成麻堤河等区域污水截流工程和金阳等城区20余公里原有截污管网整改工作，日新增污水收集能力9万余吨，全市城市污水处理率达到95.25%，得到环保部“十一五”污染减排核查组的充分肯定。三是废物处理工程建设实施新突破。建成投运比例坝和高雁垃圾处理场渗滤液处理工程保障城区生活垃圾的无害化处理；建成息烽县城垃圾处理场，解决息烽生活垃圾污染问题；危险废物处理处置中心基础土石方工程全部完工，大部分单体建筑完成基础施工，焚烧设备已基本制作完成并运抵现场进行安装，完成总工程量的65%。（李世凯）

【环境综合整治】 2010年，全市“创模”环境综合整治：一是开展“城区地表水整治行动”。查处违法排污90余起，封堵沿河污水入河点60个。督促中化开磷公司累计投入2760万元资金治理污染。积极推进南明河城区段32.5公里清淤整治工程，计划清淤60余万方。二是开展“除尘降噪行动”。累计查处违规运输渣土车辆1900余辆，取缔煤火炉灶500余个，城区空气优良天数占全年

签订创模目标责任书

总天数比例达到94.56%；查处鸣号等噪声违法行为4万余起，声环境质量达到55.6分贝。三是开展“机动车尾气整治”。完成33万余辆机动车尾气检测和黄绿标分标管理，得到国家环保部和省环保厅的充分肯定，并以“贵阳模式”在全省推广。开展“整脏治乱”累计清理城区卫生死角810余处，清运生活垃圾75.75万吨，生活垃圾无害化处理率达93.71%。四是开展“危险废物安全处置整治”。整改特种垃圾处理厂严格医疗垃圾收集处理，强制收储废弃放射源19枚强化辐射安全监管，强化转移联单管理完成33户企业434.87吨危险废物安全转移处置，得到国家环保部“创模”专家充分肯定。（李世凯）

【工业污染治理】 2010年，全市“创模”工业污染治理：一是控制污染增量。否决不符合环保要求项目20个，涉及投资1.5亿多元。关停淘汰落后产能：完成贵州水泥厂老厂等22家企业落后工艺，涉及钢铁6.7万吨、水泥169万吨等落后产能。二是污染治理。完成贵州水晶集团废水治理等各类污染减排重点治理项目12个；完成贵阳制漆三厂、南明春梅酿造公司等25户企业清洁能源改造。三是强化执法监管。累计出动5100余人次现场检查各类污染源3600余家次，派出19名环保监督员对电厂和污水处理厂实行24小时驻厂监管。重点企业污染物稳定达标率进一步提高，全面完成省政府下达的“十一五”节能减排目标任务。（李世凯）

【饮用水源保护】 2010年，全市饮用水源保护：一是加强生活污染治理。建成投运朱家河污水处理厂二期工程及小河金山等4个沿湖库人工湿地，新建水源保护区内村寨截污管网7000余米，拆除违法建筑近5.3万平方米，加强协调督促平坝县城污水处理厂正常运行。二是加强工业污染整治。完成贵州美丰公司和贵州水晶集团等沿湖废水治理重点项目并通过验收，关停饮用水源保护区内违法企业和农家乐53家，取缔各类排污口290个。三是加强生态修复及生物净化。清运花溪饮用水源保护区8.68公里河道29万余方淤泥，新增和维修保护区围栏1.6万余米，投放鱼苗4220万尾和进一步加强生态浮床管护净化水质，全年全市集中式饮用水源地水质实现100%达标。（李世凯）

【营造良好“创模”氛围】 2010年，全市努力营造良好的“创模”氛围：一是累计印发各类“创模”宣传资料100余万份，发放“12369”环保投诉热线手机公益短信80万条，各级各类媒体报道“创模”新闻4000余条，其中，《人民日报》、新华网、《中国环境报》等中央媒体发表16条。二是在市政府网站刊登“创模”信息700余条，在喷水池等6处户外电子显示屏播放“创模”宣传视频及广告宣传片，在市区50辆公交车上张贴宣传标语，10个公交车站上设置公益广告。三是开通“创模”热线电话，强化“12369”环保投诉热线电话管理，及时查处各类环境污染投诉，市民对“创模”工作的知晓率和支持率大幅提高。（李世凯）

生态经济建设

SHENG TAI JING JI JIAN SHE

第一产业

【概述】2010年，贵阳市各级农口部门认真贯彻落实中央、省委农村工作会议精神和市委八届八次全会精神，克服百年不遇旱灾带来的严峻考验，积极应对农产品市场波动的不利影响，坚持以生态文明城市建设为统领，加快农业基础设施建设，加大农业产业结构调整力度，积极培育壮大畜、禽、蛋、奶、菜、花、果、药、茶等优势产业，大力推进产业化经营，全面完成年初既定的各项目标任务，促进全市农业农村经济平稳较快发展。全市完成第一产业增加值57.1亿元，比上年增长8%；农民人均纯收入5976元，比上年增长12.4%，连续3年超过全国平均水平。全年粮食总产量63.05万吨，比上年减产1.6%；蔬菜产量172.08万吨，比上年增长10.2%；园林水果产量10.49万吨，比上年增长15.1%。全年肉类总产量13.9万吨，比上年增长4.2%；牛奶产量3.69万吨,比上年增长5.4%；禽蛋产量2.19万吨，比上年增长4.7%。全年完成造林面积4898公顷，比上年增长34.3%；幼林抚育作业面积4423公顷，比上年增长11.9%。（徐 进）

开阳绿丰养殖场

【全市生态农业座谈会】2010年11月10日，市委、市政府召开全市发展生态农业座谈会，这是继前年全市服务业发展大会、去年全市振兴工业经济大会后召开的一次重要会议。会议通过市委、市政府制定出台的《关于大力发展生态农业的意见》，提出做好四个方面的工作：一是务必做好生态农业规划；二是务必抓好生态农业龙头企业；三是务必制定生态农业生产和质量标准；四是务必培育生态农业技术人才。省委常委、市委书记李军强调，全市上下要进一步解放思想，遵循农业发展的客观规律，采取有效措施，积极破解发展难题。要提高认识，研究制定相关激励机制，进一步调动各方面积极性，形成高度重视、大力抓好生态农业的良好局面。要因地制宜，综合分析各地的自然条件、资源状况、农业基础，有针对性地引导农民作出选择，宜林则林，宜草则草，宜果则果，宜粮则粮，宜菜则菜，宜养则养。要尊重农民群众的首创精神，尊重基层干部的创造发明，及时总结推广农民和基层的成功创举，让贵阳市的生态农业走上蓬勃发展的道路。（徐艾晓蓉）

【扶贫开发和新农村建设】2010年，贵阳市按照整村推进扶贫工作要求，多渠道加大扶贫资金投入，争取中央、省财政扶贫资金5501.1万元，整合各部门资金16869.6万元，完成覆盖项目的23个乡镇、75个村的基础配套设施建设和增收产业培育开发任务。大力推进草地生态畜牧业科技扶贫项目，建设人工草地1560公顷，圈舍38180平方米，投放羊只11220只。制定《贵阳市农村最低生活保障制度与扶贫开发政策有效衔接扩大试点工作实施方案》。开展贫困人口认定工作，经初步认定全市有贫困农户72579户，共171592人。全年完成15397人的减贫任务，占目标任务的100.6%，扶贫工作成效明显。

积极开展各级各类新农村试点村寨建设。2010年，全市投入资金784万元，巩固12

个省级试点村、38个市级试点村、177个区（市、县）自建点、10个精品民族示范村寨的建设。9月，12个省级试点村建设顺利通过省委农村工作领导小组检查；38个市级试点村按照贵阳市“十一五”期间生态文明新农村创建指导标准，完成验收总结。编制完成100个生态文明新农村规划；市级投入资金2461.6万元，区（市、县）投入资金1055.5万元，完成基本农田建设2605.1公顷，超计划605.1公顷。其中，花溪区结合农村危房改造，围绕“六点一线”集中打造29个生态环境良好、生态产业发展、建筑风格突出的农村危改及村庄整治示范村（寨），形成了“坡屋面、石墙裙、杆栏式构架”的花溪民居风格。（龚文涛）

【落实强农惠农政策】 2010年，贵阳市认真贯彻落实中央、省委一系列强农惠农政策，减轻农民负担，增加农民补贴性收入。全年通过一卡通兑现油菜良种补贴489.57万元，水稻良种补贴799.95万元，玉米良种补贴586.13万元，小麦良种补贴110.2万元；发放农机具补贴资金1062.07万元；利用价调基金对13万头能繁母猪进行补贴，发放补贴资金670万元。全市20个村“三百”工程帮扶活动进展顺利。（徐 进）

【特色产业发展】 2010年，贵阳市新建无公害优质水果基地667.6公顷，实现水果总产10.5万吨，果品销售收入4.96亿元。全年投产茶园2733.3公顷（其中新建优质无性系茶园516.1公顷），全市茶叶总产量1619.6吨，总产值5877.3万元。全年完成中药材核心基地示范种植1833.3公顷，仿野生种植及野生抚育6700公顷，主要品种有白术、芍药、知母、金银花、薏仁、续断、板蓝根等，涉及农户3.5万户；全市中药材产量10380吨，产值15600万元，农户增收4500余万元；完成技术培训56期次， 1万余人次。全年花卉种植面积1626.7公顷，产值2.96亿元，其中鲜切花种植面积333.3公顷，产量3亿枝，产值1.5 亿元。（郭 勇）

【生态畜牧业发展】 2010年，贵阳市按照高产、优质、高效、生态、安全的发展要求，坚持“畜禽良种化、养殖设施化、生产规范化、防疫制度化、粪污处理无害化和监管常态化”标准，开展国家级和省级畜禽标准化规模养殖示范场推荐工作，获得4个国家畜禽标准化规模养殖场，分别是贵阳三联乳业有限公司第二奶牛场、贵阳台农种养殖有限公司、贵州开阳南江现代农业发展有限公司、息烽县辉皇牧业有限公司。同时，全市进一步加强畜禽规模养殖场（户）管理，制定《贵阳市畜禽规模养殖场（户）认定细则》，开展第一批畜禽规模养殖场（户）认定工作，首批完成认定规模养殖场（户）264户（其中，畜禽规模养殖场（户）185户，畜禽规模养殖企业50户），带动型养殖企业21户，专业合作社8户。（刘 丽）

【农业科技园区建设】 2010年，贵阳市农业科技园区通过了国家科技部组织的专家现场审查组的考核，获得国家科技部综合评议验收会验收专家组的一致好评，被正式批准为国家农业科技园区。该园共开展科研项目130余项，自主开发项目27项，累计完成科技成果转化182项，引进推广新技术112项、新品种499个、新设施118套，获发明应用专利27项，通过省级审定（自主知识产权）的品种8个，在省级以上刊物发表论文180余篇，获省科技进步二等奖4项，省科技进步三等奖2项，获省农业丰收一等奖2项，市科技成果一等奖1项，市科技进步三等奖2项。（陆 海）

【农民技术培训】 2010年，全市围绕农村服务业、农产品加工等涉农工业、农村特色产业，以及农业从业人员、农村带头人等开展培训工作。全年“阳光工程”培训农民工1700人；开展“绿色证书”农民技术培训6500人次；实施“雨露计划”，培训贫困地区农村劳动力9661人。其中，农民初级技工培训2161人，农业产业化技能培训7300人；

农业科技示范园蝴蝶兰种植基地

资助贫困户子女接受高等学历教育省、市各100人。（刘 丽）

【农产品质量安全水平】 2010年，农业部门按照定期例行快速检测与不定期抽检相结合，以及“标本兼治，检打联动”的要求，认真抓好“重点产品、重点单位、重点区域、重点时段”的检测和抽检。在生产基地、批发（屠宰）市场、农贸市场等环节共抽检各类农资及农产品106297个,合格率99.93%。出动专项农业行政执法人员2999人次，检查各类农业生产基地、生产经营企业2809家次，查处问题案件57起，涉及金额22万元，累计整治重点区域1183个，有效杜绝有毒有害物质、禁用高度农药、违禁药物等的使用，确保全市无重大农产品质量安全事故发生。（刘 丽）

【动（植）物防疫】 动物防疫：2010年全市根据国家、省和市重大动物疫病防控要求，坚持“政府部门抓密度，业务部门保质量”的原则，组织防疫人员5270人次，下发口蹄疫、禽流感、猪瘟、新城疫等各类疫苗4500万ml（头份）；接种猪瘟疫苗180.47万头，猪口蹄疫疫苗181.14万头，猪蓝耳病疫苗173.61万头；接种牛O型——亚洲Ⅰ型口蹄疫疫苗39.43万头；接种禽流感疫苗2762.27万羽；接种鸡新城疫疫苗2512.79万羽。对255个养禽场（规模场、散养户）、8个生猪种（养）场、11个奶牛基地进行动物疫病监测，监测结果均达到国家农业部要求。

植物防疫：2010年，在重大病虫防控中，政府高度重视，农业部门组织得力，群众积极防治，全市共设立125个病虫监测点，发布电视预警44期、病虫简报194期，推广重大病虫防治技术131567公顷。省、市及各区（市、县）组织应急防治物资，实施专业化统防统治58240公顷，带动全市开展防治252313公顷，平均防治率87.75%，有效控制了病虫危害。全市挽回粮食损失64713.74吨，实际损失粮食9160.43吨，病虫灾害实际损失率1.42%，实现损失率小于5%的防治目标。（郭 勇 刘 丽）

第二产业

【概述】 2010年，贵阳市完成全部工业增加值352.77亿元，比上年增长14.9%。规模以上工业完成总产值1058亿元，规模以上工业完成增加值335亿元，比上年增长15.0%。全市完成工业投资240亿元，比上年增长25%。全市规模以上单位工业增加值能耗比去年同期下降6.72%，30家省重点监控企业节能量预计完成13.8万吨标准煤。全市累计完成技术创新项目和“产学研”项目494项，共建成国家、省级重点实验室21个，国家、省级企业技术中心47个，国家、省、市级工程技术中心80个。

工业结构调整初见成效。装备制造、磷煤化工、铝及铝加工、现代药业、烟草和特色食品等五大支柱产业完成工业总产值740亿元，在全市工业中所占比重超过70%；高新技术产业实现总产值240亿元，占全市规模以上工业总产值的22%。全市规模以上工业主营业务收入1146.15亿元，比上年增长19.8%。实现利税总额209.67亿元,比上年增长20.2%。工业产销率达95.56%，比上年提高0.22个百分点。工业综合经济效益指数为195.40。（邓朝阳）

【加强工业经济运行综合协调】 2010年，贵阳市克服年初因遭遇特大旱灾实施的错峰限电和9月、10月全省实施节能减排限电对全市工业企业生产带来的影响，加强电力、运输等生产要素和电煤综合协调，按照优先保障高附加值、重点产业、重点企业及新投产项目电力需求的要求，确保工业用电需求，为工业企业生产保驾护航。制定《2010年贵阳市电煤供应保障实施方案》，指导全市电煤供应工作；成立电煤检查、督促工作组，加强对各产煤区（市、县）组织辖区煤矿企业、煤炭经营公司电煤供应任务的督促。全年共组织供应贵阳电厂、清镇电厂电煤101万吨，圆满完成目标任务，保障了全市工业用电、煤、气的需求，确保工业企业正常生产运营。

认真抓好全市工业发展目标分解和督查工作。按照既有存量又有新增产能的要求，充分考虑国家经济政策和国内外宏观经济环境的因素，科学组织、精心测算，编撰月度经济运行情况月报，指导全市工业经济发展。每季度组织召开全市工业系统经济运行调度会议，传达省有关工业经济发展方面的指示精神，综合各目标责任单位完成目标进度情况、六大特色产业发展情况和重点工业企业完成情况，分析全市工业经济走势和运行特点，针对存在的问题和困难提出措施和建议，督促新投产工业项目尽快投产、达产。（李 刚）

贵阳市“项目大推进年”暨重大项目服务工作队动员大会

【重大工业项目建设】 2010年，贵阳市狠抓工业投资，强力推进重大工业项目建设，特别是对十大重点工业技改项目进行跟踪服务。十大重点工业项目计划总投资461.907亿元，截至2010年底，已完成投资70.68亿元。其中：首钢贵阳特殊钢有限责任公司新特材料循环经济工业基地项目计划总投资约138亿元，建设规模为年产各类钢材200万吨，已累计完成投资9.68亿元。贵州广铝铝业有限公司清镇年产80万吨氧化铝项目计划投资约42亿元，建设规模为年产80万吨冶金级砂状氧化铝，已累计完成投资17.65亿元。息烽循环经济磷煤精细化工基地新增30万吨合成氨项目，计划投资13.9亿元，已完成投资约13亿元，项目基本建成并开始联动试机；6万吨/年季戊四醇项目、30万吨/年硝基复合肥项目、5万吨/年二氧化碳项目已正式启动建设。贵州华电塘寨发电有限公司2×600MW机组项目总投资预计95亿元，已完成投资18.7亿元。贵州开阳化工有限公司100万吨醇氨项目计划投资27亿元，累计已完成投资5.1亿元。贵阳航空电机有限公司贵航军转民高新技术产业园项目计划总投资30亿元，航空机载板块项目已完成投资1.2亿元。贵州詹阳动力重工高效、节能、环保系列特种工程机械产业化基地建设项目计划投资3.207亿元，累计完成投资1.26亿元。贵州轮胎股份有限公司年产110万条高性能全钢子午线轮胎技改项目预计总投资6.7亿元，累计完成投资1.54亿元，40万条全钢轻型子午胎项目已于2010年7月建成投产。贵州凯阳航空发动机公司航空发动机维修项目总投资3亿元，完成投资1.71亿元。贵州盘江煤电(集团)有限责任公司盘江煤机生产项目总投资25亿元，项目已开工建设。（刘晓梅）

【重点工业园区建设】 2010年，贵阳市成立由市委、市政府分管领导任组长，市发改、工信、财政、国土、规划、环保、商务等相关部门为成员的“贵阳市加快工业园区建设工作领导小组”，领导小组办公室设在市工信委，每季度一次的工业园区建设调度会，制定了工业园区建设评价考核办法，并纳入市级目标管理考核。各区（市、县）成立了10个副县级工业园区建设开发办公室或管委会，专职负责园区规划、建设、招商、服务等工作。

麦架——沙文高新技术产业园完成基础设施建设投资15.8亿元，沙文园区路网初步贯通，形成“一横一纵”主干道和“三横两纵”次干道路网。小河——孟关装备制造业生态工业园完成基础设施建设投资11.5亿元，通过基础设施建设和土地一级开发，融资8亿元。白云铝及铝加工基地完成基础设施建设投资4000万元。乌当医药食品工业园，西外环路已完成立项、选址、勘察和设计招标工作，3#、7#、8#路完成立项等工作。南明龙洞堡食品工业园完成基础设施建设投资3500万元。清镇市铝煤循环经济工业园完成基础设施建设投资5亿元，莲花变电站、马骡子变电站、东南变电站以及日处理2000吨污水处理厂等均已相继建成。修文扎佐医药工业园完成基础设施建设投资1.35亿元。息烽磷煤化工基地园区规划内全部搬迁完毕，山体滑坡治理工程已基本结束。开阳磷煤化工基地完成基础设施建设投资3.7亿元。金石石材工业园完成基础设施建设投资5500万元，项目一期厂房工地和荒料市场土地的平整已完成，完成了石材荒料市场的临时水电安装，铺设水管1100米，修建二级加压站一个。截至2010年底，全市工业园区已征地面积2483.55公顷，园区建设基础设施投入43.3亿元。为拓展投融资渠道，采取多种形式筹措园区建设资金，小孟工业园、麦架-沙文工业园区等8个园区建立了投融资公司。现有工业企业入园192户，规模以上企业129户，已投产企业124户，园区招商引资签约金额492.2亿元。（梁大彰）

【麦架——沙文——扎佐高新技术产业经济带建设】 2010年，高新技术产业经济带沙文园17平方公里范围内已完成了七个批次和两条道路涉及16个项目（地块）的用地报批工作，申报用地总面积374.4846公顷。同时，基础设施建设进一步加快。金苏大道一标段，除受自来水迁改、煤气迁改影响的匝道、渐变段少量工程正在施工外，其余工程已全部完工并已通车；金苏大道二标段，已完成沥青摊铺工作并已通车；金苏大道三标段右幅改造工程已完成并通车；金苏大道四标段及金苏大道——绕城高速公路跨线桥已全面竣工并通过验收；金苏大道五标段，路基工程、管网工程完成总工程量的61%。金苏大道六、七标段，已完成投标报名工作。麦沙大道三标段路基已基本贯通；麦沙大道四标段已进行路基挖方、回填等施工。麦沙大道一、二标段，已启动征地拆迁工作。麦苏路、金干南路已进场施工；干田路、马南路正在按程序开展施工及监理招标工作。苏庄路取得立项批复，已按程序开展施工及监理招标工作。

【小河——孟关装备制造业产业带建设】 截至2010年底，小河——孟关装备制造业生态工业园已融资8亿元用于基础设施建设和土地一级开发，切实加强以道路为主的基础设施建设，园区建设取得了显著成效。《小孟工业园区控制性详细规划》通过了市规委会审查；与瑞典皇家理工大学、四川大学和贵州大学经济研究所合作完成了《小河——孟关装备制造业生态工业园区产业规划》，积极引导大企业、大项目向园区集中，形成

建设中的小孟工业园

产业的聚集优势。2010年，园区共有工业项目26个，其中包含煤盘江重机生产项目、凯沃重工项目、普天新能源项目、险峰机床厂项目、安大锻造闪光焊二期项目、奇瑞项目、詹阳重工项目等一批具有良好发展前景和强大带动力的重大项目，总投资达106.33亿元，计划实现产值353.38亿元，为装备制造业的加快发展、集聚壮大奠定了坚实的基础。（胡道东）

【技术创新与技术改造】 2010年，贵阳市大力推进装备制造业、磷煤化工产业、特色食品、高新技术产业等重点技术改造项目建设。全市更新改造投资累计完成215.6亿元，比上年增长29.41%；工业完成投资179.9亿元，比上年增长29.89%，占技术改造总投资的83.44%（其中，制造业仍是投资主体，累计完成投资137.1亿元，占工业总投资76.21%，比上年增长33.76%）。全市共实施技术改造项目645个（其中500万元以上项目482个，完成投资211亿元，比上年增长29.53%，占完成总投资的97.87%）；新开工项目509个，累计完成投资125.5亿元，比上年增长67.78%，占总投资58.21%；续建项目136个，完成投资90.1亿元。

2010年，全市有5个项目获得财政部产业技术成果转化项目补助共计525万元；7个项目获得贵州省地方特色产业中小企业发展项目资金共计280万元；8个项目获得贵州省重点技术创新项目资金共计155万元。共完成全市重点技术创新项目23项，总投资20328.6万元，市财政补助资金450万元，项目涉及生物医药、装备制造、节能环保及电子信息等行业。贵州大自然科技有限公司、贵州健兴药业有限公司和贵州航宇科技发展有限公司等3户企业获得贵州省认定企业技术中心。截至2010年底，全市已拥有省级以上企业技术中心77家（其中，国家级企业技术中心7家)。2010年贵阳市共评选出优秀新产品40个（其中一等奖8个、二等奖18个、三等奖12个、鼓励奖2个），优秀技术改造项目20个（其中特等奖1个，一等奖2个、二等奖 6个、三等奖9个、鼓励奖2个），有功人员297人。（张 海　刘晓梅）

【循环经济建设】 2010年，贵阳市九大园区生态化转型取得较大发展，尤其是新建贵阳市金石石材工业园区，成为市级循环经济推广园区的亮点。大力发展循环经济和资源深加工项目，循环经济规模不断扩大，新建市级以上循环经济试点项目24个。支持企业开展余热、余压利用和节能技改，建成了金久水泥4500兆瓦低温余热发电、贵州单宁科技公司超声波逆流提取五倍子单宁酸生产线等节能项目。加大资源综合利用项目开发力度，提高工业固体废弃物综合利用率，建成开阳紫江120万吨磷渣水泥等项目。废物最终处置量明显减少，工业固体废物处置利用率达到90%以上，再生资源回收利用率达到60%。节水型城市创建继续深入，城市生活污水集中处理率提高到80%，城市生活垃圾无害化处理率达到90%以上。加强清洁生产和节能减排管理，万元国内生产总值（GDP）能耗下降到1.6038吨标准煤，全市二氧化硫排放总量控制在18.67万吨；全市化学需氧量（COD）排放总量控制在5.17万吨，按期完成“十一五”节能减排目标。完成中英战略基金（SPF）项目课题，制定《贵阳市2010-2020低碳发展行动计划纲要（大纲）》，为低碳经济城市建设提供理论指导。创新循环经济工作机制，成功完成贵阳市首例农村户用沼气池清洁发展机制VER（自愿减排）项目并成功交易。积极开展环境权益交易试点，完成阳光产权交易所有限公司贵州环境交易所创建挂牌工作，使之成为打造排污权交易平台。（赵嗣杰）

【节能降耗成效显著】 2010年，贵阳市全面完成省政府下达的能耗降低率目标，其中单位工业增加值能耗降低率为6.72%。工业企业综合利用工业固体废弃物313.74万吨，为目标280万吨的112.05%；根据省政府下达的2010年淘汰落后产能计划，全市2010年淘汰落后产能主要涉及电解铝、炼铁、水泥、黄磷等4个行业的6户企业，涉及产能为炼铁6万吨、水泥76万吨、电解铝3万吨、黄磷0.25万吨。实现节能量6.74万吨标煤；关停和淘汰了不在省政府下达计划内的落后产能水泥93万吨、炼钢0.7万吨、造纸0.69万吨，实现节能量4.07万吨标煤。积极向省和国家申报淘汰落后中央财政奖励资金，配合国家财政部对落后产能的核查，全市有8家淘汰落后产能企业获得中央财政奖励资金，共计2412万元。推荐上报3家企业列入省级清洁生产审核试点企业。全市共推广中央财政补贴节能灯152万只，完成省下达的中央财政补贴节能灯推广任务的114%。（黄春天）

【特色优势产业发展】 2010年，贵阳市装备制造、铝及铝加工、磷煤化工、现代药业、特色食品、烟草制品等六大特色产业累计完成工业总产值752.9亿元，占全部规模以上工业总产值的71.1%，比上年增长15.4%，拉动工业总产值增长10.9个百分点，装备制造业累计完成总产值260.3亿元，比上年增长15.6%；磷煤化工业累计完成总产值149.3亿元，比上年增长15.1%；烟草制品业累计完成总产值104.6亿元，比上年增长16.9%；现代制药业累计完成总产值106.4亿元，比上年增长14.7%；铝及铝加工业累计完成总产值75亿元，比上年增长16.4%；特色食品业累计完成总产值57.3亿元，比上年增长12%。六大产业的发展，拉动了全市工业经济增长。（李　刚）

【非公有制经济和中小企业发展】 2010年，贵阳市非公经济和中小企业平稳较快发展，据统计：全市非公经济完成增加值482.5亿元，比上年增长15.5%，占全市地区生产总值的比重达到42.7%。全市规模以上工业企业603户中，中小企业有593户，占全市规模以上工业企业总数的98.3%；全市产值5000万元以上的232户工业企业中，非公有制工业企业有152户，占比达65.5%。在全市形成了老干妈风味食品、益佰制药、西洋肥业等一批龙头企业，以星力百货等为代表非公企业成为吸纳就业人员和实现职工再就业的重要渠道。

在拓宽中小企业融资渠道方面：引导民间资金投向符合国家产业发展方向和贵阳市六大产业振兴规划方向的项目，切实有效缓解非公经济、中小企业的融资难问题。出台了《贵阳市关于贯彻落实〈贵州省融资性担保机构管理暂行办法〉的实施意见》，初步建立了全市融资性担保机构的运行机制及相关扶持政策。截止2010年，全市共设立小贷公司20家，占全省总量的22%，注册资本5.7亿元，占全省总量的25%；担保机构139家，注册资本55亿元。据不完全统计，全市小贷公司、担保机构共为中小企业、非公有制经济融资超过30亿元。2010年，全市共有90个项目获得国家及省市各类补助和扶持资金6676万元，较2009年增长45%。建立全市上市资源库及循序渐进的推进机制，选择了10余户企业进行重点辅导和关注，确保推动企业上市工作的连续性，出台了《贵阳市关于进一步鼓励和扶持企业上市的若干政策措施》。按照“政府扶持中介、中介服务企业”原则，在组建贵阳市中小企业服务中心的基础上，全市有4个区（市、县）成立了县级中小企业服务中心，有力地带动了全社会专业服务机构为中小企业、非公经济提供全面社会服务。

在引导中小企业非公经济向产业园区集聚方面：随着产业结构的调整，以现代药业、特色食品、装备制造业等为代表，全市中小企业、非公经济已逐步形成一批以专业化、规模经营为特征的具有区域特色的产业集群，其中小河——孟关装备制造业生态工业园集聚中小企业172户，麦架——沙文高新技术产业园集聚中小企业112户。随着全市十大产业园区的建设步伐，围绕支柱产业、大企业进行上下游配套的中小企业产业集群逐步形成。（王锦丹）

【招商引资成效明显】 2010年，贵阳市按照“招大引强、省内集聚、内生发展”的总体思路，围绕产业链招商、战略性项目招商、工业园区招商，创新招商模式，实行“专业、专职、专门”招商，积极“走出去、请进来”，紧紧围绕六大重点产业，进一步加大了招商力度，六个重点产业招商工作组和港澳招商工作组累计引进到位资金135亿元，为完善工业产业链提供了有力支撑。相继完成了贵阳卷烟厂异地搬迁、贵州轮胎工程载重子午胎技改、开磷集团120万吨磷铵等一批上亿元重大项目，实施了首钢贵阳特殊钢新特材料循环经济工业基地、贵州广铝年产80万吨氧化铝、中航工业高新区航空发动机系列项目等一批30亿元以上重大项目。奇瑞汽车专用车生产基地、开磷息烽循环经济精细磷煤化工工业园年产30万吨硝基复合肥和2×3万吨季戊四醇、贵州中铝15万吨铝板带等一批总投资逾500亿元的重大项目开工建设，为发展贵阳市支柱性产业做大做强提供了强劲动力。（邓朝阳）

【企业创品牌拓市场】 2010年，贵阳市为提高企业知名度,拓展企业海内外市场，于4月组织贵阳南明老干妈风味食品有限公司、贵州太和制药有限公司、贵阳普天物流技术股份有限公司、贵州万达客车股份有限公司、贵阳伊然红清真食品有限公司、贵阳事达精工机械有限公司、贵阳新天电线电缆厂等40余家企业参加由国家发改委、商务部、陕西省人民政府和贵州省人民政府等40个国家部（委）共同在西安主办的“第十四届中国东西部合作与投资贸易洽谈会”，达成5个投资贸易项目，共计投资合作金额为5.12亿元；组织贵州老干爹食品有限公司、贵州赖永初酒业有限公司、贵州常吃常想食品有限公司、贵州天龙魔芋食品有限公司等4户特色食品企业和30余家相关单位和企业参加在宁波召开的“2010年中国食品博览会”和“第十九届中国食品博览会暨交易会”。（朱快春）

第三产业

【概述】 2010年，全市各级各部门强化执行、狠抓落实，加大对第三产业的投入，推动第三产业健康有序发展，全面实现既定目标。据统计：第三产业实现增加值607.76亿元，比上年增长14.3%，占地方生产总值的

54.2%，上升4.3个百分点，占比居三次产业第一位，在全省9个地州市中，总量继续保持第一。第三产业完成投资723.73亿元，比上年增长30.8%，占全市固定资产投资总额的71%。实现社会消费品零售总额484.78亿元，比上年增长19.6%。海关进出口总额22.75亿美元，比上年增长25.7%，其中出口14.41亿美元，比上年增长14.1%；进口8.34亿美元，比上年增长52.4%。全年实际直接利用外资1.35亿美元，比上年增长20.1%。

通过完善旅游基础设施和乡村旅游试点建设。成功举办2010“避暑季”和“温泉季”系列活动、2010中国（贵阳）避暑经济论坛、贵阳旅游十年成果展等12项主体活动、16项主题活动、22项生态旅游文化活动，贵阳市“宜居、宜业、宜游”的良好生态优势和人居环境得到大力宣传推介。

金融业健康发展。据统计：2010年，金融机构人民币各项存款余额3035.31亿元，各项贷款余额2588.73亿元；保险保费收入50.12亿元，比上年增长24.5%；证券交易总额2464亿元，开立账户数345545户；全市上市公司12家，上市公司总市值733亿元，比上年增长20.2%。成功引进花旗银行、浦发银行等国内外知名银行在贵阳开设分支机构。

房地产业持续发展。据统计：2010年，完成房地产开发投资310.68亿元，比上年增长47.7%。房屋新开工面积1351.98万平方米，比上年增长86.5%；竣工面积532.6万平方米，比上年下降28%。商品住房销售面积710.7万平方米，销售金额293.35亿元，比上年增长13.4%。房地产热点区域是金阳新区、云岩区和南明区，商品房销售面积金阳新区占全市40.5%，云岩区和南明区占全市34.6%。商品住房（不含经济适用住房）销售均价4200元/平方米。二手房成交面积128.74万平方米，比上年增长7.2%；成交金额34.85亿元，比上年增长0.9%。

与东盟的双边贸易快速回升。据统计：双边贸易总额6.03亿美元，比上年增长75.6%，成为贵阳市第一大出口市场和贸易伙伴。出口产品结构不断优化，重点支持机电产品、农产品、高新技术产品和重点企业的出口，全年机电产品出口3.99亿美元，高新技术产品出口1.62亿美元。外贸企业迅速成长，全市进出口额1000万美元以上的企业24家，其中1亿美元以上的5家。

重点项目建设进展顺利。扎佐物流园区、清镇物流园区等一批物流园区项目全面推进，贵阳国际会展中心、孟关汽贸城等一批重点项目即将建成，贵阳石板农产品物流园等项目开工建设。（范少东）

旅游业

【概述】 2010年，贵阳市全面贯彻落实《国务院关于加快发展旅游业的意见》，围绕发展“避暑经济”和“温泉经济”两条主线，以打造宜游的旅游城市为目标，加大资源整合力度，加快旅游基础设施建设，打造旅游精品景区，强化旅游宣传促销，规范旅游市场秩序，提升旅游服务质量，旅游业继续保持快速发展的良好态势，“爽爽的贵阳·中国避暑之都”城市形象品牌进一步提升。全年旅游总收入425.96亿元，比上年增长44.5%；接待海内外旅游者3946.91万人次，比上年增长20%。

贵阳市第四届旅游产业发展大会会场

贵阳市作为全省旅游产业集聚区的态势初步形成，目的地旅游功能逐步彰显。截至12月，全市有旅行社120家，占全省53.8%；星级饭店及旅游定点接待饭店87家，其中四星级和五星级酒店占全省37%；各类经济型酒店200余家，总床位38000余张；旅游客运公司18家，旅游定点车辆930辆，占全省95%；黔灵山公园、天河潭景区、青岩古镇、红枫湖景区、南江大峡谷景区、贵阳森林野生动物园、天邑森林温泉、保利国际温泉8个国家4A级旅游景区，占全省50%，国家3A级旅游景区6个，国家级风景名胜区1个，全国农业旅游示范点5个，国家级重点文物保护单位4个，国家历史文化名镇1座，国家级森林公园1个。

【旅游管理体制改革】 2010年，为进一步加强旅游管理，贵阳市旅游局升格为贵阳市旅游产业发展委员会，成立贵阳市旅游执法支队，组建贵阳市旅游产业发展中心，编制《贵阳市“十二五”旅游业发展规划》、《贵阳市温泉旅游发展规划》、《贵阳市息烽县养龙司半边天文化产业基地修建性详细规划》等，启动《贵阳市旅游业发展总体规划（修编）》工作，出台《贵阳市促进旅游产业发展奖励措施（暂行）》，有力促进全市旅游产业大提高、大发展。（李仁刚）

【开拓旅游市场】 2010年，贵阳市抓住上海世博旅游年契机，针对目标客源市场，重点在重庆、武汉、长沙、南京等“火炉”城市，大力开展旅游宣传促销活动，深度开发以上海为中心的长三角重点城市、京津地区及以广州为中心的珠三角地区等客源市场。与上海、广州、重庆、武汉等地旅行社合作推出“赏花赏景·慢品漫游”春游贵阳、“享世博精彩·品真山真水”2010畅游贵阳体验游、“贵阳避暑美食团”、“因为夏天，爱上爽爽的贵阳—万人自驾游贵阳”等活动；赴长沙、武汉、南京、上海以避暑旅游结合宜居地产形式开展对外宣传推介；在广州、南昌等地举行旅游推介会；组织参

“醉美”偏坡开村仪式

加2010广东国际旅游展览会、“2010世界旅游日全球主会场庆典中国广东国际旅游文化节”等活动。目前，京津地区、长三角、珠三角地区成为贵阳旅游的主要客源地，占省外游客的60%。（李仁刚）

【旅游文化宣传】 2010年，贵阳市旅游产业发展委员会积极创新旅游文化宣传手段，不断丰富宣传形式和内容。在凤凰卫视、贵州卫视投放贵阳旅游形象广告及开展旅游专题宣传报道；与红墙媒体合作，在上海、北京、大连三地火车站投放电子屏幕广告；在北京公交候车亭投放城市形象广告；通过长沙红网、武汉汉网等媒体推介贵阳旅游；制作2010贵阳旅游交通图、旅游宣传小卡片，编印《贵阳攻略》、《因为夏天爱上这个城市—“爽爽的贵阳”旅游系列丛书》等，广泛宣传推介贵阳旅游。（李仁刚）

【乡村旅游发展】 2010年，全市乡村旅游呈现出健康、快速发展的态势，乡村旅游集群得到进一步培育壮大。全年投入资金2000万元，重点打造乌当“泉城五韵”（即醉韵·偏坡、美韵·渡寨、福韵·王岗、情韵·阿栗、古韵·陇脚）民俗生态旅游精品示范点，对全市105户乡村旅游接待户进行改厨改厕，提升乡村旅游品质。全市现有乡村旅游接待户2097家，全国农业旅游示范点5家，从业人员30907人。全年共接待乡村旅游游客1914.79万人次，实现综合旅游收入30.29亿元。（李仁刚）

【加强旅游行业管理】 2010年，贵阳市深入宣传贯彻执行《旅行社管理条例》、《旅行社条例实施细则》，结合“旅游服务质量提升年”和“满意在贵阳”活动的开展，加大执法监督力度，切实保障旅游者和旅行社合法权益。按照《旅行社管理条例》，新增审批旅行社10家、旅行社服务网点70个、旅行社分社备案登记4家。2010年，按照国家旅游局《旅游饭店星级的划分与评定》标准要求，对全市一至四星级饭店共56家进行了复核，42家通过复核、10家限期整改、3家取消星级资格。制定《贵阳避暑度假酒店》地方性标准并正式实施。出台相应奖励措施，支持星级酒店开展节能降耗，推动创建绿色旅游饭店，对当年被评为金叶级绿色旅游饭店和银叶级绿色旅游饭店的酒店分别给予8万元和5万元奖励。（李仁刚）

【规范旅游市场秩序】 2010年，市旅游管理部门进一步强化旅游质监工作，组织开展8次旅游市场综合检查，共检查旅游企业及门市209家、旅游车辆12台次、导游35人次，旅游团队14个，下达责令改正通知书28份。市旅游质监所共受理和处理旅游投诉案件81起，投诉处理率100%。旅游质监工作在国家旅游局公布的全国50个样本城市游客满意度调查中，从第一季度的38位上升到第三季度的18位，大幅提升20位。（李仁刚）

【第四届旅游产业发展大会】 2010年5月5日，贵阳市第四届旅游产业发展大会在乌当区乐湾国际体育公园隆重举行。会上，省委常委、市委书记李军，省委常委、宣传部长谌贻琴，市委副书记、市长袁周，市委常委、宣传部长蒋星恒，市委常委、市委秘书长王保健，副市长季泓等领导以及省旅游局、省建设厅、省农委、省体育局、省文化厅等省直部门负责人应邀出席会议；市长袁周、省旅游局局长傅迎春分别讲话。（李仁刚）

【避暑经济论坛】 2010年5月6日，国家发改委西部开发司、中国旅游研究院、中国气象学会和贵阳市人民政府共同主办，贵阳市旅游产业发展委员会承办的“2010中国（贵阳）避暑经济论坛”在贵阳世纪金源大饭店隆重举行，论坛以“避暑休闲（经济）与城市发展”为主题。国家发改委国土开发与地区经济研究所副所长、研究员高国力，中国旅游研究院副院长、研究员石培华，中国气象科学研究院副院长、中国气象协会秘

书长、研究员王春乙，人民网活动策划指导顾问、中国旅游景区协会会刊《中国旅游景区》杂志主编殷海雄等专家出席论坛。专家就全球气候变化条件下的贵阳避暑经济体系与城市建设、贵阳避暑型气候的优势与城市品牌打造、贵阳发展避暑经济的比较优势与发展战略、贵阳市打造避暑经济的科技支撑，以及贵阳避暑经济品牌营销与推广等发表精彩演讲。（李仁刚）

【生态旅游线路推荐】 2010年，贵阳市重点推荐10大绿色生态精品线路，即：贵阳——美食王岗——诗画渡寨——香纸沟——神秘陇脚——贵阳，贵阳——醉美偏坡——东风镇——秘境·食街——天邑森林温泉——贵阳，贵阳——甜蜜阿栗——情人谷——渔洞峡——贵御温泉——贵阳，贵阳——息烽集中营旧址——息烽温泉——贵阳，贵阳——南江大峡谷——开阳十里画廊——贵阳，贵阳——苏格兰牧场——珍珠岛度假中心——贵阳，贵阳——花溪公园——青岩古镇——天河潭——贵阳，贵阳——森林野生动物园——桃源河——贵阳，贵阳——扎佐高尔夫度假中心——保利国际温泉——贵阳，贵阳——金阳新区——长坡岭森林公园——贵阳。（李仁刚）

现代物流业

【概述】 2010年，贵阳市加快发展物流业，全市物流业总收入220.26亿元，比上年增长15.2%；物流业增加值99.67亿元，比上年增长14.5%。工商登记的物流企业733户，比上年增长15.8%。全市营业收入超过4000万元的重点物流企业9家，超过亿元的3家，引进国内知名物流企业2家；贵州穗黔物流有限公司进入全国物流百强企业行列。贵阳市被商务部列为全国流通领域物流示范城市，获得全国“物流中心城市最佳投资环境奖”。（张 顺）

【物流园区建设】 2010年，中央、省、市共投入资金2386.48万元，扶持重点物流园区建设。贵州西南物流中心仓库建设基本完成，建筑面积14万平方米；贵阳宝通工业物流园一期工程完成，建筑面积4万平方米；乾郎钢材物流中心一期建成投入使用，建筑面积3.1万平方米。扎佐物流园区农资农肥转运配送中心、贵阳邮政仓储中心、二戈寨物流配送基地、清镇物流园区及其基础设施开工建设。（张 顺）

【物流服务标准化建设】 2010年，贵阳市成立贵州首家物流企业评估工作机构，推行物流服务标准化。贵阳鑫平运输有限公司、贵州国程物流有限公司、贵州铭宇物流有限公司被评为国家AAA级物流企业。远成物流开通贵阳——成都新干线，定时发车、限时到达，实现货运客运化。（张 顺）

金融业

【概述】 2010年，贵阳市认真贯彻中央宏观调控政策，着力调整产业结构，大力发展金融服务业，积极支持金融机构改革，促进金融业全面发展，发挥金融在经济社会发展中的支撑和保障作用，全市经济主要指标保持较快增长。截至12月，全市金融机构人民币存款余额3078.8亿元，比年初增长25.4%，占全省42%；人民币贷款余额2539.9亿元，比年初增长22.7%，占全省44%。其

花旗银行贵阳分行开业庆典

中，中长期贷款余额1955.2亿元，比上年增长24.5%，占全省中长期贷款38.9%；固定资产贷款新增18.3亿元；银团贷款新增5.4亿元；票据融资余额75.9亿元，比上年增加16.7亿元。截至12月，全市有各类保险公司19家，其中财产险公司11家，寿险公司8家。实现保费收入59亿元，占全省保费收入的48%，其中财产险17.7亿元，寿险29.8亿元，意外伤害险10.25亿元，健康险1.6亿元。2010年，10家证券公司在贵阳设立分支机构，其中本地证券公司一家，证券营业部16个，期货公司营业部7家。截至12月，贵阳市辖区证券营业部总资产38.42亿元，证券交易总额2464亿元，交易结算资金余额34.86亿元，开立账户数345545户，从业人员736人。全市共有上市公司12家，上市公司股票总市值714.4亿元，比上年增长26%。（匡绍君）

【引银入筑工程取得突破】 2010年，浦发银行、南充市商业银行、重庆银行、招商银行、六盘水商业银行、花旗银行共6家银行在贵阳成立分行正式开业；遵义市商业银行得到中国银行业监督委员会批准筹建贵阳分行。中国银河证券、华泰联合证券、国元证券、国海证券，以及中国人民人寿保险股份有限公司获批在贵阳筹建分支机构。（匡绍君）

【完善政银企合作机制】 2010年，贵阳市通过建立健全金融机构、政府和企业合作机制，搭建合作平台，推进金融服务全市经济发展。贵阳市政府与贵州证监局签订关于促进资本市场发展战略合作协议，发挥贵州证监局为贵阳拟上市企业提供服务的支撑作用；与西南证券股份有限公司签订战略合作框架协议，推动西南证券利用其投行业务优势，为贵阳提供包括项目融资、资产管理、理财、资本运营、资产证券化、现金管理、企业改制、重组、并购、管理咨询等全方位、综合性金融产品和服务；与华融资产管理公司签订全面战略合作框架协议，对贵阳的基础设施和公共服务等设施建设提供全方位和便捷的金融服务。（匡绍君）

【筹建贵阳市农村商业银行】 2010年，贵阳市金融办在筹建工作领导小组领导下，积极做好协作配合工作，认真做好贵阳市农村商业银行的各项筹建工作。截至12月，通过现金清收、贷款重组、完善资料上调级次等措施，化解不良贷款4.9亿，不良贷款率下降5.97个百分点。（匡绍君）

【推进贵阳市商业银行上市和跨区域经营】 2010年，按照"加快推进、尽快改善贵阳市商业银行经营管理"的指示精神，相关单位积极沟通、通力合作，贵阳市商业银行上市步伐稳步迈进，各项业务平稳较快增长。截至12月，全行总资产634亿元、各项存款余额577亿元，各项贷款余额314亿元，实现利润11亿元，上缴税收4.5亿元，成功设立遵义分行、毕节分行和凯里分行。（匡绍君）

【防范打击非法集资和反假人民币】 2010年，贵阳市金融办协调移动公司、联通公司和电信公司，向全市人民发出防范非法集资短信，利用金融机构网点进行防范非法集资相关知识宣传，有效引导和提高社会公众对非法集资活动危害性的认识，增强风险防范意识，切实保护人民群众利益，维护全市金融安全和经济金融秩序稳定。在省反假人民币领导小组办公室统一部署下，贵阳市开展为期一个月的反假人民币宣传月活动，进行人民币真伪鉴别知识宣传，有效防范假人民币在贵阳的非法使用。（匡绍君）

会展业

【概述】 2010年，贵阳市以会展业作为现代服务业的先导行业和新的经济增长点，

贵阳国际会展中心效果图

着力打造会展业，全市会展接待能力、产业支撑、交通设施等会展环境日趋良好。一是星级酒店建设得到加强，截至12月，凯悦酒店、元龙大酒店、世纪金源大酒店等五星级酒店建成投入使用，通源酒店、开磷城酒店、东原财富广场、上海东景等7家五星级酒店陆续开工。二是西南地区建设规模最大、功能配套最完备、设施最先进的多功能国际会议展览中心之一——贵阳国际会议展览中心主体工程投入使用。（邓理青）

【明确会展业发展目标】 2010年，贵阳市制定出台《关于促进会展业发展的若干意见》，明确会展业近期发展目标。2010年——2015年，以“生态文明贵阳会议”、“中国贵阳避暑季”活动为基础，鼓励各型各类会议、展览、节庆赛事活动竞相发展，初步形成一系列具有影响的品牌会展活动。大力引进举办海内外国际商务、金融、旅游、文化、科技、外事等各类会议(论坛)、节庆和体育赛事，创新发展会展经济，逐步实现会展经济产业化。力争每年承接50个左右的大中型展览，举办200场以上会议，举办3——5个大型节庆活动，举办5——10个与贵阳市产业结构关联度高、在国内外有影响的品牌会展项目。力争会展业收入以年均50%左右的速度递增。（邓理青）

【成立工作机构】 为强化贵阳市会展业发展的组织、领导和协调，统筹安排各类大型会展、节庆、赛事活动，建立良好的管理运行机制，2010年，市委、市政府出台《关于成立贵阳市会展业工作领导小组的通知》，成立由市长为组长、分管副市长为副组长、相关部门主要负责人为成员的会展业工作领导小组，在招商引资中心专门设置贵阳市会展经济促进办公室，作为会展领导小组常设办事机构负责日常工作，明确了领导小组职责、会展办职责及会展办机构设置与运作方式。（邓理青）

【全面进行宣传推介】 2010年，贵阳市通过登门拜访、组团外出推介、召开座谈会、新闻发布会等形式，加大会展业宣传推介力度。8月18日，市政府召开《贵阳市人民政府关于促进会展业发展的若干意见》新闻发布会；9月3日，市政府主办，中天城投国际会议展览中心有限公司协办的“促进会展经济发展新闻发布会暨座谈会”在金阳新区召开，市委副书记、市长袁周与市委常委、副市长李忠出席座谈会，国内45名会展界专家和各行业协会领军人物，为贵阳会展业发展建言献策；11月4日——5日，组织参加“第三届中国会议产业大会暨合作洽谈会”，开展会展商品推介活动，成功签约23个会展项目。宣传推介成效显著：贵阳市获得2009——2010年度中国最受关注会议目的地、2010年度十大潜力节庆城市、2010年度十大旅游类节庆最具财富城市奖、华表奖——2010年度中国最佳绿色会议城市、2010年度中国最佳会议目的地城市、2010年度中国十佳会展城市等荣誉称号。（邓理青）

商贸业

【概述】 2010年，贵阳市商贸业内外贸并举，商贸经济实现平稳较快发展。全市完成社会消费品零售总额484.78亿元，比上年增长19.6%。其中批发业零售额33.74亿元，比上年增长13.5%；零售业零售额377亿元，比上年增长21.4%；住宿业零售额6.29亿元，比上年增长22.3%；餐饮业零售额67.75亿元，比上年增长13%。城市消费品零售额453.77亿元，比上年增长19.3%；乡村消费品零售额31.01亿元，比上年增长24.5%。全市商贸流通基础设施建设完成固定资产投资30亿元，比上年增长28%。全年实现外贸进出口总额22.75亿美元，创历史最高水平，比上年增长25.7%。其中出口14.41亿美元，比上年增长14.1%；进口8.34亿美元，比上年增长52.4%。全年批准外商投资项目20项，比上年增长5.3%。实际直接利用外资13470万美元，比上年增长20.1%。（张 顺）

【商贸市场建设】 2010年，亨特国际购物广场、新华都时尚购物广场、鸿通购物中心以及沃尔玛黄河路分店、北京华联金阳店、福建永辉超市金阳店等建成开业。全市农贸市场升级改造进展顺利。升级改造农贸市场111个，拆除长期占道经营的马路市场26条，顺利通过创建国家卫生城市专家组暗访；制定《贵阳市农贸市场管理办法》、《贵阳市农贸市场管理办法实施细则》，理顺农贸市场长效管理机制。开展专业市场规划调研工作，编制《贵阳市大型专业市场建设规划》并通过专家评审；完成《关于茶叶专业市场的调研报告》、《关于酒类专业市场的调研报告》、《关于辣椒专业市场的调研报告》等调研报告。（张 顺）

【农村市场体系建设】 2010年，贵阳市扎实推进家电下乡工作，全面落实家电下乡“商审商付”新政策。备案家电下乡销售网点736个，实现乡镇全覆盖；销售家电下乡产品144530台，比上年增长176.2%；实现销售额3.21亿元，比上年增长252.8%；兑现补贴金额2336.1万元，比上年增长305.6%，补贴兑付率92.5%，提高42.5个百分点。贵阳市获得全省“2010年度家电下乡工作先进单位一等奖”。加快推进汽车、家电以旧换新，全年受理汽车以旧换新1200余户，补贴金额1200万元；备案回收销售网点138个，覆盖全市所

改造后的农贸市场

有区（县、市），累计回收旧家电18959台，销售新家电18693台，实现销售额7785万元。开工建设“万村千乡市场工程”配送中心建设项目11个，其中日用品配送中心项目4个，农资配送中心项目3个，下乡产品配送中心项目3个，验收农家店232个。建成贵州合力购物有限公司、北京华联贵阳分公司等“农超对接”项目2个，谷丰粮油批发市场交易大厅建设等“双百市场”项目2个，贵阳向日葵商贸公司日用品配送中心等“万村千乡市场工程”项目2个，贵阳市农资公司扎佐配送中心等农资配送中心项目2个。（张 顺）

【社区商业“双进工程”】 2010年，贵阳市以社区连锁超市为载体，加快推进“便利消费进社区”，支持星力百货集团等3家龙头企业新建社区连锁超市27家。贵阳市抓住被商务部批准为全国家政服务体系建设试点城市的机遇，以家政服务体系建设为载体，积极推进“便民服务进家庭”，开展家政服务网络中心和家政企业连锁门店进社区“百店工程”建设，如在贵阳保得城市环境管理服务有限公司建成社区家政连锁门店4家。（张 顺）

【整顿规范市场秩序】 2010年，贵阳市组织开展市场经济秩序专项整治活动，全年出动执法车辆1.23万车次，参加行动执法人员3.53万人次，清理市场3038个（次），收缴假冒伪劣商品40.8万件（盒、台、块）。严厉打击私屠滥宰，取缔私屠滥宰窝点5处，收缴待宰生猪28头、已宰杀的生猪12头、病死猪6头，查获并处理问题肉制品1.5吨。扎实推进成品油管理工作，组织成品油市场专项整治，下达整改通知书8份，处罚决定书8份，责令停业4家；加快项目审批，全年受理上报加油站新建项目29个、异地搬迁建设项目4个。（张 顺）

【加快发展餐饮业】 2010年，全市餐饮业争取市服务业发展引导资金120万元，引导贵州龙夜郎皇宫、金阳黔聚福酒楼、醉苗乡酸汤鱼等5家本土餐饮企业挖掘拓展黔菜特色，发展连锁经营，做大做强自身品牌。8月——9月，组织举办“2010中国·贵阳避暑季欢乐美食节”，评选出“十佳新品黔菜”、“十佳百姓餐厅”，促进黔菜创新，宣传餐饮品牌，助推餐饮消费。编辑出版《贵阳美食》。（张 顺）

【加快发展批发零售业】 2010年，全市充分利用元旦、春节、五一、国庆等节日，组织举办4次“贵阳欢乐购物节”系列消费促进活动，吸引中国银联贵州分公司、贵阳移动等企业提供总价值60余万元的奖品，带动众多商家和市民广泛参与。全市79家参节企业购物节期间累计实现销售45亿元，拉动社会消费135亿元。星力百货集团年销售收入突破20亿元，税收突破1亿元；国贸广场年销售收入突破15亿元，税收1亿元，两大集团零售额占全市限额以上商业零售企业零售额的20%。世界500强企业家乐福、上市企业永辉超市以及居然之家等国际国内知名企业入驻贵阳，进一步提升贵阳商业的吸引力和影响力。（张 顺）

【对外贸易强劲发展】 2010年，贵阳市加大出口市场培育力度，举办东盟自贸区市场专题宣讲会和开拓东盟自贸区市场重点企业座谈会，邀请中国——东盟商务理事会秘书长许宁宁到会作主旨报告；编印《中国——东盟自贸区知识手册》；组织企业参加泰国世界食品博览会等东盟地区重点展会。全年进出口额达1亿美元的企业5家，增加2家；全市30家重点外贸企业进出口总额20亿美元，占全部进出口总额的87%。有产业支撑的外贸企业强劲发展，其中贵州轮胎进出口额3.39亿美元，比上年增长80.8%，占全市进出口总额的14.9%；振华公司手机出口突破1亿美元，成为全市第一家机电产品出口超过1亿美元的企业；中烟贵州进出口公司出口9980万美元；中陶公司陶粒

支撑剂出口首次突破1000万美元。（张 顺）

【口岸大通关建设】 2010年，贵阳市全面推行进口商品外汇核销制度改革，在通关、售（结）汇、退税、出入境检验检疫等方面为外贸企业提供更加方便快捷、及时高效的优质服务。全年办理外贸企业出口退税共987户（次），累计退税4.58亿元，比上年增长17.7%。办理出口结汇业务17.24亿美元，比上年增长24%；全市外贸企业办理出口信用担保承保金额3.7亿美元，共缴保费161.7万美元，比上年增长19.7%。全市建筑面积1.8万平方米的公共保税仓库经国家海关总署批准，正式投入运行。（张 顺）

【利用外资实现突破】 2010年，贵阳市合同利用外资1.91亿美元，增长113.4%；实际利用外资1.35亿美元，增长20.1%，创历史新高。组织参加2010贵阳（北京、上海）经贸交流暨旅游推介会、第14届中国投资贸易洽谈会、第5届中国中部博览会；开展上海世博会贵阳宣传活动周等活动。（张 顺）

【投资环境优化】 2010年，市商务局围绕重大项目，及时启动部门间联合协调机制及绿色审批通道，按照特事特办的要求，以最短时间进行项目审批、登记，保障项目快速落地实施；组织编印《贵阳市利用外资优惠政策汇编》和《贵阳市利用外资办事指南》；组织省、市7个部门在市政务大厅集中开展2010年度外商投资企业联合年检工作，为全市近240家外资企业提供一站式年检服务。（张 顺）

生态文化建设

SHENG TAI WEN HUA JIAN SHE

生态文明意识教育

【“林城读书月”活动】 2010年，贵阳市按照中央、省委《关于推进学习型党组织建设的意见》及《中共贵阳市委关于建设学习型城市的意见》的安排部署，紧紧围绕市委、市政府的工作大局，以推进学习型党组织建设重点，积极开展丰富多彩的读书学习活动，提高广大干部群众的综合素质，营造良好学习氛围。市委宣传部、贵阳市委讲师团紧扣“共建书香贵阳，提升城市品位”的主题，联合举办了以“读书与学习型党组织建设”为主题的2010·林城论坛、贵阳市“三创一办” 知识竞赛暨演讲比赛、学习型党组织建设征文活动。按照“科学理论武装、具有世界眼光、善于把握规律、富有创新精神”的要求，组织开展征文活动，共收到高质量的文章100余篇，提高全市广大党员干部素质，营造良好的学习氛围，推进了学习型党组织建设。同时，市直相关部门和单位还围绕“2010·林城读书月”活动主题，开展系列活动，如贵阳市新闻出版局牵头组织开展了贵阳市“书香农家”读书系列活动，举办“‘我的书屋，我的家’读书讲演比赛”、“农家书屋读书征文比赛”等活动。市图书馆组织举办“市民文化讲坛·科普及养生”系列讲座。专家讲座围绕市民关心的热点难点，深入浅出地进行讲解，受到市民的好评和青睐，有效地宣传普及科普及养生知识。（牟光仁）

“祖国好家乡美”主题实践活动启动仪式

【“讲文明、除陋习、树新风”活动】 2010年7月，贵阳市举办“讲文明 除陋习 树新风”市民座谈会，30余名市民代表齐聚一堂，共“晒”城市不文明现象，倡导广大市民向陋习宣战，让不文明行为早日销声匿迹。市民代表们座谈中认为，乱扔乱吐、横穿马路和车辆鸣号等不文明行为仍较为普遍，需要进一步加强教育和管理，在全社会形成争做文明市民的良好氛围。市城管、交警部门也在现场就市民提出的问题一一作出解答。（陈 诚）

【“我们的节日”系列活动】 2010年9月，贵阳市举办“我们的节日——国庆喜相逢”文艺活动。此次文艺演出活动彰显了中国传统文化，其文化元素包括：朗诵——古今名篇诗词；歌曲——歌颂祖国的歌；书法——诗歌对联书法；音乐——中国古典音乐（古琴，古筝等）；茶道——贵州名茶（品茶，饮茶等）。活动以颂祖国、赞家乡、品文化为主题，体现了活泼喜庆的风格。表演者来自各行各业，代表着不同行业的人。这些活动的开展，使人欢笑愉快，让现场充满欢乐、喜庆、祥和、温馨的气氛，营造贵阳市喜迎国庆61周年的浓郁氛围。（陈 诚）

【“畅通工程”宣传教育活动】 2010年，贵阳市利用辖区市民文明学校、流动人口学校、企事业机关文明学校等载体，大力宣传贯彻《道路交通安全法》和《道路交通管理条例》，普及交通常识，增强全区市民文明行路、文明行车的意识和自觉性；通过“畅通工程”文明出行、“畅通工程”大家谈、文明行车活动宣传教育，深入开展诚信教育、创建文明城市教育活动，并充分发挥文明监督岗和文明巡逻队的作用，对违法行车和违法行路的驾乘人员及行人进行说服教

四通八达的交通网络

育，在市民中倡导文明行为，争做文明公民，为加强公民道德建设营造了良好的舆论氛围。

2010年，贵阳市先后举行万人“步行推动日”活动，全市共1万余名机关干部和市民群众参与步行宣传和健身走活动，倡导大家以自身行动倡导绿色、低碳生活，建议步行出行、绿色出行、走向健康、走向环保、走向生态、走进文明；开展“无车日”活动，围绕“绿色交通、低碳生活”活动主题，在遵义路两边组织步行宣传队伍，向过往市民发放《2010年中国城市无车日活动宣传材料》、《贵阳市发展低碳经济市民读本》、《“三创一办”应知应会手册》、《贵阳生态文明城市建设市民读本》、《2010年无车日活动主题解读》等宣传资料，进一步提高市民对可持续城市公共交通发展、健康出行的认识，引导广大市民自觉选择公共交通、自行车、步行等绿色出行方式。（陈　诚）

【“满意在贵州、文明在贵阳”活动】 2010年，贵阳市制定下发《2010年“满意在贵州、文明在贵阳”主题活动实施方案》，设立市民投诉热线电话专线，共接受群众来电及网上留言问题反映675条，办理省、市领导批办件 64件，通过实地调查，责令责任单位进行整改，做到件件有落实，事事有回音。同时，组成市联合督查组，采取听取汇报、查阅资料、召开座谈会、实地走访等多种形式，深入到全市医疗、商业零售、铁路车站、民航机场、银行、邮政、电信、宾馆、旅行社、环卫、供电、煤气/供热、风景园林、物业服务、自来水、工商、税务、派出所/警署、交警、110、公交、出租车等22个窗口行业进行明查暗访，较为全面地掌握全市窗口行业的总体情况，督促检查相关窗口行业改进工作作风、提升服务质量。（陈　诚）

【“阳明学·生态文明·黔中文化”博雅论坛开坛】 2010年1月15日，由贵阳学院主办，贵阳学院阳明学与地方文化研究中心、生态文明城市建设研究中心承办的“阳明学·生态文明·黔中文化”博雅论坛（2010）在贵阳学院开坛，来自省内高校及科研院所的专家学者40余人出席论坛。论坛主题为“阳明学·生态文明·黔中文化”，旨在通过对阳明学、生态文明和黔中文化相互关系的深刻剖析和研究，为生态文明城市建设探寻智慧源泉和文化支撑，为生态文明城市建设作出应有贡献。博雅论坛将不定期举行，旨在打造成常规性的学术交流平台。（盛作国）

【《贵阳生态文明城市建设教程》再版修订】 2010年，贵阳学院、生态文明城市建设研究中心组织修订再版《贵阳生态文明城市建设教程》，作为贵阳市“一本两专”大学生选修课教材。中共贵州省委常委、贵阳市委书记李军为《贵阳生态文明城市建设教程》作序，提出把生态文明知识和生态文明城市建设的理论与实践“进教材、进课堂、进头脑”，以此为主渠道多种形式推进对大学生生态文明知识的宣传教育普及工作。（盛作国）

【贵阳学院生态文明城市建设研究中心再获国家级基金项目立项资助】 贵阳学院副院长、生态文明城市建设研究中心常务副主任王晓昕教授申报的《明代黔中王门及其思想研究》和生态文明城市建设研究中心孙树文老师

申报的《社会主义核心价值体系的社会认同研究》分别获2010年度国家社会科学基金一般项目和西部项目立项资助。（盛作国）

【贵阳学院第三次博雅论坛暨“生态文明·中国传统文化中的生态智慧”学术研讨会召开】 2010年12月，来自省内高校及科研院所的60余名专家学者出席会议。相关专家和学者分别以“侗族传统文化中的生态智慧”、“聚落选址中的生态智慧”、“中国堪舆学中的生态智慧”、“瑶族药浴与瑶族生态文化”、“少数民族传统文化中的生态智慧”、“中国传统文化中的生态智慧”、“黔中儒道释三学及其生态智慧”、“佛、道文化中的生态智慧”、“城市与生态文明建设”为题作主题发言。（盛作国）

文化体制改革

【经营性文化事业单位体制改革】 2010年，贵阳市按照“创新体制、转换机制、面向市场、壮大实力”的基本要求，结合各经营性事业单位实际，制定改革方案，大力推进经营性文化事业单位改革，圆满完成贵阳市文化旅游中心、贵阳市文化演出中心、贵阳市文物流通协调中心等3家经营性文化事业单位的转企改制。贵阳市文化旅游中心转企改制后被整体划转到市旅游文化投资集团公司，贵阳市文化演出中心改制组建贵阳演出有限责任公司，贵阳市文物流通协调中心改制组建为贵阳市文物商店有限责任公司。转企改制组建后的企业人事制度、劳动制度、分配制度等方面进行了创新改革，转变了经营和管理方式，严格财务、成本、质量和营销管理，逐步建立科学、规范的运行机制。（胡壹华）

【公益性事业单位“三项制度”改革】 2010年，贵阳市按照“增加投入、转换机制、增强活力、改善服务”的要求，积极稳妥地推进贵阳市图书馆、贵阳市文物局、贵阳市群众艺术馆等公益性文化事业单位的人事、收入分配和社会保障“三项制度”改革。在改革过程中，市文化局专门成立改革工作领导小组，根据各单位实际精心制定改革方案，充分维护职工利益。2010年，主要完成全市公益性文化事业单位的人事改革，进一步激发公益性文化事业单位内部潜力、发展活力和提高服务水平。（胡壹华）

【组建贵阳演艺集团有限公司】 2010年11月，贵阳演艺集团有限公司成立暨授牌仪式在贵阳演艺集团有限公司剧场举行。省委宣传部副部长杨兴举、省文化厅副厅长谢彬如为贵阳演艺集团揭牌；市委常委、宣传部部长蒋星恒向集团公司领导授牌。贵阳演艺集团有限责任公司的成立是贵阳市学习实践科学发展观，贯彻落实中央和省委、省政府深化文化体制改革精神的重要举措，是贵阳市文艺院团改革发展过程中的一件大事，标志着贵阳市文化体制改革在重点领域、关键环节取得突破性进展。贵阳演艺集团有限公司是整合贵阳市艺术中心有限责任公司、贵阳市歌舞剧院、贵阳市杂技团、贵阳市文化演出中心、贵阳大剧院有限责任公司、南明电影院等单位的人员和国有资产组建的，以营业性演出、大型文化活动、大型文艺演出、重大文艺赛事

省委宣传部副部长杨兴举、省文化厅副厅长谢彬如为贵阳演艺集团公司揭牌

以及重大节庆文化活动的策划与制作、演出场所经营、演出经纪、舞美工程以及开展舞美技术咨询服务、艺术教育培训、电影放映等为主要经营范围的综合性文化产业集团。（胡壹华）

【成立文化市场综合执法支队】 2010年11月9日，贵阳市文化市场综合执法支队成立授牌仪式在贵阳举行，标志着贵阳市文化市场管理工作向法制化、规范化、科学化方向迈进一大步。贵阳市文化市场综合执法支队的组建，是贵阳市文化体制改革的重要组成部分，是规范文化行政管理体制、提高文化市场执法效率的必然要求。贵阳市文化市场综合执法支队系市文化局所属的副县级参公事业单位，受贵阳市文化局、新闻出版局、版权局、广播影视局、体育局的授权，统一行使法律法规、规章规定的本市文化、新闻出版、版权、广播影视、体育等方面的文化市场行政处罚，以及相关的行政强制、监督检查、协调指导等职能，重点组织查处跨区（县、市）法人违法案件和重特大违法案件。省委宣传部副部长杨兴举、省文化厅副厅长宋健、省新闻出版局副巡视员刘筱平、市政协副主席杨永楦向市文化市场综合执法支队授牌，市委常委、宣传部长蒋星恒在授牌仪式上作重要讲话。（胡壹华）

【组建贵州京剧院】 贵州京剧院于2008年12月26日挂牌成立，挂牌仪式暨系列庆典活动在贵阳国艺大厦剧场举行。省委常委、市委书记李军，省委常委、省委宣传部部长谌贻琴向贵州京剧院授牌。省人大常委会副主任林明达，省政协副主席左定超，省政协原副主席何永康等出席。贵州京剧院由省京剧团、贵阳市京剧院合并重组，贵州京剧院的挂牌，标志着贵州省艺术院团文化体制改革取得了重大进展和突破。挂牌成立后，在省、市两级文化行政主管部门的共同努力下，精心研究制定两团合并后的具体操作方案，对资产处理、人员聘用等问题进行妥善处理。2010年，省、市文化行政主管部门大力配合，完成新组建的贵州京剧院人员考核聘用上岗工作，原省京剧团、贵阳京剧院两院的100余名专业技术人员参与考核竞聘，有效整合人才资源，艺术生产能力得到增强。（胡壹华）

【党报党刊发行体制改革】 2010年6月，贵阳市文化体制改革工作和文化产业发展领导小组办公室下发《关于对<贵阳日报传媒集团企业改制实施方案>的批复》（筑文改办复〔2010〕4号），同意《贵阳日报传媒集团企业改制实施方案》，在组建贵阳日报传媒集团、“贵阳新闻报刊物流发行有限公司”、“贵阳新闻旅行社有限公司”、“贵阳新闻物业服务有限公司”3家公司的基础上，成立“贵阳日报传媒集团经营有限公司”，将集团广告、印务、发行等经营业务与宣传业务相分离，同时加强内部机制的改革，定岗定员，引入竞争机制，加快集团转企改制步伐，推动企业不断发展壮大。9月，贵阳日报传媒集团经营有限公司正式挂牌成立，标志着贵阳日报传媒集团的文化体制改革真正实现从“媒体经营”到“经营媒体”的跨越。新成立的经营公司隶属于贵阳日报传媒集团，由市委宣传部、市财政局委托贵阳日报传媒集团具体履行出资人监管职责。公司实行自主经营、自负盈亏、自我发展、自我约束的经营方针，主要承担贵阳日报传媒集团资本运作、产业发展和经营性资产的管理。公司下辖“印务中心”和“广告中心”两个分支机构以及贵阳新闻报刊发行物流有限公司、贵阳新闻物业服务有限公司、贵阳新闻旅行社有限公司、贵州同健文化传媒有限公司和贵州启程传媒有限公司5家具有独立法人资格的子公司。（牟光仁）

【贵阳电视台、贵阳人民广播电台“两台合并”】 2010年，为积极推进广电系统文化体制改革，落实中央、省、市关于文化体制改革工作的各项要求，贵阳市广电局以“合并公共部门，优化结构，增强活力，提高服务水平；整合资源，促进共享，提高效益，强化宣传职能；剥离公益性事业与经营性产业，组建经营实体，壮大实力，增强市场竞争力”为目标，拟定《贵阳电视台、贵阳人民广播电台合并及实施制播分离改革的方案》，该《方案》思路清晰、切合实际、操作性强，《方案》经市政府市长办公会（第18次）同意报市委常委会（八届〔2010〕第307号）批准，并由市委宣传部牵头实施。市广电局积极向省广电局提交两台合并有关手续的报批资料，并获国家广电总局批准设立贵阳广播电视台。11月23日，贵阳广播电视台、贵阳广电传媒有限公司正式挂牌成立。（刘　晶）

文化活动设施建设

【农村广播电视“村村通”、“户户通”工程】 2010年，全市的“村村通”、“户户通”新增电视入户数量达57939户，其中国家和省级投入29589户，市、区（县、市）级投入28350户。2010年是实施村村通工程以来安装任务最重的一年。全市广电系统干部职工发扬攻坚克难精神，通过不懈努力，保质保量地完成新增电视入户任务。在大力进行村村通建设的同时，市广电部门还注重村村通维修维护长效机制的建设，市、县、乡三级的维修服务体系已经建立，并得到不断完善，能够满足村村通维修维护工作需要，有力地保障村村通长期通。（刘　晶）

【农村公益电影放映工程】 2010年，全市共放映农村公益电影及社区、校园、进城农民工等电影15087场，保证每个行政村的农民群众每个月能看上一场电影。同时，还把农村公益电影放映与政策、知识和主题宣传有机结合，寓教于乐，取得良好的效果；通过放映宣传片的形式开展“三创一办”、“森林防火”、“农村安全用药·关注生命”、“国庆爱国主义电影周”等主题宣传活动，全年放映公益宣传片达10000多场次。（刘　晶）

【“两台一站”数字化建设】 2011年，市电台、电视台、广播电视监测站全面完成数字化改造。其中电台完成交通文艺广播搬迁金阳工作；90.9旅游生活广播于6月6日顺利开播。电视台完成模改数投资577万元，200·演播室建成并投入使用，供《贵阳新闻联播》、《直播贵阳》等5档节目进行直录播；200·二号演播室建成并投入使用；完成120·演播室改造工程和贵阳电视台小型节目包装系统工程。广播电视监测站完成了互联网视听节目监测系统第一期工程建设。（刘　晶）

【乡镇文化站建设】 2010年，为进一步加快公共文化服务建设步伐，贵阳市争取中央扩大内需资金，完成22个乡镇综合文化站建设，共落实建设资金528万元，其中中央投资352万元，省配套资金88万元，市配套资金88万元。建设任务涉及南明区、乌当区、修文县、开阳县。上述四个区（县）接受建设任务后，迅速成立工作领导小组，启动可研、环评、招投标等工作，全力推进项目建设。全市新建的22个乡镇文化站分别为南明区永乐乡综合文化站，乌当区东风、新堡、新场、偏坡等4个综合文化站，开阳县南江、禾丰、冯三、双流、城关、南龙，毛云、高寨等7个综合文化站，修文县小箐、洒坪、大石、谷堡、久长、六桶、六屯、六广、龙场等10个乡镇文化站。（胡壹华）

重大文化活动

【2010中国·贵阳避暑季】 按照生态文明城市建设的目标要求，“2010中国·贵阳

避暑季”的宣传，继续加强对“爽爽的贵阳 中国避暑之都”城市形象品牌的推广，围绕“避暑、生态、产业”的主题，以“避暑”为抓手，将“贵阳避暑季”打造成具有影响力的城市活动品牌，全面促进旅游文化产业的发展，整体提升贵阳在国内外的知名度和美誉度。市委外宣办组织中央、境外驻筑及省、市媒体参加“2010中国·贵阳避暑季暨贵阳市第四届旅游产业发展大会”、“2010中国·贵阳避暑季闭幕式暨2010中国·贵阳温泉季开幕式”新闻发布会。在中央电视台投播贵阳城市形象宣传片，央视一套和新闻频道《朝闻天下》栏目隔日播出，每天播出3次，从5月持续播出至8月。

为进一步提高“爽爽的贵阳 中国避暑之都”城市品牌的知名度和影响力，市委副书记、市长袁周，市委常委、副市长周道许，副市长李泓等分别率各区（市、县）和市直相关部门负责人，多次在北京、上海、重庆、广州、南京等地开展经贸交流及旅游推介等相关活动。同时先后在中央人民广播电台、新华网、华龙网、大洋网、龙虎网开展市长直播访谈。分别在人民日报、重庆晚报、南方都市报、金陵晚报刊登宣传专版，推介“爽爽的贵阳 中国避暑之都”城市形象和“宜居 宜业 宜游”的城市内涵。省市部分媒体记者随团对活动进行全程报道，同时联系省级媒体以及各家网站对活动进行全面报道。（高 洁）

2010年贵阳市避暑季开幕式

【“花溪之夏”艺术节】 2010年5月至10月，花溪区围绕“避暑之都、花溪之夏、古镇之旅”主题，推展“生态之城、旅游之城、知识之城、宜居之城”品牌形象，与“贵阳避暑季”同步举办首届“花溪之夏”旅游节。组织开展“花溪苗族四月八大联欢”、“六月六青岩堡旅游推介”、“魅力天河潭、相守七夕节”、“花溪城市规划展暨房地产交易展示会”、青岩堡开街等一系列丰富多彩的旅游文化活动。旅游节期间，隆重推出了生态旅游线路（天河潭——花溪公园——十里河滩）、民族风情旅游线路（镇山村——李村——芦荻村——摆龙村——高坡）、乡村旅游线路（小西冲——镇山村——摆贡——栗木寨——杉坪——陇头）、休闲旅游线路（蟠龙小吃城——阳光水乡——平桥酒吧一条街）以及古镇风光旅游线路（青岩古镇——青岩堡——黔陶）。花溪区还组队赴成都、江苏、上海等地宣传推介，全方位展示花溪“高原明珠”品牌形象，促进全区商贸、餐饮、交通、房地产及文化娱乐等产业的发展。2010年，花溪实现旅游收入60.47亿元，旅游接待人数1097.25万人次，有效助推全市旅游产业的大发展。（刘 鑫）

【苗族“四月八”大联欢活动】 农历四月初八是贵阳地区苗族同胞的主要传统节日。花溪是贵阳苗族的主要聚集地，苗族“四月八”，已经从当年的苗族自发节庆活动，发展成为花溪重要民族文化旅游项目。苗族“四月八”大联欢活动作为“花溪之夏”旅游节系列活动之一，在花溪青岩堡文化广场举行，来自全省各地的3万余名苗族同胞齐聚花溪青岩，以芦笙歌舞缅怀苗族英雄。在悠悠古镇和浓浓的民族风情中，向远道而来的宾客敬上一杯杯美酒,以最传统的方式欢庆佳节。整个大联欢活动精彩纷呈，歌曲舞蹈相应交辉。《芦笙舞曲》、《大风歌》、《吼儿鼓舞》、《美丽家园》、《山路银河》等节目多角度立体式展示花溪的人文历史和山水人情。省、市有关领导与载歌载舞的苗族同胞们一同庆祝节日，省民族歌舞团、市地区各苗学会及花溪区各族群众上千人开展了民族大联欢。（刘 鑫）

【2010中国马铃薯大会暨贵州马铃薯文化节】 2010年5月28—30日，由中国作物学会马铃薯专业委员会和贵州省人民政府主办，省农业委员会、省农业科学院和贵阳市人民政府共同承办的“2010中国马铃薯大会暨贵州马铃薯文化节”在贵阳举行。5月28日上午举行开幕式，5月29日下午组织召开贵州与东盟国家马铃薯产业合作座谈会，5月30日上午举行马铃薯招商引资项目合同签约仪式，签署合作协议13项。（徐 进）

【贵阳森林交响音乐会】 2010年8月29日，作为“2010中国·贵阳避暑季”系列活动的重头戏之一的贵阳森林交响音乐会在乌当区盘龙山森林公园举行。贵阳森林交响音乐会由市委、市政府主办，乌当区、市文化局、市旅发委、市林业绿化局、贵阳交响乐团承办，旨在用高雅音乐宣传“爽爽的贵阳”，丰富人民群众文化生活，倡导保护生态环境的意识，逐步形成生态文明生活方式，建立人与自然和谐共生的生态文明理念，纵深推进贵阳生态文明城市建设。整场音乐会艺术构思精巧新颖，编排别具匠心。北京交响乐团音乐总监及首席指挥谭利华担任音乐指挥，贵阳交响乐团先后演奏了《威廉退尔序曲》、《南国玫瑰圆舞曲》、《芬格尔洞穴》、《维也纳森林的故事圆舞曲》、《大峡谷组曲》。精彩的演奏营造了“音乐与林海交融、生态与文化共存”的美妙意境，为海内外上千名观众献上一场具有国际专业水平的高雅音乐大餐。（管洪荣）

【2010亚洲青年动漫大赛】 2010年8月，亚洲青年动漫大赛暨“美的地产”中国（贵阳）卡通艺术活动在贵阳成功举办。大赛邀请到文化部、工信部、教育部等国家部委，省、市相关领导，来自29个国家和地区的60余位国际顶级动漫大师，国内动漫行业专家、新锐漫画家及兄弟省、市的代表共200余人，会同各界人士参与活动。国内外新闻媒体对活动进行了较为广泛和深入的报道，中央电视台在新闻联播和晚间新闻进行了报道，国内外各界纷纷给予高度评价和赞扬。大赛得到与会专家和嘉宾的高度评价：亚洲青年动漫大赛就规模和内容、国际性和专业性而言，其影响力和号召力已经超过在国内举行的各类动漫活动。大赛简洁隆重的开幕式和精彩纷呈的颁奖仪式结合、作品展览、衍生产品展示、COSPLAY表演赛，多方位、多角度展示动漫的魅力，具有较强的国际化、专业化特点，得到中宣部和文化部的高度评价和肯定。其中，严格的大赛作品的征集与评审，得到国内外专业机构和动漫人士的一致认可和好评；一流的动漫专业展览、画册，充分体现活动的高度和广度；举办的一系列专业强、覆盖广、层次高的大师云集的国际动漫专业论坛；同时举办的国际动漫主题日活动，推动了国际动

2010年动漫高峰论坛会场

漫文化交流与合作，促进了贵阳动漫产业的发展。（汪长春）

【2010贵阳·台北美食风情节】 2010年8月14日至23日，“贵阳避暑季”系列活动之一的“2010贵阳·台北美食风情节”在河滨公园隆重举行。活动邀请台湾50家餐饮企业和四川、重庆、湖南、贵阳等省、市83家餐饮及旅游商品企业参加。设置展位130余个，分设贵阳美食区、台湾美食区、中华美食区和旅游文化及产品展示区。贵阳首次与台湾旅游业界合作举办的此次旅游、餐饮、娱乐盛会，把避暑旅游与美食文化相结合，通过展示、展卖为一体的平台，吸引游客踊跃参与，突出体现贵阳、台北两地饮食文化特色，加强了双方业界的交流和合作。活动期间，共接待游客50余万人次，台湾美食销售收入120万元。（李仁刚）

【2010中国·贵阳温泉季活动】 2010年10月23日，“2010中国·贵阳温泉季”开幕式在乌当区隆重举行。市旅游产业发展委联合保利国际温泉、贵御温泉、天邑森林温泉、息烽温泉、马岔河溪麓温泉等五大温泉景区，推出“冬寒泉暖，礼遇全城”、“泡汤健身齐分享”、“你我相约精彩温泉季”、“观峡谷风光，饮深地矿泉，泡溪麓温泉”、“泡息烽温泉 享开心一刻”等系列温泉乡村游、生态游、文化游、体育游主题活动。全年温泉旅游共接待游客82万人次，比上年增长8.8%，旅游收入9052.4万元，比上年增长14.3%。（李仁刚）

文艺创作

【“多彩贵州”小品大赛贵阳赛区取得优异成绩】 在2010年多彩贵州小品大赛中，贵阳赛区严格按照大赛组委会的要求认真做好各项工作，精心选拔节目组队参赛。在全省决赛时，要求各赛区报送10个节目参赛，贵阳市有8个节目进入决赛，成为进入决赛节目最多的代表队，比赛总分获全省第一。其中：话剧小品《拜年》摘得非戏曲类职业组金黔奖，话剧小品《空瓶子》摘得非戏曲类职业组银瀑奖，话剧小品《反哺情深》、《非常24小时》和地戏小品《杨六郎大战张彤》分别摘取非戏曲类职业组、非职业组和戏曲类原生态组铜鼓奖。《拜年》还荣获“优秀创作奖”，话剧小品《邻里之间》、《马路上的刘降》和《情暖兵心》分别获得优秀奖，最终取得1金1银3铜3个优秀奖及1个优秀作品创作奖的优异成绩，并荣获团体二等奖。（胡壹华）

【“多彩贵州”音乐作品征集、创作及参赛工作】 在贵州省文联2010年举办的第四届“多彩贵州”音乐作品创作大赛中，贵阳市积极组织音乐家采风创作，并举办全市选拔赛，选拔26首（部）优秀作品参赛，最终在全省大赛中歌曲部分共获得一等奖1个、二等奖1个、优秀奖2个，器乐部分获得二等奖1个、三等奖1个、优秀奖2个。（胡壹华）

【贵阳合唱团代表贵州参加第十四届CCTV全国青年歌手电视大奖赛】 文化部、中央电视台第十四届CCTV全国青年歌手电视大奖赛于2010年3月至7月在北京举行，贵阳合唱团作为贵州代表队唯一的合唱团，在3月至5月举行的团体赛半决赛和决赛中表现突出，为贵州代表队冲入决赛晋级成为9支省级代表队之一做出积极贡献。在6月至7月的单项赛决赛中，贵阳合唱团以具有浓郁贵州特色的曲目和新颖的表演形式获得评委关注和观众喜爱，最终在激烈的竞争中排名第16名，为省历届参加青歌赛以来取得的最好成绩。（胡壹华）

【“五个一工程”“十二五”规划重点项目申报和实施】 按照《贵州省精神文明建设“五个一工程”“十二五”规划纲要》的要求，贵阳市认真抓好“五个一工程”作品创作规划，制定详细实施方案。列入省“十二五”

期间“五个一工程”重点规划作品共计63部（首），主要有新编历史京剧1部、电视连续剧1部、动漫作品7部、广播剧3部、电影1部和音乐歌曲50首。（胡壹华）

【大型电视连续剧《王阳明》创作】 为加强文化建设和提升贵阳城市知名度和美誉度，由市委宣传部牵头，相关单位经过认真的定位策划以及合作洽谈，确定筹拍大型电视连续剧《王阳明》，内容将以王阳明在贵州“龙场悟道”的经历为主体，突出表现一代思想大师、哲学圣人在贵州修文修学讲道，最终顿悟并提出影响深远的哲学思想的传奇经历，通过影视作品生动具象的表现形式，再现王阳明与贵州难以割舍的联系以及贵州对其产生的深远影响。（李晶晶）

文物保护工作

【文物保护和利用】 2010年，贵阳市认真贯彻“保护为主、抢救第一、合理利用、加强管理”工作方针，文物保护投入力度进一步加大，各项工作得到顺利推进。圆满完成第三次全国文物普查实地文物调查阶段的各项工作，并通过国家“三普”办的验收；花溪区被评为“国务院第三次全国文物普查实地文物调查阶段有突出贡献奖的集体”；组织编制《“挖掘贵阳历史文化，理顺贵阳文脉”工作方案》，完成《寻城迹》丛书第一集《寻·城迹——走进爽爽的贵阳·惬意的天堂（文物名胜篇）》的编辑工作；组织省、市文保专家编制《贵阳市两城区古井保护方案》、《明清贵阳古八景恢复建设设计方案》、《大觉精舍阁楼修缮工程现状勘察报告暨设计方案》等文物维修工程方案，启动实施两城区古井维修工程；开展第七批全国重点文物保护单位和第六批市级文物保护单位的申报工作，完成李端棻墓、贵阳毛主席塑像群等7处文物点第七批国保单位的申报，第六批市级文物保护单位的申报文本的编制基本完成。（胡壹华）

【非物质文化遗产保护】 截至2010年，贵阳市先后公布两批市级非物质文化遗产保护名录，建立健全了非物质文物遗产保护制度。全市现有国家级“非遗”名录项目2个，省级37个，市级62个；非物质文化遗产项目代表性传承人国家级1人，省级5人，市级2人。（胡壹华）

规范文化市场秩序

【“扫黄打非”和文化市场监管】 2010年，贵阳市按照全国和省关于2010年“扫黄打非”工作部署，结合“三创一办”工作，以净化社会文化环境和网络文化环境为主线，严密封堵和查缴各类非法出版物，特别是政治性非法出版物，严厉打击通过手机等媒体传播淫秽色情及低俗信息行为，大力开展校园周边文化市场环境整治，确保全市文化市场平稳健康发展，为上海世博会、广州亚运会等重大节会活动营造良好的舆论氛围和社会文化环境。全年共出动检查人员10782人（次），检查出版物市场、店档摊点9497个（次）、印刷企业及复印打印单位1679家（次）；取缔出版物市场、店档摊点477个、复印打印单位5个；收缴各类非法出版物96.88万件；删除、屏蔽网络有害信息1045条；查办“扫黄打非”案件5件，端掉盗版及非法出版物地下批销窝点6个，抓获犯罪嫌疑人4人，判刑2人。同时，贵阳市持续加大对文化娱乐场所、网吧、电子游艺厅等的监管，多方面、多措施加强文化市场监管：一是集中行动与日常检查并重，始终保持打击文化市场违法行为的高压态势；二是完善技术手段，启用第二代身份证网吧上网实名登记系统，建立了网吧运程视频监控平台；三是动员社会力量参与文化市场监督管理，继续开展网吧义务监督员

工作。2010年，全市检查游艺娱乐场所1775家，责令整改16家；检查歌舞娱乐场所2177家，责令整改61家；检查网吧12965家，责令整改340家，责令停业整顿24家，罚款557000元。（胡壹华）

创建全国文明城市

【概述】 2002年以来，贵阳市连续三次获“创建全国文明城市工作先进城市”称号，并先后获得“全国科教兴市先进城市”、“全国卫生先进城市”、“全国双拥模范城市”、“中国优秀旅游城市”、“全国绿化模范城市”、“国家园林城市”、全国首个“国家森林城市”、全国唯一“中国避暑之都”、“中国人居环境范例奖”等多项荣誉，为创建全国文明城市奠定了坚实的基础。2010年，贵阳市创建全国文明城市工作按照市委八届八次全会精神和市委、市政府的总体部署，遵循“走科学发展路，建生态文明市”的基本路径，充分发挥生态优势明显的比较优势，以《全国文明城市测评体系》为导向，从深化全社会生态文明意识入手，通过“八抓”（抓宣传、抓规划、抓基础、抓环保、抓民生、抓文化、抓创建、抓机制），不断强化生态文明意识，切实关注民生，以创建成效调动市民积极性，顺应人民群众过上更好生活新期待，始终秉持为人民谋幸福的理念，形成省市领导亲自推动、省市联创、广大干部群众和社会各界积极参与的良好局面。（刘 杰）

【志愿者活动】 2010年，贵阳市按照新的《全国文明城市测评体系》要求，设立志愿服务专门工作机构，完成该机构编制和人员的配备。开通贵阳市志愿者服务网站，做好志愿者协会和志愿者注册登记工作。截至2010年12月，全市注册志愿者已逾40万。在贵阳职业学院举行贵阳市生态文明人才教育基地揭牌暨“绿丝带”志愿者首期培训开班仪式，150名“绿丝带”志愿者参加了首期培训；出台了《关于开展“绿丝带”志愿服务活动有关要求的通知》、《关于进一步规范使用“贵阳志愿者”徽记和“绿丝带”标志的通知》、《关于做好贵阳“绿丝带”星级志愿者推荐工作的通知》等文件，对志愿服务活动的时间、内容和制度提出要求，对“贵阳志愿者”的徽记和“绿丝带”标志的使用进行规范，确定“星级”志愿者评选的标准和方式，从而使市志愿者活动方式日益多样、活动水平显著提高。先后组织开展“巾帼爱筑志愿服务队”、“我排放，我补偿—建生态家园·种低碳园林绿丝带志愿服务活动”、“三创一办”进万家·人人参与献良策等活动，特别是8月6日召开贵阳市“三创一办”万名义务监督员志愿服务活动启动仪式，全市共有10472名热心市民报名加入“三创一办”义务监督员的队伍中。（陈 诚）

【开展公民道德建设活动】 2010年，贵阳市认真按照省第九个“公民道德宣传月”和第八个“公民道德宣传日”活动的安排部署，紧紧围绕“学习身边好人、推荐道德模范”、“学习道德模范、弘扬文明风尚”的活动主题，启动全市道德模范推荐评选活动。该活动历经4个多月的时间，经过各地各部门和群众推荐、社会公示、市民投票及组织评定等程序，先后推荐187人作为道德模范候选人，评选出助人为乐模范余文笔、孙世才、白贵春、张兴华，见义勇为模范胡军，敬业奉献模范朱代琴、汪小容以及孝老爱亲模范李忠惠、李正磊、张小会共10人。此外，还有吴珍、胡明英、墙兴贵等15人获得市道德模范提名奖，在此基础上，还选出“全省道德模范”推荐人选14人。

扎实推进道德模范宣传工作。2010年，先后组织道德模范走进10个区（市、县）和金阳新区，举行11场道德模范巡讲报告会。

组织开展“迎国庆、讲道德、树新风”道德模范“五进”报告会，把道德新风送进学校、农村、社区、企业和部队活动影响面达2万余人。广大干部群众收看贵州卫视一频道“道德的光芒”——第二届道德模范颁奖典礼直播，通过道德模范们现身说法，广大干部群众深受教育和鼓舞。同时，各区、市、县广泛动员各行各业职工认真学习贯彻《公民道德建设实施纲要》，大力倡导“爱国守法、明礼诚信、团结友善、勤俭自强、敬业奉献”的基本道德规范，教育引导职工在遵守“爱岗敬业、诚实守信、办事公道、服务群众、奉献社会”的基本职业道德行为准则的基础上，追求更高的思想道德目标。（陈 诚）

【未成年人思想道德建设】 2010年，贵阳市启动了“祖国好·家乡美”主题教育实践活动，全市广大中小学生参加以“做一件礼物感恩父母、想一句感言献给老师、发一条短信激励同学、写一篇诗文赞美家乡、诵一章经典歌颂中华”为主要内容的“五个一”活动；开展“传唱优秀童谣、做有道德的人”网上签名寄语活动。全市各中小学、幼儿园开展“小手拉大手、共建文明城”暑期社会实践活动，把“三创一办”融入中小学德育活动和行为习惯养成教育中，广大中小学生成为城市文明的示范者、劳动者和引领者；开展“教子有方”沙龙等相关活动，把全市评选出的30个家庭教育案例编辑成《“教子有方”——贵阳市家庭教育优秀案例集》一书，并举办出版首发式；制定《贵阳市乡村少年宫建设实施方案》和《贵阳市“乡村少年宫”建设实施细则》，在乌当、花溪、清镇、开阳、白云等5个区（市、县）启动“乡村少年宫”试点建设工作，不断满足农村未成年人精神文化生活的需求；制定《贵阳市建设未成年人心理健康辅导站实施方案》，推动建设城市心理咨询站和学校心理咨询室，逐步形成未成年人心理健康教育工作网络。市文化、公安、工商、教育、广电等相关部门召开未成年思想道德建设工作

贵阳市“三创一办”动员大会暨第九届全国少数民族传统体育运动会倒计时600天启动仪式

联席会，明确工作重点和职责，先后开展对网吧、校园周边环境、出版物市场、荧屏声频等方面的专项整治工作，进一步净化社会文化环境。（陈 诚）

【农村精神文明建设】 2010年，全市大力开展文化、科技、卫生“三下乡”活动。“三下乡”各成员单位为广大农民送去各种农业科技实用书籍和丰富多彩的文艺演出，开展法律咨询和传染病防治、医疗专家现场义诊等活动，还为村民们送去电视机、优质树苗、宣传挂历、生活用品及宣传图书资料等，极大地丰富农村精神文明建设内涵。同时，“西部开发助学工程”组织推荐和宣传工作顺利推进，全年共有11名“宏志班”高中生和15名大学生获得资助，收集整理受资助学生先进事迹材料，积极配合省级媒体做好相关采访报道；实施“向西部地区送电脑”活动，10个区（市、县）共获赠电脑430台，已按照60%分配给中小学校、40%分配给乡镇和社区文化站的比例发放到位；39个农民文化家园和2个乡镇精神文明活动中心创建的选点和推荐报送工作顺利完成。（陈 诚）

【“畅通工程”宣传教育活动】 2010年，贵阳市充分利用辖区市民文明学校、流动人口学校、企事业机关文明学校等载体，大力宣传贯彻《道路交通安全法》和《道路交通管理条例》，普及交通常识，增强全区市民文明行路、文明行车的意识和自觉性；通过“畅通工程”文明出行、“畅通工程”大家谈、文明行车活动宣传教育，深入开展诚信教育、创建文明城市教育活动，并充分发挥文明监督岗和文明巡逻队的作用，对违法行车和违法行路的驾乘人员及行人进行说服教育，在市民中倡导文明行为，争做文明公民，为加强公民道德建设营造良好的舆论氛围。

同时，先后举行万人“步行推动日”活动，全市共1万余名机关干部和市民群众参与步行宣传和健身走活动，倡导大家以自身行动倡导绿色、低碳生活，建议步行出行、绿色出行、走向健康、走向环保、走向生态、走进文明；开展“无车日”活动，围绕“绿色交通、低碳生活”活动主题，在遵义路两边组织步行宣传队伍，向过往市民发放《2010年中国城市无车日活动宣传材料》、《贵阳市发展低碳经济市民读本》、《“三创一办”应知应会手册》、《贵阳生态文明城市建设市民读本》、《2010年无车日活动主题解读》等宣传资料，进一步提高市民对可持续城市公共交通发展、健康出行的认识，引导广大市民自觉选择公共交通、自行车、步行等绿色出行方式。（刘 杰）

【“满意在贵州、文明在贵阳”活动】 2010年，贵阳市制定下发《2010年“满意在贵州、文明在贵阳”主题活动实施方案》，设立市民投诉热线电话两门，共接受群众来电及网上留言反映“满意在贵州”市民留言反映问题675条，办理省、市领导批办件64件，通过实地调查，责令责任单位进行整改，做到件件有落实，事事有回音。同时，组成市联合督查组，采取听取汇报、查阅资料、召开座谈会、实地走访等多种形式到全市医疗、商业零售、铁路车站、民航机场、银行、邮政、电信、宾馆、旅行社、环卫、供电、煤气/供热、风景园林、物业服务、自来水、工商、税务、派出所/警署、交警、110、公交、出租车等22个窗口行业进行明查暗访，较为全面的掌握全市窗口行业的总体情况，督促检查相关窗口行业工作作风，切实提升服务质量。同时，委托贵州统计社情民意调查中心开展三次问卷调查。调查结果显示：市民对“三创一办”的知晓率达97.2%，支持率达98.9%，高于创建全国文明城市80%的标准要求。省文明办“满意在贵州”主题活动2010年群众满意度民意调查结果显示，贵阳市综合满意度85.12分，在全省9个市（州、地）中得分最高。其中，旅游接待环境满意度86.83分、政府部门依法办事满意度84.16、诚信兴商创建活动满意度87.32分、医疗卫生环境满意度84.02分，均为全省最高分。（刘　杰）

【“整脏治乱”专项整治活动】2010年，贵阳市“整脏治乱”取得全省第一名的好成绩。主要做法是：第一，以整治环境卫生为重点，开展“脏、乱、差”现象专项整治活动，加强对背街小巷、农贸市场、公共厕所、城郊结合部等部位的治理。第二，以整治交通拥堵为重点，开展交通秩序专项整治活动，集中打击非法营运，实行机关错时上下班、中小学错时上下课等制度。第三，认真解决市民反映的热点、难点问题，目前共接到市民投诉1911件，办理回复率100%。（刘　杰）

生态社会建设

SHENG TAI SHE HUI JIAN SHE

教　育

【编制《贵阳市2010—2020年教育改革和发展规划》】 2010年，市教育局启动《贵阳市中长期教育改革与发展规划（2010-2020年）》编制工作，在12个子项目起草小组的大量调研基础上，加强领导、明确责任、倒排日程，确保在规定的时间内高水平、高质量制定本地教育改革和发展规划纲要。同时，通过各种座谈、调研，新闻媒体征求意见等方式，认真吸纳社会各界的意见和建议，确保规划符合全市经济社会发展实际和体现教育系统特点。（孙永明）

【学前教育管理】 2010年，为进一步规范全市公办幼儿园收费，依据《关于贯彻<贵州省物价局 贵州省财政厅 贵州省教育厅关于完善幼儿教育收费管理的通知>的通知》（筑价费〔2010〕8号），市教育局组织起草《贵阳市学前教育工作条例（初稿）》，积极探索幼儿教育发展新思路。重新修订《贵阳市中小学、幼儿园学科基地管理办法》。（孙永明）

【促进义务教育阶段均衡发展】 2010年，市教育局按照“以县为主”的义务教育管理体制，对全市义务教育均衡发展工作方案和措施进行认真的研究和讨论，拟定《贵阳市巩固“两基”成果，提高义务教育水平的推进方案》，进一步强化对各区（县、市）义务教育均衡发展的指导，积极地推进学区化管理改革。同时，为有效地缓解初中择校现象，计划拿出四城区示范性高中招生指标的50%，按初一入学和初三毕业平均分配给四城区内各初中学校，其他区（县、市）拿出示范性高中招生计划的25%平均分配到各自辖区的各初中学校。（孙永明）

【发展职业教育】 2010年，全市中等职业学校秋季学期招生人数达18974人（不含在省属中职学校就读的贵阳市户籍学生）。市女职校、开阳、乌当、白云职中积极申请国家级和省级示范中职校，市教育局组织全市中职学校参加“2010贵州省职业院校技能大赛”，举办首届职业教育技能大赛，推荐207名中职毕业生进入高等院校学习，认真做好中职国家助学金发放、核查工作，免除学费1545.39万元，受惠学生22059人次。（孙永明）

【发展高等教育】 2010年，市教育局按照“走科学发展路、建生态文明市”的要求，探索创新管理模式，加强基础设施建设，强化学科建设，扩大招生和毕业生就业服务，切实强化和提高高等教育水平。第一，贵阳职业技术学院建设：一是申报材料工程技术、建筑工程技术、城市轨道交通控制（驾驶与检修）、环境艺术设计4个新专业。二是启动院级精品课程建设。学院完成教学设备指标410万元专项经费的分配，省教育厅下拨的100万元专项经费全部用于轨道交通分院专业实训设备的购置。三是大力开展就业及招生工作。2010年有毕业生1357人，其中：高职专科836人（含贵阳学院毕业生586人），中职生521人。2月至9月期间，共开展各类专场招聘会35场，为

贵阳职教园区开工典礼

毕业生提供了2110个就业岗位。目前毕业生顶岗见习人数为1280人，占毕业生总数的94%；毕业生双证书率达92.3%；高职专科毕业生一次性就业率为85.2%，中职生为91%。共招高职生1417人，中职生1932人，圆满地完成了2010年的招生任务。四是通过绿色通道引进17名硕士和副高以上专业技术人员，制定《贵阳职业技术学院2010年公开招聘工作人员专业测试、面试和试教工作实施方案》，面向社会公开招考教师8人，辅导员6人，充实急需专业的教师队伍。五是加快新校区建设，切实做好搬迁工作。新校区大部分子项目完成结构封顶，图书馆、办公楼、会堂、理工楼、生化楼、轨道实训楼、活动中心、食堂以及学生宿舍即将竣工验收。第二，贵阳护理职业学院建设：完成录取高职学生1759人，其中：五年制转录专业有护理、药学、医学检验技术三个专业，人数119名；中职单报高职（含推优生）有护理、助产等10个专业，录取人数175名；省外录取205。完成中职招生472人。涉及护理、美容技术与护理、药剂和社区医学四个专业。第三，贵阳学院建设：一是在学科专业建设方面，“生物工程”专业获批为全国普通高校特色专业建设点；新申报的“学前教育”、“音乐表演”、“机械电子工程”3个本科专业通过省教育厅组织的评审。二是在科学研究方面，获批3项国家社科基金项目、5项教育部项目；获批9项省自然科学基金项目、2项软科学项目、2项发展项目；获批1项省委宣传部项目。三是在师资队伍建设方面，2010年新获批9名教授、1名研究馆员、43名副教授；引进教授1名、博士1名；获批1名“省级教学名师”、4名省高校哲学社会科学学术带头人、1名省高校思想政治理论课教学名师；“中国思想史”教学团队被遴选为省级教学团队。四是2010年，毕业生初次就业率已达81.85%。五是在基本建设方面，完成体育馆的竣工验收。

【发展高中教育】 2010年，市财政投资近7000万元，推进普通高中学校建设。市教育局加强对申办省级示范性高中学校的业务指导，贵阳民中正式成为全市第15所省级示范性高中。完成对贵阳市修文中学、息烽中学、贵阳二十五中、贵大附中的普通高中办学水平评估工作，接受了省教育厅对实验三中升一类省级示范性高中的评估，对修文中学、二十五中、贵大附中的省级示范性高中评估。扎实推进普通高中课程改革，召开了贵阳市普通高中课程改革实验工作启动大会。按时完成普通高中毕业会考、评卷和登分工作，完成2010届初中、高中毕业证审核和2010年中考、高考的各项工作。（孙永明）

【重视特殊教育】 2010年，全市有九年制特殊教育学校9所，其中盲聋哑学校1所，启智学校4所，其他特殊教育学校4所，在校学生1592人，视力残疾、听力语言残疾和智力残疾儿童少年入学率均达82%以上。一是对就读特教学校的所有学生减免了书费和杂费，同时给予特殊教育学校小学生每人每年500元、初中学生每人每年750元的寄宿制生活补助，高中学生每年享受职业教育补助费1500元。二是加强特殊教育学校校长和教师队伍建设，举办特殊教育教师优秀论文评选和“第三届特殊教育教师基本功大赛”，培养了一支特教系统的省级和市级骨干教师队伍。三是加大投入，加快特殊教育基础设施建设。2010年启动花溪区和息烽县特殊教育学校建设。市教育局投入近百万元用于市盲聋哑学校购买职业教育设施设备，学校开设了美容、缝纫、调酒、美工、雕刻、喷绘等专业。成功举办“贵阳市特殊教育职业教育展示会”和六十周年校庆活动，教育部基教司相关领导、全国10多个省市的50名代表和特殊教育学校的嘉宾100多人参加了庆典活动。“十一五”期间，市盲聋哑学校、南明区启智学校、云岩区启智学校、清镇市特殊教育学校等4所特殊教育学校获省特殊教

育先进集体称号，温骥媛、饶舞林等9人获“十一五”期间省特殊教育先进个人称号。（孙永明）

【加大民办教育扶持力度】 2010年，在贵阳市“温暖民生，共创和谐”——2010年筑城“温暖行动”中，共投入资金713万元，对就读义务教育阶段民办学校的9.57万名学生和220所民办学校进行慰问。市级财政投入资金1038万元，为外来进城务工人员随迁子女接受义务教育提供免费教科书的工作，受惠学生19.6万人次。继续为承担进城务工人员子女义务教育的民办学校给予生均公用经费补助。市、区（县、市）两级财政共投入资金1300万元，有207所学校受惠。南明、云岩两区各特聘200名高校毕业生到义务教育阶段民办学校任教，提升民办学校师资水平。（孙永明）

【开展毕业生就业指导工作】 2010年，市教育局积极开展毕业生就业指导，组织召开毕业生校园专场招聘会、2010年校企联席会议，扩大学生就业选择，促使校企合作；完成毕业生就业资格审查、派遣及毕业生档案管理转接，做好各大中专院校毕业生就业率的统计工作，开通“贵阳市大中专毕业生就业指导信息网”；加强对毕业生就业指导，开展创业指导和创业培训，筹建创业实训基地，为广大毕业生做好服务。（孙永明）

【深化人事制度改革】 2010年，市教育局开展公开招考直属学校副县级学校干部，并组织直属学校和单位运用“两推一述”方式公开选任科级干部。完成直属学校9位正、副县级学校校长的干部交流。完成直属45名县级干部、26名直属科级领导干部的民主评议。教师资格认定实行网络管理，完成1.2万名人员的网上申报；完成中级教师职称评审档案报送及直属事业单位岗位设置管理验收。（孙永明）

【加强教师入口管理】 2010年，市教育局根据全市学科教师结构，科学制定教师补充计划，重点解决农村中小学音乐、体育、美术、英语、信息技术等学科教师的紧缺问题，面向社会公开招聘教师86名。（孙永明）

【加强教师队伍建设】 2010年，市教育局制发《关于进一步加强全市中小学教师师德建设的实施办法》，将师德建设纳入学校评估和校长考核体系，积极探索教师职称评定师德“一票否决制”。召开全市师德师风建设现场交流会，通过举办“我的平凡教育事”主题师德演讲比赛和庆祝教师节师德宣讲大会等，激发广大教师教书育人的责任感、使命感。同时，完成1176名非师范教育类毕业人员2010年《教育学》、《教育心理学》考试。接受省教育厅对中小学教师“十一五”继续教育工程的评估验收。举办全市中小学教师有效课堂教学技能竞赛。完成“贵州省农村教师素质提升工程”300人的培训、贵阳市第五届中小学幼儿园优质课评比教师培训、贵阳市高中课改工作培训和校长、教导主任及骨干教师培训。完成贵州省中小学教师教育技术能力远程培训16841人。教师队伍建设的加强，促进我市教育教学质量的稳步提升。2010年，贵阳市高考600分以上考生占全省的三分之一，一本上线率16.23%，二本上线率36.46%，分别比上年提高1.9个百分点和5.13个百分点。（孙永明）

【开展文明学校创建活动】 2010年，市教育局组织编撰《中华传统美德读本（小学版）》，在全市中小学校组织开展“生态文明学校”创建工作，完善学生、社会、家庭三结合的教育网络。组织未成年人开展“知荣辱、树新风、我行动”、“地球一小时”等活动，在学生中大力宣传和营造低碳生活的氛围。通过组织广大学生积极参与“依次排队 文明乘车”、“2010年贵阳市中学生

校地联动保护水源场景

成人礼”、“十万森林保护志愿者”、“绿色火炬在传递”、“贵阳是我家”、“关爱六月 关注留守儿童”等系列活动，强化广大学生的城市主人公意识。在全市评选市级优秀学生上千人，高中优秀学生干部及三好学生上万人。认真举办共青团团校，扎实开展市直学校基层团组织建设数据统计工作。完成了2009—2010年度全市教育系统380名优秀团员、团干、团组织的评选及表彰工作。（孙永明）

【加快教育基础设施建设】 2010年，市教育局认真做好“十二五”教育基建规划统计工作，分别对义务教育、职业教育、学前教育、特殊教育进行项目规划建设。积极配合云岩、南明两区新建接收外来务工人员子女学校，其中南明区九洲小学正在办理规划手续，云岩区黄山冲中学正在作规划方案。修文、清镇、息烽、开阳、乌当、花溪新建六所寄宿制标准化学校已定点。争取到中央专项资金8501万元，开工建设项目达80%。完成规划的农村中小学改造建设项目，投入资金4347万元，改造农村中小学薄弱学校13所，面积达49957平方米。（孙永明）

【加强中小学校园安全卫生管理】 2010年，为强化校园安全管理责任，市教育局加强安全人员培训，为学校配发1619套校园安保设备，逐一检查中小学、幼儿园及民办学校安全工作落实情况。按规定完成校方责任险续保程序的各项流程及手续，建立校方责任保险理赔机制，使全市60余万中小学生受益。不断推进教育系统“创卫”工作，在教育系统开展爱国卫生运动，抓好卫生工作培训，强化学校环境卫生、食品卫生安全工作，使学校卫生工作更加规范化、专业化。（孙永明）

【实施“阳光招生”】 2010年，市教育局制定《关于进一步加强普通中小学入学、招生工作管理的通知》，旨在提高招生工作的规范化、科学化、法制化水平。继续实行网上录取、阳光招生。2010年全市初中毕业学业考试报名51090人，其中，参加升学考试报名人数为43020人；共录取普通高中学生24480人；普通高考报名总数为27492人，其中理工类12798人、文史类7474人、体兼理工科236人、体兼文288人，艺兼理434人、艺兼文288人；中职报高职1569人，中期选拔3267人。开展成人高考报名现场确认，共确认网上报名考生15275人。（孙永明）

就　业

【落实和完善就业政策措施】 2010年，贵阳市认真贯彻《贵州省人民政府办公厅关于实施更加积极就业政策进一步做好促进就业工作的通知》精神，制定实施意见，继续落实和完善稳定就业、以创业带动就业政策措施。加大政策和资金扶持力度，就业专项资金累计支出3.5亿元，主要用于“五项补贴”、政策宣传、基础平台建设和补充小额担保贷款基金及贴息、创业扶持等；就业专项资结余4750万元，较上年下降1.75亿元。突出高校毕业生、农民工、困难人员就业，大力开发公益性岗位，深入推进充分就业社区创建，巩固和扩大“零就业家庭”就业援助成果，促进就业困难人员就业,帮助10449名就业困难人员实现就业；健全完善服务、培训、维权三位一体工作机制，启动农民工综合服务中心建设试点。加强职业能力建设，出台《关于进一步加强职业技能培训工作的实施意见》，加强劳动预备制培训和企业在岗职工职业技能培训，开展政策性补贴定点培训机构的认定工作和退役士兵、服刑人员、刑释解教人员的职业技能培训。制定鉴定所（站）管理办法及考评员管理办法，推进中高职院校、普通高校持“双证书”鉴定工作。组织全市机关事业单位1700余名技术人员晋级考评。加强公共就业服务和平台建设，建成统一规范的市人力资源市场，开展多层次人力资源服务，实现市、区（市县）、街道（乡镇）、社区和244个行政村就业服务信息系统联网，为100家以上企业提供公共人事人才服务和人事代理服务，为130家重点联系企业服务，免费推荐各类人才1380名。落实异地就业计划，组织11个省、市、县的584家外地知名企业组团来筑招聘。完成流动人才存档3.7万份和126家市属事业单位1904名聘用人员的合同鉴证，组织人才培训209人，新增派遣员工773人。全市实现城乡统筹就业8.84万人，为目标任务的112%，其中：城镇新增就业5.87万人，为目标任务的109%（其中：下岗失业人员就业3.33万人，为目标任务的173%；就业困难人员就业1.04万人，为目标任务的134%）；农业劳动力转移2.97万人,为目标任务的119%。实现城乡统筹培训3.48万人，为目标任务的134%，其中：完成特别培训计划1.09万人，为目标任务的109%。2010年度新增“零就业家庭”5户，提供就业援助5户，2010年全市累计为“零就业家庭”提供就业援助2105户，保持“零就业家庭”动态为零。开发公益性岗位9978个，为目标任务的222%。就业转失业18227人，同比减少2.8%。发放小额担保贷款2644人，为目标任务的220%，贷款金额1.27亿元，带动就业5.8万人。（邹开勇）

【继续落实“援企稳岗”措施】 2010年，贵阳市继续落实“援企稳岗”措施，扩大失业保险基金使用范围,对困难企业实行社会保险补贴和岗位补贴。年内省级、市级认定“贵州险峰实业总公司、贵州永安电机有限公司、贵阳新星变压器有限公司、一汽贵州汽车配件厂”等30家企业为“受金融危机影响困难企业”，并享受相应社会保险补贴和岗位补贴，受益职工10.92万人次，补贴5622.46万元，其中：享受社会保险补贴9户，受益职工2.49万人次，补贴1441.92万元；享受岗位补贴21户，受益职工8.43万人次，补贴金额4180.54万元。兑现困难企业解困资金和困难补助2027万元，涉及46户企业6.4万人次。建立失业动态监测制度，在全市选择30户企业（制造业13户、采矿业1户、电力燃气及水的生产和供应业1户，建筑业2户，交通运输、仓储和邮政业5户，批发和零售业5户，住宿和餐饮业2户，居民服务和其他服务业1户）开展失业动态监测，监测显示，2010年，企业用工相对稳定，岗位需求稳中有升，人员减少均属正常更替，没有出现企业大规模裁员等不稳定现象。（邹开勇）

【高校毕业生就业服务月活动】 为切实帮助高校毕业生实现就业，2010年9月至10月，贵阳市开展“2010年高校毕业生就业服务月”活动。9月15日，“2010年高校毕业生就业服务月”活动启动仪式暨高校毕业生就业专场招聘大会在市人力资源市场举办，组织147家用人单位，提供817个就业岗位，招聘人数3672人，入场求职高校毕业生4120余人次，1860余人达成就业意向。服务月活动期间，市人力资源市场专门开设高校毕业生就业服务窗口，免费发放政策宣传资料，做

贵阳市高校毕业生就业见习基地授牌仪式

好未就业高校毕业生登记，建立完善基本台账，提供职业资格培训、创业培训和职业技术鉴定服务，并依托见习基地，组织高校毕业生参加就业见习活动。贵州轮胎股份有限公司、贵州神奇集团、贵州星力百货集团、苏宁电器、沃尔玛大型超市集团、恒大地产集团、保利集团等通过现场、网络、委托、报纸等四位一体的招聘活动促进高校毕业生就业。依托贵阳人力资源网、贵阳人力资源社会保障网、各区（县、市）人力资源社会保障网，联合举办高校毕业生网络招聘周活动，全市共组织1545家（其中委托招聘单位61家）用人单位提供就业岗位10106个（其中委托招聘岗位616个）,招聘人数32578人（其中委托招聘人数2427人），网上在线投递简历数6.43万份。服务月活动期间，全市共举办高校毕业生现场招聘会9场，组织进场招聘单位1342家，为各类人才和大中专毕业生提供就业岗位7319个，招聘各类专业技术人员、管理人员、大中专毕业生23057人，入场应聘的各类求职人员2.48万人次，达成就业意向人数21480人，其中高校毕业生达成意向人数3760人。（邹开勇）

【“春风行动”活动】 2010年2月至4月，贵阳市开展“春风行动”活动，为进城务工和返乡的农民工提供及时的就业服务。活动期间，全市免费发放宣传资料162426份，向50452人次提供职业指导等免费服务，组织农村富余劳动力专场招聘会18场，提供就业岗位54535个，进场求职人员51051人，达成就业意向12893人，提供劳动维权服务和法律援助6458人。活动中，市就业服务部门组织人员依托基层街道（乡、镇）、社区（村）开展农村劳动力资源调查，掌握返乡农民工和准备进城务工的农民工人数、务工意愿、技能水平、综合素质等情况，并对本市企业的用工需求、岗位数量、使用条件、经营状况等进行摸底。广泛宣传“春风行动”活动内容，通过悬挂横幅标语、发放维权手册、开展政策宣传及咨询，市人力资源和社会保障局、团市委、市移动公司合作，开通农民工就业服务平台，通过12580就业信息查询平台，以短信及语音的方式方便农民工查询空岗信息，了解就业、创业扶持政策和就业维权知识。全市公共职介机构免费向返乡农民工、进城务工人员开放，设立返乡农民工就业服务窗口，在信息栏、网站上及时发布企业用工信息。市、区（县、市）人力资源市场春节前后分别举办大型专场招聘会，提供适合农村劳动者的就业岗位，提供职业指导、技能培训、劳动监察和劳动维权等政策咨询服务。开展劳务输出，市、区（县、市）依托劳务输出基地，搭建劳务工作平台，积极与沿海发达城市人力资源社会保障部门联系，筛选一批好的用工单位及时匹配对接，通过为外省组团企业举办专场招聘会、零散企业参加本地招聘会、重点企业委托推荐等形式，开展有组织劳务输出，活动期间全市共跨地区有组织劳务输出649人。加大对非法职业介绍的打击力度，重点对火车站、客车站进行重点监控，防止发生以职业介绍为名骗取进城务工农民的违法行为。（邹开勇）

【“就业援助月”活动】 2010年1月至

2月，贵阳市在全市开展“就业援助月”活动，以“送政策、送岗位、送温暖、送培训、送创业”为主要内容，积极提供“就业服务、技能培训、权益维护”等就业服务，促进“高校毕业生”、“登记失业残疾人员”和“零就业家庭”成员等就业困难人员就业再就业。活动期间，全市共帮助3967名就业困难人员实现就业，其中残疾就业困难人员465人，高校毕业生82人；帮助9454名就业困难人员享受政策，其中落实社保补贴4075人；认定零就业家庭395户，援助395户，帮助456名零就业家庭成员实现就业；全市共举办专场招聘会28场，企业吸纳就业888人次。活动中，依托街道（乡镇）、社区（村）就业服务平台，对申报的就业困难家庭入户走访，通过区（县、市）人力资源市场举办“就业援助现场招聘会”，组织有培训意愿的就业困难人员参加享受补贴性的职业培训，帮助有创业意愿的就业困难人员全面落实市场准入、场地安排、收费减免、小额担保贷款及贴息等“一条龙”政策服务，帮助一户多残、零就业残疾家庭和重残无业等残疾人员实现就业，并及时落实岗位补贴政策，指导就业困难人员根据职业供求情况和个人技能，提高就业成功率。（邹开勇）

【推进创建国家级创业型城市】 贵阳市是全国86个创建国家级创业型试点城市之一。2010年，贵阳市加强组织领导，加大财政投入，完善政策扶持，切实搞好创业培训和创业服务，创建工作取得重大突破。落实税收优惠政策，累计税收优惠3.33亿元，扶持创业实体26857户次；减免行政事业性收费34.46万元，惠及创业实体20360户；发放担保贷款19.2亿元，为11266户创业实体创业提供资金支持，其中，发放小额担保贷款1.8亿元，超过2003年至2008年全市小额担保贷款总额，扶持私营企业创业者2502人和个体工商户创业者1946人；发放经营场所租金补贴808.81万元，惠及创业实体3479户；发放自主创业奖励505.54万元，涉及创业者1377人；政府投入培训经费685.11万元，涉及培训人员6.79万人，其中发放创业培训补贴135.93万元，涉及1836人；发放社会保险补贴353.8万元，涉及创业者1533人；对大学生创办的高新企业发放创业资助268万元，涉及创业企业53户。通过电教式创业培训、行业创业培训和培训机构组织创业培训，全市培训6.79万人，其中电教式创业培训5.4万人、行业创业培训1.17万人、培训机构组织创业培训0.22万人。2010年全市开展创业培训71期，培训2039人，培训合格人数1986人，创业培训合格率为97.4%，较上年提高4.91个百分点，培训合格自主创业成功人数为1351人，创业成功率为68.03%，较上年提高17.78个百分点。创业指导服务中心开展创业咨询、指导服务达148710人次。专家志愿团先后为2164人提供创业服务，对其中707户创业实体连续跟踪服务半年以上，帮助500户创业实体成功开业，开业率为23.1%，新创办的创业实体经专家志愿服务团帮扶，存活一年以上的达389户，存活率为77.8%。市、区（市、县）两级财政共投入4294万元，吸引民间资本3.47亿元，建成21个各具产业特色、承载能力强、政策配套、设施完善的创业孵化园，建筑面积达139万平方米，可容纳2764户创业实体，2010年末入园孵化的创业实体达798户，创业人数为1167人，带动就业4048人，园内创业实体享受各项补贴594.87万元。全市征集并评审创业项目467个，入库208个，举办创业项目推介会19次，推介创业项目1425个（次），有5362人达成创业意向，有1304人选择项目创业，一批劳动者通过选择项目，实现成功创业。依托公共就业服务体系，联合中国移动贵阳分公司，开通创业服务短信平台，为劳动者创业提供政策法规、投资信息、创业项目、创业培训等咨询服务。动员民间融资担保机构参与创建，发挥钢铁协会、市西商会等民间创业金融服务机构作用，全市共有27家民间融资担保机构为672户创业企业提供融资担保服务，融资金额达11.23亿元。年末全市筹集创业投资

引导资金6819.47万元，培育创业孵化基地目标21个，培训微型企业和小企业创业者2252人；全市私营企业和个体工商户的数量达155458户，较2008年末增长69%，超过目标任务39个百分点；新创办私营企业和个体工商户66528户，其中私营企业13775户，通过摸底调查，2009年创办的私营企业存活一年以上的比例达到77%，超过目标任务12个百分点；2009年至2010年，创业人数为94519人，创业带动就业194424人，通过创业实现就业和创业带动就业288943人，创业对新增就业的贡献率为53%，超过目标任务23个百分点。（邹开勇）

【“零就业家庭”就业援助】 2010年，贵阳市将城镇就业困难人员就业作为就业工作的重点，继续落实就业扶持政策，加大公益性岗位开发，完善公益性岗位托底及储备机制，加强零就业家庭的动态管理，年内新增“零就业家庭”5户，提供就业援助5户，确保“出现一户、援助一户、巩固一户”，截至年末，全市累计为“零就业家庭”提供就业援助2105户，保持“零就业家庭”动态为零。（邹开勇）

【创建充分就业社区活动】 2010年，贵阳市为发挥就业扶持政策在促进就业困难群体实现就业作用，依托基层劳动保障工作平台，建立跟踪回访制度，下发《关于进一步做好充分就业社区持续达标管理的通知》，将创建和持续达标管理纳入就业总体规划，新创建达标充分就业社区61个，持续达标充分就业社区178个，累计创建达标充分就业社区239个，占全市456个城镇社区的52.41%。乌当区的新都社区被评为国家级“星级充分就业社区”。（邹开勇）

医疗卫生

【“新农合”成效明显】 2010年，全市参合农民170万人，参合率达97 %（其中：南明区99.2%、白云区98.08 %、息烽县96.17%、修文县97.13%、清镇市96.01%、乌当区98.8%、花溪区96.04%、开阳县97.45%、小河区97.88%、云岩区98.38%、金阳新区98.25%）;使用资金2.39亿元，资金使用率达93.15%。参合农民住院率达5.6%；参合农民就诊人次中门诊占98.1 %，住院占1.9%，补偿费用门诊占32%，住院占68 %，门诊住院实际补偿比为 47%。（刘 欢）

【实施国家基本药物制度】 2010年5月18日起，全市政府办的78个乡镇卫生院、1325个村卫生室和4所社区卫生服务中心（云岩区延安中路社区卫生服务中心、南明区市府路社区卫生服务中心、乌当区新天社区卫生服务中心、花溪区溪北社区卫生服务中心）实施国家基本药物制度。基本药物制度的覆盖人口数达240万人，占贵阳市总人口数的61.5%。实施基本药物制度以来，乡、村医务人员的用药行为明显改善，基药使用频率得到较大提高；乡、村两级的基药供货渠道更加规范统一，药品质量得到保证；乡、村两级基药价格更加公开透明，大部分药品价格明显下降，广大人民群众真正享受到基药制度带来的实惠。（刘 欢）

【基层医疗卫生机构建设】 2010年，贵阳市基层医疗卫生机构建设取得突破：市卫生系统获得国家中央投资卫生项目48个，总投资13105万元，规模63547平方米。建设3个县医院，总投资7930万元，规模30695平方米，中央补助 6520万元，地方投资800万元；5个乡镇卫生院改扩建，中央补助500万元，建设规模3000平方米；建设18个社区卫生服务中心，总投资5175万元，规模28532平方米，中央补助3600万元；新建22个村卫生室建设，规模1320平方米，中央补助88万元。（刘 欢）

【开展医院等级创建活动】 2010年，贵阳市卫生系统积极开展医院等级评审工作。市妇幼保健院通过三级甲等医院复评，市一医评为三甲综合医院，市二医、市四医、市五医、市口医评为三级医院。市三医、市六医、市肺医正积极向三级专科医院方向发展。市级和基层医疗卫生网络逐步健全完善，进一步改善群众看病就医条件。（刘　欢）

【市级卫生基础设施建设】 2010年，贵阳市加强市级卫生基础设施建设，主要是：贵阳市妇幼保健院综合病房大楼已开工建设，正进行土石方开挖、偏坡施工工作；市一医病房医技综合楼完成立项等所有前期工作，按市政府要求委托市住投公司进行拆迁代建工作，正进行拆迁工作；贵阳市口腔医院新大楼建设，完成规划、调研等前期工作；完成了贵阳市卫生监督机构建设规划、全科医生培训基地建设规划。这些项目的建成，将进一步改善全市医疗服务条件。（刘　欢）

【惠民医疗服务】 2010年，根据市委办公厅、市政府办公厅《关于深入开展惠民医疗服务的实施意见》要求，市卫生系统在市属3所惠民医院、所有县级医院和乡镇卫生院、社区卫生服务中心大力推行惠民医疗服务工作。据统计，全年惠民医疗政策累计惠及困难群众3373人次，为困难群众减免医疗费115.45万元。（刘　欢）

【建立公共医学实验室】 2010年，市卫生部门引入了第三方专业临床医学检验机构贵阳金域医学检验所，独立承担医学检验工作，避免了基层医疗卫生机构在实验室建设上的重复投入，并降低了诊疗成本。该实验室已与227家医疗机构形成合作关系，为2万余名患者提供了标准化、价格合理的临床检验和病理诊断服务，有效地提高了基层医疗卫生服务质量。（刘　欢）

【卫生应急管理网建设】 2010年，市卫生部门着力加强应急管理网络建设：一是建立市、县、乡（镇）三级卫生应急网络。市卫生局、市疾控中心和各区（县、市）卫生局成立了卫生应急工作机构，明确专人兼

贵阳市第22个爱国卫生月启动仪式现场

职负责卫生应急工作；乡镇卫生院也指定专人兼职负责卫生应急工作。不断完善突发公共卫生事件监测预警系统，市及各区县市及时修订、补充甲型H1N1流感、手足口病等应急预案，并不定期开展有针对性的卫生应急演练。组建了市应急救援支队卫生应急专业队，承担全市综合性应急救援中卫生应急处置和医疗卫生救援职能。二是有效防控手足口病疫情。面对全市手足口病疫情高发病的严峻形势，全市各级医疗机构积极落实重症病人会诊、转诊制度，进一步规范治疗程序，将关口前移，缩短病人诊疗路径，使疑似病例在第一时间得到治疗；各级疾控部门加强疫情监测，对疫情发展态势及时进行评估，有效地控制疫情传播和流行。2010年，共报告手足口病18128例，发病率为464.91/10万，重症病例237例。三是及时开展重大突发事件医疗救援工作。积极配合处置了“3·10”重大道路交通事故、“3·14”会展中心联廊施工钢架垮塌事故、“6·28”关岭泥石流事件的医疗救援工作。四是加大卫生应急预案体系建设力度。制定了《贵阳市突发公共卫生事件健康教育应急预案》，组织修订了《贵阳市突发公共事件医疗救援应急预案》，进一步完善贵阳市卫生应急预案体系。

2010年，贵阳市未发生国家突发公共卫生事件分级标准的突发公共卫生事件。全年共报告处置传染病疫情、食源性疾病414起，其中疑似不明原因肺炎及疑似“人禽流感”病例报告各1起；聚集性传染病疫情169起，主要为手足口病、风疹、水痘和流行性腮腺炎聚集性疫情（其中手足口病143起、风疹1起、水痘17起、腮腺炎8起）；重症手足口病病例237例；食源性疾病6起。（刘 欢）

创建国家卫生城市

【概述】 2009年，贵阳市创建国家卫生城市的多项工作取得阶段性突破。2010年

贵阳市创建国家卫生城市工作会议会场

7月，贵阳市通过全国爱卫办专家暗访组检查，根据国家暗访报告提出的8个方面24个问题和暗访录像光盘，结合贵阳实际，认真梳理细化出83个相关问题，市委、市政府为此召开专题会议研究，与有关单位签订整改目标责任书，下发《整改通知》，制定《问责实施方案》，对存在的问题进行全面整改。

全市通过自查，基本达到国家卫生城市标准要求。爱国卫生组织管理进一步加强，爱国卫生工作网络得到完善。健康教育工作进一步深入，市民基本知识知晓率达到80%以上，健康行为形成率和基本技能掌握率均达到70%以上。市容环境卫生状况日益改善。主次干道和背街小巷清扫保洁工作得到加强；占道经营得到有效治理，城市面貌整洁有序；投资2.5亿元完成农贸市场升级改造，实现规范化管理；引入300亿元社会资金对彭家湾棚户区进行彻底改造。环境保护工作各项指标全面达标，城市大气环境质量、水环境质量、声环境质量改善明显。公共场所和生活饮用水卫生监管不断加强。食品卫生工作

逐步规范，从业人员食品安全意识得到加强。传染病防治工作成效明显。“四害”密度得到有效控制，达到国家卫生城市标准。社区和单位卫生状况明显改善。城中村和城乡结合部环卫设施逐步完善，一些长期存在的“脏、乱、差”问题得以解决。通过开展创卫工作，城区草绿花红、碧水轻漾、道路整洁，呈现出绿化有层次、美化有品位、净化有情调、亮化有特色的新气象，城市形象、城市品位、城市内涵得到提升。（任文胜）

【爱国卫生组织管理】 2010年，全市各级爱卫会组织进一步健全，在爱国卫生工作和创建国家卫生城市活动中充分发挥了组织协调作用。群众反映问题解决或答复率大于90%，群众对全市卫生状况满意率大于90%。（任文胜）

【健康教育】 2010年，全市建立健全了纵、横交织的健康教育网络，网络覆盖率达到100%。居民健康基本知识知晓率85.57%，健康生活方式与行为形成率83.88%，基本技能掌握率83.51%。（任文胜）

【市容环境建设】 2010年，全市城市绿化率、净化率、亮化率保持较高水平；农贸市场升级改造取得新突破；建筑工地环境卫生得到有效治理；河道水面清洁干净；“脏、乱、差”现象得到根本扭转。（任文胜）

【环境保护】 2010年，全市全年空气污染指数（API）优良率为95.1%，集中式饮用水源水质达标率100%，区域环境噪声平均值55.7分贝，城市生活污水处理率大于70%。（任文胜）

【公共场所和生活饮用水卫生监管】 2010年，城区各类公共场所监督覆盖率达100%；从业单位卫生许可证持证率、健康证持证率大于90%；体检率、卫生知识培训率均为100%；对生活饮用水、桶装水、单位自备水和农村井水水质卫生状况监督抽检率100%，有效防止了水源性甲、乙类传染病暴发疫情的发生。（任文胜）

【食品卫生监管】 2010年，全市经常性的食品卫生监督覆盖率达100%；食品经营从业人员持健康证、卫生知识培训上岗率大于97%；餐具抽检合格率大于90%；餐饮业、集体食堂实施食品卫生量化分级管理大于95%。连续三年无重大食品安全事故发生。（任文胜）

【传染病防治】 2010年，全市所有二级以上综合医院设立了感染性疾病科；乡镇级以上的医院100%实现传染病疫情网络直报；2007年至2009年医疗机构法定传染病漏报率均在0.26%以下。安全注射率100%，适龄儿童建卡、建证率大于95%，儿童国家免疫规划疫苗全程接种率大于95%；临床用血100%来自无偿献血。近两年没有因防控措施不力导致甲、乙类传染病暴发流行。（任文胜）

【病媒生物防治】 2010年，贵阳市顺利通过省爱卫办专家组病媒生物防治工作综合考核，鼠、蟑螂、蚊密度控制在国家标准以内，苍蝇密度不超过国家标准三倍，获得灭鼠达标、灭蟑螂达标和灭蚊达标的认定。（任文胜）

【社区和单位卫生管理】 2010年，按照属地管理原则，全市将单位卫生工作纳入社区统一管理，逐步形成有计划、多层面、全方位的长效管理机制。80%以上社区的环境得到有效整治。（任文胜）

【“城中村”及城乡结合部卫生管理】 2010年，全市狠抓环境综合治理，加快推进城乡环境一体化建设。大力开展健康教育和病媒生物防治工作，加强环卫设施建设和公厕的新建改造，乱搭乱建、乱堆乱摆、乱停乱放、乱贴乱画、乱扔乱倒现象得到有效治理。（任文胜）

社会保障

【养老保险制度改革】2010年，贵阳市积极实施“老有所养”行动计划。组织开展2010年调整企业退休人员基本养老金，调整待遇涉及全市15.37万退休人员，调整后企业退休人员月平均养老金达1233.93元，较调整前增加了156.7元，增幅14.55%，月增资2408.48万元，并于春节前全部发放到位。全面启动城镇老年居民社会养老保险，参保5763人,享受待遇5565人。开展城镇企业职工基本养老保险关系转移接续，解决1万余名原企业未参保人员的参保问题。年末全市城镇职工基本养老保险参保89.8万人（其中离退休人员17.05万人），扩面9.4万人，为目标任务的187%；征缴养老保险费25亿元，为目标任务的156%。（邹开勇）

【医疗保险制度改革】2010年，贵阳市调整并落实医疗保险政策，参保个人住院负担由2009年的21.93%下降到17.12%。开展定点医疗服务机构专项检查，加强医保基金监督审核，确保基金安全，全年暂停医保业务109家，扣除违规违约金和不合理费用98.9万元。推行12类“单病种”医疗费用包干结算，全市参加“单病种”结算医院47家，共有3800余名患者受益,医疗费用下降37.51%，个人负担下降55.22%，住院个人现金负担医疗费次均410元；探索异地人员委托管理、就近结算方式，实现贵阳与上海医疗费用报销结算，年内有102名贵阳市长期在沪参保人员享受到就近报销医疗费用带来的便利。年末全市城镇基本医疗保险参保164.5万人，其中：城镇居民医疗保险参保62.49万人（其中大学生参保 16.95万人），灵活就业人员参保8.28 万人，农民工参保 6.75 万人；扩面11.8万人，为目标任务的294%；征缴医疗保险费14.6亿元，为目标任务的182%。（邹开勇）

【工伤保险制度改革】2010年，贵阳市工伤保险制度改革成效明显：全市工伤保险参保55.4万人，扩面12.9万人，为目标任务的430%;征缴工伤保险费1.1亿元，为目标任务的175%。出台《贵阳市老工伤人员工伤待遇纳入统筹的意见》和《实施细则》，全市累计将原由企业自行管理的老工伤人员1231人纳入老工伤统筹管理，老工伤基金支出1433万元（其中旧伤复发医疗费用606.69万元），人均1164元。完成破产、改制企业老工伤人员130人的资格审核。推进商贸、餐饮、住宿等服务行业农民工参加工伤保险，年内农民工参加工伤保险人数10.16万人。（邹开勇）

【农村社会养老保险制度改革】2010年1月1日，贵阳市实施《贵阳市新型农村社会养老保险办法》，新农保扩面征缴取得进展，年内全市新农保参保69.6万人，其中60周岁以上人员18.63万人，参保率97.85%，待遇享受人员17.64万人，待遇发放率94.69%；征缴养老保险费2.88亿元，发放养老金1.73亿元；享受待遇人员死亡981人，发放丧葬补助费49.05万元。纳入国家新农保试点的修文县、息烽县、开阳县参保率达到80%以上，清镇市于10月1日纳入国家新农保试点,参保率达到75.7%，其余区（县、市）达到60%以上，全年获得中央财政补助资金5791.68万元，省级财政补助资金341.23万元。推进被征地农民的社会养老保险，完成云岩区、南明区、花溪区、乌当区、白云区、修文县、开阳县、清镇市等36个建设项目被征地农民社会保障方案的审核及报批，年内有4640人按被征地农民社会保险政策参加养老保险。（邹开勇）

【城市最低生活保障制度】贵阳市于1998年率先在全省建立城市低保制度，到2010年，以城乡低保、农村五保供养制度为主要内容，与医疗、教育、住房、司法等专项救助相互衔接、临时救助互为补充、与经济社会发展相适应的覆盖城乡全体居民的新型社会救助体系全面建立，困难群众得到从基本生活到医疗救助、教育救助、住房救助、司法救助、临时救助、慈善援助等全方位保障，民生保障的最后一道“安全网”越织越密，“兜底”功能不断完善，社会救助体系调节社会利益，化解社会矛盾，促进社会公平，维护社会稳定的作用充分发挥。

2010年，贵阳市第五次提高城市低保标准，云岩区、南明区、小河区三中心城区从每人每月240元提高到300元；乌当区、花溪区、白云区和金阳新区从每人每月220元提高到300元；清镇市、修文县、息烽县和开阳县从每人每月200元提高到240元，月平均保障标准达278元，月人均补差201元，比2009年提高50元。截止到2010年12月，贵阳市城市低保对象35516户、76174人，累计发放低保金1.9亿元（含各类慰问金）。（吴 迪 袁嘉析 何 黎）

【城乡低保规范化建设】 为巩固城乡低保规范化建设活动取得的成效，2010年，贵阳市开展城乡低保规范化管理活动。一是建立诚信申报承诺委托制。建立低保诚信申报、承诺、委托制，申请人在申请低保时要诚信申报家庭收入，并承诺所申报的收入财产真实，同时委托相关人员对其家庭收入财产进行调查。通过实施这一制度，严把低保入口关，效果明显，保障人数呈进少出多的趋势，2010年，保障城市低保对象436451户次、941868人次，保障人次数比上年减少22587户次、68763人次，城市低保资金支出减少1218.2万元。二是规范城市低保审核审批环节。为进一步规范低保申请、审核和审批程序，制定城市低保“三环节、七步骤”工作程序，明确家庭申请——入户调查——审核——一榜公示——审批——二榜公示——待遇批准七个步骤。三是统一家庭收入财产核查指标。制定包括家庭基本情况、财产状况、现金收入、家庭消费、社会保障支出等5大项114个小项的《贵阳市城镇居民最低生活保障家庭基本情况及收支情况入户调查表》，并报经市统计局批准使用。以云岩区和南明区的两个社区122户低保家庭为试点，组织市、区两级工作人员进行入户调查，对收入财产核查指标的可操性进行了检验，通过试点更详细掌握和了解低保家庭的收支状况，使动态管理更加有效。四是建立居民家庭收入核查比对专线。按照民政部首批居民家庭收入核对试点工作要求，利用市劳动人事及社会保障局VPN加密专网与公安、人社、住建、公积金管理中心、工商等部门建立比对专线，2010年11月对首批120户低保家庭信息比对，平均信息检出率为21%，率先在全省建立低保和低收入家庭收入财产比对机制，为科学、准确的掌握申请各项社会救助的家庭经济和财产状况奠定基础。（吴 迪 袁嘉析 何 黎）

【城乡居民医疗救助制度】 贵阳市农村和城市医疗救助制度分别从2005年和2006年实施以来，着力解决城乡困难群众最关心、最现实、最迫切的医疗救助问题，努力实现困难群众“病有所医”的目标，减轻困难群众医疗费用支出的负担。2004年—2010年，农村医疗救助筹集资金总额5170.9万元，为369758名农村困难群众缴纳参加新型农村合作医疗保费590.893万元；直接救助农村困难群众21864人次，直接救助金支出2645.5万元。2005年—2010年，城市医疗救助筹集资金总额5581.02万元，为228271名城市困难群众缴纳参加城镇居民基本医疗保险费237.58万元；直接救助城市困难群众6361人次，直接救助金支出971.55万元。（吴 迪 袁嘉析 何 黎）

【城乡困难群众临时救助制度】 《贵阳市城乡困难群众临时救助暂行规定》自2009年实施以来，帮助困难群众解决因灾、因病造成暂时的生活困难，积极发挥对社会救助制度补充的作用，救助对象包括低保对象和低收入群体，救助标准最高可达5000元。2010年，共救助困难群众3270人次，支出救助金157.5万元，较好地发挥了临时救助制度救急、救难的作用。（吴 迪 袁嘉桁 何 黎）

【养老机构建设】 2010年，为应对人口老龄化给社会福利事业带来的挑战，按照市委、市政府《关于实施“老有所养”行动计划（2008－2012年）的意见》要求（筑党发[2008]27号），紧紧围绕市委八届十次全体（扩大）会议提出的“以完善养老保障体系为目标，大力实施‘养老敬老工程’，确保全市养老服务机构床位数达到1万张以上，平均每千名老年人拥有20张床位”的目标，加快老年福利服务机构设施建设，积极扶持社会力量兴办社会老年福利事业。同时，为进一步扩大“三无”老人安置能力，改善老人供养环境，市民政局多方筹集资金，积极筹建贵阳市第二社会福利院“三无”老人安置楼新建项目，办理开工前各项手续。该项目计划建筑面积6400平方米，设置床位300张，总投资2200万元。除继续加大对国办福利机构的建设力度外，市民政局继续积极扶持、引导和鼓励社会力量兴办养老机构，吸引社会力量兴办养老事业。全年新增社会办养老服务机构5家，其中云岩区新增2家，南明区新增1家、花溪区新增1家，白云区新增1家，新增床位数290张。（吴 迪 袁嘉桁 何 黎）

百万空巢老人关爱志愿服务行动场景

【社会福利设施建设】 为完善贵阳市医疗服务网络，提高精神病医疗卫生机构服务水平和能力，更好地满足人民群众医疗卫生服务需求，市民政局拟新建贵阳市精神病医院。项目选址在贵阳市南明区小碧乡二堡村，总建筑面积12000平方米，项目总投资3120万元，资金来源为中央补助资金和地方自筹。2010年项目前期手续基本办理完毕，待国土资源部调整土地规划和中央补助资金下达后开工建设。

贵阳儿童福利院得到广大爱心人士和有关单位积极献爱心，捐赠80余万元善款用于建设“贵阳市儿童福利院儿童乐园”项目。主要在院内建设儿童游乐设施、凉亭、绿化等，建筑面积1800平方米，项目建成后将对残疾儿童提供康复训练场地及设施，极大丰富孤残儿童的业余生活，同时满足儿童生态教育、体能锻炼和性格塑造等方面的需要。（吴 迪 袁嘉桁 何 黎）

协办第九届全国少数民族传统体育运动会

【概述】 经国务院批准，由国家民族事务委员会和国家体育总局主办，贵州省人民政府承办，贵阳市人民政府协办的中华人民共和国第九届少数民族传统体育运动会将于2011年9月在贵阳市举行。第九届民族运动会分竞赛项目和表演项目，竞赛项目分花炮、珍珠球、射弩、武术等16项，表演项目分竞技类、技巧类和综合类。全国各省、自治区、直辖市，中国人民解放军，新疆生产建设兵团将组团参加。

按照省委、省政府的安排部署，贵阳市

委、市政府高度重视协办工作，具体承担第九届全国少数民族传统体育运动会开幕式、闭幕式和民族大联欢活动。2010年1月18日，贵阳市举行全市“三创一办”动员大会暨第九届全国民族运动会开幕倒计时600天启动仪式，贵阳市协办第九届全国少数民族传统体育运动会指挥部各项工作全面启动，通过组建协办工作机构、举办大型活动能力培训、开展丰富多彩的宣传发动和民族运动会相关知识普及活动、遴选总导演和开展“三大活动”筹备、加快体育场馆建设和改造维修、开展接待工作前期调查摸底、加大力度开展备战参赛等各方面工作，精心筹划，认真组织，扎实推进，各项协办工作有序展开。

一是组建协办工作机构。2010年2月，贵阳市协办第九届全国少数民族传统体育运动会指挥部成立并拟定《贵阳市协办第九届全国少数民族传统体育运动会工作总体方案》，明确指挥部下设办公室、场馆建设改造和运行处、开闭幕式活动处等1室9处。指挥部从市直相关部门抽调66名同志集中办公，前期各项工作有序推进。二是加强举办大型活动能力培训。7月，为学习和借鉴举办大型全国性运动会的成功经验，市委副书记、市长袁周率相关部门及各区（市、县）主要负责人和市协办指挥部工作人员赴广州，考察学习广州市承办第八届全国民族运动会和筹备第十六届亚运会的组织领导、赛会场馆提供、市容环境整治、大型活动策划创作与实施推进等工作。市协办指挥部还相继组织有关部门及有关人员学习观摩第十一届全国运动会、第十六届广州亚运会、云南省第九届民族运动会等大型运动会及大型活动的组织工作，通过一系列学习、考察和培训，提高协办指挥部相关人员和各职能部门参与筹办、组织大型活动的能力和整体素质。三是开展丰富多彩的宣传发动和民族运动会相关知识普及活动。为营造协办工作氛围，提高广大市民对民族运动会的知晓率，贵阳市协办工作指挥部通过举行倒计时一周年活动、“书记·市长交流台”、“我参与、我受益、我快乐—弘扬民族体育文化，喜迎民族体育盛会暨走进碧海社区”等系列活动，向广大市民宣传第九届全国民族运动会情况，介绍有关民族体育知识，激发全市干部群众积极参与、支持民族运动会的热情，为成功举办第九届全国少数民族传统体育运动会营造良好氛围，在广大市民群众中形成当好东道主的共识。四是遴选总导演和开展“三大活动”筹备。为使第九届全国民族运动会办得精彩、圆满、成功，市协办指挥部经多方咨询、比选，明确国家民族歌舞团副团长丁伟担任第九届全国少数民族传统体育运动会开幕式、闭幕式总导演。民族大联欢活动在金阳新区观山湖公园举办。开幕式、闭幕式、民族大联欢三大活动总体策划方案，在第一次全国筹备工作会议上获得原则通过，各项筹备工作整体推进。五是体育场馆建设和改造维修成效显著。 2008年5月，贵阳市奥体中心主体育场工程开工建设。12月18日，贵阳市民健身中心建设完成投入使用。至2010年12月底，奥体中心主体育场主体工程完工，并按设计要求进行机电安装、装饰装修、铺设塑胶跑道及绿地草坪。同时着手搭建奥体中心运行管理机构，负责承担奥体中心开幕前的运行管理工作。8个市属场馆的维修改造方案通过省、市发改委立项审批，正按场馆建设改造工作方案抓紧施工。六是开展接待工作前期调查摸底。2010年3月，为全面了解和掌握第九届民族运动会接待工作资源，按照筹委会的统一安排，市协办指挥部对贵阳城区近百家宾馆、酒店开展调查摸底。根据分布情况和星级标准，绘制从宾馆、酒店到各赛点的交通网络图，初选出66家三星级以上酒店作为第九届全国少数民族传统体育运动会备选接待点。七是加大力度开展备战参赛工作。按照市委、市政府提出的“优选少数民族传统体育项目并强化集训”的要求和全省备战工作会议精神，贵阳市组团参加贵州省第七届民族运动会，取得金牌和奖牌总数第一的较好成绩，为贵阳

市选拔和输送优秀运动员入选贵州省代表团参加2011年第九届全国民族运动会奠定良好基础。（董蓓颖）

【第九届全国少数民族传统体育运动会倒计时600天启动仪式暨“三创一办”动员大会】 2010年1月18日，贵阳市举行第九届全国少数民族传统体育运动会倒计时600天启动仪式暨“三创一办”动员大会。省委常委、省委统战部部长龙超云，省委常委、贵阳市委书记李军，省委常委、省委宣传部部长谌贻琴，副省长谢庆生共同为第九届全国少数民族传统体育运动会倒计时牌揭牌；谌贻琴宣布第九届全国少数民族传统体育运动会倒计时600天启动。启动仪式由贵阳市委副书记、市长袁周主持，省直有关部门以及贵阳市各级党委、政府，有关部门和各行业的市民代表、志愿者代表等共1400余人参加了启动仪式。（董蓓颖）

【国家民族事务委员会主任杨晶考察贵阳奥体中心建设情况】 2010年5月24日，国家民族事务委员会主任杨晶一行到贵阳考察第九届全国少数民族传统体育运动会体育场馆建设情况，对承担开幕式、闭幕式的贵阳奥体中心建设进度、工程质量等提出了具体要求。副省长刘晓凯、市委副书记、市长袁周、省民委主任郝桂华、副市长余维祥等陪同考察。（董蓓颖）

【市领导赴广州学习考察亚运会筹备及承办全国民族运动会情况】 2010年7月7日，市委副书记、市长袁周率贵阳市协办考察团赴广州市学习考察筹备第十六届亚运会及承办第八届全国民运会情况。在广州考察期间，广州市政府副市长陈国，市政府副秘书长、亚组委副秘书长古石阳，亚组委场馆部部长彭高峰陪同考察并介绍有关情况。（董蓓颖）

【举行第九届全国少数民族传统体育运动会开幕倒计时一周年活动】 2010年9月10日，第九届全国少数民族传统体育运动会开幕倒计时一周年活动在贵阳市人民广场举行。倒计时一周年活动由市委副书记、市长袁周主持。副市长余维祥介绍贵阳市协办工作情况，省委常委、市委书记李军作重要讲话。国家民委副主任丹珠昂奔，省委常委、市委书记李军，副省长谢庆生共同为第九届全国民运会倒计时牌揭牌。省民委主任郝桂华，省体育局局长蔡国祥以及市领导李跃南、陈石、李涛、申振东、蒋星恒、李忠、邹碧声、刘文新、孙峰、周道许等出席活动。少数民族群众、建筑工人、运动员、城管人员、公务员、公安干警、学生、医护人员、志愿者代表作承诺发言。各区（市、县）、高新开发区、金阳新区，市委各部委、市级国家机关各部门、各人民团体、有关企业负责人以及来自全市各行业的代表共500余人参加活动。（董蓓颖）

住　房

【廉租房建设】 市委、市政府提出在“十一五”期间多渠道解决好城市中等偏下低收入家庭的住房问题，使低收入家庭能够共享改革和发展的成果。为建立住房保障工

保障性住房建设一角

作机制、稳步推进“住有所居”行动计划，在机构改革中，将原市住房保障和房产管理局和市建设局合并，组建贵阳市住房和城乡建设局，进一步强化政府住房保障职能，各区、市、县也组建住房保障工作机构，搭建起市、区、街道三级管理，市各相关部门配合实施的多层次管理构架，为做好住房保障工作提供组织保障。

2010年，全市廉租住房保障的收入标准从低保家庭扩大到人均月收入不足975元的低收入家庭；住房困难标准从人均住房建筑面积8平方米扩大到15平方米以下。截止年底，全市累计纳入廉租住房保障的家庭22630户（累计发放租赁住房补贴18924户，实物配租2465户，租金核减1241户），是实施“住有所居”行动计划前的8倍，初步实现应保尽保和适时保障。全市完成申报中央廉租住房投资补助170万平方米，开工建设96万平方米，1.91万套，竣工40余万平方米，是实施“住有所居”行动计划前的30倍。

为贯彻落实党中央、国务院有关加大保障性安居工程建设的重大决策部署，结合实施“住有所居”行动计划，市委、市政府提出将廉租住房和公共租赁住房保障并轨管理，统称公共租赁住房，进一步扩大住房保障范围，将长期在贵阳居住、有稳定收入的外来务工人员纳入保障范围，切实解决中等偏低收入家庭的住房困难。组织修订《贵阳市公共租赁住房管理暂行规定》，探索收储配租模式，通过租赁、收购等方式增加保障性安居工程房源；建立严格准入退出机制，确保公开透明；按照“租补分离”原则，实行梯度保障制度，解决公共租赁住房“退出难”问题。（董 楠）

【经济适用住房建设】2010年，全市经济适用住房累计在建面积为223.3万平方米（含结转），竣工101.26万平方米，完成投资26.1568亿元。按照贵阳市经济适用住房准入标准，2010年经申请、审核、公示，符合经济适用住房申请条件的家庭有9500余户。（董 楠）

【棚户区改造】 2010年，贵阳市住房和城乡建设局按照市委关于“3年内完成棚户区改造工作”的要求，于2月向各区、县（市）发出《关于报送城市和国有工矿棚户区改造项目的通知》，进行全面的前期摸底调查和项目收集工作。3月底，完成各区、县（市）城市和国有工矿棚户区的清理和项目收集。全市城市和国有工矿棚户区改造项目约87个，棚户区住户36516户，面积约273.12万平方米，经初步统计拟建面积约500万平方米的棚户区改造房屋，预计总投资约154亿元。4月中旬市住建局与贵阳电视台合作完成贵阳市城市和国有工矿棚户区基本情况多媒体宣传片的摄制。截止2010年12月，富源路棚户区改造项目已完成拆迁任务661户。林东集团工矿棚户区改造项目正在办理相关建设手续，同时该项目已获得中央补助资金1350.7万元。

为加大棚户区改造力度，市委、市政府提出力争用3-5年时间完成城市和国有工矿棚户区改造。2010年富源路东二环城市和国有工矿棚户区改造项目正在进行拆迁，已进入土地招、拍、挂程序，完成施工图安置区B区初步设计，正进行地勘和设计招标工作；彭家湾城市棚户区改造项目，采用引导社会力量参与改造的模式，将市场运作与改善民生结合起来，该项目拆迁已初步完成，进入建设实施阶段。（董 楠）

【“城中村”改造】 全市推进“城中村”改造的目标是：建设城乡一体、环境优美、配套完善、功能齐全的可持续发展新型文明社区，实现“改出一片产业，改出一片新居，改出一片环境”。2010年，全市启动云岩区渔安安井回迁安置居住区工程、南明区汤巴关“城中村改造项目”、小河区龙王村“城中村改造项目”、小河区中院村麦兆寨“城中村改造项目”、花溪区溪北片区集

中安置点、花溪区洛平片区集中安置点、清镇市东门桥村粮油市场安置楼、白云区白云村云康新城“城中村改造项目”、乌当区顺海村大坡城中村改造项目、金阳新区上寨村拆迁安置房等10个改造项目。（董 楠）

【房地产开发】 2010年，市住建局加强对房地产开发监管和项目巡查力度，有效规范房地产开发建设行为，引导和倡导诚信开发经营，构建和谐社会秩序。第一，继续实行《房地产开发项目手册》监管制度。通过《房地产开发项目手册》对项目建设过程实施动态管理，建立房地产开发企业开发诚信档案，对不良行为记录后接受社会监督。经过巡查，贵阳市行政区域内新建、在建及竣工的房地产开发项目共计209个，均按时建立和填写《房地产开发项目手册》，做到了一个项目一本手册。第二，继续执行新建商品房“商品房质量保证书”和“商品房使用说明书”管理制度，保护购房人合法权益。经过巡查，全市所有竣工交付的项目均执行“两书”。截至12月底，全市房地产开发投资完成310.68亿元，同比增长47.7%。房地产施工面积为3984.52万平方米，同比增长28.8%。其中住宅为2969.4万平方米，同比增长25.8%；竣工面积为532.6万平方米，同比增长-28%。第三，加强房地产开发企业资质管理工作。共对73家新成立房地产开发公司进行初审；共办理49家房开企业资质升级初审；共办理34家房开企业资质延期初审。（董 楠）

平安建设

【全力维护社会稳定】 2010年，贵阳市加强平安建设全力维护社会稳定。一是始终把社会管理、综治工作及“居有所安”工作纳入各地经济社会发展的总体规划，坚持“谁主管、谁负责”和“属地管理”原则，认真落实领导责任制和目标责任制。相继制定《贵阳市党政领导干部社会治安综合治理实绩档案制度》、《贵阳市社会治安综合治理委员会成员单位、专门工作领导小组综治工作述职考评办法》等，将领导干部履行社会治安综合治理工作职责的有关情况和综治工作成效纳入领导干部的政绩考核并记录在案，增强领导干部的责任感，促进社会治安综合治理及“居有所安”各项工作扎实有效开展。二是市委、市政府主要领导多次听取社会治安综合治理工作情况汇报，并深入基层进行调查研究，督促检查，帮助协调和解决工作中的困难和问题。三是制定《贵阳市综治委成员单位分片联系制度》，继续推进综治成员单位与街道（乡镇）“一对一”对口帮扶工作，建立完善工作联系、联席会议、信息交流等多项制度，协助街道（乡镇）共同研究制定平安创建工作规划和措施。通过加强组织领导，严格落实领导责任制，全力维护社会稳定。（钟济光）

【开展“夏季严打”专项行动】 2010年，贵阳市认真组织开展“夏季严打”专项行动，各级公安部门全警动员，各级党政领导亲自动员部署，各级综治部门积极行动，掀起新一轮“严打两抢一盗，保卫百姓平安”夏季严打高潮。市综治办制定《夏季严

设立治安卡点

打行动治安防范工作实施方案》，明确具体工作目标、工作重点和工作措施，组织和动员各方面的力量开展专项行动。同时，积极推进责任区刑警队建设，建立专业打击长效机制。整合治安混乱地区及周边3—4个派出所刑侦力量，集中优势警力，落实片区责任，统一机构，统一指挥，形成打击合力，重点打击“两抢一盗”刑事犯罪。建成三马、大营坡、东山、朝阳、沙冲片区等17个责任区刑警队。（钟济光）

【推进街面治安防控工作】 2010年，市委政法委召开全市治安防控工作专题会议，制定下发《关于进一步加强全市治安防范工作的通知》，对当前和今后一段时期的治安防范工作进行安排部署。云岩、南明两区制定治安巡逻工作方案，加强两城区一、二、三级街面的治安防控。8月，在市中心城区街面建立治安卡点分级防控体系，设立267个治安卡点，每个卡点配备一定数量民警和治安巡防队员值守，屯警于街面，24小时运转，使全市110刑事警情量下降20%以上，有效防范和打击街面违法犯罪。（钟济光）

【建立健全社会治安防控体系】 2010年，云岩、南明两城区在保持原有1500名治安巡防队伍的基础上，又各招聘500名治安巡防队员，重点加强居民住宅区的治安防范。一些街道（乡镇）、社区（村）自筹资金组建和充实不同形式、不同类型的群防群治队伍。全市各级综治部门着力抓好专职治安巡逻队伍建设，整合社区综治工作者、禁毒专干、村级流动人口协管员、社区保安、单位保安、义务巡逻队等6支队伍，在社区民警的指导下，开展巡逻防范工作，增强社会面的治安控制防范能力。全市已有专职联防队356支3921人，义务联防队1197支12933人，保安队486支4151人，楼栋院落值班守护人员13611人。同时，全市进一步加快科技防范建设步伐，建设城市数字化监控系统，在原有1587个视频监控探头的基础上，新增5000个监控探头，对易发案路段实行24小时监控；建立1万余个报警标识，通过对易发案地段和背街小巷的不间断监控，有效遏制此类地段

2010年除夕之夜的城市一角

的“两抢一盗”刑事犯罪。另外，以社区为单位，大力推行“防盗门”工程，提高盗抢案件高发地区的硬件防范能力。（钟济光）

【开展校园及周边治安综合治理工作】 2010年，市委政法委制定《关于加强学校、幼儿园及周边安全工作的意见》，将学校及周边治安综合治理工作纳入年度综治目标考核。按照项目管理方式，实行“一校一表”管理制度，建立了整治台账。同时，对学校及周边各种危害师生人身财产安全、影响正常教学秩序的治安情况进行摸排；重点对辖区容易肇事肇祸的精神病人、长期违法缠访闹访人员、情绪和行为偏执人员、对社会严重不满人员以及刑释解教人员中未落实安置帮教人员等五类高危人群进行摸排。并将摸排出的69个长期违法缠访闹访人员、128个容易肇事肇祸的精神病人、44个情绪和行为偏执人员、40个对社会严重不满人员以及未落实安置帮教的127名刑释解教人员，全部纳入管控视线。先后开展“打击校园及周边古惑仔寻衅滋事”、“打击抢劫中小学生犯罪”等专项行动3次，调解矛盾纠纷15起，收缴各类管制刀具300余把。实行“保安进校园”工作机制，中心城区公办学校均配备专职保安；在“城市报警与监控系统”中为各高校安装28个视频监控设施。还在学校大门、通道等重要部位，安装报警设备，达到有效预警、震慑犯罪的目的。（钟济光）

【加强和改进流动人口服务管理工作】 2010年，贵阳市着力加强流动人口管理。一是组建专职流动人口协管员队伍。在云岩、南明、小河三城区招聘400名流动人口协管员，在全市范围内开展流动人口和出租房屋排查工作。二是采取有效措施，推动流动人口服务和管理工作深入开展。加强流管机构规范化建设，配齐配强区（市、县）、街道（乡、镇）流动人口管理机构和工作人员，调整充实流动人口管理机构领导力量，加大对区（市、县）、街道（乡、镇）流管机构工作经费的投入和保障。三是颁布实施《贵阳市居住证暂行办法》。市政府以政府令的形式颁布了该办法，通过赋予居住证在子女入学、劳动就业、社会保险、医疗卫生、公共服务等9个方面的使用功能，以居住证作为载体，规范来筑流动人口的登记管理工作，强化以证管人。（钟济光）

【开展禁毒工作】 2010年，贵阳市认真开展禁毒工作并取得明显成效：一是加大禁毒预防宣传力度。积极开展《禁毒法》宣传“六进”（社区、学校、单位、家庭、场所、农村）活动，采取观看禁毒文艺汇演、手机短信、禁毒公益宣传片等形式广泛宣传《禁毒法》。以宣传《禁毒法》和防范新型毒品危害为重点，继续深化中小学生的禁毒宣传教育工作，实现“学生不吸毒，校园无毒品”的目标。继续深入开展“职工拒绝毒品零计划”活动、“社区青少年远离毒品”行动、“不让毒品进我家”和“不让毒品进我村”等活动；深化娱乐场所禁毒承诺行动，预防娱乐场所涉毒违法犯罪案件发生。二是严厉打击毒品犯罪活动。将毒枭、职业毒贩、团伙头目、在逃重大毒贩等“七类人”作为侦缉、打击重点，全警动员、全线出击，严打毒品犯罪活动。全市共破获毒品案件1530起，抓获毒品犯罪嫌疑人1695名，缴获各类毒品63.2714千克；市公安局禁毒支队相继破获“12.24”、“12.27”等特大运输、贩卖新型毒品案，打掉两个长期贩运新型毒品的网络，抓获犯罪团伙成员11人。三是认真开展禁毒严管和禁毒信息工作。认真组织开展易制毒化学品及精神麻醉药品的管理工作，将全市生产、经营、运输、使用、仓储易制毒化学品的单位及全市小型化工企业全部纳入监管，建立健全责任追究机制，有效防止易制毒化学品及精麻药品流入非法渠道。全市公安禁毒部门认真建设维护好禁毒信息管理系统及吸毒人员动态管控数据库，大力拓展技术情报和人力情报来源，进一步完善全市毒品犯罪信息数据库。四是稳步推进社区戒毒（康复）工作。各地全面开展社区戒毒（康复）工作。全市向社会公开招聘禁毒专职工作人员已达659人。市禁毒办到各区（市、县）开展基层基础工作培训，对社区戒毒（康复）工作流程和强制隔离戒毒所出入所流程进行规范。2010年，全市上网登记在册吸毒人员21367人，社会面吸毒人员8112人，强制隔离戒毒2327人，社区戒毒460人，社区康复4537人，戒断未复吸三年（含以上）人数为3612人。通过召开全市社区药物维持治疗门诊负责人工作会，规范治疗门诊秩序；全市已开设16个社区药物维持治疗点。五是狠抓重点整治乡、镇（办）摘帽工作和创建“无毒县”工作。年初，市禁毒办对28个省级和13个市级毒情重点乡、镇（街道办事处）进行全面检查，符合“摘帽”要求的达到34个，达标率为83%。六是对全市各区（市、县）禁毒工作进行督导。重点开展对开阳、修文创建“无毒县”以及乌当区拟创建“无毒区”工作的督导、指导；9月份完成对开阳县创建“无毒县”工作的初步检查。重新制定《贵阳市创建“无毒县（市、区）”试行办法》、《贵阳市禁毒工作考评办法》，进一步规范各强制隔离戒毒所、省、市司法系统强制隔离戒毒所出入所人员审批、信息发布及无缝衔接程序；编制对各区（市、县）禁毒工作人员的培训教材，规范吸毒人员社区戒毒（康复）工作。（钟济光）

【强化药品、医疗器械生产环节监管】 2010年，贵阳市进一步强化药品、医疗器械监管工作。一是完成87家药品生产企业《药品生产许可证》换证资料初审工作，完成7家医疗机构《医疗制剂许可证》换证资料初审和现场检查；二是实施新一轮驻厂监督员制度。对黔峰等11家高风险药品生产企业，派驻新一轮驻厂监督员23名（含区、市、县），实行驻厂监督；三是实施药品质量受权人制度。完成83家企业质量受权人资格初审和建档备案工作；四是认真开展GMP认证初审和跟踪检查工作。完成22家申报GMP认证的药品生产企业资料初审及现场检查，并安排观察员参与GMP认证；对71家药品生产企业进行药品GMP跟踪检查，监督检查覆盖率达100%；五是开展基本药物审核工作。对41家基本药物生产企业提交的基本药物生产工艺和处方核查资料进行初审上报，并进行现场检查，建立基本药物监管档案，检查覆盖率达100%；六是开展医院制剂专项检查。对7家医疗机构制剂是否依法配制、制剂生产条件、制剂配制质量管理情况、制剂品种说明书、标签是否规范进行全面检查，检查覆盖率达100%；七是开展医疗器械监督检查工作。对全市46家医疗器械生产企业进行日常监督检查，监督检查率达100%，并对其中16家重点监管企业进行质量体系专项检查；八是开展安全生产专项检查。结合省、市安全生产工作部署，向各药品生产企业下发《关于进一步加强安全生产管理工作的通知》，开展加强安全生产和质量安全工作培训，并在企业自查的基础上，对35家药品、医疗器械及药包材生产企业的安全生产情况进行抽查，发现问题要求企业整改，保证安全生产。（刘 涛）

【强化药品、医疗器械市场监管】 2010年，贵阳市进一步强化食品、药品监管。一是换发药品零售企业《药品经营许可证》566份，受理审批药品经营许可（零售）156份，受理审批变更264份；二是受理审批医疗器械经营许可40份对申请变更的3家药品批发企业进行现场验收；三是认真开展GSP认证、跟踪检查工作。完成298家药品零售企业GSP认证申报材料的初审和现场认证，完成4家药品批发企业GSP认证申报材料初审并报省局，对2006年至2008年通过GSP认证的药品经营企业进行跟踪检查，共检查药品经营企业159家，对不符合GSP的7家企业责令限期整改，并督促其完成整改，有效规范药品企业经营行为；四是加大日常监督检查力度，对90家药品批发企业，8家连锁企业，46家医疗器械生产企业、635家（次）医疗器械经营企业

进行日常监督检查，检查覆盖率100%；五是加大对违法刊播药品、保健食品广告的监测力度。共监测到违法药品、保健食品、医疗器械广告1498则，全部移送工商部门处理，并上报省局；六是加强农村药品“两网”建设工作。对全市农村药品“两网”建设情况进行重新摸底统计：全市共78个乡（镇），1107个行政村，建立药品监督网1105个，覆盖率达99.8%，建立药品供应网1075个，覆盖率达97.1%，同时开展“两网”协管员和信息员的培训；七是开展药品不良反应、医疗器械不良事件监测工作。将不良反应监测工作作为工作重点，设置药品生产企业、经营企业、医疗机构等不良反应监测基层用户100余家，实现不良反应监测工作的制度化、经常化。共上报药品不良反应报告782例，医疗器械不良事件6例；八是开展药品经营企业安全检查。共检查药品批发、零售连锁企业31家，药品零售企业545家，对存在药品堆放不规范、未设置危险品专柜、未配备灭火器等问题的少数企业要求限期整改，及时消除安全隐患。九是积极配合开展医保检查工作。与市医保中心开展药品、医疗器械管理情况检查，共检查药品零售企业5家，医疗机构45家；十是开展示范建设。在“百诚万店无假货”的活动中，对示范街中所涉及的44家餐饮服务、12家药品、医疗器械经营企业、13家保健食品、化妆品企业开展诚信企业建设活动，从亮证经营、保障质量、明码标价等为主要内容入手开展诚信企业的创建工作；十一是开展各类教育培训活动。共开展诚信教育、健康教育、提高执行力、安全生产、消防安全、质量安全、百城万店无假货、食品安全等各类教育培训活动10余次，培训干部职工、监管对象1000余人次。（刘　涛）

【规范市场秩序专项检查】 2010年，为规范药品市场秩序，贵阳市认真开展专项检查。一是开展疫苗专项检查。共检查146家（其中：疫苗批发企业12家，市级医疗机构（含市疾病预防控制中心）9家，其他疫苗使用单位125家），未发现使用、销售假劣疫苗的情况；二是开展医用氧专项检查。对全市4家医用氧生产企业和72家使用单位进行专项监督检查，未发现有用工业用氧冒充医用氧的行为，医疗机构使用的医用氧质量基本合格，对存在未建立进货验收制度、存放存在重大安全隐患等问题的3家生产企业、8家使用单位下达责令改正通知书，已整改到位；三是开展特殊药品专项检查。检查特殊药品生产企业3家、经营企业18家，使用特殊药品原料的药品生产企业25家，含麻黄碱复方制剂生产企业13家、经营企业60家，蛋白同化制剂和肽类激素经营企业61家，检查覆盖率达100%，并与企业签订特殊药品（含含麻黄碱复方制剂）管理工作责任书；四是开展非药品冒充药品专项整治。以药品批发、零售企业为重点，全面检查食品、保健用品、保健食品、化妆品、消毒产品和未标示文号等非药品产品冒充药品的违法行为，共检查药品批发企业88家，药品零售企业432家，药品使用单位52家，发现非药品冒充药品164个；五是开展医疗器械专项检查。对医疗机构分子筛制氧设备、定制式义齿进行专项检查，共检查医疗机构80家；六是开展药品购销活动中票据管理专项检查。共检查药品批发企业88家、药品零售企业350家、药品使用单位32家，规范了药品经营过程中的票据管理和使用。（刘　涛）

【开展药品、医疗器械抽样检验】 2010年，贵阳市认真抓好药品、医疗器械抽样检验工作。一是完成省市下达的1712批药品、80批医疗器械抽样任务，其中基本药物实现辖区内生产企业，配送企业、市级医疗机构、基层医疗机构全品种抽验；二是开展药品快速检验工作。药品快检车全年共运行44次，总行程8042公里，区（市、县）覆盖率达100%，筛查药品1435批次（化学药1142批次，中成药274批次，中药材、中药饮片19批次），发现可疑药品123批次（靶向项目为性

状、鉴别、检查、含测），可疑药品抽样101批次。共收到药品检验报告书72份，合格72份。（刘 涛）

【开展食品安全专项整治】 2010年，贵阳市切实抓好食品安全专项整治工作。一是组织市食品安全协调委员会各成员单位开展对人大、政协“两会”期间及元旦、春节、五一、中秋、国庆等节假日期间的食品安全专项检查工作，确保节假日期间的食品安全；二是安排部署相关监管部门对一次性筷子、毒豇豆、染色豆、地沟油、馄饨皮等餐具、食品的专项整治和建筑工地食堂、学校食堂等重点领域的专项整治工作；三是组织对2008年问题奶粉再次彻查，排查乳品和含乳食品生产企业33家，食品经营户7210家次，超市、批发市场、集贸市场等各类市场565个次，餐饮业2383家次，托幼机构9家，抽检生鲜乳样品173个，三聚氰胺检测项目合格率达100%，在市场上未发现未销毁的问题奶粉；四是开展食品添加剂专项整治。全市共出动执法人员9427人次，检查单位22846家次，查处案件12件，整治重点地区402处，整治重点单位4838家，整治重点产品438种；五是开展“地沟油”现状调研工作。采取走访座谈、暗访跟踪等方式，摸底调研粮油批发市场、综合批发市场、餐饮服务单位、生猪养殖户、地沟油无证加工点、地沟油回收利用企业等77家次，收运户100余个，并与相关部门和企业座谈，形成地沟油现状调查及对策分析材料，为市政府决策提供参考；六是开展“地沟油”专项整治工作。组织城管、质监、工商、卫生等部门开展“地沟油”专项整治，全市共出动执法人员1395人次，检查生产经营企业1164个次，餐饮服务单位4769个次；七是开展食品综合监督抽检。组织质监、工商、卫生、农业等部门开展对蔬菜、淡水鱼、卤肉制品、奶油蛋糕、辣椒面（粉）、食用油、面条、米粉等8个品种40个样的抽样检测工作，抽检合格率为100%；八是组织开展餐饮服务食品安全监督抽样工作。以粮油、畜禽、水产品、蔬菜、调味品、乳制品、米面制品、禽蛋等食品及一次性筷子、集中消毒餐具、餐盒、盒饭等餐饮具为重点，共对41家餐饮服务单位的164个样进行抽检。（刘 涛）

2010年9月6日，有关部门在街头开展食品安全宣传

【开展“安全生产年”活动】 2010年，贵阳市按照国家和省关于“安全生产年”的工作部署，深入开展安全生产“三项行动”，切实加强安全生产“三项建设”，严厉打击非法违法生产经营建设行为，狠抓责任落实，强化监管措施，深化专项整治，全面加强企业安全生产工作，全市安全生产形势持续稳定，主要控制指标均在省下达范围内。全市共发生各类生产安全事故481起，死亡326人，事故起数比去年下降13.7%、死亡人数下降5.5%；亿元GDP事故死亡率0.28，煤炭百万吨死亡率2.22，万车死亡率3.94，工矿商贸企业10万从业人员事故死亡率2.03，10万人口火灾死亡率0.32。发生重大事故1起、较大事故8起。实现了事故起数、死亡人数“双降”目标。在省政府组织的安全生产目标任务考核中，贵阳市获得一等奖，这是从2002年起连续9年获得全省安全生产目标任务考核第一名或一等奖。（刘胜凯）

生态政治建设

SHENG TAI ZHENG ZHI JIAN SHE

学习实践科学发展观

【深入学习实践科学发展观活动总结大会概况】 2010年3月24日，贵阳市召开深入学习实践科学发展观活动总结大会。省委常委、贵阳市委书记李军作重要讲话，省委巡回检查组组长陆蓉出席会议并讲话。会议对全市开展深入学习实践科学发展观活动进行总结。会议认为：贵阳市以“走科学发展路，建生态文明市”为总载体，深入开展“三思考、三创新、三为民”（思考对党和人民的事业忠不忠诚、对科学发展观的理解透不透彻、抓工作扎不扎实，创新发展思路、创新办法措施、创新体制机制，实现便民、安民、富民目标）和“三个一”（提高一个思想认识、筑牢一线战斗堡垒、多办一些实事好事）主题实践活动，扎实抓好学习调研、分析检查、整改落实各阶段、各环节的工作，基本实现“提高思想认识、解决突出问题、创新体制机制、促进科学发展、加强基层组织”的目标要求。

会议肯定全市学习实践活动取得的成绩。一是全市科学发展意识、生态文明理念得到强化；二是“保增长、保民生、保稳定”各项工作取得显著成绩；三是以基层组织为重点的党建工作得到明显加强；四是形成一批重大制度成果。总结学习实践活动积累的五条经验：一是必须结合本地实际，二是必须选准工作载体，三是必须做到“民有所呼、我有所应”，四是必须着力解决突出问题，五是必须坚持领导带头。根据测评，第二批、第三批学习实践活动群众满意率分别达到99.5%和99.07%。

全市深入学习实践科学发展观活动总结大会

会议要求，要把学习实践活动积累的经验贯彻到各项工作中去，更加注重转变发展方式，更加注重改善民生，更加注重改革体制机制，更加注重加强干部队伍的能力、作风建设，抓好整改落实后续工作，巩固和扩大学习实践活动的成果，努力把贵阳的发展提高到新的水平。（刘伦军）

【“百姓——书记市长交流台”】 2010年，贵阳市“百姓——书记市长交流台”共收到网上信件、专线电话、网上留言、手机短信、邮政信件、人民网留言1.4万余件，其中，1.2万余件纳入受理程序，办结1.1万余件，办结率94%以上，初始回复率达100%。在所有来信来电中，来件类别以意见建议、请求求助和举报申诉类为主，占总数的85%。来件内容以反映城市管理、基础设施与城市建设、干部作风及软环境建设等问题为主，占总数的70%。同时，贵阳市“百姓—书记市长交流台”全年共举办7次“面对面”交流活动，李军书记和袁周市长等7位市领导先后走进直播间与40余位市民进行交流，市规划、建设、城管、公安、民宗、人社等20余个部门的负责同志参与。该活动收到较好效果，发挥了“倾听百姓意见、汇聚百姓良策、疏解百姓情绪、维护百姓利益”的作用，成为新形势下市、区（市、县）两级党委、政府密切联系群众的有效方式。（何 格）

【“三创三实”工作队】 为扎实抓好“三创一办”各项目标任务的落实，2010年4月，贵阳市从市县机关选派1836名党员干部组成138支“三创三实”工作队，由市、县领导干部带队，深入街道（中心、乡、镇）、社区（村）开展督促、检查、指导和服务工作，查实情、办实事、求实效。截至2010年12月30日，"三创三实"工作队到基层开展工作25683人次，查找问题和困难7125个，为群众办好事9756件，协调帮扶资金3637.57万元，协调帮扶物资折合人民币815.09万元，开展"绿丝带"志愿者服务活动10310人次。（刘伦军）

机制创新

【中共贵阳市委八届十次全体（扩大）会议概况】 2010年12月28日至29日，中国共产党贵阳市第八届委员会第十次全体（扩大）会议召开。会议的主要任务是：以邓小平理论和"三个代表"重要思想为指导，深入贯彻科学发展观，全面落实党的十七届五中全会、中央经济工作会议和省委十届十次全会、全省经济工作会议暨深入实施西部大开发战略工作会议、全省工业发展大会、省委省政府支持贵阳市加快发展动员大会等一系列重要会议精神，审议通过《中共贵阳市委关于制定贵阳市国民经济和社会发展第十二个五年规划的建议》（简称《建议》），总结2010年经济社会发展情况，安排2011年经济社会发展工作。

省委常委、市委书记李军代表市委常委会向大会作书面报告，作题为《为人民谋幸福》的重要讲话。市委副书记、市长袁周就《建议》（讨论稿）作书面说明，回顾全市"十一五"时期经济社会发展情况，并安排部署2011年经济社会发展工作。全会审议通过《中共贵阳市委关于制定贵阳市国民经济和社会发展第十二个五年规划的建议》，书面报告年度干部选拔任用工作情况，对干部选拔任用工作进行民主评议，对新选拔任用干部进行民主测评。

全会指出，制定"十二五"规划，必须高举中国特色社会主义伟大旗帜，以邓小平理论和"三个代表"重要思想为指导，深入贯彻落实科学发展观，顺应人民群众过上更好生活的新期待，始终秉持为人民谋幸福的理念，以加快转变经济发展方式为主线，按照"作表率、走前列、做贡献"的要求，牢牢把握加速发展、加快转型、推动跨越的主基调，遵循"走科学发展路，建生态文明市"的基本路径，突出实施工业强市战略和城镇化带动战略，以扩大投资为重要举措，以三次产业提速增效为主攻方向，以科技和人才为核心支撑，以生态建设和环境保护为基本前提，以改革开放为强劲动力，以保障和改善民生为根本目的，当好全省经济社会发展的"火车头"、黔中经济区崛起的"发动机"，在全省率先全面建设小康社会，提升全体市民的幸福指数，实现经济社会发展的历史性跨越。

全会通过电视、广播、网络进行现场直播，各区（市、县）、市直各部门、各乡（镇、街道）、各村（社区）进行集中收看，广大市民通过热线电话、短信平台、网络留言等方式进行了互动。（王玉梅）

【城市基层管理体制改革试点】 2010年，贵阳市在小河区和金阳新区开展城市基层管理体制改革试点。试点工作涉及3个街道、16个居委会，辖区居民约15万人。试点工作的主要内容包括：

改革基层管理体制。一是精简管理层级。撤销街道党工委和街道办事处，成立社区党委和社区服务中心，变"市—区—街道—社区"四级管理为"市—区—社区"三级管理，实行"区直管社区"。社区服务中心为副科级事业单位。社区直接面对群众提供公共管理服务。二是完善治理结构。推行"一委一会一中心"（社区党委、社区委员会或居民议事会、社区服务中心）社区治理模式，构建"党委领导、政府负责、社区协同、公众参与"的社会治理格局，形成区域

省、市领导为小河区瑞华等4个社区服务中心授牌

化工作支撑体系，实现社区党的领导、政府公共管理与基层群众自治的有效衔接和良性互动。三是实行“一社多居”。在改革试点区域，以地域面积和服务半径为主要依据，同时兼顾人口数量、治安管理、公共服务资源配置等因素，重新划定社区管理服务范围，每个社区地域面积2-3平方公里，人口数量2-4万人。改革“一社一居”设置方式，在一个社区管理服务范围内设置3-4个居委会。居委会名称前不再冠以“社区”称谓。四是推行“居政分离”。居委会协助社区服务中心开展工作，不承担行政管理性事务，按照有关法律法规开展精神文明建设、办理公益服务事业、推动社区志愿服务以及开展群防群治、调解民间纠纷等自治活动，依法组织居民群众对社区服务中心及工作人员工作开展情况和驻区单位参与社区建设情况进行民主评议和监督；居委会工作人员采取自愿服务，实行弹性工作制，政府不再按人头发放补贴，对政府需要居委会协助完成的工作，通过“政府购买服务”的方式，兑现工作经费，实现“费随事转”、“养事不养人”。五是建立“1+3”社区管理服务新模式。金阳新区结合新建城市特点，创新管理模式，不再新设立居委会，探索建立以社区为主，物管公司、保安公司、业主委员会等组织共同参与的“1+3”社区管理服务模式。

建立健全运行机制。一是开展公推直选，配强领导班子。采取公推直选方式选举社区党委书记和社区服务中心主任。直接选举产生6名社区党委书记和6名社区服务中心主任。二是通过“三个纳入”，推进资源整合。按照“强队伍”的要求，将社区工作人员纳入正式编制；按照“强保障”的要求，将社区人员经费、办公经费、公益事业费等纳入区级财政预算；将社区办公和服务场所建设纳入城市建设规划；采取购置或划拨方式，为社区配备必要的办公服务用房和办公设备。三是实行“三会一评”，扩大基层民主。以“三会一评”为载体，通过“社区居民提议、社区党委决策、社区服务中心执行、成效接受群众评议”的方式扩大基层民主。四是试行“三述一评”，加大考核力度。每年召开由社区党员、驻区单位代表、居民群众代表参加的议事会扩大会，由社区党委书记对党建工作情况进行述职，社区服务中心对年度工作任务完成情况进行述职，议事会负责人对群众意见建议办理情况进行述职，参会代表对述职情况进行现场评议并公布评议结果。评议情况将作为绩效考核的重要指标之一。五是发挥党员作用，开展志愿服务。在试点社区以“我是共产党员·我为贵阳增光”为载体，广泛推行党员承诺制，组织辖区内党员佩戴党员标识，亮身份、作表率、办实事，深入开展志愿服务，以党组织、党员的创先争优，带动社区各类组织、各行各业创先争优。建立由2300余名志愿者组成的各类服务队，广泛开展关爱空巢老人、救助弱势群体等活动，弥补社工队伍力量的不足。开展志愿活动8600余人次，服务社区居民3.3万人次。六是实行“一站办结”，优化管理服务。创新服务方式和手

段，规范并公开服务内容、服务程序，推行党务、政务“一站式”服务，不断提高服务居民群众的质量。实行社区服务中心工作人员（社工）首问责任制，对服务质量、办事效率、作风情况进行现场评议，评议结果作为年度考核、奖惩和任用的重要依据。（刘伦军）

【市直部门（单位）中层领导干部跨部门竞争上岗】 2010年4月至5月，贵阳市开展市直部门（单位）中层干部跨部门竞争上岗工作，共有743人参与市直部门（单位）52个中层职位的竞争，平均每个职位竞争者14人，其中最热门的职位竞争者达到73人，跨部门报考的507人，占报名人数的68.3%。选拔39家市直部门（单位）的52名中层干部，其中正科级17名，副科级35名，跨部门交流的28名、占53.8%。跨部门竞争上岗实现市直机关中层干部由部门内部交流轮岗向跨部门竞岗的转变，解决干部“部门所有”、干部进不去出不来、流动困难等问题，促进干部横向、纵向交流，拓宽市直部门（单位）选人用人视野，提高机关选人用人公信度。2010年5月25日，《人民日报》对贵阳市市直机关中层干部跨部门竞争上岗工作进行报道。（吴 勋）

【市县联合公开选拔领导干部】 2010年6月至8月，贵阳市采取市县联合公开选拔方式，公开选拔县科级领导干部。联合公选在市委的统一领导下，按照统筹市县资源、降低公选成本、提高工作效率的原则，统一安排部署，统一程序方法，由市、县两级组织部门根据干部管理权限分级组织实施。公选采取发布公告、报名和资格审查、笔试、面试、组织考察、讨论决定、公示及办理任职手续等程序进行。通过市县联合公开选拔，面向社会公开选拔78名领导干部，其中县级领导干部18名，科级领导干部60名。（吴 勋）

【“一报告两评议”工作】 2010年，根据《地方党委常委会向全委会报告干部选拔任用工作并接受民主评议办法（试行）》的规定，贵阳市在全市开展“一报告两评议”工作。参加市级评议的人员除市委委员和候补委员，市人大、市政府、市政协领导班子成员及秘书长，市纪委常委会成员，市中级人民法院、市人民检察院、市委工作部门、市政府工作部门、各人民团体的主要负责人，各区（市、县）党委和政府主要负责人，高新开发区、金阳新区党工委和管委会主要负责人，市属三所高等院校党政主要负责人外，还按照10%的比例邀请16名来自基层一线的市级党代表。同时，市委组织部还指导10个区（市、县）和36个市直单位开展“一报告两评议”工作。（汪维华）

【“公开述职、公开承诺及民主评议”工作】 2010年，为推进作风建设年活动，加大群众对机关作风建设的监督力度，贵阳市在部分市级窗口单位中开展“公开述职、公开承诺及民主评议”（即“两公开一评议”）工作。各单位结合各自工作实际，进一步细化领导班子和领导干部职能职责，梳理转变作风、提高效率的具体工作事项和措施，通过电视、电台、网络直播等方式面向市民进行公开述职。根据“两公开一评议”的要求，公开述职窗口单位“一把手”对本单位健全公开办事制度，明确办事内容、办理责任和办结时限，提高效率的具体工作事项和措施等进行公开承诺；各级机关单位的公开承诺事项通过适当方式向社会公布。在开展“两公开一评议”工作中，述职、承诺单位的干部职工代表，直属单位、区（市、县）对口单位主要领导成员，服务对象代表，市级“两代表一委员”代表，根据各单位公开述职、公开承诺及现场回答场内外群众提问情况进行现场民主评议，评议过程在各级纪委、公证处工作员的监督下进行，并当场公布评议结果。对民主评议情况不好、群众不满意的单位行政主要领导，进行诫勉谈话，上级有关部门将督促进行整改，并对整改情况进行跟踪督查，对整改不力或弄虚作假的，严肃追究责任。

全市各级机关单位共吸纳5000余名群众参与“两公开一评议”工作。（韩力钊）

【“创先争优”活动】 2010年，贵阳市以“推进三创一办，服务科学发展”为总载体，以“开展一项教育、争创一流业绩、建强一线堡垒”为主题，以“我是共产党员·我为贵阳增光”为抓手，组织15万名党员亮身份、作表率、办实事，带动全市17万共青团员、40万少先队员亮出身份,引导全市各行各业、全体市民以创先争优的态度对待工作、对待学习，为扎实推进“三创一办”注入活力。“七一”前夕，市委命名200个市级“五好”基层党组织，通报表扬347名优秀共产党员。（周恒鹏）

【社区党建】 2010年，贵阳市制定下发《中共贵阳市委、贵阳市人民政府关于进一步加强社区工作的意见》、《贵阳市城市社区管理暂行办法》、《贵阳市城市社区工作者管理暂行办法》、《贵阳市城市社区办公服务用房建设和管理暂行办法》、《贵阳市农村社区建设试点工作实施方案》、《贵阳市社区信息化建设实施方案》等6个配套文件，为推进社区党建工作奠定了制度基础。同时，把社区工作者生活补贴提高到每人每月750-1000元，并建立社区工作者生活补贴定期增长机制；把社区组织工作经费纳入区（市、县）财政预算，确保中心城区、郊区县和边远农村社区工作经费每月分别不低于1500元、800元和500元；在小河区、金阳新区开展城市基层管理体制改革试点工作，撤销办事处，成立6个社区党委和社区服务中心，积极探索加强城市基层区域化党建工作新模式。举办社区工作者执行力培训班，培训社区工作者210名。（周恒鹏）

【农村党建】 为切实加强农村基层组织保障机制建设，省、市、区（市、县）三级财政匹配的1166万元村级党组织工作运行经费全部落实到位，确保贵阳市每个行政村党组织年工作运行经费不少于1万元。提高村干部报酬标准，村支部书记、村委会主任月报酬由520元提高到950元；文书由420元提高到850元，同时，投资105万元，完成4个村级综合楼建设任务（花溪区3个、修文县1个）。实施“党员创业带富工程”，市级安排180万元的贴息资金，鼓励广大农村党员创业带富，带领群众共同致富。（周恒鹏）

【机关、学校、医院、企业等领域党建工作】 2010年，全市机关广泛开展“五建五创”活动，切实改进机关作风，提高机关效能；在高校及中小学大力开展“四比三优一满意”活动，提高教育教学质量；依托市卫生局，以行业组建为突破点，结合社会组织党建工作和创先争优活动的开展，加强对以利美康为中心组建的贵阳市民营医疗机构党总支的指导，加强医德医风建设。下发《关于进一步加强国有企业改革中党组织建设和党员教育管理服务工作的意见》，加强国有改制、关停破产企业党员教育管理。深入抓好非公有制经济组织和社会组织“三覆盖三推动”活动，在市、县、乡建立“两新”党建工作联席会议制度，在全市41个条件成熟的乡（镇、街道）成立“两新”组织党工委。（周恒鹏）

【党务政务便民利民服务中心建设】 2010年，贵阳市全面完成在云岩区、南明区城郊结合部10个社区便民利民综合服务站建设任务。总面积4208.91平方米，总投资1675.1万元，其中中央扩大内需资金30万元，市级出资432万元，区级出资564.46万元，街

道（镇）出资648.64万元。在党务政务便民利民服务中心（站、点）建设工作中，全市1747个中心（站、点）共为群众办理业务40万余件，解决实际问题2.47万个，开展宣传咨询服务6.07万次，协调矛盾纠纷1.34万起。（周恒鹏）

【基层党内民主建设】 2010年，贵阳市选择11个乡镇和246个村、社区、市县直机关、学校、企业，开展公推直选基层党组织领导班子成员试点。共完成251个基层党组织公推直选，选举产生党组织书记251名，委员596名。有1762名党员报名参加竞选，11669名党员和群众参加公开推荐，7932名党员参加了直接选举。组织开展党组织书记述职，全市共有4000余名党组织书记参与述职。出台《中共贵阳市委关于推进党务公开的实施意见（试行）》，重点在花溪区、息烽县开展党务公开试点工作。（周恒鹏）

【远程教育】 2010年，贵阳市紧密结合生态文明建设和“三创一办”工作，开展“远教促创办·绿色进万家”主题活动，共举办相关知识竞赛700余场次，培训党员干部40多万人次。在清镇市和开阳县开展试点，建成“远程教育村民服务点”548个，覆盖13个乡（镇）72个行政村。（周恒鹏）

全市人才工作会议

【人才队伍建设】 2010年，全市制定下发《贵阳市中长期人才发展规划纲要（2010—2020年）》，切实抓好人才发展的5项计划和13项重点工程。一是超常规引进高层次人才。出台《贵阳市党政机关引进高层次人才的实施细则》。全年引进各类高层次人才270名，其中博士25名、硕士183名、高级职称62名，1人入选国家“千人计划”。二是超常规培养现有人才。投入1800万元实施“5050”企业人才培养工程、创新科技人才培养工程。选派8名工业企业生产管理人员赴日本培训，选派40名街道、社区负责人赴香港进行社区社会工作专题培训，10名中青年管理人员到上海浦东新区企业挂职锻炼。三是提升人才工作服务水平。制定《贵阳市人才工作重点企业联系与服务办法（试行）》，加强人才基地建设，在重点发展产业领域建立6个生态产业人才基地。在高新开发区建成贵州省首家留学归国人才创业园暨海外高层次人才创新创业基地。确定41家对本地区产业和人才发展具有较大影响的企业作为市级人才工作重点联系服务企业进行重点扶持。在全市范围内组织高层次人才开展创新创业活动，共收到申报项目60个；配合完成第九批8名省派科技副职的挂职期满考核及部分人员延挂申报、优秀挂职干部评优推荐工作，做好第十批2名挂职干部工作生活安排、节日慰问，选派25名优秀人员担任科技副职。四是加强人才工作专项资金管理和使用。出台《关于人才资源开发资金使用安排的几点意见》，下发《2010年度贵阳市人才资源开发资金预算》，确保落实年度人才资源开发资金1800万元；审核拨付人才队伍建设工程经费658万元，评估并立项资助贵阳市人才创新创业项目29个，拨付首期资助资金40多万元，完成对21个项目的验收结题工作，拨付资助尾款25.6万元；兑现引进高层次

人才住房补贴48万元，定期发放高层次人才津贴330万元。（周恒鹏）

【“组织部长下基层”活动】 2010年，市委组织部以党支部为单位，采取处室“一对一”的方式，建立13个结对帮扶联系点。选派2名干部参加“三创三实”工作队，到基层挂职锻炼。以市委组织部主要领导任队长的“三创三实”南明区第三工作队，帮助太慈桥街道查找突出问题151个，为群众办实事101件，协调落实帮扶资金13.6万元、物资折款10.1万元。认真履行职责，积极参与“创文”、“创模”、“创卫”工作，并完成资料的收集、整理、送审工作。（周恒鹏）

【党建和干部工作满意度民意调查】 2010年，贵阳市委托专业机构对各区（市、县）及部分市直机关、企事业单位的组织工作、组工干部形象、干部选拔任用、防止和纠正用人上不正之风等进行群众满意度民意调查，并将调查结果向各单位党委（党组）反馈，督促抓好存在问题的整改落实。据贵州省领导班子和领导干部履行党建和干部工作职责满意度民意调查结果显示，贵阳市4项评价指标得分均排名全省第一。（周恒鹏）

机构调整

【机制改革工作概述】 2010年，贵阳市全面完成市级政府机构改革，政府各工作部门按照新“三定”规定开展工作、运转正常。全市10个区（市、县）的政府机构改革方案已全部批复，各项改革工作进展顺利。通过政府机构改革，有效解决影响经济社会发展的体制机制问题，转变政府职能，优化组织机构，健全政府责任体系，建立符合经济社会发展需要的行政管理体制，推动廉洁高效、服务型政府的建设进程。（简 丹 吴伶俐）

贵阳市政府机构改革工作会议现场

【市级政府机构改革】 2010年，贵阳市严格按照贵州省委、省政府批准的《贵阳市人民政府机构改革方案》（黔委厅字〔2009〕71号）进行政府机构调整和职能整合，没有突破工作机构个数、行政编制总额和领导职数设置的规定限额。改革后，市政府设置工作部门41个（市监察局与市纪委机关合署办公，不计入政府机构个数），其中，保留机构23个，新合并组建机构7个，调整机构11个，设置其他机构1个，全面清理和规范市政府议事协调机构2个。（简 丹 吴伶俐）

【市辖区（县、市）政府机构改革】 2010年，贵阳市市辖10个区（县、市）的政府机构改革，严格执行《中共贵州省委、贵州省人民政府关于市（自治州、地区）、县（市、区、特区）政府机构改革的指导意见》（黔党发〔2009〕8号），结合实际制订改革方案，既符合中央、省关于政府机构改革的要求，也符合各区（市、县）的实际情况，基本体现本级政府的功能特点，工作机构个数、行政编制总额和领导职数设置均没有突破规定限额。改革后，南明区、云岩区、花溪区、乌当区、白云区、清镇市政府设置工作部门各24个，息烽县、开阳县、修文县政府设置工作部门各23个，小河区政府设置工作部门19个。（简 丹 吴伶俐）

【成立九大工业园区和金阳新区商贸物流园区建设开发办公室】 根据全市加快工业经济发展专题工作会议的要求和市委八届第177次常委会议精神，2010年10月29日，贵阳市通过机构编制委员会下发《关于成立南明区工业园区建设开发办公室的通知》（筑编通〔2010〕10号）、《关于成立花溪区生态工业（石材）园区建设开发办公室的通知》（筑编通〔2010〕11号）、《关于成立乌当区工业园区建设开发管理委员会的通知 》（筑编通〔2010〕12号）、《关于成立白云区工业园区建设开发办公室的通知》（筑编通〔2010〕13号）、《关于成立小河区工业园区建设开发办公室的通知》（筑编通〔2010〕14号）、《关于成立清镇市工业园区建设开发办公室的通知》（筑编通〔2010〕15号）、《关于成立修文县工业园区建设开发办公室的通知》（筑编通〔2010〕16号）、《关于成立开阳县工业园区建设开发管理委员会的通知》（筑编通〔2010〕17号）、《关于成立息烽县工业园区建设开发办公室的通知》（筑编通〔2010〕18号）、《关于成立中国·贵阳（西南）国际商贸物流城建设开发办公室的通知》（筑编通〔2010〕19号）等10个文件，正式成立九大工业园区和金阳新区商贸物流园区建设开发办公室。（简 丹 吴伶俐）

【成立市公安局人民警察训练部】 为加强警察队伍建设，不断提高干警的综合素质和履职的能力，经贵州省编办批准同意，贵阳市机构编制委员会于2009年10月15日下发《关于设立贵阳市公安局人民警察训练部的批复》（筑编发〔2009〕30号），明确贵阳市公安局人民警察训练部的工作职责，核定内设机构及编制。2010年3月26日，贵阳市机构编制委员会补议通过设立市公安局人民警察训练部。其内设机构和编制是：内设5处1室，专项行政编制60名（在贵阳市公安局现有专项行政编制内调剂解决）。其中，主任（校长）1名，政委（书记）1名，副政委（副书记）1名（同时担任纪委书记），副主任（副校长）3名，政治处主任1名；正副科级领导职数16名。机关后勤服务人员事业编制6名，由财政全额预算管理。其主要职责是：承担全市公安民警岗位培训、行业培训和在职继续教育工作；承担全市政法干部业务培训、行业培训和其他公安教育培训工作；负责全市公安教育科研工作；负责警务实战技能训练工作；按照“战训合一，轮训轮值”的要求，组织在训公安民警参加备勤、值勤；完成上级交办的其他事项。（简 丹 吴伶俐）

法制建设

【行政立法工作】 2010年，贵阳市按照“突出地方立法特点，注重提高立法质量”的要求，围绕市委、市政府建设生态文明城市的目标任务扎实开展行政立法工作。全年经市政府常务会议审定通过《贵阳市住宅小区计划生育管理服务规定》、《贵阳市高新技术产业区开发条例》、《贵阳市科技创新促进条例》、《贵阳市城乡规划条例》、《贵阳市房屋安全使用管理规定》等5件地方性法规草案。形成立法议案后，报市人大常委会按程序审议。全年市政府共制定出台《贵阳市居住证暂行办法》、《贵阳市规范性文件备案审查规定》、《贵阳市人民政府重大行政决策合法性审查规定》、《贵阳市行政执法主体资格审查确认规定》、《贵阳市行政规范性文件制定程序暂行办法》、《贵阳市机动车排气污染防治管理办法》、《贵阳市“门前三包”责任制管理规定》、《贵阳市小河—孟关装备制造业生态工业园区行政许可行政处罚暂行规定》、《贵阳市城乡个人建房规划管理暂行办法》、《贵阳市科学技术奖励办法》、《贵阳市城市生活无着的流浪乞讨人员救助管理规定》、《贵阳市应用技术研究与开发资金管理办法》、《贵阳市行政执法责任制实施办法》、《贵阳市农贸市场管理办法（试行）》、《贵阳市人民政府关于废止部分规章的决定》、《贵阳市人民政府关于修改部分规章的决定》、《贵阳市城管行政执法办法》等17件政府规章。对加强生态文明城市制度建设、推动“三创一办”工作起到积极作用。（李宏林）

【完善决策机制】 2010年1月11日，贵阳市政府常务会议审定通过《贵阳市人民政府重大行政决策合法性审查规定》（2010年4月1日正式实施）。《规定》要求市政府在作出重大决策前广泛听取、充分吸收各方意见，并将采纳情况进行反馈和公布，对涉及社会面广、公众利益的决策还在媒体上公布。市政府签订的重要协议或合同，必须经过决策程序。（李宏林）

【规范性文件审查备案】 2010年，贵阳市政府法制机构共办理《关于对〈贵阳市开展生态文明建设试点第一阶段（建成国家生态市）工作实施意见（讨论稿）〉的意见》、《关于进一步深化我市行政审批制度改革的工作要点（征求意见稿）》、《贵阳市农村饮水安全工程运行管理办法》、《贵阳市税收征管保障办法》、《贵阳市人民政府关于实行综合治税的意见》、《贵阳市人民政府关于在全市范围内禁止非法生产销售燃放孔明灯的通告》等110件规范性文件的事前合法性审查备案。这些规范性文件大多属于市委、市政府及有关部门的行政决策，涉及经济建设、社会发展的各个领域。（李宏林）

【清理规章、规范性文件】 按照《国务院办公厅关于做好规章清理工作有关问题的通知》（国办发〔2010〕28号）和《贵州省人民政府办公厅关于开展规章和规范性文件清理工作的通知》（黔府办发〔2010〕68号）的要求，2010年5月至10月，有关部门对全市现行有效的规章和规范性文件进行全面、集中清理。共清理规章164件，针对不同情况进行五类处理：一是因与上位法规定不一致、不协调，或所依据的上位法已废止，或已明显不适应本市经济社会发展要求特别是不适应生态文明建设需要等因素，经市政府常务会议审定废止规章32件；二是因制定时间较早，个别条款与新出台的上位法规定存在不协调，或个别条款已经明显不适用，经市政府常务会议审定修改规章8件；三是与上位法规定协调一致,予以保留规章100件；四是因国家或省正在制定相关规定，有待修订，暂予保留的规章24件；五是按照要求，将保留的132件规章目录向社会进行公布。同时，清理规范性文件1万余件，针对不同情况进行两类处理：因制定依据已失效或被废止、或与上位法规定不一致，经市政府审定废止规范性文件14件（以市政府或市政府办公厅名义行文的5件，以相关部门名义行文的9件）；因与上位法不一致，或因机构改革主管部门名称发生变化等原因，经市政府审定修改或部门自行修改规范性文件11件（以市政府或市政府办公厅名义行文的2件，以相关部门名义形文自行修改的9件）。（李宏林）

党风廉政建设

【党务公开工作】 2010年，贵阳市按照中央纪委、省纪委的部署和要求，强力推进党务公开各项工作。一是3月初市纪委八届五次全会专门把党务公开作为年度重要工作任务进行安排部署，明确花溪区、息烽县作为党务公开示范点单位，探索推进党务公开的经验和做法。二是6月下发《中共贵阳市委关于推进党务公开的实施意见（试行）》，成立中共贵阳市委推进党务公开领导小组。三是11月对花溪区、息烽县党务公开工作的开展情况进行调研和测评。四是12月先后召开区（市、县）和市直部门推进党务公开工作专题会议，下发《贵阳市党务公开目录》。12月14日，在全国党的基层组织党务公开工作电视电话会议上，省委常委、市委书记李军代表贵阳市作题为《规范拓展创新党务公

花溪区清溪街道办事处花溪村村务公开栏

开，积极推进党内基层民主建设》的交流发言。（王　勇）

【软环境专项治理】 2010年，贵阳市纪委、市监察局按照《中共贵阳市委贵阳市人民政府关于印发<贵阳市开展“整治发展软环境，建设服务型机关”专项工作实施方案>的通知》（筑党发〔2008〕133号）的部署和要求，制定下发《2010年贵阳市“整治发展软环境建设服务型机关”专项工作安排》（筑整建发〔2010〕1号），《2010年加强软环境监督检查工作的实施意见》，着力在加强全市公职人员的学习教育、建章立制、软环境监测、严肃纪律等4个方面深入开展软环境专项整治工作。一是完善监督检查方式，加强巡查暗访工作。4至10月，市整建办采取各区（市、县）互查、区（县）查市直部门、非公企业查机关等方式，对全市各级部门的工作程序、服务质量、工作效率等开展7次巡查暗访，对35名违反工作纪律的机关工作人员进行责任追究，同时追究10 名领导干部的领导责任。二是认真受理投诉举报，严肃查处影响贵阳市发展软环境的典型案件。查处贵阳市质监局及各区（市、县）质监局向企业违规收费的典型案例，相关责任人员被追究，违规收取的费用被清退。市整建办共收到有关软环境的群众投诉举报25件次，办结25件，对67名违反工作纪律的机关工作人员（含巡查暗访中被问责人员）进行责任追究。三是积极推进全市电子政务和电子监察系统建设。与市政务中心联合制定下发《关于对贵阳市行政审批电子监察系统绩效测评参数进行调整的通知》，对行政部门绩效测评的参数进行调整。对原有电子监察系统和政务服务大厅视频监控进行升级、改造，不断完善系统功能。按照《关于推进行政审批电子监察系统建设有关事宜的通知》等文件精神，积极推进行政审批电子监察系统建设。对全市49家市直部门及小河区、开阳县进行实时监控。8月，实现与省电子监察系统联网，接受省电子监察系统的实时监控。四是积极推进联合审批。 8月，开发企业注册登记类联合审批系统软件投入试运行，办事时间由32个工作日缩短为12个工作日。（王　勇）

【工程建设领域突出问题专项治理】 2010年，贵阳市认真贯彻落实《贵州省关于组织开展工程建设领域突出问题排查的意见》，确保专项治理排查工作全覆盖、再深入。一是1月至5月，市委检查组对工程建设项目进行三轮检查，抽查项目79 个，发现问题91 个，向35家受检单位下发整改通知，要求抓好整改落实。二是9月1日至15日，对涉及工程建设项目的10个区(市、县)、金阳新区、高新区、12个市直部门及5家市属企业开展专项治理排查整改工作的情况进行全面检查，对全市规模以上的491个工程建设项目的整改落实情况进行督促落实，对 568个存在的问题提出整改意见，组织项目单位对新增建设的87个项目进行逐一排查，对5个新增项目进行抽查。三是11月22日，下发《关于进一步抓好工程建设领域突出问题专项治理排查整改工作的实施意见》、《关于成立贵阳市工程建设领域项目信息公开和诚信体系建设工作协调领导小组的通知》，并安排专人督促检查。四是10月12日至13日，中央检查组在贵阳市检查时，发现花溪区青岩镇供水工程、花溪国宾大道、花溪印象住宅小区、贵阳市戒毒康复中心、开阳县政务服务大厅室内装修工程等5个项目中存在前期审批手续不完备、招投标手续不完备、工程质量欠缺、工程未经交工验收就投入使用、监理工作不规范问题。市委、市政府高度重视，召开3次专题会议，认真落实中央检查组提出的整改要求，抽调业务骨干组成检查组，达到整改的预期效果。五是查处樊中黔、刘崇荣、董兰杵、罗忠华、杨德权、陆恒达、徐琳、郭南浦、李刚等人通过插手干预工程建设招投标、国有土地出让及调整规划等从中收受巨额贿赂的违法、违规、违纪案件。

自开展专项治理工作以来，贵阳市纪检监察机关和检察院系统共受理举报和案件线索68件，立案76件，查实75件。给予党政纪处分21人，其中县处级干部4人，县处级以下17人。移送司法机关6人，其中国家机关工作人员4人，其他人员2人。（王 勇）

【纠正损害群众利益不正之风工作】 2010年，贵阳市紧紧围绕“关注民生、改善民生、保障民生”这条主线，标本兼治，纠建并举，采取专项督查和联合检查相结合、日常监管和重要时段检查相结合、纠正违规行为和立案查处相结合等方式，扎实开展纠正损害群众利益不正之风的各项工作。一是认真开展教育收费专项检查活动以及“两免一补”、义务教育经费保障机制各项改革政策落实情况的监督检查，查出乱收费331.85万元，清退146.38万元，处理责任人3人。二是严格落实医院院长“一岗双责”制度，建立医院院长纠风工作责任制，全面推行网上药品招投标模式，设立医德医风、医疗服务举报电话及举报箱，推行院务公开，让医药购销和医疗服务置于群众的监督之下。三是切实加强对救灾资金、公积金、社保资金、涉农资金的监管，确保监管资金的安全运行。四是对全市行业协会、市场中介组织服务和收费行为进行重点排查，确保规范行业协会、市场中介组织服务和收费行为的专项治理工作顺利进行。五是发布《关于进一步加强出租汽车服务管理的通告》，加大对出租汽车驾驶员不使用计价器、选客、拒载、宰客、拼客等问题的监管力度，严厉打击非法客运，确保出租车客运市场稳定。六是对辖区内公路“三乱”情况进行定期联合检查，防止公路“三乱”反弹。七是搞好“政风行风热线”四台联播工作，将电视台“热线”直播交流节目与“百姓—书记市长交流台”进行资源整合，改为直播连线类节目——《执行力》，为老百姓搭建了一条更快捷、更便民的“绿色诉求通道”。八是开展基层站所行风评议，促进机关作风建设。全市共聘请民评代表2693名，发放问卷79926份，收集意见和建议1995条，对全市公安、工商、综治、地税、林业绿化等5个系统480个基层站所的行风进行严格评议，评议结果均达到合格以上。（王 勇）

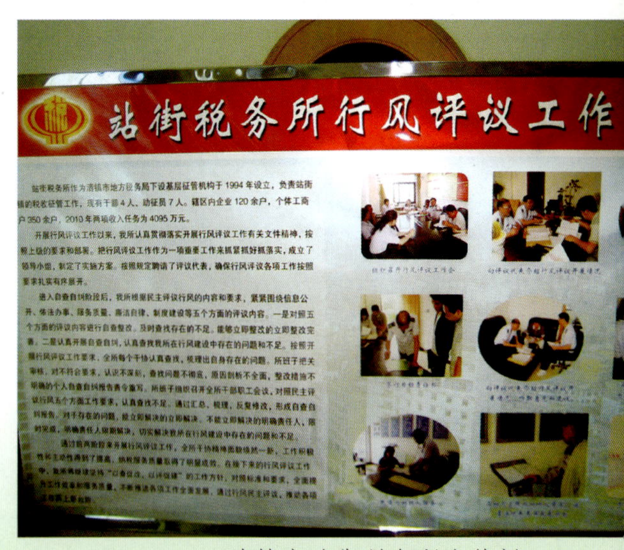

清镇市站街税务所宣传栏

区（县、市）生态文明建设

QU XIAN SHI SHENG TAI WEN MING JIAN SHE

云岩区

【“三创一办”活动】 2010年,云岩区按照市委、市政府的要求，强力推进“三创一办”相关工作。成立云岩区“三创一办”工作领导小组，制定并印发《云岩区创建国家卫生城市攻坚实施方案》等一系列文件，逐步建立区、部门、街（镇）三级包片机制。同时，采取“三创一办”主题文艺节目进社区（乡村）等多种形式加大宣传，全区共印发各类宣传物品及资料10万余份。积极推动“绿丝带”志愿者活动，倡导文明新风尚，争为贵阳添光彩。全区共投入工作经费近2亿元，为创建工作提供保障。全面完成辖区内18个农贸市场升级改造；在百花山路、东山丫口等道路两侧设置百货夜市摊区，并将延安中路占道经营旧手机经营户搬迁到新建的贯城河二手机交易市场规范经营，“五小”行业达标率达95.05%；完成大吉巷、仙鹤路等43条小街小巷整治；新建垃圾转运站6座、公厕10座、垃圾间26座，改建垃圾转运站11座、公厕22座；拆除违法建（构）筑物12.5万平方米；对中心环线、大营坡转盘周边等进行景观改造绿化，完成景观改造3000平方米。继续对阿哈水库、小关湖周边地区进行深入整治；完成创模指标任务15项，并确保另11项实现较大进展；启动国家级体育健身步道（云岩段）建设，建成仙鹤山山体公园，新增绿地5.16万平方米。通过不懈努力，既保城市面子，又保弱势群体的肚子；既提升人民群众的幸福指数，又提升城市品位，顺利通过国家爱卫办暗查。（王 佺）

【“二环两路”征拆工作】 2010年，按照市委、市政府安排部署，云岩区及时成立“二环两路征地拆迁工作指挥部”，从相关部门和单位抽调精干力量，会同各条道路建设业主单位，制定工作方案，强化工作措施，完善工作机制，市区联动，整体推进，有力开展二环两路征地拆迁工作，共征地1200余亩，拆迁近1500户（拆迁面积达35万平方米）。（王 佺）

【东西片区开发建设】 2010年,云岩区以基础设施建设为龙头，有序推进三马片区“三路两片三项目”建设。金西大道延伸段建设项目实际投资达4.08亿元，一期工程如期完成；总投资达1.45亿元（2009年投入1.1亿元）的蔡家关排水治污工程顺利贯通，解决周边区域生活及工业污水排放问题，对保护阿哈水库饮用水源、提高市民饮水质量意义重大；三马片区农民安置房建设和原茶博园等三地块拆迁工作稳步推进，北京西路地块已交付建设单位，拟建项目进入实质开发阶段。全区先后与广东广晟集团、贵阳永吉创新置业公司签订合作协议，对新马王路、金西大道道路建设和沿线土地一级开发进行合作，目前金西大道两侧城市设计及土地一级开发方案已经市政府审核同意。在渔安、安井片区，以水东路及南明河截污沟（云岩段）及其支线工程为基础和依托，加大与中天城投集团合作力度，积极推进片

生态药业益佰工业园开工建设

区开发建设步伐，《渔安、安井片区城市设计》已经市规委会同意，回迁安置小区建设顺利推进，建成住房31万平方米，第一批50户回迁户已入住。中天城投集团通过招、拍、挂程序获取土地1200余亩的开发权，实质性开发条件已经具备。（王 佺）

【促进教育均衡发展】 2010年，云岩区共投入5.2亿元教育经费，切实保障义务教育“三个增长”。继续对区属公办学校、农民工子女、城市低保家庭接受义务教育阶段的学生免除教科书费，并对接收农民工子女的民办中小学校提供生均公用经费补助；投入资金2000余万元对环西、贵师附小、四十中等学校进行校舍抗震加固和校园维修改造；免除2010年春季城市义务教育学校杂费854.76万元。努力办人民满意的教育，学区化管理改革有序推进，不断促进教育均衡发展。对全区所属校园进行安全大检查，强力开展校园及周边社会治安综合整治。（王 佺）

【提升民生保障水平】 2010年，云岩区坚持把保障民生作为所有工作的落脚点，共发放城市低保金5996万元，覆盖362573人次，发放农村低保金157万元，覆盖9552人次；城市医疗救助24286人次，救助金额约113万元；城镇职工基本医疗保险期末参保31356人，扩面新参保7117人；大力开展“送医下乡”和各种惠民医疗服务活动，减免医疗费用共计40余万元；城乡统筹就业18008人，培训4453人，新建充分就业社区16个，实现“零就业家庭”动态为零。对社区工作者工资（补贴）和社区办公经费进行上调并全部发放到位。大力推进廉租住房建设及管理工作，将全区符合条件的3056户低收入家庭纳入租赁补贴保障范围，并确保三砂及久联两个廉租房建设项目顺利动工。（王 佺）

【维护社会和谐稳定】 2010年，云岩区积极巩固创建“平安云岩”活动的成果，认真开展安全生产大检查及烟花爆竹、危险化学品、非煤矿山、工程建设等行业的专项整治；共排查治理隐患单位（场所）3909个，排查出一般隐患3565条，完成整改3551条，有效遏止重特大安全事故的发生，实现安全生产控制指标事故起数和死亡人数“双下降”。狠抓社会治安综合治理，加大对校园周边和大营坡、头桥周边等重点区域的整治，充分发挥100余个治安卡点的作用，完善社区治安防控体系建设，社会治安持续向好。继续深入开展区委书记大接访活动，通过“百姓——书记区长网上交流”、“政府网络新闻”等平台集中解决广大群众在就业、就医、入学、住房等方面的实际困难和问题。扎实做好矛盾纠纷的排查化解工作，确保世博会、亚运会期间安全稳定。（王 佺）

居民学习生态文明读本

【公务员队伍建设】 2010年，云岩区在公务员队伍建设上，一是改变思想观念，提高依法行政能力。完成新一轮政府机构及职能优化调整，进一步增强法制观念、效能观念、发展观念和自律观念，加快转变政府职能，加强政府法制建设，努力做到依法行政、权责统一、高效便民；健全完善重大事项和决策的专家咨询、社会听证等制度，提高政府决策科学化、民主化和法制化水平；落实责任追究制度，对工作中执行不力的干部，按照有关规定进行责任追究；继续开展行政效能建设，大力推进电子政务，坚持政务公开，规范行政审批，加强内部管理，提高工作效率和水平，推动政府工作全面提速。二是改进工作作风，加强廉政建设。各级各部门认真开展“创先争优”、“三个建设年”、“四帮四促”等活动，切实维护人民群众根本利益。严格执行党风廉政建设责任制，落实“一岗双责”，扎实推进反腐倡廉工作；充分发挥监察、审计等监督机关的作用，加强对重点领域、重点部门、重点资金和领导干部任期经济责任审计；成立组织机构，推进“工程建设领域突出问题专项治理”工作，从源头上预防和治理腐败，塑造清正廉洁的政府形象。（王佺）

南明区

【东部新城建设】 2010年,南明区共完成东部新城约357.49公顷用地农转建报批，挂牌出让82.6公顷用地，启动约275公顷土地的一级开发，启动“四路四沟”等基础设施建设工作；龙洞堡工业园区建设取得突破性进展，区政府与中天城投集团签订了合作开发建设的相关协议，已完成园区基础建设所需土地征地工作，园区基础设施建设全面启动。（杨茂银）

贵阳市南明区人民政府 中天城投集团股份有限公司
合作签约仪式
2010.9

龙洞堡食品轻工业园合作签约仪式现场

【“三创一办”活动】 2010年，南明区推进“三创一办”工作取得较大进展。一是通过开展各类专项行动，集中力量攻克难点，解决一批多年形成的“老大难”问题。如彻底取缔瑞花巷、大庆路等长期存在的马路市场，拆除存在多年的市府时装城临时建筑，取缔博爱路六洞街占道经营的鸽市，引导万东桥狗市搬进贵钢花鸟市场，完成38个农贸市场的改造升级任务。投入443.25万元，新建和改扩建免费公厕19座，完善96座免费公厕的配套设施。投入1420.59万元，在全区新建和改扩建垃圾转运站14座，垃圾清洁间250个等。二是城市管理得到加强。按照统一规划、统一布点、统一管理的原则，在部分次干道、背街小巷设置规范性摊区192处、摊点2591个，既管城市“面子”，又管摊贩“肚子”。在人民广场、甲秀广场等重要地段开展夜间市容专项整治，坚决取缔占道经营并严防回潮。在全区开展近300次集中整治，取缔占道经营60000多起，清理门面延伸占道24000起，取缔违法洗车场81家。依法拆除违法建筑709户，涉及面积72400余平方米，拆除违规设置户外广告标牌700余块。三是环保工作有序推进。全区深入开展除尘降噪、饮用水水源保护、清洁能源改造、淘汰落后产能等环保专项行动，配合做好南明河管理，不断优化全区生态环境。四是市民素质不断提升。开展“文明行为大家谈”、“文明有礼南明人”、“文明出行、文明行路”、“排队日”等活动，有效提高市民的文明礼仪素质；开展“绿丝带”、“机关党员志愿者纠章行动”等志愿者服务活动，弘扬“奉献、

原新路口农贸市场的经营户入驻宽敞、整洁的城市方舟农贸市场

友爱、互助、进步”的志愿者精神；开展“诚信经营示范创建”、“百城万店无假货示范街”、“促文明创建、树行业新风”等多项主题活动，全区窗口行业创建文明活动覆盖率达到90%以上。（杨茂银）

【保障和改善民生】 2010年，南明区着力保障和改善民生。一是大力实施民生行动。进一步加大区级财政对民生的投入，尽心竭力为群众办实事。全年共新增城镇就业人数16307人；实现养老保险扩面11852人。深入开展“晚霞彩带”活动，切实帮助独居、空巢、孤寡、特困老人解决实际困难。全年共对申请廉租住房补贴的3945户双困户发放廉租住房补贴1083.66万元。努力推进义务教育均衡公平发展，稳步推进学区化改革，继续加大对教育经费的投入。继续推进新型农保工作，参保人数达27361人，覆盖率达62.74%。大力推进新型农村合作医疗，参合率达99.2%；不断提高社区卫生服务质量，加大食品卫生安全监督检查力度。人口计生优质服务工作水平进一步提高。坚持“防打结合、标本兼治、重在治本”的原则，深入开展严打专项行动，不断加强社会治安防控体系建设，全年共破刑事案件4731起，破案率同比上升10.8%，群众安全感同比上升6.81%，群众对社会治安满意率为86.5%。二是不断推进社区建设。坚持以“星级精品”和“三优精品”社区创建工作为载体，大胆探索和实践，积极开展“生态文明（和谐）社区”示范单位创建工作，区财政投入600多万元为1000多名社区工作者提高待遇，使社区委员工资增加到850元至1000元；投入252万元为社区解决工作运转经费，实现便民利民服务中心（站）全覆盖。（杨茂银）

【发展生态文化】 2010年，南明区在生态文化建设上，一是大力抓好精神文明创建。围绕“三创一办”工作，深入开展生态文明企业、生态文明机关、生态文明社区（村寨）创建评比活动，在创建活动中以加强社会主义核心价值体系建设为主线，各级党组织和工作部门不断创新活动载体，吸引广大机关干部和群众参与开展“做文明人”等文明实践活动，共创建市级文明单位81家、文明窗口42家、先进单位85家、文明村寨7家、区级文明单位208家。二是认真组织开展多种文化活动。认真开展好“黔茶飘香·品茗健康”系列活动、贵阳（南明）兰花博览会、第四届当代中国青年著名花鸟画展、永乐“桃园文化节”等文化活动，弘扬先进文化，丰富辖区群众文化生活。同时，积极引导和支持书法家、美术家、摄影家、作家、音乐家、舞蹈家、戏曲曲艺等各类协会加强自身建设，不断夯实发展文化事业的组织基础。三是不断加强舆论宣传引导。紧紧围绕“建设生态文明城区”的目标，坚持团结稳定鼓劲为主的方针，积极开展对外宣传和对内宣传，形成报纸、电视、广播、网络四位一体的宣传格局，加强正面舆论引导。特别是在38个农贸市场升级改造和彭家湾旧城改造中，牢牢掌握舆论引导主动权，及时报道工作推进动态，准确把握社情民

意，为升级改造和拆迁工作营造良好的社会舆论氛围。（杨茂银）

【改善政治生态环境】 2010年，南明区着力改善政治生态环境。一是认真开展创先争优活动。以“推进三创一办，服务科学发展，构建和谐南明”为载体，以“争当践行宗旨的表率、争当攻坚克难的表率、争当求实创新的表率，强化一线战斗堡垒”为主题，“点线面”结合，“个性化”指导，突出特色，注重实效，建立1000个党员示范岗、党员先锋岗。深入开展“我是共产党员・我为南明增光”活动，积极营造“基层党组织履职尽责创先进，广大党员立足岗位争优秀”的良好氛围。二是不断强化干部执行力。将全区经济社会发展的各项目标任务层层分解，把责任落实到人，建立干部考核体系，加大奖惩力度。特别是加大对“三创一办”工作的督促检查，对工作表现突出的227名个人和5家单位通报表扬，对工作落实不力的43名个人和6家单位进行问责。制定下发《关于在“三创一办”工作中培养锻炼、考察识别和激励干部实施办法》，将执行力的强弱作为干部任用的重要标尺，推荐57名表现突出的干部进入乡科级后备干部名单，其中，提拔2名表现优秀的干部担任副科级职务，树立正确的用人导向。三是积极推进干部人事制度改革。认真落实“民主、公开、竞争、择优”要求，拿出8个科级领导职位参加市、县联合公开选拔，首次采取“大评委制”，请群众参与打分，提高选拔干部的透明度。在政府机构改革中，将出缺的3个政府工作部门行政正职进行公开遴选，提高干部任职的公信度。四是不断加强基层组织建设。以“三个一”主题实践活动为抓手，深化拓展基层党建工作新载体，打造一批党建示范精品，探索出一条新的教育途径，实施一个党心民心工程。在村、社区、机关、学校、企业等124个基层党组织开展公推直选工作，选好配强基层党组织领导班子。在西湖、太慈、市府等街道探索区域化党建工作新模式，在全市率先建立“大工委”，聘任了兼职委员。不断加强非公党建工作，在19个乡（街道）挂牌成立非公经济组织和社会组织党工委，全区非公企业党组织总数达305家，占全市的41.4%。（杨茂银）

贵阳经济技术开发区（小河区）

【推进小孟工业园区开发建设】 2010年,小河区举全区之力强力推进小孟工业园区建设。一是坚持规划引领。在市委、市政府的支持下，相继完成园区控制性详细规划和产业规划，中意合作小孟生态工业园区示范项目正式签约，国家生态工业示范园区规划大纲即将通过国家专家评审。同时，小河区工业园区建设开发办公室于11月20日挂牌成立，各项工作有序推进。二是加快基础设施建设。按照“基础先行、优化设计、能快则快”的园区建设原则，加快以道路为主的基础设施建设和园区土地一级开发。金戈路一期基本完工，烟厂道路顺利通车，园区一、三、四、五号路于11月底相继开工建设。园区供水、供电、燃气、通讯等配套设施加快跟进。小孟园区基础设施建设的投入累计达到12.62亿元。三是抓好项目落地

小孟工业园区第一批项目集中开工

入驻。围绕小孟园区确定的重点产业发展导向，着力打造三条产业链：第一条是以奇瑞客车、中国普天新能源及装备物流工业园、詹阳重工为龙头，航空航天、汽车零部件等为代表的装备制造产业链；第二条是以贵阳烟厂为龙头，同济堂为代表，劲嘉彩印、讯发烟胶等为配套的烟草医药产业链；第三条是以海信为龙头，“三网融合”（NGB）项目、LED模组项目为支撑的电子信息产业链。四是着力打造融资平台。结合全区开发建设实际，逐步建立健全政府引导、市场推进、社会参与的投融资机制。整合国有资产，成立注册资金5亿元的贵合投资发展有限公司，搭建集“借、用、还”一体化的市场化投融资平台，与国开行贵州省分行、交行贵州省分行、贵阳市商行等多家金融机构签订近160亿元银政战略合作协议。同时，融资平台积极发挥政策资金的引导作用，撬动民间资本和社会资本投入开发建设，扩大园区投融资渠道和融资规模。（杨 刚　柳秋云）

【推进“工业强区”战略】 2010年，小河区按照“生态产业化，产业生态化”的要求，突出第二产业，加快第三产业，优化第一产业，促进三次产业在更高层次上协调发展，全面提升产业发展水平。在工业方面，以特种车辆和工程机械为龙头，以011、061航空航天军工基地，贵州詹阳重工、贵阳海信、同济堂等重点企业为依托，有选择性地承接先进地区的产业转移，大力发展装备制造业，不断拉长加宽产业链。培育和发展战略性新兴产业，加大对传统产业改造力度，鼓励企业自主创新；推进“产学研”合作，与贵州大学等省内外高校和科研院所建立合作关系，帮助企业提高核心竞争力，有效实现科技资源要素向本区流动；成立“贵阳军民结合（装备制造）产业技术创新战略联盟”，有效整合全国同行业的科研、教学、生产等方面的主导力量。在服务业方面，推

打造先进制造业基地

进生活性服务业发展，不断完善购物、餐饮、文化、体育、影视娱乐等生活配套，满足老百姓的基本生活需求，成功引进重庆喜百年酒店、西苑锦润酒店、沃尔玛、北京华联、苏宁电器、国美电器等项目，五星级洲际酒店、亚太动漫交流中心等项目已经启动，碧园花城、云凯熙园综合商贸体项目顺利推进。大力发展家政服务等社区服务业，成功引进贵州“保得”家政服务项目。大力发展电子商务、连锁经营、金融、设计研发、职业培训、咨询服务、文化创意等生产性服务业，老百姓逐步享受到中心城区的生活待遇。（杨 刚　柳秋云）

【推进“三创一办”】 2010年，小河区按照市委、市政府的工作安排和部署，全区各级各部门思想统一、行动迅速，扎实开展“整脏治乱”、农贸市场改造升级、市政设施建设等工作，创新城市管理模式，合理引进市场机制，提升公共服务水平；广大市民大力支持、积极参与，收到良好效果。至年底，全区累计投入城市基础、公共卫生、环卫市政设施及农贸市场改造等项目建设经费9000余万元，人行道、公厕、城市绿化等一批城市基础设施得到完

善，完成中心农贸市场、西工农贸市场、长江路农贸市场等16个农贸市场的升级改造，黄河路街面商户门头广告治理工作已全面完成，存在多年的西工厂马路占道经营和每周六的马路市场等历史遗留问题得到和谐解决，城市形象进一步提升。（杨　刚　柳秋云）

【保障和改善民生】 2010年，小河区各项社会事业取得不断进步，在“病有所医”方面，着力打造“15分钟社区医疗服务圈”，初步形成“小病进社区（村），大病进医院，康复回社区”双向转诊格局，获得了“国家中医药特色社区卫生服务示范区”称号，有效缓解群众“看病难、看病贵”的问题。在“学有所教”方面，“两基”复查和“普实”工作顺利通过验收，通过整合教育资源，完成市属中学和企业子校的划转接收，打造了实验中学、区二小等一批优质教育资源。在“劳有所得”方面，保持“零就业家庭”动态为零；职业介绍和职业技能培训得到强化，每年一次的大型人才招聘会已成为全省规模最大的招聘会之一；城镇登记失业率严格控制在4%以内；社会保障体系建设得到完善，农村新型合作医疗全面展开，覆盖率和参合率分别达到100%和93.82%；城乡低保工作实现应保尽保。在“老有所养”方面，突出政府公益性养老和引导企业营利性养老并举的模式，相继建成黄河、平桥、金竹3个老年活动中心；成功举办全国百万空巢老人关爱志愿服务行动启动仪式。在“住有所居”方面，积极推进“安居工程”建设，通过廉租房、经济适用房建设，棚户区改造、城中村改造等形式，最大限度满足困难群体的住房需求。目前，在建的廉租房有近4万平方米，已完

小河新貌

工约5000平方米。在“居有所安”方面，深入开展“严打‘两抢一盗’，保卫百姓平安”专项行动，刑事发案数稳中有降，街道见警率明显提高，群防群治的长效机制逐步形成。2010年全区群众的安全感评定率达82.55%，安全感全省排名相比2009年上升8位。同时，认真做好矛盾纠纷排查调处工作，开展“大接访”活动，充分发挥“百姓——书记区长交流台”的积极作用，及时受理和回复群众的来信来电，回复办理率达98%以上。（杨 刚　柳秋云）

【城市基层管理体制改革试点】 2010年2月以来，小河区紧紧围绕“服务群众、凝聚人心、优化管理、维护稳定”的总体要求，扎实推进城市基层管理体制改革试点，提高社会管理的科学化水平。一是精简管理层级，实现“区直管社”。在试点区域内撤并黄河、长江街道办事处，设置黔江、清浦、瑞华、兴隆4个社区，实现“区直管社”，由社区直接面对群众提供公共服务和管理。二是科学划分社区，实行“一社多居”。按照便于管理服务、便于资源整合的原则，以“服务半径一公里”、居民认同感及“教育、卫生、文体、商业等公共资源配套基本完备”为主要依据，将社区的规模界定在原来的街道办事处和居委会之间。三是创新治理结构，探索“一核多元”新模式。探索设置由“一委（社区党委）、一会（社区委员会）、一中心（社区服务中心）的社区治理结构，建立“一核多元”的社区共治模式。四是建立社区“大党委”，构建区域化党建格局。着力构建资源共享、优势互补、共驻共建的区域化党建格局。目前，共选聘16位社区“大党委”兼职委员，通过大党委协商解决500多项社区事务，真正实现共驻共建。五是推行“居政分离”，回归居委会自治功能。出台试点区域居民委员会自治工作指导办法，让居委会彻底去行政化，回归自治功能。通过明确居委会工作人员采取自愿服务，实行弹性工作制，不承担具体行政事务，实现“居政分离”。六是发扬基层民主，扩大公民有序政治参与。通过公推直选，产生社区党委书记、委员，社区委员会主任、委员，社区服务中心主任，党员和居民代表的参与度分别达96.8%、91.2%；在试点区域居委会换届选举中，以“一人一票直选”的方式一次性全部选举成功，选民参选率、投票率分别达92.1%、85.4%。充分发挥社区委员会民主协商的功能，对社区的规划、建设、治理和发展等公共事务重大事项进行集体讨论和民主决策，集中反映民意，有效发挥社区居民建言献策、服务社区、建设社区的重要作用。七是强化公共服务，提升群众满意度。在服务内容上，明确公共服务的边界，制定政府购买公共服务的办法，努力实现公共服务主体多元化；在服务方式上，坚持高效便捷服务，打造“10分钟服务承诺圈”；坚持问需于民，区财政为每个社区提供每年100万元的“社区服务专项资金”，用于实施社区委员会代表群众提出的公益性项目。在服务效果上，通过强化服务，社区工作者在第一时间掌握信息，及时化解矛盾、消除隐患，凝聚、管理和维稳功能都得到了提升。经过第三方机构测评调查，群众对社区改革的满意率超过90%。（杨 刚　柳秋云）

【提升社会自治管理水平】 2010年，小河区在提高政府社会管理能力的同时，更加注重培育社会力量参与社会管理，不断提高社会自治和自我服务的能力，扩大社会自我管理的范围。一是初步构建多元社会服务体系。制定政府购买公共服务的办法，通过购买服务的方式将能够通过市场提供的社会服务交由市场来做，努力构建政府、市场、NGO为代表的多元社会服务体系。二是建立专业化的社会工作队伍。积极深化与省内高校的合作，与贵州大学法学院合作在试点区域内的4个社区建立“社会工作教学实践基地”，大力培养体制外专业化社工队伍，积极支持贵州大学专家在小河建立非盈利性社工机构，不断提升社会管理服务的专业化水平，有效弥补政府机构服务能力和服务内容有限的问题。三是积极组织发动群众以自我服务的方式参与志愿服务。成立区志愿者协会和社区义工协会，规定国家公职人员每年服务时间不少于48小时，大力拓展志愿服务活动载体，倡导社区内企业和居民积极参与“三创一办”工作，落实“门前三包”，真正让社会管理变为每一个居民的共同意识和共同行为。（杨 刚　柳秋云）

【城市生态环境建设】 2010年，小河区南二环（小河段）、甲秀南路（小河段）、金戈路一期基本完工；珠显路二期、珠清路、中曹路拓宽改造工程、中曹司大桥启动建设，以路网为重点的城市基础设施建设不断完善。城中村改造项目稳步实施。大坡村、龙王村、中院村等“城中村”改造取得积极进展。新村建设项目取得新进展。红艳新村、摆架新村已竣工验收并交付使用，王宽布依新寨进展顺利。城乡人居环境明显改善，环境卫生、交通拥堵等“脏乱差”现象得到有效整治。（杨 刚　柳秋云）

【加强干部队伍建设】 2010年，小河区认真贯彻中央关于干部选拔任用工作“四项监督制度”，规范干部选拔任用程序，认真落实群众对干部选拔任用的知情权、参与权、选择权和监督权。合理搭配科（局）级领导班子，做到结构合理、优势互补，提拔18名领导干部（其中正科级7名、副科级11名），交流领导干部54人次。抓好后备干部队伍建设，加强后备干部培养锻炼，实行“优进拙退、动态管理”。注重选拔“三重六敢”干部，加大竞争性选拔干部力度，出台《小河区区属各部门区委管理干部年度考核办法（试行）》，并继续执行《小河区重点工程、重要工作和重大事件考察评价干部办法（试行）》，重点考察干部在“三创一办”等工作中的态度、能力和效果，把执行力作为干部考察的重要内容，重点考核干部在重大任务、重点工作、重大事件的应对处理情况，营造风清气正的用人环境。提拔4名在“三创一办”重要工作中表现突出的干部，公开选拔4名副科（局）级干部；及时完成上级部门干部调训，其中县级干部10人，科级干部22人。加大对组织工作的宣传，着力提高组织工作的满意度，小河区在全省组织工作满意度测评中排名全省第一。（杨 刚　柳秋云）

花溪区

【推行党务公开】 2010年3月，市委决定将花溪区作为区（县）党务公开工作的试点区（县），花溪区区委决心力争“把试点做成示范”，全力建设阳光党委，开拓阳光事业，打造阳光花溪。一是统一认识，强力推进。迅速成立专门工作机构，制定相关工作制度，明确公开内容、时限、方式和程序，规范运行。开通全市第一家党务公开网，开办手机报，丰富载体。班子成员率先垂范，公开照片，公开身份，接受监督。二是联动公开，服务大局。党务公开带动政务、村务、校务、企务公开，建立区乡村三级政务服务中心，提高办事效率。重大决策、重要人事变动、重点项目、重大资金使用、重要民生工作事项及时公开，招投标没有收到一起不良反映。三是阳光党务，建强队伍。制定《花溪区乡（镇、街道）党（工）委书记向全体党员报告工作的制度》，深化干部人事制度改革，通过实名推荐、公开选拔、公推竞岗、公推直选等多种方式选拔任用干部，做到规则、过程、结果阳光透明，常委会票决满票率一直保持在100%。2010年省城调队进行的民意调查中，花溪区“防止和纠正用人上不正之风工作满意度”排名全市第一。四是呼应关切，造福百姓。办好“百姓—书记区长交流台”，畅通社情反映民意渠道，切实解决一批群众关心关注的热点、难点问题。全力保障公共财政的民生投入，强力推进“三创一办”，市民生活质量提高。圆满完成世博会以及中央领导来筑视察期间的安全保卫和各个重点项目建设的信访维稳工作，没有出现进京、进沪上访，确保全区社会稳定。在年底群众安全感测评中，全区在全省排位前移四位。目前，花溪党务公开试点已经覆盖到全区14个乡（镇）党委、街道办事处党（工）委、19个区属部门党委、17个党组、3个二级党委、32个党总支、150农村基层党支部，初步形成党务工作全覆盖、涉及领域全方位、权力运作全公开、关键环节全透明的党务公开工作体系。（李文义 刘 鑫）

【推进花溪国家城市湿地公园建设】 以十里河滩为主体的花溪国家城市湿地公园是贵州省唯一一个国家级城市湿地公园，湿地公园十里河滩区域以“五区三脉”为主线进行规划建设，五区即生态核心区、湿地科普区、花圃展示区、民俗文化体验区和湿地游览区；三脉即大将山山体生态轴（林脉）、原住民民俗体验轴（地脉）和花溪河高原湿地轴（水脉），建成集生态保护、科普教育、自然野趣和休闲游览为一体的高品质湿地公园。2010年，花溪区成立花溪国家城市湿地公园建设管理公司，规范十里河滩区域土地流转；启动村庄整治试点；建立十里河滩“绿丝带”志愿者服务活动基地，广大市民积极参与湿地公园建设。一是加强房屋拆迁安置，确保最大限度恢复“十里河滩”的最佳景观效果。二是严密巡查，确保无一起抢栽抢种、乱搭乱建等现象发生的同时，强力推进拆违工作。三是抓好土地流转，确保现阶段施工用地需要。四是加紧施工，建设进度大幅增速。五是启动

正在建设中的花溪国家城市湿地公园

花溪公园综合整治，打造湿地公园核心景区。（李文义　刘　鑫）

【积极配合贵州省高教聚集区建设】花溪高校集聚区建设是省、市政府的重点工程项目，其建设对全省文教事业的发展和带动花溪周边区域发展具有十分重要的意义和作用。按照《关于支持驻筑省属高校建设与发展的意见》的空间布局规划，花溪高等教育集聚区可保证15平方公里高校发展用地。其中北部片区4.5平方公里，主要包括贵州大学、贵州民族学院用地。南部片区近期规划布局5平方公里，规划范围南至环城高速公路南环线，东至斗篷山山脚，北至思丫河。一期在党武乡思丫村、翁岗村、下坝村规划7500亩的用地建设新校区，计划搬迁贵州师范大学、贵州财经学院、贵阳医学院、贵阳中医学院、贵州轻工职业技术学院。在周边预留10000亩作为二期发展用地，用于建设科技研发、高新技术和居住、文化娱乐等相关配套设施，以促进区域的综合发展和就业平衡。到2010年底，已基本完成第一期教学用地7500亩的征地，贵州财经学院、贵州师范大学和栋青路等市政基础设施建设已开工。贵州大学改扩建工程东面地块紧邻现有北校区西部，西面地块东邻甲秀南路，与东面地块隔路相望，南邻花石路，一期1247亩征地工作已经完成，拆迁工作基本完成，校园建设正在顺利进行中。（李文义　刘　鑫）

【实施三大产业计划】2010年，花溪区强力实施三大产业计划。一是切实推进农业产业结构调整，加大力度推进农头企业产业化，蔬菜生产、畜禽养殖等实现较快发展，农民收入不断增加。二是贵阳金石产业园、小孟生态工业园、燕楼循环经济工业园加快建设，西南物流中心投入营运，新型工业化建设步伐加快；服务重点企业，扶持新生企业，实施一批重点企业节能环保技术改造，一批企业扩能技改项目建成投产达产，工业经济健康持续发展。三是以旅游为龙头，大力发展现代服务业，贵阳石板农产品物流园，花溪国际汽车贸易城，孟关改貌集装箱货运市场等第三产业发展形势喜人。（李文义　刘　鑫）

【发展文化旅游业】2010年，花溪把文化和旅游更加紧密、融洽、有效地结合，作为旅游实现可持续发展的必由之路。积极开展文物普查，共登记不可移动文物609处，文物点统计总量全市第一，非物质文化遗产名录申报成功共计18项，全市排名第一。孟关苗族猴鼓舞、青岩花灯戏、桐木岭苗族跳场、黄家玫瑰糖等被列为省级非物质文化遗产名录，花溪苗族桃花被列为国家级非物质文化遗产名录。正在开工建设的贵州省高校聚集区，打造贵州省重要的高等教育、研发实验基地，“花溪之夏”艺术节已成为知名文化活动品牌。全年全区旅游总收入60.47亿元，占全区生产总值的75.9%，是2006年的13.17倍；旅游接待人数从2006年的555万人次增加到2010年的1097.25万人次，是贵州省重要旅游目的地。（李文义　刘　鑫）

国家非物质文化遗产——猴鼓舞

【努力提升城市形象】 2010年，花溪区编制完成《花溪区城市组团控制性详细规划》等一批重要规划，实现南环圈内详规的全覆盖，明确“一环两翼三轴线”的城乡功能布局，初步形成生态文明建设的规划体系；完成花溪规划展馆建设，成功举办花溪第一次城市规划展。积极开展生态文明创建活动，深化群众共建生态文明理念。积极做好生态环境的保护和开发，森林覆盖率达到42%以上。强力推进“整脏治乱”和“三创一办”工作，“整脏治乱”工作由全市倒数第一进入全市前列，获得全省“2009—2010年度综合排名最大进步奖”；“三创一办”综合指标已达标195项，达标率96.53%。开展“花溪之夏艺术节”主题文化活动；协助市委、市政府成功举办“生态论坛·贵阳会议”和首届中国-东盟教育部长圆桌会议，获得国内外与会人士一致好评，展示花溪区“生态之城、知识之城、旅游之城、宜居之城”的风采；不断打造花溪旅游品牌，国家城市湿地公园、青岩古镇4A级景区、摆贡寨“千村计划全球第一村”正式授牌，成功入选“贵州十大影响力风景名胜区”，花溪知名度和美誉度不断提升。（李文义　刘　鑫）

【保障和改善民生】 2010年，花溪区被列为全省“一事一议”财政奖补试点区（县）后，制定《花溪区村级公益事业建设“一事一议”财政奖补项目民主议事制度》等11项制度，优先农民最关心、最急需的村级公益事业建设。全年省、市、区、乡投入各类资金3000余万元，共安排建设项目119个，涉及13个乡（镇、街道办事处）、63个行政村，受益人达133045人。加大民生投入，加强城乡公共服务，稳步推进城乡教育、卫生、文化、社会保障事业的发展，建立城乡统一劳动力市场，着力完善基础设施，加大产业结构调整。实施道路综合改造、管网改造，基础设施建设，推进廉租房和安置点建设等惠民工程。顺利完成全区农贸市场改造工程。花溪一幼成为全省第一所一类示范幼儿园。2010年“两基”迎“国检”工作顺利通过国家督导组验收。城镇职工基本养老保险覆盖率达90.48%，农村低保覆盖面达95%以上。惠民医疗政策覆盖率达100%，农村合作医疗覆盖面达95%以上。新建和改扩建溪北卫生服务中心等一批社区、村卫生室。初步建成区、乡、村三级医疗卫生保健网络，医疗卫生服务规模、技术水平和从业人员素质不断提高。制定了《花溪区国家基本药物制度财政补助及考核办法》，使全区所有卫生院以及村卫生室均实现药品零差率销售。加强治安管理，打造“平安花溪”，进一步巩固社会和谐稳定的局面。（李文义　刘　鑫）

花溪十里河滩“绿丝带”志愿者活动启动仪式

【夯实基层组织】 2010年，花溪区积极推进党内基层民主建设，在农村、社区、机关单位选择26个党支部开展“公推直选”试点工作，积极推进基层党务公开，健全党内基层民主议事决策机制，开展“花溪区模范村（集体）官”评选工作，拓宽党员表达意见渠道；推广“四议两公开”工作法，提升村级民主管理水平，不断发展和完善党领导的村级民主自治机制，提高基层党组织的创造力、凝聚力、战斗力；开展“我是共产党员，我为花溪添光彩”活动，为全区1万余名党员配发党员标志，亮明党员身份，为全区150个村党支部和12个社区党支部授党旗。制定《花溪区乡（镇、街道）党（工）委书记向全体党员报告工作的制度》，强化党员的主体意识，激发党员民主参与做表率走前列的激情。（李文义 刘 鑫）

乌当区

【发展生态工业】 2010年，乌当区进一步发挥国家高新技术产业开发区新天园区产业集聚的功能，大力推进生物制药、电子信息、现代装备制造、绿色食品加工、新材料等五大支柱产业向规模化、集群化发展。按照“一区多园”的总体思路，完成《新天高新技术园区产业发展规划（2010——2015）》编制工作，对进一步优化资源配置，培育园区特色，发挥后发优势，实现工业扩规、提速、增效发挥重要作用。以中国·西南工业总部基地和特色食品工业园（火石坡地块）等建设项目为重点，快速启动园区各项基础设施建设工作，通过提升项目建设服务水平，全力为企业发展创造良好环境，为乌当工业经济加速发展、推动跨越打下坚实基础。同时，乌当区还大力发展高新技术产业，积极培育战略性新兴产业，加快推进企业技术改造和技术创新，继续淘汰或转产一批高能耗、高排放企业，加快实现工业环保增效。（管洪荣）

新天新城

【发展生态旅游】 2010年，乌当区按照建设生态文明城市和打造“避暑之都，温泉之城”的要求，以建设旅游大区、休闲大区和度假大区为目标，围绕“温泉、体育、民俗、生态”的旅游产业发展定位，抢抓承办贵阳市第四届旅游产业发展大会机遇，全力打造宜居、宜业、宜游、宜发展城市。一是旅游基础设施建设不断加快。以承办“贵阳避暑季”等重大节会项目为契机，成功打造民俗生态旅游精品示范点“泉城五韵”，全面完成盘龙山森林公园建设，进一步完善旅游基础设施及配套建设，提升乌当旅游整体形象和水平。二是旅游产业业态不断丰富。成功举办“泉城五韵”系列开村仪式，乡村旅游品牌影响力进一步提升；成功举办盘龙山森林公园“万米云梯”山体步道首游式和“2010中国·贵阳森林音乐会”，开辟乌当体育旅游和高端视听休闲旅游的新业态，提升乌当旅游业的发展水平，扩大乌当旅游业的影响力。三是温泉旅游产业品质不断提升。贵御温泉完成改造升级，乐湾国际温泉城进入控制规划编制，振华万象温泉开工建设，“温泉季”已成为贵阳冬季旅游新品牌，乌当区建设成为“温泉之城”核心区的步伐不断加快。四是酒店餐饮业服务水平不断提高。贵州龙夜郎皇宫正式营业，保利瑞廷五星级酒店建成营业，泉上美食会已进入试营业阶段，菩提树大酒店和贵御温泉度假酒店进入规划设计阶段，有效拓展乌当消费性服务业及高端服务业的发展领域，提升服务水平。2010年，乌当共接待游客362.21万人次，同比增长31.7%；实现旅游总收入15.59亿元，

同比增长51.7%。（管洪荣）

【成功申报省级城乡统筹和新型工业化综合配套改革试点】 2010年，乌当区以城乡基础设施建设为重点，不断加大环境治理力度，着力提高城乡管理水平，协调推进城乡改革和城镇化发展，成功申报为省级城乡统筹和新型工业化综合配套改革试点。一方面，通过重点城乡基建项目推动城镇化进程。新建东风镇至乐湾温泉城堡子路，完成新添大道和高新路“白改黑”工程，完成“泉城五韵”、乐湾温泉生态体育公园、盘龙山万米森林步道等重点基建项目的建设；坚持把加强城乡路网建设放在推动城乡发展的重要位置，启动乌当食品工业园基础设施和威门路、五福路等八条道路建设工程；启动顺海大坡片区城中村改造项目。另一方面，通过强化城市管理提升城市品味。大力开展新天城区街景绿化综合整治工程，完成新添大道隔离绿化带升级改造；坚持抓好城市的环境综合整治，完成部分老社区、老院落的居住环境、地下管道改造工作；加强农村生活环境治理，完成5个农贸市场的升级改造工作。同时，在注重建设与管理的同时，通过生态治理优化人居环境。加强生态治理，严格环境执法，强化现场环境监察工作，依法查处环境违法行为，不断强化饮用水源保护措施，大力推进节能减排和循环经济项目建设，城市整体生态环境进一步提升。（管洪荣）

【深入开展“三创一办”】 2010年，乌当区按照市委、市政府的相关要求，强力推进“三创一办”各项工作。成立乌当区志愿者协会，广泛招募“三创一办”义务监督员和志愿者，围绕创卫、创模、创文明城市各项工作，进一步加强对区内农贸市场、“城中村”及城乡结合部、建筑工地、居民院落等区域的监督检查力度，加强对饮用水源、河流的保护力度。扎实开展“整脏治乱”专项行动，提高城市建设管理水平，全力提升乌当城市环境品质。积极组织开展“绿丝带”志愿活动及“公民道德宣传日”、“满意在乌当”、“文明出行”、“地球一小时”等宣传活动，编印发放《乌当区市民素质教育读本》、“致全体市民的公开信”、“市民文明守则”等宣传资料14万余份。继续加强道德模范宣传，提高市民知晓率。认真做好未成年人思想道德教育、公共文明指数提升等工作，继续加强对占道经营、乱穿乱行、乱吐乱扔等不文明行为的教育、处罚，引导市民养成良好的文明习惯，不断增强市民文明素质，提升城乡文明程度。（管洪荣）

【百宜乡洛坝村大力发展生态农业】 乌当区百宜乡洛坝村是乌当区最偏远乡镇的最偏远村，经济条件一度十分落后。自贵阳建设生态文明城市以来，洛坝村在贵州省农业科学院现代农业发展研究所和香港“社区伙伴”组织的大力帮助下，采取“政府引导、农民主体、科技支撑、社会参与”的模式，抢抓历史机遇，结合自身生态环境良好，没有工业污染，水质、土壤和空气都非常适合生态农业的发展的有利条件，建立现代生态农业模式。主要采取黄金梨果林下多

丰收的喜悦写在孩子们的脸上

样性种植、百宜地方鸡林下生态养殖、有机折耳根种植、生态农业循环经济、生态农产品销售等多种生态农业模式。同时，成立全市第一家农村经济合作组织。通过开展互助培训，村民素质明显提高。以配送形式帮助社员销售黄金梨、辣椒、土鸡、土鸡蛋、天麻及各种蔬菜，创新市场销售渠道。截至2010年底，共接待外来参观考察团队、大学生学习实践等350余人次，接待香港、泰国、加拿大、菲律宾等外国友人和专家13人次；接待广西、四川、云南等省参观考察250余人次；接待白云、黎平、望谟、长顺等省内考察团队8次220余人。（管洪荣）

白云区南湖新区一角

【加强文化事业建设】 2010年，乌当区全面启动文化市场综合执法改革，组建文化市场综合执法大队，提高执法效率和依法行政的能力。结合未成年人与老龄工作，积极开展净化社会文化环境集中统一行动。认真开展“水东宋氏源考及其文化遗产”调研，深入挖掘乌当历史文化资源和地方文化特色。邀请省内专家组织创作《林中泉》、《泉之韵》歌曲集，编制《泉城五韵》系列丛书及《走进乌当》旅游风光摄影集等，组织参加“多彩贵州”小品大赛并获银瀑奖，策划并开展“走进乌当·贵州省青年美术家中国画、油画作品展”、“和谐乌当大舞台·有您更精彩”文艺大奖赛、“爱国歌曲大家唱”、乌当区纪念抗日战争胜利65周年文艺演出等活动，丰富人民群众的精神文化生活，激发群众热爱乌当、建设乌当的热情。（管洪荣）

白云区

【科学谋划总体发展思路】 2010年，白云区围绕“1235”的发展思路，以“项目推进年”和“执行力提高年”为载体，着力推进经济结构调整，着力推动产业创新发展，着力提升城乡规划建设和管理水平，着力深化改革扩大开放，着力改善民生，努力推进白云经济社会平稳较快发展，扎实推进“三创一办”工作，扎实推进国家可持续发展实验区创建工作，努力打造“绿色之都、双宜城市、黄金商圈、产业高地、首善之区”，加快推进现代化生态都市新城和现代化生态科技新城建设步伐，全力推进生态文明城市建设。（罗 欢 吴永坤）

【可持续发展实验区建设】 2010年3月，白云区正式被科技部批准为“国家可持续发展实验区”。全区各级各类工程技术中心和企业技术中心达27家，省级高新技术企业达8家。组织重点企业申报11项知识产权，开发新产品3件，新增各类各级驰名商标、品牌12个，申报市级以上科技项目47项，分别获国家、省、市各类创新补助资金1310万元。全省首个“污水再生为城市杂用水”装置中水回收利用正式启用，城区主干道高纳路灯全部改造为无极高频荧光节能灯。完成6家重点企业污染源在线监测系统和白云区环境空气自动监测系统建设，组织推广居民用节能灯产品10.1万只，启动贵州力邦年产80万吨超细磷锰渣微粉生产等7个循环经济项目。全年规模以上工业企业万元产值综合能耗为3.05吨标准煤，同比降低5%；单位生产总值能耗降低4%；主要污染物排放降低2%；利用工业固体废弃物50.1万吨，同比提高24%。2010年共开工建设各类项目342个，比上年增加62个。全区涉及工业、农业、基础设施等六个方面的82个重点项目，实现开工建设60个，进行土地、设计、审批、招标等前期准备工作22个，累计完成投资21亿元。（罗　欢　吴永坤）

【贵州农业展示园建设】 2010年，全省首个由“政府投入基础设施建设、企业实施经营管理”的省级现代农业展示园项目落户白云区牛场乡蓬莱村。该项目占地1000余亩，政府投入基础设施建设资金5000余万元，项目总投资1.41亿元。建设内容包括五个展示园、四个基地、四个中心：即农作物新品种展示园、特色果树品种展示园、特色植物品种展示园、精品茶品种与茶文化展示园、特色水产品种展示园、农作物新品种区试基地、农作物新品种试验基地、油研试验基地、综合开发基地以及园区成果展示中心、交易中心、科教培训中心、技术研发中心等。建成后的现代农业展示区集生态农业、循环农业、精致农业，观光农业于一体，集中展示现代农业的“新品种、新技术、新设施、新模式”，实现“成果展示、交易平台、科教培训、技术研发、休闲观光”五大功能，成为“引领贵州、辐射西南”的现代农业展示园区。（罗　欢　吴永坤）

【白云铝及铝加工基地建设】 白云铝及铝加工基地地处白云区东北部，是贵阳市建设的九大工业园区之一，也是贵阳市六大振兴计划的主战场之一。2010年底，基地已累计完成938.6亩项目用地的征地测量，完成房屋拆迁面积2.26万平方米，园区项目完成投资8700万元。贵州中铝铝业有限公司15万吨板带项目、贵州华科高性能铝合金、贵州今飞轮毂等已入驻基地，并启动建设。贵州今飞轮毂项目一期120万只铝轮毂项目已于3月8日试产成功，二期征地拆迁工作已结束，平场工作基本完成。（罗　欢　吴永坤）

【推进城市化进程】 2010年，白云区紧紧围绕“两个新城”建设和打造“双宜城市、绿色家园”目标，开展《贵阳市白云区概念规划》的编制工作以及新一轮白云片区控制性详细规划修编工作，不断加快南湖新区建设和旧城改造步伐，继续推进长山路、麦沙路、云湖路、云中路、思源路、思贤路等道路建设，总投资2.6亿元的云环路南湖新区段建成通车，全区公路通车里程达362公里，实现“半小时”交通网络。升级改造5

白云区铝及铝加工基地

个农贸市场，6万吨污水处理厂等一批公共基础设施相继建成投入使用。加大城市管理力度，查处违法建筑、乱搭乱建405户，拆除111户，共计6.48万平方米。消防队营房、白云图书馆、城区污水管网收集、配水管网改造等配套设施进展顺利，实施城区主干道及高层建筑亮丽工程，加快推进“云康新城”城中村改造、拆迁农民、移民安置点建设,新建垃圾中转站1座、改建垃圾中转站2座、新建公厕1座、改建公厕9座，改造升级公厕33座，并统一制作公厕标识。完成100户农村住房整治工作。投入城市管理工作经费3000万元，大力开展“五小”行业、“门前三包”、农贸市场等14项专项整治行动和实施60余项城市基础设施建设。完成了73项“创卫”指标和18项“创模”指标工作。加大违法运营打击力度，依法暂扣违法“两的”3956辆，“黑车”33辆，共计销毁1200余辆。2010年，白云区在全市六城区“创卫”交叉互检与专家暗查中获得“双第一”，在全省“整脏治乱”专项行动考核中获得全省第二、全市第一。（罗 欢 吴永坤）

【白云生态动漫游乐主题公园建设】自2010年10月1日建成开园营业以来，吸引大批省内外游客，仅“十一”黄金周期间，接待游客8.22万人次，旅游收入730.2万元。全年公园累计接待游客约11.52万人次，实现旅游收入约1015.2万元，有效拉动了周边的餐饮、交通等三产经济，取得良好的经济和社会效益。以此为龙头，带动全区旅游业快速发展，全区共接待国内外游客135万人次，较上年增长12%，实现旅游总收入2902万元，旅游综合收入14.12亿元。（罗 欢 吴永坤）

白云区生态动漫游乐主题公园

【民生和社会事业】2010年，白云区始终坚持以人为本，把保障和改善民生作为发展各项社会事业的重点，着力打造“首善之区”。教育方面：大力推进白云九小教学楼、白云三中田径场、白云区体育健身中心等建设。继续落实“两免一补”政策，经费补助及减免各类经费共计1729.45万元。2010年，全区学前三年幼儿入园（班）率达90.4%，学前一年幼儿入园（班）率达99.2%，小学适龄儿童入学率达99.5%，初中阶段入学率达104.23%以上，三类残疾儿童少年入学率达98.01%，普通高中毛入学率达80.04%。医疗方面：完成贵阳白云医院项目预选址工作。完成大办、艳办社区卫生服务中心建设工作。沙文卫生院创建市级乡镇卫生院工作已通过市级验收。农民参保72021人，参合率达98%。全区5所乡镇卫生院和59个村卫生室实行药品零差率销售。就业方面：完成城乡统筹就业5459人，其中：城镇新增就业3667人，农村劳动力转移1792人。完成城乡统筹培训2097人，其中特别培训863人。完成16个充分就业社区的创建，“零就业家庭”动态保持为零。社会保障方面：完成养老保险扩面2798人，征缴基本养老保险费6141.43万元，失业保险扩面1758人，征缴失业保险费239.13万元，医疗保险扩面2163人，征缴医疗保险费2013万元，工伤保险扩面1398人，征缴工伤保险费140.01万元，生育保险扩面1998人，征缴生育保险费52万元，城镇居民医疗保险参保9754人，新型农村社会养老保险参保13992

人，新农保累计参保人数达23869人。住房方面：房开项目共26个，完成投资9.4亿元，全年共销售商品房4148套。6个廉租房项目全部开工建设，共10.31万平方米，将城镇低收入且人均住房面积低于15平方米并申请租赁补贴的家庭全部纳入保障范围。（罗 欢 吴永坤）

【生态环境保护】 2010年，白云区围绕打造“绿色家园”发展目标，在经济社会发展中更加注重人与自然的和谐，采取切实有效措施推进生态环保事业。继续巩固新农村示范点创建成果，大力抓好以牛场乡平山寨为重点的村庄整治美化，不断改善农村居住环境；完成省级新农村示范点黑石头村1300平方米洗葱池、55千米农村串户路、17口农村户用沼气建设，推广农村能源项目省柴节煤灶122个，开工建设3个养殖场200立方米中型沼气池。大力推进农村饮用十万吨自来水水厂水源实事工程，改造饮水设施12处，受益2292户8774人。开展“绿色社区”创建工作，将艳山红街道办事处中航社区作为市级绿色社区创建，并通过验收。大力推进节能减排工作，规模以上工业企业万元产值综合能耗3.05吨标准煤，下降5%，单位生产总值能耗下降4%，主要污染物排放量降低2%，利用工业固体废弃物50万吨，区域绿色经济发展水平有所提升。严厉打击重污染企业的环境违法行为，加大土地、矿产等资源保护力度，严格实施好天然保护林、石漠化综合治理、退耕还林、封山育林等环境保护工程，完成各项造林4680亩，新增绿地180.6万平方米。依法关停企业6家、责令整改企业6家，对4家企业下达限期治理通知。对贵遵路沿线等13家企业进行重点监察。加强北郊水库水资源保护工作，修建白云区饮用水源保护治理界碑23块、界桩33块。成立白云区环境保护监测站，配备6名专业技术人员，投入46万元配备环境监测设备。（罗 欢 吴永坤）

清镇市

【循环经济生态工业园区建设】 2010年，清镇市以项目建设年活动为抓手，积极推进循环经济生态工业园区建设。一是组建工业园区建设管理机构。成立以分管工业的副市长任指挥长的市工业园区建设指挥部，组建副县级建制的市工业园区建设开发办公室。二是加速推进工业园区基础设施建设。海螺盘江110kV供电专线工程完工通电，塘寨至卫城田坝变、卫城田坝变至站街变220kv输电线路基本完工，塘寨电厂大件运输道路改造已经完成并投入使用，采用BT、BOT等方式，全面启动园区供水、供电及道路等基础设施建设。三是积极推进重大项目建设。投资16亿元的海螺盘江水泥一期等项目相继建成投产；投资42亿元的塘寨电厂一期、投资94亿元的贵州广铝、投资30亿元的山东枣矿清镇配煤基地、投资4亿元的三联乳品等重点项目已开工建设并扎实推进；投资100亿元的中化集团煤化工、投资121.5亿元的中铝氧化铝及铝加工、投资5.5亿元的中天集团300万吨水煤浆、投资6亿元的华能焦化五号炉、投资3亿元的联塑二期等一批重大项目即将开工建设等。（伍华山）

【重大项目建设】 2010年，清镇市采取一系列强有力措施，全力推进重大项目落地建设。一是成立项目协调服务推进工作小组，四大班子主要领导挂帅，对重点项目，打破班子分工和部门职责，实行“领导领办”、“部门代办”、“五个一”(一个项目、一个牵头领导、一个责任单位、一个推进计划、一揽子抓到底)等机制，倒排工期，争分夺秒，限时动工、限时完工。二是把项目落地建设情况纳入单位目标考核、领导干部绩效考核和提拔干部的重要依据，严格实行考核奖惩。市委组织部下发在项目推进中锻炼培养、考察识别、选拔使用干部的规定。通过公推竞岗(选)、公推直选、公招定挂等方式，在重大项目建设中选拔任用56名优秀的“六敢”干部。三是采取“向上要、向外引、银行融、社会挖”的办法，加快融资平台改革，千方百计拓宽投融资渠道，全力突破资金瓶颈。四是对项目建设中存在的问题，实行“开单、签单”制，即“投资者开单、市政府签单，限时办理，超过时限一把手负责”。对进展滞后的项目，实行“三牌”挂牌督办，即“黑牌提醒、黄牌警告、红牌摘帽”。五是全力维护投资者和群众的合法权益，实行警务进工地，妥善处置、严厉打击非法堵工、堵路、乱搭乱建等行为。（伍华山）

规模化奶牛养殖基地

【诚信农民体系建设】 2010年，清镇市以诚信农民体系建设为抓手，聚合政策扶持、资金、项目、技术、市场、劳动力、土地等生产要素，推动农村经济发展、农民增收致富与社会和谐稳定。到2010年底，全市共创建诚信乡镇4个，诚信村179个，诚信组1232个，诚信农户97577户，创建诚信龙头企业20个。全年涉农贷款余额达10.7亿元，比2009年增长36.07%，农民得到贷款支持比2005年多4倍，由于广大农民诚信意识不断增强，全年农村不良贷款率仅为2.3%，比2005年下降4.3个百分点。清镇市诚信农民体系建设引起有关部门和领导的高度重视，《求是》杂志等知名媒体作专门报道，省委、省政府在清镇市召开全省诚信农民建设推进大会，向全省、全国推广清镇市诚信农民体系建设的做法和经验。（伍华山）

【生态农业发展】 2010年，清镇市生态农业稳步推进。一是基础设施建设不断夯实。开工建设18个大中型沼气池和3个乡村清洁工程；完成通村公路125条641公里，硬化村寨串户道路561公里；完成右二水库除险加固、北门大沟提灌站和7个烟水配套工程建设；完成14508户农村危房改造任务等。二是“三化”（农业规模化、标准化、产业化）产业不断壮大。完成5个标准化蔬菜基地、3个生猪标准养殖场建设，动工建设两个2000头奶牛养殖基地和日处理1000吨生鲜奶的乳品加工厂；新建无性系茶园2000亩。完成粮食播面32.71万亩、油菜播面10.81万亩、蔬菜播面22.6万亩、中药材种植6700亩。粮食产量13.61万吨、油菜产量0.56万吨；蔬菜上市27.63万吨，远销港澳台和东南亚地区；出栏肉鸡1421.88万羽，占贵阳市出栏量的80%；生猪16.87万头；奶牛11000头，产鲜奶0.587万吨。三是服务农业发展的能力不断增强。继续实施融资平台、财政贴息、龙头企业、技术培训、诚信教育、依法管理、协调服务、保险业务、体制机制“九个跟进”，为农业发展、农民增收提供有力保障。（伍华山）

【现代服务业发展】 2010年，清镇市全面推进现代服务业发展。一是现代物流业扎实推进。规划15平方公里土地，建设全省最大的物流园区，重点发展汽车、农副产品、建材三大联盟。贵州济辉商用车市场一期建成运行，水晶集团物流及危化品仓储中心项目正在开展前期工作。二是旅游业稳步发展。召开清镇、黔西、织金三县（市）首届旅游产业发展联席会。成功举办2010中国·贵阳避暑季之清镇避暑运动休闲游和百花“激情穿越”乡村文化旅游节等活动，基本建成百花生态园，完成红枫湖仡佬寨乡村旅游精品示范户建设。建成星级、准星级酒店5家。全年共接待游客270万人次，同比增长31%；实现旅游总收入16.85亿元，同比增长37%。三是房地产业健康发展。扎实推进红树东方二期、塞维利亚、洛卡小城等项目建设，开工建设商品房32.78万平方米，竣工18.77万平方米，销售商品房31.42万平方米。四是认真落实家电、汽车、摩托车、建材下乡和以旧换新等政策，继续实施“万村千乡”、“双百”市场工程建设，完成12个农贸市场升级改造，建成万想商贸城并投入运营。（伍华山）

【加强生态环境建设】 2010年，清镇市继续抓好生态环境建设。“两湖”水质由2007年的V类、劣V类，提高到了2010年的Ⅲ类，得到了省、贵阳市的充分肯定。可持续发展工作取得明显成效，获得“国家可持续发展实验区”称号。一是加强“两湖”综合治理。拆除了清镇市国佳矿产资源开发有限公司生产设备，封停了清镇市天筑绿色墙体有限责任公司排污口，依法取缔清镇市红枫塑料包装有限公司等7家企业的排污口；朱家河污水处理厂二期、百花污水处理厂和站街污水处理厂建成投运，东门河治理、城市垃圾卫生填埋场等项目扎实推进；投资2.1亿元的贵州美丰化工有限责任公司生产废水超低排放治理项目，顺利通过省环保厅验收，实现废水排量从每小时1600吨大幅下降到每小时95吨；督促黔桂建材厂等7家企业安装了在线视频监控系统；农村面源污染治理全面推进。二是加强资源保护力度。为规范资源开采行为，采取行政干预，组建清镇市矿产资源管理综合执法大队，开展矿山生态环境保护专项整治，强力促进资源合理开采和就地转化。三是加强生态环境建设。督促贵铝二矿、麦格乡高桥矿山和梨树椏矿山等企业投入资金390多万元，恢复植被1493亩；完成国家退耕还林补植补造8000亩，交通主干道石漠化、采石迹地生态修复工程200亩；完成植树造林120亩；2009年生态石漠化综合治理项目基本完成。（伍华山）

贵州省饮用水源地保护工作座谈会

【全面提升人民群众幸福指数】 2010年，清镇市认真贯彻落实各项惠民政策，人民幸福指数不断提升。全年累计新增就业3633人，养老、失业、工伤、生育保险扩面分别完成4233人、2968人、4913人、5703人；城镇居民、农民的最低生活保障标准分别达2400元/年和1320元/年，实现应保尽保；全市乡（镇、街道）卫生院（站）、村卫生室全面实施国家基本药物零差率销售；新型农村社会养老保险扩面132270人，新农合参合率达96.1%。全市本科综合上线率达82.88%，创近年来的最好成绩；完成3所农村标准化学校续建。拿出10000亩土地，建设职业教育聚集区，到“十二五”期末，将引进入驻职业院校20所以上，在校生规模达到15万人以上。贵州省旅游学校新校区建成并招生；投资3亿元的贵州工商职业学院已开工建设；贵州电力职业技术学院一期扩建工程已经完工，二期扩建工程扎实推进。市一医内科综合楼建成并投入使用；青龙社区卫生服务中心竣工验收。开工建设经济适用住房、廉租住房项目，完成1970户廉租住房户租赁补贴发放及一期经济适用住房申购工作。实施农村“户户通”广播电视工程，完成15857户农户通电视。人口和计划生育工作进一步加强，符合政策生育率95.85%，人口出生率11.44‰，荣获全国计划生育优质服务先进单位称号。（伍华山）

【重点打响“三创一办”三大战役】 2010年以来，清镇市“三创一办”工作重点打好“三大战役”。一是强力整治城区占道经营。共整治经营户8246户，取缔占道经营431户、流动摊贩121户。统一规划安置占道经营户和流动摊点共105户，切实做到“既管城市面子，又管摊贩肚子”。二是强力整治城区道路交通秩序。共安装交通防护栏1320米，划定、新增停车位2196个。查处1563起交通违法行为，暂扣无牌、无证摩托车227辆，车辆乱停乱行和行人横穿马路等行为得到明显遏制。三是强力整治城区及乡镇集镇、“两湖”周边、城郊结合部、公路沿线环境卫生。共投入资金587万元，完善城区环卫设施。清运垃圾1670余吨，查处乱排乱倒500余起。依法查处对东门河造成污染的企业、经营户13家，清除河道垃圾600余吨。通过不懈努力，“整脏治乱改差”工作在贵阳市各区（市、县）中排名第三；“创建国家环保模范城市”工作在贵阳市各区（市、县）中排名第二；市容市貌得到明显改观，市民对“三创一办”的知晓率和满意率都达到90%以上。（伍华山）

【维护社会和谐稳定】 2010年，清镇市紧紧围绕“深入推进社会矛盾化解、社会管理创新、公正廉洁执法”三项重点工作，为破解社会矛盾化解难题，从体制、机制的创新上着手，在全省率先组建首家社会矛盾调处化解中心，得到省、贵阳市的充分肯定。继续以“七重七出”为抓手，深入开展“严打‘两抢一盗’，保卫百姓平安”、“打黑除恶”以及“校园周边治安整治”专项行动，坚持从重、从快、从严打击犯罪分子，成为贵阳市唯一摘除“打黑除恶”重点整治帽子的地区。禁毒工作在打击方面多年来第一次超额完成上级下达的各项任务；建立禁毒工作月通报制度；社区禁毒（康复）工作得到公安部、省公安厅领导的充分肯定；建立无毒村（居）和公安基层所队禁毒工作考核办法，得到省禁毒办的认可。全面落实社会治安综合治理各项措施，不断推进社会治安防控网格化全覆盖，推进11个乡（镇、街道），299个村综治工作中心和综治工作站建设，逐渐形成以综治工作中心（站）为平台的村级治保、调解、帮教、普法、巡逻“五位一体”的大综治格局。认真落实安全生产责任制，全市安全事故起数和死亡人数同比分别下降33.3%和25.9%，在贵阳市各区（市、县）中排名第二，实现事故起数和死亡人数“双下降”的良好态势。（伍华山）

【大力实施“堡垒”工程】 2010年，清镇市认真贯彻落实十七届四中全会精神，提出了大力实施“堡垒工程”，切实把党的基层组织建设成为贯彻落实科学发展观的坚强战斗堡垒。着力推进“十大工程”，即领

开展乡镇党委书记公推直选

导核心工程、民主政治建设工程、发展惠民工程、“创先争优”工程、和谐环境建设工程、村官职业化工程、村财乡管村用工程、便民利民服务、城乡党组织结对帮扶工程、工作运行保障工程，将“十大工程”细化为37个项目，推行党建工作项目负责制，用抓经济工作的力度和方法抓党建工作。将党建工作纳入全市指标考核体系，实行考核扣分制、亮点加分制，重奖重罚，创新党建工作局面。全年通过“公推竞岗”等方式竞争性选拔市管干部的比重达到68.7%，在贵阳市各区（市、县）中位列第一。在组织工作满意度测评四项分值中，全市有三项位列贵阳市第一、一项位列第二。（伍华山）

修文县

【重大工业项目迅速推进】 2010年，修文县委、县政府认真贯彻省委、省政府，市委、市政府一系列重要会议精神实质，把握大局大势，迅速把思想统一到“加速发展、加快转型、推动跨越”主基调和“工业强省”战略上来，建立县领导联系重点项目制度，成立项目建设指挥部，实行“一个项目，一名领导，一抓到底”工作机制，强力推进重大项目建设。首贵新特钢项目完成投资11.51亿元，河道治理、场平基本完成；黔轮胎异地技改项目已完成前期投资1.4亿元，征地工作全面完成；贵酒一期2000吨白酒项目完成投资2.51亿元，已下沙投料，二期4000吨项目已开工；诺亚20万精密铸件项目动工建设。金久水泥年产200万吨熟料水泥、华飞年产20万吨氢氧化铝、鑫益能二期5万吨石油压裂支撑剂等项目建成投产。（暨　甜）

【招商引资实现较大突破】 2010年，修文县坚持把招商引资作为县域经济的重大推动，在招大商、引巨资上实现较大突破。工业上，新引进黔轮胎1280万条全钢子午线轮胎、

贵酒二期建设项目开工

贵州百灵苗药工业园、统一企业贵阳食品生产基地等项目。三产上，新引进中铁十三局达成合作开发苏格兰牧场生态产业城意向，中建集团投资开发县城旧城改造项目；六广河旅游公司阳明古渡、黔秀公司民族体育公园等项目动工建设。全年全县共引进项目13个，引资额12.59亿元，同比增长23.74%。（暨　甜）

【成功协办“贵州省马铃薯文化节”】 2010年5月28日，“全国马铃薯现场会”暨“贵州省马铃薯文化节”在贵阳开幕，修文县为与会代表提供现场参观点。国家部委、省、市有关领导与来自泰国、越南、缅甸、老挝、印尼、菲律宾6个东盟国家的有关官员、马铃薯专家和企业人士，国内马铃薯业界知名专家、有关省区农业部门、科研教学单位、相关 企业和生产组织代表及全省9各市（州、地）政府（行署）有关负责人1200余人到修文县万亩马铃薯高产示范基地参观。省委、省政府有关领导对现场点的准备给予高度评价，表示这是贵州省近年来农业方面最好的现场点。（暨　甜）

【谷堡好一多奶牛基地建成】 2010年，贵州好一多乳业有限公司在修文县谷堡乡红焰村建成存栏5000头规模的标准化奶牛

养殖基地，是目前全省养殖规模最大、科技化水平最高的奶牛集中饲养基地。（暨　甜）

【“一城两区”规划通过评审】 2010年，通过国内公开招标，修文县委托华中科技大学城市规划设计研究院编制《修文县城市总体规划（2010—2020年）》，即“一城两区”规划，目前，该规划已通过市规委审查和省住建厅技术复核。根据省委、省政府要求打造节点城市的战略部署，规划提出将扎佐、久长纳入中心城区进行统一规划，构建“一主两副、一环双轴、点线结合”的城镇体系。全省城镇化推进大会上，修文作为全省88个区县唯一入选县制作展板展示规划建设成果，并作书面经验交流。（暨　甜）

【城市基础设施明显改善】 2010年，修文县投资近6000万元，实施县城综合管网入地及城区主干道“白改黑”工程，除供电线网正逐步推进外，县城区电信、联通、移动、广电线路已全部入地，主干道全部完成柏油化改造，实现县城亮化、净化、美化；完成城区主干道房屋立面整治规划。投资2341万元建成日处理5000吨的县城污水处理厂，基本完成主城区污水管网收集系统，县城生活污水集中处理率达100%。投入1000余万元改造完善县城周边两个场天市场，彻底解决县城场天主干道马路市场问题，城市管理水平和文明程度明显提升。（暨　甜）

修文县县城新貌

【社会事业全面协调进步】 2010年，修文县社会事业全面协调进步。一是省级“双拥”模范县通过验收。全县上下围绕发展抓双拥，抓好双拥促发展，军政、军民“同呼吸、共命运、心连心”，促进双拥工作深入开展和地方经济发展。11月25日，修文通过省双拥工作检查组检查，正式获命名为“全省双拥模范县”。二是修文中学申报省级示范性普通高中通过第一次检查评估。先后投入各方面资金4600万元，完善修文中学教育教学、师生宿舍、户外运动等基础设施。通过创建，学校总体规模、师资结构、教学质量、硬件水平、校园周边环境得到很大改善和提升。7月，修文中学通过省专家组第一次检查评估，达到三类省级示范性普通高中标准。（暨　甜）

【“三创一办”工作扎实推进】 2010年，修文县成立以县“四大班子”主要领导为组长的领导小组，下设综合协调组、督办督查组、问责追究组、“创文”指挥部、“创卫”指挥部、“创模”指挥部及“协办”指挥部，遴选34名干部充实到各指挥部和工作组工作，各乡镇、各部门均成立领导机构，形成县、乡、村（社区）三级联动工作格局。建立义务监督制度，招募义务监督员522名。“创文”、“创卫”、“创模”各项创建工作按要求积极推进。（暨　甜）

【体制机制改革实现突破】 2010年，修文县体制机制改革实现突破。一是完成县政府机构改革。根据上级机构改革精神，按照精简、统一、效能的原则，共撤并机构12个，设置政府工作部门22个，新合并组建机构4个。二是创新干部选拔任用制度。通过公推竞岗和公推直选的方式，选拔5个部门的行

政正职和1个乡镇的党委书记。三是组建投融资平台。组建成立修文县工业投资开发有限责任公司、旅游文化产业投资开发有限责任公司、国有资产投资经营有限责任公司、城市建设投资开发有限责任公司。（暨 甜）

开阳县

【加强基础设施建设】 2010年，开阳县建成麦肖公路（开阳段）、龙岗至棉花渡公路、久长至大花水公路等骨干交通设施，完成开阳至哨上通乡油路改造、永温至两路口公路建设任务和开阳至南龙公路路面维修改造。全面开工建设贵阳至开阳城际铁路、久长至永温货运支线铁路，完成开阳至息烽高速公路建设项目初步设计，开阳港建设项目正在进行规划评审。新建和改造环西路、县城西绕线和环城北路等道路，建成城市主题广场、生态停车场等公益设施，建成龙岗、楠木渡、永温、禾丰等一批各具特色的小城镇。新建乡（镇）水厂3个、农村人饮工程100余处、串寨串户路208千米。实施了8座病险水库除险加固、6处烟水配套工程、中央财政小型农田水利项目和6439口小水池建设，动工建设了云湾水库、鹿角坝水库、老堡河水库，农业有效灌溉面积达到16.3万亩。电力设施进一步完备，增加变电站2座，新增容量6万千伏安，行政村通电率、一户一表率均达100%。（梁红建）

【科技创新】 2010年，开阳县共拥有5个市级工程技术中心和7个专家大院。全年完成重点工业技术创新项目2项，技术改造投资累计37.1亿元，增长20.9%。全县技术进步管理工作获贵阳市人民政府优秀集体奖，台农公司10万吨微生态饲料加工技改项目获贵阳市人民政府优秀技术改造项目（环保项目）三等奖，磷化工全废料自胶磷充填采矿技术获国家科技进步二等奖，开磷集团矿山资源综合利用项目被命名为首批“国家级绿色矿山”；开阳化工公司50万吨合成氨项目被纳入科技部“863计划”，其采用的干煤粉加压气化技术和磷都公司羰基合成、甲酸甲脂水解技术处于世界领先水平。（梁红建）

【生态环境保护】 2010年，开阳县继续实施国家天然林资源保护、石漠化综合治理、巩固退耕还林成果、德援项目等林业生态重点工程，完成石漠化治理12.01平方千米，试点工程人工造林1023亩，封山育林7196亩，补植补造7438亩；完成退耕还林人工造林2000亩，封山育林5000亩；完成主要交通干道石漠化采石迹地生态修复工程，实施小流域治理30平方公里，森林覆盖率达53.15%。进一步加强生态治理，编制完成《突发性地质灾害应急预案》、《地质

环湖新区

开阳县大水工业园区

灾害防治方案》和《矿山环境保护与综合治理方案》。完成上洋水河用沙坝矿区1350冲沟泥石流治理工程、南江乡谷顶架崩塌治理工程、永温乡安大村马场坝滑坡治理工程等。深入推进节能减排，万元产值综合能耗为2.3吨标准煤，下降32%，万元生产总值能耗下降到1.82吨标煤；实施农村清洁能源工程和节能产品的推广工作，全县农户沼气使用率达95%以上，推广节能灯7.1万只，成功将1万余口沼气池作为国内首个农户沼气自愿减排项目在美国芝加哥气候交易所上市，获“国家绿色能源示范县”称号。深入开展“三创一办”、“整脏治乱改差”和“绿丝带”志愿服务等活动，全年共组织志愿服务活动48场次，发放宣传资料5万余份，清理“野广告”800余处；加强对文化市场的集中清理整治，全年共检查各类文化经营户1030户（次），取缔和查处非法文化经营户9户；积极开展生态文明机关（单位）、企（事）业、学校、社区（村寨）创建评选活动，全县59个机关（单位）参加行风评议活动，参与测评2120人，评议满意度均在90%以上。（梁红建）

【工业转型稳步推进】 2010年，开阳县规模以上工业增加值和总产值分别完成20.39亿元、84.6亿元，增长14.2%和15.5%；磷及磷化工产业完成工业总产值74.35亿元，占全县规模以上企业总产值的87.9%；建成开磷集团120万吨磷铵二期工程、紫江水泥公司120万吨磷渣水泥生产线、路发公司10万吨氢钙和10万吨磷酸一铵、永一矿物质公司10万吨氢钙、黔能天和公司尾气发电等项目，新增产值8亿元，拉动工业生产增速10.9个百分点。完成《开阳县“十二五”工业和信息化规划（初稿）》编制工作，编制工业园区控制性详细规划，组建工业园区建设开发管理委员会，投资2.51亿元实施工业园区水、电、路、通讯等13个基础设施项目建设，园区入驻企业8户、总投资126亿元。（梁红建）

【农业转型步伐坚实】 2010年，开阳县种植粮食43.5万亩，烤烟8万亩，蔬菜22万亩，生猪存栏32.56万头，家禽存栏169.74万只，禽蛋产量0.52万吨，新建和完善果树基地建设5500亩，新增无性系茶园建设3000亩，清龙十里画廊现代观光农业基地初见成效。协办召开“中国硒资源开发利用促进会开阳会议”，引进江苏雨润集团、上海唯高集团等大型农产品加工企业入驻。（梁红建）

【旅游转型成效显著】 2010年，开阳县共拥有旅游景区（点）5个、旅游企业12家、星级旅馆5家、乡村旅游服务点500余家，日接待能力20000余人次。全年接待游客206.54万人次，增长45.8%；实现旅游综合收入20.02亿元，增长49.3%。成功举办

“南江大峡谷自然水域国际漂流大赛”、“贵州·开阳南龙贡茶采茶季”、“清龙十里画廊乡村旅游节暨香火岩景区开游仪式”、“清龙十里画廊南江枇杷旅游文化节”等内容丰富、吸引力强的旅游节事活动。（梁红建）

【加快城镇建设】 2010年，开阳县完成固定资产投资8.78亿元，城镇化率达到46.5%。以旧城改造、新区建设和优美乡（镇）打造为切入点，进一步加大投融资力度，完善城市配套功能，城镇化水平不断提高。环西路、县城西绕线建成通车，完成县城生活垃圾填埋场、10个农贸市场升级改造和环城北路至炸药仓库道路改造工程；建成县体育馆、南江广场、环湖新区、城北路LED电子显示屏；动工建设第二中学路口人行天桥、县城西片区污水处理和污水管网改造等一批市政工程；启动顶方水厂、县城供水设施改造工程和环湖新区土地一级开发前期工作。进一步加强重点乡（镇）规划和建设，一批特色小城镇打造初见成效。大力发展房地产业和城镇服务业，建立健全城市专业管理组织机构，不断提升城市管理服务水平，县城和重点小城镇的配套服务功能进一步完善，商贸流通等服务业繁荣发展。（梁红建）

【招商引资工作成效显著】 2010年，开阳县多次组织赴北京、上海、四川、江西、广东、福建等省市开展招商引资工作，并随贵阳市政府组团赴北京、上海开展经贸交流暨旅游推介活动，签订《开阳县工业园区及城市基础设施项目建设框架协议书》、《开阳县环湖新区土地一级整理投资开发合同书》、旅游项目开发战略合作框架协议和精细磷化工、20万吨/年湿法磷酸净化、30万平方米/年微晶玻璃饰板、开阳县清龙十里画廊“布依官寨”国际会议旅游度假中心、生猪屠宰加工等项目投资协议。全年完成招商项目19个，总投资107.17亿元，实际到位资金26.42亿元。（梁红建）

【社会各项事业长足发展】 2010年，开阳县深入实施“十有”民生工程，千方百计解决群众最关心、最直接、最现实的利益问题，统筹推进人口与计划生育、科技创新等社会各项事业协调发展。

实施“学有所教”工程。全年下拨各项专项补助资金，社会各界资助贫困学生3464人（次）72.9万元；完成开阳县职教中心实训厂房和开阳三小综合教学楼建设，开阳一中被评定为省级二类示范性普通高中，开阳县职业技术学校被评为国家级重点中等职业学校。全县小学适龄儿童入学率为99.8%，

云山茶海

初中毛入学率为108.52 %；文理科大专以上录取率为72.91%，提高9.48%，“两基”工作代表省、市顺利通过国家检查验收。

实施“劳有所得”工程。城镇新增就业岗位8193个，实现城乡统筹就业31066人；农村富余劳动力转移5927人，城乡统筹培训总计5549人，城镇登记失业率控制在2.14%以内，保持零就业家庭动态为零。

实施“病有所医”工程。深入开展“医院管理年”、“万名医师下乡支援农村卫生工作”等活动，全面实施新型农村合作医疗大病二次补偿850余人次，共计补偿资金450余万元；新农合大病救助300余人，发放救助金300余万元；新型农村合作医疗参合率达97.45%。城镇职工基本医疗保险参保率达90%，惠民医疗政策、医疗救助制度100%覆盖城乡困难群众。

实施“老有所养”工程。完成县中心敬老院附属设施工程、龙岗镇敬老院、永温乡安大村敬老院的新建和改扩建工程，完成城镇养老保险扩面人数1332人，完成失业保险扩面人数840人；新型农村社会养老保险累计参保144230人，参保率达87%。城镇职工基本养老、失业、工伤、生育保险覆盖面不断扩大，“五保”供养列入县财政预算。

实施“住有所居”工程。全年完成8万平方米经济适用住房建设、1489户廉租房租赁补贴及120户廉租住房实物配租，完成农村危房改造，城镇居民、农村居民人均住房面积分别达37.88平方米和38.26平方米。

实施“居有所安”工程。深入开展“严打‘两抢一盗’”、“打黑除恶”等专项行动，“无毒县”创建通过省市初检，新建社区和农村警务工作室16个、出城口卡6个、县城治安岗亭8个，社会治安保持良好，群众安全感满意率达到94.5%，连续三年居贵阳市之首。

实施“困有所助”工程。大力实施南江乡“集团帮扶、整乡推进”产业化科技扶贫项目、13 个贫困村整村改造等财政扶贫项目。全年完成城镇居民低保户保障32465人次，发放城低保金447万元；全年共保障农村低保15500人，发放农村低保金832万元，发放春节慰问金55万元，城乡低保实现应保尽保。

实施“幼有所爱”工程。深入开展“手拉手”结对帮扶，广泛实施“春蕾计划”、“西部开发助学工程”，积极帮助贫困儿童学习生活。全县3——6周岁幼儿入园率达86.6%，6——14周岁残疾儿童、残疾少年入学率达82.73 %，开阳县示范幼儿园创建为省级一类幼儿园。

实施“境有所美”工程。大力开展“美化、绿化、亮化、净化”工作，以新农村示范点和清龙十里画廊沿线为重点，大力加强景观绿化、公路绿化、庭院绿化和经济林建设，城区绿化覆盖率达40.12%。加大违法违章建筑拆除力度，拆除县城违法建筑14745平方米。

实施“需有所应”工程。建成投用政务服务中心，开通“百姓——书记县长交流台”，对涉及重大公共利益的县城供排水价格调整开展听证，群众对政府窗口服务的满意度达90%。（梁红建）

息烽县

【纵深推进生态文明县建设】 2010年1月，中共息烽县委十一届七次全会作出《关于巩固提升建设经济强县地位、纵深推进生态文明县建设的实施意见》，提出今后两年生态文明县建设的努力方向和目标：以建设生态文明县为统领，以“建强升位”为抓手，突出加快基础设施建设，努力提高城镇化水平；加强生态建设和环境保护，大力推进产业生态化和特色优势产业发展；切实保障和改善民生，不断提高县域经济综合竞争力和人民群众幸福指数；狠抓干部队伍执行力建设，全面完成“十一五”规划主要目标，启动实施“十二五”规划，确保2010年

息烽开磷城奠基

中期评估挤进全省前20位，力争2011年在中期评估排位基础上前移2-3位。（袁 晔）

【抓好工业园区建设】2010年，息烽县坚定不移地实施工业强县战略，狠抓工业园区建设。一是加快园区基础设施建设，贯通麻柳庄至大干沟公路，启动息烽至金沙乌江大桥项目、高家坝至梯子岩公路项目，总投资1205万元的小寨坝2000吨和3000吨污水处理厂运行正常。二是扎实做好园区拆迁安置工作，合理解决拆迁群众民生问题。三是加快工业项目建设，完成10亿块新型磷石膏砖生产线技术改造、息烽开磷60万吨二期合成氨技术改造、中化开磷低温余热回收、贵州开磷集团2×5万吨高纯度磷酸技术改造等续建项目，总投资20.3亿元的息烽循环经济磷煤精细化工工业园一期项目于2010年12月16日开工建设。（袁 晔）

【推进城镇化建设】2010年，息烽县坚持以经营城镇为切入点，加快县乡行政中心和城镇市政设施建设，加快城乡基础设施建设，改善城乡环境面貌，全力推进城乡一体化进程。结合“十二五”规划的编制，委托深圳市清华苑建筑设计有限公司对县城规划进行新一轮修编。完成原贵遵路（县城）至息烽集中营段的加宽设计和扎南高速息烽匝道至息烽县城的初步线型方案，启动永靖、小寨坝、温泉、九庄、西山等乡镇规划编制，初步实现规划建设管理向村镇延伸。县城“南移西扩”战略取得突破，总投资5939万元的虎城大道中段道路建成通车，息烽大道中段建设顺利完成，县城客运站、虎城大厦建成并投入使用，中街片区、工会地块旧城改造成效明显。小城镇建设步伐加快，集中实施温泉、小寨坝、阳朗片区等一批村镇建设项目。城镇基础设施建设进一步加快，总投资1000万元的火车站广场和总投资1500万元的火车站排洪大沟及农贸市场排水沟投入使用，完成总投资400万元的县城综合管网入地工程和总投资700万元的一品城步行街道路建设，城市承载能力进一步提升，城镇化率达40.4%。（袁 晔）

【创新基层党组织建设】2010年，息烽县继续以“1234”工程为载体，探索和创新农村基层党建工作新机制。2月25日，人民网·中国共产党新闻网就“创新载体抓党建 强县升位促发展”这一主题为息烽制作经验交流网页；6月29日，由省委组织部、省委政研室主办，省科学决策学会、息烽县委、县人民政府承办的贵州省“党建创新促科学发展”高端论坛在息烽温泉会议中心举行，对息烽县开展农村基层党组织建设“1234”工程的有益探索和实践进行交流推广；11月3日，中央创先争优活动领导小组办公室第490期简报刊发《贵州省息烽县实施“1234”工程全面推进创先争优活动》文章；12月，在贵州省、市（州、地）党政领导班子和领导干部群众满意度民意调查中，息烽县名列全省第四、全市第一。（袁 晔）

【扎实推进党务公开】2010年，息烽县按照党务公开工作“一年抓试点、两年打基础、三年促规范”的工作要求，在全县各级党组织中积极探索、稳妥推进党务公开工作。全县共投入500余万元搭建公开载体，形成以传统和现代多种形式并存的公开载体特色。各乡(镇)、村把涉农惠农的有关情况、农低保情况等纳入党务公开范畴，杜绝村干部优亲厚友等违纪违规行为，干群关系得到根本改善。全县通过党务公开共接受群众咨询1178人次，化解矛盾纠纷328起，为群众办好事实事120余件，涉及资金9000余万元，惠及群众20余万人次。息烽县党务公开试点工作，探索党务公开“四化模式”（载体多元化、运行规范化、活动生动化、公开个性化）,实现党员群众“点题公开”,打造“阳光党务”的成功经验，得到省、市委的充分肯定。12月，息烽县被中组部、中纪委列为贵州省县委权力公开透明运行的两个试点县之一。（袁 晔）

【生态环境建设】 2010年，息烽县进一步加快生态环境建设。一是把集体林权制度改革作为搞好林业生产、确保农民得实惠的关键环节来抓，大力发展生态林和经济林，并建立县林权流转中心； 二是加快林业生态建设，在西山乡团园山、鹿窝乡田坝、流长乡长勇、龙泉等村实施“德援项目”试点10000余亩，完成“二环”林带管护13597亩，并于3月27日举办“义务植树为家乡添绿，文明行为为城市增光——‘三创一办，人人参与’绿丝带志愿者宣誓暨2010年大型公益植树活动”，参加人数达1200人；三是实施石漠化综合治理试点工程，完成石漠化综合治理18892亩。全县森林覆盖率达到45.82%，获得全国“集体林权制度改革典型县”、“贵州省绿化模范县（市）”等表彰，石漠化综合治理工程被省发改委推荐为国家石漠化综合治理典型县参加评选。（袁 晔）

高新开发区

【概述】2010年，贵阳国家高新技术开发区认真践行科学发展观，积极加快“四基

振华新材料新能源产业基地奠基

地、五中心”（四基地：新材料新能源基地、装备制造业基地、生物医药基地、电子信息产业基地；五中心：科技商务中心、技术研发中心、创新孵化中心、信息软件中心、资本运营中心）建设，大力推进“四加二” 工程（十大产业发展项目、十大重点招商项目、十大基础设施建设项目、十大创新孵化项目建设，积极推进扩区申报和综合保税区工作），深入开展 “下基层进工地入企业，加快推进跨越式发展”等专题活动，经济发展保持快速增长的良好势头。规模以上工业总产值完成66.5亿元，比上年增长21.39%。全社会固定资产投资完成20.8亿元，同比增长75%。财政总收入完成3.3亿元，同比增长59.84%，地方财政收入完成1.5亿元，同比增长73.45%。全年新引进留学生创业企业5家，新增大学生创业企业41家，完成市外境内实际到位资金12.7亿元，境外实际到位资金1817万美元。创业服务中心成为省级“科技人才培育和高新技术成果转化基地”和留学归国人才创业园成为市级“高新技术产业人才基地”；大学生创业园被科技部授予 “大学生科技创业见习基地”称号。（朱文璨）

【招商引资】 2010年，贵阳国家高新技术开发区围绕“四基地”建设，采取“走出去”、“请进来”的方式，大力引进战略

性新兴产业。全年赴长三角、珠三角等地招商30余次，协议引进资金60亿元，实际引进资金56亿元，成功引进中电振华新材料新能源基地、南车集团新产业基地、贵州科学院高技术示范基地、翔明薄膜太阳能电池、省交勘院总部研发基地、长通电器电线电缆生产线、家有购物等一批重大项目；储备上海新生源生物医药、北大方正国际软件、波司登、江苏莱顿等20余个战略性新兴产业项目。积极引进伟创力等世界500强企业。制定公布了《高新区招商引资项目服务流程图》，实施项目全程代理，将“一站式”服务各项措施落到实处。帮助企业落实政策，开拓市场，促成项目签约落地。（朱文璨）

【园区建设】2010年，贵阳国家高新技术开发区以“四加二”工程为抓手，多措并举，在金阳科技产业园大力实施“腾龙换鸟”工程。对园区7宗“占而不用、圈而不建、投资强度不够或无投资能力的项目”的闲置土地进行集中清理，成功引进神奇制药、朗玛科技、贵阳工业投资控股公司、省交勘院等一批知名企业，以LED蓝宝石衬底材料、贵阳朗玛信息软件园、新型平板式PECVD设备研发基地、西部（贵阳）高新技术产业研发生产基地为代表的一批重点项目开工建设，重点支持中航发动机、成智重工、高峰石油等骨干企业实施技改提升。坚持高起点规划，高标准建设，全力打造沙文生态科技产业园新材料新能源、先进制造业、电子信息产业和生物产业四基地，完成基本建设投资总计11亿元，进一步完善园区功能定位。（朱文璨）

【创新孵化能力】 2010年，贵阳高新技术开发区新增中小企业163家，注册资金19.18亿元，其中科技型中小企业68家，在孵企业总计达386家。园区软件与信息服务业总产值预计达10亿元。以贵阳朗玛信息技术有限公司、贵阳世纪恒通科技有限公司、贵州黔驰电力信息技术有限公司等为代表的软件与信息服务企业实力不断增强。（朱文璨）

【投融资平台建设】 2010年，贵阳国家高新技术开发区成立投融资工作办公室，聘请专业咨询机构启动制定高科控股集团发展规划，推进集团公司经营战略、内部管控、人力资源等方面的规范化运作。联合白云区政府出台了《贵阳国家高新区沙文生态科技产业园储备土地一级开发工作方案》、《贵阳国家高新区沙文生态科技产业园储备土地一级开发管理暂行办法》、《贵阳国家高新区沙文生态科技产业园土地储备资金财务管理暂行办法》。编制了《贵阳高新区“十二五”投融资专项规划》，增强投融资工作的全局性、前瞻性和科学性。积极与国家开发银行贵州省分行、贵阳市商业银行等金融机构开展金融合作，获得项目建设贷款11.5亿元，基本落实土地储备贷款5亿元。引进中国太平洋建设集团参与沙文生态科技产业园投资建设，积极争取财政部对国家级高新区的基础设施贷款贴息，获得贴息资金近1000万元。（朱文璨）

【决策服务水平】 2010年，贵阳高新技术开发区完成《贵阳国家高新区建设生态科技新城的战略定位研究》、《贵阳国家高新区金阳科技产业园发展高端服务业的战略研究》等一批重大课题研究。论文《走绿色发展之路，建生态科技新城——贵阳高新区转变发展方式的路径选择》获2010年国家高新区发展战略研讨会暨国家高新区(贵阳)创新发展高层论坛一等奖，研究成果得到与会领导及各兄弟高新区的充分肯定。《贵阳高新技术产业开发区条例》已获第十二届市人大常委会第26次会议审议通过。（朱文璨）

【干部队伍建设】 2010年，贵阳高新技术开发区以“一名党员一面旗、我为新城添光彩”为载体，积极开展“争当五强党员，创建五型机关”活动，认真谋划和推动创先争优活动。成立了“三创一办”工作领导小组，扎实开展“三创一办”工作。深化干部人事制度改革，加大公开选拔工作力度，提高选人用人公信度，干部队伍不断优化。全面落实干部培训计划，在全区干部职工中大力开展“实战式”专题培训，先后邀请中组部培训处处长郭驰、清华大学经济管理学院魏杰教授等领导专家开展讲座，培训干部达300余人次。全面落实党风廉政建设责任制，加强党风廉政建设和廉政建设；抓好工程建设领域专项治理工作，出台了《贵阳国家高新区工程建设项目招标投标管理制度》、《贵阳国家高新区政府投资项目管理制度》以及《贵阳国家高新区政府投资项目审计监督管理规定》等制度；深入开展治理小金库专项工作；压缩行政办公经费，改进机关作风，强化监察问责，效能建设成效显著。综合发挥监察、审计等作用，加强保廉工作，惩防体系进一步健全。（朱文璨）

金阳新区

【概况】 金阳新区位于贵阳市西北部，从2001年10月正式开发建设。目前，全区总面积达到198平方千米，总人口突破22万，下辖金阳街道办事处、金华镇和朱昌镇，碧海、世纪城社区服务中心。新区属亚热带湿润温和型气候，平均海拔1200米，年平均温度15℃，年平均降雨量1200毫米，天气环境质量保持国家二级标准，声环境质量达一类标准。境内有贵遵、贵黄高等级公路及321、210国道，通过贵阳环城高速公路与六城区和清镇市相连，从中新环北线、黔灵山路、北京西路进入老城区正常车程不超过10分钟，已经动工建设的贵广、沪昆、成贵、长昆、渝黔快速铁路在此汇集，贵阳城市快速铁路、城市轻轨等从金阳始发，贵阳客运站整体搬迁金阳，交通枢纽的优势正在凸显。（吴 鹏）

【主要经济指标完成情况】 2010年，金阳新区投资增速保持高位态势，金阳新区全社会固定资产投资全年完成166.7亿，同比增长44.7%。财政总收入完成24.78亿元，同比增长103.06%；地方财政收入完成20.04亿元，同比增长127.86%。招商引资市外到位资金52亿元，占全年目标50亿元的104%，同比增长30%；实际利用外资1553万美元，占全年目标1553万美元的100%，同比增长15%。（吴 鹏）

【现代服务业发展】 2010年，金阳新区始终坚持“三产立区”的理念，把招商引资作为新区经济发展的生命线，“永业田”构架规模显现。盘江煤电工程技术中心、开磷集团工程技术中心、贵阳城市轨道交通有限公司

总部等20多家总部企业入驻。投资超过300亿元、开发面积达15平方公里的中国·贵阳西南国际商贸物流城正式启动。投资达150亿元、规模为2平方公里的贵阳国际金融中心项目完成规划和项目建设手续办理等工作，贵州证监、保监局以及华夏证券等12家金融机构已签订入驻协议。北京华联超市、永辉超市、苏宁电器、国美电器、美的家电、沃美电影城等正式营业；国贸广场、金贵珠宝城、居然之家大型家居卖场签约入驻，将于明年正式营业。

金阳新区个体工商户从2008年的531户增加到2010年的4326户，企业从2008年的600余户增加到2010年的1407户，2010年现代服务业税收相比2009年增长了8倍，产业结构日趋合理。房地产业税收占财政税收的比重已从2008年的91.4%下降到2010年的72%左右，同时新区的商业税收同比增长8.8倍，在财政收入比重中增长3个百分点。（吴　鹏）

【重点项目建设】2010年，总投资约5亿元的“贵阳奥林匹克体育中心”主体育场主体建筑已完工。作为第九届全国少数民族传统体育运动会开、闭幕式主会场的贵阳奥林匹克体育中心是省内规模最大，功能最齐全的大型综合体育场馆，包括1个6万座的体育场，1个8000座的体育馆，1个3000座的游泳跳水馆，1个17片网球场的网球中心，以及训练中心和管理中心。

2010年12月，金阳新区美的地产、大唐电力在内的16家企业，20个招商引资重大项目集中开业建设，总投资181亿元，用地面积1902亩，建设规模369.5万平方米，包括7个总部大楼、7家星级酒店（6家五星级酒店，1家四星级酒店）、6个商业地产项目。这次集中开工，标志着新区打造产业集群、优化产业结构迈出重要步伐。（吴　鹏）

【基础设施建设】 交通基础设施建设。甲秀北路项目完成征地拆迁205户、面积51144.73平方米。北二环项目已征地721.0104亩，拆迁147户，面积49309.52平方米。金工路（金阳段）累计完成工程建安投资1050万元。金工立交桥累计完成工程建安投资19800万元，全力做好城市轻轨一号线、会展中心车站等项目的征地拆迁协调服务工作，完成轻轨营运中心90亩征地。金阳至清镇城市干道已开工建设。金阳新客站正式运营，有270余条客运班线、1800余辆客车进站经营，日发送旅客最高可达10万人次。

农村基础设施建设。加大金阳街道办事处、朱昌镇及金华镇农村基础设施建设力度，投入资金300万元，完成串户路建设100公里，超额完成建设50公里串户路目标；完成机耕道建设60公里、农灌沟渠建设60公

金阳新区全景

里；开工建设水利工程20个，完成投资182.4万元；完成人畜饮水安全工程建设4处，投资258.31万元，解决农村饮水困难4502人。解决金华镇6212人农村饮水安全。

信息基础设施建设。村通广播电视入户1447户；完成10个村级广播站建设。（吴　鹏）

【环境建设】 原观山公园更名为观山湖公园，占地面积4800亩，是一个集观赏游览、文化娱乐、康体健身、科普教育等综合功能为一体的原生态湿地公园。2010年12月31日，正式免费向市民开放。

金阳污水处理厂已安装在线监测系统并于2010年4月14日正式通过省市环保部门验收。关停泰宇水泥有限责任公司、野鸭水泥厂，彻底解决该污染源排放超标问题。完成污水净化处理设施工程试点，启动农村生活污水湿地复合生态处理等项目建设，有效降低农村生活、生产对饮用水源的污染。加强“两湖一库”保护工作力度，严厉打击属地范围内非法排污、非法捕捞、违法违章建筑、破坏森林资源、非法取水用水等行为。全年累计现场检查饮用水源保护区52次，并责令其中7家违法企业立即停工，有效确保了饮用水源安全。新区全年共新增绿地面积11.3万平方米，打造新区四季有景，彩景交融的景观风貌。（吴　鹏）

【文化建设】 首届中国拳击公开赛。2010年4月4日，由国家体育总局和贵州省政府联合主办的首届中国拳击公开赛于贵阳市金阳体育馆开幕，中国拳击公开赛是国际拳联在亚洲地区唯一的顶级赛事比赛，本次大赛历时6天，全部11个级别的冠军于4月10日产生。

“魅力金阳——中铁·逸都国际杯”第二届公路自行车大赛。2010年8月21日，“魅力金阳——中铁·逸都国际杯”第二届公路自行车大赛在金阳新区顺利举行。活动当天，来自全省9个地州市的近300自行车选手参与比赛，沿途观众近7万人。

2010“缘聚金阳·欢乐社区”中秋之夜激光焰火表演晚会。2010年9月22日晚8时，2010“缘聚金阳·欢乐社区”中秋之夜激光焰火表演在金阳新区观山湖公园举行。当晚，共5万多发礼花绽放夜空，近10万名市民前往金阳观看焰火表演。（吴　鹏）

【“六有民生”行动计划】 实施“学有所教”行动计划。建成金华园中、小学等9所学校并投入使用。共计投入595013.8元用于中小学校建设，为15732名公办和民办中小学学生提供免费教科书。

实施“劳有所得”行动计划。2010年，城镇新增就业人员708人。全年累计培训1035人。严格实行农民最低生活保障制度，确保标准不低于1500元。

实施“病有所医”行动计划。金阳街道卫生院、金华镇卫生院、朱昌镇卫生院及全区33个村卫生室均实行了药品零差率销售。巩固完善农村新农合制度，2010年我区实际参合人数为65631人，参合率达98.25%；建成金阳社区卫生服务中心。大力开展惠民医疗服务，全面落实惠民医疗政策，进一步推进和完善双向转诊制度，卫生进社区覆盖率达83%。

实施“老有所养”行动计划。2010年我区农业总人口66801人，参合人数65631人，参合率98.25%。城镇居民医保参保工作率先启动，参保人数为8321人，完成目标任务的482 %。新农保工作全面推进，参保人数为46300人，完成目标任务的93%。

实施“住有所居”行动计划。2010年完成安置房建设2000余套；高新区廉租房（一期）项目主体及内外装修已全部完成，第六砂轮厂廉租住房项目已正式动工建设。

实施“居有所安”行动计划。继续深入开展“严打‘两抢一盗’，全年共破获“两抢一盗”案件404起。打击处理吸毒人员20人，缴获毒品130克；共计发放宣传资料15000余份，有效扩大禁毒宣传覆盖面。（吴　鹏）

文献选编

WEN XIAN XUAN BIAN

贵阳市低碳发展行动计划（纲要）

（2010—2020年）

一、贵阳市实践低碳发展的战略意义

1.机会、挑战与形势

低碳发展是在可持续发展理念指导下，通过制度和技术创新、产业升级与结构调整、新能源开发、引导消费模式转变等多种手段，减少煤炭、石油等高碳矿物能源消耗和温室气体排放，应对全球气候变化，改善民生，实现人类发展目标， 致力于经济社会发展与生态环境保护双赢的一种新型发展理念与发展模式。

在全世界应对气候变化、克服金融危机、寻找新的发展动力的背景下，低碳发展正在成为一个不可逆转的全球趋势。中国作为一个正在崛起的发展中大国，其低碳发展是深入贯彻落实科学发展观的重要内容和实现全面协调可持续发展的重要举措，是实现经济增长方式转变，建设资源节约型、环境友好型社会和社会主义和谐社会建设的一项重要工作。2009年11月26日，中国政府承诺：“到2020年全国单位国内生产总值二氧化碳排放比2005年下降40~45%，并将其作为约束性指标纳入‘十二五’及其后的国民经济和社会发展中长期规划，制定相应的国内统计、监测、考核办法加以落实”。2020年碳排放强度目标的提出，为中国促进低碳发展和深化节能减排工作指明了方向、提供了契机。

贵阳市作为一个正处于跨越式加速发展阶段的西部城市，现阶段的发展仍然以工业化和城市化为主要进程，能源资源禀赋以煤为主，技术体系特征表现为在制造技术取得长足进步的同时，设计技术与研发能力依然薄弱，建设生态文明的公众意识及城市能力还亟需加强。这些低碳发展的挑战都决定了贵阳必定要寻求一条具有贵阳特色的低碳发展之路。从城市入手探索低碳经济的发展模式、落实低碳产业政策、摸索低碳经济的发展经验成为当前中国推进低碳发展的一条重要途径。

近年来，贵阳市广大干部和群众全面贯彻落实科学发展观，准确把握特色定位，发挥独有比较优势，以建设生态文明引领生态文明城市创建工作，取得了令人瞩目的成效：基础设施建设大大提速，生态环境保护和治理成效显著，社会事业全面进步，市民素质和城市环境面貌明显改善，经济社会发展呈现和谐协调发展的良好势头。

但是，由富含磷、铝等自然资源禀赋和国内、国际产业分工格局所决定，贵阳经济将长期承担为国内外市场提供磷、铝等高耗能产品的产业分工职能，这就决定了在人口规模相对稳定的情况下，贵阳经济在能耗和温室气体排放人均水平上将长期处于高位，甚至在近期还会有所提高的态势。此外，贵阳仍然处于工业化中期阶段，经济总量偏小，经济发展严重依赖于不可再生资源，在经济社会不断发展的同时，明显伴随着能源、原材料等物质消耗和生活垃圾、城市废水、废气等排放物的总量增长。而且，制约贵阳市经济、社会、环境协调发展的一些长期性和深层次问题依然存在。因此，在全面建设小康社会的进程中，如何积极地去寻求新的发展模式，防止经济增长与资源投入、污染排放的同步翻番，提高经济效益和提升城市整体竞争力，实现跨越式可持续发展，是摆在贵阳面前急需解决的重大现实问题，更是一个长期的发展战略问题。贵阳市将建设生态文明城市作为应对挑战的关键之举和战略选择，并将低碳发展作为生态文明城市建设过程中的核心内容和重要抓手。

2.贵阳市实践低碳发展的战略意义

实践低碳发展，对贵阳市开展生态文明建设、转变增长方式、调整经济结构、实现跨越式发展，具有重要的战略意义。

2.1 低碳发展是落实科学发展观和建设生态文明的重要途径

低碳发展，符合科学发展观的基本精神，能够促进贵阳市加快转变经济发展方式、优化经济结构、提高能源资源利用效率，实现集约发展、清洁发展、安全发展和可持续发展，是贵阳市落实科学发展观和建设生态文明的重要途径。

2.2 低碳发展是实现跨越式可持续发展的重要契机

跨越式发展是在一定的历史条件下，后来者直接跨越先行者走过的某个发展阶段的发展历程。贵阳除了具有磷、铝等不可再生资源优势之外，还具有独特的生态优势、气候优势、区位优势和文化优势。低碳发展正是贵阳立足于自身最大的比较优势，实现跨越式可持续发展的有效途径。低碳发展有助于贵阳提高能源利用效率、减少能源消耗、延长产业链、增加附加值、及时调整产业结构，逐步摆脱资源、能源、环境等对发展带来的约束，实现经济增长方式的转变和经济结构的优化调整，建立起现代化的低碳产业体系和可持续的城市发展模式。低碳发展将给贵阳市社会经济发展带来新的机遇，注入新的活力和动力。

2.3 低碳发展是协同增效的重要举措

低碳发展会带来协同增效的“多赢”结果，低碳发展在减少温室气体排放的同时，还将改善本地的环境质量，保障能源安全，开拓新的发展空间。低碳发展不仅将有利于贵阳市实现节能减排目标，提高应对气候变化的能力，还将促进资源利用效率的提高，提高经济效益、减少废物排放和局地环境污染、改善局地环境质量。更为重要的是低碳发展可以培育新的经济增长点，创造可持续的经济发展模式，从而促进贵阳市的生态化转型，提升城市层次和综合竞争力，塑造城市品牌，为全面小康社会的建立提供切实可行的途径。

3.贵阳市实现低碳发展的可行性

3.1贵阳市能源相关的二氧化碳排放现状及趋势

2009年贵阳市与能源相关的二氧化碳排放量为2,704万吨（考虑外调电对应排放的情况下为3,413万吨，以下描述均不考虑外调电对应排放的情况）。单位GDP的二氧化碳排放强度为3.02吨/万元，相当于全国2007年水平的1.22倍。人均二氧化碳排放量为6.82吨CO_2/人，相当于全国2007年水平的1.41倍。

从燃料构成看，贵阳市2009年与能源相关的二氧化碳排放中，由燃煤（包含原煤、洗精煤和焦炭等）带来的排放为2,170万吨，占总排放的80.2%；燃油和燃气（包括汽油、煤油、柴油、液化石油气等）带来的排放为534万吨，占总排放的19.8%。可见燃煤仍然在贵阳与能源相关的二氧化碳排放中占据主导地位。

从部门构成看，贵阳市2009年与能源相关的二氧化碳排放中，电力部门的排放为481万吨，占总排放的17.8%；供热部门的排放为231万吨，占总排放的8.6%；农业部门（第一产业）的排放为89万吨，占3.3%；工业部门（包括建筑业）的排放为1411万吨，占52.2%；交通部门排放为318万吨，占总排放的11.8%；建筑部门的排放（指建筑运行过程中由于满足供热、制冷、照明、炊事、电器等服务所引致的排放）为174万吨，占总排放的6.4%。与全国平均水平和其他省市情况相比，贵阳市电力部门的排放在总排放中所占的比例相对较低，这是由于贵阳市2009年有52%的电力消耗依赖于外调电，同时贵阳本地发电量中53.5%的发电量为水力发电。工业是贵阳CO_2排放的主要来源部门，在工业内部，有色金属冶炼及压延加工业、化学原料及化学制品制造业、非金属矿物制品业和黑色金属冶炼及压延加工业四个行业是主要的排放大户，合计占工业排放的80%以上。

从长远看，贵阳目前仍处于工业化过程中的重化工阶段。随着经济发展和人们生活水平的提高，贵阳市CO_2总排放量和人均排放仍将面临持续增长的压力。工业在中短期内仍将是贵阳市CO_2排放的主要来源，但是随着经济发展，预计交通部门和建筑部门的排放在总排放中的比重将快速上升。

3.2 贵阳市实现低碳发展的有利条件

（1）具备较大的增量升级和结构调整潜力

低碳发展意味着产业结构调整和大量基础设施及技术设备的升级换代，意味着巨大的重置成本。贵阳市当前的产业发展尚处于上升阶段，相对于东部发达地区，贵阳市具有更大的增量调整的空间和技术选择余地，这也意味着在低碳发展过程中将面临着较小的重置成本。这为贵阳快速完成产业升级、实现跨越式发展提供了机会，使得贵阳市能同发达地区站在同一起跑线上，重新进行以低碳发展为指向的产业结构设计和优化，并借助后发优势提升产业水平和城市竞争力。

（2）具有一定的产业能效改善基础和巨大的基于结构调整的控排潜力

贵阳市近年来通过建设生态文明城市，在节能减排、循环经济以及清洁生产等工作中已取得了一定成效，形成了特有的产业优势，开发了一大批先进适用技术，如磷煤化工废气综合利用、黄磷尾气制甲酸、回收合成氨尾气生产公交车用LNG、利用磷石膏生产建筑砌块项目等。一些先进技术仍在开发中，部分技术在国内已处于领先地位，并逐渐在贵阳市的产业发展中占据重要地位，为贵阳市实现低碳发展提供了一定的产业基础和技术依托。同时，旅游业等三次产业近年来的迅速发展形成了经济结构调整的良好势头并展现了巨大的基于结构调整的控排潜力。

（3）拥有独特的自然生态和生物多样性优势

贵阳市独有的生态优势可以转化为经济发展优势。贵阳市独有的旅游和气候资源优势，有助于打造旅游业、特色房地产业、休闲度假产业，实现产业结构沿低碳方向的调整。

（4）有丰富的森林资源

贵阳市素有“森林之城”的美誉，全市森林覆盖率居全国前列。丰富的森林资源，除了作为碳汇发挥巨大的生态功能之外，还能为贵阳旅游城市品牌的竖立起画龙点睛的作用。在国家发展碳汇造林、逐步建立和完善生态补偿机制的趋势下，从林业发展中获取经济效益和气候、环境效益等方面，贵阳具有广阔的前景。贵阳市应当充分看到这一契机，尽可能地将生态优势转化成为经济优势。

3.3贵阳市实现低碳发展的障碍

（1）经济总量偏小，工业结构调整难度大

贵阳市经济总量偏小，在经济发展上与全国其他先进城市相比还有较大差距。同时，贵阳市工业结构调整存在一定困难，主要原因有两个方面：首先，贵阳市工业发展严重依赖不可再生资源，资源利用方式较为粗放，利用效率较低，产业链较短，单位GDP能耗强度较高，产业升级有一定难度。其次，由于缺乏资金、技术和专业人才，高新技术在相关产业中的应用也受到了制约。

（2）正处于工业化中期阶段与城市化加速发展阶段，未来面临着巨大的能源需求和排放增长的压力

贵阳市正处于工业化中期阶段，有色金属冶炼及压延加工业、化工原料及化学制品制造业、非金属矿物制造业、黑色金属冶炼及压延加工业、电力煤气及水生产供应业等均是贵阳的主要产业部门和耗能大户。作为西部城市，贵阳在可预期的将来仍面临着提升经济发展水平和人民生活水平的巨大发展需求，很难逾越高能耗和高排放的重化工业发展阶段。

贵阳的城市化率已逾60%，且呈加速发展态势，城镇功能的配套成为下一步发展所面临的重点任务，城市基础设施建设需要加速，相关能源和排放需求巨大。

随着居民生活水平的提高，居民用电、交通出行、燃气、取暖等生活能源需求将迅速增长，这将进一步加大减排压力。

（3）能源结构单一，调整潜力有限

贵阳市是以煤为主的单一能源消费结构。2009年贵阳综合能源消费量约为1600万吨标准煤，其中燃煤消耗占总能源消耗的65%以上。贵阳水能资源可开发潜力有限，风能、太阳能等可再生资源相对贫乏，同时又缺少稳定的天然气供给来源，因而以煤为主的能源结构在短期内很难改变。

二、贵阳市低碳发展的战略思想、指导原则和总体思路

1.战略思想

贵阳市低碳发展的总体战略思想是：进一步深化落实科学发展观，通过把握适度的经济增长率，追求经济增长给民生改善、人类发展水平的提高和生态环境质量的改善带来实惠；探索出一条高效、智慧、环境友好的发展道路。以落实党中央、国务院新一轮西部大开发战略部署及从东部地区向西部地区的产业转移浪潮为历史契机，将低碳发展作为贵阳市生态文明城市建设的有机组成部分和新的推动力量，充分发挥贵阳的比较优势，加速结构调整和技术进步，开拓贵阳跨越式发展的新途径，为贵阳的可持续发展提供新的、持久的动力，从而全面提升贵阳市的未来综合竞争力和影响力，开创贵阳改革开放和现代化建设的新局面。

（1）着眼于社会经济又好又快的发展，将贵阳市的可持续快速发展作为第一要务和解决温室气体排放问题的根本出路，以科学高效的社会经济发展形成解决能源资源环境问题的必备物质基础和社会机制，在实现发展目标的同时，控制温室气体排放增长，实现减缓气候变化与促进人类发展的双赢。

（2）促进低碳发展过程中，进一步加大结构调整和节能减排力度，基本形成节约资源能源和保护生态环境的产业结构与产品结构、经济增长方式和消费模式，使贵阳市尽快脱离传统的高能耗、高污染、高排放，过分依赖自然资源开发利用的社会经济发展模式，利用后发优势，走上一条以低能耗、低污染、低排放为基础的新型发展道路。

（3）通过调整和优化产业结构、提升产业素质、提高产业效率而实现跨越式发展。在产业结构调整和优化和经济结构多样化方面，继续加大以旅游、文化、会展、休闲度假房地产业和现代物流业为龙头的第三产业的发展力度；在产业素质升级方面，延长有色金属、磷煤化工等主导产业的产业链，走向高端产品的加工，提高附加值，加速产业信息化、机电一体化的进程。

（4）通过合理的城市规划，建立符合低碳原则和标准的城市空间布局、土地利用模式、综合交通体系模式、建筑用能模式和基础设施体系，打造现代化低碳宜居城市。

2.指导原则

贵阳市低碳发展行动计划纲要的编制主要遵循如下原则：

坚持以科学发展观为指导，将低碳发展与实施可持续发展、加快建设资源节约型和环境友好型社会相结合，并纳入贵阳市经济社会发展总体战略框架。

坚持立足贵阳市情，发挥贵阳优势，突出贵阳特色。

坚持以经济建设为中心，以发展为第一要务，通过建设低碳城市，促进贵阳市国民经济和社会的加速跨越式发展。

坚持以人为本，将低碳发展与改善民生，提高人类发展水平相结合，以创造良好的居住环境、人文环境、生产环境、生态环境，使贵阳适宜居住、适宜旅游、适宜创业。

坚持城乡统筹，推进城乡一体化，将低碳发展与建设社会主义新农村以及建设社会

主义新城镇体系紧密结合，实现协调发展。

坚持尽力而为，量力而行，突出重点，统筹规划，循序渐进，分步实施，并且将低碳行动与贵阳市建设生态文明城市，发展循环经济等相关规划协调统一。

坚持依靠科学技术进步，加强技术创新，提高自主创新能力。

坚持决策科学化、民主化和依法行政，促进各利益相关方参与到贵阳市低碳发展的各项决策过程中来。

3.总体思路

如图1所示，贵阳市低碳发展的总体思路是：探索一条适合贵阳市情，符合贵阳收入水平、产业结构、产品结构和能源资源禀赋变化特征的低碳发展途径；注重统筹规划，在短、中、长期历史尺度内建立发展进程与减控排目标的密切关联，合理选择减控排的战略路径，分阶段设定发展与温室气体控排的目标和实施措施，建立有助于低碳高效社会建设的长效经济机制和政策体系；依靠科技进步、人力资源开发和资金投入，提高能源利用效率，调整和优化产业和产品结构，优化能源结构、在控制温室气体排放的同时改善局地环境质量；大力发展低碳产业，促进绿色增长，增加绿色就业，使控制温室气体排放在社会经济发展、局地环境保护等方面的协同效益最大化。

为了实现低碳发展目标，基本的出路在于经济效率的提高和结构的优化，这取决于：（1）人力资源的开发；（2）低碳技术进步；（3）资本积累和资金投入；（4）体制政策的不断完善。对于贵阳而言，要在上述四个基本条件不断得到改善的前提下，寻求能源效率的改善和结构的调整。而结构调整的着眼点在于：第一，延长资源型产业部门的产业链，提高附加值，降低工业部门单位增加值的碳排放强度；第二，借助贵阳市独特的气候优势，大力发展旅游、会展、文化和其他低能源消耗强度、低碳排放强度的产业，使得贵阳经济结构更加趋于多元化，降低贵阳经济对能源资源的依赖程度。

随着贵阳经济的不断发展，政府财政税收，企业的经济实力和居民的家庭收入都会随之上升，贵阳市建设低碳城市的物质基础将不断得到丰富和加强。伴随这一过程，贵阳需要建立一种长期的社会经济机制，通过行政规制、税收、收费、公共财政转移支付、市场经济手段如碳排放许可等多种手段，保证转移足够的资源用于支持低碳产业的发展，为贵阳市长期可持续发展提供持续动力。

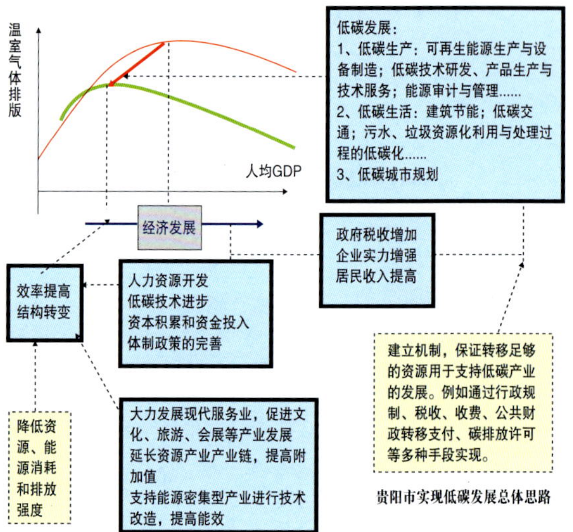

图1 贵阳市低碳发展总体思路示意图

三、低碳发展目标

贵阳市低碳发展的总体目标是，建立促进低碳发展的制度框架和运行机制，使温室气体排放控制取得明显成效，形成节约能源资源和保护生态环境的城市空间布局、产业结构、经济增长方式和生产与消费模式，全面推进低碳社会建设，大大增强政府、企业和社会公众的低碳意识，以单位国内生产总值二氧化碳排放量为核心指标的碳生产力得到极大提高，力争成为全国低碳发展的先行示范城市，成为得到国内外广泛认可、具有较高声誉和知名度的、别具特色的低碳城市。

全市经济结构得到改善，经济发展质量明显提高，初步形成具有贵阳特色的低碳产业体系；能源结构得到调整，清洁能源和可再生能源所占比重增加；主要耗能行业的能源效率进一步提高，节能减排工作进一步深化；低碳建筑初具规模，低碳城市交通体系逐渐形成；森林覆盖率进一步提高，全市碳汇能力增强。

具体而言，从2010年到2020年，贵阳市促进低碳发展，建设低碳城市的主要预期目标包括：

（1）逐步形成较为完善的促进低碳发展的社会经济机制和成熟有效的低碳城市发展模式

通过制度创新，为实现低碳发展目标提供机制基础，包括：政府决策机制、跨部门协调机制、资金流转机制、信息共享机制、市民参与机制和舆论监督机制。在地方政府与社会监管能力不断提高的情况下，建立健全能效与排放的法律法规体系（含能效与排放标准、相关许可制度和温室气体核算与统计、报告制度等），有序设计、实验和实施包括补贴、担保、差别税率、排放贸易等基于市场的减控排经济政策手段。

（2）优化经济增长方式，实现经济结构调整

2010到2020年的GDP增长速度平均保持在13～14%以上的水平，总量在全国省会城市的排名要有所上升，产业结构同步优化，稳定制造业增加值比重，通过重点加速发展旅游、会展、物流、休闲房地产等产业，提高现代服务业增加值比重，到2020年第三产业增加值比重达到60%左右。努力通过延长资源型产业的产业链提高相关产业的附加值，加大低碳环保型产业和高附加值产业在国民经济总量中的比重。

（3）能源资源利用效率得到显著提高，走上低能耗、低污染、低排放、高效益、高产出的低碳发展道路，加快建设资源节约型和环境友好型社会

通过产业结构调整和能源利用效率提高，使得碳排放强度显著下降。到2020年，努力实现万元国内生产总值能耗比2005年下降40%以上，确保万元国内生产总值CO_2排放量比2005年下降40%，力争下降45%。

（4）在重点耗能行业大力发展循环经济，实施清洁生产，提高能源资源利用效率

强化重点高耗能行业和企业的能源基础管理，加快节能技术进步。以节能、降耗、减污、增效为目标，在企业全面推行清洁生产，有效减少产品生产和使用过程中的温室气体排放。到2020年，努力实现工业固体废弃物综合利用率提高到80%以上，主要再生资源回收利用量提高到80%以上。电解铝、氧化铝、黄磷、水泥、合成氨等重点耗能产品能耗达到同行业国内领先水平。消耗每吨铝矾土、磷矿石产出的增加值比2010年提高50%左右。

（5）推行节能建筑，加大既有建筑的节能改造

到2020年逐步实现机关办公楼、大型公共建筑和城市建成区内既有建筑的节能改造，全面实施新建建筑节能50%的标准。大力推广绿色照明、节能电器，加大居民“煤改气”建设。

（6）加强林业管理，增强碳汇能力

继续实施植树造林、天然林保护与恢复等重点工程建设。到2020年，全市森林覆盖率达到50%左右，大幅度增强碳汇能力。

表1为贵阳市具体设定的低碳发展目标。

表1 贵阳市发展低碳经济目标

指标	单位	2005	2010	2015	2020	指标属性
万元GDP能耗	吨标煤/万元，2005年不变价	2.15	1.72	1.5	1.3~1.4	约束性
万元GDP二氧化碳排放强度（未考虑外调电对应排放）	吨/万元，2005年不变价	3.77	2.90	2.44	2.07~2.24	约束性
相比2005年的碳排放强度下降率（未考虑外调电对应排放）	%		23%	35%	40~45%	约束性
万元GDP二氧化碳排放强度（考虑外调电对应排放）	吨/万元，2005年不变价	4.64	3.66	3.08	2.6~2.83	约束性
相比2005年的碳排放强度下降率（考虑外调电对应排放）	%		21%	35%	40~45%	约束性

四、低碳发展重点领域和主要任务

为实现2015年碳排放强度在2005年基础上降低35%的目标（未考虑外调电），贵阳市需要在当年相对碳排放强度不变的基准情景减排860万吨CO_2；而为实现2020年碳排放强度在2005年基础上降低40～45%的目标（未考虑外调电），贵阳市需要在当年相对基准情景减排2,360～2,980万吨CO_2，分别相当于贵阳2009年总排放量的87.3%和110%。考虑到贵阳作为资源型城市，其经济仍将在很大程度上依赖于具有资源优势的磷镁化工和铝业等高耗能工业，同时贵阳作为西部欠发达城市仍面临着较大的基础设施建设需求，未来贵阳的CO_2排放仍将大幅增加。因此，当实现40～45%目标时，贵阳2020年的CO_2排放总量将分别达到8,060万吨和7,430万吨，分别相当于2009年排放水平的2.98和2.75倍，同期贵阳GDP将在2009年水平上增长4倍。

实现这些减排量的重点领域包括：调整产业结构、转变经济增长方式，推动产业结构优化升级；促进工业结构优化升级；工业技术升级和节能改造；发展低碳绿色建筑；构建低碳交通体系和调整能源结构等（各领域下可采取的具体减排行动及其可实现的减排量以及占目标减排量的比重见表2）。

为此，贵阳市提出如下低碳发展十大行动：

表2 贵阳低碳发展的重点领域和具体行动

			2015年（35%强度目标）		2020年（40%强度目标）		2020年（45%强度目标）	
目标减排量（百万吨CO_2）（未考虑外调电）			8.6		23.6		29.8	
考虑采取的低碳行动			可实现减排量（百万吨CO_2）	占目标减排量比重(%)	可实现减排量（百万吨CO_2）	占目标减排量比重（%）	可实现减排量（百万吨CO_2）	占目标减排量比重（%）
序号	重点领域	具体行动	8.1	93.9%	22.7	96.1%	26.7	89.8%
1	转变经济增长方式，推动产业结构优化升级	调整三次产业结构实现的减排	2.4	27.5%	7.8	33.2%	7.8	26.4%
2	促进工业结构优化升级	调整工业内部行业结构和产品结构调整，提高产品附加值	2.1	24.0%	3.6	15.1%	4.3	14.4%
3	工业技术升级和节能改造	提高火电供电效率	0.80	9.2%	1.20	5.1%	1.33	4.5%
		降低线损率	0.08	0.9%	0.30	1.3%	0.47	1.6%
		能效提高和余热余压回收利用	1.44	16.7%	3.56	15.1%	5.49	18.4%
		合成氨	0.40	4.6%	1.26	5.3%	2.02	6.8%
		黄磷	0.18	2.1%	0.33	1.4%	0.53	1.8%
		水泥	0.21	2.4%	0.40	1.7%	0.52	1.7%
		氧化铝	0.13	1.5%	0.53	2.2%	0.89	3.0%
		电解铝	0.33	3.8%	0.58	2.4%	0.88	3.0%
		热力	0.20	2.3%	0.45	1.9%	0.65	2.2%
4	发展低碳绿色建筑	绿色照明（道路、公园等市政和景观区域推广LED等）	0.0085	0.10%	0.0081	0.03%	0.0120	0.04%
		绿色照明（在政府、商场、写字楼、宾馆等推广LED和节能灯,在居民住宅推广节能灯等）	0.067	0.77%	0.204	0.86%	0.335	1.12%
		提供家电补贴，推广节能电器	0.294	3.40%	0.822	3.48%	1.325	4.45%
		落实民用和公用建筑节能标准	0.061	0.71%	0.280	1.19%	0.309	1.04%
		在有条件地区推广太阳能热水器	0.035	0.41%	0.092	0.39%	0.167	0.56%
		居民推广煤气和液化石油气替代燃煤	0.05	0.59%	0.10	0.44%	0.16	0.53%
5	构建低碳城市交通系统	交通燃料替代，出台燃油经济性标准，建立车辆检测和淘汰黄标车制度等	0.83	9.55%	1.58	6.67%	1.87	6.29%
6	能源结构调整	能源结构调整（含规划中的百万千瓦水电蓄能电站和生物质能等）	0.00	0.00%	3.15	13.34%	3.10	10.43%

1.加大服务业基础设施投资力度，全面提升服务能力，在旅游、会展、休闲房地产及现代物流等领域实现超常发展

发挥贵阳的比较优势，打造特色产业集群，形成以高新技术产业为先导、优势产业为支撑、现代服务业为拉动、现代农业为基础的结构合理、融合发展的产业体系。为此，必须进一步加大城市交通、通讯、宾馆、会展、能源与水的供应、环保等相关基础设施建设的力度，全面提高生产与生活的服务能力与水平，为面向服务业的经济结构调整打下坚实的基础。

现代服务业的发展总体上有利于降低贵阳城市经济的资源和能源消耗强度，加快城市资本累积速度，提高地方政府财政收入水平，从而最终增强保护生态环境、降低对能源与自然资源依赖程度的能力，也是落实贵阳市2020年碳排放强度下降目标，建设低碳城市，实现低碳发展的关键领域。

（1）大力发展旅游业，打造“低碳旅游”

充分认识旅游业是资源消耗低，带动系数大、就业机会多、投资回收快的战略产业，加大对旅游业的投入力度，把旅游业发展作为战略性支柱产业，整合文化、旅游资源，充分发挥贵阳市作为省会城市的区位优势以及宜人气候与森林覆盖率高的自然条件，集中力量推介“爽爽的贵阳”、“中国避暑之都、温泉之城”的整体旅游城市形

象，将“贵阳避暑季”打造成具有国际影响力的旅游产品，强化贵阳作为旅游服务中心的功能。到2020年贵阳要建设成为全国重要的生态休闲度假城市，具有国际影响力的避暑胜地及休闲旅游目的地。打造青岩古镇、南江大峡谷、天河潭、保利国际温泉等精品旅游景点，将生态旅游、红色旅游、乡村旅游、温泉旅游、休闲度假旅游进行有效整合，整体塑造贵阳旅游景点的形象。

在“贵阳避暑季”这一具有国际影响力的旅游产品中，增加“低碳”内涵。在“贵阳避暑季”的系列活动中，增加以“清凉低碳”为主题的子活动，举办系列研讨、宣传和展示活动，大力宣传因贵阳夏季独特的气候条件而带来的低碳生活方式。

打造贵阳低碳旅游业，对贵阳市旅游景区、宾馆等宣传节能减排和进行软硬件改造，推广绿色饭店，减少一次性用品的使用等。

启动全国低碳旅游实验区的建设工作，加强低碳宣传，在全国低碳旅游实验区的建设工作中，尝试开发旅游碳足迹核算方法和工具，帮助游客测算旅游过程中的碳排放，从而引导游客的旅游行为，倡导低碳旅游，扭转奢华之风，强化方便、舒适的功能性，提升低碳旅游的品牌和美誉度。

（2）发展现代会展业，打造中国低碳会展名城

会展业是现代服务业的重要组成部分，是绿色产业、低碳产业，具有产业关联度高、辐射作用强的特点，已成为衡量一个城市开放度、城市活力和发展潜力的重要标志之一。贵阳发展会展业，有利于增加就业，带动旅游、餐饮、酒店、房地产、交通运输等相关产业发展。

贵阳发展会展业具有独特优势。贵阳空气清新，海拔适中，纬度合适，特别是夏季气候优势明显，为发展会展业提供了不可替代的资源禀赋。贵阳将坚持“政府引导、企业主导”的原则，持之以恒、多措并举，力争通过10年左右的努力，把贵阳的会展业打造成为带动作用大、竞争能力强、开放水平高、具有鲜明特色的产业，把贵阳打造成为中国会展名城。

贵阳市已经多次成功举办以生态文明为主题的大型论坛，在国内外取得了较大反响。今后贵阳不但将以低碳标准进行会展中心及配套设施建设，还将利用“生态文明贵阳会议”已经形成的良好平台，继续以低碳作为主题，打造系列会展活动，力争成为低碳领域的会展名城。此外，贵阳市还将根据自身的优势，打造诸多具有地方和专业特色的主题会展。

（3）大力开发休闲房地产业

将休闲房地产业的发展与旅游经济、会展经济相结合，配合高速铁路和机场扩容建设，利用避暑之都气候资源优势，面向来自重庆、珠三角等邻近地区的主要目标投资者群体，有针对性地开发以休闲、度假、避暑为主要用途的房地产，吸引外部投资。

（4）发展现代物流业，打造低碳物流

随着贵阳市多条快速铁路的开工建设，贵阳市的物流业发展迎来了新的发展机遇。通过加快重点项目的实施包括结构合理的物流基础设施系统和物流信息平台建设，支持物流企业做大做强，并完善物流服务体系，促进贵阳现代物流业的快速发展，成为西南地区和中国泛珠三角城市群中重要的物流枢纽中心城市。

贵阳在发展现代物流业的过程中，充分发挥系统设计、统筹安排的优势，将物流需求、各个物流节点分布、仓储功能与容量、链接的道路、管网或线路、运输工具做统一的系统规划并在此基础上推进实施。通过道路管网的合理设计和智能化管理提高物流效率，在物流信息化程度不断提升的基础上,提高运输工具实载率,减少空驶率,避免无效运输和重复运输,促进运输合理化，从而减少交通能源消耗和温室气体排放，打造现代化的智能绿色低碳物流体系。

预计本项行动对贵阳市实现2020年比2005年二氧化碳排放强度下降40%或45%目标的贡献率可达33.2%或26.4%。

2.以主要资源行业延长产业链、提高附加值的重点项目建设与运营为抓手，实质性地推进高排放强度行业产品结构的优化升级

贵阳工业以化工、冶金、有色和火力发电等重型工业为主，严重依赖以磷、铝、煤为主的不可再生资源，并且产业链较短，多限于初级加工，资源利用方式粗陋，导致单位工业增加值能耗和二氧化碳排放水平较高。贵阳实现工业生产的低碳化，主要途径包括：加快淘汰落后产能，大力发展先进制造、生物医药等战略性新兴产业；加快改进矿产品加工方式，增加技术贡献率，提高产品级次，延长矿产资源产业链；加快生态工业园区建设，推进产业集群发展；加快优化调整工业内行业和产品结构，构建低碳工业体系。

（1）磷煤化工。一是依托磷、煤、水、电的资源组合优势，推进产业结构调整和优化产业布局，提高资源就地转化率，对于新建项目，资源就地转化率必须达到100%。二是通过自主创新和引进先进技术，大力开发高端产品，实施技术改造，加快产业升级步伐，譬如：磷化工要突破湿法磷酸深度净化和黄磷的精制技术，以此为基础开发高纯磷化物和含磷新材料等精细磷化工产品；煤化工要积极引进和开发煤基合成草酸二甲酯、乙二醇、碳酸二甲酯和聚碳酸酯等技术，力争尽快形成较大规模化生产能力；积极引进和开发煤焦油分离、提取和提纯技术，形成系列产品产能。三是进一步完善磷煤化工工业园区配套条件，提高产业聚集度，发展氯碱化工，促进磷煤化工耦合发展。

（2）铝及铝加工。按照“适度发展氧化铝，挖潜改扩电解铝，加快研发材料铝”的发展路径，依托资源优势和现有产业基础，以中铝贵州分公司等大型龙头企业为带动，延长产业链；采取强有力的措施保护铝土矿资源，提高资源就地加工转化率；合理布局铝及铝加工产业，重点培育白云和清镇两大铝及铝加工基地；大力引进国内外关联企业参与贵阳铝及铝加工深度开发及产业配套，尽快形成较为完善的现代铝工业体系，大力提升铝及铝加工产业整体实力。

预计本项行动对贵阳市实现2020年比2005年二氧化碳排放强度下降40%或45%目标的贡献率可达15.1%或14.4%。

3.在高耗能、高排放重点企业实施节能减排统计核算信息阳光计划，通过高效技术与管理措施提高能效、减少排放

强化能源管理，加强能源管理系统的能力建设。逐步完善能源统计基础，制定贵阳市中长期能源发展规划；推进能源服务公司等中介组织的发展，形成提高能源效率的服务系统；强化有关能源标准和政策的落实，推进能效标识、能源审计和能耗度量等方面的工作。

针对采矿、电力、钢铁、铝及铝化工、磷煤化工、医药、建材、建筑等重点行业、重点企业，在鼓励企业自愿开展清洁生产审核试点的基础上，全面推行清洁生产审核制度。

针对工业部门，建立和完善节能指标体系、监测体系和考核体系。督促指导贵阳市境内所有大中型工业企业和全国联网直报的小型工业企业将能源统计数据及时、准确地进行网上直报工作；开展全部规模以上工业企业能源季度统计、年耗能3000吨标准煤以上高耗能工业企业能源月度统计工作。强化对重点行业重点企业的节能管理。建立健全能源计量管理制度和计量检测体系，规模以上特别是重点耗能企业要建立能源管理专岗专人专责制度，认真执行能耗统计和能源利用状况报告制度，积极开展能效水平对标活动、能源审计和清洁生产审核，将节能目标完成情况与企业信用等级挂钩。

针对采矿、煤化工、磷化工、铝及铝加工、钢铁、电力等高耗能部门组织节能共性

和关键技术攻关，支持开发流程工业能源综合利用、能量梯级利用、高耗电工业节电、半导体照明、建筑保温、大宗废弃物资源化利用等技术，推进工业的低碳化。

配套发展输、配、变电系统，提高城乡电气化水平。逐步推进电网改造，降低线损率，通过积极引进和利用信息化技术，提高输、配、变电设备的效率。

预计本项行动对贵阳市实现2020年比2005年二氧化碳排放强度下降40%或45%目标的贡献率可达21.4%或24.5%。

4.促进能源结构调整，加大清洁能源和可再生能源在一次能源消费中的比重

（1）优化能源结构，发展清洁能源

优化能源结构，适当增加水电的供应比例；以发展煤气为依托，进一步提高城区气化率；适当开拓石油和液化天然气供应渠道；有步骤的推进地热开发；积极探索清洁能源的使用，在城市和农村有条件的地区推广太阳能热水器。

（2）大力推进以村落沼气为核心的农村用能结构的多能互补

在城乡一体化的推进过程中，以现代生态农业建设为重点，加快大、中型沼气池的建设，提高农村清洁能源的利用程度。

预计本项行动对贵阳市实现2020年比2005年二氧化碳排放强度下降40%或45%目标的贡献率可达13.3%或10.4% 。

5.构建低碳城市交通系统

与贵阳市作为西南地区交通枢纽、西部中心城市的定位相适应，为带动经济圈及市域周边市县经济发展，构建以铁路、公路、航空运输为龙头，以水运为重要补充，实现区域交通便捷、枢纽设施布局合理、交通科技现代化、多种运输方式相协调、绿色低碳的一体化综合交通运输体系。

在编制城市交通规划、土地利用规划等城市规划时，合理配置商业及公共服务设施，有效地削减未来城市道路交通的能源需求和温室气体排放。实施“公交优先”发展战略，加大对公共交通的投入，加快建设城市轨道交通，以价格、费税等经济手段鼓励城市居民利用公共交通工具出行，加快建设和完善智能交通服务体系。逐步推行并提高机动车尾气排放标准，严格汽车市场准入制度，实施机动车辆排污许可制度，加速淘汰污染严重的落后车辆和老旧车辆。鼓励生产、使用节能环保型车辆，鼓励交通运输工具使用液化天然气、醇类等清洁燃料。

预计本项行动对贵阳市实现2020年比2005年二氧化碳排放强度下降40%或45%目标的贡献率可达6.7%或6.3%。

6.大力推进建筑节能，发展低碳绿色建筑

大力倡导和发展以低碳为特征的绿色建筑，在营造宜居城市的同时降低能耗。积极创建低碳社区、打造低碳公共建筑群样板。

大力建设低碳绿色建筑。选择适宜贵阳“冬无严寒、夏无酷暑”这一气候条件的户型和建筑材料，在建筑中根据条件积极采用地热能、水热能、太阳能等可再生能源，努力降低建筑能耗。大力推广节能门窗、墙体保温隔热、建筑物遮阳等建筑节能产品与技术，充分利用自然光和风来增加光照度和通风，减少使用人工空调制冷和供暖负荷，加强热、电、水的计量和调节控制。

大力调整建筑产品结构，大力推广利用以工业固体废弃物为原料的环保型墙体材料和其他建筑节能材料，在节约土地、提高资源利用的同时，达到建筑节能的目的。

全面推行和严格执行国家新建建筑节能50%的设计标准，对新建建筑从立项、规划、设计、施工图审查、施工、质监、监理、竣工验收、销售许可、物业管理等环节加强监管。

启动既有建筑节能改造，抓好试点示范。对非节能居住建筑、大型公共建筑和党政机关办公楼，逐步推进节能改造。对于办公楼、宾馆、商场等大型商业建筑，进行能源审计，提高大型建筑能效。

大力加强建筑采暖、空调、照明、炊事、家用电器等方面用能管理。率先在政府和商场、写字楼、宾馆等大型公共建筑推广绿色照明。制定相关经济激励措施，推动居民采用节能型灯具和节能电器，在有条件地区推广太阳能热水器。开展“煤改气”工作，提高煤气和液化石油气的供气人数，使2020年城市居民供气率达到100%。

预计本项行动对贵阳市实现2020年比2005年二氧化碳排放强度下降40%或45%目标的贡献率可达6.4%或7.8%。

7.加强贵阳市环城林带森林资源管理，增强碳汇

加强环城林带等森林资源、野生动植物及绿地资源的保护，实施天然林保护、退耕还林、珠江防护林二期等林业重点工程和石漠化治理、森林植被恢复等项目，完成城郊、通道绿化和景点、景区的绿化、美化任务，严格执行“绿线”制度和绿地系统规划，大力抓好森林防火工作和森林病虫害防治，建设一批大径材树木固碳示范林，加强复层林和混交林经营的试点和示范，增强森林生态系统的固碳能力。

8.加强城乡废弃物回收与处理，控制非二氧化碳温室气体排放

在废弃物产生环节，大力开展资源综合利用。加强对有色、化工、电力、冶金等废弃物产生量大、污染重的重点行业的管理，提高废渣、废水、废气的综合利用率。推动不同行业通过产业链的延伸和耦合，实现废弃物的循环利用。加快城市生活污水再生利用设施建设和垃圾资源化利用。大力发展生态农业，加强畜禽粪便和农村生活污水处理，加快大中型规模畜禽养殖沼气工程建设步伐，控制甲烷和氧化亚氮的排放。

9.改善提高公众低碳意识行动的效果，引入经济激励手段，引导公众接受低碳生活方式与消费模式

通过媒体运作、印发低碳生活手册等多种传播方式和出台引导消费的经济政策，帮助广大市民树立科学正确的发展观、幸福观、财富观、体面观，倡导在日常生活的衣、食、住、行、用等方面形成低碳生活方式与消费模式，减少能源消耗和二氧化碳排放。鼓励市民尽量选择公共交通、自行车、步行等低碳出行方式，引导市民实行住房节能装修，要求销售商执行能耗产品的能源标识，引导和帮助消费者选择高能效节能产品。大力推广应用节能型灯具。倡导减少过度包装和一次性用品的使用。

预计本项行动对贵阳市实现2020年比2005年二氧化碳排放强度下降40%或45%目标的贡献率可到4%或5%以上。需要注意的是，此部分行动实现的减排与发展低碳绿色建筑行动实现的减排在一定程度上存在重复计算。

10.率先垂范，充分发挥政府在低碳方面的示范作用

发挥政府在低碳社会建设中的引领、示范和表率作用，建设节约型低碳政府。对任何公共支出用途均设立能效评估标准，设立政府采购的节能标准门槛；针对政府机构电耗、油耗、气耗等能耗科目，制定和实施政府机构能耗使用定额预算标准和用能支出标准；在政府机构建筑中全面普及绿色照明、绿色电器、能耗智能管理；继续深入推进政府电子化办公，建设电子化政府，减少办公能耗。

五、促进低碳发展的主要行动措施和支持保障体系

贵阳市低碳发展目标的实现，需要有效的措施和保障体系的支撑。在现有生态文明城市建设组织实施体系基础上，增设贵阳低碳城市建设领导小组和专家咨询委员会；创新工作机制，建立部门联席会议制度，定期审核低碳发展目标的实现程度，建立健全激励约束机制和重大项目、示范试点单位全程管理制度，以全方位推进贵阳低碳城市建设。

1.塑造城市低碳形象

将低碳城市建设作为贵阳全面建设生态文明城市的重要组成部分，将“低碳贵阳”

有机融入贵阳现有的城市形象体系中，塑造一个立体、多层次、丰富多彩的现代城市形象，从而增强与城市形象密切相关的城市发展意识，增强城市对于公众和资金的吸引力，促进贵阳旅游、会展、文化等现代服务业的发展。

2.适时开展低碳发展专项规划的编制工作

在研究和制定“十二五”社会经济发展规划过程中，低碳发展应当作为其中的重要内容，并且明确低碳发展的规划目标、适用范围、主要内容、重点任务和保障措施等，提出单位国内生产总值能耗及CO_2排放等低碳发展指标。在条件允许的情况下，适时开展低碳发展专项规划的编制工作。

3.提高低碳技术创新能力

以提高企业在低碳领域的自主创新能力为核心，充分利用贵阳市的科研力量，并加强与国内其他科研机构的合作，推进产学研的结合。

科技部门增设贵阳市低碳发展科技专项。建立贵阳市低碳发展专家库，组织专家及时咨询、研究和解决贵阳市低碳政策制定和实施过程中的重大问题。在可再生能源开发利用、清洁生产技术、废物处置与资源化技术、节能减排技术等方面，组织力量进行重点技术攻关。具体包括：借鉴国内外先进的低碳城市规划和低碳交通体系设计理念和经验，组织攻关有利于低碳发展的共性和关键技术瓶颈。大力推动延长产业链技术攻关和项目建设，大力引进重点行业延长产品链关键技术，建立工业领域低碳技术孵化基地，实现低碳技术产业化。

4.加强低碳人力资源开发

促进贵阳低碳发展需要大量具有低碳经济意识和开放意识，具有开阔的经济建设与生态环境保护知识视野的人才，其中既包括专业技术人才，也包括微观管理人才和宏观战略管理人才，需要在促进低碳发展背景下全方位的推进人力资源的开发计划。

为了满足促进低碳发展对于人才的需求，要在现有优惠政策的基础上进一步创新人才引进工作机制。此外，充分利用贵阳作为省会城市拥有较多高等院校和省属科研机构的有利条件，大力加强贵阳低碳领域各类科技人才的培养，特别重视培养具有国际视野和能够引领学科发展的学术带头人，建立人才激励与竞争的有效机制，着力培育和建设一批自主创新能力强，在国内具有一定影响力的低碳领域科研团队，服务于贵阳市的低碳发展。

5.建立完善政策制定与实施机制

要充分发挥政策的诱导作用，利用不同政策手段的组合，按照低碳发展目标要求，去引导企业和消费者的行为。

（1）产业政策方面，大力扶持“能耗低、污染少、产值高”的企业，对促进低碳发展的重大工程和重点项目优先立项，并在资金、税收、市场准入等方面给予优惠支持。限制高耗能、高耗水、高污染行业的发展。积极推进通过资本纽带重组产业，及时引导企业形成合理的规模，促进企业技术进步。

（2）能源资源定价方面，在充分考虑各方承受能力的基础上，稳步推进能源价格形成机制和价格水平的改革，发挥能源价格对能源消费行为的引导作用。积极探索城市范围内能源价格形成的合理机制，探索能源价格调控的可行方式，加强能源价格信息工作，为政府、企业、居民等相关决策者的能源使用决策提供依据。

（3）财政和税收政策方面，充分发挥财政和税费政策在解决能源资源与环境问题上的重要作用，坚持贯彻“谁污染、谁治理、谁受益、谁交费”的原则，利用费税手段调节有关主体的能源消耗行为。要发挥公共财政转移支付带动和调控社会资金的作用，带动更多的社会资金投入到低碳发展优先领域。财政要设定低碳发展专项资金，采取促进低碳发展的税收优惠政策，鼓励和推动有利于低碳发展的各类项目的实施。通过差别消费税等手段鼓励消费者购买低能耗和具有低碳标识的产品。在公共财政支付方面采取绿色政府采购政策。

（4）在温室气体统计核算方面，逐步建立和完善有关温室气体排放的统计监测和分解考核体系，并遵循实质、客观、简单、可行的原则发展和完善符合低碳发展要求的评价指标体系。要把低碳发展目标列入区（市、县）和各部门的绩效考核，并制定系统的评估、认定和考核办法，对已经出台的促进低碳发展相关政策、列入推广的低碳技术以及列入政府扶持的低碳示范工程和项目，有重点地进行评价。加强能源资源消耗和温室气体排放等数据信息的共享，建立有助于促进低碳发展相关工作的信息反馈机制，加强及时跟踪和适时考评，对低碳发展重点项目和工作方案的落实情况实行动态管理。

（5）利用示范、试点的方法，以点带面，稳步扎实地推动低碳发展目标的实施和低碳城市建设。结合贵阳市的实际情况以及贵阳市建设生态文明城市的总体战略部署，在县和乡镇、区和社区、企业和工业园区等层面上发展一些低碳发展试点项目。其中工业园区试点以铝化工、磷化工、煤化工等园区为重点，打造低碳工业园区。加强对示范、试点工作的具体指导并在资金、政策上给予一定的支持。低碳社区试点以社区低碳文化和低碳消费行为的培育为重点，以能源利用效率、绿地建设、垃圾分类回收等为评估重点。

6.依法推进低碳城市建设，保障低碳发展目标实施

进一步贯彻落实《贵阳市促进生态文明建设条例（草案）》等地方法规，将低碳发展作为贵阳市促进生态文明建设的有机组成部分和重要抓手。酌情修改《贵阳生态文明城市指标体系及监测方法》，增加与低碳发展相关的一些关键性指标。

逐步制定《节约能源管理条例》、《资源综合利用管理条例》、《循环经济和低碳发展定量考核制度实施办法》、《企业清洁生产审计实施办法》、《促进政府绿色采购以及居民绿色购物实施办法》、《促进资源有效利用实施办法》、《贵阳市民营建筑节能条例》等涉及低碳发展的专门条例、实施办法和管理办法，构架完备的低碳型生态城市建设法规、制度，保障低碳发展目标的顺利实施。

围绕贵阳市重点高耗能产业和产品，健全完善以国家标准为主体，行业标准、地方标准和企业标准为补充的节能降耗标准体系。加大高耗能产品能耗限额强制性国家标准、行业标准和地方标准的实施力度，完善主要耗能行业节能考核标准、重点产品能耗核算标准。严格执行节能建筑设计、施工、验收标准。

7.积极倡导低碳文化，促进公众参与

积极倡导低碳文化，加大宣传教育力度，提高市民低碳文明素养。充分利用电视台、广播电台、互联网和报纸等传媒手段，进行低碳消费、低碳生活等方面的宣传活动。譬如在贵阳循环经济网增设专门的低碳发展栏目，及时向社会发布有关低碳发展的技术、管理和政策等方面的信息，收集汇总低碳发展的各种动态和信息，在基础教育、成人教育、高等教育中引入低碳生活的相关知识内容。在社区街道和农村乡镇，开展各种形式的科普教育。创建一批具有示范作用的低碳机关、企业、学校、社区和村镇。总之，通过宣传、教育和引导，不断增强全民低碳意识，营造全民关注、共同参与、从我做起的良好社会氛围，鼓励和倡导可持续的低碳生活方式，倡导节约用电、用水，增强垃圾循环利用和垃圾分类的自觉意识，建立有助于减少温室气体排放的消费模式。此外，完善节能减排信息发布制度，拓展信息发布渠道，增加公众参与和监督的途径，充分发挥新闻媒体的舆论监督和导向作用。

8.加强低碳领域的国际合作，提升贵阳国际化水平

利用国际社会广泛关注气候变化和低碳发展的有利时机，利用贵阳独有的生态和气候优势，挖掘贵阳建设生态文明城市和推动低碳发展过程中的亮点，借好东风，抓住机遇，找准切入点和结合点，进一步扩大开放，加强国际交流与合作，创造更多的国际技术转让、资金支持的机会，学习先进的知识、理念和管理经验。

将贵阳作为一个城市整体，向国际社会推介，并寻求国家相关主管部门和国际合作窗口单位对贵阳更多的了解和支持，有重点地与联合国开发计划署（UNDP）、联合国环境署（UNEP）、联合国工业发展组织（UNIDO）、世界银行、亚洲开发银行、全球环境基金、欧盟委员会、英国、德国、意大利、瑞典、荷兰、日本、世界商业可持续发展理事会、世界五百强跨国公司，以及其他致力于低碳发展的国际非政府组织发展合作关系，力争通过积极参与《联合国气候变化框架公约》、《京都议定书》等相关多边国际环境公约的履约活动，通过积极争取参与相关的国际合作项目而建立更加广泛的国际联系，从低碳外交与国际环境合作的渠道提升贵阳市国际化水平。

采取引进来和走出去的方式积极开展低碳发展国际合作。积极引进国外低碳发展的资金和先进技术，包括低碳城市规划、低碳产业规划、节能和提高能效技术、新能源与可再生能源技术、燃料替代技术等的推广和应用等。举办不同层次和范围的培训，邀请有关专家、学者讲授低碳发展的相关理论与实践；适时组织有关人员赴外考察学习低碳发展的成功经验。

六、技术附录

1.研究内容和基本步骤

本行动计划（纲要）中采用的情景研究主要包括如下两方面内容：

（1）摸清家底：分析贵阳的社会经济发展现状和未来的发展需求，核算与能源相关CO_2的排放现状，识别贵阳的重点耗能和排放大户；

（2）分析贵阳市未来的能源消耗和排放趋势，提出贵阳“十二五”和2020年的低碳发展目标，识别贵阳实现“十二五”和2020年单位GDP二氧化碳排放强度目标的重点领域和行动，提出贵阳市低碳发展十大行动，初步核算每项行动所能实现的减排量及其对整体减排目标的贡献率。

研究的基本步骤如下：

（1）基于能源平衡表和分部门分品种的能源数据，参考《2006 IPCC Guidelines for National Greenhouse Gas Inventories》（IPCC 2006国家温室气体清单指南），核算贵阳市与能源相关CO_2排放现状（分别计算考虑外调电和不考虑外调电时的排放）（见表6–1）；

（2）重新划分部门。现有统计年鉴中的部门划分与国际通用的划分不同，无法充分反映能源消费特性，也不便于相关技术排放参数的选取。例如目前的交通运输业仅包括对从事运营的交通运输企业的统计，而不包括非运营的企事业单位和私人所拥有的交通工具能源消费统计。这种分类方式不利于未来对交通用能和排放的管理和监测，因此本研究中采用了国外大交通的概念，即交通部门包括所有的交通运输工具，并据此在情景研究中对所采用的统计年鉴中交通运输能源消费数字进行了修正；国际上的建筑能耗为建筑运行能耗，指发生在建筑物中的能源消耗，与建筑物内的供热、供暖、照明，炊事、家用电器、办公电器等的耗能活动息息相关，为方便核算和监测建筑节能效果，本研究基于统计年鉴对建筑能耗进行了重新界定（重新划分后的部门如图6–1所示）；

（3）确定各部门基准年年的能源服务需求和技术现状；

（4）判断贵阳未来的经济发展情景和能源服务情景；

（5）估算贵阳未来的温室气体排放趋

势，确定贵阳“十二五”和2020年的低碳发展目标；

（6）识别分部门的重点行动，并计算相应减排潜力。

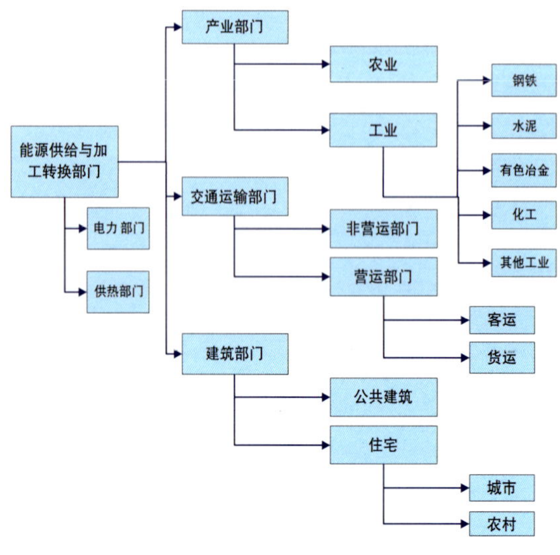

图6-1 重新划分后的部门设置

2.所采用的关键假设和参数

研究中采用的温室气体排放系数如表6-1所示。

表6-1 各种类型燃料的CO_2排放因子

燃料品种	A		B	C=A×B×(44/12)×1000		D		E=C×4186.8×10^{-9}×10^{-3}×D		F	G
	IPCC 2006年C排放系数[a]		碳氧化因子	IPCC 2006年CO_2排放系数		低位发热值[b]		建议排放系数		建议排放系数之不确定性	
	C排放系数	单位		CO_2排放系数	单位	热值	热值单位	数值	单位	95%置信区间下限	95%置信区间上限
原煤	25.8	kgC/GJ	1	94,600	$kgCO_2/TJ$	5000	Kcal/Kg	1.98	$KgCO_2/Kg$	-7.7%	+6.8%
洗精煤	25.8	kgC/GJ	1	94,600	$kgCO_2/TJ$	6300	Kcal/Kg	2.50	$KgCO_2/Kg$	-7.7%	+6.8%
其他洗煤	25.8	kgC/GJ	1	98,300	$kgCO_2/TJ$	2000	Kcal/Kg	0.82	$KgCO_2/Kg$	-3.8%	+2.7%
焦炭	29.2	kgC/GJ	1	107,000	$kgCO_2/TJ$	6800	Kcal/Kg	3.05	$KgCO_2/Kg$	-10.6%	+11.2%
原油	20.0	kgC/GJ	1	73,300	$kgCO_2/TJ$	10000	Kcal/Kg	3.07	$KgCO_2/Kg$	-3.0%	+3.0%
煤油	19.6	kgC/GJ	1	71,900	$kgCO_2/TJ$	10300	Kcal/Kg	3.10	$KgCO_2/Kg$	-1.5%	+2.5%
柴油	20.2	kgC/GJ	1	74,100	$kgCO_2/TJ$	10200	Kcal/Kg	3.16	$KgCO_2/Kg$	-2.0%	+0.9%
汽油	18.9	kgC/GJ	1	69,300	$kgCO_2/TJ$	10300	Kcal/Kg	2.99	$KgCO_2/Kg$	-2.5%	+1.8%
燃料油	21.1	kgC/GJ	1	77,400	$kgCO_2/TJ$	10000	Kcal/Kg	3.24	$KgCO_2/Kg$	-2.5%	+1.8%
其他油品	20.0	kgC/GJ	1	73,300	$kgCO_2/TJ$	10000	Kcal/Kg	3.07	$KgCO_2/Kg$	-1.5%	+1.5%
天然气	15.3	kgC/GJ	1	56,100	$kgCO_2/TJ$	9310	$Kcal/M^3$	2.19	$KgCO_2/M^3$	-3.2%	+3.9%
焦炉煤气	12.1	kgC/GJ	1	44,400	$kgCO_2/TJ$	4000	$Kcal/M^3$	0.74	$KgCO_2/M^3$	-16.0%	+21.8%
液化石油气(LPG)	17.2	kgC/GJ	1	63,100	$kgCO_2/TJ$	12000	Kcal/Kg	3.17	$KgCO_2/Kg$	-2.4%	+4.0%

注：a.各燃料的潜在排放因子来源：《2006 IPCC Guidelines for National Greenhouse Gas Inventories》《IPCC 2006国家温室气体清单指南》

b.低位发热值数据参考《中国能源统计年鉴2008》，并在实际计算时根据贵阳本地情况调整；

研究过程中对贵阳未来社会经济发展的基本驱动因子，如人口、GDP、城市化率和产业结构等进行了假设，具体设置如下表6-2所示。

表6-2 贵阳未来的经济发展情景

	2009	2010	2015	2020
GDP(亿元，2005年不变价）	894.6	1010.9	1862.5	3586.2
GDP增长率(%)	13.3	13	13	14
人均GDP(元，2005年不变价)	22546	25338	45421	85512
产业结构（%）				
一次产业	5.5	5.2	4	3.3
二次产业	44.6	43.3	41	36.7
三次产业	49.9	51.5	55	60
总人口(万人）	396.8	399.0	410.1	419.4
人口增长速度(%)	0.744	0.550	0.550	0.450
城市化率(%)	65.2	66.0	70.0	75.0
城镇人口(万人）	258.7	263.3	287.0	314.5
农村人口(万人）	138.1	135.7	123.0	104.8

3.关键数据结果

（1）贵阳市与能源相关的二氧化碳排放现状

2009年贵阳市与能源相关的二氧化碳排放量为2,704万吨（考虑外调电对应排放情况下为3,413万吨，其中外调电部分对应排放为708万吨）。是否考虑外调电对贵阳的温室气体排放结构会产生一定影响。在考虑外调电的情况下，贵阳市电力部门排放占总排放的比例将从17.8%大幅上升到32%，而其它部门排放占总排放比重则会相应缩小。

工业是贵阳CO_2排放的主要来源部门，在工业内部，有色金属冶炼及压延加工业、化学原料及化学制品制造业、非金属矿物制品业和黑色金属冶炼及压延加工业四个行业是主要的排放大户，合计占工业排放的80%以上。（见图6-3）

与四个直辖市和全国平均的排放情况相比（见表6-3），贵阳市2007年人均二氧化碳排放量为6.18吨CO_2/人，高于当年重庆和全国平均的排放水平，但低于当年北京、天津和上海的人均排放。贵阳2007年单位GDP的CO_2排放强度为3.27吨/万元，远高于当年四个直辖市和全国平均的排放水平，这与贵阳目前总体经济发展水平相对较低，仍处于重化工的发展阶段，且技术水平仍相对落后的发展现状有关。

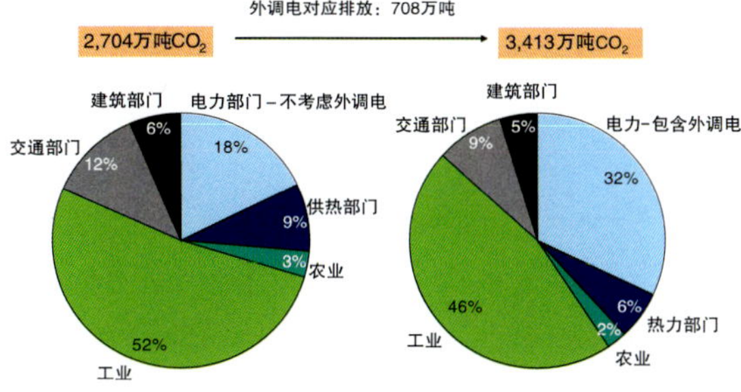

图6－2 贵阳市2009年CO_2排放现状

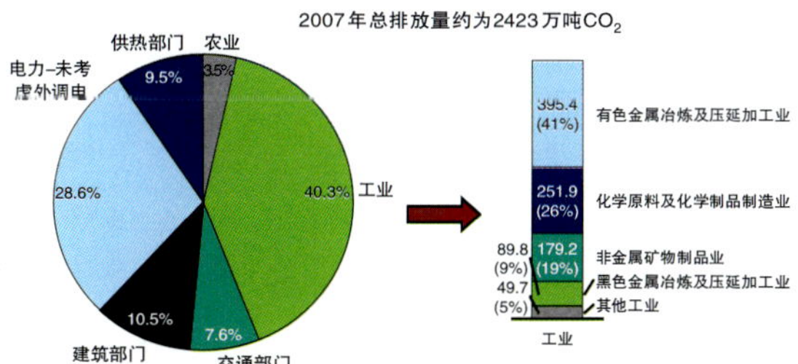

图6－3 贵阳市2007年细分行业的CO_2排放现状

表6－3 贵阳市CO_2排放现状与其它城市的比较

	贵阳		北京	天津	上海	重庆	全国平均
	2007年	2009年	2007年	2007年	2007年	2007年	2007年
CO_2排放（万吨）	2,423	2,704	11,694	11,995	21,092	10,403	637,808
人均CO_2排放（吨/人）	6.18	6.82	7.16	10.76	11.35	3.69	4.83
单位GDP的CO_2排放（吨/万元，2005年不变价）	3.471	3.023	1.25	2.38	1.73	2.52	2.48

（2）贵阳未来的二氧化碳排放趋势和低碳发展目标

贵阳“十一五”期间如能实现单位GDP能耗降低20%的目标，相当于“十一五”期间贵阳单位GDP二氧化碳排放强度减低23%左右（考虑外调电情况下为21%）。

为实现40%～45%的贵阳低碳发展目标，2020年贵阳单位GDP二氧化碳排放强度将在2010年的基础上进一步降低22%～29%(考虑外调电情况下为25%～30%)。

具体来看，“十二五”期间，贵阳单位GDP二氧化碳排放强度需要在2010年的基础上进一步下降16%（考虑外调电情况下为17%），“十三五”期间需要在2015年的基础上再下降8%～15%。

图6－4和图6－5分别给出了考虑外调电和不考虑外调电情况下的贵阳低碳发展目标情景。可以发现，在不考虑外调电情况下，为实现40～45%的低碳发展目标，贵阳2020年相对碳排放强度在2010年基础上不变的基准情景需要实现的减排量分别为2,360和2,980万吨CO_2。在考虑外调电情况下，贵阳2020年相对基准情景需要实现的减排量分别为2,980和3,760万吨CO_2。

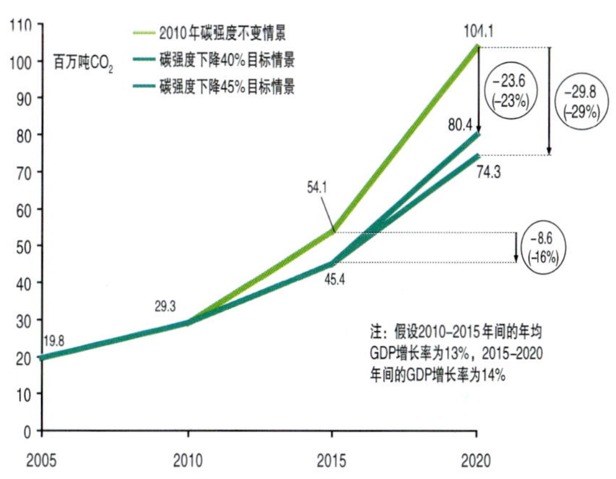

图6－4 贵阳低碳发展目标情景（未考虑外调电）

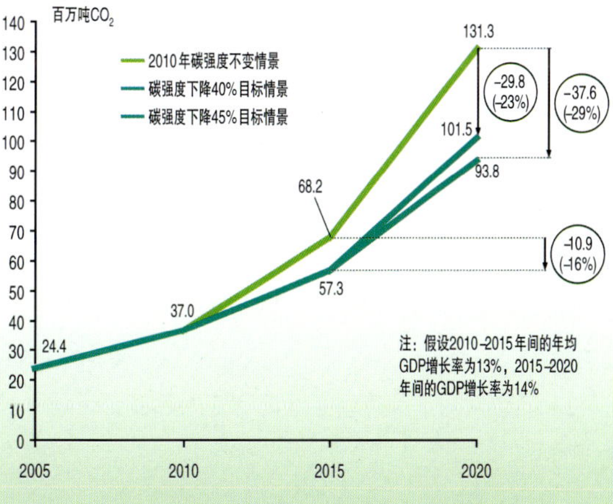

图6－5 贵阳低碳发展目标情景（考虑外调电）

《中共贵阳市委、贵阳市人民政府关于提高执行力、抢抓新机遇，纵深推进生态文明城市建设的若干意见》工作责任分解表

工　作　任　务	总负责人	责任单位	完成时限
提高执行力、抢抓新机遇，纵深推进生态文明城市建设。	李　军 袁　周 李跃南 陈　石	市委办公厅 市政府办公厅 市人大常委会办公厅 市政协办公厅	2010—2011年

（3）贵阳落实低碳发展的重点领域和行动

贵阳落实低碳发展目标的重点领域包括：调整产业结构转变经济增长方式，推动产业结构优化升级；促进工业结构优化升级；工业技术升级和节能改造；绿色建筑；绿色交通和调整能源结构等（正文表2中给出了各重点领域可采取的具体低碳行动及每项行动可预期实现的减排量以及占目标减排量的比重）。

从图6-6和图6-7中可以看出，结构调整包括产业结构调整，工业内部行业结构调整和产品结构调整等将对贵阳落实低碳发展目标起到关键作用，其贡献率合计达到40～50%左右。随着碳强度目标趋于严格，结构调整对整体减排的贡献值将有所下降，因此为进一步落实目标，需要提高建筑节能、工业技术升级和节能改造以及其它低碳行动的贡献。

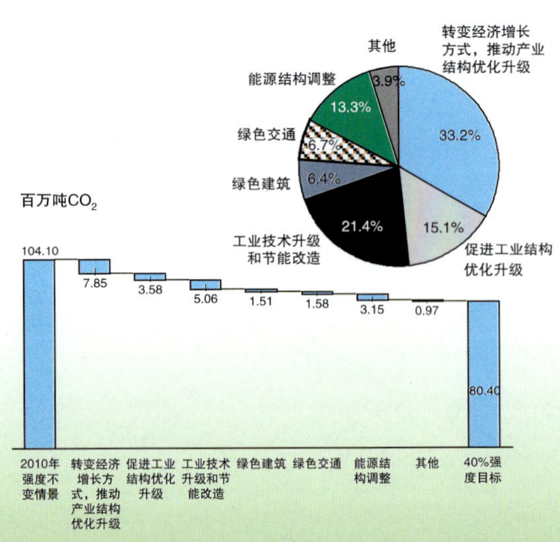

图6-6 2020年实现40%强度目标时各重点领域的贡献

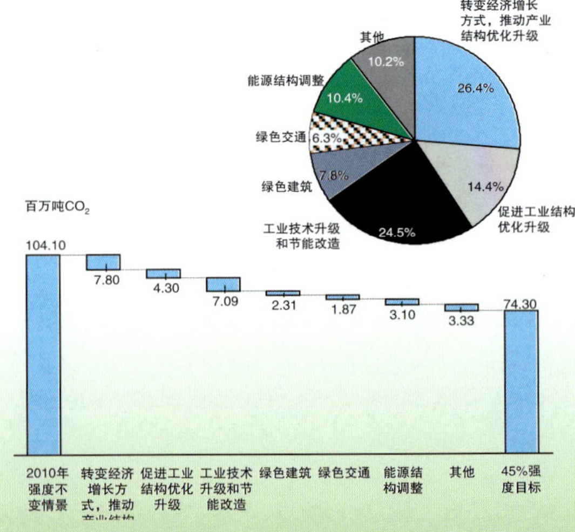

图6-7 2020年实现45%强度目标时各重点领域的贡献

一、近期工作目标

序号	工 作 任 务	分管领导	主 要 责任单位	完成时限
1	超前做好“十二五”发展规划编制工作。	申振东	市发改委	2010—2011年
2	做好创建国家卫生城市各项工作，力争2010年获得国家卫生城市称号。	李 忠	市卫生局 市城管局 各区（市、县）	2010年
3	做好创建国家环境保护模范城市各项工作，力争2010年获得国家环境保护模范城市称号。	徐 恒	市环保局 各区（市、县）	2010年
4	做好创建全国文明城市各项工作，力争2011年进入全国文明城市行列。	蒋星恒	市委宣传部 市文明办 市直各部门 各区（市、县）	2010—2011年
5	做好协办第九届全国少数民族传统体育运动会的各项工作。	余维祥	市民宗局 市体育局	2010—2011年

二、全面加强城乡规划、建设和管理，提升城市品位

类 别	工 作 任 务	分管领导	主 要 责任单位	完成时限
1. 扩大城乡规划覆盖面。	围绕《贵阳市城市总体规划（2009—2020年）》，抓紧编制分区规划、各类专项规划以及城市设计和修建性详细规划，增强各类规划之间的协调性，强力推进规划实施。	徐 恒	市城乡规划局	2010—2011年
	2011年完成主城区1230平方公里和全市乡镇镇区范围控制性详细规划编制。	徐 恒	市城乡规划局	2011年
	进一步完善农民建房的相关政策，突出民族和地域特色，加强道路沿线农房和重点村寨的整体规划和设计。	徐 恒	市住房和城乡建设局 市城乡规划局 市国土资源局	2010年
	编制完成《贵阳市客货运场站建设规划》。	帅 文	市交通运输局 市城乡规划局	2010年
	编制完成《贵阳市大型专业市场建设规划》。	季 泓	市商务局 市城乡规划局	2010年
	编制完成《贵阳市中心城区环卫设施规划》。	徐 恒	市城管局 市城乡规划局	2010年
2. 加强城市细部规划建设。	重点做好主要景观轴线和主要节点、地标性建筑、城乡接合部、城市主要出入口的规划设计，突出广场、绿地、河道等公共开放空间的功能和特色。	徐 恒	市城乡规划局	2010年
	精心做好城市建筑物的外观设计，加快推进主干道两侧建筑立面规划整治。	徐 恒	市城乡规划局 市城管局 各区（市、县）	2010—2011年
	加强中心城区绿化，2011年人均公共绿地达10平方米以上。	徐 恒	市林业绿化局	2010—2011年
	严禁乱批滥占林地开发房地产。	帅 文 徐 恒	市林业绿化局 市城乡规划局	2010—2011年
	积极发展绿色建筑，全面推进绿色设计和绿色施工，开展绿色建筑认证。严格执行建筑节能环保标准，推广使用节能环保建筑材料，加强既有建筑节能改造。	徐 恒	市住房和城乡建设局 市发改委 市工业和信息化委	2010—2011年
	结合地域、气候和周边环境等特点，充分利用自然通风和自然采光，合理安排区域建筑布局和朝向。	徐 恒	市城乡规划局	2010年
3. 强力推进基础设施建设。	精心组织贵阳市域快速铁路网规划建设，提高投资决策透明度，严格控制投资概算，加强监督管理。	马长青	贵阳快速铁路建设指挥部	2010—2011年
	精心组织城市轻轨规划建设，提高投资决策透明度，严格控制投资概算，加强监督管理。	徐 恒	市城市轨道交通有限公司	2010—2011年
	精心组织北京东路规划建设，提高投资决策透明度，严格控制投资概算，加强监督管理。	刘文新	市城市建设投资（集团）有限公司 云岩区	2010—2011年

类别	工作任务	分管领导	主要责任单位	完成时限
3. 强力推进基础设施建设。	精心组织甲秀北路规划建设，提高投资决策透明度，严格控制投资概算，加强监督管理。	徐　恒	市城市建设投资（集团）有限公司 市金阳建设投资（集团）有限公司 云岩区 金阳新区管委会	2010—2011年
	精心组织北二环规划建设，提高投资决策透明度，严格控制投资概算，加强监督管理。	徐　恒	市金阳建设投资（集团）有限公司 云岩区 乌当区 白云区 金阳新区管委会	2010—2011年
	精心组织东二环规划建设，提高投资决策透明度，严格控制投资概算，加强监督管理。	帅　文	市交通发展投资（集团）有限公司 云岩区 乌当区 南明区	2010—2011年
	统筹贵阳市域快速铁路网、城市轻轨、北京东路、甲秀北路、北二环、东二环等重大交通项目沿线土地开发和片区建设，按照建设城市新社区的思路做好拆迁安置工作。	马长青 刘文新 帅　文 徐　恒	市城乡规划局 市住房和城乡建设局 市国土资源局 贵阳快速铁路建设指挥部 市城市轨道交通有限公司 市城市建设投资（集团）有限公司 市金阳建设投资（集团）有限公司 市交通发展投资（集团）有限公司 相关区（市、县）	2010—2011年
	加快雨污分流、城市污水收集管网和处理设施建设。	徐　恒	市城市建设投资（集团）有限公司 市城管局 市城乡规划局	2010—2011年
	加强供排水特许经营管理。	徐　恒	市城管局	2010—2011年
	新建的规模以上住宅小区、宾馆、写字楼、办公楼等场所必须建设雨污分流排水系统。	徐　恒	市城乡规划局 市住房和城乡建设局 市城管局	2010—2011年
	鼓励支持建设中水回用工程。	徐　恒	市城管局 市住房和城乡建设局市城乡规划局	2010—2011年
	逐步对已建成的大型住宅小区和公共建筑实施雨污分流和中水回用系统改造。	徐　恒	市住房和城乡建设局市城乡规划局 市城市建设投资（集团）有限公司 各区（市、县）	2010—2011年
	2011年，完成花溪片区及市西河、贯城河流域等老城区的雨污分流管网改造。	徐　恒	市城市建设投资（集团）有限公司 市城管局 花溪区 云岩区 南明区 乌当区	2010—2011年
	加快垃圾中转站及无害化处理设施建设。	徐　恒	市城管局 市城乡规划局	2010—2011年
	2011年，建成南郊垃圾卫生填埋场。	徐　恒	花溪区	2011年

类别	工作任务	分管领导	主要责任单位	完成时限
4. 提高城镇化发展水。	提升金阳新区综合服务功能，加快商场、学校、医院、公交等配套设施建设，增强城市人口集聚力。	李忠	金阳新区管委会	2010—2011年
	加快三桥马王庙片区开发，着力推进金西大道（云岩段）、新马王街等市政设施建设，促进老城区、三桥马王庙片区、金阳新区的融合。	刘文新	云岩区	2010—2011年
	按照属地管理原则，加大违法建筑查处治理力度。	徐恒	各区（市、县）	2010—2011年
	2010年，启动10个城中村改造工作。	徐恒	市住房和城乡建设局 市城乡规划局 市国土资源局 各区（市、县）	2010年
	进一步完善花溪、乌当、白云、小河的城市服务功能，提高清镇市区和修文、息烽、开阳县城的综合承载能力。	徐恒	花溪区 乌当区 白云区 小河区 清镇市 修文县 息烽县 开阳县 市城乡规划局	2010—2011年
	逐步放宽城镇户籍限制。	邹碧声	市公安局	2010年
	加快站街、扎佐、青岩、双流、小寨坝等中心镇规划建设，提高产业聚集和人口吸纳能力。	徐恒	市住房和城乡建设局 市城乡规划局 清镇市 修文县 花溪区 开阳县 息烽县	2010—2011年
5. 严格市容市貌管理。	加大“五脏五乱”整治力度。	蒋星恒	市文明办 市城管局	2010年
	选择一批社区和单位开展垃圾分类收集试点工作，逐步形成城市垃圾源头削减、分类收集、分类运输、综合利用、无害化处理的运行机制。	徐恒	市城管局 各区（市、县）	2010年
	实施餐饮业油烟污染综合整治。	徐恒	市环保局 各区（市、县）	2010—2011年
	实施环境噪声污染、扬尘污染综合整治。	徐恒	市环保局 市城管局	2010—2011年
	实施机动车排气污染综合整治。	徐恒	市环保局 市公安局	2010—2011年
	2010年，群众对全市卫生状况满意率高于90%。	李忠 徐恒	市城管局 市卫生局	2010年
6. 完善城市建管体制。	加快制定市、区（市、县）和投资建设主体三方利益联动建设基础设施的具体措施和办法。	申振东 徐恒	市发改委 市住房和城乡建设局 市财政局 市国土资源局	2010年
	整合城市管理资源，加快建立交通、治安、城管等共用的城市数字信息化管理平台，实现网格化管理。	申振东 邹碧声 徐恒	市城管局 市公安局 市工业和信息化委	2010年
	强化“两级政府、三级管理、四级服务”的城市管理体制，理顺市、区、街道、社区的管理工作职责。	徐恒	市城管局 各区（市、县）	2010年
	积极推进政府购买公共服务，对污水处理、清洁卫生、园林绿化等逐步实行社会化、市场化运作。	徐恒	市城管局 市林业绿化局 市财政局 各区（市、县）	2010—2011年

三、加大结构调整力度，提高生态经济发展质量

类别	工作任务	分管领导	主要责任单位	完成时限
1. 积极培育新的经济增长点。	进一步突出“爽爽的贵阳——中国避暑之都”城市品牌，深化“贵阳避暑季”、“贵阳温泉月”活动内容和形式。	蒋星恒 季　泓	市委宣传部 市旅游产业发展委 市旅游文化产业投资（集团）公司 市文化局	2010—2011年
	加快国际会展中心建设。	李　忠	金阳新区管委会	2010年
	扩大生态文明贵阳会议在国内外的影响力。	申振东 李　忠 王保建 徐　恒	市委办公厅 市政府办公厅 市外事办	2010—2011年
	加快二戈寨、金阳等物流园区建设。	季　泓	市商务局 市城乡规划局 金阳新区管委会 南明区	2010—2011年
	加快孟关汽车商贸城建设。	徐　恒	市公共住宅建设投资（集团）有限公司 花溪区 市住房和城乡建设局 市城乡规划局	2010—2011年
	积极引进招商银行、花旗银行等国内外金融机构。	申振东	市政府金融办	2010—2011年
	2010年成立贵阳市农村商业银行。	申振东	市政府金融办	2010年
	2011年服务业增加值占全市生产总值的比重达 50%。	申振东 季　泓	市发改委 市商务局 市旅游产业发展委 市政府金融办 市住房和城乡建设局	2011年
	抓好中航贵阳高新区飞机发动机产业基地、贵航军转民（装备制造）高新技术产业基地等重大项目建设。	李　涛 翟　彦	高新开发区 小河区 市工业和信息化委	2010—2011年
	大力发展战略性新兴产业。	李　涛 申振东 翟　彦	市发改委 市工业和信息化委	2010—2011年
	积极支持锂离子电池正极材料、太阳能级多晶硅等新材料、新能源项目建设。	李　涛 翟　彦	市工业和信息化委 市科技局 高新开发区	2010—2011年
	加快无污染、无公害农产品基地建设，2011年主要农产品中有机、绿色及无公害产品的比重达 80%以上。	马长青 帅　文	市农委	2010—2011年
2. 加快传统产业改造升级。	2010年编制完成铝、磷等矿产资源开发利用专项规划，优化矿产资源配置。	李　涛 翟　彦 徐　恒	市国土资源局 市工业和信息化委	2010年
	强力推进铝、磷、煤等资源型企业技术改造，能源资源消耗指标达到国内同行业先进水平。	李　涛 翟　彦	市工业和信息化委 各区（市、县）	2010—2011年
	加强磷渣、粉煤灰、赤泥等工业固体废物的综合利用和处置。	李　涛 翟　彦	市工业和信息化委	2010—2011年
	发展精深铝加工和精细磷煤化工，延长产业链，提高产品附加值。	李　涛 翟　彦	市工业和信息化委 市发改委 白云区 清镇市 息烽县 开阳县 修文县	2010—2011年
	加快资源就地转化，新建的铝、磷等资源型项目，资源就地转化率必须达到 100%，2011年现有磷矿企业资源就地转化率达到 60%，铝矿原矿和焙烧熟矿企业资源就地转化率达到 100%。	李　涛 翟　彦	市工业和信息化委 市发改委 市国土资源局 白云区 清镇市 息烽县 开阳县 修文县	2010—2011年
	运用信息技术和现代经营管理方式，加快商贸、餐饮等传统服务业优化升级。	季　泓	市商务局 市发改委 市工业和信息化委	2010—2011年

类别	工作任务	分管领导	主要责任单位	完成时限
3. 加大工业污染防治力度。	坚持绿色招商，严禁不符合国家产业政策、污染严重的项目落户。	季泓	市政府招商办 市发改委 市环保局 各区（市、县）	2010—2011年
	推广清洁生产，逐步实行强制性清洁生产审核。	李涛 徐恒	市环保局 市工业和信息化委	2010年
	严格执行排污许可证和污染物总量控制制度，完善企业污染源档案。	徐恒	市环保局	2010年
	加大整治违法排污力度，对污染物排放不达标的企业限期治理或关停。	徐恒	市环保局 各区（市、县）	2010—2011年
	加强以二氧化硫和可吸入颗粒物为重点的工业大气污染治理。	徐恒	市环保局	2010年
	加快清镇发电厂、贵阳钢厂、贵州水泥厂等重点污染源的异地改造项目建设。	李涛 翟彦	市工业和信息化委 市国资委	2010年
	2010年全市重点工业企业污染物排放稳定达标。	徐恒	市环保局 各区（市、县）	2010年
4. 强化生态植被恢复治理。	采取科学、有序、合理的开采方式，提高矿产资源回收率和综合利用率，减少对生态环境的影响。	李涛 翟彦 徐恒	市国土资源局 市工业和信息化委 有关区（市、县）	2010—2011年
	严格执行矿山地质环境恢复治理保证金制度，督促矿山企业恢复治理矿山地质环境。	徐恒	市国土资源局	2010—2011年
	大力实施国家天然林资源保护、水土流失、石漠化和沙石采掘场综合治理、巩固退耕还林成果等林业生态重点工程。	帅文 徐恒	市林业绿化局 市水利局 市国土资源局	2010—2011年
	加大交通干线绿化力度。	帅文 徐恒	市林业绿化局	2010—2011年
	进一步发挥市中级人民法院环境保护审判庭和清镇市人民法院环境保护法庭的作用，强化以环城林带、“两湖一库”为重点的森林资源管理和保护。	邹碧声	市法院	2010—2011年
	到2011年全市建成区新建4个山体公园，完成营造林24万亩，森林覆盖率达43%。	帅文 徐恒	市林业绿化局 有关区（市、县）	2010—2011年
5. 加大节能环保资金投入。	调整市工业技改资金和市应用技术研究与开发资金投向，每年用于支持高新技术、节能减排、循环经济、清洁生产等项目的资金不低于60%。	李涛 翟彦	市工业和信息化委 市发改委 市科技局	2010—2011年
	设立市创业投资引导基金，支持战略性新兴产业和科技型创业企业发展。	李涛 翟彦	市工业和信息化委 市工业投资（集团）有限公司 市科技局 市财政局	2010年
	创新生态建设投入机制，鼓励和引导各种投资主体以多种形式投资、建设和营运生态环保项目，确保环境保护投资指数高于2.0，并逐年提高。	申振东	市发改委 市环保局	2010年
6. 完善节能环保相关政策。	推进居民用水、煤气阶梯式计价收费，非居民生活用水实行超计划加价收费。	季泓	市物价局	2010年
	制定支持中水、雨水开发利用和循环用水的相关政策。	徐恒	市城管局	2010年
	环卫、绿化等市政用水逐步使用中水、雨水。	徐恒	市城管局 市林业绿化局	2010—2011年
	洗车、洗浴、游泳等经营单位，应采用低耗水技术，安装使用循环用水设施。	徐恒	市城管局	2010—2011年
	清理整顿自备水源，并逐步关闭。	帅文	市水利局	2010—2011年
	切实做好水资源费的征收工作。	帅文	市水利局	2010—2011年
	切实做好污水处理费的征收工作。	徐恒	市供水总公司	2010—2011年
	切实做好排污费的征收工作。	徐恒	市环保局	2010—2011年
	切实做好垃圾处置费的征收工作。	徐恒	市城管局 市物价局 各区（市、县）	2010—2011年
	落实好国家电价调整政策。	李涛 翟彦	市工业和信息化委	2010年
	进一步完善和落实生态补偿机制。	申振东	市财政局	2010年
	探索启动排污权交易市场，积极争取在特定区域或行业内探索性开展碳排放交易。	申振东	市发改委 市环保局	2010年

四、深入推进“六有”民生行动计划，切实解决民生热点问题

类别	工作任务	分管领导	主要责任单位	完成时限
1. 稳步提升群众安全感。	继续深入开展“严打两抢一盗，保卫百姓平安”专项行动，加大对“黄、赌、毒”等违法犯罪以及社会黑恶势力的打击力度。	邹碧声	市委政法委 市公安局 各区（市、县）	2010年
	加强对城郊接合部、娱乐场所、出租房屋等重点区域和特种行业的管理整治。	邹碧声	市公安局 各区（市、县）	2010—2011年
	健全110扁平化指挥网格式警区防控机制，提高快速反应能力和街面见警率。	邹碧声	市公安局 各区（市、县）	2010年
	组建和充实各种形式、不同类型的群防群治队伍，着力解决楼群院落尤其是散居院落的治安防范问题。	邹碧声	市委政法委 各区（市、县）	2010年
2. 着力缓解老城区交通拥堵。	大力推进智能化交通管理，提高重点区域、路口、路段通行能力，力争交叉路口阻塞率不高于2%。	邹碧声	市公安局 各区（市、县）	2010—2011年
	严格执行限制大货车进入中心城区等管理措施。	邹碧声	市公安局	2010—2011年
	加强城市停车场规划建设和管理，制定分区域、分时段的差别停车收费政策。	徐　恒	市城管局 市城乡规划局	2010年
	优化公交线路、站点设置，加快公交车辆更新，提高公交服务水平，制定鼓励公交出行的优惠政策。	帅　文	市交通运输局 市公交总公司	2010年
	2011年市民对公交站点布局与交通便捷的满意度不低于60%。	徐　恒	市城管局 市城乡规划局	2011年
	依法严厉打击非法营运。	帅　文	市交通运输局	2010—2011年
	理顺出租车营运管理模式，逐步形成中心城区与各片区统一的客运市场。	帅　文	市交通运输局	2010年
	积极开展“步行日”、“无车日”活动。	蒋星恒	市文明办	2010年
	完善城市步行系统、无障碍系统。	徐　恒	市城乡规划局 市城管局 市住房和城乡建设局	2010年
3. 切实解决“择校”问题。	促进义务教育均衡发展，加快中小学区域布局调整，推进城郊接合部和新建住宅区配套公办学校、农村寄宿制标准化学校建设和薄弱学校改造。	蒋星恒 季　泓	市教育局 市城乡规划局	2010—2011年
	深化义务教育学区管理改革，逐步提高农村学校教师待遇，严格落实中小学校校长、教师交流制度和学区内划片入学制度，进一步缩小城乡之间、区域之间、校际之间的教育差距。	蒋星恒 季　泓	市教育局	2010—2011年
4. 提高医疗卫生服务质量。	积极推进医药卫生体制改革。	李　忠	市卫生局	2010—2011年
	启动贵阳市区域卫生信息网络建设。	李　忠	市卫生局	2010年
	2010年起，社区卫生服务机构、乡镇卫生院和村卫生室实行国家基本药物零差率销售。	李　忠	市卫生局	2010—2011年
	加快社区卫生服务机构体制改革，逐步成为以政府主导的全额拨款公益性事业单位。	李　忠	市卫生局	2010—2011年
	完善疾病预防控制体系，加强疫情防控工作。	李　忠	市卫生局	2010—2011年
	深入开展惠民医疗服务，改善困难群众健康水平。	李　忠	市卫生局	2010—2011年
	加大城乡卫生对口帮扶力度，增强基层医疗卫生机构的服务能力。	李　忠	市卫生局	2010—2011年
	2010年，全市新农合参合率达96%以上，群众对医疗卫生行业的满意度不低于80%。	李　忠	市卫生局	2010年
5. 加强城乡就业和社保工作。	进一步加强区（市、县）、乡（镇、街道）劳动保障平台建设，大力开展职业技能、实用技能和创业培训，促进高校毕业生、农民工、就业困难对象就业。	翟　彦	市人力资源和社会保障局	2010—2011年
	2010年开发公益性就业岗位4500个，完成“充分就业社区”创建40%，继续保持“零就业”家庭动态为零。	翟　彦	市人力资源和社会保障局	2010年
	积极推进新型农村社会养老保险，全面推进居家养老工作。继续加大价格调节基金对低收入困难群体的补贴，逐步提高城乡低保水平。推进社会保险的扩面征缴，力争2011年城镇职工基本养老保险覆盖率达79%，城镇职工基本医疗保险参保率达87%。	李　忠 翟　彦	市人力资源和社会保障局 市民政局 市物价局	2010—2011年
6. 多渠道解决群众“住房难”问题。	做好廉租住房项目库建设，积极申请中央投资补助。	申振东 徐　恒	市住房和城乡建设局 市发改委 各区（市、县）	2010—2011年
	力争2010年开工建设廉租住房50万平方米。	徐　恒	市公共住宅建设投资（集团）有限公司 市财政局 市发改委 市住房和城乡建设局 市城乡规划局 市国土资源局 各区（市、县）	2010年
	建立健全廉租住房进入和退出机制。	徐　恒	市住房和城乡建设局 各区（市、县）	2010年
	加强经济适用住房的建设管理，建立完善经济适用住房租赁制度。	徐　恒	市住房和城乡建设局	2010年
	稳步推进普通商品房建设，规范发展二手房市场。	徐　恒	市住房和城乡建设局	2010—2011年
	继续做好农村危房改造整区推进工作。	徐　恒	市住房和城乡建设局	2010—2011年

五、加强宣传引导，提高市民生态文明素质

类 别	工 作 任 务	分管领导	主 要 责任单位	完成时限
1. 开展专题教育宣传活动。	广泛开展文明创建金点子征集、市民评论等形式多样、寓教于乐的生态文明教育宣传活动。	蒋星恒	市委宣传部 市文明办	2010—2011年
	积极创建一批生态文明教育基地，推行现场式、体验式公众教育。	蒋星恒	市文明办	2010—2011年
	提倡节能环保简约化的生活方式，提高公众的绿色消费意识。	蒋星恒	市委宣传部 市文明办 市城管局 市环保局	2010—2011年
	市级新闻媒体要开设生态文明城市建设专题或专栏，各社区（村）宣传栏要定期刊登生态文明城市建设有关内容。重要公共场所设置宣传创建活动和道德建设的大型公益广告，商业中心、车站、主干道等重点场所公益广告比例不低于20%。确保市民对“三创一办”工作的知晓率高于90%，对创建工作支持率高于80%。	蒋星恒	市委宣传部 市广播电影电视局 市城管局 市文明办 各区（市、县）	2010—2011年
2. 建立生态文明道德规范。	围绕“争创全国文明市，喜迎民族运动会”，组织形式多样的文明养成教育，提高市民文明素质，规范市民日常行为。	蒋星恒	市文明办	2010—2011年
	着力整治互联网低俗之风、网吧和文化娱乐场所、校园周边环境，坚决遏制淫秽色情等违法有害信息传播。	蒋星恒 季 泓	市文化局 市教育局 市公安局	2010—2011年
	大力弘扬“知行合一、协力争先”的贵阳精神，增强市民的城市认同感、归属感和自豪感。每年评选表彰一批“城市精神年度人物”、“见义勇为市民”、环保“绿色卫士”。	蒋星恒	市委宣传部 市委政法委 市环保局 市文明办	2010—2011年
3. 深入开展“绿丝带”志愿服务活动。	组建贵阳市志愿者协会，实行志愿者注册制度，到2011年注册志愿者人数占城市人口总数的比例不低于8%。	蒋星恒	市文明办	2010年
	积极开展“三创一办”、温暖“空巢老人”等“绿丝带”志愿服务活动。	蒋星恒	市文明办	2010—2011年
	全市各级行政事业单位工作人员每年参加不少于48小时的志愿服务。鼓励和引导大中专生、中小学生和社会各界积极参与志愿服务。	蒋星恒	市文明办 市直机关工委 市教育局	2010—2011年
	积极发展环保协会、生态协会等各类公益性、服务性民间组织。	李 忠	市民政局 市环保局	2010—2011年

六、广泛动员，扎实开展生态文明创建活动

类 别	工 作 任 务	分管领导	主 要 责任单位	完成时限
1. 开展生态文明社区（村）创建活动。	以环境优良、邻里互助、家庭和美为主要内容，建立和完善生态文明社区(村)创建标准。	李 忠 帅 文	市民政局 市农委 市文明办 各区（市、县）	2010年
	开展全市性生态文明家庭评比，2011年区级以上（含区级）文明家庭的比例不低于20%。	李 涛 蒋星恒	市妇联 市文明办 各区（市、县）	2010—2011年
	深入开展整村推进整治活动，美化村容村貌。	马长青 帅 文	市农委 各区（市、县）	2010—2011年
	推进农村“五改一气”工程建设。	马长青 帅 文	市农委 各区（市、县）	2010—2011年
	巩固提高我市新农村建设12个省级试点、38个市级试点和10个精品民族村寨的创建水平。	马长青 帅 文	市农委 市民宗局 各区（市、县）	2010—2011年
	扎实抓好农村公益事业“一事一议”试点工作。	申振东 马长青 帅 文	市财政局 市农委	2010年
2. 开展生态文明学校创建活动。	以校园整洁、校风良好、文明向上为主要内容，建立和完善生态文明学校创建标准。	蒋星恒 季 泓	市教育局 市文明办	2010年
	开展生态文明教育和社会实践活动。	蒋星恒 季 泓	市教育局	2010—2011年
	加强师德师风建设，探索教师职称评定师德“一票否决制”。	蒋星恒 季 泓	市教育局	2010年
	全面实施素质教育，减轻学生课业负担。	蒋星恒 季 泓	市教育局	2010—2011年
	2011年全市80%以上中小学校（含幼儿园）、中等职业学校和大专院校达到生态文明学校标准，学生生态文明知识普及率达100%。	蒋星恒 季 泓	市教育局	2010—2011年
3. 开展生态文明医院创建活动。	以医德高尚、医技过硬、医患和谐为主要内容，建立和完善生态文明医院创建标准。	李 忠	市卫生局 市文明办	2010年
	打造绿色医疗环境，加强“平安医院”建设。	李 忠	市卫生局	2010—2011年
	严格控制放射性污染，医疗废弃物无害化处理率达100%。	李 忠	市卫生局	2010—2011年
	完善医德医风检查考核制度，建立医德医风档案。	李 忠	市卫生局	2010年
	建立医患沟通制度，优化服务质量，提高患者满意度。	李 忠	市卫生局	2010年

类别	工作任务	分管领导	主要责任单位	完成时限
4. 开展生态文明企业创建活动。	以诚信守法、文明生产、节能高效为主要内容，建立和完善生态文明企业创建标准。	李涛 翟彦	市工业和信息化委 市文明办	2010—2011年
	推动企业依法生产、依法经营、依法管理，自觉承担社会责任。	李涛 翟彦	市工业和信息化委 各区（市、县）	2010—2011年
	引导企业树立生态环保理念，采用有利于保护生态、清洁生产的工艺流程，使用绿色原料，生产绿色产品，减少资源能源消耗及废弃物排放。	李涛 翟彦	市工业和信息化委	2010—2011年
	2011年前，全市50%以上的规模以上企业达到生态文明示范企业标准。	李涛 翟彦	市工业和信息化委	2011年1月
5. 开展生态文明机关创建活动。	以公开透明、执行有力、便民利民为主要内容，建立和完善生态文明机关创建标准。	李涛 蒋星恒	市直机关工委 市文明办 各区（市、县）	2010年
	继续开展“整治发展软环境、建设服务型机关”专项活动，努力为群众提供方便、快捷、优质、高效的公共服务。	韩力争	市纪委 各区（市、县）	2010—2011年
	厉行节约，勤俭办事，大力压缩公用经费和一般性开支，降低行政成本。	申振东	市财政局 各区（市、县）	2010—2011年
	推进无纸化办公，提高办公设备节能效果。	申振东 王保建	市委办公厅 市政府办公厅 各区（市、县）	2010—2011年
	建立健全政府绿色采购制度，政府采购目录中的绿色产品应占40%以上，并逐年提高比重。	申振东	市财政局 各区（市、县）	2010年
6. 开展生态文明区(市、县)、乡(镇、街道)创建活动。	以经济发达、生态良好、社会和谐为主要内容，2010年编制完成生态文明区（市、县）、乡（镇、街道）建设规划，明确工作任务和时限。	徐恒	市城乡规划局 市环保局 各区（市、县）	2010年
	加强基层组织建设。	李涛 俞静	市委组织部 各区（市、县）	2010—2011年
	强化街道办事处的社会管理和服务职能，明确乡（镇）党委、政府在生态文明城市建设中的职责职能。		各区（市、县）	2010—2011年

七、强化责任，切实提高各级干部执行力

类别	工作任务	分管领导	主要责任单位	完成时限
1. 明确责任主体。	对“三创一办”等全市性重要工作、重大项目、重点工程实行项目负责制。	申振东 王保建	市委办公厅 市政府办公厅	2010—2011年
	按照分工负责与项目负责相结合的原则，统筹市领导工作安排，整合相关部门资源，建立市领导牵头的专项工作推进机制，把工作目标、工作任务、完成时限，逐一分解落实到具体的牵头领导、责任单位和责任人。	申振东 王保建	市委办公厅 市政府办公厅	2010—2011年
2. 加大督查力度。	建立督查专员制度，强化督查督办机构职责职能。	李涛	市督办督查局	2010年
	改进和创新督查方式，对全市重点工作实行专项督查、全程督查。	李涛	市督办督查局	2010—2011年
	建立健全人大代表、政协委员、专家学者、新闻媒体等社会各界参与的大督查机制。	李涛	市督办督查局	2010年
	健全重要工作责任报告制度和通报制度，责任单位和责任人要定期或不定期报告目标任务完成情况，并在一定范围内通报。凡向社会公开承诺的重大工作进展及目标任务完成情况要通过电视、报纸、政府公众信息网等新闻媒体向社会公布。	李涛 申振东 王保建	市督办督查局	2010年
3. 严格干部考核。	严格执行党政领导班子和领导干部绩效考核办法，完善考核方式，增强考核工作透明度，加大群众满意度在考核评价中的分量。把执行力作为干部考核的重要内容，重点考核领导班子和领导干部在重点工程、重要工作、重大突发事件和关键时刻履行职责、完成任务情况。考核结果在一定范围内通报、公示，并作为干部选拔任用、培养教育、监督管理和激励约束的重要依据。	李涛 俞静	市委组织部 各区（市、县）	2010—2011年
4. 加大奖惩力度。	大力倡导“敢抓敢管、敢作敢为、敢闯敢试”精神，对执行力强、目标任务完成好、群众满意度高的干部进行精神和物质奖励。	李涛 申振东 俞静 王保建	市委办公厅 市委组织部 市政府办公厅	2010—2011年
	对在重点工程、重要工作、重大突发事件中有突出贡献的干部优先选拔重用。	李涛 俞静	市委组织部	2010—2011年
	认真贯彻中央关于从严管理干部和党政领导干部问责的有关规定，严格责任追究制度，按照党政领导干部问责的有关规定，对执行不力、敷衍塞责、无所作为的领导干部坚决进行党纪政纪处分和组织处理。	李涛 俞静 韩力争	市纪委 市委组织部	2010—2011年
5. 加强教育培训。	充分利用党校（行政院校）、高等院校和其他专业培训机构的资源，创新培训方式和内容，按照“干什么学什么、缺什么补什么”的原则，分级分类对全市干部进行全覆盖、多手段、高质量的培训。	李涛 俞静	市委组织部 市人力资源和社会保障局	2010—2011年
	强化干部实践培训，加大定期选派干部到基层一线、重点建设工程挂职锻炼的工作力度。把提高执行力作为干部培训的重要内容，两年内对全市所有县级和科级干部普遍进行一次提高执行力专项培训。	李涛 俞静	市委组织部 市人力资源和社会保障局	2010—2011年

中共贵阳市委　贵阳市人民政府

关于大力发展生态农业的意见

（2010年11月18日）

发展生态农业是加快转变农业发展方式，推进农业现代化，实现农业资源高效、可持续利用的必然选择，是保护和改善农村生态环境，解决好“三农”问题，促进农业增效、农民增收和农村繁荣的重要途径，是满足人民群众对农产品质量的更高要求，纵深推进生态文明城市建设的迫切需要。为全面贯彻党的十七届五中全会和省委十届十次全会精神，抢抓国家深入实施西部大开发战略和省委、省政府支持贵阳加快发展重大历史机遇，加快我市生态农业发展，特提出以下意见。

一、总体思路和主要目标

（一）总体思路：全面贯彻落实科学发展观，牢牢把握“加速发展、加快转型、推动跨越”主基调，按照纵深推进生态文明城市建设的要求，坚持统筹规划、因地制宜、错位发展、重点突破的原则，充分发挥我市生物资源丰富、生态环境良好的优势，以生态农业基地建设和龙头企业带动为重点，大力推广生态农业、循环农业模式和技术，有序开发利用农业自然资源，有效治理农业面源污染，着力构建布局合理、特色突出、环境优美、集约高效、产品安全的现代生态农业体系，促进我市农业又好又快、更好更快发展，努力实现全市农村生产发展、生活宽裕、生态良好。

（二）主要目标：到2012年，主要农产品基地和产品无公害、绿色、有机认证率达100%；农产品质量安全合格率达98%以上；无公害农产品、绿色食品、有机农产品增加值占全市农业增加值比重50%以上，第一产业增加值年均增长10%以上，农民人均纯收入年均实际增长10%以上。2015年，现代生态农业体系初步建立，农业生态环境质量明显改善，可持续发展能力和农业现代化水平全面提升，实现农业生产、农村生活和生态环境的协调发展，成为全省生态农业的典范。

二、推进生态农业产业化

（三）积极推行生态农业模式。根据我市农业的资源优势和产业基础，因地制宜，主要推广4种生态农业、循环农业模式。

——生态循环种养模式：大力推广“养殖→有机（生物）肥→种植→养殖”的生产方式。2012年实现全市规模养殖企业（场）的畜禽粪污统一收储、集中加工、定向施用。

——休闲观光生态农业模式：大力营建“养殖→沼气→果树（蔬菜、花卉）→休闲观光农业”的生态富民家园，做到生态农业的示范推广、教育培训和休闲观光相结合。2012年实现80%的沼气户达到生产无害化、家居清洁化、庭院美丽化、收入多元化，每个区（市、县）建成10个以上的休闲观光生态农业示范村寨。

——大中型沼气池生态循环模式：以规模畜禽养殖场和农产品集约化基地为重点，大力推广“畜禽粪便（秸秆）→大中型沼气池→沼气（沼液、沼渣）→生产生活用能（种植）”的循环利用，探索农村集中供能模式。2012年建成大中型沼气池200个。

——村寨污水净化处理模式：大力推广“生活污水→农村清洁工程→达标排放”的农村生活污水综合治理，以集中式饮用水源保护区、新农村建设点、乡村旅游点、农村密集居住点为重点，净化处理农村生活污水。2012年，80%的乡村旅游点完成农村清洁工程。

（四）重点建设十类特色生态农产品基地。围绕“畜、禽、蛋、奶、蔬、果、花、茶、药、烟”等特色优势产业，到2012年建成一批投入品安全可靠、生产过程标准规范、废弃物循环再利用、产品质量安全可追溯、规模效益明显的特色生态农产品基地。

——肉禽产业。以清镇市、花溪区、息

烽县为重点，依托广东温氏、广西大发、昆明正大、四川特驱希望等肉鸡企业，新建年出栏20万羽以上的优质肉鸡生态养殖园区10个，发展养殖专业户400户，实现全市年出栏优质肉禽达2000万羽。

——蛋鸡产业。以开阳县、花溪区为重点，支持南江、长生源、兴华等大型蛋鸡企业做强做大，新建存栏5万羽以上的优质蛋鸡生态养殖园区5个，全市蛋鸡年存栏达350万羽以上。

——生猪产业。以开阳县为重点，支持台农公司建成4个年出栏1.5万头的优质商品猪生产基地，新建万头生猪生态园区（场）4个、5000头以上生猪生态园区（场）5个。全市生猪年出栏达130万头。

——奶牛产业。以修文县、清镇市为重点，支持三联乳业、好一多公司等大型乳品加工企业扩大生产规模，新建大型标准化奶牛养殖园区2个，全市奶牛年存栏达5万头。

——蔬菜产业。以修文县、息烽县、清镇市为重点，建设“贵遵”、“贵黄”线夏秋冷凉生态蔬菜产业带；以乌当区、开阳县为重点，建设“贵开”线折耳根、辣椒等特色生态蔬菜产业带；以花溪区为重点，建设“贵惠”线盐渍加工特色生态蔬菜产业带。建成标准化生态蔬菜基地3万亩、标准化蔬菜示范园区10个，全市蔬菜播种面积达130万亩（次）。

——果树产业。以乌当区、修文县、息烽县、开阳县、清镇市为重点，重点打造梨、桃、杨梅、葡萄、猕猴桃、枇杷等优质水果规模化基地，建成标准化精品果园10个，全市果树种植面积达34万亩。

——花卉苗木产业。以整合白云区、乌当区花卉发展资源为重点，巩固提升花卉产业发展质量和效益，打造“以花为媒”的设施、旅游观光农业园区；以清镇市、花溪区、白云区为重点，依托绿和美、金梧桐等苗木企业，建成苗木基地3万亩。

——茶叶产业。以开阳县为重点，加快建设“富硒有机茶”基地。围绕“两湖一库”打造湖滨茶叶产业带。新建茶叶标准化示范基地3个，全市茶叶种植面积达10万亩。

——中药材产业。以修文县、乌当区、清镇市、息烽县为重点，推进中药材规范化种植和抚育，新建中药材规范化种植和抚育基地5个，全市中药材种植抚育面积达20万亩。

——烟叶产业。以开阳县、清镇市为重点，加快高标准基本烟田建设，加强烟水、烟地等基础设施配套，建成高标准基本烟田60万亩，每年种植面积20万亩以上。

（五）大力发展生态农业旅游。以民俗风情、农耕文化、乡村风貌为依托，以农业基地、农业设施、民族村镇为载体，在城市建设、中心镇建设、新农村建设中突出农业生态旅游的功能，彰显乡村自然生态、民族民俗文化特色，着力构建布局合理、特色突出、服务功能完善的乡村旅游体系，重点打造一批以农村休闲、农业观光、农家体验为主要内容的生态农业旅游示范点，创建2—3个国家级农业旅游品牌。把生态农业旅游纳入全市旅游发展规划，整体对外包装营销。鼓励农业企业、旅游企业和其他产业的企业投资发展现代休闲观光度假产业，探索品牌经营、联销经营、合作经营的新模式。完善乡村旅游点基础设施，强化对农户及相关人员的培训，规范管理，提高整体服务水平。

（六）扶持生态农业龙头企业。到2011年起，集中安排生态农业产业化引导资金2000万元，重点扶持一批规模大、带动力强、辐射面广、成长性好的龙头企业，支持生态农产品加工园区建设。对所引进投资1000万元以上的龙头企业，优先保障企业用地。对现有龙头企业扩大规模，在设备更新、技术创新、市场开发等方面给予扶持。支持龙头企业上市融资，对成功上市融资的企业一次性奖励50万元。到2012年，培育年销售收入上亿元的龙头企业15家，5亿元以上的龙头企业3家，全市重点龙头企业总数达100户以上。

（七）着力实施“生态品牌”战略。积极支持“百宜折耳根”等生态农产品创建品牌，支持“黔山牌”、“富硒有机茶”、“永牌”、“山花”、“好一多”、“六广河”等争创名优

产品、著名商标、原产地标记注册。鼓励龙头企业、农民专业合作社等申报无公害、绿色、有机农产品生产基地及产品称号，申报注册商标及商标晋级。对当年获国家级、省级原产地域保护范围、原产地标记产品的，分别奖励50万元、30万元。对被认定为有机农产品、绿色食品的单位，分别奖励20万元、10万元。到2012年，创全市绿色食品品牌30个，全国无公害农产品700个，创国家级、省级名牌产品2—3个。

三、切实加强农业生态环境建设

（八）加强农村生态环境保护。按照生态文明乡（镇）、村建设的标准，大力开展村庄整治，积极推进“五改一气”，实施农村清洁工程。大力倡导低碳排放，推广沼气、太阳能等清洁能源，重点推广使用太阳能热水器。加强农村户用沼气池的后续服务管理，推进大中型沼气池建设。充分利用国际清洁发展机制，努力将沼气的碳信用指标打捆出售。加强森林资源保护，着力实施国家天然林资源保护、退耕还林成果巩固、石漠化综合治理等生态治理重点工程，增强森林生态服务功能，增加森林碳汇。积极争取国家退耕还林任务。对25度以上坡耕地和高等级公路沿线发展经济林给予种苗补助，2015年前市域内高等级公路沿线25度以上坡耕地、一级饮用水源保护区实现经济林全覆盖。加强“两湖一库”等集中式饮用水源保护区农业污染综合治理，严格禁磷，推行农田清洁生产，建立湖滨立体生态保护带，开展水体综合治理。

（九）加强生态农业基础设施建设。积极争取中央水利建设、生态建设和石漠化治理等政策支持，切实加大生态农业基础设施建设。实施国家农业综合开发土地治理项目，加快中低产田土改造，建设高标准农田。积极推进农村串寨（户）路、机耕道、生产便道建设，强化农村道路养护管理。强力推进民生水利工作，到2015年新建鱼洞峡等一批中小型水库，除险加固水库19座，新（改）建“五小”（小山塘、小渠道、小提水站、小水池、小堰闸）水利工程2万处，农村饮水安全工程800处，新增节水灌溉面积20万亩。

（十）加强畜禽粪污治理及转化利用。强力推进畜禽粪污无害化处理，逐步引导传统散养方式转向规模化、标准化、园区集中饲养。推广雨污分流、干湿分离和设施化处理技术，在粪污相对集中的规模化养殖场或养殖小区，重点实施畜禽粪污能源利用工程，使畜禽粪尿转化为农村清洁能源和有机肥。支持南江公司、吉龙公司等扩大有机（生物）肥产能。建立有机肥推广补偿补助机制。2012年全市规模养殖场畜禽粪污处理利用率达100%，主要农产品基地有机（生物）肥使用面达100%。

（十一）严格控制农药、兽药和化肥使用。禁止使用国家明文规定的禁用药物，加快推广高效、低毒、低残留兽药、农药新品种和农业有害生物综合治理技术，在“两湖一库”等集中式饮用水源保护区建立一批农药减量增效控污示范区。推广使用太阳能杀虫灯，减少农药使用的次数和数量。2012年，大型种植基地实现100%杀虫灯覆盖，有效降低农药施用量。大力推广测土配方施肥技术和生物农药，提倡使用有机肥，减少化肥使用量。

四、创新生态农业经营机制

（十二）加快推进农村土地承包经营权有序流转。建立健全市、区（市、县）、乡（镇）三级土地承包流转服务机构和市、区（市、县）两级农村土地承包及流转纠纷仲裁委员会，规范农村土地承包经营权流转程序。支持各种社会力量参与创办土地流转服务机构。鼓励农户、龙头企业、农业合作经济组织、农村集体经济组织采取“土地流转、规模经营”、“土地入股、联合经营”、“土地入股、民企合作”等方式，引导土地向种养大户、龙头企业、基地园区集中，规模化发展生态农业。支持有条件的地方探索以土地承包经营权流转置换社会保障的流转模式，推进城乡一体化。开展农民承包土地确权登记试点，推进农民承包土地面积、地块、合同和经营权证“四到户”，保障农民的土地承包权利，解决农民流转土地的后顾之忧。每年安排一定的专项资金，用于推进农村土地流转和规模经营，具体办法由市农委会同市财政局制定。

（十三）大力发展农民专业合作经济组织。市级每年重点扶持20个农民专业合作组织，支持其开展标准化生产、发展生态农业，在基础设施建设、设备购置、市场开拓方面给予补助。鼓励农民专业合作经济组织直接申报农业项目。每年评选十佳农民专业合作经济组织，每家奖励2万元；新办市级以上农民专业合作经济组织，每家补贴开办费 1 万元。加强农民专业合作经济组织的引导，促使其转化为以资本为纽带的专业合作社。到2015年，建立100个生态农民专业合作社，其中省级示范性合作社15家、市级示范性合作社30家。

（十四）积极搞活农产品市场流通。制定贵阳市生态农产品流通体系建设规划，加快生态农产品综合批发市场、产地批发市场、物流配送中心建设。到2012年，建成生态农产品大型批发市场1个，专业批发市场2—3个。鼓励龙头企业、农民专业合作社等组织与超市、宾馆、医院、高校等集团消费农产品数量大的单位建立合作关系。加快农产品物流业的发展，加强农产品冷链物流体系建设。加快培育农产品营销大户和经纪人，着力引进和培育农产品分销商。健全完善生态农产品“绿色通道”制度。积极发挥“贵阳市农业综合信息共享平台”作用，发展生态农产品电子商务。

五、强化生态农业科技支撑

（十五）加大生态农业科技开发和推广力度。依托贵州省农科院、贵州大学等科研院校，以乌当、花溪国家级农业科技园区等为载体，积极研发和推广生态农业技术。每年评选推广应用农业新品种、新技术优秀项目实施单位10个，每个奖励5万元。积极鼓励支持科技人员以技术承包、技术入股等方式深入生产一线，以“科技人员+基地”、“科技人员+科技大户+基地”、“科技人员+专业合作经济组织+龙头企业+基地”和领办科技示范园区（基地）等运行方式，开发利用和推广成套的生态农业实用技术。开展“生态农业科技入户行动”，加强绿色农业技术培训，2011年起每年培训1万人。

（十六）加快制定生态农业技术标准。紧紧围绕我市生态农业主导产业，在严格执行国家标准和生态农业行业标准的基础上，制定农业生产技术规程、农产品标准等农业生产技术标准，保证主要农产品具有生产技术规程和质量安全技术标准，80%以上的农、畜产品按相应标准组织生产并达到国家标准或行业标准的要求。对通过国家、省、市级标准认定批准发布的标准起草单位，分别给予10万元、5万元、2万元的奖励。

（十七）强化农产品质量安全检测监督。完善市农产品质量检测中心，建立以产地农产品批发市场、农贸市场、农业龙头企业、专业合作社和主要农产品生产基地为主的农产品速测点，配备速测设备和人员。到2012年，建成400个农产品质量检验监督站和速测点，初步形成市、区（市、县）和产地、市场全覆盖的自我检测、监督检测和委托检测相结合的农产品质量安全监测检测网络。建立农产品质量安全例行检测制度，由市农产品质量检测中心定期对农产品质量安全情况进行监测，实施从“农田到餐桌”的全过程监控，对不合格农产品按规定进行处理。

六、切实加大对生态农业的投入

（十八）加大财政投入力度。确保各级财政对农业投入的增长幅度高于经常性收入的增长幅度。统筹涉农资金，向生态农业项目倾斜，重点支持小型农田水利、节水灌溉设施、沼气应用和发电、农村串寨（户）路机耕道、农村生活污水治理利用、生态农业基地（园区）等基础设施建设，重点支持生态农业技术创新、农业废弃物循环利用、农业面源污染防治等项目。做好生态农业发展项目储备和申报工作，积极争取国家、省资金支持。

（十九）建立多元化投融资体制。2010年，整合农、林、水等部门优良资产组建成立贵阳市生态农业发展产权流转担保有限公司，市级财政从2011年起，第一年投入2000万元，以后连续4年每年注入1000万元作为增量投入。各区（市、县）也要成立相应的担保公司。加快组建贵阳市农村商业银行，积极发展村镇银行，探索

贵阳市人民政府关于促进会展业发展的若干意见

（2010年8月11日）

为进一步转变发展方式，优化产业结构，发挥我市独特的生态、资源、产业等优势，大力培育和发展会展业，使会展业成为我市现代服务业的先导行业和新的经济增长点，从而带动全市现代服务业的快速发展，提升城市综合竞争力，根据《中共贵阳市委关于建设生态文明城市的决定》和《贵阳市人民政府关于进一步加快服务业发展的意见》的要求，结合我市实际，现就加快发展我市会展业提出如下意见。

一、指导思想

以科学发展观为指导，以国家进一步推进西部大开发为契机，以打造生态文明城市、中国夏季会展名城为目标，以产业化、市场化、专业化、品牌化、国际化为导向，以良好的生态、资源、产业、交通优势和先

和创新多种信贷方式支持生态农业发展。支持保险公司开拓生态农业保险和再保险业务。鼓励和引导各类社会资本参与生态农业发展，与生态农业基地和农户形成利益共享、风险共担机制。

（二十）切实加大对农业生态补偿。市、区（市、县）两级生态补偿专项资金要明确一定比例，对无公害、绿色、有机农产品生产、生态农业基地（园区）建设、农业生态恢复，以及“两湖一库”等集中式饮用水源保护区范围内发展生态农业的企业、农户进行补偿。

七、建立健全生态农业保障机制

（二十一）加强组织领导。为加强对生态农业工作的统一领导，成立市发展生态农业工作领导小组，下设办公室。办公室设在市农委，具体负责生态农业发展的牵头协调工作。制定生态农业的评价指标体系和考评奖励办法，强化监督检查考核。各有关部门要明确责任，密切配合，形成分工合理、整体推进的工作格局。各区（市、县）也要设立相应的领导机构，确保各项工作落到实处。

（二十二）科学制定发展规划。在“十二五”经济和社会发展规划体系中编制全市生态农业发展专项规划，以及区（市、县）分区规划和若干以乡（镇）、村为单元的详细规划。各区（市、县）和各级农业部门要结合本地区、本部门农业和农村经济实际，制定切实可行的工作方案，把生态农业建设的具体目标落实分解，精心组织实施。

（二十三）强化宣传引导。充分利用电视、电台、报纸、网络等媒体，大力宣传生态农业理念，开展多形式多层次的农产品安全教育、诚信教育，充分调动广大农民发展生态农业的主动性和积极性。普及无公害农产品、绿色食品、有机农产品等相关知识，倡导绿色生产和绿色消费，提高全社会对生态农业的认知度、参与意识和责任意识。

（二十四）严格行政执法。严格执行《农产品质量安全法》、《农药管理条例》、《兽药管理条例》、《饲料和饲料添加剂管理条例》等法律法规，严厉打击各类破坏资源环境、危害农产品安全和假冒无公害、绿色、有机农产品标志、品牌的违法行为。加强农业、工信、质监、卫生、环保、工商等部门的协作配合，以无公害农产品生产基地、农贸市场和农产品批发市场为重点，采取集中整治与日常监管、重点打击与专项治理、整顿规范与扶优扶强相结合的办法，净化农产品市场，规范农产品生产经营秩序。完善农业行政综合执法体系，加强执法队伍建设，强化培训，强化责任，提高执法水平。

本意见由市发展生态农业工作领导小组制定实施细则并负责解释。本意见自下发之日起实施，市原有关文件规定与本意见不一致的，以本意见为准。

进的会展业硬件设施为依托，充分发挥市场配置资源的基础性作用，强化政府对会展业发展的引导和扶持，营造优良的会展业发展环境，提升会展业整体规模和综合竞争力，促进贵阳会展经济健康、快速可持续发展。

二、发展目标

我市会展业发展目标分近期、中远期目标。

（一）近期目标（2010 -2015年）

以“生态文明贵阳会议”、“中国·贵阳避暑季”活动为基础，鼓励各型各类会议、展览、节庆赛事活动（以下统称会展活动）竞相发展，初步形成一系列具有影响的品牌会展活动；同时，大力引进举办面向海内外的国际商务、金融、旅游、文化、科技、外事等各类会议（论坛）、节庆和体育赛事，创新发展会展经济，逐步实现会展经济产业化。力争每年承接50个左右的大中型展览，举办200场以上会议，举办3–5个大型节庆活动，举办5–10个与我市产业结构关联度高、在国内外有影响的品牌会展项目。力争会展业收入以年均50%左右的速度递增。

（二）中远期目标（2015年以后）

力争用10年左右时间将我市打造成为西南地区有影响力、国内有特色的、与国际会展业融合接轨的中国夏季会展名城。

三、发展原则

（一）坚持政府引导、企业主导、市场运作、社会参与相结合原则

既要充分发挥政府在制定规划、完善政策、搞好协调、改进服务、加强监管、整合资源等方面的引导作用，更要发挥市场对资源的配置基础性作用，充分体现企业在发展会展业的主导作用，同时要引导社会资源投入会展业发展，形成政府、市场、企业和社会四方推进的合力。

（二）坚持弘扬城市特色与引领产业发展相结合原则

贵阳最大的比较优势就是气候优势，最有发展潜力的产业就是资源类深加工产业，最有影响力的品牌就是“中国避暑之都”。因此，在发展会展业时要认真筹划，切实打好“气候牌（生态文明贵阳会议、中国·贵阳避暑季）、生态牌、资源牌”，使会展业与贵阳振兴工业经济、发展六大支柱产业有机结合起来。同时，要树立“大会展”理念，实施会展、旅游、商贸、物流互动战略，促进会展业跨越式发展，使会展业发展既有鲜明的主题，又有显著的产业特色，促进会展业与其它产业的相互融合，增强会展活动的吸引力和影响力，打造贵阳城市品牌，塑造贵阳区域形象。

（三）自主创新与引进品牌相结合原则

依托贵阳的支柱产业、特色产业和市场需求，选择具有比较优势、代表行业发展方向的潜力项目，争（申）办、引进与自办并举，造就一批具有自主知识产权的本地自主会展业品牌。同时，要有国际化的视野、国际化的思维、国际化的标准，坚持以“国际化”的突破带动会展业产业化、品牌化、专业化发展。积极吸引国内外品牌会展落户贵阳，鼓励推动现有自办会展与国际博览会嫁接，提高品牌质量，争取用5年时间，基本形成以2–3个在西南地区乃至全国有影响的会展品牌为龙头，各类中小会展有序发展的会展格局。

四、发展重点

（一）做优会议业

依托良好的气候资源和贵阳国际会议展览中心一流的硬件设施，把生态文明贵阳会议打造成知名的会议品牌，并使之在产品展销、技术交流、投资合作方面切实发挥作用。同时，加大宣传和招揽力度，吸引境内外层次高、影响大的会议来贵阳举办。

（二）做特展览业

大力扶持与贵阳确立六大支柱产业相关的专业性展会，以举办“中国(贵阳)医药博览会”、“中国贵州国际绿茶博览会”、“中国酒类博览会”、“中国（贵州）国际装备制造业博览会”等行业专业展会为抓手和突破口，并依托贵州独特的旅游资源打造“中国贵阳旅游博览会”，推动贵阳产业转型升级。

（三）做精节庆业

实施精品战略，将“中国·贵阳避暑

季”系列活动全面升级，把重大会展活动纳入“中国·贵阳避暑季”框架内，实行整体包装、宣传推广，树立权威品牌，实现会展发展与节庆业的有机结合，以节庆活动推动会展上档次、上质量、上规模，以会展活动丰富节庆内容，提升节庆业的竞争力。

（四）做强赛事业

以成功举办中国拳击公开赛为节点，凭借我市独特的气候、人文资源优势及地形地貌，巩固做大我市已有的文化、体育赛事品牌，力争中国拳击公开赛永久落户贵阳，把中国舞蹈“荷花奖”民间舞蹈大赛、山地自行车大赛办成有影响力的全国性赛事品牌。同时，积极争（申）办区域性、全国性、国际性的包括户外极限运动、高尔夫球赛等在内的各类赛事活动，倡导阳光健康的生活方式，塑造时尚、动感、健康的城市形象，提高贵阳城市竞争力。

五、推进措施

（一）明确领导体制

1.成立贵阳市会展业工作领导小组，负责全市会展经济发展的组织领导和对全市会展经济的发展方向、目标定位、政策环境进行决策，统筹协调解决全市会展业发展的重大问题。领导小组下设贵阳市会展经济促进办公室（简称市会展办），在贵阳市会展业工作领导小组的领导下开展工作，履行对会展业发展的引导和管理职能，并承担全市会展业发展日常工作。

2.建立健全会展活动责任体系。宣传、公安、交通、城管、商务、文化、广播电视、卫生、旅游、工商、质监等有关部门和各区（市、县）人民政府要按照各自的工作职责，建立会展活动服务责任制，切实把会展活动的各项服务工作落到实处。

3.支持各区（市、县）积极发展会展业。加强会展活动的组织、协调和管理，实行会展业发展市区联动、统筹协调、整体推进机制。

（二）健全工作机制

1.建立公平有序的行业发展秩序。建立会展活动备案、登记制度，进一步加强对会展活动的管理和监督；加强会展活动规范管理，避免多头办展（会、节、赛）和重复办展（会、节、赛）；建立会展业服务标准评定认证体系，完善对会展业相关行业的资质评估，规范经营行为。

2.建立政府引导、企业主导、市场运作、社会参与的办展（会、节、赛）机制。市会展办每年向社会发布会展活动指导目录，重点引导当年会展活动申办、举办方向；同时，市政府各职能部门、驻外机构要充分发挥各自职能和行业优势，加强与相关部门、专业展会主办方、行业组织的联系与合作，积极创办和引进专业展会，特别是要积极争取全国性、国际性会展来筑举办；各区（县、市）要结合当地产业特点和文化资源优势，积极招展引会、创节办赛，形成具有本区（市、县）产业特点和文化特色的品牌展会。行业协会、展览公司以及其他企业集团和个人也要发挥各自优势，主动联络沟通，大力引进和举办有较大影响力的国际性、全国性或区域性会展。

3.建立会展行业资质评定制度。积极推行ISO9001服务质量认证，对会展行业主体进行级别评定，实行信用级别分级管理。对品牌会展进行评选和认定，加强会展商标注册管理，保护会展业知识产权。

4.建立重点支持会展认证制度。根据集中资源、合理布局、协调发展和市场化导向的原则，对产业关联度高、影响力大，符合我市会展业发展规划和政府工作重点的博览会、洽谈会，以会展规模、结构以及对我市主要行业和区域经济发挥的作用为标准，每年进行评定认证。对符合认证条件的项目，作为政府重点支持展会，在政策上给予一定的支持。

5.建立会展业信息统计工作机制。加强会展业统计管理和监测，为全市会展业的发展提供决策依据。市会展办会同政府统计机构负责会展业统计方法的制订和具体统计工作。各会展企业、办展主体及其他相关单位要按照《中华人民共和国统计法》的要求，配合市会展办和政府统计机构认真做好会展信息统计管理工作。

6.建立会展业专业人才引进和培养机制。按照中共贵阳市委、贵阳市人民政府《关于进一步加强人才队伍建设的意见》（筑党发〔2008〕21号），进一步加大我市会展专门人才引进和培养力度，对引进到我市的国内外会展专业人才，及时兑现优惠政策；建立会展专业人员培养制度和从业人员培训制度，充分发挥市属各高校资源和会展设施优势，因地制宜开设会展专业课程或会展专业班，通过开放式办学、合作办学、职业培训等方式培养和培训会展人才。

7.加强行业自律。鼓励引导成立贵阳市会展业协会，以"协调、服务、自律、提高"为基本职能，充分发挥桥梁纽带作用，制订会展行业标准，规范办展（会、节、赛）行为，加强会展评估与评比工作，建立行业宣传、统计、交流、培训等公共平台，实现沟通协调、行业自律、咨询服务、信息发布等职能，维护会员企业的合法权益，推动和引导会展行业健康有序发展。

（三）优化会展环境

1.简化会展业审批程序，实行会展业备案管理"一站式"服务。开通会展业备案管理"绿色通道"，简化会展业审批手续，对各类会展活动举办实行核准、备案"一站式"服务，提高办事效率，降低举办成本。

2.强化会展业综合保障措施。对在我市举办的会展活动实行综合保障等级管理，根据日最多参会参展人数划分管理等级，由市会展办会同市有关部门制定《贵阳市大型会展、节庆赛事活动管理操作手册》。相关职能部门要根据会展活动等级和操作手册要求，制定相应的综合保障细则，做到组织到位、措施到位、职责到位。

3.强化会展业公共服务工作。市有关部门要服从服务于打造中国夏季会展名城大局，在不断实践中创新和优化会展业公共服务体系。市会展办要充分发挥行业主管的职能，加强对全市会展业发展的协调和管理。市公安部门要以安全为核心，突出重点，强化服务保障，全力做好大型会展活动的安全保卫工作。市卫生部门要加强会展活动期间的食品卫生安全检查，提供有效的医疗卫生保障。市宣传部门要积极宣传我市会展政策，推介大型品牌会展活动。市城管、交通部门要做好会展活动期间的交通保障和城市环境的管理工作。市工商、质监、知识产权等部门要加强市场和展品质量的监管。海关、检验检疫要积极创造条件，为会展活动提供优质、快捷的服务。市商务、外事等部门要结合自身职能，做好相应服务工作。市会展业协会要切实履行职能，促进会展业健康有序发展。

4.加大会展业的对外宣传。把会展业纳入宣传城市形象的重要组成内容之一，在市政府门户网站及市主流媒体上设立"贵阳会展"专栏，开辟专门版面，积极主动报道我市会展活动信息，政府有关职能部门在对外经济合作或对外宣传推介资料中设立"贵阳会展"专页，把会展业与城市形象融合起来宣传。加大会展业宣传平台建设，建立贵阳会展业网站，印制《贵阳会展》宣传册，发布会展业年度发展报告，举办会议展览业论坛，加大会展业的对外宣传推介。

（四）强化政策措施

1.积极培育会展活动主体和重点会展。通过招标、拍卖、合作、委托等多种形式，逐步将政府各有关部门培育比较成熟的会展活动推向市场，交给企业运作经营，以项目带动市场主体的发展。引导鼓励有志于会展业发展的各类经济组织成立会展企业，提高其招展办展能力。积极鼓励国内外知名会展公司在我市设立分支机构、代理机构和合作机构。鼓励现有会展企业创新体制机制，加强内部管理、提高自身素质，努力做大做强。特别注重培养一批集展览、策划、咨询、工程、服务、广告、宣传、旅游于一体的会展龙头企业。

2.积极培育会展主打品牌。对于我市或我省目前举办已形成一定规模的具有较大影响的生态文明贵阳会议、中国·贵阳避暑季、亚洲青年动漫大赛、贵阳医药博览会、茶叶博览会、糖烟酒博览会等要加强扶持，提升规模和档次，将其打造成全国乃至在国际上有一定影

贵阳市城市基层管理体制改革试点工作指导意见

（2010年2月9日）

为认真贯彻落实中央关于第三批学习实践活动“要更加注重强化基层”的要求，结合贵阳市城市街道社区学习实践活动分析检查阶段查找出来的突出问题，扎实抓好整改落实，进一步找准强化基层的着力点和抓手，创新城市基层管理体制机制，确保城市街道社区学习实践活动真正实现“提高思想认识、解决突出问题、加强基层组织、促进科学发展”的目标，现对城市基层管理体制改革试点提出如下意见。

一、开展试点工作的重要意义

城市社区是城市社会建设和管理的基本单元，是党在城市工作的基础。随着城市化进程的快速推进，贵阳市城区规模急剧扩大、城市人口急剧增加，城市资源分配紧张，城市管理规范滞后，各种利益冲突增多，非公有制经济和社会组织迅速发展，就业、社会保障、社会救助等服务向社区延伸，城市社区服务群众、加强管理和维护稳定的任务日益繁重，对提高城市基层管理水平提出了新的更高要求。当前，全市的城市基层基础工作仍然薄弱，街道办事处主要从事经济工作且“衙门化”倾向显现，社区自治组织行政化倾向严重、自治功能淡化，城市管理和服务功能相对弱化。开展城市基层管理体制改革试点工

响的会展活动。要根据市场需求和我市实际，着力培育一批内容明确、特色鲜明、主题突出、专业性强、招商招展定位准确，具有较强行业影响力和生命力的品牌会展活动。

3. 加强展馆相关设施建设。优化周边环境，提高餐饮、住宿、交通等配套服务水平，为加快会展业发展提供良好载体和条件。力争用3-5年时间，基本形成以配套齐全展馆为载体、大型会展企业为龙头，中小企业为辅助，相关服务企业为配套的会展市场主体体系。

4.设立会展业发展专项资金。市财政每年预算安排会展业发展专项资金3000万元（暂定3年），主要用于对规模大、效益好、有发展潜力的本土品牌会展或重点支持会展的培育、资助或奖励；对符合我市产业特色、社会经济效益明显、影响力强的国内外大型会展的引进、申办，以及对引进者的奖励；会展业宣传推广、招商推介、统计备案以及行业合作交流等费用；会展业专业人才的培养或引进费用，推进会展业发展的其他基础性工作支出。引进对本市会展业发展有特殊或重要意义并能提高贵阳城市美誉度、知名度的会展活动，可申请特殊专项资助。具体资助和奖励办法由市会展办会同市财政局制定。相关产业发展资助的专项资金的使用要向会展业发展适当倾斜。

5.依法为会展业发展落实各项税收优惠政策。各级税务和工商行政管理部门要认真贯彻落实国家扶持会展业发展的各项优惠措施，学习借鉴其他城市的好经验、好办法，切实研究制定符合我市实际的扶持会展业快速发展的优惠政策和便捷的办事指南。

6.规范会展活动政府冠名权。凡在贵阳举办的国内外有影响的重要会展、品牌会展，以及有利于推进我市相关产业发展的会展活动，经市会展办审核后，报请市会展领导小组同意主办，可以市人民政府的名义冠名。

7.加强会展业考核评比工作。完善全市会展业发展考评激励体系，把会展业工作纳入各区（市、县）及市直各有关部门年度目标责任考核的重要内容。

8.加强行业合作，加快会展业市场化进程。加强相关行业合作，鼓励与会展业相关的物流、餐饮、旅游、运输、广告、报刊、礼品、保险、通讯等行业，发挥各自优势，与会展企业建立战略联盟，延长会展产业链，形成互动共赢的发展格局。

作，积极探索城市基层管理的有效模式，进一步夯实城市基层基础，强化社区服务功能、凝聚功能、管理功能和维稳功能，为加强城市基层管理创造和积累新鲜经验，对于提高执行力、抢抓新机遇，纵深推进生态文明城市建设具有极为重要的意义。

二、指导思想和主要目标

（一）指导思想。坚持以科学发展观为指导，深入贯彻落实党的十七大和十七届四中全会、省委十届七次全会和市委八届八次全会精神，按照市委建设生态文明城市的总体部署，深化城市基层管理体制改革，减少城市管理层级，积极探索与城市化快速发展相适应的社区管理体制和运行机制，促进社区管理向社会领域综合发展转变，社区职能从抓经济发展向抓社会服务转变，为创建生态文明社区，纵深推进生态文明城市建设打牢基础。

（二）主要目标。以探索建立以社区为主的新型城市基层管理体制和运行机制为目标，充分整合街道社区资源，减少中间环节，推行城市基层扁平化管理，使城市管理和服务资源下沉到社区，把社区工作人员纳入编制、经费纳入预算、建设纳入城市经济社会发展规划和城市规划（简称“三个纳入”），实现政府职能与居民自治的有机结合，进一步推动城市科学发展，促进社会和谐。

三、试点工作的总体思路

（一）精简管理层级。撤销街道办事处，设立社区服务中心，改变现有的“市──区──街道──社区”四级管理模式，形成“市──区──社区”三级管理模式。社区服务中心按副科级全额拨款事业单位设置。中心党组织书记和主任分设，通过公推直选的方式产生。领导班子职数配备、机构设置、人员编制由试点单位根据社区规模和工作实际需要提出详细方案，商编制部门研究确定，不搞一刀切。

（二）实行区域化管理。以地域面积和服务半径为主要依据，同时兼顾人口数量、居民认同感、治安管理等因素，按一定的地域面积划分社区，改革“一社一居”模式，实行“一社多居”。社区内根据居民户数和有利于自治的实际成立相应数量的居委会，由社区服务中心进行指导，居委会协助社区服务中心开展工作，不承担行政管理性事务（居委会名称前不再冠以“社区”称谓），按照有关法律法规独立履行自治功能。

（三）优化整合资源。按照“三有一化”（有人管事、有钱办事、有场所议事，构建城市基层区域化党建格局）要求，整合现有街道和社区的人力、物力以及服务资源。本着“有利于服务管理、有利于提高工作效率”的原则，将原来由街道承担的各类事务性社会管理职能，包括民政、人力资源和社会保障、城市管理、计生、文化、卫生、社会治安等下放（委托）到社区服务中心，直接面向居民开展服务；行政审批及其它行政执法管理职能归口收回区政府（管委会）相关职能部门。政府相关职能部门按照“费随事转”原则，将工作经费下拨社区服务中心，并采取直接管理或派员进驻社区服务中心的方式开展工作。中心工作人员由中心在编人员和市、区政府职能部门下派人员构成，实行一岗多能、一人多用，由社区服务中心统一管理和考核。按照职务职级、编制性质不变的原则，通过交流、分流等方式妥善安排原街道办事处行政人员。

（四）建强党的基层组织。按照“筑牢一线战斗堡垒”的要求，同步调整社区党组织设置，在社区服务中心设立基层党委（暂不具备条件的可设党总支），统筹抓好社区服务中心辖区内各领域党的基层组织建设和工青妇等群团组织建设。社区服务中心党组织班子成员实行选任制，选好配强党组织书记，探索社区党委兼职委员制，把社区党组织建设成为社区坚强的领导核心。党组织班子职数按照党内有关规定和工作需要，按管理权限报上级党委审批配备。合理设置基层党支部和党小组，积极推行“社区建党委、楼栋建党支部、楼道建党小组”，基层党委统筹辖区内的党建工作，将非公有制经济组织和社会组织党组织、流动党员纳入管理，实现区域化、全覆盖。

四、社区服务中心的功能定位

社区服务中心履行服务群众、凝聚人心、优化管理、维护稳定的各项工作职责，由区政府（管委会）直属管理，接受相关职能部门指导。其主要功能是：

（一）服务功能。整合资源广泛开展便民利民服务，切实把事关居民群众切身利益的工作做细做实做好。着眼于满足居民群众多层次、多样化的需求，认真做好便民利民、扶贫帮困、社会保障、就业创业、提升素质等工作。加强与辖区内各类组织和单位的相互协作，建立健全辖区内各类组织和驻区单位相结合、无偿与低偿相结合、社会化与产业化相结合的社会服务体系，确保辖区服务全覆盖。积极创新服务方式和手段，规范并公开服务内容、服务程序，积极开展党务、政务“一站式”服务，广泛开展志愿服务，不断提高服务居民群众的质量。

（二）凝聚功能。发挥社区党组织的领导核心作用，强化党组织与城市群众的联系，把广大居民群众紧紧团结在党组织周围。进一步转变干部工作作风，建立健全干部定期走访、党代表定点接访、党员分片包户联系群众制度，了解群众意愿、倾听群众呼声、反映群众意见，让广大居民群众感受到党的温暖。尊重群众主体地位，建立健全社区事务决策听证、监督评议等制度，推行党务公开、社区事务公开，拓展居民参与社区事务的渠道，做到大家的事大家议、大家的事大家办。加强对群众的教育引导，广泛宣传党的方针政策，培育积极向上的社区文化，营造共同建设社区美好家园的良好氛围。

（三）管理功能。落实上级党委、政府和职能部门交办、委托的建设和管理任务，提高城市基层社会建设和社会管理水平。建立健全社区党委（总支）领导下，统筹组织、协调和发挥社区各类组织作用的工作机制，形成工作合力。理顺和处理好服务中心与居委会、小区业主委员会、物业服务企业之间的关系，努力构建协商议事机制，支持各类组织依照法律和有关政策开展工作。

（四）维稳功能。认真落实守土有责、守土尽责的要求，切实筑牢维护城市基层和谐稳定的第一道防线。建立定期排查和经常走访制度，及时掌握辖区情况，对影响稳定的隐患早发现、早排除，对暴露出的矛盾和问题早化解、早处理。推行社区治安联防机制，采取分片包保、设岗定责等办法，组织和动员群众开展社区治安群防群治，健全社区维稳工作网络和突发事件应急处理机制。广泛开展平安社区等创建活动，加强法制宣传和安全教育，引导居民理性表达诉求，自觉依法办事，妥善处理利益纠纷。

社区服务中心的具体职责由试点单位依据功能定位确定。居委会在民政部门和社区服务中心指导下依法履行自我教育、自我管理、自我服务和自我监督的自治功能。

五、试点工作的组织实施

（一）试点范围。在小河区、金阳新区开展试点工作。小河区撤销长江街道办事处，所辖的建制村划属黄河街道办事处管辖，新建长江、兴隆、清水江、珠江4个社区服务中心，将黄河街道办事处所辖的居委会和原长江街道办事处所辖的居委会分别划归4个社区服务中心管辖。金阳新区在中心区域组建碧海花园社区服务中心、世纪城社区服务中心。

（二）试点时间。从2010年2月开始，至2010年年底结束。

（三）试点步骤。分4个阶段进行。

1.制定方案（2010年2月10日前）。小河区、金阳新区根据本方案研究拟定试点工作具体实施方案。

2.组建机构（2010年2月11日——3月10日）。对试点街道和社区进行整合，撤销街道办事处，组建社区服务中心，落实办公地点、场所、人员、经费，并正式挂牌运行。

3.试点运行（2010年3月11日——11月30日）。试点单位认真组织实施，积极探索城市基层管理的新办法、新措施，并做好相关制度的规范和完善工作，推动城市基层管理

中共贵阳市委 贵阳市人民政府

关于深入开展作风建设年、环境建设年和项目建设年活动的实施意见

（2010年12月3日）

为认真贯彻落实省委、省政府《关于开展作风建设年、环境建设年、项目建设年的决定》（黔党发〔2010〕14号）精神，经市委、市政府研究决定，现就全市开展作风建设年、环境建设年和项目建设年（以下简称“三个建设年”）活动提出如下实施意见：

一、深刻认识开展“三个建设年”活动的重大意义

开展“三个建设年”活动，是省委、省政府深入贯彻落实党的十七届五中全会和省委十届十次全会精神，大力推进全省经济社会又好又快、更好更快发展，作出的一项重大决策。在全市深入开展“三个建设年”活动，集中解决机关作风、发展环境和项目建设方面存在的影响发展的突出问题，有利于营造奋力拼搏、创先争优的良好风气，有利于改善投资环境、优化发展环境，有利于更好地发挥固定资产投资和重大项目建设在“加速发展、加快转型、推动跨越”中的重要作用，充分调动全市各个层面、各个领域、各条战线的积极性、主动性和创造性，不畏难、不动摇、不懈怠、不折腾，为把贵阳市建设成为全省经济社会发展的“火车头”和黔中经济区崛起的“发动机”奠定坚实基础。

全市各级各部门要把思想认识迅速统一到省委、省政府的重大决策和市委、市政府的安排部署上来，切实增强改进机关作风、优化发展环境、推进重大项目建设的紧迫感和责任感，深入扎实地开展“三个建设年”活动。

二、准确把握开展“三个建设年”活动的目标要求

（一）总体要求

坚持以邓小平理论和“三个代表”重要思想为指导，深入贯彻落实科学发展观，按照党的十七届五中全会和省委十届十次全会的部署，高举发展、团结、奋斗的旗帜，切实增强“作表率、走前列、做贡献”的责

取得新成效。

4.总结评估（2010年12月1日—12月20日）。试点工作单位对试点工作进行评估，形成总结报告，对推进全市城市基层管理体制改革提出建议。

六、加强对试点工作的领导

市、区相关职能部门和街道要切实转变观念，把城市基层管理体制改革试点工作作为深入学习实践科学发展观活动的重要内容，作为推动二三批联动抓整改落实的重要措施，创新体制机制。小河区、金阳新区党（工）委要高度重视试点工作，抽调精干力量组建试点工作办公室，负责试点有关具体任务，及时研究解决试点工作推进中的实际问题和困难，积极探索创新城市基层管理的办法措施，完善运行工作机制，为进一步推进我市城市基层管理体制改革提供决策依据。

市直有关部门既要各负其责、各司其职，又要加强沟通、协调配合，共同推进各项任务落实。认真落实管理重心下移、服务资源下沉的要求，研究费随事转、职能下划、人员下派的具体措施，积极支持配合改革试点工作，形成推进试点工作的合力。

未明确试点任务的区，也要认真研究加强城市基层管理和服务的工作，找准加强城市基层基础的着力点，积极探索加强城市管理和基层民主政治建设、完善社区服务的新途径，为纵深推进生态文明城市建设作出积极贡献。

任感和紧迫感，牢牢把握“加速发展、加快转型、推动跨越”的主基调，坚定不移地遵循“走科学发展路、建生态文明市”的基本路径，围绕“转变作风、提高效率、服务基层、推动跨越”的主题，突出“强化服务、提高效能、加速发展”的工作重点，采取有力措施，加快转变机关作风，不断优化发展环境，切实推进重大项目建设，为纵深推进生态文明城市建设，努力实现经济社会又好又快、更好更快发展提供坚强保证。

（二）基本原则

——服务发展，务求实效。坚持用发展实际来检验成效，力戒形式主义，不作表面文章，不搞运动式的大轰大嗡。按照“简政、放权、让利、开绿灯、出政策”的要求，提高效率、服务基层，深入实际为群众办实事、做好事、解难事。不断改善投资环境、优化发展环境，促进项目建设取得实效。

——突出重点，正面引导。切实抓住影响和制约作风建设、环境建设、项目建设的突出问题集中加以解决。注重以正面引导、正面鼓励为主，自查、自纠、自励、自进，自我教育、自我提高、自我调整、自我改进。

——标本兼治，重在治本。广泛听取群众意见，从基层反映强烈的问题入手，认真查找整改存在的突出问题，通过抓正反两方面典型，鼓励先进，鞭策落后，纠建并举，边查找、边整改、边立制，建立和完善从源头上实现转变作风、提高效率、服务基层、推动跨越目标要求的体制、机制和措施。

——协调推动，总结完善。作风建设是保障，环境建设是基础，项目建设是支撑，三者相互关联、辩证统一。党委、政府要统一领导实施，牵头单位抓好组织落实，做到上下互动、左右联动、齐抓共管，形成推进“三个建设年”活动的强大合力。注重在推进过程中，不断总结、不断完善、不断深化。

三、深入扎实地开展“三个建设年”活动

全市各级各部门要把深入开展“三个建设年”活动与创先争优、“我是共产党员·我为贵阳增光”、“整治发展软环境，建设服务型机关”、“项目大推进年”等活动有机结合起来，努力实现“十二五”良好开局，确保“三个建设年”活动取得实实在在的效果。

（一）作风建设年活动。主要在全市各级机关中开展，重点是县以上机关单位和领导干部。要进一步深化和拓展全市深入学习实践科学发展观活动和“三保三实”活动的成效，把作风建设年活动与创先争优、“我是共产党员·我为贵阳增光”和“三创三实”等活动紧密结合起来，通过实行公开办事和公开承诺、开展作风建设民主评议、开展作风建设满意度民意调查、加强督促检查和责任追究、开展“四帮四促”活动（即帮助学习领会精神、促进思想统一，帮助理清发展思想、促进科学发展，帮助解决实际问题、促进增比进位，帮助化解矛盾纠纷、促进和谐稳定）、努力“创三高争三优”（即创高质量服务、创高效率服务、创高水平服务，争当优质服务单位、争做优质服务标兵、争抓优质服务项目）、建立健全工作机制，切实强化教育管理，找准薄弱环节，解决突出问题，提高效能效率，进一步提高服务发展的自觉性，切实为基层、群众办实事，为加快发展提供优质高效服务。

通过开展作风建设年活动，使全市各级机关和干部服务群众、服务基层、服务发展的意识显著增强，工作水平和办事效率明显提高，影响发展的作风问题得到有效解决，人民群众对各级党政机关和各级党员干部作风建设的满意度有较大提升，形成干事创业、赶超进位、创先争优的良好局面。

（二）环境建设年活动。重点是改善投资环境、优化发展环境。要把环境建设年活动与全市“整治发展软环境，建设服务型机关”专项工作紧密结合起来，通过进一步深化行政审批制度改革、规范行政执法行为、清理整顿收费秩序、提高政务服务水平、促进行政权力公开透明运行、推进市场诚信体系建设、强化社会治安管理、加大案件查办力度、落实问责制度等具体措施，集中抓好

全市环境建设，努力在全市营造宽松和谐、依法行政、优质高效的发展环境。

通过开展环境建设年活动，进一步增强全市各级干部推动发展的合力，规范各级各部门行政权力的运行，使机关工作人员行政效率和服务质量明显提升，人民群众满意度明显提高，环境建设逐步制度化、规范化，形成“人人关心软环境，事事关系软环境，处处体现软环境，时时注意软环境”的良好氛围。

（三）项目建设年活动。主要是通过项目建设，加快发展速度，转变发展方式，提升发展水平，形成发展支撑。要把项目建设年活动与“项目大推进年”活动紧密结合起来，牢固树立抓项目、抓投资就是抓发展的理念，充分发挥36支重大项目服务工作队、7个招商工作组、贵阳高科控股集团有限公司和10个产业园区建设开发办公室（管委会）的作用，超前谋划一批重大项目，切实加大向上争取支持、面向央企招商和重点产业招商工作力度，强力推进工业和服务业重大项目建设，进一步加快工业园区和物流园区建设步伐。不断完善项目建设工作机制，着力解决项目建设中存在的困难和问题，着力解决土地、环保、资金等制约因素，重点抓好203个续建和新开工项目，实现新开工一批重大项目、加快建设一批重大项目、完工一批重大项目、储备一批重大项目的目标，确保项目建设取得突破性进展。

通过开展项目建设年活动，2011年确保全社会固定资产投资增长30%以上，其中工业投资占全社会固定资产投资的比重达35%左右，人均固定资产投资突破3万元，外商直接投资和省外到位资金分别增长30%以上。

四、切实加强对“三个建设年”活动的组织领导

（一）加强组织领导。把深入开展“三个建设年”活动纳入全市经济社会发展总体规划统一部署，市委、市政府主要领导负总责、亲自抓，市委常委会、市长办公会定期听取工作汇报，市委、市政府有关领导具体抓，协调解决相关重大问题。根据机关工作职能，由市委组织部牵头开展作风建设年活动，市纪委、市监察局牵头开展环境建设年活动，市发展改革委牵头开展项目建设年活动，其他市直相关部门要通力协作，充分发挥积极性和主动性，努力形成齐抓共管的工作局面。为精简机构数量、提高办事效率，在原有的创先争优活动、“软环境”专项整治工作、工业和服务业重大项目服务工作领导机构的基础上，分别设立“三个建设年”活动领导小组，采取“一套班子、两块牌子”的方式，统筹抓好相关工作。领导小组组长由分管牵头单位的市委、市政府领导担任，领导小组在各牵头单位下设办公室开展相关工作。各区（市、县）党委和政府要根据实际情况，建立相应的组织领导机制，确保协调有力、扎实推进。市直机关工委要围绕“三个建设年”率先组织开展有关活动，在全市起到模范带头作用。

（二）明确实施步骤。“三个建设年”活动分三个阶段进行：1.动员部署阶段（2010年12月）。主要任务是成立领导机构，制定工作方案，开展宣传动员，安排部署工作。2.组织实施阶段（2011年1月—12月）。作风建设年活动和环境建设年活动的主要任务是排查存在问题，落实工作任务，切实抓好整改；项目建设年活动的主要任务是完成项目前期准备工作，向上争取项目和开展招商引资活动，推进新项目开工，加快在建项目进度，竣工投产一批项目，全面完成年度各项目标任务。3.考核总结阶段（2011年11月—2012年1月）。主要任务是对深入开展“三个建设年”活动的目标任务实施情况进行检查、考核、总结和奖惩，做好迎检的相关准备工作。

（三）精心组织实施。各牵头单位及领导小组办公室要按照本意见的部署和《贵阳市开展作风建设年活动实施方案》、《贵阳市开展环境建设年活动实施方案》、《贵阳市开展项目建设年活动实施方案》的安排，强化统筹协调，加强工作指导，抓好组织实施。各项建设要迅速启动、扎实推进，有立有破、破中

贵阳市人民政府
关于进一步整顿和规范砂石资源开发利用秩序的实施意见

（2010年10月19日）

为认真贯彻落实《中共贵阳市委关于建设生态文明城市的决定》，严格执行《贵阳市砂石资源开发利用与保护规划》，进一步整顿和规范我市行政辖区内的所有砂石矿山和砂石资源（含建筑用石灰岩、建筑用白云岩、建筑用玄武岩、建筑用石英砂岩等用于建筑材料的矿产资源）开发利用秩序，特制定本意见。

一、指导思想

深入贯彻落实科学发展观和《中共贵阳市委关于建设生态文明城市的决定》，坚持砂石资源开发与生态环境保护并重，正确处理开发与保护的关系，实现资源开发利用与环境效益、经济效益、社会效益的统一。

二、工作重点

（一）重点区域。云岩区、南明区、花溪区、乌当区、白云区、小河区、高新区、金阳新区和清镇市、开阳县、修文县、息烽县县级政府所在地城镇（办事处）。

（二）重点对象。各类禁止开采区内的砂石矿山，非法盗采砂石资源的违法行为。区（市、县）政府所在地城镇（办事处）设计生产能力小于10万吨／年的砂石矿山。

三、责任主体

各区（市、县）人民政府（管委会）是整顿和规范砂石资源开发利用秩序的责任主体，国土资源、林业、环保、安监、水利、

有立，使活动一展开就见效果，通过一年的努力，确保作风实现大转变、环境实现大优化、项目实现大突破。市直部门要在“三个建设年”活动中作表率、走前列、做贡献，带头转变作风、改进作风、提高效率。

（四）强化督促检查。各牵头单位及领导小组办公室要对各级各部门贯彻落实本意见的情况进行督促检查，用下评上的方法检查上级机关的工作状况。对搞形式、走过场、掩盖问题的，要及时进行通报批评，限期整改。对群众和企业反映强烈、项目建设进度迟缓、满意度测评结果差的，要根据问题的严重程度，采取取消单位年度评优评奖资格、对单位负责人进行诫勉谈话、对领导班子进行组织调整等措施。对扎实推进“三个建设年”各项工作、措施具体有力、年终考核全面完成各项目标任务的，要进行通报表扬和奖励。

（五）注重考察干部。全市各级组织（人事）部门要按照市委关于在重点工程、重要工作、重大突发事件中考察识别干部的要求，把在“三个建设年”活动中考察识别干部与在“三创一办”等中心工作中考察识别干部有机结合起来，对全市各级干部在深入开展“三个建设年”活动中的表现情况进行跟踪考察，及时掌握真实情况，真正把敢于负责、敢于担当、实绩突出、群众公认的优秀干部选拔出来，进一步形成激励干部干事创业、奋发有为的良好导向，充分调动全市各级干部的积极性、主动性和创造性，为纵深推进生态文明城市建设，促进全市经济社会实现又好又快、更好更快发展提供坚强的组织保证。

（六）营造良好氛围。要发挥正确的舆论导向作用，充分利用报刊、广播、电视、互联网等媒体和手段，大力宣传深入开展“三个建设年”活动的目的、意义和要求，特别是要大力宣传全市在深入开展“三个建设年”活动中涌现出来的先进典型，大力宣传各级各部门的好做法、好经验和取得的突出成效。要通过开设专门栏目、组织专题报道、刊播专题评论、开展专题采访等方式，组织好有声势、有力度、有深度的宣传报道，为深入开展“三个建设年”活动营造良好的舆论氛围。

公安等部门是具体实施单位。

四、规范砂石采矿权的设置范围和审批行为

（一）调整砂石采矿权审批权限

1.云岩区、南明区、花溪区、乌当区、白云区、小河区、高新区国土资源分局的砂石采矿权审批权限上收到贵阳市国土资源局。

2.清镇市、开阳县、修文县、息烽县国土资源局应按照相关法律、法规、政策和本意见要求严格审批砂石采矿权。

（二）划定禁止开采区

依据有关法律、法规的规定，下列区域、地段列为砂石资源禁止开采区（以下简称禁采区）：

1.贵阳市中心城区范围内；

2.机场、港口、国防工程设施的保护范围内；

3.自然保护区、风景名胜区、水源保护区和地质遗迹保护区内；

4.铁路、高等级公路、国道、省道等重要交通干线和重要旅游线路两侧可视范围内；

5.主要河流、湖泊、水库及其堤坝至两侧自然地形的第一层山脊；

6.法律、法规和地方各级人民政府规定禁止开采砂石资源的其他地区。

严禁在禁采区内设置、审批砂石采矿权。

（三）实行砂石采矿权按计划有偿出让制度

全面实行砂石采矿权按计划有偿出让制度。对需要新设砂石采矿权的，各区（市、县）国土资源局（含开发区分局）应根据县级《矿产资源总体规划》、《贵阳市砂石资源开发利用与保护专项规划（修编）》，会同安监、林业、环保、水利、规划等部门编制本辖区内的砂石采矿权年度出让计划报市国土资源局审查。由市国土资源局按程序批准后按照本意见的规定，以招标、拍卖或挂牌方式出让采矿权。新设砂石采矿权的审批原则上不得突破经批准的采矿权年度出让计划。因国家、省、市重点项目建设确需突破年度出让计划的，在符合本意见规定的前提下，由区（市、县）人民政府（管委会）提出书面意见，报市国土资源局对原年度出让计划进行调整后按规定出让。

出让砂石采矿权时，应事先征求规划、安监、林业等部门的意见。

（四）提高新设砂石矿山设计生产规模

区（市、县）政府所在地城镇和贵阳市卫星城镇新设砂石矿山年设计生产规模不低于10万吨。

五、进一步整顿和规范砂石矿山开采秩序

（一）逐步关闭禁采区内的砂石矿山

禁采区内的砂石矿山由区（市、县）人民政府牵头予以关闭。

1.采矿许可证已到期的，必须立即予以关闭。

2.采矿许可证未到期的，各区（市、县）政府（管委会）应制定切实可行的关闭计划，并在1年内逐步予以关闭。

3.严重影响景观的，无论采矿许可证是否到期，必须立即予以关闭。

4.各区（市、县）政府（管委会）和相关部门应切实做好关闭矿山的相关善后工作。

（二）规范砂石矿山开采行为

1.严厉打击非法盗采、越界采矿、破坏生态环境等违法行为。各区（市、县）政府（管委会）、各级国土资源、公安、林业等部门应严格按照《省高级人民法院、省人民检察院、省公安厅、省国土资源厅关于加大执法力度依法打击非法采矿行为的意见》和《贵州省森林条例》等法律、法规的规定，严厉打击各类非法采矿和破坏生态环境的违法行为。

2.逐步提高已建砂石矿山的生产规模，不断规范开采秩序。区（市、县）人民政府（管委会）应采取切实可行的措施提高已建砂石矿山生产规模，2012年底前，逐步淘汰县级政府所在地城镇年生产规模小于10万吨的砂石矿山。

3.区（市、县）人民政府（管委会）应组织国土资源、安监、环保、水利、林业、公安等部门加强砂石矿山的监督管理，确保

矿山企业严格按照相关法律、法规和行业标准进行施工和开采。对存在各类违法生产行为的砂石矿山应从严予以处罚，情节严重的，应及时予以关闭。

六、加强砂石矿山环境恢复治理

（一）编制矿山环境恢复治理规划

各区（市、县）人民政府（管委会）及国土资源、林业、水利等相关部门要尽快组织编制《矿山地质环境恢复治理规划》、《矿山生态环境治理恢复规划》、《矿山水土流失防治规划》，按程序报批后认真组织实施。

（二）积极开展矿山环境恢复治理工作

1.已关闭砂石矿山的治理

本意见发布前已关闭的砂石矿山由区（市、县）人民政府（管委会）牵头对矿山进行环境恢复治理。区（市、县）国土资源、林业、环保、水利等部门应根据本辖区内已关闭砂石矿山实际情况，按照地质环境、环境保护、林业、水土保持等方面的法律法规编制本辖区的已关闭砂石矿山恢复治理方案（计划），并尽快组织实施，力争在1—2年内取得明显成效。

2.严格执行《矿山地质环境保护规定》

（1）各级国土资源部门应当切实采取措施督促矿山企业按规定及时足额缴存矿山地质环境恢复治理保证金，未按规定缴存的不予办理延续、年检等相关手续。

（2）申请闭坑的矿山企业应当根据《矿山地质环境保护规定》，按照经批准的《矿山地质环境保护与治理恢复方案》、《土地复垦方案》、《水土保持方案》进行土地复垦。未进行恢复治理或经恢复治理仍达不到要求的，不予退还矿山地质环境恢复治理保证金，已缴存的保证金用于矿山环境恢复治理。矿山已缴存的保证金不能满足恢复治理需要的，应依法予以追偿。

3.废弃矿山环境治理

（1）各区（市、县）人民政府（管委会）应组织相关部门对辖区内铁路、高等级公路可视范围等区域及龙洞堡机场周边，已废弃的砂石矿山进行地质灾害、水土保持、环境绿化进行恢复性治理。

（2）市人民政府建立砂石矿山生态环境恢复治理专项基金。将每年土地出让金收益和矿业权价款收益的一定比例划入专项基金，专项用于已关闭和废弃砂石矿山的生态恢复治理。专项基金的具体管理办法，由市财政局会同市国土资源局、林业绿化局、水利局、环境保护局等部门制定。各区（市、县）人民政府（管委会）也应建立县级砂石矿山生态环境恢复治理专项基金。

（3）对可以开发利用的矿山废弃地，各区（市、县）人民政府（管委会）及国土资源部门应积极安排使用。国土资源部门在出让关闭和废弃矿山土地时，应将恢复治理矿山生态环境作为必要的出让条件，由土地受让人承担已关闭和废弃砂石矿山的生态恢复治理。

（三）加强砂石矿山规费的征收和使用管理

国土资源、林业、水利、环保等部门应严格按照相关规定，督促砂石矿山及时按规定标准的上限缴纳（缴存）矿山地质环境恢复治理保证金、矿产资源补偿费、土地复垦费、植被恢复费、水土保持费、排污费等规费（或保证金）。各级人民政府和相关部门不得降低以上保证金、规费的缴纳（缴存）标准，不得擅自减免或批准砂石矿山缓缴（存）各类规费（或保证金）。各级财政、审计部门要切实加强矿山缴纳（缴存）规费（或保证金）的使用管理，确保全额用于矿山环境恢复治理。

七、日常监督管理

（一）加强服务指导，提高砂石矿山生产技术水平

相关部门应加大对矿山的服务指导力度，使全市砂石矿山严格按照经批准的开发利用方案和采矿设计方案施工，积极推广先进生产工艺和采矿方法。

（二）强化动态监督管理

1.乡（镇）人民政府（办事处）和国土

贵阳市关于进一步加强城市生活垃圾处理工作的意见

（2010年3月17日）

生活垃圾是城市主要的污染源之一，垃圾处理工作直接体现一座城市的现代化水平和文明程度。近年来，我市以创建国家卫生城市、园林城市、环保模范城市、全国文明城市工作为载体，以加快生态文明城市建设为目标，不断加大环卫基础设施建设力度，切实推进环卫作业规范化、管理制度化建设，先后建成高雁、比例坝两座城市生活垃圾卫生填埋场，使全市城市生活垃圾无害化处理率达到80%以上，城区垃圾无害化处理率达90%以上。虽然城市生活垃圾处理工作取得长足进步。但与我市建设生态文明城市，创宜居、宜业、宜游的现代化城市的总体目标和要求仍有较大的差距。

为切实提高和改善城市的环境质量，实现城市生活垃圾减量化、资源化、无害化的目标，全面提升城市生活垃圾的处理水平，根据《中共贵阳市委、贵阳市人民政府关于提高执行力抢抓新机遇纵深推进生态文明城市建设的若干意见》（筑党发〔2010〕1号）的总体要求，结合我市实际，就进一步加强城市生活垃圾处理工作提出如下意见：

一、进一步提高对城市生活垃圾处理工作的认识

（一）充分认识加强城市生活垃圾处理的重要性和必要性。进一步加强城市生活垃圾处理，是我市践行科学发展观、建设生态文明城市、应对全球气候变化、走可持续发展道路、不断提高和改善人民群众生活质量、造福子孙后代的一项重要措施。随着我市经济社会的快速发展、城市面积的不断扩大、城市人口的迅速增长，城市生活垃圾总量也随之增加。2007年以来，我市城区生活垃圾每年以约8%的速度递增。面对这一趋势，如果不引起足够重视，不致力于垃圾减量化、资源化、无害化的工作，那么“垃圾围城”、垃圾污染等问题将严重影响我市生态文明城市建设等一系列战略目标的实现。因此各级党委、政府必须从贯彻落实科学发展观的战略高度，从提高执行力、纵深推进我市生态文明城市建设的现实高度，来认识加强城市生活垃圾处理工作的重要性和必要性。

（二）切实增强加强城市生活垃圾处理工作的紧迫感。当前，我市正在举全市之力，以创建国家卫生城市、国家环境保护模范城市、全国文明城市，协办第九届全国少数民族传统体育运动会（以下简称“三创一办”）为目标，扎实深入开展各项工作。面对艰巨繁杂的工作任务，我们必须清醒地认识到，目前我市的城市生活垃圾处理水平与“三创”目标的考核要求还有很大的差距，在涉及环境卫生方面的14项考核指标中，尚未达到的指标就有6项。加强城市生活垃圾

资源、安监、环保、水利、林业、公安等部门要加强对砂石矿山的动态监督管理，确保砂石矿山规范化开采。

2.对非法盗采、越界开采、违规作业、乱砍滥伐、乱堆乱放弃土弃渣、违反易爆物品管理规定等违法行为，相关部门要根据自身职责及时依法予以查处。情节严重的，应依法提请区（市、县）政府（管委会）予以关闭并吊销相关证照，构成犯罪的应及时移送司法机关追究法律责任。

（三）从严审批相关证照的延续、年检

相关部门在办理砂石矿山相关证照的延续、年检登记时，应严格依法审查，对不符合本意见和相关规定、未履行法定义务的，一律不予办理延续、年检等手续。

八、本实施意见自发布之日起执行。

收集、处理设施的建设，实施垃圾减量化、资源化和无害化的效果，将会直接影响我市“三创一办”目标的实现。

（三）把加强城市生活垃圾处理工作纳入各级各有关部门重要议事日程。城市生活垃圾处理工作是一项系统性工程，全市各级有关工作部门要进一步统一思想、提高认识，高度重视城市生活垃圾的处理工作，按照“减量化、资源化、无害化”的总体要求，把该项工作纳入重要议事日程。要结合本地区、本部门实际，从创新体制、机制，完善收运方式、处理方式等方面入手，加大投入，不断创新，扎实推进，切实提高城市生活垃圾的处理效率和质量，强力推进城市生活垃圾减量化、资源化、无害化的工作。

二、从规划入手，全面推进城市生活垃圾的处置工作

（四）做好城市环卫专项规划的编制工作。充分发挥规划先行的龙头作用，紧紧围绕新一轮《贵阳市城市总体规划(2009－2020年)》的编制对我市城市发展目标、规模、原则等方面的定位，按照“适度超前、切实可行”的原则，制定和完善城市环境卫生方面的各项专项规划。规划、城管等部门要根据我市“北拓、南延、西连、东扩”的城市空间发展战略，充分考虑我市各骨干路网建设的发展时序及对周边土地开发的拉动发展作用，统筹兼顾、系统谋划，科学布局各片区垃圾处理设施、垃圾综合利用项目以及垃圾中转站、收集间，完成专项规划的编制工作。规划内容要充分切合我市实际，满足未来城市发展对环卫管理、垃圾处理的需求。

（五）切实抓好城市环卫专项规划的落实。保证规划的严肃性和权威性，是确保城市生活垃圾处理有序推进的关键。规划一经批准实施，各级党委、政府及其工作部门必须严格遵守规划，按规划要求制定年度工作计划和方案并组织实施，从人力、物力、财力方面给予必要的保障，确保规划的有序推进和落实。要结合新区开发、成片建设的实际，不断加强环卫设施的建设和管理；新建住宅小区以及其他项目要切实强化规划审批，严格按照规划确定的环卫基础设施进行配套建设，做到与主体工程“同步设计、同步施工、同步建成”；城市各类拆迁项目有因建设需要拆除环卫设施的，必须依法还建。

三、不断提高市民文明素质，培养良好的生活习惯

（六）建立各层面的宣传教育体系。市、区各级宣传、文明部门要积极采取各种措施，通过广播、电视、报纸、网络以及社区公益栏、黑板报等形式，广泛开展以“养成良好卫生习惯，不乱扔乱倒垃圾”为主题的宣传教育活动，不断提高市民的环保意识；机关、团体和企事业单位要加强干部职工队伍的教育，组织教育职工积极支持社区的工作，争做良好卫生习惯的“标兵”，真正起到模范带头作用；各中、小学校要将垃圾分类收集、减量化的知识纳入学生课外培训及课外实践活动的重要内容。总之，要通过各种措施，全面普及城市生活垃圾处理知识。

（七）努力培养市民良好生活习惯。积极倡导节能环保、简约化的生活方式，大力提高公众的绿色消费意识，倡导全体市民改变陋习，养成良好的生活习惯和消费观念；鼓励成立环境保护志愿者组织，充分发挥志愿者队伍的示范带头作用，通过开展各种形式的体验、实践活动，树立典型、以点带面，在全社会广泛倡导良好的消费行为、生活习惯和垃圾分类行为；加大对违反市容环境卫生相关法规行为的曝光率和处罚力度，在全社会形成“人人管垃圾、人人讲卫生”的良好氛围。

四、以推进城市生活垃圾分类收集工作为起点，积极推进城市生活垃圾回收利用工作

（八）积极推进垃圾分类工作。垃圾分类工作是实现生活垃圾减量化、资源化的重要前提。要坚持从源头抓起，抓紧开展垃圾分类收集试点工作。从2010年开始，选择一批具备条件的社区作为垃圾分类收集的试点，结合垃圾处理工艺、方式，科学制定垃圾分类标准、方法，通过政府提倡、市民公约等形式和发放垃圾分类收集袋、安装垃圾分类收集设施等措施，积极引导居民实行垃圾分类包装和投放。同步在全市党政机关、企事业单位、部队、学校中积极推进垃圾分类收集工作，并作为建设生态文明社区、生态文明机关和生态文明学校的重要内容。

在开展试点工作的基础上，认真总结经验，进一步扩大分类收集范围，不断提高公众对垃圾分类收集的知晓率、参与率以及城市生活垃圾的资源回收率。目标是：2010年公众对垃圾分类收集工作的知晓率达到50%，参与率达到25%，全市生活垃圾资源回收率达到20%；2011年公众知晓率达到80%，参与率达到50%，全市生活垃圾资源回收率达到25%；2012年建立起较为完善的垃圾分类收集系统，公众知晓率、参与率力争达到90%以上，全市生活垃圾资源回收率达到30%。

（九）积极推进再生资源绿色回收体系建设。再生资源绿色回收利用是发展循环经济和建设节约型社会的重要组成部分，能有效节约资源、提高资源利用效率，推进城市生活垃圾处理的资源化。要切实加强我市再生资源绿色回收体系的建设，在现已建成的500个再生资源绿色回收站的基础上，结合垃圾分类收集的工作，进一步推进绿色回收站建设，在部分有条件的社区中新建一批“布局合理、管理规范、经营有序、方便群众”的绿色回收站，扩大收集、覆盖范围，切实提高收集能力。进一步推进相关配套设施的建设，促进废旧物资的综合利用，提高再生资源的回收利用率，实现减量化、资源化的目标。

五、切实加强环卫基础设施的建设、升级改造和维护管理，不断提高生活垃圾无害化处理水平

（十）加快城市生活垃圾无害化处理设施的建设。抢抓国家新一轮西部大开发战略和扩大内需政策的历史机遇，切实加快完成我市南郊、清镇市、息烽县、开阳县垃圾填埋场的建设，进一步提高城市生活垃圾处理能力，确保2011年全市城市生活垃圾无害化处理率达100%。抓紧实施城市生活垃圾焚烧发电项目建设，改善我市垃圾处理方式单一的格局，提高生活垃圾处理效率。

（十一）加强现有垃圾填埋场的维护、管理。城市生活垃圾卫生填埋场是垃圾处理终端实现无害化的重要设施，加强生活垃圾卫生填埋场的维护、管理和续建工作，对于实现生活垃圾无害化处理具有重要意义。要严格按照国家有关技术规范、标准进行垃圾填埋作业，不断改进填埋工艺，提高填埋水平，将其对周边环境的不利影响降到最低限度；积极推进垃圾渗滤液处理站升级改造和建设工作，确保渗滤液排放达到国家以及“三创”无害化处理的有关标准和要求；切实加强垃圾填埋场的现场管理，严防拾荒人员在作业时间内进场拾荒。

（十二）加大环卫基础设施、设备的建设和升级改造。根据当前我市环卫作业工作的现状及实际需要，按照“三创”的考核指标要求，要在认真进行摸底调查的基础上，加快垃圾转运站机械压缩式设备改造和其他基础设施建设，于2010年内按要求完成垃圾中转站、公厕、果皮箱等建设改造任务，确保达到“布局合理、数量足够、管理规范”的考核指标要求。

（十三）加强城市生活垃圾运输管理。要加强城市生活垃圾运输管理，最大限度地减少垃圾运输环节造成的污染。城市生活垃圾运输要根据处置场的分布、中转站的类别，科学、合理确定运输线路，严格按照规定的线路进行运输，尽可能不要穿越城市中心区和主干道。运输过程中，必须做到车容整洁、密闭运输，严禁出现垃圾沿途撒漏、

滴漏等现象。要根据垃圾分类运输的需要，对车辆进行相应的改造。

六、深化改革，加快城市垃圾处理产业化发展进程

（十四）积极推进城市生活垃圾处理产业化。市、区各级相关部门要转变观念，积极推进环卫体制改革，加快垃圾处理产业化进程。抓紧研究出台相关政策、措施，形成“垃圾产生者付费、恶化环境者赔偿、回收利用者得利、政府扶持帮助”的良性循环机制；积极探索环卫特许经营、租赁经营、承包经营等多种方式，最大限度地引进和运用市场化方式，吸引社会资金参与从事垃圾处理设施的建设、运营和管理，改变由政府统包统揽的传统模式；按照市场经济规律，应用多种经济手段，从税收、信贷、征地和用电等方面，对从事垃圾处理和回收利用的生产、流通企业、事业单位在政策上给予支持和扶持；从垃圾收集、分类、运输、加工、交易、回收等各个环节入手，全面推进垃圾处理产业的协调发展。于2010年试点选择一批具备较高管理水平的企业参与环卫公共服务，并积极引入市场竞争机制，将服务水平作为评价、考核公司化经营的重要指标，不断提高环卫服务质量。

（十五）积极探索垃圾处理多元化方式。随着城市生活垃圾成分和数量的变化，以及我市经济社会的快速发展，现有单一的垃圾填埋处理方式已不能满足我市建设生态文明城市和发展节约型社会的要求。要在充分论证的基础上，探索建立以卫生填埋为主，堆肥、焚烧发电、回收利用等多种处理形式相结合的垃圾处理模式。要以城市生活垃圾焚烧发电项目为试点，采取先进的技术、先进的管理模式开展项目建设及运营工作，加大科技创新，开发垃圾处理产业，改变现有填埋处理的单一模式，努力实现环境效益、社会效益、经济效益的有机统一。

七、强化各项城市生活垃圾处理的保障措施

（十六）加强生活垃圾处理费征收、使用的管理和监督。按照国家、省的有关规定，我市从2010年起开始征收生活垃圾处理费。市、区城管、财政部门要切实完善制度、强化措施，依法加大征收力度，确保垃圾处理费足额、及时征收。各级财政、审计部门要加强对垃圾处理费使用情况的督查，确保收取的费用全额、专项用于我市生活垃圾的收集（含清扫）、清运、处置等工作，以及用于生活垃圾处理设施的建设、营运和维护等方面，任何部门和单位不得截留、挪用。

（十七）加大城市生活垃圾执法力度，严格控制污染。市、区城市综合执法部门要切实加强城市生活垃圾的执法管理，严格禁止乱堆乱倒城市生活垃圾的行为，特别是要加强各主次干道、城乡结合部的巡查监督，对违反城市生活垃圾处理管理规定造成环境污染的责任单位和个人，严格依法进行处罚，有效保障城市市容环境卫生的干净、整洁。

（十八）积极探索与城市生活垃圾处理资源化利用相适应的保障体系。城市生活垃圾处理的减量化、资源化、无害化，特别是资源化利用的工作，极具挖掘潜力。各区及有关部门要进一步解放思想、拓展思路，积极探索与之相适应的配套政策、法规及投资多元化的保障体系，确保我市城市生活垃圾处理工作进一步向减量化、资源化、无害化推进。

贵阳市机动车排气污染防治管理办法

（2010年2月8日贵阳市人民政府常务会议通过）

第一条 为防治机动车排气污染，保护和改善大气环境，保障人体健康，根据《中华人民共和国大气污染防治法》等有关法律、法规，结合本市实际，制定本办法。

第二条 本市行政区域内的机动车排气污染防治管理，适用本办法。

第三条 本办法所称机动车，是指以动力装置驱动或者牵引，上道路行驶的供人员乘用或者用于运送物品以及进行工程专项作业的轮式车辆。

本办法所称机动车排气污染，是指由排气管、曲轴箱、油箱和燃油（气）系统向大气排放和蒸发的各种污染物所造成的污染。

第四条 县级以上人民政府应当将机动车排气污染防治工作纳入城市发展总体规划和相关专项规划，采取有效措施控制机动车排气污染总量。

第五条 市环境保护行政主管部门是本市机动车排气污染防治工作的主管部门，负责对本市机动车排气污染防治工作的统一监督管理。

区、县（市）环境保护行政主管部门按照职责分工，负责本行政区域内机动车排气污染防治的监督管理工作。

公安交通、交通、农业（农业机械）、质量技术监督、工商等行政管理部门根据各自职责，协同做好机动车排气污染防治的监督管理工作。

第六条 任何单位和个人有权对机动车排气污染等违法行为进行举报，相关部门应当设立举报电话。

环境保护行政主管部门可以聘任义务监督员，协助开展机动车排气污染防治监督管理工作。

第七条 机动车排气污染物应当符合国家规定的排放标准；不符合排放标准的机动车，应当安装排气治理装置或者使用燃油清净剂以及其他防治措施，确保其符合排放标准。

任何单位和个人不得擅自改装或者拆除机动车排气污染控制装置。

第八条 禁止生产、销售和进口排气污染物超过国家规定标准的机动车。

第九条 公安交通、农业（农业机械）管理部门应当将机动车排气污染检验纳入对机动车的初次检验、外地迁入本市的变更（转接）登记、年度检验内容。

机动车初次检验或者外地迁入本市的变更（转接）登记，其排气污染物不符合国家规定排放标准的，不发牌证或者不予办理转接登记手续；年检不符合国家规定排放标准的，不核发检验合格标志，该机动车不得上路行驶。

第十条 环境保护行政主管部门应当按照《机动车环保检验合格标志管理规定》，对在用机动车排气污染进行定期检测，经检测合格的，核发机动车环保检验合格标志。

禁止转让、转借、涂改、伪造、变造、冒用机动车环保检验合格标志。

第十一条 环境保护行政主管部门应当在机动车停放地对机动车排气污染进行抽检，并会同公安交通管理部门对在道路上行驶的机动车进行排气污染抽检；抽检不得收取任何费用。

被抽检单位、机动车所有人、驾驶人员应当配合，不得拒绝，不得弄虚作假。

第十二条 在用机动车排气污染经定期检测、停放地检测或者上路检测不合格的，环境保护、公安交通管理部门限期维修复检，经维修复检仍不合格的，不得上路行驶，并将该机动车的检测结果记录在册，输入机动车排气污染检测数据信息网络，进行跟踪监督。

第十三条 环境保护行政主管部门应当建立和完善机动车排气污染监测及综合分析制度，对机动车排气污染的定期检测、停放地检测和上路检测情况进行综合统计分析，向机动车生产企业、维修单位反馈机动车排气污染信息，并向社会公布。

第十四条 公安交通、农业（农业机械）管理部门可以会同环境保护行政主管部门根据本行政区域大气环境质量功能区划的要求，确定禁止或者限制机动车通行的时间、区域、车型，并向社会进行公告。

环境保护行政主管部门逐步在城市出入口和主干道设置机动车排气污染自动检测系统。

第十五条 禁止生产、销售不符合规定标准的车用燃油（气）及清净剂。

销售机动车燃油（气）的单位或者个人，应当对销售的燃油（气）质量标准予以明示；销售机动车燃油应当加入清净剂，保证清净效果达到规定的标准。

机动车用燃油（气）及清净剂的质量监管，法律、法规和国家标准另有规定的，从其规定。

第十六条 机动车维修单位从事发动机维修作业时，应当严格按照国家规定的机动车污染物排放标准进行维修，保证机动车污染物排放达到国家规定的排放标准。

第十七条 从事机动车排气污染检测业务的机构，应当遵守下列规定：

（一）依法取得检测资格并受环境保护行政主管部门的委托，配备与检测业务相适应的专业技术人员和符合规定标准的检测仪器设备；

（二）建立机动车排气污染检测数据信息网络，并与环境保护、公安交通、交通等行政管理部门的机动车排气污染监控系统联网；

（三）按照规定的排气污染检测方法、技术规范和排放标准进行检测，并向机动车所有人或者驾驶人员出具检测报告；

（四）按照价格主管部门核定的收费标准收取检测费；

（五）不得弄虚作假；

（六）法律、法规、规章的其他规定。

第十八条 违反本办法第七条第二款规定，擅自改装或者拆除机动车排气污染控制装置的，由环境保护行政主管部门责令限期改正，可处1000元以下罚款。

第十九条 违反本办法第八条或者第十七条第（一）、（五）项规定，按照《中华人民共和国大气污染防治法》的相关规定予以处罚。

第二十条 违反本办法规定有下列情形之一的，由环境保护行政主管部门责令限期维修或者改正，并处1000元以下罚款：

（一）在用机动车排气污染经定期检测、停放地检测或者上路检测不合格的；

（二）转让、转借、涂改、伪造、变造、冒用机动车环保检验合格标志的；

（三）拒绝机动车排气污染检测或者在接受检测中弄虚作假的。

第二十一条 违反本办法第十五条第一款规定生产、销售不符合规定标准的车用燃油（气）及清净剂的，由质量技术监督或者工商行政管理部门依据相关规定予以处罚。

违反本办法第十五条第二款规定销售机动车燃油（气）未加入清净剂的，由环境保护行政主管部门责令限期改正，逾期未改正的，处1000元以上1万元以下罚款。

第二十二条 违反本办法第十七条第（二）、（三）项规定，由环境保护行政主管部门责令限期改正，按下列规定予以处罚：

（一）从事机动车排气污染检测业务的机构未建立机动车排气污染检测数据信息网络，并未与环境保护、公安交通、交通等行政管理部门的机动车排气污染监控系统联网的，处1000元以上1万元以下罚款；

（二）未按照规定的排气污染检测方法、技术规范和排放标准进行检测的，处1万元以上3万元以下罚款。

违反本办法第十七条第（四）项规定，超过价格主管部门核定的收费标准收取检测费的，由价格主管部门按照相关规定予以处罚。

第二十三条 机动车排气污染防治管理工作中，有滥用职权、玩忽职守、徇私舞弊、作假造假等违法违纪行为的，依据有关规定对相关责任人员予以处理。

第二十四条 本办法自2010年4月1日起施行。

2010年贵阳市国民经济和社会发展统计公报

贵阳市统计局

2011年3月10日

2010年，面对极为复杂的国内外经济环境和特大旱灾，市委、市政府带领全市人民，认真贯彻落实省委十届十次全会、全省工业发展大会、省委省政府支持贵阳加快发展动员大会精神，攻坚克难，全力冲刺，以优化经济结构、转变发展方式、稳定投资增长为主线，着力改善民生，提高经济实力，全市经济总体呈现较快增长的发展态势，各项社会事业取得新的进步。

一、综　合

初步核算，全年实现生产总值1121.82亿元，比上年增长14.3%。分产业看，第一产业增加值57.10亿元，增长8.0%；第二产业增加值456.95亿元，增长15.1%；第三产业增加值607.76亿元，增长14.3%。三次产业结构为5.1:40.7:54.2。

图1：2006-2010年生产总值（GDP）及增长速度

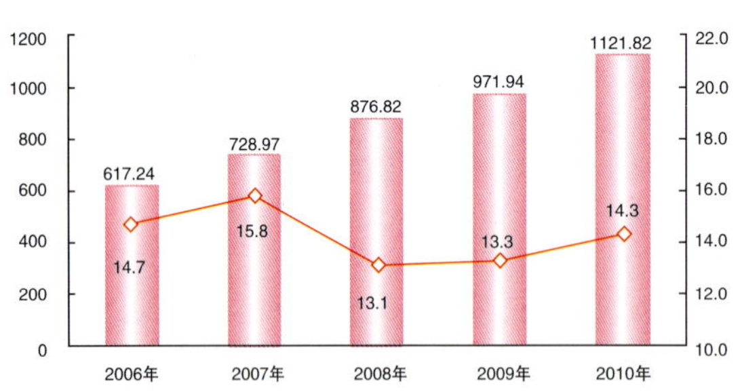

居民消费价格比上年上涨2.9%，食品类价格上涨6.3%。工业品出厂价格上涨4.8%，其中生产资料价格上涨6.2%，生活资料价格上涨1.4%。原材料、燃料、动力购进价格上涨9.2%。房屋销售价格上涨8.2%。

表1：2010年居民消费价格比上年涨跌幅度

指　标	涨跌幅度（%）
居民消费价格	2.9
食 品	6.3
烟酒及用品	2.5
衣 着	-1.6
家庭设备用品及维修服务	0.7
医疗保健和个人用品	2.3
交通和通迅	-0.8
娱乐教育文化用品及服务	2.2
居 住	2.6

图2：2006-2010年居民消费价格指数

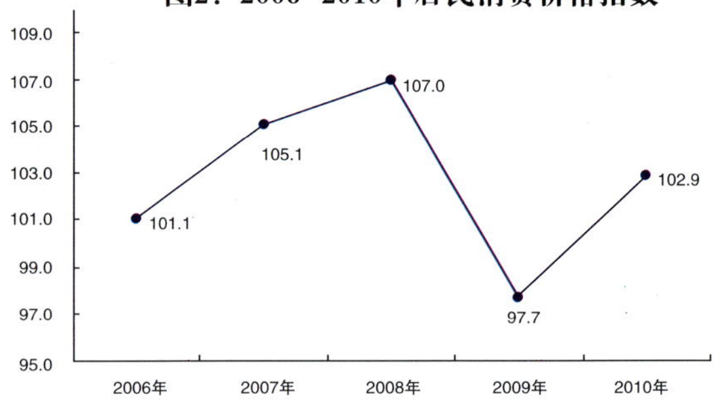

二、农　业

全年粮食播种面积11.89万公顷，比上年增长0.8%；蔬菜播种面积8.68万公顷，比上年增长6.9%；烤烟播种面积1.13万公顷，比上年增长3.1%。

全年粮食产量63.05万吨，减产1.6%。其中夏粮产量8.87万吨，减产19.5%；秋粮产量54.18万吨，增产2.1%。

表2：2010年主要农产品产量　单位：万吨

指　标	绝对数	比上年增长（%）
粮 食	63.05	-1.6
夏 粮	8.87	-19.5
秋 粮	54.18	2.1
蔬 菜	172.08	10.2
油 料	4.57	-20.2
油菜籽	4.34	-20.9
烤 烟	2.36	11.9
园林水果	10.49	15.1
茶 叶	0.24	36.2

全年完成造林面积4898公顷，比上年增长34.3%。幼林抚育作业面积4423公顷，比上年增长11.9%。油茶籽产量164.30吨，比上年增长12.5%；核桃产量270.80吨，比上年增长80.5%；茶叶产量2384吨，比上年增长36.2%。

全年肉类总产量13.90万吨，比上年增长4.2%；牛奶产量3.69万吨,比上年增长5.4%。

表3：2010年主要畜产品产量

指　标	单位	绝对数	比上年增长（%）
肉类总产量	万吨	13.90	4.2
猪 肉	万吨	10.50	4.5
牛 奶	万吨	3.69	5.4
禽 蛋	万吨	2.19	4.7
大牲畜年末存栏数	万头	30.70	0.9
大牲畜当年出栏数	万头	4.93	5.1
猪年末存栏数	万头	88.98	2.7
猪当年出栏数	万头	123.70	5.0
羊年末存栏数	万只	4.89	8.6
羊当年出栏数	万只	2.36	16.5
家禽年末存栏数	万只	1210.06	-4.7
家禽当年出栏数	万只	1800.86	5.0

全市年末拥有农业机械总动力123.08万千瓦,比上年增长7.1%；全年实现机耕面积5.98万公顷，比上年增长2.5%；年末农田有效灌溉面积达3.05万公顷；农用化肥施用量（折纯）6.35万吨，比上年下降3.8%。

三、工业和建筑业

全年全部工业增加值352.77亿元，比上年增长14.9%。其中，规模以上工业增加值比上年增长15.0%。十大工业行业规模以上工业增加值比上年增长16.0%。

图3：2006-2010年全部工业增加及增长速度

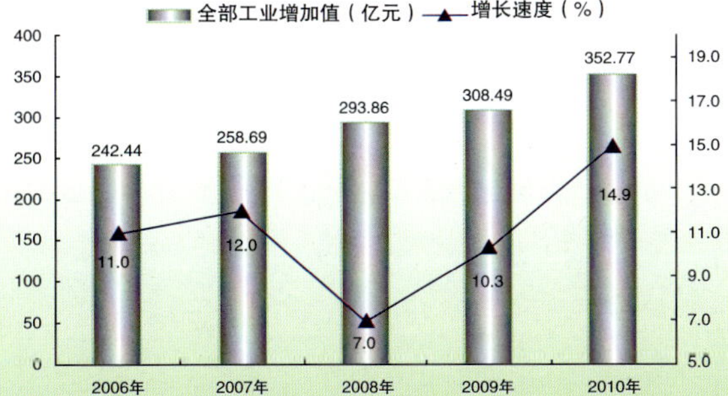

轻工业规模以上工业企业增加值比上年增长15.9%，重工业规模以上工业企业增加值比上年增长14.2%；国有企业规模以上工业增加值比上年增长12.0%；国有控股规模以上工业企业增加值比上年增长15.2%；非公有制规模以上工业企业增加值比上年增长13.6%；外商及港澳台投资规模以上工业企业增加值比上年增长16.8%；高新技术规模以上工业企业增加值比上年增长16.1%。

表4：2010年规模以上工业企业主要工业产品产量

指　标	单位	绝对数	比上年增长（%）
原煤（全社会口径）	万吨	314.17	-25.0
焦 炭	万吨	115.84	61.6
发电量	亿千瓦时	98.96	-14.3
铝	万吨	43.23	17.0
成品钢材	万吨	44.44	76.7
轮胎外胎	万条	558.59	8.0
磷矿石（全社会口径）	万吨	864.10	9.0
化肥（农用氮磷钾肥折纯）	万吨	186.13	27.0
彩色电视机	万台	66.93	-7.8
移动电话机	万部	118.36	-5.2
水 泥	万吨	678.75	23.2
卷 烟	亿只	500.38	-3.4
中成药	万吨	2.19	-1.2

规模以上工业主营业务收入1146.15亿元，比上年增长19.8%。实现利税总额209.67亿元,比上年增长20.2%。工业产销率达95.56%，比上年提高0.22个百分点。工业综合经济效益指数195.40。

全市建筑业实现增加值104.19亿元，比上年增长16.1%。房屋建筑施工面积3443.25万平方米，比上年增长22.9%；房屋建筑竣工面积631.65万平方米，比上年增长3.8%。

四、固定资产投资

全年全社会固定资产投资完成1019.31亿元，比上年增长30.2%，其中城镇固定资产投资完成961.54亿元，比上年增长29.9%。

表5：2010年全社会固定资产投资完成情况

单位：亿元

指　标	绝对数	比上年增长（%）
全社会固定资产投资总额	1019.31	30.2
按计划管理渠道分		
基本建设	423.52	26.6
更新改造	215.59	29.4
房地产开发	310.68	47.7

按产业分		
第一产业	20.68	27.8
第二产业	274.91	28.9
工 业	268.04	27.8
第三产业	723.73	30.8
按城乡分		
城 镇	961.54	29.9
农 村	57.77	34.9

图4：2006-2010年全社会固定资产投资及增长速度

全市房地产开发投资310.68亿元，比上年增长47.7%。按工程用途分，住宅投资165.21亿元，增长21.1%，其中经济适用房投资16.29亿元，办公楼投资5.84亿元，商业营业用房投资21.04亿元，其他投资118.59亿元。

表6：2010年房地产开发投资和销售情况

指　标	单 位	绝对数	比上年增长（%）
投资完成额	亿元	310.68	47.7
本年资金来源	亿元	563.70	26.2
国内贷款	亿元	96.40	19.5
自筹资金	亿元	144.79	38.3
利用外资	亿元	0.70	660.0
其他资金	亿元	321.81	23.1
房屋施工面积	万平方米	3984.52	28.8
房屋新开工面积	万平方米	1351.98	86.5
房屋竣工面积	万平方米	532.60	-28.0
商品房销售面积	万平方米	803.05	-1.9
本年购置土地面积	万平方米	583.81	320.0
完成开发土地面积	万平方米	222.99	330.0

五、国内贸易

全年实现社会消费品零售总额484.78亿元，比上年增长19.6%。分地域看，城市消费品零售额453.77亿元，增长19.3%，其中城区389.02亿元，增长20.4%；乡村消费品零售额31.01亿元，增长24.5%。分行业看，批发业零售额33.74亿元，增长13.5%；零售业零售额377.00亿元，增长21.4%；住宿业零售额6.29亿元，增长22.3%；餐饮业零售额67.75亿元，增长13.0%。

图5：2006-2010年社会消费品零售总额及增长速度

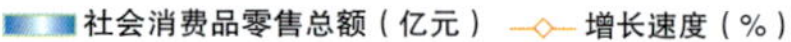

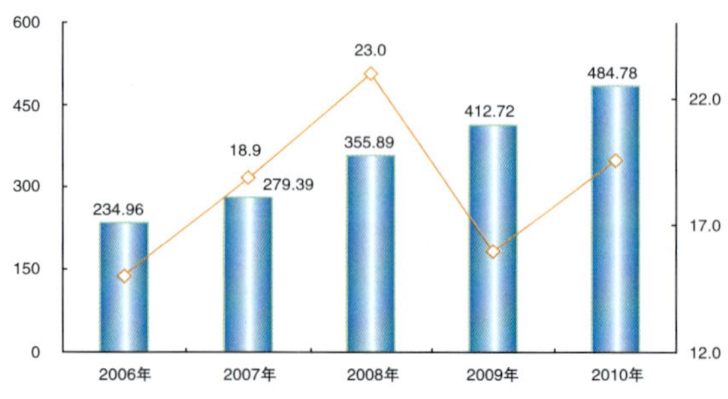

六、对外经济

全年海关进出口总额达22.75亿美元，比上年增长25.7%。其中出口14.41亿美元，比上年增长14.1%；进口8.34亿美元，比上年增长52.4%。

全年批准外商投资项目20项，比上年增长5.3%。实际直接利用外资13470万美元，比上年增长20.1%。

表7：2010年海关进出口情况

单位：亿美元

指　标	绝对数	比上年增长（%）
海关进出口总额	22.75	25.7
出 口	14.41	14.1
进 口	8.34	52.4
按企业性质分		
三资企业	1.32	9.9
国有企业	18.41	31.7
集体企业	0.51	122.2
民营企业及其他	2.50	-6.9
按贸易方式分		
一般贸易	18.91	33.7
加工贸易	3.59	55.5
其他贸易	0.26	-84.4

表8：2010年分国别（地区）海关进出口情况

单位：亿美元

国家或地区	进出口总额	出　口	进　口
总　额	22.75	14.41	8.34
亚 洲	14.82	8.79	6.04
香 港	1.19	1.19	0.00
印 度	2.15	2.15	0.00
日 本	1.07	0.67	0.41
韩 国	0.64	0.58	0.05
台 湾	0.23	0.20	0.02
东 盟	6.03	2.04	4.00
非 洲	0.52	0.48	0.04
欧 洲	2.11	1.40	0.71

欧 盟	1.92	1.26	0.66
拉丁美洲	1.34	0.88	0.46
北美洲	2.61	1.58	1.03
美 国	1.89	1.48	0.41
大洋洲	1.34	1.28	0.06
澳大利亚	0.94	0.89	0.06

图6：2006-2010年海关进出口总额（亿美元）

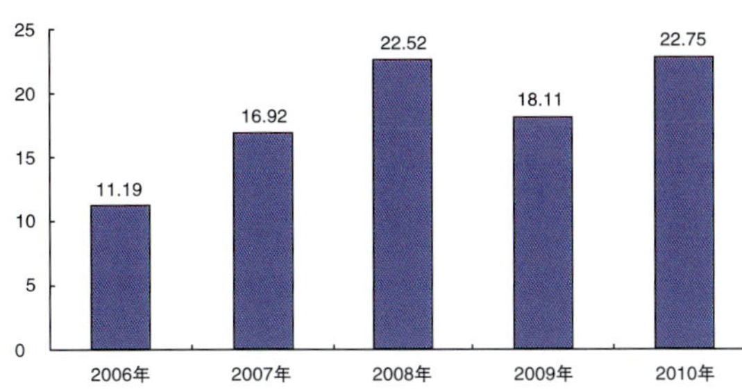

七、交通、邮电和旅游

全年各种运输方式完成货物运输量10397.23万吨，比上年增长14.7%。完成旅客发送量30383.62万人次，比上年增长13.7%。

表9：2010年运输完成情况

指 标	绝对数	比上年增长（%）
货运量（万 吨）	10397.23	14.7
铁 路	1780.00	29.2
公 路	8596.00	12.4
水 运	15.06	-55.2
民 航	6.17	19.6
客运量（万人次）	30383.62	13.7
铁 路	1052.00	7.5
公 路	28533.00	14.1
水 运	171.45	7.9
民 航	627.17	10.3

全市邮政业务总量2.66亿元，比上年增长0.5%；电信业务总量129.74 亿元，比上年增长30.2%。年末固定电话用户98.09万户，比上年增长0.6%；移动电话用户496.84万户，比上年增长35.1%；互联网宽带接入用户50.79万户，比上年增长29.6%。

图7：2006-2010年电话用户数

固定电话用户数（万户） 移动电话用户数（万户）

	2006年	2007年	2008年	2009年	2010年
固定电话用户数（万户）	107.14	112.73	103.69	97.48	98.09
移动电话用户数（万户）	165.87	200.80	309.79	367.75	496.84

全年接待国内游客人数3940.81万人次，比上年增长20.2%；国内旅游收入424.24亿元，比上年增长45.2%。接待海外旅游人数6.10万人次，比上年下降33.0%，其中外国人旅游2.60万人次，占42.7%；港澳同胞旅游1.55万人次，占25.4%；台湾同胞旅游1.94万人次，占31.9%。旅游外汇收入2486.66万美元，比上年下降38.5%。旅游总收入425.96亿元，比上年增长44.5%。

八、财政、金融、证券和保险

全年完成财政总收入304.64亿元，比上年增长20.9%；地方财政一般预算收入136.30亿元，比上年增长29.4%；地方财政一般预算支出204.49亿元，比上年增长20.4%。

表10：2010年财政收支完成情况

单位：亿元

指 标	绝对数	比上年增长（%）
财政总收入	304.64	20.9
地方财政一般预算收入	136.30	29.4
税收收入	118.79	31.0
增值税	10.36	14.7
营业税	46.47	33.9
企业所得税	18.14	26.4
个人所得税	7.64	19.2
非税收入	17.52	19.6
教育费附加	4.47	20.7
地方财政一般预算支出	204.49	20.4
一般公共服务	27.43	6.6
公共安全	16.26	14.7
教 育	35.30	27.6
科学技术	3.60	24.9
文化体育与传媒	3.71	32.5
社会保障和就业	16.93	11.7
医疗卫生	12.20	21.9
环境保护	5.41	103.6
城乡社区事务	15.00	25.1
农林水事务	16.24	22.8

全市年末金融机构人民币各项存款余额3035.31亿元，比年初增长23.7%。其中企业存款余额1122.00亿元，比年初增长41.7%；居民储蓄存款余额1088.70亿元，比年初增长18.1%。金融机构各项贷款余额2588.73亿元，比年初增长25.0%。其中短期贷款余额536.08亿元，比年初增长35.6%；中长期贷款余额1955.21亿元，比年初增长22.9%。

图8：2006-2010年城乡居民人民币储蓄存款余额及增长速度

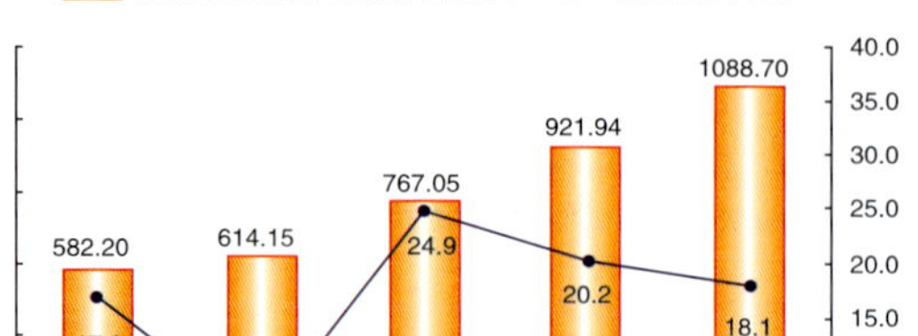

全年保险保费收入50.12亿元，比上年增长24.5%。保险赔付支出11.08亿元，比上年下降9.4%。

表11：2010年保险业情况

单位：亿元

指　标	绝对数	比上年增长（%）
保费收入	50.12	24.5
人身险	31.73	19.7
寿险	29.76	20.5
健康险	1.40	4.1
意外伤害险	0.57	26.2
财产险	18.40	33.6
机动车辆保险	13.42	25.6
赔付额	11.08	-9.4
人身险	3.95	20.4
寿险	3.17	17.6
健康险	0.59	29.7
意外伤害险	0.19	46.0
财产险	7.13	-20.3
机动车辆保险	5.92	15.9

全市年末共有上市公司12家，其中上交所4家，深交所8家。上市公司总市值733亿元，比上年增长20.2%。证券公司1家，证券营业部20家，资金帐户数34.55万户，比上年增长9.3%。成交金额达到2464.02亿元，比上年下降8.2%。

九、科学技术和教育

全年组织申报国家、省级科技项目237项，获国家、省级创新基金项目数比上年增长35%，获支持资金比上年增长30%。市级科技计划项目申报、管理全面实现了网络信息化，全年共收到1000余个申报项目，获立项项目394项，安排资金10407万元。

全年专利申请受理量为2955件，比上年增长19.9%。专利授权量2106件，比上年增长57.6%，其中发明专利336件，实用新型专利1284件，外观设计专利486件。

全年研究生教育招生3782人，在校生10230人，毕业生2638人；高等教育招生7.12万人，在校生26.07万人，毕业生6.44万人；中等职业教育招生6.08万人，在校生15.17万人，毕业生4.00万人；普通高中招生2.54万人，在校生6.87万人，毕业生1.89万人；普通初中招生6.34万人，在校生18.36万人，毕业生5.45万人；普通小学招生5.33万人，在校生34.47万人，毕业生6.48万人；特殊教育招生214人，在校生1592人，毕业生162人；幼儿园在园幼儿8.37万人。

图9：2006-2010年高中、初中和小学招生人数

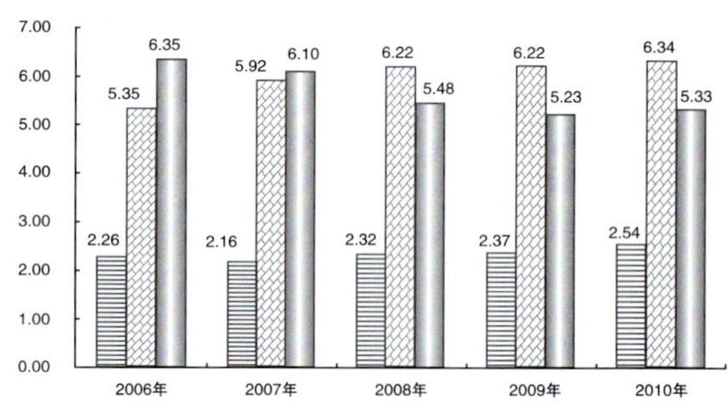

十、文化、卫生和体育

全市共有艺术表演团体12个、群众艺术馆2个、文化馆11个、公共图书馆9个，图书馆藏书量222万册。全市有广播电台2座，广播人口覆盖率100%，农村广播人口覆盖率100%，电视人口覆盖率99.69%，农村电视人口覆盖率99.39%。全年出版图书1243种，印刷出版杂志77种，印刷出版报纸29种。

全市年末拥有卫生机构（含诊所、卫生所和医务室）1532个，卫生机构床位21826张，卫生技术人员27119人，医生10910人。

成功举办贵阳市第十一届运动会。积极开展全民健身活动，举办第38届全民健身跑和越野跑、“2010年中国拳击公开赛”、中国·贵阳避暑季之南江大峡谷国际自然水域漂流大赛、“魅力金阳-中铁·逸都国际杯”第二届公路自行车大赛、“中天城投杯”中国业余网球公开赛-贵阳分站赛等赛事，参加贵州省第二届青少年运动会，共获金牌158.5枚、奖牌316枚。在国内重大体育比赛中获得金牌2枚。

十一、城市建设、环境保护和生态建设

年末市区道路总长度达到872公里，道路面积1348万平方米，桥梁174座，其中立交桥17座。公交运营车辆2910辆，折合标准运营车辆2822标台，运营线路总长度513公里，公交客运总量58986万人次。城市出租汽车3271辆。

全市自来水综合生产能力116.5万立方米/日，供水管道长度达到2931公里。全年供水总量21696.36万立方米，售水总量15961.86万立方米，其中公共服务用水522.52万立方米，居民家庭用水10239.45万立方米。

年末有煤气用户45.18万户，其中家庭用户44.94万户。全年煤气供气量22364万立方米，家庭用气9491万立方米；液化气用户20.5万户，液化气供气量3.6万吨。

全市空气污染指数年平均值为63，年降水PH值为6.77，全年空气质量为优或良的天数达343天，市区大气可吸入颗粒物年平均值为0.075毫克/立方米，达到国家环境空气质量二级标准；二氧化硫年平均值为0.057毫克/立方米，达到国家环境空气质量二级标准；二氧化氮年平均值为0.027毫克/立方米，保持在国家环境空气质量一级标准内；地面水环境质量保持良好状况，城市地表水水质达标率为95.83%，饮用水源水质达标率为100%。

全年平均气温14.6℃。全年相对湿度80%。

年末建成区园林绿地面积5754公顷，建成区绿化覆盖面积5922公顷，建成区公共绿地面积1170公顷，建成区绿地率41.1%，建成区绿化覆盖率42.3%，人均公共绿地面积9.85平方米。

十二、人民生活和劳动就业

全年城市居民人均可支配收入16597元，比上年增长10.3%，扣除价格因素，实际增长7.2%；农民人均纯收入5976元，比上年增长12.4%，扣除价格因素，实际增长9.6%。

图10：2006-2010年城乡居民收入

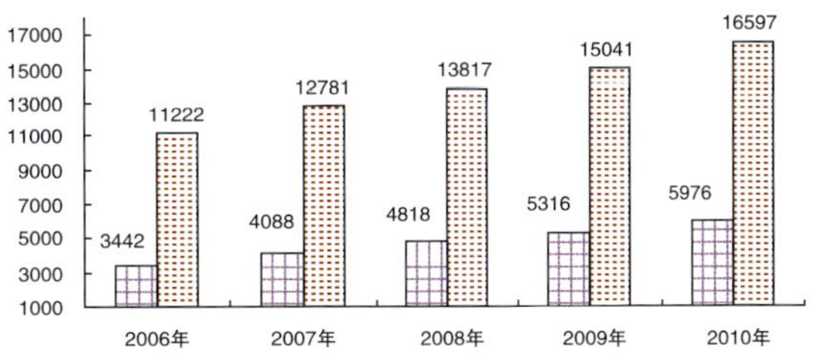

全年施工住宅面积2969.40万平方米，比上年增长25.8%，其中经济适用房施工面积426.01万平方米。全年新开工住宅面积1107.79万平方米，比上年增长98.4%，其中经济适用房新开工面积116.27万平方米，比上年增长61.2%。全市廉租住房保障家庭22630户。全年保障性住房完成投资额28924万元，其中用于廉租房28101万元；保障性住房施工面积67.41万平方米，其中廉租房66.21万平方米；保障性住房竣工面积12.35万平方米，其中廉租房竣工12.35万平方米。

全市年末在岗职工68.23万人，在岗职工年平均工资31128元，比上年增长11.1%，扣除价格因素，实际增长8.0%。全年城乡统筹就业人数达88388人，比上年增长8.3%，就业困难对象实现再就业10449人。农村富余劳动力转移人数29736人。新增就业人数58652人，比上年增长6.7%。年末城镇登记失业率为3.21%，比上年下降0.1个百分点。

十三、社会保障和福利事业

全市年末参加基本养老保险人数89.80万人，比上年增长16.1%，其中在岗职工基本养老保险72.75万人，比上年增长19.0%，离退休职工基本养老保险17.05万人，比上年增长5.2%；失业保险参保人数42.82万人，比上年增长12.0%；基本医疗保险参保人数102.12万人，比上年增长4.7%；参加生育保险人数80.65万人，比上年增长6.2%；农村合作医疗参合人数170万人，参合率97%。

全市城乡各级收养性社会福利单位共99个，有床位3500张，年末收养人员1246人；城镇综合性社区服务中心33个，城镇各种社

贵阳市环境状况公报（2010年）

根据《中华人民共和国环境保护法》和《贵州省环境保护条例》的规定，现发布2010年《贵阳市环境状况公报》。

贵阳市环境保护局
二○一一年五月

综述

2010年，在中共贵阳市委、市人民政府的领导下，我市紧紧围绕科学发展的主题、加快转变经济发展方式的主线和建设生态文明城市的目标，以“创建国家环保模范城市”为载体，将环境保护与促进经济发展、民生改善有机结合起来，坚持以人为本、环保为民，努力解决人民群众关心的突出环境问题，通过深入开展城市环境综合整治、强力推进环境污染防治和生态保护与建设工作，我市圆满实现了“十一五”主要污染物减排目标，城市环境综合整治定量考核排列全省前列，生态环境呈良好状态。

2010年，我市空气质量优良率为93.97%，达到国家环境空气质量二级标准；饮用水源地水质达标率为100%，地表水水质达标率为95.83%；区域环境噪声和道路交通噪声平均值分别为55.6分贝、67.8分贝，达到国家考核标准。城市大气环境质量、水环境质量、声环境质量持续改善。

大气环境

大气环境质量状况

2010年贵阳市环境空气中二氧化硫年均值

区服务设施1504个；城乡居民享受最低生活保障的人数达13.82万人，其中城镇最低生活保障人数为7.62万人，农村最低生活保障人数为6.20万人；国家抚恤、补助优抚对象总人数达到13024人；全年民政部门直接接受社会捐赠款4078万元，接受捐赠物资衣被6千件，受益人数达7.06万人次。

十四、安全生产

全年各类生产安全事故共死亡330人，比上年下降4.3%。全市工矿商贸企业发生生产安全事故46起，死亡58人，同比分别下降39.5%和29.3%，发生较大生产安全事故9起，发生重大生产安全事故1起。

注释：

1.公报中所列数据为初步统计数。部分数据因四舍五入的原因，存在着与分项合计不等的情况。

2.生产总值和各产业增加值绝对数均为当年价格，增长速度按可比价格计算。

3.资料来源：本公报中电信数据来自省通信管理局；民航运输数据来自贵州省机场集团；铁路运输数据来自成都铁路局；上市公司数据来自证监委贵州监管局；保险业数据来自贵州保监局；报纸、期刊、图书数据来自省新闻出版局；教育数据来自省教育厅、市教育局；艺术表演团体、公共图书馆、文化馆数据来自省文化厅、市文化局；广播、电视数据来自省、市广电局；体育数据来自省、市体育局，城镇新增就业、登记失业率、社会保障数据来自市人力资源和社会保障局；财政数据来自市财政局；农业机械总动力和机耕面积数据来自市农委；公路运输数据来自市交通局；水运数据来自市航务管理处；保障性住房、燃气供应数据来自市住建局；建成区绿化数据来自市林业绿化局；外商投资、进出口数据来自市商务局；邮政业务数据来自市邮政局；旅游数据来自市旅发委；金融数据来自市人民银行中心支行；科技项目数据来自市科技局；专利数据来自市知识产权局；平均气温数据来自市气象局；卫生、新农合数据来自市卫生局；社会服务、低保、各类自然灾害造成直接经济损失数据来自市民政局；环境监测数据来自市环保护局；城市建设数据来自市城管局；公交运营数据来自市公交公司、市城市公共交通管理局；安全生产数据来自市安全监管局；其他数据均来自市统计局。

为0.057毫克/立方米，达到国家环境空气质量二级标准；二氧化氮年均值为0.027毫克/立方米，继续保持在国家环境空气质量一级标准以内；可吸入颗粒物年均值为0.075毫克/立方米，达到国家环境空气质量二级标准；大气环境质量整体达到国家环境空气质量二级标准。2009年与2010年贵阳市空气质量变化见下图。

贵阳市2009-2010年空气质量变化情况

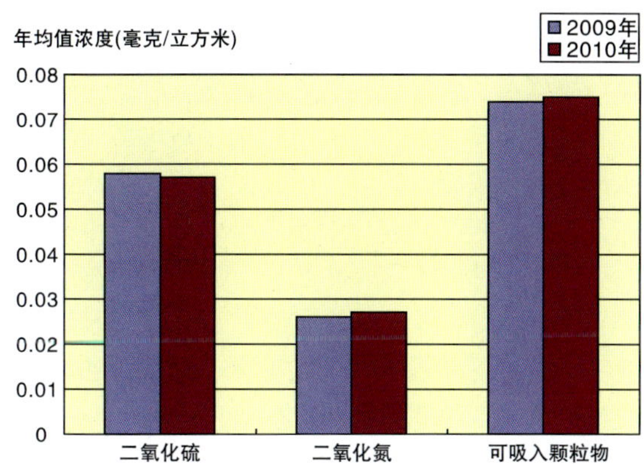

2010年我市环境空气质量优良天数达343天，优良率为93.97%，其中，空气质量一级（优）的天数为105天，二级（良）的天数为238天，三级（轻微污染）的天数为22天。空气质量API指数平均值为63，与上年相比有所下降。2010年贵阳市环境空气质量等级比例见下图。

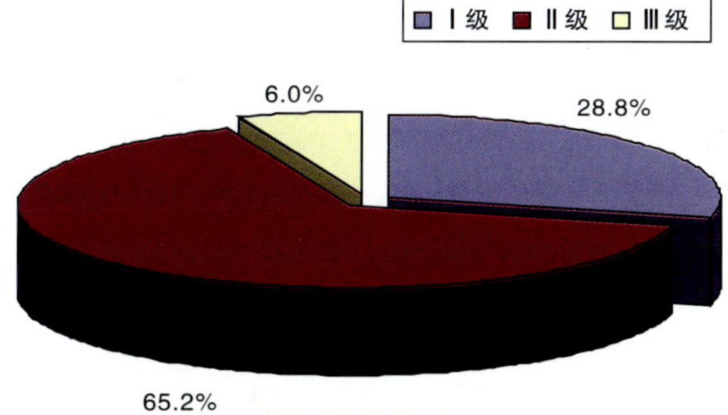

图1 2010年贵阳市环境空气质量等级比例图

2010年我市中心城区降尘年平均值为9.14吨/km²·月，比去年有所上升。降水pH年平均值为7.01，酸雨未检出。

废气中主要污染物排放情况

2010年贵阳市主要污染物二氧化硫排放量为17.13万吨，其中工业二氧化硫排放量为8.45万吨，占排放总量的49.33%，生活二氧化硫排放量为8.68万吨，占排放总量的50.67%；烟尘排放量为2.9万吨，其中工业烟尘排放量为1.26万吨，占排放总量的43.40%，生活烟尘排放量为1.64万吨，占排放总量的56.60%；工业粉尘排放量为1.49万吨。

措施与行动

2010年，我市以改善城市空气环境质量为中心，全面加强大气污染防治工作。继续实施能源改造和清洁能源建设工程,提高城市清洁能源比率和城镇燃气普及率；加大城镇人口稠密区域工业企业关停并转迁力度，淘汰、关停污染严重的落后生产工艺和企业；大力推进电力、冶金、有色、化工、建材等行业大气污染治理,对污染严重和超标排放单位进行限期整改和限期治理；同时，积极推进机动车尾气污染防治和城市饮食油烟、扬尘污染防治工作，全市人居大气环境质量得到了有效改善。

■大力发展城市清洁能源

2010年，我市城市燃气用户达66.3万户，用气总人口225.4万人，实现用气人口与城镇人口同步增长。全市城市燃气气化率达95%，中心城区气化率达98.5%。

■积极推进重点工业企业清洁生产工作

按照环保部环发[2010]54号文《关于深入推进重点企业清洁生产的通知》要求，我市制定印发了《贵阳市实施强制性清洁生产审核工作方案》，组织召开了贵阳市强制性清洁生产审核培训会，对应当实施强制性清洁生产审核的企业进行了摸底调查，确定了2010年强制性清洁生产审核企业名单；2010年，我市对贵州西洋肥业有限公司、贵州中化开磷化肥有限公司等企业实施了强制性清洁生产审核，贵阳华能焦化制气有限公司强制性清洁生产审核通过了省环保厅验收。

■加大淘汰落后产能力度

严格执行国家产业政策，加大实施淘汰落后产能力度。按照省政府下达的计划要求，我市淘汰落后产能涉及电解铝、炼铁、水泥、黄磷等4个行业。2010年我市淘汰了贵州水泥厂等6个企业的落后产能，淘汰落后炼铁产能1万吨、水泥产能76万吨、电解铝产能3万吨、黄磷产能0.25万吨。

■ 对污染严重和超标排放单位进行限期治理和技术改造

2010年，我市对贵州三山研磨有限公司、清镇市中八耐火材料厂、清镇市兴旺耐火材料厂等8家废气超标排放或不能稳定达标排放的企业下达了限期治理任务，要求对污染物治理后达标排放，8家企业基本按要求完成治理，达标排放。

白云区对辖区内部分工业烟（粉）尘排放企业实施了技术改造，完成了中铝贵州分公司碳素厂成型车间重油改天然气、贵铝华阳碳素厂重油改天然气、贵阳娃哈哈饮料有限公司锅炉烟气治理、贵阳银星化工有限公司燃煤改电工程，通过技术改造，上述四家企业每年减少SO2排放300余吨，减少烟尘排放200余吨；同时，中铝贵州分公司氧化铝挖潜扩建及环境治理工程已通过国家环保部验收，每年可减少二氧化硫排放6550吨。

■强力推进机动车尾气污染防治

2010年，为深入开展机动车排气污染防治工作，我市成立了贵阳市机动车排气污染防治管理中心，建立了贵阳市机动车排气检测仲裁线；为规范全市机动车环保定期检测工作，我市颁布实施了《贵阳市机动车排气污染防治管理办法》，成立了贵阳市机动车尾气检测督查组，加大了对机动车环保定期检测工作的监管力度，2010年我市机动车保有量超过58万辆，机动车环保定期检测率达到93.22%；同时我市还开展了机动车环保检验合格标志的分标管理工作，加大了“黄标车”的更新、报废力度，全年共发放机动车环保标志三十多万套、“黄标车”以旧换新1518辆，按照国家政策发放补贴资金1968万元。

■深入开展城市饮食油烟、扬尘污染防治

2010年，我市加大了对城市饮食油烟、扬尘污染防治的工作力度，城区油烟污染扰民问题得到有效遏制。白云区制定了《白云区饮食服务业油烟污染专项整治方案》，对全区建成区域进行了责任区划分，与各相关部门联合行动，重点对60家饮食经营户进行了整治，安装了油烟净化设施，要求饮食经营户定期清洗油烟净化设施，保证设施的正常运行。清镇市对红枫街8家餐饮店、云岭街25家餐饮店的饮食油烟进行了整治，饮食经营户治理后排放的油烟污染物达到国家排放标准。

2010年，我市加强了扬尘污染的整治工作，深入推进建筑工地和渣土运输规范化、制度化管理，采取设卡守点，在建筑工地安装视频监控摄像头，加强源头管控等措施，严查渣土车辆不密闭运输、渣土撒漏等行为；对堆放煤炭、水泥等周边群众反映强烈的，易产生扬尘污染的露天堆场进行了检查，对不符合要求易产生扬尘污染的贵阳发电厂等7家工业企业下发了整改通知，小河区建设完成了蔡冲煤矿西站铁路转运货场整体喷淋除尘设施，使长期影响该区域的粉煤灰扬尘污染问题得到圆满解决。

水环境

水环境质量状况

饮用水源地

贵阳市中心城区集中式饮用水源地主要有：阿哈水库（向南郊水厂供水）、南明河麦达河段（向中曹水厂供水）、南门河汪家大井段（向东郊水厂供水）、红枫湖（向西郊水厂供水）、沙老河水库（向北郊水厂供水）。饮用水源地水质达标率为100%，水质状况总体良好。

主要河流

2010年，贵阳市地表水水质达标率为95.83%，城市主要河流受到不同程度污染，污染特征主要以生化需氧量为主的有机污染。

六广河：六广河水质达到国家《地表水环境质量标准》的Ⅱ类标准。

南明河：南明河花溪断面和普渡桥断面水质达到国家规定的水功能区要求；新庄断面生化需氧量超标率为16.67%，未达到国家规定的水功能区要求。

主要湖泊与水库

红枫湖：红枫湖水体水质总体良好，与去

年相比，有机污染、总磷总体有所减缓。西郊水厂水源地取水口水质达到国家饮用水源地水质考核要求。

百花湖：百花湖水体水质总体良好，与去年相比，有机污染、总磷总体上有所减轻。

阿哈水库：阿哈水库作为南郊水厂水源地，水质达到国家《地表水环境质量标准》Ⅲ类标准，符合国家饮用水源地水质考核要求。

乌江水库：乌江水库除总磷外，水质可达到国家《地表水环境质量标准》Ⅱ类标准。与去年相比，总磷浓度有所下降。

废水中主要污染物排放情况

2010年，贵阳市主要污染物化学需氧量排放总量为4.96万吨，其中工业化学需氧量排放量为0.17万吨，占排放总量的3.44%，城镇生活化学需氧量排放量为4.79万吨，占排放总量的96.56%；氨氮排放总量为0.35万吨，其中工业氨氮排放量为0.01万吨，占排放总量的2.38%，城镇生活氨氮排放量为0.34万吨，占排放总量的97.62%。

措施与行动

2010年，我市把保障群众饮水安全作为首要任务，扎实推进饮水安全保障工作，同时进一步加大煤炭、化工、冶金、食品等行业水污染治理力度，加强工业污染源废水排放的监督管理，严厉打击环境违法行为。

■扎实推进饮水安全保障工作

2010年，我市开展了地表水饮用水源环境状况评估、全市典型乡镇饮用水源基础环境调查、农村饮用水源调查评估工作，同时按照《贵州省县城以上集中式饮用水源保护环境综合整治方案》，开展了全市饮用水源环境安全隐患大检查；对北郊水库等9个饮用水源地进行了环境综合整治，并对全市集中式饮用水源一、二级保护区内排污口进行详细调查，实施取缔关闭工作。

乌当区对汪家大井饮用水源地2个工业企业及45家农家乐，实施责令停止生产、拆牌停止经营等措施，实现了辖区内集中式饮用水源地一、二级保护区内没有排污口。

云岩区加强了对辖区内金钟河、黔灵湖、小关水库等地表水环境的整治，修建了雅关、偏坡、黔灵公园截污工程及水东线截污工程。

小河区安排专项资金120万元，在阿哈水库1110米水位线沿岸（小河区范围内）设置5.6公里围栏，在村寨集中及交通要道附近设置相应的界碑、界牌和警示标志。

■大力开展“两湖一库”污染治理

加强湖、库周边工业污染源治理

按照《贵阳市两湖一库周边重点工业污染源超低排放工作实施方案》，贵州水晶有机化工(集团)有限公司废水超低排放项目于2010年12月20日通过省环保厅验收，该公司生产废水排放量由项目实施前的1406 m^3 / h，降至400 m^3 / h左右，外排废水中COD浓度降至50mg / l以下。2010年5月10日，投资2.1亿元的贵州美丰化工有限责任公司生产废水超低排放治理项目，通过省环保厅验收，废水排量从每小时1600吨大幅下降到每小时95吨。

实施城市生活污水治理工程

2010年，清镇市完成了朱家河污水处理厂二期建设项目、东门河河道综合治理，朱家河污水处理厂一期进出水在线监控系统及中控系统建设项目，城区生活污水收集管网二期建设项目以及站街、百花污水收集管网建设项目。

2010年底，云岩区建设完成了三桥、马王庙污染治理、金钟河河道治理和蔡家关越域排污工程。

推进废弃煤矿治理

2010年，我市完成了栗木寨废弃煤矿综合治理实验项目，制定了百花湖石垌煤矿治理项目治理方案，启动了花溪区废弃煤矿治理工程。

多渠道、多形式实施生态环境保护工程

2010年，我市大力实施乡村清洁示范工程、人工湿地建设、退耕还林、植树造林、水土保持、湖滨生态修复工程；全面禁止“两湖一库”周边规模化畜禽养殖；着力调整农村产业结构，继续实施有机生态茶叶、有机蔬菜、蚕桑、农机节能减排等一批农村面源污染治理项目；坚决禁止在“两湖一库”周边范围内使用磷化物、农药、化肥，禁止钓鱼、炸鱼、毁灭性捕鱼等破坏自然生态的行为。

■加强南明河沿岸的污染防治

2010年，我市继续加大对南明河沿岸污染源的执法监管力度，督促检查各污染源单位完善污染防治设施的运行记录及各项管理制度，确保废水达标排放；查处南明河城区段沿岸违法排污90余起，拆除沿河违章建筑；对南明河、市西河全段排查出的近60个污水入河点进行封堵；同时，定期清运打捞河道垃圾。制定河道清淤方案，全面启动南明河城区段清淤工程。

■加大污水处理厂的监管力度，推进中心城区雨污分流

2010年，我市继续加大对污水处理厂的运行管理督查力度，加快在建污水处理厂建设进度，提升城市生活污水的处理能力，全市集中式生活污水处理能力已提升至65.6万吨/日。同时，对全市所有污水处理厂和其他重点污染源污染物排放情况进行实时在线监控。

进一步推进中心城区清污分流和雨污分流工作，提高污水收集量和处理率。2010年我市完成了贯城河截污管、麻堤河截污沟、春蕾大沟、麻冲大沟、杨柳冲东支、盐务大沟等6条雨污分流干线的建设。

声环境

声环境质量状况

2010年贵阳市中心城区区域环境噪声为55.6分贝，道路交通噪声为67.8分贝，声环境质量达到国家考核标准。

措施与行动

■区域噪声污染综合治理

加强噪声污染日常监督管理，切实加强对工业企业、建筑施工、文化娱乐、五金加工等各类噪声源的监管和整治，严格查处噪声扰民的违法行为。2010年，我市查处噪声扰民行为240余起。中、高考期间，我市开展“绿色护考”行动，环境执法人员在各考场定点值守，对考场周围100米范围内的敏感噪声污染源进行巡查，实行强制性监控，给考生营造一个宁静的考试环境。

■交通噪声治理

加强道路交通基础设施建设。通过中心城区主干道“白改黑”、对公交车辆和出租车从业人员进行禁鸣宣传教育，拆除了中心城区大型公交车辆的高音喇叭、查处违法鸣号等措施，有效减少交通噪声污染。

辐射环境管理

2010年，我市加大了辐射执法能力建设，配备了辐射执法设备和辐射监管个人防护设备，对监管人员进行了辐射安全管理专业知识上岗培训、对使用辐射设备的从业人员进行了上岗证培训，同时，加大了移动源和移动射线装置的监管力度，完善了辐射设备的验收手续，促进了全市辐射安全监管能力的提升。

2010年，全市共计办理辐射项目1335个。其中省级审批移动基站1124个、输变电项目9个、辐射安全许可证27个，市级审批辐射安全许可证153个，放射源强制收储19枚、报废处置射线装置3台。2010年，贵阳市辐射环境质量总体良好。

固体废物

工业固体废物

2010年，全市工业固体废物产生量为1167.72万吨，综合利用量为658.52万吨，处置量为488.98万吨，贮存量为25.14万吨，排放量为0.07万吨，处置利用率为97.88%。

生活垃圾处理情况

2010年，市区生活垃圾产生总量为75.75万吨，无害化处理总量为 70.99万吨，无害化处理率为93.71%。

措施与行动

■加强对固体废物的监督管理

2010年，我市进一步加强工业固体废物污染防治，对全市危险废物产生单位、经营单位进行了摸底调查，开展了全市非电力行业含多氯联苯电力设备及其废物调查、感光材料废物调查、涉汞行业调查、废铅酸电池调查、重金属污染调查、皮革碎料制品清理整顿调查、尾矿库污染防

治监督检查等工作；同时，依法处置危险废物。2010年,我市建成投运比例坝和高雁垃圾处理场渗滤液处理项目，36户企事业单位的危险废物得到安全转移处置，收储废弃放射源19枚，危险废物监管得到进一步加强。

根据《中华人民共和国固体废物污染环境防治法》和《大中城市固体废物污染环境防治信息发布导则》，我市在《贵阳日报》和贵阳环境保护网等公共媒体发布了《2009年贵阳市固体废物污染环境信息公告》，提高社会公众对固体废物污染防治工作的认识，扩大公众参与的途径，增强公众参与的能力。

■ 积极推进垃圾分类收集试点工作

2010年，我市积极推进垃圾分类收集试点工作，市级财政补贴资金10万元，专款用于云岩、南明两区垃圾分类收集的试点工作；同时，在市行政中心和实验小学统一配备了420个分类收集塑料垃圾桶、12000个分类垃圾袋、5000个套桶垃圾袋，并在具备设置条件的试点社区和学校建立了17个绿色回收站（亭），对不具备设置条件的试点社区采取委托社区附近的绿色回收站回购的方式，收购可回收垃圾；为确保生活垃圾密闭运输，我市投资600万元购买了拉臂式小型清运车30辆、清运车配套车厢300个、分类收集塑料垃圾桶2900个、可降解分类垃圾袋1436000个，确保生活垃圾日产日清。

生态环境保护与建设

自然生态环境

2010年，贵阳市森林覆盖率达到42.3%，新增城区绿地40万平方米，人均公共绿地面积达9.86平方米，较上一年提高0.11平方米。

自然保护区　花溪区青岩油杉自然保护区，面积3733公顷。

风景名胜区　贵阳市现有风景名胜区10个，其中国家级1个，省级 8 个，市级1个：红枫湖风景名胜区（国家级）、百花湖风景名胜区（省级）、花溪风景名胜区（省级）、开阳风景名胜区（省级）、息烽风景名胜区（省级）、修文阳明风景名胜区（省级）、清镇暗流风景名胜区（省级）、香纸沟风景名胜区（省级）、贵阳相思河风景名胜区（省级）、鱼洞峡风景名胜区（市级）。

森林公园　贵阳市现有森林公园5个：其中国家级1个，省级 4 个：长坡岭森林公园（国家级）、息烽温泉森林公园（省级）、景阳森林公园（省级）、贵阳鹿冲关森林体育公园（省级）、贵阳云关山森林公园（省级）。

措施与行动

■ 生态恢复与建设

2010年，我市紧紧围绕建设生态文明城市的奋斗目标，加强生态环境保护与建设，全年共完成营造林16.41万亩，新增8.2万亩，森林覆盖率达到42.3%；建成了2个山体公园和10公里步道，新建了乌当区凤凰山8.67公里登山步道和市森林公园5公里登山步道；新建的3个山体公园（云贵山山体公园、双龙峰山体公园、湘雅山山体公园）接近完工。

■ 水土流失综合治理

2010年，我市完成了阿哈水库、红枫湖白岩小流域、百花湖三岔河支流小流域等15个饮用水源地，共150平方公里的水土流失综合治理工程；启动了花溪“十里河滩”国家城市湿地公园建设，建成了占地4000亩的观山湖公园。通过对生态环境的建设、保护以及对违法行为的严肃查处，有效地遏制了我市水土流失状况。

■ 农村环境保护

2010年，环保部将我市列为“农村环境综合整治目标责任制考核试点工作”的试点城市之一，我市以生态文明新农村建设为载体，以试点工作为依托，加大了农村环境保护工作力度，积极推进农村面源污染的治理，大力改善农村人居环境。目前，南明区永乐乡柏杨村、花溪区麦坪乡康寨村、小河区金山村长滩寨、修文县大石乡大石村、乌当区偏坡乡偏坡村、清镇市百花湖乡三堡村的农村环境综合整治项目正在实施中。

大力实施环境优美乡镇和生态示范区、乡（镇）试点创建工作。2010年，清镇市百花湖乡、乌当区百宜乡获得了省环保厅第一批省级生态乡镇命名，南明区永乐乡永乐村、清镇市百花湖乡萝卜哨村、修文县六广镇六广村获得了省环保厅的第一批省级生态村命名。通过生态乡镇（村）的创建，带动和促进了我市农村经济发展和环境保护。

积极推行生态农业循环模式。2010年，我市新增无公害农产品50个、绿色食品10个、有机农产品5个，农产品质量安全合格率达98%以上；新建无公害果树基地1.002万亩、无性系茶园5741亩，中药材种植基地5500亩；有机肥使用面积达50%以上；通过建设乌当、花溪国家科技示范园区和开阳、息烽农产品发展优势区，成功打造了20个500亩以上特色蔬菜、果树精品生产示范基地。

加强农村清洁能源建设，防治农村面源污染。2010年我市建成80个大型沼气池、20个乡村清洁工程；全市农村沼气工程累计完成投资4.05亿元，建成农村户用沼气池224252口，配套改厕221860座，改厨179060个，改圈219560间，进户路改造1585公里；建成农村户用沼气池后续服务网点444个，覆盖了全市总农户数的42%。同时，推广使用太阳能热水器20528个，沼气饭煲58699个，沼气热水器911个，省柴节煤灶2837个。每年处理污染物270余万吨，可产沼气9000余万立方米，减排二氧化碳44万吨，减排二氧化硫2900吨，节约标准煤13.6万吨，保护林木78万余亩，直接为农民增收约2.68亿元。实现了畜禽粪便的资源化利用和环境治理双重目标，极大地改善了农业生产环境和农村生产、生活条件。

■生态文明贵阳会议

由全国政协人口资源环境委员会、北京大学和中共贵阳市委、贵阳市人民政府共同主办的2010生态文明贵阳会议7月30日在贵阳召开。中共中央政治局常委、全国政协主席贾庆林作出重要批示，十届全国政协副主席徐匡迪、英国前首相托尼·布莱尔、耶鲁大学校长理查德·莱文、北京大学校长周其凤、环境保护部副部长李干杰等出席会议并发表演讲，九届全国人大常委会副委员长姜春云发表书面演讲。

这次会议举行了主旨演讲和生态城市论坛、科学与技术论坛、教育论坛、企业家绿色行动论坛、国际传播论坛、生态文明与传媒行动论坛等6个专题论坛；学习交流了生态文明建设典型案例，举办了NGO与政府、企业家圆桌会，生态城市规划案例讨论会，生态合作项目签约仪式，挂牌成立了贵阳环境能源交易所，举行了花溪国家城市湿地公园授牌、中意合作国家级贵阳经济技术开发区生态工业园区示范项目及花溪国际生态示范小区建设项目签约仪式，发布了《贵阳市低碳发展行动计划（纲要）（2010——2020年）》。来自多界别、多学科的嘉宾围绕建设生态文明、发展绿色经济阐述了自己的观点，开展了形式多样的互动性讨论，并最终形成了会议成果——《2010贵阳共识》。

污染减排

2010年是“十一五”污染减排工作的考核年。2010年按照市委、市政府“抢抓新机遇，纵深推进生态文明”的工作部署，我市进一步加大污染减排工作力度，多部门齐抓共管，攻坚克难，强化结构减排、工程减排和管理减排措施，狠抓新庄污水处理厂建设工程、清镇市朱家河污水处理厂（二期）建设工程、贵州詹阳重工动力有限公司燃煤锅炉清洁能源改造项目等重点污染减排项目的落实，在GDP不断增长的同时，污染物排放总量得到有效削减。

经环保部、省环保厅核定，我市2010年化学需氧量排放总量为4.96万吨，二氧化硫排放总量为17.13万吨，圆满完成“十一五”主要污染物排放总量控制目标（我市“十一五”二氧化硫目标值为18.67万吨；化学需氧量目标值为5.17万吨）。

规划与投资

2010年，我市对环境保护“十一五”规划及相关专项规划执行情况进行了评估，并积极谋划贵阳市环境保护“十二五”规划框架、目标指标体系，从环境污染防治、环境建设、环境安全、环境监管等方面着手，开展了贵阳市“十二五”生态建设和环境保护专项规划的编制工作。

2010年，我市城市环境基础设施建设、污染源治理、污染治理设施运行、环境管理能力建设等环保投资达到23.8085亿元，占全市地区生产总值的2.12%。

环境法制

2010年，我市大力强化环境保护法制建设和依法行政工作。2010年颁布实施了《贵阳市机动车排气污染防治管理办法》、《贵阳市生态环境和规划建设监督员管理办法》、《贵阳市建设项目环境影响评价限制审批管理规定（试行）》，制订了《贵阳市环境保护行政处罚自由裁量实施标准（试行）》，同时，严查环境违法行为，2010年共依法做出87起行政处罚，处罚总金额192万元。

环境准入

为有效控制建设项目新增污染，我市严格执行环境影响评价制度，大力促进宏观调控政策落实、产业结构调整优化、区域经济合理布局、经济增长方式转变和循环经济发展，从源头上防止环境污染和生态破坏。

2010年，我市对《南明龙洞堡食品工业园规划》、《修文县医药产业园规划》、《小河－孟关装备制造生态工业园规划》、《乌当区医药食品工业园规划》、《清镇铝煤化工工业园规划》、《息烽磷煤化工生态工业基地规划》等规划环评进行了审查；办理了各类建设项目环评审批手续3478个，预计总投资306.627亿元。其中市级审批的建设项目267个，拟投资274.776亿元；区级审批的建设项目3211个，拟投资31.851亿元；根据相关法律法规否决建设项目20个，建设项目环评执行率、“三同时”执行率100%。

环境科技与对外交流

2010年，我市组织实施了《贵阳市污泥脱水固化/填埋与资源化技术研究及应用》、《贵阳市大气环境容量预测模型与污染物控制》等环境科技研发项目。同时，与上海同济大学共同开展了《生活垃圾填埋场渗滤液深度处理研究》项目，贵阳市环境保护研究所承担了中国环境科学研究院“湖库型饮用水源地保护与管理技术研究与示范”课题中的子课题“‘两湖一库’饮用水水源水文水质现状调查与预警管理信息系统建设”项目，目前，该项目正在顺利进行中。

2010年，在中日友好环境保护中心承办的JICA援助项目–第三国研修培训会上，我市向与会的湖南、呼和浩特等受援省市，印尼、泰国、越南等东南亚7国及蒙古国介绍了贵阳市日元贷款大气污染治理项目的实施情况，提高了贵阳市的知名度。

环境监察与应急处理

环境日常巡查

2010年，我市环境监察部门紧紧围绕创建国家环保模范城市、节能减排等环保重点工作和群众投诉热点难点问题来开展环境监察工作，加强对污染治理设施运行情况、“三同时”、限期治理、排污许可证执行情况的检查，对重点污染源、群众关注的热点难点环境问题加大监督检查的力度和频次，实行日查夜检等多种形式的监督检查，确保各污染源单位污染治理设施正常运行，严厉打击偷排、漏排等各种违法行为。

加大环保专项整治力度

在2010年环保专项行动中，我市开展了“绿色护考”、“除扬尘，降噪声”、饮用水源保护区排污口取缔、南明河沿岸污染源稳定达标排放等环境综合整治工作。全市共出动执法人员6521人次，现场检查污染源单位3183家次，共查处环境违法案件91起，查处结案率100%。

对污染源单位实施在线监控

2010年，我市对70多家污染源单位安装了在线监控系统111套（含30家国控重点污染源单位），并对国控污染源单位开展了在线监控系统数据有效性审核工作，通过率94.44%。

污染物稳定达标排放

为确保全市重点工业企业污染物排放稳定达标，我市环境监察部门对全市270家重点工业企业污染物稳定达标排放情况进行了专项大检查，派驻19名环保监督员对我市发电厂及污水处理厂实施24小时现场监管，确保污染治理设施正常运行。

"绿色护考"营造宁静的中高考环境

2010年中、高考来临之前，我市环境监察支队会同市城市综合执法支队，在《贵阳晚报》上刊登了《关于在中、高考期间加强噪声污染监督管理的通告》，实行了"禁噪"措施，停止办理建筑工地夜间施工证明手续，严格禁止噪声超标违法行为，实施了2010年"绿色护考"行动。

高考期间，我市环保执法人员会同城市综合执法人员分成6个检查组共80余人，对居民集中地附近产生或有可能产生噪声污染的33家建筑工地、22家车辆修理厂、30家五金加工点、11家酒吧等娱乐场所进行了突击夜查，对小河区省建六公司、省建七公司、南明区贵州刘凌房开有限公司、亨特国际、云岩区马王庙道路改造工程等5家超时施工建筑工地和知醉酒吧噪声污染进行了查处。同时，在各考场定点值守，对考场周围100米范围内的敏感噪声污染源进行巡查，实行强制性监控保护，消除噪声污染隐患，确保了考试期间安静的环境。

积极办理群众来信来访及人大、政协建议、提案

2010年共接待群众来电来信来访1125件，其中有效投诉847件，均已办结回复，办结率100%，回复率100%。办理人大、政协建议、提案33件，办结率100%，回复率100%。

加强排污费征收管理工作

2010年，我市加强排污费征收管理工作，狠抓污染源现场监控，加大排污费稽查力度、规范排污费征收工作程序，做到依法、全面、足额征收排污费。2010年我市对1366户污染源单位征收排污费4692.4万元。同时，严格按照《排污费征收使用管理条例》和《关于加强和规范贵阳市环境保护专项资金使用管理的通知》要求，做好环保专项资金的使用和管理。2010年，安排市级环保专项资金污染治理项目12个，安排环保专项资金1496万元。

加强环境污染事故应急处理工作

2010年，为全面提高我市处置突发环境污染事件和风险的能力，我市成立了环境突发事件应急指挥领导小组和贵阳市环境突发事件应急中心，开展全市突发环境污染事件应急处理工作。

贵阳市环境突发事件应急中心严格按照五个"第一时间"和"一案三制"的要求，建立健全了重点区域（流域）、行业、企业污染物档案和突发环境事件应急机制，加强对污染源的日常监督管理和环境风险源的隐患排查，举办了贵阳市环境应急管理人员培训班，要求全市所有重点污染源单位进一步健全和完善环境应急预案，基本形成了全市环境突发事件应急处置工作体系。

2010年，贵阳市环境突发事件应急中心联合花溪区政府等多家单位在花溪区9844分公司及杨梅水库举行了环境突发事件应急联合演习，参与的部门有20多家，出动人员达300余次，极大地提高了各单位环境应急处理能力。

环境监测

环境质量监测

2010年，我市对环境空气质量、地表水及饮用水源地环境质量、声环境质量进行了监测，实时报出环境空气自动监测数据9678个，环境空气质量自动监测日报、预报365期，月报52期；降水监测数据744个，降尘监测数据44个；完成了国控（重点流域）普渡桥断面、省控六广（乌江）、新庄（南明河）、花溪（南明河）、普渡桥（清水河）、息烽河入湖口（息烽河）、青岩（涟江）断面、阿哈水库、两湖（红枫湖、百花湖）及其周边污染源和支流的监测任务；完成了贵阳市地表水（包括市辖河流、重点湖库、南明河三年变清干支流、水功能区达标河流、排污沟等）等近100余个断面（垂线）的常规水质监测任务；同时，还完成了我市四个集中式饮用水源地（阿哈水库、南明河、南门河、红枫湖）、各区县主要城镇饮用水源地、备用饮用水源地（沙老河水库、三江水库）的监测任务、水环境例行监测任务共计128次，累计报出数据28000余组；完成了我市四个功能区噪声点位、220个区域噪声点位和108个交通噪声点位的例行监测，区域噪声点位覆盖云岩、南明、白云、乌当、花溪6个区，交通噪声涵盖我市50条主干道，路段总长56.8公里。

污染源监督性监测

2010年我市对国控、省控重点污染源（包括对其自动监测设备正常运行的监督）、地方监管污染源、污染源执法检查、排污收费、建设项目执法检查以及污染事故纠纷处理和信访等进行了监督性监测，对建设项目“三同时”进行了验收监测；完成了重点污染源154家（次）的监测任务和数据上报工作；同时完成了小河、金阳、白云、花溪、二桥、清镇、新庄等污水处理厂每季度一次的监督性监测任务；监测了各区（县）所辖企、事业单位污染源废水、废气、噪声、油烟、烟（粉）尘662家（次）。

突发环境污染事件应急监测

2010年按照《贵阳市环境监测中心站突发性环境污染事故应急监测工作响应程序》，完成了清镇、小河、花溪、乌当等地的突发环境污染事件的应急监测任务。

其他监测

完成了南明河“三年变清”水质监测任务，向“天极网”和“贵阳新闻网”发布水质报告12期；完成南明河、黔灵湖、小关湖等“十件实事”及息烽河流域监测任务，各报送监测简报12期；完成“两湖一库”水质预警及“两湖一库”支流监测任务，报送监测简报12期。

环境宣传与教育

2010年，我市环保宣传工作紧紧围绕创建国家环保模范城市开展，通过网络平台、媒体、户外广告、12369环保热线电话等立体式宣传，以及发放公开信、明信片、《创模市民手册》、《创模知识问答》、等各类宣传资料，广泛发动全市人民参与创模，极大地促进了市民对创模工作的知晓率，实现了“层层发动，广泛宣传，人人参与”的良好局面。

利用媒体刊物宣传报道

2010年，各级各类媒体报道我市创模新闻3300余条，其中《人民日报》和环保部网站等中央级媒体90条。我市向环保部和省环保厅报送创模工作简报和动态156期，并在贵阳晚报上开设了宣传创建国家环境保护城市的专栏《创模新视线》。

利用政府网络平台宣传创模

2010年，在市人民政府“中国·贵阳”网站，刊登创模宣传相关信息740余条，在市环境保护网站刊登创模新闻764条，同时，及时在线与市民交流，听取市民建议和要求。每月编撰《贵阳市创建国家环境保护模范城市新闻报道汇编》，报送有关领导及各级政府、各责任单位。

环境质量状况宣传

在贵阳市喷水池、南国花锦、邮电大楼、人民广场等市区内主要路口户外电子显示屏上，以每小时不少于2次的播放频率，播放环境公益短片、贵阳市环境空气质量、显示屏所在地实时环境噪声指数等内容，向广大市民进行环保宣传。

利用城市交通工具、城市出入港口开展创模宣传

在市区50辆公交车及10个公交车站上张贴了宣传标语，设置了公益广告，在火车站、机场候机厅、到达厅设置了创模宣传展版。同时协调中国移动通信集团在其业务广告牌上增加创模宣传内容。

组织环保标志“黄绿标”宣传

组织贵阳日报、贵阳晚报、贵阳电视台、贵阳人民广播电台等媒体单位，在机动车尾气检测点“黄绿标”核发现场，集中采访报道推行“黄绿标”的目的意义、申领和发放程序等，同时，印刷了30万份《贵阳市机动车环保合格标志发放便民手册》，拍摄了“黄绿标”发放专题片。

开展绿色创建系列活动

2010年，我市开展了“绿色社区”、“绿色学校”等一系列绿色创建活动。截至2010年，全市创建国家级“绿色社区”2家，省级“绿色社区”19家，市级“绿色社区”96家；创建国家级“绿色学校”3所，省级“绿色学校”31所，市级“绿色学校”128所。

开展各种形式的创模宣传活动

2010年，我市组织开展了“贵阳市创建

国家环境保护模范城市招贴画设计比赛”、“2010·贵阳‘地球一小时’”、“六.五”世界环境日宣传、“饮水思源——贵阳水环境调查市民行动”图片展、“环境公开日”、“绿色出行——公益健步走”、“资源再利用 美家DIY”——废物制作小工艺品和生活用品展、创模绿色书屋、创模心愿墙、“环保婚礼”旧物制作服装展等一系列宣传活动。

2010年我市对“贵阳市环境保护网”进行了大规模改版，大幅度增强了网站环境信息公开和公众参与的内容，通过加强网站界面的友好性和互动性，为市民了解全市环境状况提供了更加便捷的窗口。

创建国家环境保护模范城市专栏

2010年，市委、市政府高度重视我市创建国家环境保护模范城市工作，将创模攻坚工作纳入全市“三创一办”的中心工作进行统筹安排部署，市委、市政府主要领导先后多次亲赴环保部汇报创模工作情况，多次在《中国环境报》上发表介绍我市开展创模和生态文明城市建设文章，争取到环保部对我市创模工作的高度重视和大力支持，同时市委、市政府领导多次现场调研、指导创模重点工程，有力地推动了全市创模攻坚工作的开展。一年来，我市加快产业结构的调整、优化、升级，扎实推进城市基础设施建设，全面开展环境综合整治，创模攻坚工作取得重大进展。

全面加快创模工程建设步伐

2010年，我市采取“分类管理、计时排查、挂号督办”等有效办法扎实推进创模100余项工程建设和整改任务，相继完成新庄污水处理厂等11座污水处理厂近百项整改任务，全市生活污水日处理能力由2009年的每日38.1万吨提高至目前的每日65.6万吨；完成了贯城河流域清污分流、蔡家关片区越域排污及麻堤河排污等工程主体建设以及市西河流域清污分流工程，日新增污水收集能力9万余吨，同时，还建成比例坝和高雁两个垃圾处理场渗滤液处理项目，完成危废处置中心总工程量的65%。

强力推进城市环境综合整治

2010年，我市相继实施了城区地表水环境整治、“除扬尘，降噪音”、垃圾减量化和无害化处理、危险废物安全处置和城区绿化美化整治“五大”整治行动。查处南明河城区段沿岸违法排污90余起，修复封堵沿河污水“跑冒滴漏”点60个，清运打捞河面垃圾4200余吨；查处违规运输渣土车辆1900余辆，取缔违法经营用煤火炉灶500余个；查处违法鸣号等各类噪声扰民行为4万余起；建成17个绿色回收站，分类回收资源5560余吨；完成36户企事业单位的危险废物安全转移处置，收储废弃放射源19枚；新增绿地49万平方米。

全方位打造创模亮点

2010年，我市突出抓好“两湖一库”饮用水源保护、黄绿标分标管理、排污权市场交易、花溪国家城市湿地公园“四项”创模特色工作，取缔“两湖一库”等饮用水源保护区排污口290余个，新增和维修保护区围栏1.6万余米；完成花溪国家湿地公园各项规划编制，积极推进河道清淤及河岸整治、园区绿化美化及路网建设、沿河村寨环境整治等工作；建成排污权交易市场；制定了《贵阳市机动车排气污染防治办法》、《贵州省主要污染物排污权交易贵阳市（试点）试行办法》等制度。

抓好督查宣传协调工作

2010年，我市制定并印发各项制度20余项，累计出动350余人次完成50家目标责任单位9轮次督查，下达督办函30余份。累计印发各类创模宣传资料100万余份，发放“12369”环保投诉热线手机公益短信80万条，向环保部和省环保厅报送创模工作简报和动态156期，各级各类媒体共报道我市创模新闻3300余条。完成小河、金阳等环保局独立建制工作，落实市、县两级环保机构及编制,新建成空气自动监测站4个，实现109项水质指标全项分析。争取了环保部两次派创模专家调研指导我市创模工作。

建设生态文明城市大事记

JIAN SHE SHENG TAI WEN MING CHENG SHI DA SHI JI

2010年

1月

1日

◎《<贵阳市水污染防治规定>修正案》施行，规定水源保护区内煤窑一律关闭。

◎《贵阳市摩托车、残疾人专用车管理规定》施行。规定禁止非“贵AA”号牌摩托车驶入一环线（含一环线）内；禁止所有摩托车驶入中华路、中山路、延安路、瑞金路、遵义路。

5日

◎贵阳市环境信息中心获全国环境信息化工作优秀集体称号。

18日

◎贵阳市举行“三创一办”动员大会暨第九届全国少数民族传统体育运动会倒计时600天启动仪式。

19日

◎开磷集团大水工业园磷铵一期工程各项指标全面达标达产，月生产磷酸二铵56557吨。

◎贵阳小河国家军民结合（装备制造）高新技术产业化基地、贵阳国家电子元器件高新技术产业化基地被科技部认定为国家高新技术产业化基地。

22日

◎贵阳市入选新中国建国60周年中国城市发展代表。

◎贵阳市农村碳减排工作会议暨CDM项目合作签约仪式在开阳县南江乡举行，这是国内首个农户沼气自愿减排项目。

◎贵阳留学归国人才创业园暨“贵阳海外高层次人才创新创业基地”在贵阳国家高新区揭牌。

30日

◎李军、袁周、李涛、申振东、俞静、蒋星恒、马长青、王保建、邹碧声、刘文新等市领导参加“绿丝带”社会志愿服务活动——清扫白色垃圾、呵护城市绿肺。

2月

1日

◎贵阳市禽流感防控日报告制度启动。

◎即日起至9月30日止，红枫湖、百花湖、阿哈水库全面实施禁渔管理，禁止一切形式的捕捞行为；开展渔业资源增殖活动，按计划在“两湖一库”投放鱼苗。

10日

◎贵阳市举行创建国家卫生城市签订目标责任书大会。

11日

◎青岩古镇、天邑森林温泉通过全国旅游景区质量等级评定委员会评定，获国家AAAA级旅游区称号。

25日

◎《贵阳市人民政府森林防火禁火令》实施。规定全市林地及其周边100米范围内，严禁上坟祭祖时烧香、点烛、烧纸钱；严禁烧灰积肥、炼山；严禁燃放烟花爆竹、放孔明灯。

26日

◎贵阳市启动水旱灾害应急预案及干旱灾害IV级应急响应。

28日

◎住房和城乡建设部城建司审查通过《贵阳市城市快速轨道交通建设规划（2010-2020）》。

3月

1日

◎《贵阳市促进生态文明建设条例》施

行，这是全国首部生态文明建设地方性法规。

◎贵阳市启动“‘百万先锋’共协力·‘三创一办’作贡献”系列活动。

◎云岩、南明两城区中小学及幼儿园实行“错时上放学”制度，以缓解中心城区的交通拥堵。

◎第九届全国少数民族传统体育运动会的会徽、会歌、吉祥物、宣传画在筑揭晓。

2日

◎贵阳市获2009年度全省“整脏治乱”专项行动一等奖，在“满意在贵州”主题活动中被评为全省第二名。

◎《贵阳市“三创一办”工作问责规定》施行。规定“三创一办”工作必须做到“有责必履、失责必究、问责必严”。

3日

◎贵阳市发布干旱橙色预警，综合气象干旱指数达到重旱，抗旱Ⅳ级应急响应提升为Ⅲ级。贵阳市遭遇50年不遇的干旱，因旱23.04万人出现饮水困难，21.33万头大牲畜饮水受影响。

6日

◎贵阳市“十万森林保护志愿者行动”启动，志愿者以开展森林防火宣传、监督检查森林防火情况等方式保护森林资源。

7日

◎贵阳市举行创建国家环境保护模范城市签订目标责任书大会。

9日

◎市委副书记、市长袁周接受中央人民广播电台中国之声全国“两会”特别节目《做客中央台》的专访，从宜居、宜业、宜游三个方面，向全国听众推介“爽爽的贵阳”。

11日

◎贵阳市节约用水办公室发布节水“动员令”。

12日

◎贵阳市“三创一办”新闻报道车发车暨《三创一办导报》发刊仪式举行，为“三创一办”工作建立新的宣传、舆论监督平台。

◎2010贵阳（北京）经贸交流暨旅游推介会在京举行，签约项目32个，总金额240.78亿元。

◎位于北京东直门的“贵阳旅游主题店”开业。“赏花赏景·慢品漫游”春游贵阳活动在京正式启动。

14日

◎贵阳市发布干旱红色预警。

15日

◎喷水池交叉口改造工程全面完工，增加车行道面积2550平方米，交通通行能力由每小时5800—6600辆增加到8500—9500辆。

◎中山路、延安路、瑞金北路公交车港湾式停靠站投入使用。

◎“享世博精彩·品真山真水”2010畅游贵阳体验游活动在上海启动。

16日

◎贵阳市开通“106582999短信彩信互动平台”。市民可以通过发送短信、彩信的形式，为“三创一办”建言献策，参与话题调查，拍摄感人的瞬间或曝光不文明行为。

◎小河区瑞华社区服务中心、金阳新区碧海社区服务中心等6个社区服务中心成立。贵阳市城市基层管理体制改革试点工作启动，在两个区撤销街道办事处，变四级管理模式为三级管理模式，强化为民服务。

19日

◎贵阳市启动自然灾害Ⅰ级响应。全市有42.2482万人和23.7496万头大牲畜发生临时饮水困难，农作物受灾面积5.94万公顷。

◎贵阳市清理违法建筑行动开始，依法对金阳新区兴筑西路二期和观山西路二期等重点工程周边41栋违法建筑进行拆除，面积43764平方米。

20日

◎“三创一办·省市青年在行动”活动启动。

△贵阳市开展党政军机关干部“绿丝带”志愿者义务植树活动。

21日

◎大型市民公益活动“饮水思源——贵阳

水环境调查市民行动”启动，300名志愿者开展贵阳水环境调查活动。

22日

◎省委、省政府召开省市合力推进“三创一办”工作动员大会。

23日

◎贵阳市抗旱救灾“爱如春雨”捐款活动举行，现场捐赠50.9万元、认捐649.9万元。

24日

◎贵阳市召开深入学习实践科学发展观活动总结大会。全市共有7138个基层组织、148495名党员，分别参加第二批、第三批学习实践活动。第二批、第三批学习实践活动群众满意率分别达到99.5%、99.07%。

26日

◎全国爱卫会正式受理贵阳市创卫申报，并进入暗访调研程序。

27日

◎贵阳市参与“地球一小时”活动。所有地标性建筑物陆续熄灭灯光。

28日

◎省委常委、市委书记李军参加“百姓——书记市长交流台”活动，围绕“三创一办”主题，与11位市民交流互动。

◎贵阳入选商务部评审的全国首批“流通领域现代物流示范城市”。

◎贵阳市成立创建国家卫生城市专家组，19名省、市专家将对全市创卫工作进行检查指导。

31日

◎国家开发银行贵州省分行与贵阳市签署协议，将向第九届全国少数民族传统体育运动会配套基础设施项目提供80亿元长期贷款。

4月

1日

◎《贵阳市机动车排气污染防治管理办法》施行。

◎贵阳市将市级18条主干道划分为100个网格区域，由100名网格管理员对各区域进行全方位、全时段、全覆盖的城市监管。

2日

◎省文明办、省直机关工委和贵阳市委联合启动“省直机关万名党员参加‘三创一办’绿丝带志愿服务活动”。

◎贵阳国家高新技术开发区举行新材料新能源产业发展研讨会。

7日

◎白云区、清镇市入选科技部、国家发改委等部委联合评审的国家可持续发展实验区。

9日

◎由贵阳警备区倡导的驻筑部队“千名官兵进社区入村寨”活动启动，1000多名部队官兵、民兵到25个社区、16个村寨参加环境卫生整治。

11日

◎贵阳市第22个爱国卫生月暨世界卫生日活动启动。

12日

◎23时至13日8时，贵阳市普降中到大雨。其中,花溪区雨量达36.4毫米。这是自2009年8月5日以来全市首场大雨，一定程度上缓解了旱情，各地水库、小山塘等蓄水工程的蓄水量略有增加。

19日

◎以“五个一”为主题的贵阳市中小学生“祖国好·家乡美”实践活动启动。

22日

◎《贵阳市“门前三包”责任制管理规定》施行。规定不履行“门前三包”责任的，对单位处以3000元以上3万元以下罚款；对个人处以300元以上3000元以下罚款。

24日

◎第二届“中国交响乐之春贵阳交响乐团应邀演出媒体见面会暨2010贵阳避暑季旅游活动推介”在京举行。

28日

◎贵阳市生态文明人才教育基地在贵阳

职业技术学院挂牌成立，首期绿丝带志愿者培训班同时开班。

5月

1日

◎贵阳市被科技部列为国家级创新型试点城市。

◎云岩、南明两区临时占道经营摊区正式“开市”。第一期“临摊”共安置低保户、下岗困难职工、残疾人等5000多人。

4日

◎市委副书记、市长袁周接受人民网“中国城市面面观——书记市长系列访谈”走进贵阳节目专访，向广大网友推介“爽爽的贵阳・中国避暑之都”。

5日

◎由省政府、国家旅游局主办，贵阳市委市政府、省旅游局承办的2010中国・贵阳避暑季开幕。

◎贵阳市第四届旅游产业发展大会召开，提出力争2010年实现旅游接待人数增长20%、旅游总收入增长40%的总体目标。

6日

◎中国（贵阳）避暑经济论坛在筑举行。

◎《贵阳市农产品冷链物流发展规划（2010～2020年）》出台。

9日

◎市委副书记、市长袁周在北京召开的绿色经济与应对气候变化国际合作会议“绿色经济与可持续发展”论坛上作《绿色发展的实践与前瞻》的主旨演讲。

10日

◎贵阳客运站片区的5个客运车站全部搬迁至金阳临时客车站并正式投入运营。金阳客车站占地300亩、日发送旅客能力8万人。

12日

◎《三创一办应知应会手册》与市民见面。

15日

◎开阳县“十里画廊”乡村旅游节开幕。

◎贵阳市开展以“节水全民行动，共建生态家园”为主题的第19个全国城市节水宣传周活动。

18日

◎贵阳市终止自然灾害救助、水旱灾害、气象灾害Ⅱ级响应及森林火灾Ⅱ级预警，撤销市自然灾害综合应急指挥部。

◎《文明城市110》大型直播广播节目开播。

◎市科技创新创业服务平台开通。

20日

◎市委副书记、市长袁周做客华龙网，通过《华龙会客厅》节目向重庆市民介绍“爽爽的贵阳・中国避暑之都”。

◎2010贵阳（重庆）经贸交流暨旅游推介会举行，签约项目25个，涉及总金额63.28亿元。

◎全市“三农”科技网络书屋建设启动。

21日

◎贵阳市举行“花溪之夏”旅游节暨苗族“四月八”大联欢活动。

◎“因为夏天，爱上爽爽贵阳——万人自驾游贵阳”旅游活动在重庆启动。

24日

◎贵州水泥厂位于贵阳市甘荫塘的老厂区关闭。

◎南明“黔茶飘香品茗健康”茶文化活动开幕，来自省内外近100家茶企业开展茶艺展示、茶文化歌舞表演、茶产品推介等活动。

6月

1日

◎《贵阳市科学技术奖励办法》施行。

2日

◎贵阳高新技术创业服务中心上升为国家级大学生科技创业见习基地试点单位。

5日

◎省、市联合开展“六・五世界环境日”宣传活动。

◎丹麦能源工业协会主席、丹佛斯集团主席雍根·柯劳森一行抵筑参观考察。

6日

◎贵阳人民广播电台贵阳旅游生活广播频道（FM90.9）开播。

7日

◎贵州省水利建设生态建设石漠化综合治理联合调研组考察贵阳市水利建设情况。

8日

◎省政府、中国电子信息产业集团有限公司战略合作框架协议签约暨贵州中电振华信息产业有限公司挂牌、振华新材料新能源产业基地奠基仪式在贵阳国家高新区沙文生态科技产业园举行。

10日

◎国家发改委副主任解振华调研贵阳节能减排工作进展情况。

15日

◎“工业自动化国家工程研究中心西南中心”在高新区挂牌。

◎贵阳市所辖社区居委会和村委会面向社会公开选聘生态环境和规划建设监督员，首批监督员将于8月10日前颁证上岗，聘任期限为2年。

19日

◎新路口马路市场关闭。

20日

◎“第七届（2010）中外避暑名城名山口碑金榜”在香港发布。贵阳市连续6年位居“中国十大避暑旅游城市”第一，并再次入选年度“全球十大避暑名城”。

22日

◎2010中国·贵阳避暑旅游及度假休闲地产四城市（长沙、武汉、南京、上海）推介会在长沙举行。

◎新华社、中央电视台等中央媒体对贵阳市“以生态文明建设引领文明城市创建”典型经验进行集中报道。

24日

◎最高人民法院副院长万鄂湘率“水资源司法保护及环境公益诉讼”联合调研组到清镇市人民法院环保法庭进行调研。

25日

◎《2009——2010年度全球城市竞争力报告》在南京发布,贵阳入列全球10大竞争力上升最快城市。

7月

1日

◎修订后的《贵州省红枫湖百花湖水资源环境保护条例》实施。

5日

◎《大写贵州精神——贵州艺术家走进兴义冷洞村创作作品展》在贵阳开展。

6日

◎2010贵阳（广州）经贸交流暨旅游推介会举行，签约项目28个，总金额150.46亿元。

7日

◎南明区彭家湾片区危旧房改造项目正式启动，项目总投资300亿元。

9日

◎“我为团旗（队旗）添彩·我为贵阳增光”主题实践活动启动，全市17万团员青年、40万少先队员亮明身份、参与“三创一办”。

10日

◎市政府与国家环境保护部签订农村环境综合整治目标责任制考核试点工作协议，贵阳市成为全国首批农村环境综合整治目标责任制考核试点城市之一。

13日

◎联合国开发计划署气候变化高级顾问安杰利思一行抵筑，就合作实施绿色照明、清洁养殖行动计划以及低碳发展进行交流讨论。

14日

◎中国社会科学院在京发布《全球城市竞争力报告（2009-2010）》，竞争力名次上升速度贵阳排在全球第四位。

21日

◎《十里河滩周边及花溪大道沿线景观与用地综合规划》，经贵阳市城乡规划建设委员会第十次全体会议审议通过。

25日

◎以避暑休闲、体育健身为主题的乌当盘龙山森林公园“万米云梯”森林步道对游客开放。

28日

◎中国·贵阳第六届医药博览会暨西部医药经济与民族医药发展论坛开幕。本届药博会以“交流合作、发展共赢”为主题；药博会展区面积近1.3万平方米，设立标准展位502个；来自省内外的449家医药企业，1万多名经销商参展；招商引资项目67个，共计金额25.81亿元。

29日

◎卫生部部长陈竺、世界卫生组织总干事陈冯富珍视察贵阳市公共卫生服务工作情况。

30日

◎《贵阳市低碳发展行动计划（纲要）（2010-2020年）》公布，标志着贵阳成为国家首批低碳试点城市之一。

◎全省首家环境能源交易机构——贵阳环境能源交易所成立。

◎贵阳市政府分别与联合国开发计划署、中国节能环保集团公司签订生态项目合作协议。

◎花溪国家城市湿地公园授牌。

◎国家环保部与贵阳市政府签署《中意合作国家级贵阳经济技术开发区生态工业园区示范项目协议书》。

◎香港新泽控股集团有限公司与花溪区签订《花溪国际生态示范小区建设项目协议书》。

◎贵州大学、花溪区、德国柏林城镇发展实证研究所共同签订《中国贵阳花溪大学科技创业城项目框架合作协议》。

31日

◎30至31日，由全国政协人口资源环境委员会、北京大学和贵阳市委、市政府共同主办的2010生态文明贵阳会议召开。会议举行了主旨演讲、“碳中和”移交仪式和生态城市论坛、科学与技术论坛、教育论坛、企业家绿色行动论坛、国际传播论坛、生态文明与传媒行动论坛6个专题论坛，学习交流了生态文明建设典型案例，形成了以立即行动起来、推动生态文明建设和绿色发展为主要内容的《2010贵阳共识》。

8月

1日

◎《贵阳市农贸市场管理办法（试行）》施行。

◎贵阳市机动车环保“黄绿标”发放工作正式启动。规定从10月1日起，贵阳市一环内道路只允许“绿标车”行驶。

3日

◎由中国广播电视协会播音主持委员会、市委宣传部主办，贵阳电视台承办的全国城市电视台播音员主持人走进“爽爽贵阳”宣传推介活动暨播音主持研讨会在贵阳举行。来自兰州、合肥等国内30多家电视台领导和播音员主持人围绕“播音员主持人现状与前景”进行交流和研讨。

6日

◎以“亚青动漫·共创未来”为主题，由文化部文化产业司、省文化厅、省经济和信息化委员会、贵阳市政府主办的2010年亚洲青年动漫大赛暨“美的地产”中国（贵阳）卡通艺术活动开幕。近70个国家和地区的23000余部作品参赛。本届大赛将举办包括亚太动漫高峰论坛、交响之夜音乐会、亚太动漫交流中心奠基仪式、国际动漫展、国际版权交易买家专场等系列活动。

7日

◎贵阳数字内容产业园与广东动漫城签署战略合作协议。

10日

◎2010中国·贵阳避暑季欢乐美食节启动。

◎第五届泛珠三角区域科协多边合作联席会议暨2010泛珠三角区域科技咨询多边合作与发展论坛在贵阳举行。

17日

◎《贵阳市人民政府关于促进会展业发展的若干意见》公布。

◎城区公厕升级改造专项整治工作启动，着力解决公厕布局不合理、公厕等级低等问题。

◎贵阳市“三创一办”万名义务监督员志愿服务活动启动。

18日

◎贵阳市启动国家低碳城市试点工作。

◎贵阳市实行城市管理“等级管理”模式。其中，城市主要标志性景观道路、中心城区繁华商业区、重要景观区域等进行“特级管理”。

29日

◎贵阳市举办森林交响音乐会。

31日

◎首届全国红十字应急救护技能大赛在贵阳举行，来自全国32个代表队的300多名代表参加大赛。

9月

1日

◎黔东南州党政代表团到贵阳市考察生态文明城市建设情况。

◎首次中欧战略对话在贵阳举行。

2日

◎《贵阳市城乡规划志》首发，全书计48万余字。

7日

◎白云区获批国家可持续发展实验区。

8日

◎黔南州党政代表团到贵阳市考察生态文明城市建设情况，并与贵阳市签订战略合作协议。

10日

◎贵阳市举行迎接第九届全国少数民族传统体育运动会开幕倒计时一周年仪式。

11日

◎贵阳市举行万人“步行推动日”活动，倡导健康、低碳、环保、绿色的步行出行方式。

13日

◎丹麦丹佛斯能源产品（贵阳）有限公司在贵阳国家高新区成立。

◎国家工商总局党组书记、局长周伯华在贵阳市考察农贸市场升级改造及管理工作。

16日

◎全国煤矿整顿关闭淘汰落后产能工作现场会在贵阳召开。

17日

◎全国政协副主席、农工党中央常务副主席陈宗兴到贵阳市视察农村危房改造及环境综合治理工作。

◎2010年“黔山牌”蔬菜（粤港澳）推介会暨签约仪式举行，签订蔬菜基地建设及购销项目15个，涉及金额3.8亿元。

24日

◎贵阳市公交总公司更换71台新大巴车，均为单层10.5米长的LNG清洁燃料车。

26日

◎“贵阳军民结合（装备制造）产业技术创新战略联盟”在小河区成立。

29日

◎龙洞堡食品轻工业园开工建设，占地903.14公顷，计划投资136亿元。

10月

1日

◎贵阳市第五次提高城市居民最低生活保障标准，将惠及全市7.8万余名城市低保居民。

13日

◎2010贵阳（江苏）经贸交流暨旅游推介会在南京举行，签约项目44个，总金额587.8亿元。

◎“贵阳市长邀您游贵阳——贵阳旅游签售赠票”活动在南京举行。

22日

◎贵阳市人力资源市场挂牌。该市场在原贵阳市人才市场和贵阳市劳动力市场基础上整合组建，全年可举办120至150场大型综合招聘会，每场可接纳展位120余个，接纳1万余人进场。

◎贵阳朗玛信息技术股份有限公司揭牌。

23日

◎“2010中国·贵阳避暑季”闭幕式暨“2010中国·贵阳温泉季”开幕式在乌当区举行。本届避暑季以“避暑·生态·产业”为主题，共举办温泉乡村游、温泉生态游、温泉文化游、温泉体育游等各类活动54项。

25日

◎省委、省政府召开支持贵阳市加快发展动员大会，出台《关于支持贵阳市加快经济社会发展的意见》,提出进一步支持贵阳市加快发展的总体要求、政策措施和落实保障。

30日

◎第八届全国各地温州商会年会暨黔温两地经贸合作交流会在贵阳举行，黔温两地签约项目投资达35.2亿元。

◎贵阳市举办“三创一办”成果摄影作品展。

11月

2日

◎多彩贵州第五届旅游商品“两赛一会”之旅游商品展销大会闭幕，共有207家旅游商品企业上万种旅游商品参展，总销售额突破350万元。

4日

◎贵阳市旅游产业发展委员会赴苏州、杭州举行“贵阳冬季旅游推介会”。

5日

◎在第三届中国会议产业大会暨合作洽谈会上，贵阳市获2010年度“中国最佳绿色会议城市”大奖。

9日

◎来黔参加全国农村改革实验区工作座谈会的120余名代表，对贵阳市社会主义新农村建设、现代农业发展、城乡统筹发展和农村改革实验等工作进行考察。

10日

◎在北京举行的第六届中国国际物流节上，贵阳市获物流中心城市最佳投资环境奖，市长袁周获物流发展突出贡献奖，贵州穗黔物流有限公司获中国物流百强企业称号。

◎贵阳市召开全市发展生态农业座谈会，并出台《中共贵阳市委、贵阳市人民政府关于大力发展生态农业的意见》。

16日

◎市综合应急救援支队成立。

18日

◎贵州省现代农业展示区在白云区牛场乡开工建设，占地1000余亩，总投资1.41亿元。

23日

◎贵阳广播电视台暨贵阳广电传媒有限公司成立。

26日

◎贵阳市政府举办“智慧城市与服务创新”贵阳论坛。

29日

◎由市委宣传部、市文明办共同举办的2010年创建全国文明城市工作培训班开班。60余个部门的120余位工作人员接受培训。

12月

1日

◎第六届泛珠三角省会城市市长论坛在海口市举行，贵阳市委常委、副市长周道许作《以生态文明建设引领贵阳城市化进程》主题演讲。

3日

◎贵阳市委、市政府召开“三个建设

年”暨“四帮四促”活动动员大会。

7日

◎贵阳市第一人民医院通过三级甲等医院评审，成为全省地级市首家“三甲”医院。

11日

◎贵阳市启动为期10天的全民卫生大扫除行动。

12日

◎贵阳市公开销毁300辆非法营运“黑车”、“克隆”出租车和交通违法摩托车。

15日

◎贵阳被列为全国37个国家服务业综合改革试点区域之一。

16日

◎息烽循环经济磷煤精细化工工业园一期项目奠基，规划总面积约20平方公里，总投资400亿元，

18日

◎在三亚举行的2010中国电视民生新闻发展创新年会上，贵阳广播电视台的《直播贵阳》栏目获“全国城市台最具影响力品牌电视民生新闻栏目”。

◎国内首座埋地式加气站——蛮坡加气站投用。

20日

◎贵阳市创建国家节水型城市工作通过国家专家组检查、考核、验收。

25日

◎贵阳老城区体育馆片区客运车站（贵州省体育馆车站、贵阳市火车站长途客运站）整体搬迁至金阳客车站。

26日

◎贵州省与中央企业投资发展恳谈会暨投资项目签约仪式在北京举行，其中，央企与贵阳市签约项目18个，投资总额881亿元。

27日

◎联合国工业发展组织投资司、太阳能及低碳研究中心一行，在筑就贵阳建设国家低碳试点城市的总体思路和技术路线进行考察交流。

28日

◎贵阳选手胡丽亚设计的作品“银绣石设计系列佩饰”获2010多彩贵州旅游商品设计大赛、旅游商品能工巧匠选拔大赛和旅游商品展销大会贵州名创特等奖。

29日

◎中共贵阳市委八届十次全体（扩大）会议胜利闭幕。省委常委、市委书记李军作题为《为人民谋幸福》的讲话；审议通过《中共贵阳市委关于制定贵阳市国民经济和社会发展第十二个五年规划的建议》。

◎第八届中国会展高峰论坛暨第八届中国会展业年度颁奖盛典在上海举行，贵阳市获“2010年度中国十佳会展城市”和“2010年度中国最佳会议目的地城市”称号。

◎贵阳奥林匹克体育中心主体育场工程完工进入试运行。建筑总面积77787平方米，用地30.51公顷，总投资8.82亿元，观众座位数51636个。

30日

◎《贵阳市促进旅游产业发展奖励措施（暂行）实施细则》施行。规定对贵阳旅游产业发展有重大贡献的最高可奖励100万元。

31日

◎高新区13个重点项目开工建设，总投资达33亿元。

◎高新区、白云区工业园区重点项目集中开工暨15万吨铝板带项目奠基仪式举行。其中，集中开工项目19个，总投资48亿元。

◎观山湖公园免费向市民开放。

◎贵阳铝材料工程技术领域院士专家工作站揭牌，这是全省首个在企业建立的院士专家工作站。

媒体关注

MEI TI GUAN ZHU

【贵阳市生态文明城市建设外宣工作综述】 2010年，中央、境外、省、市各种媒体对贵阳市生态文明城市建设情况进行了全面、深入和系统的宣传报道。据不完全统计：中央媒体发稿2431篇（条）（其中，人民日报社贵州分社全年报道贵阳25篇（条），头版3篇，其他版面头条6篇；新华社贵州分社刊发各类稿件1700余篇（条），其中文字稿件600余篇，音视频稿件400余篇，图片近700张；中央电视台多个频道共播出有关贵阳的新闻报道230余条，仅《新闻联播》播出涉筑稿件就有20余条；中央人民广播电台贵州记者站共播（刊）稿件362条，其中重点稿件151条（篇）；光明日报、经济日报等10余家驻黔新闻媒体共发稿200余篇（条），其中头版头条稿件7篇（条）；香港文汇报、香港商报、香港大公报等驻筑的香港主要媒体发稿102篇（条）；贵州日报、贵州电视台等省级重点媒体发稿13000余篇（条）；省级以上网络媒体发稿35000多篇（条）；市级传统媒体在中央及外省媒体上发稿500余条。

在传统媒体各展所长的同时，网络新媒体充分利用微博、专题报道、视频访谈、在线直播等多种形式，全方位宣传贵阳。据不完全统计，省、市网络媒体全年自编自创稿件55000余条（篇），传播影响力得到大幅度提升。（高　洁）

【中央媒体集中报道贵阳市创建全国文明城市典型经验】 2010年6月，中宣部新闻局和中央文明办组织人民日报、新华社、光明日报、经济日报、中央人民广播电台、中央电视台、科技日报、工人日报、中国青年报、中国妇女报、农民日报、法制日报等12家中央媒体，对贵阳市“以生态文明建设引领文明城市创建”进行实地采访和集中报道。12家中央媒体的20余名记者，深入我市各机关、单位、企业、农村、社区，对“以生态文明建设引领文明城市创建”工作情况进行实地采访。6月23—25日，新华社、中央电视台“新闻联播”、人民日报、光明日报、经济日报、科技日报、工人日报、中国青年报、中国妇女报、农民日报、法制日报、中央人民广播电台“新闻和报纸摘要”分别播出采访内容，人民日报还配发评论。此外，中央电视台“焦点访谈”、中央人民广播电台“新闻纵横”播出了专题节目。6月27日，中央电视台焦点访谈播出《贵阳的抉择》。

同时，各中央媒体所属网站和省、市媒体及时转载相关稿件。贵阳市有关部门将各中央媒体刊播新闻稿件，编印了《中央媒体集中报道贵阳市“以生态文明建设引领文明城市创建”典型经验资料汇编》一书，发放各级各部门，进一步扩大影响面。（周　琼）

【贵阳市首次评选“三创一办”工作优秀新闻作品】 贵阳市“三创一办”创建工作的实践，引起了中央、省、市及境外媒体的高度关注。各媒体采写了大量的新闻作品，深入报道宣传“三创一办”工作的重要意义，着重反映了各地、各有关部门的突出贡献和积累的典型经验，用生动直观的镜头、犀利鲜活的笔触，对各种不文明行为进行监督和曝光，新闻性、时效性、典型性凸显，短、新、活特点突出，涌现了大量优秀的新闻作品，起到了较好的宣传舆论效果，为顺利推进“三创一办”工作营造了良好的社会氛围。为激发新闻工作者宣传报道“三创一办”工作的热情，不断提高新闻宣传的质量和水平，贵阳市开展了“三创一办”工作优秀新闻作品评选活动。截至2010年10月20日，评委会办公室共收到中央、境外驻筑、省市各类新闻媒体及区（市、县）宣传部35家单位推评的优秀策划7件，优秀栏目8个，优秀作品68篇。经评委会专家组评审，共评选出优秀策划奖2个，优秀栏目奖3个，优秀作品奖特等奖2个、一等奖4个、二等奖8个、三等奖10个、鼓励奖11个。其中，贵阳电视台《三创一办 人人有责》、贵阳日报《三创一办导报》等优秀策划和栏目，人民日报贵州分社《在“洼地”上奋力崛起——贵阳市创建文明城市纪实》、新华社贵州分社《敢为人先 为“建设生态文明城市”破题——贵阳创建全国文明城市的实践与启示》、贵州日报《探索西部内陆城市改革发展之路——贵阳市以建设生态文明为抓手创建全国文明城市的战略思维与成功实践》等优秀作品，产生了良好的社会反响。（范丽岩）

【媒体全方位关注“中国·贵阳避暑季”】“2010中国·贵阳避暑季”的宣传报道，进一步加强了对“爽爽的贵阳 中国避暑之都”城市形象品牌的推广。该报道紧紧围绕“避暑、生态、产业”主题，以“避暑”为抓手，深度报道了“贵阳避暑季”的影响力的城市活动品牌，促进了我市旅游文化产业的发展，提升了贵阳的知名度和美誉度。如：中央、境外驻筑及省、市媒体参加了“2010中国·贵阳避暑季暨贵阳市第四届旅游产业发展大会”、“2010中国·贵阳避暑季闭幕式暨2010中国·贵阳温泉季开幕式”新闻发布会。2010年5月至8月，中央电视台一套和新闻频道《朝闻天下》栏目连续播出（隔日播出，每天播出3次）贵阳城市形象宣传片。

为进一步提高“爽爽的贵阳 中国避暑之都”城市品牌的知名度和影响力，贵阳市委副书记、市长袁周，市委常委、副市长周道许，副市长季泓等分别率贵阳市各区（市、县）和市直相关部门负责人，多次在北京、上海、重庆、广州、南京等地开展了经贸交流及旅游推介等活动。如：袁周市长先后参加了中央人民广播电台、新华网、华龙网、大洋网、龙虎网的直播访谈。贵阳市还分别在人民日报、重庆晚报、南方都市报、金陵晚报刊登宣传专版，推介“爽爽的贵阳 中国避暑之都”城市形象和“宜居 宜业 宜游”的城市内涵。省市媒体记者还随团对活动进行了全程报道。（高 洁）

【中外媒体关注2010生态文明贵阳会议】“2010生态文明贵阳会议”是贵阳市规模大、层次高的重要会议，为搞好这次会议的新闻宣传、网络宣传、社会宣传、广告宣传，省市主要媒体提前15天设置了会议倒计时栏，各类媒体于7月26日刊（播）发了会议预告消息。7月30日下午14:20分，新华网贵州频道、贵州卫视、贵阳电视台全程直播了2010生态文明贵阳会议开幕式及主旨演讲；新华网总网、新华网四川频道、重庆频道、湖北频道、江西频道及新疆频道等网站进行了同步链接；中国报道网、金黔在线、今日传播、贵州信息港、多彩贵州印象网、金阳时讯、林城贵阳网、中国·贵阳网对直播进行同步链接。

整个会议报道取得明显成效，据统计：新华社发文字稿及视频30余篇，图片30余张。中央电视台播出新闻3条，分别是7月30日19点中央《新闻联播》播出《2010生态文明贵阳会议召开 贾庆林做重要批示》，中央电视台财经频道14点整点新闻播出《贵阳：环境能源交易所正式授牌成立》，经济新闻联播晚上播出《贵阳：生物技术漂白生活污水》。人民日报头版刊发开幕式消息1条，以《生态文明 贵在行动》为题，专版报道1个。光明日报刊发闭幕式“贵阳共识”、会议侧记共2条。经济日报头版刊发开幕式消息1条，以及闭幕式消息、低碳发展行动计划稿件2条。中央人民广播电台、中国广播网发稿7篇。21世纪经济报道刊发专版一个，图文并茂大篇幅地刊登了《贵州省委常委、贵阳市委书记李军：“只要绿色GDP，黑黄白灰褐色都不要”》及《贵州新战略：“黔中经济区”亮相》，中华工商时报发稿1条，贵州日报发稿17条，图片10余张，专版5个，其中一版发稿8条，全文刊发《2010贵阳共识》，贵州电视台“新闻联播”发稿15条，其中程序报道3条，开幕式、六个分论坛、闭幕式各1条，省领导重要时政活动3条，专访及会议综述4条，会前及会后反映贵阳市生态文明建设的成就报道5条，《百姓关注》栏目采访播发了9条新闻，贵州人民广播电台发稿18条，会后播发《绿色发展，我们在行动 2010贵阳生态文明会议回顾》专题1期，贵州都市报消息3篇，专版3个，贵州商报发稿文字及图片近50条（张），专版11个，其中推出特别报道“聆听贵阳生态文明的脚步”4篇，贵州经济广播电台发稿13条，其中消息9条，专访4条，贵州政协报发稿5条，贵阳日报发稿共计518篇，图片253张，专版47个，其中会前刊发20余条稿件，会中刊发文字稿245条，在开幕式当天和闭幕式当天推出了两条社论；贵阳电视台发稿48条，其中《新闻集结号》访谈3期，《直播贵阳》互动话题节目3期，综述2条，专题1期；贵阳人民广播电台刊发稿件45条，其中专访5条；贵阳晚报发稿33条，图片5张，专版5个，同时在互动版块，从 7月26日—8月1日共收到读者有关生态文明的短信近4千条、彩信100多条，采用100多条。（高 洁）

【中央驻筑媒体报道贵阳市生态文明城市建设概况】 新华社贵州分社：该社对贵阳的宣传报道呈现出不少亮点。全年刊发各类稿件1700余篇（条），其中：文字稿件600余篇，音视频稿件400余篇，图片近700张。推出的《贵阳创建生态文明城市的实践与启示（上下篇）》、《建生态文明城，让“爽爽的贵阳”更爽》等一批稿件在《新华每日电讯》头版及其他重要版面刊出，长篇组稿《生态贵阳启示录》在《半月谈》刊出。《贵阳市发展循环经济 建设生态文明城市》、《贵阳创新用人机制从村干中公选副科级干部》、《贵阳市发展低碳城市调查（上下篇）》、《从社会需求出发解决不同群体“住房难”——贵阳市建立以公租房为主的住房保障体系》等一批重点调研报道，宣传了贵阳在建设生态文明城市及改革发展中取得的新成就和新经验，引起了广泛关注和好评。主要篇目如下：（1）生态贵阳启示录；（2）生态文明要惠及老百姓——专访贵州省委常委、贵阳市委书记李军；（3）敢为人先，为“建设生态文明城市”破题——贵阳创建全国文明城市的实践与启示；（4）从“生态社区”到“生态生活”：中国百姓的新“开门七件事”；（5）我国首例环保基金资助环境公益诉讼案在贵阳宣判；（6）贵阳“环保法庭”探索三类审判“合一”破解环保案件审判、执行难题；（7）贵阳年内全面推广生活垃圾分类收集；（8）贵阳探索多种“居家养老”形式服务空巢老人；（9）贵阳实施保护计划让百年古井重获新生；（10）贵阳：多措并举推动会展经济发展；(11)全国首个避暑度假酒店地方标准在贵阳出台；（12）贵阳旅游打“避暑牌”前三季度收入增四成；（13）贵阳公开选聘生态环境监督员；（14）森林之城贵阳奏响“林中圆舞曲”；（15）贵阳：用“低碳交通”和“绿色建筑”构筑“低碳城市”；（16）贵阳为会展项目落地开通“绿色通道”；（17）“低碳城市”贵阳建设城市“环城林带”增加“碳汇”；（18）贵阳以“绿色经济”推动低碳城市从“图景”转向“现实”；（19）贵阳以生态立市加快构建城市低碳形象；（20）2010生态文明贵阳会议召开 贾庆林作重要批示；（21）中国通过“2010贵阳共识” 以行动减少“碳足迹”；（22）息烽农民从生态文明贵阳会议获8万元“碳中和”减排收益；（23）贵阳市与联合国开发计划署等签订生态项目合作协议；（24）爽爽贵阳带旺避暑需求“候鸟老人”纷至沓来；（25）贵阳挂牌成立我国第 8 家环境资源交易所；（26）贵阳跻身我国首批低碳试点城市 十年内二氧化碳排放强度将下降40%；（27）贵阳关停或异地搬迁工业污染源改善空气质量；（28）贵阳公交变工业尾气为车用“氧气” 探索低碳经济新路；（29）“爽爽的贵阳”向台湾民众托出城市魅力“名片”；（30）“2010中国·贵阳避暑季”开幕迎客；（31）贵阳市请媒体“曝光”不文明行为推进生态文明建设；（32）

贵阳开辟“青年碳排放补偿林” 鼓励市民开始“低碳”生活；（33）贵阳：行政中心聘请“节能保姆”建设“低碳政府”。

人民日报社贵州分社：贵阳市一直是人民日报社贵州分社报道的重点，全年报道贵阳的稿件共计25篇（条），其中头版3篇，其他版面头条6篇。如，6月24和25日头版刊发的《在“洼地”上奋力崛起》、《文明的种子播撒每个角落》的文章，报道了贵阳市以生态文明城市建设为统领创建文明城市的亮点、经验和特色，并配发评论，人民网、新华网、凤凰网等国内上百家重点网站转载，读者、网友认为文章内容丰富、生动、分量重，表现了贵阳不甘人后的雄心和决心；8月11日，人民日报以专版形式，图文并茂地介绍2010生态文明贵阳会议及我市生态文明城市建设所取得的成绩，在国内引起良好反响。主要篇目如下：（1）《2010生态文明贵阳会议召开》；（2）《在“洼地”上奋力崛起》；（3）《各地给城管立规矩》；（4）《『铁心』创造低碳未来》；（5）《贵阳开阳农户获碳减排补助》；（6）《贵阳市市长袁周代表：城市规划不要被领导意志主导》；（7）《贵阳市小河区居民15分钟能步行就医》；（8）《文明种子播撒每个角落》。

经济日报贵州记者站：用了大量篇幅，对贵阳市的发展情况给予了极为充分报道。全年共编发反映贵阳的稿件20篇，其中有专版2个、版面头题1个、各种版面倒头题5个。通过这些报道，让全国对贵阳市的生态文明城市建设了解更为深刻。主要篇目如下：（1）发展低碳经济 建设生态文明；（2）完善促进生态文明的法规体系；（3）文明礼仪我先行 争做城市文明人；（4）相关法规是生态文明城市建设的支撑和保障；（5）人人参与的生态文明城市建设；（6）发展生态经济建设生态文明；（7）建设生态文明 促进转型升级；（8）贵阳花溪区蚯蚓养殖做出大文章 良性形成循环生态产业链；（9）农村生活污水实现资源化利用；（10）发挥比较优势实现新的跨越；（11）市民齐心参与 共建美好家园；（12）贵阳公布未来十年低碳发展行动计划；（13）“2010贵阳共识”发布；（14）贵阳金阳新区：建设现代城区 加快改善民生；（15）贵阳国家高新区：加快建设现代生态科技新城；（16）贵阳市白云区：发挥特色优势 建设生态新城；（17）贵阳市全面完成农村危房改造任务；（18）贵阳发展生态农业：美了田园 富了农民；（19）名牌战略提升城市经济发展水平；（20）实施品牌战略 助推生态文明（李军书记专访）。（高 洁）

【香港驻筑媒体报道贵阳市生态文明城市建设概况】《香港商报》贵州办事处：该媒体对贵阳市基础设施建设、招商引资环境、生态旅游发展、科技发展进步、城乡建设、文化产业发展等方面高度关注并充分报道，着力传播贵阳生态文明城市建设取得的重大成果和发展动向，展示贵阳优良的发展环境。全年共采写稿件60余篇，其中重要的稿件有：《贵阳：黔之宝地，华丽转型》（整版），《贵阳新姿态完美崛起》（整版），《借工业强省之势 贵阳欲演绎石头记》（整版），《贵阳：以避暑季为媒促旅游升级》，《贵阳在渝揽金逾60亿》，《诚邀珠三角百万旅客避暑度假 贵阳在穗推介签约逾150亿元》，《爽爽贵阳10年打造夏季会展名城》，《黔撑贵阳做经济提速火车头》，《贵阳旅游打生态人居牌 避暑季谢幕，温泉季登场》、《贵阳石材聚力点石成金》。这些稿件在《香港商报》及香港商报中国窗网进行了刊载，引起了强烈的社会反响。

《大公报》贵州办事处：该媒体报道贵阳市的稿件共14条，其中配发图片的有7篇，涉及政治、文化、体育各方面，特别是《中欧战略对话贵阳举行》、《贵阳300亿建商贸物流城》、《贵阳国际金融中心动工》等稿件还刊发在大公报较为显著的位置。其具体篇目如下：（1）贵阳奥体中心年底竣工；（2）浸大贵阳招生会办说明会；（3）少数民族曲艺展贵阳上演；（4）贵阳赴穗招商签约150亿；（5）伊能静引贵阳粉丝合唱；（6）逾千动漫作品亮相贵阳；（7）中欧战略对话贵阳举行；（8）彭于晏现身贵阳粉丝疯狂；（9）周董贵阳庆功风靡粉丝；（10）贵阳国际金融中心动工；（11）贵阳奥体中心年底使用；（12）儿童剧《魔笛》贵阳公演；（13）贵阳300亿建商贸物流城；（14）音乐剧《茉莉花》贵阳上演。（高 洁）

附录：建设生态文明城市外地动态

FU LU JIAN SHE SHENG TAI WEN MING CHENG SHI WAI DI DONG TAI

北京市：全国生态文明高层论坛暨生态文明建设新闻人物颁奖仪式隆重举行

2010年4月25日，“全国生态文明高层论坛暨2009全国生态文明建设十大新闻人物颁奖仪式”在北京人民大会堂隆重举行。

第十届全国人大常委会副委员长司马义·艾买提、全国人大环境资源委员会副主任委员张文台上将和中国记协党组书记翟惠生等领导及获奖者到会，多位环境领域的专家、学者，30余家媒体的总编、社长和50多家媒体的记者等百余人参加了此次论坛。

2009年12月，“全国生态文明建设新闻人物评选委员会”通过社会各界推荐、专家评审和网上公示等多种方式，评选出“2009全国生态文明建设十大新闻事件、十大新闻人物和十大负面新闻”。2010年2月2日——世界湿地日，正式向社会各界公布了评选结果，在社会上引起了强烈反响，千余家新闻媒体和网站转发了新闻。

获得“2009年全国生态文明建设特别贡献奖”的是：全国人大环境资源委员会副主任委员张文台上将、辽宁省省长陈政高。获得“2009全国生态文明建设十大新闻人物”的是：国家发展和改革委员会副主任解振华、大兴安岭林管局局长安国通、辽宁省环境保护厅厅长王秉杰、晨鸣纸业集团公司董事长陈洪国、民生银行董事长董文标、北京好利来企业投资管理有限公司董事长罗红、江苏黄埔再生资源利用有限公司董事长陈光标、世界资源研究所中国区首席代表邹骥、北京地球村环境文化中心主任廖晓义、浙江省永嘉县绿色环保志愿者协会会长陈飞。

这次由中国产业报协会主办的“全国生态文明建设十大新闻”评选的另一个可贵之处，还在于它不浮夸、不避丑。“十大负面新闻”的公布从另一个层面揭示了中国目前环境问题的严重性。而且，这份负面新闻的名单告诉我们，类似事件仍有可能随时发生，甚至恶化。

“全国生态文明高层论坛暨2009全国生态文明建设十大新闻人物颁奖仪式”还以“生态文明的实践”为主题，多位专家、学者分别从不同角度阐述了生态文明建设实践中的理念和方法。其中，由中国环保新能源研究院成功研发的低碳汽油技术，将使中国城市现有车辆每年节油230万吨，减排二氧化碳2700万吨。此技术的成功研发可替代汽油30%，减轻国家能源进口压力，成为本次论坛的一大亮点。大兴安岭林管局局长安国通、辽宁省环保厅厅长王秉杰分别发表了《生态文明建设在国有林业改革中的实践》和《生态文明建设在辽河治理中的实践》的讲话，从不同的角度总结了中国地方政府近些年在生态文明建设中的宝贵经验。

今后，由中国产业报协会、《中国环境报》社、《中国绿色时报》社共同主办，中国环境报道网协办的全国生态文明建设十大新闻人物评选、全国生态文明高层论坛将每年举行一届。

（摘自：经济观察网）

苏州市：生态文明引领“绿色革命”

2010年12月，由国家环保部组织的国家级技术评估组，对苏州市的生态市建设情况进行全方位审核，苏州也由此成为全国首批迎来技术评估“检阅”的地级市。

生态文明建设是在扬弃传统工业文明的基础上，积极探索资源节约型、环境友好型、幸福生活型社会发展模式的过程。能否实现向生态文明的重大跨越，决定着苏州能否在有限的资源供给和环境承载条件基础上继续推进经济持续发展和社会全面进步。因此，牢固树立科学发展理念，积极倡导发展与治理相结合、修复与保护相结合的发展战略，推进经济领域的绿色革命，已经成为苏州全市的城市战略。

抉择　以生态文明理念推动转型

多年来，苏州始终坚持“规划先导、城乡统筹、自下而上、整体推进”的原则，大力实施科教兴市、新型工业化、经济国际化、城乡现代化和可持续发展五大战略，着力推进经济结构调整和发展方式转变等“四大行动计划”，加快构建生态经济、生态环境、生态人居、自然资源和能力保障五大体系，都为苏州在更高起点全面推进生态文明建设提供了重大机遇。今后，苏州将进一步运用生态文明的先进理念、先进技术和先进方法，打造城乡发展的全新模式，在更高层次上实现人与自然的和谐共处，并彻底改善苏州市民的生存环境和生活质量。

目前，张家港、常熟、昆山、太仓市被命名为“国家生态市”，吴江通过国家生态市验收，苏州成为全国首个“国家园林城市群”和国家可持续发展试验区。苏州工业园区、苏州高新区、张家港保税区、昆山经济技术开发区建成国家级生态工业示范园区。今年，苏州又成功创建为全国绿化模范城市。

创新　在实践中完善生态发展体系

苏州越来越意识到，一个缺乏生态环保意识和生态环境制度保障的社会，其繁荣是难以持久并将为此付出沉重代价。因此，在今年12月初召开的全市生态文明建设推进大会上，苏州提出了创建国家生态文明城市的口号。从生态建设转变为生态文明建设，意味着苏州在探索生态之路、生态发展体系上的又一次跨越。

在“十二五”时期，苏州全市生态文明建设将实现“六个确保”：确保全社会环境保护投入占GDP比重明显提高;确保单位GDP能耗、主要污染物排放总量明显下降;确保水污染防治、大气污染治理、城乡环境综合整治取得明显成效;确保森林覆盖率、城市绿化覆盖率明显上升;确保全社会生态文明意识和环境基础设施支撑能力明显增强;确保明年苏州建成全国首批地级生态市，到2015年率先建成一批县市级全国生态文明城市和生态文明园区。

示范　努力探索生态文明建设新路

发展生态文明，是一项全新的事业，需要率先建设可资借鉴和推广的示范工程。

在历史上，苏州人先后抓住了农村改革、浦东开发开放和全面建设小康社会的三次机遇，跨出了经济社会发展“农转工”、“内转外”、“量转质”的三个大步，形成了“张家港精神”、“昆山之路”、“园区经验”三大法宝，实现了乡镇企业、对外开放、民营经济发展的三大跨越。与此同时，通过建设，环境保护也实现了“国家环保模范城”、“全国生态示范区”、“国家生态市”的三级跳越，探索出一条从“被动治理”到“全防全治”再到“环保优先、节约优先”、具有时代特征和苏州特色的环境保

天津生态城：中新两国合力建设城市“生态文明”的探索

继苏州工业园之后，中新两国的第二个政府间合作项目，在天津建设生态城的框架协议已经签署。专家认为，在天津滨海新区被纳入国家整体发展战略并初步发挥示范带动效应之际，中新生态城项目的落户，不仅将助推天津滨海新区的开发开放，还将为环渤海区域经济的发展增添新动力。

从苏州工业园到天津生态城

1994年，中国与新加坡开始合作建设苏州工业园。13年来，这个工业园发展迅猛，成为中新合作的典范，也推动苏州这个以园林风景著称的城市GDP总量跃居全国第五位。截至2010年三季度，苏州工业园有60世界500强企业投资了100个项目。

天津生态城是继苏州工业园之后，中新又一次重要的合作尝试。中新两国对生态城的建设高度重视。新加坡总理李显龙表示，生态城不是一项纯粹的商业项目，它反映了新加坡愿意继续跟中国分享发展经验的承诺。

中新双方接下来将合资成立一家投资公司进行开发运营。新加坡方面将在生态城项目建设过程中直接输出管理和运营经验。

生态城：建设“生态文明”的试验田

拟建的中新生态城选址在天津滨海新区，规划面积30平方公里。与苏州工业园重在发展工业的定位不同，天津生态城的建设目标是成为人与人、人与自然、人与经济活动相和谐的宜居城镇，在发展经济的同时，更强调对资源和环境的保护。

根据中新合作规划，建设生态城的宗旨就是要实现人与人、人与经济活动、人与环境和谐共存，建设“社会和谐、经济高效、生态良性循环的人类居住形式”，成为可持续发展的范例。

经过约半年的考察和评比，中新两国政府最终在多个参与生态城项目评选的中国城市中选择了天津。中新两国政府在商讨合作建设生态城初期，就提出了关于选址的一些“硬性”要求。如，要求生态城在缺水地区选址，且不占耕地；要临近大城市、交通便捷。滨海新区都符合这些“先决条件”。有学者认为，在缺水少雨的北方城市天津建设生态城，将为全国的生态城市建设提供可资借鉴的经验。

（摘自：中国建筑节能网）

护新路子，加速了“环境换取增长”向“环境优化增长”的历史性转变，开创了经济社会与环境保护协调发展的新局面。

于2008年开建的中新生态科技城位于苏州工业园区的北部，其内部设施涉及科技、制造、住房和商业等，其目标是建设成为国内最具特色的倡导绿色生活、人与自然和谐共生的生态环保节能示范新城。因此，在其建设过程中，生态环保理念贯穿于基础设施建设、产业发展、房地产开发、生产生活等各个领域。在生态城的主体建筑设计上，地源热泵的使用将减少能耗，可控制的外部遮阳板尽量减少太阳直射的热量，模块化的绿色墙面系统改善了室内空气质量，废水收集系统减少了水的消耗量，太阳能热水器可为一部分用户提供热水。而在产业发展方面，中新生态科技城作为苏州工业园区生态环保和绿色节能产业的主要载体，目前已有来自亚太、欧美和国内的近50个项目入驻，区内生态环保企业的发展方向主要包含环境治理、新能源、空气净化、节能技术、环境监测等。

（摘自：苏州日报）

无锡市：率先建成国家生态市

2010年12月24日，无锡市生态建设示范区创建工作通过国家生态市考核验收，标志着无锡在全国率先建成了国家生态市和生态城市群。在实地走访江阴、宜兴、锡山等地并查阅台账资料后，考核验收组对无锡市的生态市创建工作给予了高度肯定，认为该市以生态市创建为平台，积极探索生产发展、生活富裕、生态良好的文明发展道路，开创环境保护优化经济增长的新局面，不断谱写人与自然和谐相处的新篇章，为我国经济发达地区生态市建设提供了借鉴和示范模式，各项基本条件和建设指标达到了国家生态市考核指标要求，同意无锡市通过国家生态市考核验收。

早在新世纪初，无锡市就全面展开了生态创建工作。2004年建成国家环保模范城市后，随即进入创建国家生态城市的新阶段。2006年，无锡市委、市政府召开全市创建国家生态市动员大会，正式拉开了创建工作的序幕。当年，江阴市建成国家首批生态城市。2009年，无锡市和江阴市被列为国家生态文明建设试点城市，宜兴市、锡山区、惠山区、滨湖区国家生态市(县)区创建工作通过国家考核验收，新区创建成为国家生态工业示范园区。十年的创建历程中，该市坚持以建设生态文明先驱城市为引领，全社会动员，全民参与，大力发展生态经济，持续优化生态环境，环境质量有了大幅提升。特别是今年以来，无锡创建国家生态市的步伐更快，5项基本条件和19项建设指标均达到了国家考核标准。

（摘自：无锡日报）

无锡市：《生态文明先驱城市建设三年行动纲要》出台

在无锡市出台的《生态文明先驱城市建设三年行动纲要》中，无锡人将用3年时间，为自己“量身定做”10个示范工程，无锡市离生态文明先驱城市将“愈行愈近”。

无锡市将以产业园区为载体，积极培育和发展资源循环式利用、企业循环式生产、社会循环式消费的典型，通过价格、税费、消费、政府采购等手段，逐步建立和完善促进循环经济发展的法律法规体系、政策支持体系和技术创新体系。在十大工程中，无锡市将围绕新能源利用、建筑节能、水资源环境利用、固体废弃物处理等方面展现亮点和特色，将中瑞低碳生态城打造成中国一流、世界有影响力的低碳生态精品工程、样板工程和示范工程。如，在太湖(蠡湖)新城约180平方公里区域实施“清水流域”示范工程。

到2012年，太湖新城、蠡湖新城地区水环境质量将明显改善，水体消灭劣Ⅴ类、力争达Ⅳ类标准，建立完善的防洪排涝体系，水资源得到充分利用；实施完成万顷良田建设工程总面积7.47万亩；培育完善15家循环经济试点园区和60家循环经济示范企业，建成工业固体废弃物—建材产品、电镀水处理—污泥重金属提炼—废水回用等10条循环经济产业链；全市太阳能光伏发电应用规模争取达到50兆瓦；完成200万平方米可再生能源建筑示范任务；再生水回用率力争达到33%。

此外，无锡市还将创建1个“两型社会”建设集中展示区，2个“两型社会”建设示范乡镇(街道)，3个“两型社会”建设示范社区(村)，4个“两型社会”建设示范学校，10个“两型社会”建设示范企业，全市党政机关100%建成“两型社会”建设示范机关，建立1000名“两型社会”建设志愿者队伍。

（摘自：中国环境报）

杭州市：加快建设生态型城市

良好的生态环境，是杭州最具魅力、最富竞争力的优势和资源。《中共杭州市委关于制定杭州市国民经济和社会发展第十二个五年规划的建议》（审议稿）明确提出要加快建设生态型城市，提升生态文明水平。

《建议》提出，要树立绿色、低碳发展理念，深入实施“环境立市”战略，扎实推进国家生态市创建、国家低碳城市试点和全国生态文明建设试点工作，加快建设以绿色、低碳、和谐、可持续发展为主要特征的生态型城市，彰显山水园林城市特色，提升生态文明水平，把生态优势转化为发展优势，努力打造“生态杭州”。主要有五项任务：一是发展生态经济。把发展生态经济作为推进转型升级的重要目标和重要途径，大力发展绿色低碳产业。二是改善生态环境。切实加强生态建设和环境保护。三是培育生态文化。普及生态文明理念，广泛开展生态文明创建活动。四是建设低碳城市。加快打造低碳经济、低碳交通、低碳建筑、低碳生活、低碳环境、低碳社会“六位一体”的低碳城市。五是完善支撑体系。为生态文明建设提供科技、机制、法治和人才保障。

（摘自：杭州网）

杭州市：启动“1250”生态市建设基础工程

近年来，杭州市在生态文明建设思想指引下，围绕构建“生态杭州”和打造“覆盖城乡、全民共享”的“生活品质之城”目标，开展了生态市建设。尤其是2009年6月，杭州市被环境保护部列为全国第二批生态文明建设试点城市之后，加快了生态文明建设步伐，同时城乡统筹齐驱并进。

城乡生态经济初具规模

杭州市大力发展生态型工业、农业、旅游业和现代服务业，在全市各地探索出多种循环发展模式。一是以余杭区为代表的养殖生态经济。如蓝天生态养殖有限公司，公司通过猪粪养蚯蚓、蚯蚓喂甲鱼，年产甲鱼80万斤，年产值过亿元。二是以临安为代表的林业生态经济。将秸秆及稻壳用于冬季竹林地，以提高地温，使得春笋冬出。三是以淳安县为代表的生态农业经济。采取桑叶喂蚕，桑树修剪后的残枝作为食用菌培养基，蚕粪作为菌类的辅料，菌类栽培后产生的废料作为桑树的肥料。形成了“种桑——养蚕——栽菌”相结合的完整生产链，新生了一个亿元产业。四是以桐庐县为代表的蜂业生态经济。桐庐县大力发展蜂业，全县现有蜂群数约10万群，蜂产品加工企业数十家，蜂产品出口额超两亿元。另外，建德、萧山、富阳各地也各有生态经济模式。

城乡生态安全得到有效保障

杭州进一步加强城乡环境污染整治工作。经过努力，萧山南阳化工、余杭苕溪流域、桐庐钟山石材和临安锦溪流域4个市级重点监管区整治全部通过验收；省级重点监管区萧山东片印染、染化企业，富阳造纸，建德化工行业，萧山区域印染化工行业，杭新景沿线小冶炼行业环境污染整治等一批流域、区域、行业环境污染问题得到有效整治。12个省级以上开发区(工业园区)先后通过整治验收。累计关停并转迁小造纸、小水泥、小化工等低小散污染企业214家。

杭州市主城区及各县(市)均已建成集中式污水处理厂并投入使用，各中心乡镇的污水处理厂也大部分建成，全市累计建成日处理能力5000吨以上的集中式污水处理厂25座，

德州市：首届中国（德州）生态文明高层论坛开幕

2010年12月15日，首届中国（德州）生态文明高层论坛隆重开幕。本次论坛由农工民主党中央人口资源环境工作委员会、中国生态道德教育促进会、农工民主党山东省委员会、北京大学中国低碳发展研究中心、山东省生态文明研究会和中共德州市委、德州市人民政府主办。论坛主题为“生态文明引领发展转型”。

论坛开幕式上，中国生态道德教育促进会授予德州市“中国生态道德教育基地”称号。德州市生态文明研究与促进会成立并揭牌。

（摘自：德州新闻网——德州日报）

城镇污水集中处理率达到95.81%。加强建筑工地日常管理，对全市机动车尾气排放实行标志化管理，强制淘汰黄标车3万辆。加强有害固废集中处理，建设杭州危险固体废物填埋中心，基本建立全市辐射安全监管体系。

为着力夯实生态市建设的基础，2005年，杭州市启动了“1250”生态市建设基础工程，即在12个领域每年每个领域开展50个示范工程建设。截至去年底，已累计实施工程项目4050个。

杭州市已有890个行政村开展了生活污水专项治理，建成垃圾中转站100余座、无害化垃圾填埋场160余个，对748家规模化畜禽养殖场进行治理，畜禽粪便治理率达85%，“三沿五区”坟墓治理率超六成。完成1100公里清水河道建设，改善和解决三四十万人饮水问题，建成大中型沼气池总容积9.6万立方米，建成户用沼气池0.97万户(只)，推广农村太阳能热水器集热面积59万平方米，农村清洁能源利用率超七成。

城乡生态理念进一步弘扬

杭州市每年在市委党校开办生态知识讲座，对各级各类干部进行专题培训，同时走进社区、学校、企业举办生态知识培训，组织志愿者队伍，走上街头农村进行生态知识宣传。加大新闻报道力度，在杭州电视台新开设了每周一期的《生态杭州》栏目，进一步宣传环保科普知识，倡导绿色、环保、低碳的生活方式。通过开展“多绿创建”、“保护母亲河”、“环保同行、绿色共护”等活动，引导全社会积极参与生态环保活动。结合“6·5”世界环境日，每年组织杭、甬、温3地新闻记者开展“生态世纪行”宣传报道活动。

同时，开设了杭州生态网站——杭州绿网，利用网络进行宣传；编写出版了生态建设与环境保护系列丛书《生态建设——构建人与自然和谐》等。编排大型环保滑稽戏、环保童话音乐剧及“生态文明之歌”文艺演出，以大众喜闻乐见的形式宣传生态文明理念。

近年来，杭州市在经济持续保持又好又快发展的情况下，环境污染恶化的趋势得到遏制，环境质量总体有所改善。杭州市已有临安、淳安、建德、桐庐4个县(市)被命名为国家级生态示范区。临安通过国家级生态市验收，桐庐县通过国家级生态县技术核查。临安、淳安、桐庐、余杭、西湖等5个县(市、区)建成省级生态县(市、区)，占应创数50%。另外，桐庐县获“中国绿色名县”称号，余杭区获联合国“生态和谐环境美丽”最高荣誉。全市还建成“全球500佳村”1个、国际生物圈保护点两个、亚太环境保护协会命名“中国绿色村庄”1个，建成全国环境优美乡镇46个，位居全省及全国同类城市中第一。

（摘自：中国环境报）

常州市：生态文明渐行渐近

“十二五”期间，常州将加快生态文明建设，突出抓好四个方面：大力发展绿色经济；推进区域环境综合治理；加强城乡绿化和生态建设；完善生态环保体制机制。

前景描述

大力发展绿色经济，发展低碳经济、循环经济、推广清洁生产和节能技术应用，建设低碳示范区，形成资源消耗低、环保污染少、资源利用水平高的产业发展格局。“十二五”期间，每年重点推进10个循环经济示范园区和企业建设。到“十二五”末，力争全市50%规模以上工业集中到各级各类经济开发区、高新区和工业集中区，形成光伏产业中间废料再生使用产业化能力，建成4个国家级生态工业园，6个省级生态工业园。

推进区域环境综合治理，加强太湖水污染综合整治，加大治水、治气、治音力度，建设天蓝、水清、清爽的人居环境。其中，将严格保护饮用水源，加大水源地水质保护，城市集中式饮用水水源地水质达标率100%。争取“十二五”期末，城镇生活污水集中处理率大于90%，城镇污水集中处理率大于85%。

加强城乡绿化和生态建设，以更高水平启动国家生态文明城市创建，着力推进生态修复重建，大力开展城乡绿化造林，打响绿色常州品牌。2011年，常州将建成国家生态市；2015年，将建成国家生态文明建设示范城市。

完善生态环保体制机制，综合运用法律、经济、技术和必要的行政手段，形成源头控制、过程优化、末端治理相结合的环保机制，为保护生态环境提供坚强保障。“十二五”期间，将健全生态补偿和环保约束机制，建立生态环境保护激励机制，健全重大环境事件和污染事故责任追究制度。

实现路径

未来五年，常州将在成功创建国家生态市基础上，启动国家生态文明城市创建。为此，常州将采取大力发展绿色经济、推进区域环境综合治理、加强生态建设和完善环保倒逼机制四大措施，加快生态文明建设，形成全面创新、产业调整、节能降耗、绿色低碳、生态文化、和谐富民的局面。

大力发展绿色经济。“十二五”期间，将采取加大结构调整力度，优化生态空间布局，大力发展循环经济，推进低碳产业发展，全面推行清洁生产，积极发展绿色产品，强化生态经济科技支撑等措施，从而节约和集约利用土地，加强土地资源需求调控和管理，合理规划重大基础设施，提高土地投资强度和产出效益。其中，将重点推进“一核八园”规划的实施，并在工业、建筑、交通运输等领域，推广应用节能新技术、新工艺、新设备和新材料。

推进区域环境综合治理。首先把太湖治理作为生态文明建设的重中之重，推进太湖污染综合治理，加快重点工程建设，促进水质持续改善。其次，强化城乡水环境整治，完善生活污水处理厂等基础设施建设，重点实施城市污水处理厂扩建、配套管网完善工程，加强乡镇污水处理厂管网建设。第三，在完成市区河道整治任务的基础上，全面推进城乡河道整治，严格保护饮用水源，加大水源地水质保护，城市集中式饮用水水源地水质达标率为100%。第四，推进区域大气环境治理，加快重点污染企业关停、搬迁、改造步伐，进一步改善大气环境质量。

加强生态建设。“十二五”期间，将深化重要生态功能区保护，有效保护饮用水源保护区、重要湿地、水源涵养区、自然保护区、风景名胜区、生态公益林、森林公园、地质遗迹保护区等8大类重要生态功能区。推进生态修复，进行小流域生态修复、矿山生态修复。完善城乡绿化，突出抓好沿江、沿湖、沿河及产业集中

承德市：举办第四届国际生态城市建设论坛

2010年8月18日，第四届国际生态城市建设论坛在河北省承德市开幕。这次论坛由国际生态城市建设理事会和承德市人民政府联合主办。来自世界五大洲的著名生态专家、决策者、企业界杰出人士相聚在天下闻名的“避暑胜地”承德，共同研究探讨“城市生态文明:复兴与转型”这一前瞻性课题。近几年来，承德在生态建设方面进行了不懈的探索和实践，森林覆盖率以每年1.4个百分点的高速度递增，2009年已经达到54.89%，森林涵养水源能力比建国初期提高了18.5倍；沙化面积比上个世纪80年代减少34.8%；潘家口水库和密云水库水体质量始终保持在国家地面二级标准。承德获得国家级园林城市称号，被列入全国生态文明试点及生态建设成绩显著地区，拥有国家历史文化名城、中国十大风景名胜、中国十大休闲旅游城市、中国十佳避暑旅游城市、中国优秀旅游城市、感动世界的中国品牌城市等多项桂冠。

“国际生态城市建设论坛”是国际生态城市建设理事会为促进生态城市建设理论发展、增进生态城市建设经验交流，在中国定期召开的国际性系列学术活动。自2004年设立以来，该论坛已先后在宁波市、重庆市和淮北市成功举办了三届，在国内外产生了广泛的影响。经过国际生态建设理事会的认真筛选，承德市凭借近些年经过努力创建获得国家级园林城市、国家生态文明城市建设试点和生态文明城市建成显著地区的成果以及突出的生态优势脱颖而出，成为本次论坛的主办城市。

论坛围绕“城市生态文明:复兴与转型”这一主题，以生态城市、生态修复、生态产业和生态文明为中心议题，从指标与标准，技术与工程，科学与实证，传承与创新等四个方面开展学术交流和实地考察，来自世界各国的著名科学家、决策者和企业家围绕这些议题发表20余场前沿性大会特邀报告，并在四个分会场进行专题性学术交流。最后，论坛通过了“复兴生态文明，推进城市转型”的《承德宣言》。

（摘自：新华网）

区生态防护林建设。在城市居民区集中式污水处理厂外围建设绿化隔离带，形成生态屏障。

完善环保倒逼机制。通过创新考核制度、完善信息公开、健全经济制度、加大公众参与等手段，健全生态制度。包括健全生态补偿机制，加快环境价格改革，加大排放指标有偿使用力度，探索建立排污权交易市场，完善资源价格体系。建立生态环境保护激励机制，吸引社会资本参与节能减排。严格环保执法监督，完善考核评价机制，健全重大环境事件和污染事故责任追究制度。

“十二五”期间，常州市还将大力实施公园绿地、游园广场绿地、道路河道绿地，立体绿化、绿色通道、生态修复等重点工程，使城市绿地系统分布更均衡、结构更合理、功能更完善、景观更优美；继续实施园林精品战略，全面提升公园管理和绿地养护水平，建设“人文园林、科技园林、生态园林、节约园林”，彰显常州现代园林特色；继续统筹城乡绿化发展，强化绿色资源和风景名胜区的保护管理，全面贯彻落实《城市园林绿化评价标准》，创建“国家生态园林城市”；以申办第八届“中国花卉博览会”为契机，进一步提升品位、丰富内涵，打响“绿色常州”品牌。

（摘自：常州日报）

鄂尔多斯市：从“工业文明”迈向“生态文明”

内蒙古自治区鄂尔多斯市创新发展理念，自觉探索实践科学发展模式，在经济跨越式发展的同时，也实现了生态环境友好和资源合理开发，基本形成节约能源资源和保护生态环境的产业结构、增长方式，用工业文明和生态文明并举的发展模式，打破了“环境让步经济”的发展悖论，探索出一条协调、可持续的科学发展之路。

以生态文明为目标构建和谐

近年来，人们在赞扬鄂尔多斯经济快速发展的同时，更赞叹其遏制生态恶化态势，实现生态文明的壮举。据介绍，由于多年来过度放牧，导致该市沙化土地面积一度占到土地总面积的48%，水土流失面积占到54%。在生态持续恶化的情况下，从2000年开始，为了恢复和保护生态植被，鄂尔多斯市率先在内蒙古自治区推行禁牧和划区轮牧、季节性休牧，实施以草定畜，舍饲养畜。大力发展林沙产业，逆向拉动生态建设，实现绿富同兴。2009年，农牧民来自林沙产业的人均纯收入达到1994元。全市植被覆盖率由2000年的25%提高到了75%以上，森林覆盖率由2000年的12.16%提高到22.21%，被国家林业局列为全国防沙治沙综合示范区，促进了人与自然和谐相处。

鄂尔多斯市编制了《全市农牧业经济“三区”发展规划》，将全市划分为优化开发区、限制开发区和禁止开发区。在过去转移农村牧区人口40万人的基础上，市里又启动1万平方公里禁止开发区整体退出工作，通过“统筹城乡、集约发展”战略，着力解决生态恶化和城乡发展失衡问题，通过城市化拉动城乡统筹，以产业化带动城乡统筹，推进现代化农业发展，推进农牧业生产方式转变，实现生产发展、生态恢复和生活改善“三生共赢”的和谐局面。把鄂尔多斯打造成内蒙古自治区乃至全国城乡经济社会一体化发展的先导区。

以环境友好为坐标追求发展

作为国家西部重要的能源重化工基地，“十五”期间鄂尔多斯市经济步入大开发、大建设的发展时期，经济建设与环境保护的矛盾日益突出。“十五”初期，工业经济发展总量小、产业链短、产业层次低、增长粗放、污染严重等问题困扰着鄂尔多斯，特别是一些小煤窑回采率极低，严重破坏资源和环境。

为了提高煤炭回采率，节约资源并减少污染，鄂尔多斯市从2005年起大力整合煤炭资源，实施提高煤炭回采率三年攻坚战，关小上大，全部实施机械化综采设备改造。地方煤矿由1901座压缩到276座，取而代之的是一批单井产能、装备技术、全员工效达到世界一流水平的现代化矿井，回采率提高到75%。“十五”以来又关闭高耗能、高污染企业537户，实现了工业布局由乱到治、产业层次由低到高、增长方式由粗放到集约的历史性转变。2009年鄂尔多斯市万元GDP能耗下降至1.688吨标煤，全市人均GDP由2005年的4万元增至2008年的10万多元。

在发展其他工业项目的过程中，鄂尔多斯也加强了环保执法的力度，督促重点企业增添了10亿元的环保设施，大大改善了环境质量。先后在棋盘井、蒙西等重点工业园区对排污企业安装在线视频监控装置，以便及时发现、处置各种环境污染突发事故。同时，在引进项目时，变招商引资为择商选资，坚决杜绝污染环境和低水平重复建设项目进入鄂尔多斯，以最小的资源消耗、最小的环境代价实现地区经济可持续发展。

以结构调整为主线夯实后劲

作为我国产煤最多的地级市，为避免重蹈许多资源型城市因资源枯竭而陷入困境的覆辙，近两年，鄂尔多斯市开始把目光投向

新能源：重点发展风能，稳步发展太阳能，加快发展生物质能，大力开发利用沼气，打造新能源产业的示范区，实现全市经济结构转型。目前，全市已经形成10万千瓦风电、205千瓦太阳能发电、2.4万千瓦生物质能发电装机，尚有一批新能源项目在建和将建。

同时，围绕结构转型，鄂尔多斯市已创建10个国家级技术研发中心，并高水准规划建设高新技术产业园区、工业创意设计园区和农牧业科技示范园区，以提高企业引进消化吸收再创新和集成创新能力。目前该市正重点加快煤炭洁净煤技术研发与应用，以有效突破煤炭利用的环保瓶颈，以期将鄂尔多斯建成国家的煤炭清洁能源基地。

（摘自：内蒙古新闻网）

温州市：发出“绿动温州”倡议书，共建生态文明城市

为了更好地建设宜居、文明城市，2010年11月9日，温州市绿化发展相关工作者相聚一堂，在主题为“六城联创，绿动温州”的第六届《温州人》论坛上，共同探讨如何为城市添“绿”，并联名签署《“绿动温州”倡议书》。会上，各方代表围绕“绿化建设，温州与其他城市的差距”、“如何做好和实施城市绿化规划”、“怎样利用温州山水打造绿色温州”等主题各抒己见。

论坛结束后，参与单位代表签署由市政园林局、《温州人》杂志、永嘉县原野园林工程有限公司联合发出的《“绿动温州”倡议书》，呼吁市民在今冬明春期间栽种一棵树，让种树成为我们共同的行动，让绿色消除我们的碳足迹；每户家庭用绿色装点庭院，扮靓阳台，让阳台庭院成为城市的一道风景线；每个小区要利用楼间，过道一切空间，见缝插绿，见土补绿，共建美好绿色家园；每家企业要切实承担社会责任，多种树，争创绿色园区；机关部门、学校和医院，要增加绿量，拆墙透绿，真正还绿于民。

今年，温州启动国家园林城市的创建活动，预计到2012年基本达到测评指标，力争2015年创建成功。目前，以杨府山城市公园、墨池公园为代表的城市绿化工程已开工。

（摘自：浙江文明网）

汉语拼音音序索引

说　明

一、本索引按条目第一个汉字拼音字母顺序排列，第一个汉字相同时，比第二个汉字的音序，以此类推。

二、索引条目后的数字，表示在索引条目中的页码。

三、类目或条目之下，附有相关的条目，按汉语拼音字母顺序排列。

四、类目用黑体字，条目用宋体字。《专文》、《特载》、《文献选编》和《附录》的具体内容不作索引。

A

B

C

D

F

G

H

J

K

L

M

N

P

Q

R

S

T

W

X

Y

Z